중국사상, 국학의 관점에서 읽다

중국철학총서 2

중국사상, 국학의 관점에서 읽다

지은이 彭富春
옮긴이 홍원식 · 김기주
펴낸이 오정혜
펴낸곳 예문서원

편집 유미희
인쇄 및 제책 주) 상지사 P&B

초판 1쇄 2019년 6월 25일

출판등록 1993년 1월 7일(제307-2010-51호)
주소 서울시 성북구 안암로 9길 13, 4층
전화 925-5913~4 | 팩스 929-2285
전자우편 yemoonsw@empas.com

ISBN 978-89-7646-397-5 93150
YEMOONSEOWON 13, Anam-ro 9-gil, Seongbuk-Gu, Seoul, KOREA 02857
Tel) 02-925-5913~4 | Fax) 02-929-2285

값 55,000원

중국철학총서 2

중국사상, 국학의 관점에서 읽다

彭富春 지음
홍원식 · 김기주 옮김

예문서원

옮긴이의 말

이 책은 팽부춘彭富春의 『논국학論國學』(人民出版社, 2015)을 옮긴 것이다. 그리고 이 책의 번역과 출판은 2017년 중국 정부에서 시행하는 '중국사회과학기금中國社會科學基金'의 지원을 받아 이루어졌다.

팽부춘은 이끄는 말의 서두에서 "중국에서 국학은 지금 주목받는 유망한 학문이자, 인기 있는 학문 분과가 되었다"라는 말로 시작하고 있다. 이어 중국 내 정황을 "대학과 다른 여러 학교에서는 국학의 연구와 수업에 심혈을 기울이고 있을 뿐만 아니라, 사회에서도 적극적으로 국학을 뒷받침하며 널리 확산시키고 있다. 국학의 건설과 발전은 심지어 국가의 문화전략으로까지 위상이 제고되었다"라는 말로 전하고 있다. 이 책은 바로 이러한 분위기 속에 저술된 것이다. 옮긴이가 이 책을 번역하기로 마음먹었던 이유도 바로 여기에 있다.

그야말로 지금 중국은 '국학 열풍'에 휩싸여 있다. 이 열풍은 쉽사리 잦아들지 않을 듯하다. 돌아보면 지난 세기 1960년대 중반부터 10년가량 휘몰아친 문화대혁명의 광풍 속에 짓밟혔던 중국 전통의 국학이 '개혁·개방'의 시대를 맞으면서 '소생蘇生'하더니, 1989년 천안문사태도 용케 잘 비켜나 번창일로의 길을 걷게 되었다. 물론 여기에는 정치적 배경 등 여러 가지 요인이 깔려 있다고 본다. 금세기 접어들면서 수많은 중국인들이 공자의

『논어』 강의를 듣기 위해 CCTV(중국중앙텔레비전방송) 앞에 모여들었던 기억도 생생하다. 1년에 몇 차례씩 참가하는 중국의 학술대회 분위기와 발표 내용도 이전과 사뭇 달라졌다. 생소함과 학자적 궁금증이 더해만 갔다.

이 책에서 독자들은 무엇보다 저자의 국학에 대한 이상하리만치 높은 듯한 목소리의 톤을 느낄 수 있을 것이다. 이 책의 내용이 크게 새로운 것은 없다고 본다. 깊이가 크게 있는 것도 아니다. 중요한 포인트는 국학에 대한 그의 관점과 마음이다. 저자는 이끄는 말의 말미에서 "중국의 지혜 가운데 죽은 것과 살아 있는 것을 구분해야 하고, 새로운 중국적 지혜의 가능성을 제시해야 한다"라고 힘주어 말한 뒤 "오직 이렇게 해야만 '국혼' 은 비로소 영원할 수 있다"라는 말로 비장하게 글을 맺는다. 여기에서 볼 수 있듯, 저자는 중국 '국혼'의 부활과 영속을 위해 이 책을 쓴 것이다. 옮긴 이도 같은 중국사상을 연구하는 학자이지만, 한국 출신의 학자로서 어쩔 수 없이 그가 말하는 '국학'에 비껴 선 위치에 있음을 새삼 느끼지 않을 수 없다.

옮기면서 원전의 출처를 각주로 처리하는 데 많은 어려움을 겪었다. 저자가 원전 속 내용을 차근히 밝히지 않고 자신의 이해와 생각을 중심으로 여기저기에 찢어 흩어 놓았기 때문이다. 나름 애써 보았으나 부족한 점이 많을 것이다. 풀지 않은 개념의 남발도 옮기는 데 애를 먹게 했으며, 이는 가독력을 크게 떨어뜨릴 것 같다. 지금 중국인들의 마음이 어디를 향하고 있고, 지금 중국학이 어느 길을 가고 있는지 알아보는 데 이 책이 조금이나마 보탬이 될 수 있기를 기대하며 글을 맺는다.

옮긴이를 대표하여
홍원식 적다.
2019년 6월

이끄는 말 — 국학과 지혜의 학문

1.

중국에서 국학國學은 지금 주목받는 유망한 학문이자, 인기 있는 학문 분과가 되었다. 일반적인 자연과학과 사회과학이 전문화의 길을 걷는 것과 비교하자면, 국학은 특별한 행운을 얻은 것 같다. 대학과 다른 여러 학교에서는 국학의 연구와 수업에 심혈을 기울이고 있을 뿐만 아니라, 사회에서도 적극적으로 국학을 뒷받침하며 널리 확산시키고 있다. 국학의 건설과 발전은 심지어 국가의 문화전략으로까지 위상이 제고되었다. 이것은 어쩌면 국학이 국가의 소프트 파워를 강화할 수 있기 때문일 것이다.

설령 이와 같더라도, 국학은 여전히 사상적 검증을 반드시 받아들여야 한다. 일반적으로 사람들은 적어도 '국학'이라는 말뜻이 지나치게 모호하다고 생각한다. 이것은 이미 수많은 논쟁을 불러 일으켰다. 만약 국학이 '한학漢學' 또는 '중국학'이 된다면 그것은 포함하지 않는 내용이 없을 것이다. 그것은 중국의 수천 년 역사에서 일찍이 생겨난 천문天文에서부터 지리地理까지, 자연과학에서부터 인문과학까지의 모든 사태를 연구하게 된다. 그러나 이렇게 되면 국학은 넓은 측면에서 중국 역사학과 관련된 연구로 변질되어 버린다. 해외에서 한학을 연구하는 사람들의 입장에서 말한다면, 중국의 역사는 어쩌면 여전히 이국적 느낌을 지닐 것이다. 그러나 중국인의 입장에서 말한다면, 중국의 역사는 실제로 지나치게 막연하면서도 복잡하다. 만약 이 방향으로 간다면 현대적 학문이 전문화되는 길과 정반대의 방향으로 나아가는 것이다. 이러한 상황에 비추어 보면, 사람들은 심지어 국학이 하나의 학과로 세워지기에 그 합리성이 부족하다고도 생각한다.

정말 합리성이 부족한지에 대한 논의는 잠시 접어 두자. 우리는 그저 '국학'의 모호한 말뜻을 보다 분명하게 바꿔 놓으려 한다. 단순히 '국학'이라는 글자 자체의 의미를 말하자면, 그것은 한 국가의 학문을 가리킨다. 여기 우리의 논의에서 국학은 세계의 모든 민족이나 국가의 학문이 아니라, 오직 중국의 학문에 관한 것만을 가리킴으로써, 외국의 학문 특히 서양의 학문과 구분한다. 그러나 국학은 중국이 현대에 새롭게 건립한 학문은 분명 아니며, 중국의 전통에 이미 있었던 학문을 가리킨다. 그것은 '신학문'이 아니라 '구학문'이다. 그러면서도 국학은 중국 고대의 학문 모두를 지칭하지 않는데, 그것에 전통의 자연과학은 포함되지 않는다. 국학은 전통의 인문과학을 주로 가리키는데, 넓은 의미의 문·사·철이다. 이런 까닭에 국학의 주체는 실상 중국 고대의 문학文學·사학史學·철학哲學이다. 전통적인 학문 분류에 따르자면 그것은 곧 경經·사史·자子·집集 등이다.

그런데 왜 중국의 문학·사학·철학이라고 하지 않고 '국학'이라고만 하는가? 국학은 단지 임의대로 명명한 것이 결코 아니며, 깊은 의미를 담고 있다. 이러한 의미는 중국의 전통적인 문·사·철이 구성한 총체적 측면이 지니고 있는 중국사상의 특징을 분명히 드러낸다. 하나의 학문 분과로 국학이라 이름 붙인 것은 단순히 중국의 전통 학문이기 때문만은 아니다. 국학은 일반적인 인류 지식의 보편성을 갖추고 있는 동시에 서양 학문이 갖출 수 없는 특수성도 있으며, 또한 '중국의식의 각성'이기도 하기 때문이다.

'중국의식'이란 중국 스스로의 본성에 관한 의식이자, 또한 자기와 타자의 차이성 및 자기동일성을 가리키는 것이다. 그런데 천 년 이래 중국은 자기에 대한 의식이 없었던가? 당연히 있었다. '중국'이라는 이 오래된 용어의 명칭은 자기에 대한 의식을 포괄하고 있다. 중국이란 명칭은 중앙의 나라 혹은 중심의 나라라는 뜻이다. 이것은 지리적 의미에서 세상의 주변이 아닌 세계의 중심이자 사해四海의 중앙이라는 뜻이며, 문화적 의미에서는 야만의 미개한 민족과는 달리 문명을 지니고 있다는 뜻이다. 주변의 야만국과 비교할 때 중국은 문명국가이다. 이 때문에 중국은 '중화中華'라고 부른다. 유가의 예악禮樂문화는 중국문화의 근간을 이루었으며, 동시에 도가의 자연적이고 초탈적인 사상은 중국문화를 더욱 풍부하게 하였다. 당연히 중국문화 역시 인도의 불교문화 진입이라는 충격을 겪기도 하였다. 비록 역사적으로는 불교를 숭상해야 한다거나 불교를 막아야 한다는 쟁론이 있었으나, 불교의 유입이 결코 중국문화의 위기를 불러오지는 않았다. 오히려 불교는 중국문화를 더욱 넓히고 깊게 하였으며 정밀하게 하였다. 당송 이후의 지식인들에게 있어서 유儒·불佛·도道는 중국 정신을 구성하는 가장 중요한 세 부분이라 말할 수 있다. 만약 천 년을 이어 온 중국이 중심이라는 의식이 중국문화에 대한 중심 의식이라면, 그것은 또한 유가·불가·도가문화에 관한 중심 의식이다.

중국이 중심이라는 의식에 위기가 나타난 것은 근대로, 이때에서야 비로소 진정으로 발생하기 시작했다. 근대는 특별한 시대이다. 중국의 개항과 함께 중국은 그저 전체 세계의 한 부분이 되었는데, 그것도 중심이 아닌 변방이었다. 여기에서 중국의 전통사상은 이미 전면적인 위기에 직면하였다. 사람들은 전통에서 벗어나 새로운 출구를 찾으려 하였다. 바로 이와 같은 시기에 중국사상은 하나의 특별한 타자라 할 수 있는 서양사상과 마주하였다. 서양의 강대함과 비교하여 중국은 상대적으로 열세에 처해 있었다. 당시 중국인은 한편으로 서양의 새롭고 기이하며 보통의 것과는 다른 것들을 관찰하였고, 다른 한편으로 스스로의 독자성을 사고하였다. 비록 보수주의자들은 전통을 굳게 지켜야 한다고 주장하였으나, 자유주의자들은 전면적인 서구화를 제창하였다. 보수주의와 서로 비교해서 말한다면 자유주의가 우세를 점하였다. 자유주의의 입장에서 보면 중국문화는 자유롭지 않은 것이며, 아울러 이 때문에 생명력이 없는 것이자, 심지어는 생명을 억압해 말살하는 것이었다. 그래서 서양을 배우자는 쪽이 중국 근대 이후의 주도적인 세력이 되었다. 중국이 서양을 배우려는 발걸음은 끊임없이 깊어졌다. 우선은 서양의 기술이었고, 그다음은 제도이며, 마지막이 그 문화와 정신이었다. 이러한 서구화의 과정에서 중국의 전통문화는 끊임없이 희미해지고 잊히게 되었으며, 서구문화는 오히려 점차 중국인의 생활과 사상, 그리고 언어 속으로 파고들었음을 인정하지 않을 수 없다. 이러한 의미에서 근대 이후 등장한 중국의식은 중국의 위기의식으로, 그것은 한편으로 망국과 멸족이고, 다른 한편으로는 국가의 멸망을 위기로부터 구하여 부흥하자는 것이었다.

이러한 중국의 위기의식은 '문화대혁명' 기간 중 다른 이유로 강화되었다. '문화대혁명'이 비록 정치적이고 경제적인 운동이었으나, 사상적·문화적 운동이기도 하였다. '문화대혁명'은 전통문화의 흐름을 크게 개혁한다는 뜻이다. 사람들은 중국 전통문화에 대해 역사상 전례가 없는 비판을 가하였다. 전통문화의 문제점은 똑똑히 잘 드러났는데, 그것은 봉건적이며 반동적이며 낙후한 것이었다. 그런데 전통문화에 대한 비판의 도구에 근본적인 변화가 발생하였다. 그것은 더 이상 자유주의의 사상이 아닌 마르크스주의의 무산계급론이었다. 마르크스주의의 입장에서 보자면 자유주의나 봉건주의는 같은 부류에 불과할 따름이었다. 이 때문에 전통의 봉건문화에 대한 비판은 자유주의가 아니라 마르크스주의로 나아간 것이다. 그것은 형태상 사회주의와 공산주의의 새로운 문화였다. '문화대혁명'은 마치 세상을 철저하게 바꿀 것처럼, 낡은 세계를 파괴하고 새로운 세계를 창조하였다. 문화대혁명을 거치며 형성된 혁명문화는 자기 몸에 있던 모든 전통문화의 흔적도 애써 지우려 하였지만, 오히려 혁명의 꼬리표만 다는 꼴이었다.

'문화대혁명'의 꿈이 산산조각 난 후, 중국문화에 대한 위기의식은 더욱 강화되었다. 이 새로운 시기에 있어서, 문제의 관건은 더 이상 무산계급 문화와 봉건주의 문화의 다툼에 있지 않고, 중국문화와 서양문화의 투쟁에 있었다. 사람들은 중국과 서양문화의 차이점을 구체화하였는데, 예를 들어 황색문명과 남색문명[1], 대륙문명과 해양문명, 농업문명과 공업문명 등이 그것이다. 그러나 하나의 현실적 차이가 바로 전현대사회와 현대사회, 그리고 후현대사회의 차이이다. 서양은 일찍이

---

1) 역자주: 황색문명이라는 용어는 蘇曉康의 『河觴』에 나오는데, 이것이 1988년 6월 중국중앙TV를 통해 전국에 방영되었다. 여기에서 인류의 문명을 황색문명과 남색문명으로 구분하였는데, 황색문명은 황하의 황색 대륙, 농업, 보수 등을 말하며, 남색문명은 서구 자본주의의 문명으로 해양, 공업, 진취 등을 가리켰다.

[원元] 전선錢選, 「왕희지관아도王羲之觀鵝圖」

현대사회 내지는 후현대사회로 진입하였고, 중국은 여전히 전현대사회의 단계에 머물러 있었다. 이러한 여러 비교를 하면서 사람들은 서양의 강점과 중국의 약점을 더욱 많이 발견하였다. 이것이 중국인들에게 현대성에 대해 초조하게 느끼는 정서적 응어리를 형성하도록 만들었다.

분명 중국은 이미 자신의 전통을 고수할 수 없으며, 또한 서양의 길을 본떠 따라갈 수도 없다. 복고주의라는 옛 꿈이 멈추어 버린 것과 자유주의라는 새 꿈이 무너져 버린 것은, 새로운 시기 중국인의 가장 중요한 정신적 수확이다. 중국인들은 반드시 자신만의 독자적인 길을 가야만 한다. 이는 한편으로 중국 자신의 동일성을 유지하면서 완전한 서구화가 되지 않는 것이며, 다른 한편으로 또한 현대적으로 새로운 것을 창조해 내는 것으로, 단순한 전통의 연속은 아니다. 이른바 '중국식의 길'이란 아무것도 없는 것에서 시작하는 것이 결코 아니며, 이미 가지고 있는 것에서 출발하는 것이다. 이것은 우리가 서양의 경험을 본보기로 삼아야 할 뿐만 아니라, 또한 우리 자신의 전통을 발양하여, 그것들을 함께 현대 중국식의 길이 발전해 가는 정신적 자원이 되도록 하는 것을 의미한다. 이것은 중국의 문화가 부흥하는 동인을 형성한다. 조금도 의심할 수 없는 것은 '중국의식의 각성'이 21세기 가장 위대한 인류의 사건 가운데 하나로 불리게 될 것이라는 점이다. 그것은 중국 역사 자체를 바꾸는 것일 뿐만 아니라 세계의 역사를 바꿀 수 있는 일이다.

바로 이와 같은 진보의 과정 속에서 중국의식은 근본적인 변화가 발생했다. 그 주된 것은 더 이상 중국의 위기의식이 아니라 중국의 부흥의식이다. 당대 중국은 한당시대의 위대한 기풍을 회복하며 하화夏華의 기세를 다시금 떨쳐야 한다. 이러한 시대적 배경과 정신적 분위기 속에 국학에 대한 관심과 중국문화에 대한 열풍이 발생한 것은 매우 자연스런 일이다. 이때 '국학'에 대한 태도는 부정적이지 않고 긍정적이다. 사람들은 그것이 중국뿐만 아니라 세계가 발전하는 데 사상적인 시사점을 제공하리라 기대한다.

　　만약 이러한 중국의식의 각성과 관련된 것들을 고찰한다면, '국학'이란 모든 것을 포괄하는 중국학이라 이해해서는 결코 안 되며, 중국정신에 대한 연구라고 파악해야 한다. 왜냐하면 중국의식의 각성이란 중국영혼에 대한 각성이자 중국정신에 대한 각성이기 때문이다. 사람들이 국학에 대해 아무리 많은 해석을 하더라도, 그것은 갖가지 범위와 다양한 차원의 연구를 포괄할 수 있는데, 예를 들어 중국의 문학과 사학·철학, 또 도道와 술術 등과 같은 것이다. 그러나 그 근본적인 핵심은 중국을 중국이 되도록 하는 정신이다. 이러한 까닭에 국학은 반드시 '국혼國魂의 학문'으로 이해해야 한다.

　　그렇다면 중국의 영혼은 무엇인가? 중국의 영혼은 '규정하는 것'(規定者)이며, 그것이 중국인의 존재·사상·언어를 인도하고, 중국 천 년의 역사적 흐름에 영향을 끼쳤다. 이렇게 규정하는 것은 다른 어떤 사물이 아니라 바로 중국의 지혜이며, 또한 곧 유가·불가·도가의 지혜이다. 이러한 의미에서 국학은 근본적으로 중국의 지혜에 관한 학문이다.

2.

'지혜'는 일상생활에서 익숙하게 사용하는 말이다. 사람들은 모두 지혜를 칭송하며 아울러 지혜로운 사람이 되기를 바라는데, 일반적으로 지혜로운 남자·지혜로운 여자처럼 사용되는 경우이다. 그런데 무엇이 지혜 자체의 본성인가? 이 물음에 대해 우리는 어쩌면 한 걸음 더 나아가 생각해야 할 필요가 있다.

일반적인 언어의 사용에서 지혜란 '어리석음'의 반대말이다. 지혜는 어리석음이 아니고, 어리석음은 지혜가 아니다. 어리석다는 것은 모른다는 말이다. 어리석다는 것은 사물의 실제가 무엇인지 모른다는 것이다. 이 말은 곧 무엇이 존재하는지 무엇이 존재하지 않는지를 알지 못한다는 것이며, 또한 무엇이 진실인지 무엇이 허구인지 알지 못한다는 것이다. 어리석음은 심지어 자기가 모르는 것이 무엇인지도 모른다는 것인데, 이는 곧 자기의 어리석음을 모른다는 것이다. 어리석음은 자기와 세계 두 가지 측면 모두에서 무지無知의 상태에 처해 있는 것이다.

그런데 지혜는 종종 '총명聰明'이라는 말과 동등하게 사용된다. '총명함'이란 어떤 사람이 지닌 특별한 보고 들을 수 있는 능력으로, 사람이 사물을 충분히 듣고 볼 수 있는 것을 가리킨다. 그러나 일반적인 의미의 총명함에 대해서는 회의적이다. 총명함이란 비록 보고 들을 수 있는 능력이 있다는 것이지만, 특정 한계를 뛰어넘을 수 없다. 그러므로 총명함의 대부분은 '큰 총명'(大聰明)이 아니라 '작은 총명'(小聰明)이다. 이것은 단지 작은 것을 아는 것이지 큰 것을 아는 것이 아니며, 가까운 것을 안다는 것이지 멀리 있는 것까지 아는 것은 아니라는 것을 의미한다.

그래서 총명함 또한 쉽사리 어리석음으로 변한다.

어리석음이나 총명함과는 달리, 지혜는 진정으로 아는 것이다. '앎'이란 일종의 특별한 심령의 능력으로 표현되는데, 그것은 만사만물의 깊은 이치를 통찰할 수 있다. 지혜는 무엇이 존재하고, 무엇이 존재하지 않는지, 무엇이 진실하고 무엇이 허구인지를 안다. 지혜는 자기가 알고 있다는 것을 안다. 지혜는 세계를 알 뿐만 아니라 자기 자신을 안다.

비록 지혜가 일종의 지식이라 할지라도 그것은 일반적인 지식, 예를 들어 사람들이 말하는 자연과학과 사회과학적 지식과 같은 것일 수 없다. 자연과학과 사회과학 등이 연구하는 것은 존재하는 것의 어떤 한 영역으로, 사람들에게 이 영역에 대한 전문화된 지식을 제공할 따름이다. 이것과 달리 지혜는 일종의 특별한 지식으로, 사람의 존재와 운명에 관한 지식이다. 이러한 의미에서 지혜는 일반적으로 말하는 지식보다 한 차원 높이 있다. 이것은 사람들이 지혜를 지식보다 더욱 중요하다고 생각하도록 만들었다. 지혜는 사람들에게 사람이 무엇인지 또는 무엇이 아닌지를 말해 준다. 그래서 지혜는 사람에게 가장 기본적인 규정을 내려 준다. 동시에 지혜는 어떤 일이 무엇인지 그리고 무엇이 아닌지를 밝혀 준다. 이것은 한 걸음 더 나아가 다시 바뀌어서 무엇이 존재하는지 무엇이 없는 것인지를 판별해 준다.

'규정'이란 한 사물의 본성에 대한 확정이다. 지혜가 사람에 대해 규정하는 것은 사람의 본성을 확정하는 것이다. 그러나 사람에 대한 규정은 사람에 대한 구분을 통해 실현된다. 일반적으로 말한다면, 사람은 존재자 전체 중에서 다른 존재자와 서로 구분하는 것에 의지해서 자신에 대한 규정을 획득한다. 존재자 전체는 예를 들어 광물·식물·동물·

사람이나 신神 등과 같은 수많은 존재자를 포괄한다. 사람과 기타 다른 존재자를 구분할 때, 이와 같은 존재자는 사람과 비교적 멀리 떨어진 것이 아니라 비교적 가까운 데 있다. 광물과 식물은 사람과 서로 떨어진 거리가 매우 멀고, 동물과 신은 사람과의 거리가 비교적 가깝다. 동물과 식물은 사람의 이웃이다. 사람과 비인간적 동물들은 모두 넓은 의미에서 동물가족에 속하며, 이는 생명을 가진 존재들이다. 그런데 동물은 비이성적이지만 사람은 이성을 지녔다. 사람과 신은 모두 이성을 지녔지만, 신은 이성적 존재이고 사람은 이성을 지닌 동물이다. 사람은 순수한 동물도 아니고 또 순수한 신도 아니지만 이성을 지닌 동물이다. 이러한 규정에서 사람은 무엇보다 하나의 동물이지만 그러나 하나의 특별한 동물이다.

그러나 사람과 동물을 서로 구분하는 것은 매우 초보적인 구별이지만, 가장 근본적인 구별을 포함하고 있는 것은 아니다. 선한 사람이든 악한 사람이든 어떠한 사람이라도 동물과는 근본적인 차이가 있다. 하나의 선한 사람은 당연히 일개 동물이 아니지만, 악한 사람이라도 일반적인 의미에서의 동물이 아니다. 비록 악한 사람을 '짐승'이라고 말하지만, 이것은 일종의 비유일 따름이다. 사람들은 사람의 '인성'(本性)을 상실하면, 오직 물성物性(동물성)만을 지니게 된다고 생각한다. 이 때문에 사람에 대한 규정에서 말한다면, 사람과 동물에 대한 구분이 아니라, 사람과 자기 자신에 대한 구분이 가장 근본적인 구별이 된다. 사람과 그 자신이 서로 구별된다는 것은 사람과 그 자신에 이미 현실적인 구분이 존재한다는 것이다. 오직 이와 같아야만 사람은 비로소 '물성'을 멀리하여 선과 악을 구분하고, 사람의 '인성人性' 그 자체에 도달할 수 있다.

따라서 지혜가 사람에게 준 규정은 일반적인 이성을 지닌 동물이 되는 것이 아니라, 인성을 갖춘 사람이 되는 것이다. 이러한 연관성 속에서 사람은 동물을 넘어 설 뿐만 아니라, 또한 자신을 초월할 수 있다.

사람에 대해 규정할 때, '지혜'는 인간 생활세계의 모든 영역을 관통한다. 그리고 그 다양한 형태, 곧 현실적, 사상적 그리고 언어적 형태를 드러낸다. 지혜에 관한 모든 연구 가운데, 다른 사상적 형태와 서로 비교했을 했을 때, 불교가 가장 두드러지고 계통성을 지닌다. 불교는 지혜로 일체의 법문法門을 통섭하며, 아울러 그것을 실상반야實相般若, 관조반야觀照般若, 문자반야文字般若 세 가지 유형으로 구분하였다. '반야'는 자신만의 독특한 지혜를 전문적으로 가리키는 불교의 용어로, 그것은 여러 부처와 보살이 직접 증험한 제법諸法의 실상實相이다. '실상반야'는 실상에 관한 지혜이다. 제법의 여실한 상相은 유有와 무無의 경계를 초월한다. '관조반야'는 지혜를 관조하고 깊이 생각하는 것이다. '문자반야'는 여러 부처와 보살이 문자를 사용하여 친히 증험한 제법의 실상을 널리 알리는 것이다. 그러나 사실상 일체의 지혜는 결국 모두 문자로 표현되기에 또한 언어적 명제이다. 언어적 지혜가 없다면 현실적·사상적 지혜는 어둠에 잠겨 있고, 밝게 드러나지 않으며, 가려져 있고, 드러나지 않는다. 언어적 지혜는 지혜가 분명하고도 밝게 드러나도록 한다. 설령 불교에서 말하는 '말할 수 없음' 역시 언어적 명제 가운데 모여 있는 것이자 또한 숨겨져 있는 것이다. 이러한 의미에서 지혜는 다른 어떤 사물이 아니라, 지혜의 언어이며, 그에 관한 말이자 명제이다.

비록 언어가 사람들의 생활세계에서 일반적이고 보편적인 것이 사실이지만, 그 본성은 자명한 것이 아니라 어둠 속에 있다. 언어는 결코 단일한 현상이 아니라 복잡한 집합이다. 언어에 대해 사람들은 각양각색으로 구별하고 있다. 그 존재 형태에 따라 언어는 일상언어, 논리언어, 시의詩意언어로 구분할 수 있다. 일상언어는 일상의 생활에서 사용하는 언어로, 그것은 독백일 수도 있고 서로 이야기하는 것일 수도 있다. 그 말은 자연적이고 복잡하게 뒤섞여 있다. 이와 달리 논리언어는 과학을 연구하는 데 사용하는 언어로, 그것은 이론적으로 진술되며 계통적으로 구축된다. 그 논의는 이성적이며 추론적이다. 그리고 시의언어는 주로 문학과 예술 작품에 사용되는 언어이다. 그것은 시인의 노래이다. 그 말은 비일상적이며 비논리적이지만, 생활세계의 진실한 본성을 말한다. 언어의 표현방식에 따라 구분하면 사실을 진술하는 것과 바람을 표현하는 것, 그리고 정감을 토로하는 것으로 나눌 수 있다. 사실을 진술하는 문장은 현실세계에서 발생하는 일들을 묘사한다. 바람을 표현하는 문장은 사람이 원하거나 원하지 않는 의지를 드러낸다. 정감을 펼치는 문장은 사물에 대한 사랑과 미움을 표현한다. 언어의 본성에 따라 그것을 욕망언어, 도구언어, 지혜언어로 나눌 수도 있다. 언어는 우선 욕망적이다. 언어 자체가 사람의 욕망이고, 아울러 사람의 욕망을 표출한다. 그것은 대부분 신체 또는 비신체적 욕망에 관한 말이다. 그 다음으로 언어는 도구적이다. 그것은 사상을 표현하며 아울러 그것을 전파하거나 교류한다. 이때 언어 자체는 매개와 정보가 된다. 마지막으로 언어는 지혜적이다. 지혜언어는 욕망언어나 도구언어와 달리 언어 이외의 어떤 사물을 묘사하거나 표현하는 것도 아니며, 어떤 사물을 언어로 감싸 운반하는 것도 아니다. 이것은 다만 언어 자체의 '도리'만을 드러내 보여 줄 뿐이다. 이러한 의미에서 지혜언어는 언어의 본성 그 자체이다. 이 때문에 지혜언어는 순수하지 못한 언어가 아니라 순수한 언어이다. 이러한 성격의 언어로서 지혜언어는 일반적 언어가 아니라 특별한 언어이자 바로 '도道'이다. 그것은 생활세계의 도리를 말하며, 아울러 인생의 길을 개통하여 사람의 존재를 지도하여 이끈다. 바로 이와 같기 때문에 지혜언어는 지도력을 가진 언어이다.

3.

만약 지혜가 가장 근본적으로 언어나 말로 표현된다면, 우리는 언어나 말 자체가 지닌 본성을 밝혀야 한다. 우선 누가 말을 하는가? 돌은 아무런 말이 없고, 동물은 울부짖을 따름이며, 오직 인류만이 말을 한다는 것은 의심할 여지가 없다. 언어는 인류만이 지닌 현상이다. 인류에게만 언어가 있고, 인류의 언어가 아닌 것은 없다. 이와 같다면 모든 지혜언어는 사람이 말한, 즉 사람의 말이다. 그러나 이것이 결코 지혜언어가 사람에게 도구가 된다는 것을 의미하지 않는다. 오히려 이와는 완전히 반대로 사람이 지혜언어의 도구가 된다. 지혜언어는 인류의 입을 빌려 자신을 표현해 낸 것이며, 아울러 그 지혜를 얻어 지혜로운 한 사람이 되도록 한다. 이러한 사람이 진정한 의미에서의 사람이다. 다만 지혜언어는 여러 종류의 말로 표현된다.

첫째, 사람이 말한 지혜로, 일상적 지혜이기도 하다. 생활세계에서 사람은 갖가지 일상적 생활 지혜를 만날 수 있는데, 수많은 속담·격언·잠언·전설·고사와 민요 등이 그것이다. 그것들은 대부분 처세의 도리를 설명하는 것으로, 인생과 세계에 대한 진상眞相과 가상假象을 명백하게 밝혀 사람들이 정확하게 큰 도를 가도록 한다. 일상적 지혜를 말한 사람은 성도 이름도 없는 옛날 사람, 노인 혹은 사람들, 심지어는 누구라 칭할 수 없는 이들이다. 옛날 사람과 노인의 말은 역사와 시간의 검증을 거친 것으로, 그 자체가 정확하다는 것을 스스로 드러낸다. 사람들의 말이란 것은 어떤 구체적인 인물이 자신의 개별적인 체험에 관해 진술한 것이 아니라, 인류의 경험을 총괄하였음을 의미한다. 무인칭의 말에서는 언어 자체의 독립성이 분명하게 드러난다. '말'의 관건은 그것이 진리를 말하는가의 여부에 달린 것이지, 누가 그것을 말했는가 하는 것은 그리 대수롭지 않다. 사람이 말한 지혜 형태에서 그 말을 원래 한 사람이 종종 숨겨져 드러나지 않는다. 이렇게 사람이 말한 수많은 지혜는 서로 다른 방식으로 사람의 말, 사상과 생활을 규정한다. 그러나 사람이 말한 지혜는 한계가 있다. 그것은 때때로 어리석음과 뒤섞여 있어서, 그냥 보기에는 지혜로운 말이지만 실제로는 어리석은 견해인 경우가 있다.

둘째, 천이 말한 지혜로, 곧 자연적 지혜이다. 이러한 지혜 역시 당연히 사람이 입으로 말한 것이고, 심지어는 성인의 입을 통해서 말해진 것이기도 하다. 그러나 이러한 성인들은 단지 천을 대신해서 말하거나, 천을 대신해서 도를 세운 것일 뿐이다. 중국 고대의 성인들은 일종의 특별한 사람들로, 그는 천지자연과 일반 백성 사이에 위치하며, 천지의 도를 일반 백성들에게 전해 주었다. 천지자연에는 확연하게 드러나 있거나 은미하게 숨겨져 있는 지혜가 내재해 있다. 그것이 드러나 있는 까닭은 천지의 지혜가 천지의 진정한 모습으로, 해와 달이 하늘을 지나고, 강과 하천이 땅을 흘러가는 것과 같기 때문이다. 그것이 숨겨져 있는 까닭은 사람들이 그것을 발현해 내어 그것을 분명하게 인식하지 못했기 때문이다. 성인이 천지의 도를 몸소 깨달을 때, 숨겨져 있던 천지의 지혜는 완전하게 드러나 밝혀지게 된다. 천지자연의 도는 사람들에게 순전히 자연을 따라 행하길 요구하지 않는 것이 없다. 그러나 천이 말한 지혜는 천지의 문文에 대한 깨달음에서 세워지기 때문에, 어떤 때는 몽롱하여 분명하지 않다. 그것은 마치 아침에 해가 뜨는 무렵이나 저녁의 해가 질 무렵과 같아서, 밝기는 하지만 또 어두운 것이 있어서, 밝음과 어둠이 뒤섞여 있다.

셋째, 신神이 말한 지혜로, 곧 신이 계시한 지혜이다. 신은 여러 형태가 있다. 자연신이 있기도 하고, 인격신이 있기도 하며, 인간과 신이 결합된 반인반신半人半神이 있기도 한다. 신은 또 누군가에게 오직 하나이기도 하고, 혹은 여럿이기도 하다. 신의 지혜는 신의 자취를 통해서 드러나는데, 그것은 대부분 암시이거나 상징의 형태이다. 예를 들어 하늘의 번개와 땅 위의 세찬 불기둥, 그리고 어떤 사람이 경험한 한낮의 환상과 한밤중의 꿈과 같은 것들이다. 그러나 자연적 지혜와 마찬가지로, 신이 말한 지혜 역시 사람, 특히 성인을 통해서 말해진 것이다. 하지만 이 성인이 자연적 지혜를 말한 저 성인은 아니다. 만약 자연적 지혜의 성인이 천지자연과 일반 민중 사이의 매개자이자 전달자라고 말할 수 있다면, 신이 계시한 지혜를 말하는 성인은 신령과 일반 민중 사이의 매개자이다. 신령 혹은 하나님 자체가 바로 지혜 자체이고, 이것은 그가 모든 것을 알고 있다는 사실에서 확인된다. 그러나 신의 지혜는 언어적이지 않은데, 그것은 반드시 성인의 입을 빌려야만 언어로 형성되어 표현된다. 신의 말은 일반적으로 모두 성인에게 영감을 주어, 그들이 사람의 말을 하는 것이 아니라, 신의 이야기를 말하도록 한다. 신령이 몸에 의지할 때, 성인들 또한 신의 현재화 혹은 화신이 된다. 성인이 신을 대신하여 말하는 것 외에, 신은 스스로 자기 자신을 계시해 보여 줄 수 있다. 예를 들어 기독교의 하나님과 예수의 관계는 도가 육신을 이룬 것이자, 말씀이 육신을 이룬 것이기도 하다. 그리스도는 곧 진정한 사람이자, 동시에 진정한 신이기도 하다. 그는 스스로 선도宣道를 통해 진리를 드러내 보여 준다. 기독교의 도가 육신을 이루는 것과 달리, 석가모니는 육신이 도를 이루었다고 말할 수 있다. 비록 석가모니는 신이 아니라 그저 한 사람일 뿐이지만, 그는 신에 준하고 신과 비슷한 특성을 갖추고 있다. 한쪽 측면에서 보자면 그는 신과 다르고 창조주도 아니며, 단지 세계의 생겨나고 사라지는 인연을 통찰하였을 뿐이다. 또 다른 측면에서 보자면, 그는 신과 서로 닮아 있어서 세상의 구원자이자, 지혜로 중생을 제도濟度한다. 불교에서 불·법·승은 삼보라고 일컬어진다. 여기에서 법이란 바로 석가모니가 말한 지혜이다. 법은 한편으로 석가모니가 어떻게 석가모니가 되었는지를 드러내 보여 주고, 또 다른 한편으로 승려를 승려가 되도록 한다. 부처의 말은 일반적인 사람의 말이 아니라, 세상만물의 실상을 깨달은 존재자의 말이다. 부처가 말한 지혜는 일종의 신에 준하는 자가 가르치는 혹은 신과 유사한 자가 가르치는 지혜의 형태로 볼 수 있다. 모든 신이 가르치는 지혜는 사람이 신의 말을 들어야 하고, 사람의 말을 들어서는 안 된다는 것을 강조한다. 이것은 또한 사람들이 진리를 듣고 따르며 거짓말은 버릴 것을 요구하는 것이기도 하다. 그러나 신이 말한 지혜는 치명적인 위험도 안고 있는데,

그것은 신비함으로 흘러가 미신을 만들기도 한다. 일단 그것이 스스로의 경계를 지키지 않으면, 지혜는 어리석음으로 변질되어 버릴 수 있다.

4.

지혜언어는 일종의 독특한 언어가 되는데, 그 말하는 방식 또한 일반적인 것과 같지 않다. 사람들은 일반적으로 언어의 문체를 서술과 서정 그리고 논설 등으로 구분한다. 서술은 특정한 시간과 지점에서의 사람과 사건을 묘사하는 것이고, 서정은 사람이나 사물에 대해 좋아하고 미워하는 사람의 정감을 드러낸 것이라면, 논설은 특정 사물의 도리나 원리에 대해 설명하는 것이다. 다른 언어 형태와 달리, 지혜언어에서 그 핵심은 서술이나 서정이 아니라, 논설을 통해서 도리, 곧 인간과 사물이 존재하는 원리를 설명하는 것이다. 당연히 지혜언어는 논설을 통한 원리를 설명하는 것 외에, 서술과 서정의 방식을 빌려 와 스스로를 표현할 수 있다. 예를 들어 우화가 이야기의 서술 속에서 특정한 도리를 드러내 보여 주거나, 찬송가처럼 노래를 부르는 중에 신의 위대함을 찬양하는 것과 같은 것이다. 그러나 이와 같은 서사와 서정은 모두 단지 도리를 말하는 데 도움을 주는 다른 형태의 법문法門일 뿐이다. 부인할 수 없는 것은 이것 역시 소극적인 작용, 곧 그것은 지혜언어의 순정한 본성을 가리는 작용을 할 수 있다는 점이다. 중국이나 서양의 역사에 있어서, 유교나 도교, 선종은 물론이고 기독교까지도 모두 신화전설과 역사 사건을 빌려 와 도리를 설명하고 있다. 이것은 사람들이 지혜의 이야기가 지나치게 간단하게 신화나 역사와 같은 것이라는 생각을 초래할 수 있다. 따라서 지혜의 이야기가 가진 순수한 본성을 보증하기 위해 사람들은 마땅히 신화화 혹은 역사화를 제거해야 한다. 이러한 과정을 통해서, 지혜의 이야기 가운데 신화와 역사적 요소들을 제거하고, 그 진리가 직접 드러나도록 해야 한다. 만약 이렇게 이해한다면, 우리는 지혜언어가 말하는 것이 이미 혹은 지금 혹은 장래에 발생하는 어떤 역사적 사건과 부합하거나, 아울러 이러한 역사적인 사건을 가지고 지혜언어에 대한 진위 여부를 저울질할 것을 요구할 수 없다. 지혜언어가 가진 진실성은 역사 사실의 진실이 아니라, 사람의 존재 원리나 도리의 진실이다. 이와 같은 의미에서 지혜언어의 진실은 어떠한 종류의 역사적 사건의 묘사에 관한 언어의 진실보다 높은 곳에 있다.

문체에 있어서 분명한 특징을 가지고 있다는 것 외에, 지혜언어는 어법의 형식에 있어서도 특징을 가진다. 일반적인 언어학의 문장형태에 대한 분류에 근거해 보면, 문장은 서술문과 의문문 그리고 명령문 등으로 구분된다. 분명한 것은 지혜언어가 일반적인 서술문이나 의문문에 속하지 않고, 명령문에 속한다는 점이다. 그것의 기본적인 본성은 요구하고, 명령하며, 경계하고, 인도하며, 권면하는 것 등이다. 비록 지혜언어 역시 서술문과 의문문의 형태로 드러날 수 있지만, 그 말로 표현된 것 속에 포함되어 있는, 말해지지 않은 것은 여전히 명령의 의미를 가진다. 그것은 서술문과 의문문에서 사람이 무엇을 해야 하는지 혹은 무엇을 하지 말아야 하는지를 보여 준다. 이것은 지혜언어가 일종의 긍정 혹은 부정, 파괴 혹은 창조의 힘을 가지고 있음을 보여 준다. 그러나 지혜언어는 단지 말에 불과할 뿐이고, 행동은 아니다. 그것은 큰 힘을 가지고 있기보다는 무능한 것처럼 보인다. 그럼에도 불구하고 지혜언어는 행동을 이끌어 낼 수 있을 뿐만 아니라, 궁극적으로는 행동이 된다. 그래서 그 무능함은 또한 큰 힘이기도 하다.

긍정적인 표현과 비교해 보자면, 지혜언어는 부정적인 표현 방식을 더욱 선호한다. '아니다'와 '없다'는 말이 핵심적인 용어가 된다. 왜 이렇게 되는가? 이것은 이미 주어진 언어 형태에서 욕망의 언어와 도구적 언어가 원초적이면서 주요 내용이기 때문이다. 그것들은 희미한 것이고, 무질서한 것이며, 심지어는 어두운 것이다. 이러한 언어 형태에 맞서 지혜언어는 마치 광명이 어두움을 부정하여 자신에 대한 긍정에 도달하듯, 무엇보다 먼저 부정하게 된다. 그렇기 때문에 지혜는 일반적으로 빛을 가진 것, 태양이나 별, 불빛이나 밝은 등불 등으로 비유된다. 유가와 도가에서는 지혜를 천지 사이에 빛나는 해와 달의 밝음에 비유하여 말하였고, 불교에서는 부처의 빛이 세상의 모든 것을 비추는데 해와 달보다 더 밝은 것이라 여긴다. 기독교는 하나님의 빛이 사람의 진정한 생명을 비춘다고 강조한다.

자기 자신의 빛에 의지해서, 지혜언어는 그 세계를 구분하는 일을 하게 된다. 그것은 무엇이 필연적으로 존재하는 것이고 또 무엇이 필연적으로 존재하지 않는 것인지를 분명하게 구분하는데, 그 약한 형식이 바로 존재와 허무, 옳음과 그름의 구분이기도 하다. 이것과 관련해서 그것은 무엇이 드러난 것이고 무엇이 숨겨져 있는 것인지, 무엇이 진실한 것이고, 무엇이 허구적인 것인지를 구분한다. 이와 같은 구분과 동시에 지혜언어는 비교를 진행하는데, 무엇이 좋은 것이고 무엇이 나쁜 것인지, 그리고 무엇이 상대적으로 좋은 것이고 무엇이 가장 좋은 것인지를 구분해 낸다. 이러한 기초 위에서 지혜언어는 선택을 하게 되는데, 사람들은 어두운 길을 버리려 하고, 옳은 것처럼 보이지만 옳지 않은 사람의 길을 가지 않으려 하면서, 밝은 길 곧 진리의 길을 가려고 한다. 이것이 시작할 수 있는 결정이 된다. 일반적으로 말하는 실존적 용기는, 존재하는 것 혹은 존재하지 않는 것의 선택을 제거하고, 최종적으로는 모두 지혜언어가 인도하는 것을 따르는지의 여부와 관련된다.

지혜언어가 부정적 언어가 된 것은 역사적 발전과정을 거쳤다.

현대 인류학의 연구가 이미 보여 주고 있듯, 인류의 가장 초기 언어는 부정적 언어였다. 그것이 바로 금기이고, 구체적으로는 식물이나 성에 관한, 곧 특정 식물을 먹어서는 안 된다는 토템이나 근친상간을 해서는 안 된다는 금기였다. 이것이 인류의 근원적 지혜이고, 근원적 언어가 인간 존재에게 확정해 준 가장 원초적 경계이다. 한편으로 그것은 인간 자신의 욕망에 경계선을 그어 주었다. 어떤 것은 먹을 수 있고, 어떤 것은 먹을 수 없는 것인지, 어떤 사람과는 성적교제를 할 수 있고, 어떤 사람과는 성적교제를 해서는 안 되는지를 확정해 준 것이다. 다른 한편으로 그것은 또한 사람이 사용하는 도구에 경계선을 그어 주었다. 어떤 도구는 사용할 수 있는 반면 어떤 도구들은 사용할 수 없다는 것을 확정해 준 것이다. 비록 금기는 원초적으로 인간과 자연, 인간과 인간 사이의 경계를 확정해 주면서, 아울러 이들 사이의 관계 역시 유지·연결시켰지만, 그러나 이와 같은 부정적 언어는 신비로운 것이기도 하다. 그것은 죽음을 금기의 경계선으로 확정한다. 다시 말해서, 어떤 사람이 금기를 위반했을 때, 그 사람은 신령으로부터 오는 징벌적인 죽음의 위험을 마주하게 된다. 그러나 금기가 부정적 언어가 되는 것은 스스로 진정한 근거를 제시해 보여 주는, 곧 왜 금기를 위반할 경우 죽음에 이르는지를 설명하지는 않는다.

그 뒤의 인류 역사 발전 과정에서 부정적 언어는 종교적 계율의 기본적 내용을 구성하였다. 우선적인 것은 사람이 무엇을 해서는 안 되는지였고, 그다음이 비로소 사람이 무엇을 할 수 있는지였다. 가장 전형적인 형태는 유대교의 '모세십계' 가운데 '살인하지 말라'와, 중국의 전통문화 중에서 유가의 예의禮儀, 도교와 불교에서의 계율 등과 같은 것이다. 부정적 언어는 여기에서 더 이상 금기가 아니라 금지하는 명령이 된다. 금기를 범했을 때 신령에 의한 신비한 죽음을 불러올 수 있다고 위협하였다면, 이것과 달리 금지하는 명령을 위반했을 경우 인간에 의해 죽음을 포함한 여러 처벌을 불러올 수 있다. 비록 금기에서 금지하는 명령으로 전환되는 과정에서 신령으로부터 사람으로 처벌의 주체가 바뀌었지만, 그러나 그것은 여전히 사상 자체는 아니었다. 사상은 금지하는 명령의 의의를 충분히 드러내 보여 주지 못하였던 것이다.

부정적인 언어가 금기와 금지하는 명령의 형태를 벗어나, 그래서 순수한 언어 자신으로 되돌아와서 일종의 부정적 사상이 되었을 때, 이것이 바로 지혜의 근본이 있게 되는 곳이다. 부정적 언어가 부정적 사상이 되는 것은 외적인 힘을 빌려 의지해서가 아니라, 자신의 빛에 의지해 어두움을 부정해서였다. 그것은 거짓말을 부정하고 진리를 긍정한다. 동시에 그 스스로 왜 부정하고 또 왜 긍정하는지를 설명한다. 이것은 부정적 사상 자신이 스스로를 위해 근거를 세우고 설명한다는 말이다. 기독교의 핵심적인 문제는 사람의 거짓말과 신의 진리를 구분하는 일이다. 그것은 어떻게 그것이 거짓말이고, 어떻게 그것이 진리인지를 설명한다. 그것은 또한 사람들에게 거짓말을 버리고 진리를 따를 것을 환기하고 있다. 그러나 이렇게 진리를 따르는 것은 결코 아무런 생각 없이 복종하는 것이 아니며, 생각을 거친 이해를 토대로 한다. 마찬가지로 중국 선진先秦시대 사상인 공자나 맹자 그리고 노자나 장자 역시 '없다'나 '아니다' 그리고 부정적 사상의 형성에 관한 것을 그 주제로 삼고 있다. '없다'나 '아니다' 그리고 '부정'이 중요한 까닭은 그것들이 도가 아닌 것에 가려진 것을 제거하고, 도 자체를 드러내 보여 줄 뿐만 아니라, 심지어는 도 자체가 되기 때문이다. 당연한 말이지만, 진리가 되는 도는 유가와 도가에서 다른 의미를 가지고 있다. 유가에서는 예악과 인의의 도를 말하고, 도가에서는 자연과 본성의 도를 말한다.

현대에 이르러 부정적 언어는 주로 각종 법률로 표현된다. 현대사회의 근본 특징 가운데 하나는 법치사회이다. 신권도 아니고 왕권도 아닌, 인권에 기초한 현대 법률제도는 전체 사회의 놀이규칙을 제정하였고, 아울러 사람들의 현실생활을 규정하였다. 그 가운데 특별히 각 민족국가의 근본법이 되는 헌법과 국제연합의 인권선언은 결정적 의의를 가진다. 법률이 놀이의 규칙이 되는 것은 사람들이 현실세계에 기초해서 사유를 통해 약속한 것이지만, 그러나 그것은 사람을 벗어난 상위의 권위와 힘을 가진다. 그렇기 때문에 법률이 지혜언어가 되는 것은 전형적인 권력의 이야기이다. 헌법은 사람의 권리와 의무를 규정하고 있다. 그런데 권리라는 것은 결국 사람이 무엇을 하지 않아도 되는지 그리고 무엇을 해도 되는지의 문제이고, 의무라는 것은 사람이 반드시 무엇을 하지 말아야 하는지 그리고 반드시 무엇을 해야 하는지의 문제이다. 다른 법률조항, 예를 들어 민법이나 형법의 핵심 조항들 역시 먼저 부정적이고, 그다음이 비로소 긍정적이다. 이것은 바로 법률의 주요 표현이 부정적인 언어이기 때문이고, 그래서 일반적으로 법률에서 반대하지 않는 것은 곧 위법이 아닌 것으로 행할 수 있는 것이 된다. 당연하게도 현대의 놀이규칙은 헌법과 법률의 언어 형태 이외에 여전히 다른 각종 언어 형태를 가진다. 그러나 이러한 언어는 모두 생활세계의 사람들을 위해 그 경계선을 확정한다. 그것은 무엇이 갈 수 없는 길인지와 동시에 무엇이 갈 수 있는 길인지를 분명하게 가르쳐 준다.

5.

지혜언어의 구조 속에서, 우리는 그 말하는 자와 말하는 행위 방식에 대해 탐구해 보았지만, 여전히 그 말의 내용을 분명히 밝혀야 한다. 앞에서 설명하였듯 지혜언어가 말하는 것은 사람에 대한 규정이다. 그런데 이러한 규정은 아직 좀 더 구체화되어야 한다.

사람이 말한 지혜 가운데 사람에 대한 규정은 좋은 사람이 되고 나쁜 사람이 되지 말라는 것이다. 여기에서 '선악'의 표준 곧 가치척도 역시 개인이 정한 것이 아니라 사람들이 확정한 것이다. 그것은 한 사회의 풍격·습속·대중여론 등을 표현하고 있다. 선악의 관건은 개인의 언행뿐만 아니라, 한 사람이 다른 사람을 대하는 관계에 있다. 좋은 사람은 다른 사람들의 이익을 보호하는 사람이지만, 이와 반대로 나쁜 사람은 사람들의 이익을 해치는 사람이다. 좋은 사람은 매우 비범한, 예를 들어 공평하여 사사로움이 없고, 선량하고 우애로우며, 남을 돕기를 즐겨 하는 등의 인격을 지니고 있다.

천이 말한 지혜 가운데 사람에 대한 규정은 천에 순응해서 살아가는 사람이지, 천을 거스르는 사람이 아니다. '천도天道'는 이미 자연적으로 우리에게 주어진 것이며, 그것이 우리 '인도人道'의 기초가 된다. 사람은 천지天地라는 큰 도 위를 걸어가되, 천지가 요구하는 것에 근거하여 생활하고 사유하며 말해야 한다. 이러한 사람이 곧 '천자天子' 또는 '성인聖人'이 될 수 있다. 그렇지 않고 천도를 위배하는 사람은 천과 사람에게 공분을 불러올 뿐이다. 천자와 성인은 대중들의 관리자이며 인도자이다. 그들은 광명정대光明正大 · 숭고 · 관후寬厚 · 위엄과 같은 천지의 큰 덕을 지니고 있다.

신이 말한 지혜 가운데 사람에 대한 규정은 신령의 자녀가 되라는 것이지, 마귀의 자녀가 되어서는 안 된다는 것이다. '신령'은 다양한 형태로 사람들에게 그 자신을 드러낸다. 신령의 자녀로서 그들은 신령의 각종 계시를 자기 존재의 근거로 삼는다. 이와 달리 마귀의 자녀는 마귀의 의지에 따라 일을 행한다. 신령의 자녀는 신령의 총애를 받는 사람으로, 그들은 신념 · 경건 · 봉사 · 희생 등의 정신을 품고 있다.

6.

인류가 지닌 모든 지혜의 형태 가운데, 중국의 지혜는 일종의 특별한 지혜이다. 이것은 일반적으로 사람이 말한 지혜도 아니고, 모종의 신이 말한 지혜도 아닌, 천이 말한 지혜에 속한다.

사람들은 일반적으로 중국의 사상을 유儒·도道·선禪 3가라고 분류한다. 유가의 성인은 인의仁義와 도덕을 추구하며, 도가의 이상은 천지의 도道를 투철하게 깨닫는 것이고, 선종에서는 최고의 지혜를 자기의 깨달음, 즉 자성自性의 발현이라고 여겼다. 이 세 가지는 비록 커다란 차이가 있으나 공통된 특징도 지니고 있다. 즉 이들이 지향하는 지혜는 인생의 경험도 아니고 신성神性의 계시도 아니며, 바로 자연이 주는 '진리'이다. 유가의 지혜는 주로 사람이 세상에서 살아가는 것에 관한 지혜이지만, 세상의 구조나 등급서열을 안배할 때 시종일관 '천지'를 가장 근본적인 위치에 둔다. 그래서 '천도'는 '인도'의 근거라고 말하는 것이다. 도가의 지혜는 핵심이 사람과 자연의 관계에 대한 지혜이며, 사람은 자연세계처럼 '무위자연無爲自然'해야 한다고 주장한다. 선종의 지혜는 근본적으로 마음에 관한 지혜이며, 마음 자체로 돌아가 그 빛나는 자성自性을 회복하는 데 그 뜻이 있다. 이 세 가지는 실로 인간에게 주어진 것, 바로 자연성을 긍정한 것이다.

이 때문에 중국의 지혜에서 '천'이 말한다는 것은 곧 자연이 말한다는 것이다. '천도'는 말하지 않지만, 분명하게 드러난다. 하늘에서는 해·달·별로 천문을 이루고, 땅에서는 산·하천·강으로 지리를 이루며, 천지간에서는 광물·식물·동물로 물상物象을 이룬다. 그것이 사람의 몸에 있어서는 천성天性이 되고 본성本性이 된다. 성인이 위대한 것은 천을 대신하여 말하고, 천을 대신하여 도를 행하여 '천도'를 말하고 또 '인도'의 기반을 구성했다는 점이다. 공자와 맹자는 유가의 인의도덕을 말하였고, 노자와 장자는 도가의 천지도덕을 말하였으며, 혜능慧能은 선종의 자성과 자심自心을 말하였다. 이와 같은 등등의 사람들이 있다.

중국의 지혜를 말로 할 경우 특히 부정적 언어가 두드러진다. 도가와 선종뿐만 아니라 유가도 자신만의 독특한 방식으로 '무無'를 사유의 주제로 삼았다. '무'는 비슷한 종류의 언어가족 곧, 비非·불不·막莫·물勿·공空·부정否定 등을 거느리고 있다. '무'는 당연히 '부정'을 의미하는데, 어떠한 사건이 부정적으로 진행되고 있음을 말한다. 유가의 "예가 아니면 보지 말라"(非禮勿視), 도가의 "말할 수 있는 도는 영원한 도가 아니다"(可道非常道), 선종의 '무념無念'이 바로 이에 해당한다. 그러나 '무'는 또 달리 최고의 존재 또는 존재자 최고의 의의를 의미하기도 한다. 그래서 존재가 허무虛無이며, 허무가 곧 존재이게 된다. 이와 같이 이해된 '무'는 '도' 자신의 본성이다. 서양과 비교했을 때 중국의 지혜는 '무'를 지고무상至高無上의 빛나는 지위에 끌어올린 것이다.

그렇지만 중국의 지혜는 이런 저런 말을 통해 최종적으로 사람에게 기본적인 규정을 하고 있는데, 즉 사람에게 하나의 길을 밝혀, 사람이 자신의 운명을 알고 완성할 수 있게 한다. 중국의 지혜는 사람을 좋은 사람과 나쁜 사람, 군자와 소인, 지혜로운 사람과 어리석은 사람으로 구분을 한다. 그렇지만 성인을 사람의 궁극적 이상으로 삼은 것은 사람에 대한 최고의 규정이다. 성인은 하늘과 땅 사이에 살며, 천도를 몸소 깨닫고 인도를 밝혔다. 물론 유가·도가·선禪의 성인은 다른 의미를 가진다. 유가의 성인은 '인자仁者'이다. 그는 다른 사람을 사랑하는 사람이고, 세상의 민중에 관심을 가지고 사랑하는 사람이다. 도가의 성인은 '진인眞人'이다. 그는 도를 지니고 천지만물과 일체를 이룬 사람이다. 선종의 성인은 '불자佛子'이다. 그는 깨달은 자이자, 자비와 지혜를 운용하여 천과 사람 모두에게 은혜를 미치는 사람이다.

중국의 지혜는 풍부하면서도 매우 오랜 역사를 가졌다. 우리는 존재·사상·언어 등의 측면에서 그것이 세워진 구조를 밝혀야 할 뿐만 아니라, 또한 예를 들어 유가·도가·선禪 등의 역사적 형태를 분석해야 한다. 이러한 기초 위에서, 중국의 지혜 가운데 죽은 것과 살아 있는 것을 구분해야 하고, 새로운 중국적 지혜의 가능성을 제시해야 한다. 이렇게 해야만 비로소 진정한 중국의식의 각성이 이루어진다. 오직 이렇게 해야만 '국혼'은 비로소 영원할 수 있다.

제1장 존재 또는 세계

1. 세계

우리가 중국 지혜의 본성을 탐구할 때, 우선 그 시작점에 대해 논의를 해야 한다. 사상으로서의 지혜는 시작점이 있기 마련이다. 그리고 이러한 시작점은 사상의 출발점이자 귀결점이기도 하다. 그래서 사상의 시작점은 그 사상의 발전과정과 전체를 규정한다. 그렇다면 인류 전체 지혜의 독특한 형태로서 중국 지혜에 관하여 어디에서부터 사고해야 하는가?

인류 지혜의 다양한 형태 가운데, 어떤 것은 하느님(上帝)이나 신으로부터 시작하고, 어떤 것은 현실과 가상세계의 공존 또는 윤회로부터 시작한다. 이러한 지혜들과 달리 중국 지혜의 출발점은 세계, 즉 구체화된 인간의 생활세계이다. 다시 말하면 중국 지혜는 세계의 시작 그 자체로부터 사고했다는 것이다. 고대 중국어에서 '세계世界'는 시간과 공간을 의미한다. '세世'는 고금왕래古今往來, 즉 시간을 가리킨다. 그리고 '계界'는 동서남북, 즉 공간을 의미한다. 또한 세계와 우주는 같은 의미를 지닌다. 우주도 시간과 공간을 가리키는 개념이다. '우宇'는 상하사방上下四

方을 뜻하고, '주宙'는 고금왕래를 가리킨다. 이러한 의미에서 세계는 바로 공간과 시간의 결합이다. 즉 한편으로 그것은 공간이면서 시간성을 지니고, 다른 한편으로는 시간이면서 공간성을 지닌다. 다시 말해 세계는 공간의 시간화이면서 시간의 공간화이다.

비록 세계는 시간과 공간이 결합된 존재로 규정될 수 있지만, 그것은 또한 '영역領域'이라고도 이해될 수 있다. 그리고 이러한 '영역'으로서의 세계는 여러 가지 종류로 분류될 수 있는데, 물리적 세계(物理世界)와 심리적 세계(心理世界) 등이 그것이다. 그러나 일반적으로 세계는 인간이 실제로 그 속에서 생활을 영위하는 세계를 가리킨다. 그리고 이러한 세계는 현실적인 세계이다. 여기서 세계의 시간성과 공간성은 모두 구체화된다. 다시 말해, 이러한 세계에서 시간은 더 이상 자연적인 시간이 아니라, 역사 발생의 시간이 된다는 것이다. 인생의 맥락에서 본 세계는 인간의 삶과 죽음 사이에 있다. 인간의 일생은 태어남에서 죽음까지 이르는 길을 걷고 있다. 다른 한편으로, 현실세계에서의 공간도 더 이상

[전국戰國] 「초백서楚帛書」

자연적인 공간이 아니라, 인간 생존의 공간이 된다. 그리고 인생의 맥락에서 본 이러한 세계는 인간이 생존하는 천지天地 사이에 있다. 인간은 하늘 아래 땅 위에서 삶을 영위한다. 이와 같은 세계에서 인간은 생활하고 노동하며 사

망하고 번식한다. 삶과 죽음이 끊임없이 되풀이하고 순환한다. 세계는 인간과 사물로 채워진 세계이다.

만약 세계가 시간-공간적 존재라면 그 자체에 시작점이 있는가? 당연히 있다. 실제로 세계의 존립이 바로 시간과 공간의 시작점이다. 심지어 세계 자체가 그 시작점을 의미하기도 한다. 세계는 '세계 이전의 세계'(前世界), 그리고 '세계 아닌 세계'(非世界)와 구분되어 자신을 형성한다. 그렇다면 '세계 이전의 세계'는 어떠한 존재인가? 그것은 혼돈混沌이다. 혼돈은 아득하고 무질서한 상태이다. 이는 마치 사람들이 흔히 말하는 '하늘은 검고 땅은 누르며 우주는 혼돈몽매混沌蒙昧하다'는 것과 같다. 실제로 혼돈 속에는 하늘도 없고 땅도 없으며, 우주조차도 없다. 반대로 세계는 밝고 생동하는 가운데 질서가 정연하다. 세계의 시작이 곧 천지의 시작을 의미하고, 해와 달이 빛을 밝혀 만물을 비추는 것을 뜻한다. 이러한 빛은 하느님에 의한 빛도 아니고, 불성佛性으로 인한 빛도 아니며, 자연에서 비롯된 빛이다. 이러한 자연의 빛을 바탕으로 인문의 빛이 생겼다. 그리고 인문의 빛으로 인해, 인간의 생활세계는 밝음으로 가득 찼다. 따라서 인간은 동물성을 넘어서고, 문명이 야만을 초월하게 되었다.

중국 지혜는 세계를 철학적 시발점으로 삼았을 뿐만 아니라, 세계 시작점의 의미에 대해서도 논의했다. 여기에서 말하는 시작점은 본체, 시원, 태초, 본근本根, 근거, 기초, 그리고 통일 등을 의미한다. 세계의 시작에 관해서 중국사상은 수많은 다양한 이론을 제기했는데, 그 주요한 것은 도론道論, 기론氣論, 리론理論, 심론心論으로 나눌 수 있다.

첫째는 도론이다. 이는 주로 노자와 장자의 이론을 대표로 한다. 그들은 도道를 세계의 시원으로 본다. 세계의 시원으로서 도는 천지에 앞서 존재하는 것이다. 도 자체에는 그 어떠한 외적 근거가 없고, 스스로를 근거로 삼는 내적 근거만을 가지고 있다. 도는 단지 스스로의 법칙을 따를 뿐이다. 그러나 도는 천지만물을 생성하는 존재이다. 다시 말해, 도가 없다면 만물의 존재 근거가 없어진다. 도가 있어야만 만물이 존재 근거를 갖출 수 있다. 이러한 중요한 이유로 인해, 만물은 모두 도의 법칙에 따를 수밖에 없다.

둘째는 기론이다. 중국의 유가나 도가의 많은 사상가들이 기론을 지지한다. 이러한 관점에 따르면 천하는 하나의 기氣로 통한다. 기는 보이지도 않고 만져지지도 않지만 존재한다. 이처럼 기는 일종의 신비로우면서도 분명히 존재하는 것이다. 곧 기는 한편으로 신비롭다. 그것은 천지 사이에 존재하는 다른 사물과 동일시될 수 없고, 더욱이 협의적으로 어떠한 기체氣體와 같은 것으로 이해될 수도 없다. 다른 한편으로, 기의 존재는 분명하다. 그것은 천지 사이에 가득 차 있을 뿐만 아니라, 또한 만물에 내재되어 있다. 이러한 맥락에서 이해된 기는 천지만물을 구성하는 기본 원소이다. 형태가 있는 사물이든 그렇지 않은 사물이든 간에 만사만물은 기로 이루어지지 않는 것이 없다.

또한 기는 같은 종류의 사물을 연결하는 중간 매개자이다. "같은 기는 서로 찾고, 같은 소리는 서로 응한다"[1]라는 말이 바로 기의 이러한 특징을 나타내는 말이다. 그리고 기는 또한 만물의 운동과 변화를 일으키는 원인이기도 하다. "기가 모이면 사물이 형성되고 흩어지면 사물이

---

1) 『周易』, 「乾卦」, "同氣相求, 同聲相應."

사라진다"(氣聚之成物, 散之毀物)라는 말이 바로 이를 가리키는 것이다. 이와 같이 기는 만사만물의 생멸을 결정한다. 이러한 맥락에서 기는 심지어 '무극이태극無極而太極'[2])이라고 이해될 수 있다. 소위 '무극'이라는 것은 물질적 속성을 갖추지 않고, 있음(有)을 초월한 없음(無)의 상태를 의미한다. 그리고 '태극'은 가장 높은 차원의 시작점, 즉 가장 본원적인 시작점을 가리킨다.

셋째는 리론이다. 정주리학程朱理學의 학자들이 리론의 대표이다. 그들은 리理를 천리, 즉 만물의 법칙이라고 주장한다. 리는 스스로 존재할 수 있고(自在) 자명自明한 것이며, 천지에 가득 차 있고 만물을 지배한다. 리는 천지에 앞서 존재한다. 그래서 이러한 리가 있어야만 천지가 존재할 수 있고, 그렇지 않으면 천지도 존재할 수 없다. 또한 천지 사이에 하나의 리만 존재한다. 그렇지만 이와 같은 근원적인 리는 각각의 사물 속에 나누어져 존재하기도 한다. 그래서 사람마다 하나의 리를 지니고 사물마다 하나의 리를 가지고 있다. 리학에서의 리는 도가의 도道와 공통점을 지니는데 그것이 바로 천지자연의 성이다. 그러나 도가에서는 주로 도와 만물의 관계를 다루는 것과 달리, 리학에서는 주로 천리론天理論으로 그 심성론心性論의 기초를 마련하는 데 초점을 맞춘다. 이 밖에도 도는 말로 표현할 수 없는 특성을 가지고 있는 데 비해 리는 보다 구체적이고 풍부한 내용을 가지고 있다.

넷째는 심론이다. 육왕심학陸王心學의 학자들이 심론의 대표이다. 그

---

2) 역자주: 이것은 周敦頤의 『太極圖說』에 나오는 말로, 뒷날 朱熹는 "무극이면서 태극" 이라는 뜻으로 이해하였는데, 이와 달리 저자는 여기에서 "무극으로부터 태극이 생겨났다"는 의미로 이해하고 있다.

들은 심心을 인심人心으로 이해하고, 인간에게 스스로 주어진 선천적인 것으로 간주한다. 그러나 이러한 심은 거짓되고 허망한 심(妄心)이 아니라, 순결하고 허물이 없는 본심本心이다. 육구연陸九淵은 천지만물의 이치가 모두 인간의 마음에 존재하고, 동시에 인간의 마음이 만사만물의 이치를 모두 담고 있다고 주장한다. 그러므로 육구연은 "내 마음이 곧 우주이고 우주가 곧 내 마음이다"3)라고 말했다. 왕수인王守仁(陽明)은 육구연의 학설을 발전시켜 "마음 밖에 리理가 없고, 마음 밖에 사물도 없다"4)라고 주장했다. 이는 인간의 마음이야말로 천지만물의 본원이라는 것이다. 인간의 마음이 없으면, 천지는 까마득하고 은폐되어 있는 존재일 따름이다. 인간의 마음이 있어야 만물이 분명하게 드러나고 천지가 드넓게 펼쳐질 수 있다. 그러므로 사물의 사라짐과 가려짐, 그리고 명백하게 드러남은 인간의 마음이 그것을 감지感知하고 있는지의 여부에 달려 있다. 따라서 인간의 마음이 천지만물의 존재와 그 의미를 발생시킬 수 있는 것이다.

본체로서 세계의 시작은 그 속에 존재하는 만물과 차별적이면서도 통일적인 관계를 형성한다. 한편으로 본체와 만물은 차별적이다. 본체는 형이상의 존재이고, 만물은 형이하의 존재이다. 그러나 다른 한편으로, 본체와 만물은 통일적이다. 본체가 만물을 생성하고, 만물은 본체를 드러나게 한다. 바로 이러한 관계의 형성이 세계를 세계이게끔 한다.

중국의 '세계' 개념은 독특한 특성을 지닌다. 중국적 세계 개념은 애초부터 존재하는 것이지 창조된 것이 아니다. 일반적으로 신학적 관점

---

3) 陸九淵, 『陸九淵集』, 「年譜」, "吾心卽是宇宙, 宇宙卽是吾心."
4) 王守仁, 『陽明全書』, 「與王純甫癸酉」, "心外無理, 心外無物."

에서 보면, 세계는 본래 존재하는 것이 아니라 신에 의해 창조된 것이다. 신은 창조자이고 세계는 피조물이다. 이와 유사하게 중국의 고대신화 속에서도 독특한 창세설이 있다. 즉 신과 비슷한 능력을 지닌 신인神人이 천지를 개벽開闢하고, 혼돈 속에서 세계를 창조했다는 이야기가 그것이다. 그러나 중국의 유가와 도가 및 선종禪宗은 세계가 신에 의해 창조된 것도 아니고, 신인으로 인해 개벽된 것도 아니며, 본래 그 자체로 존재하는 것이라고 주장한다. 즉 세계는 자연적으로 형성된 세계라는 것이다.

이미 존재하는 세계는 인간이 그 속에 포함되어 있는 세계를 의미하는 것이지, 인간 밖의 대상으로서의 세계가 아니다. 만약 인간과 세계의 관계를 주체와 객체의 관계로 본다면, 세계는 대상이 되고, 인간은 주체가 된다. 그러므로 대상으로서의 세계는 자연과 역사의 결합으로 말미암는 존재자들의 전체이고, 인간은 또한 그것을 초월하여 세계의 주인이 된다. 인간과 세계의 주객관계는 인간이 주체가 되어 세계를 만들고, 그것을 변화시키며 창조한다는 것을 의미한다. 그러나 중국적인 생활세계 속에서 인간과 세계의 관계는 주체와 객체의 관계가 아니다. 인간은 세계를 초월할 수 없고 그 속에서 생활을 영위한다. 인간과 세계의 관계는 일종의 서로 뒤섞이고 융합된 관계이다. 인간은 세계 속에 있는 인간이면서 세계는 또한 인간의 세계라는 것이다. 인간이 세계 속에 살고 있는 것은 선택한 것이 아니라 규정된 것이다. 이와 같이 세계는 인간을 규정하게 된다.

더욱이 이러한 세계는 허황하고 환상적인 세계가 아니라 실재하는 세계이다. 중국인들은 세계를 이중적인 것으로 설정하지 않았을 뿐만 아니라, 그것을 차안此岸과 피안彼岸으로 나누어 차안을 현실세계, 그리고 피안을 이상세계로 파악하지 않았다. 더욱이 그들은 차안을 환상적인 세계, 피안을 실재적인 세계로 인식하지 않았고, 차안을 포기하고 피안을 지향하여 초월을 실현하려고 하지 않았다. 이처럼 중국인들은 하나의 현실세계만을 인정하고, 현실세계 이외의 각종 가능한 세계, 예를 들면 인간의 세계와 다른 신의 세계, 생명의 세계와 다른 죽음의 세계를 부정했다. 즉 중국인에게 있어서 현실세계를 능가하는 천국도 없고, 그것보다 하찮은 지옥도 존재하지 않는다는 것이다. 다시 말해, 현실세계와 다른 그 어떠한 가능세계도 존재하지 않고, 그것에 대해 사고할 수도 없을 뿐더러 언어로 표현할 수도 없다. 공자가 사고하는 것은 삶의 문제이지 사후의 문제가 아니다. 장자도 그의 사상의 초점을 천지의 안에 한정했지 천지의 밖에 두지 않았다. 동시에 그들이 말하는 현실세계는 실재하는 세계이지 환상적인 세계가 아니다. 이와 같은 세계에 대한 태도에 근거하여, 인간은 현실세계와 그 속에서 살아가는 인생을 소중하게 여겨야 한다.

중국의 현실세계는 즐거움의 세계이다. 이러한 세계는 인도의 원시 불교에서처럼 '고통'(苦)으로 가득 찬 세계도 아니고, 원시 유대교에서처럼 죄악으로 오염된 세계도 아니라 즐거움으로 가득 찬 세계이다. 이러한 즐거움은 인생에서 누리는 다양한 욕망들(식욕, 성욕 등)을 가리킬 뿐만 아니라 천지합일天地合一의 경지에 이름을 의미하기도 하다. 유가에서는 경천애인敬天愛人을 통해 인륜적 즐거움을 누리는 것을 강조한다. 그리고 도가에서는 자연무위自然無爲를 바탕으로 '지극한 즐거움은 즐거움이 없는 것'(至樂無樂)이라고 주장한다. 마지막으로 선종은 열반에 이르러 큰 자유로움과 큰 즐거움을 얻는 것을 추구한다.

그렇다면 현실의 세계는 무엇으로 구성되었는가? 흔히 인간이 삶과 죽음 사이에 있다고 말하는 것은 인간이 천지 사이에 있다는 것을 의미한다. 다시 말해 세계는 천天, 지地, 인人 삼자의 합일이지 천, 지, 인, 신神이라는 사원일체四元一體가 아니다. 중국의 '세계'에는 천, 지, 인을 창조한 초월적 신이 없을 뿐더러 그것과 유사한 영靈적 존재도 없다. 비록 경우에 따라 사람들은 신과 영적 존재에 대해서 언급을 하지만, 그것은 다만 천, 지, 인의 신비로운 형태, 즉 천신, 지신, 귀신을 가리킬 뿐이다. 심지어 귀신은 기氣의 작용으로 드러나는 존재로 이해되기도 한다. 또한 신은 기의 전개이고, 귀는 기의 수렴이라는 설도 있다. 이와 같은 신과 영적 존재는 천지를 규정하는 자가 아니라, 천지에 의해 규정되는 자이다. 오히려 신과 영적 존재, 그리고 귀신은 천지 사이에서 드문드문 나타나거나 사라지는 특별한 존재로 이해하는 것이 더욱 적절할 지도 모른다. 따라서 현실생활에서 그것을 완전히 무시해도 큰 문제가 없다. 그렇지만 공자가 말한 것처럼 사람들은 마땅히 "귀신을 공경은 하되 멀리 하라"[5]는 태도를 가져야 한다. 신에 대한 명확한 인식이 없는 천, 지, 인의 세계가 바로 중국 역사에서 나타나는 독특한 중국적 의미의 세계이다.

---

5) 『論語』, 「雍也」, "樊遲問知, 子曰: 務民之義, 敬鬼神而遠之, 可謂知矣. 問仁, 曰: 仁者, 先難而後獲, 可謂仁矣."

2. 천과 지

천天, 지地, 인人 삼자가 중국인의 생활세계를 구성하는 세 가지 기본 요소이다. 그러나 이러한 삼자는 병렬적인 것이 아니라, 그 선후 순서가 있다. 인간에 비해서, 천과 지는 우선성을 지닌다. 천지의 우선성은 자연에게 성性을 부여하기 때문이다.

천은 인간의 머리 위에 존재한다. 그것은 해와 달과 별 그리고 푸른 하늘과 흰 구름을 망라한다. 해는 떴다가 지는 과정을 반복한다. 달 역시 둥근 모습에서 이지러지는 것을 되풀이한다. 천에는 낮과 밤의 변화가 있을 뿐만 아니라, 사계절의 변화와 해(年)의 교체도 있다. 한 해가 지나가면 새로운 해가 온다. 지는 인간의 발밑에 있다. 그것은 대지산천大地山川과 동식물을 아우른다. 인간이 거주하는 공간으로서의 지는 인간이 유래되는 곳이자 되돌아가는 곳이다. 즉 인간은 진흙에서 비롯되고 진흙 속으로 돌아간다.

인생은 천지 사이에 존재한다. 이는 천지가 인간에게 공간을 제공해 주고, 이러한 공간으로 인해 인간은 거주하고 행동하며 편안하게 쉴 수 있다. 그러나 천지는 공간성만 지니는 것이 아니라 시간성도 가지고 있다. 즉 천지는 인간의 모

[전국戰國] 「인물어롱백화人物御龍帛畫」

든 공간적 행위에 시간이라는 낙인을 찍는다는 것이다. 이와 같이 인간과 만물은 천지 사이에 존재한다.

중국사상에서 천과 지는 항상 짝을 이루고 있지만, 그 사이에는 근본적인 차이가 있다. 그러나 그들의 차이는 신과 인간을 구분하는 것과는 다르다. 신학에서는 대부분 하늘나라를 신이 존재하는 곳으로 보고, 지상 세계를 인간이 살고 있는 곳으로 규정한다. 그러나 중국사상에서 천지의 구분은 다만 음양陰陽에 입각한 것이다. 그렇다면 음양이란 무엇인가? 양은 태양에서 비롯된 것이고, 음은 달에서 유래된 것이다. 이러한 음양은 사물 존재의 두 가지 본성을 지칭한다. 음양에 대해 명확한 규정을 내리기 어렵지만 대부분의 경우, 그것은 긍정과 부정, 적극과 소극, 능동과 피동 등을 의미한다. 『주역周易』에서는 음양을 우주 속에 존재하는 서로 다른 두 가지 원소와 힘으로 본다. 양은 건원乾元, 즉 천을 가리킨다. 그리고 음은 곤원坤元, 즉 지를 가리킨다. 건원의 특성은 드높고 크나크며, 곤원의 특성은 드넓고 두텁고도 두텁다.

천과 지는 음과 양의 존재로서 그 사이에는 다양한 상호 관계가 있다. 서로 다르다는 점(不同)에서 보면 그들의 관계는 심지어 서로 대립적인 것으로, 사람들이 흔히 말하는 하늘 위 땅 아래와 같은 차이와 모순이 있음이 바로 그것이다. 그러나 천과 지의 관계는 또한 상호보완적이다. 천은 지를 떠나 홀로 존재할 수 없고, 지 역시 천과 독립해서 존재할 수 없다. 천과 지가 분리되면 '하늘이 붕괴되고 땅이 쪼개지는 재난'(天崩地裂)을 초래할 것이다. 그리고 천과 지 사이에는 상호전화相互轉化가 가능하다. 천이 지가 되고 지가 천이 될 수 있다. 그러나 천지의 공통적인 속성 중에서 가장 근본적인 것은 천지가 공생共生하여 함께 만물을 생성

변화시키는 것이다. 그래서 천지의 큰 덕을 생성함이라고 했던 것이다. 천지는 스스로 생성과 변화를 거듭하면서도 만물과 인간을 낳고 완성시켜 준다.

천지와 만물에 대해서 중국사상은 독특한 분류를 했다. 그중에서 음양설陰陽說을 제외하고 가장 전형적인 사상은 오행설五行說과 팔괘설八卦說이다.

오행설은 음양설과 다른 방식으로 세계를 설명하는 학설이다. 오五는 다섯 가지 사물을 가리킨다. 그리고 행行은 운행 순서와 더불어 운동 변화의 의미도 가지고 있다. 오행설은 천지만물을 금金, 목木, 수水, 화火, 토土로 나눈다. 네 가지 사물도 아니고, 여섯 가지 사물도 아니고, 왜 하필이면 다섯 가지 사물인가? 이는 아마도 인간이 현실생활에서 가장 친근하고 많이 사용하는 사물과 관계가 있을 듯하다. 그러나 오행은 오직 다섯 가지 구체적이고 실재하는 사물을 가리키는 것이 아니라, 다섯 가지 사물의 본성을 의미한다. 그러므로 오행의 개념이 보편적 의미를 지니게 된다.

모든 사물이 그 본성에 따라 오행으로 귀속될 수 있다. 공간은 동, 남, 중, 서, 북으로 나뉘고, 시간은 춘春, 하夏, 장하長夏, 추秋, 동冬으로 분류된다. 인간도 오행의 특성에 따라 분류될 수 있다. 인간의 오장五臟은 간肝, 심心, 비脾, 폐肺, 신腎으로 나뉘고, 인간 마음속의 감정은 노여움(怒), 즐거움(喜), 그리움(思), 슬픔(悲), 두려움(恐)으로 분류된다. 이와 같은 분류 방식은 기본적으로는 유비적 사유에 따른 것이지만, 어떤 경우에는 직접적인 대상으로서 사물을 분류하기도 한다. 금, 목, 수, 화, 토의 성질을 지닌 사물이라면 무엇이든지 오행의 속성에 따라 분류될 수 있다. 그러나 이러한 분류는 가끔 간접적 추리를 사용하는 경우가 있다. 즉 특정 사물 자체가 오행의 성질을 지니고 있지 않지만, 그것과 관계되는 사물이 오행의 속성을 갖고 있으면 그 성질에 따라 원래의 특정 사물을 오행의 범주에 귀속시킬 수 있다는 뜻이다.

오행 사이에는 아주 복잡한 상호 관계가 존재하지만, 그중에서 가장 근본적인 것은 상생상극相生相剋의 관계이다. 상생이란 오행 중의 한 사물이 다른 사물에 대해 생성하고 변화시키는 작용을 가리킨다. 반면에 상극이란 오행 중의 한 사물이 다른 사물에 대해 억제하고 제압하는 작용을 의미한다. 또한 상생상극의 작용은 공존할 수 있다. 즉 생성시키면서도 제압할 수 있고 제압하면서도 생성시킬 수 있다.

오행설과 달리 팔괘설은 음양설을 구체화하고 확장한 것이다. 팔괘설은 천지만물을 천天, 지地, 산山, 택澤, 풍風, 뢰雷, 수水, 화火의 여덟 가지 괘상卦象으로 나눈다. 이 팔괘는 오행보다 사물을 더욱 구체적이고 다양하게 나누었다. 그러나 실제로 팔괘는 단지 여덟 가지 자연 사물만이 아니라 여덟 가지 존재적 특성을 의미하기도 한다. 비록 사람들은 일반적인 논리에 근거해서 여덟 가지 사물과 특성 사이의 관계를 규명하기 어렵지만, 음양의 획수와 그 배열 순서로 팔괘에 뒤섞여 있는 복잡한 관계를 해석할 수는 있다. 팔괘는 음양 조합의 각종 변화를 나타내는 것이다. 그중에서도 천지가 가장 근본적인 것이다. 천天은 건乾이자 순양純陽을 지칭한다. 지地는 곤坤이자 순음純陰을 가리킨다. 음양이 팔괘를 구성하고 그것은 64괘로 발전한다. 이러한 64괘는 천지만물의 생성과정을 표현할 뿐만 아니라 인류발전의 역사도 그려낸다. 팔괘설의 의의는 그것이 천지만물을 구분하고 나아가 그들 사이의 내재적 관계를 제시했다는 데 있다. 더욱 중요한 것은 팔괘설이 음양에 따른 변화의 법칙을 명확히 서술했다는 것이다. 결국 만사만물의 존재는 다만 음과 양이 서로 다른 비례와 형태로 조합되어 전개되는 것일 따름이다.

음양설이나 오행설, 그리고 팔괘설은 모두 천지만물의 일반적 본성에 대해 다루는 것이다. 그러나 천지만물 중에서 천은 다른 것들을 초월한 우월적 위치에 있다. 비록 천과 지는 공존 관계에 놓여 있지만, 천은 지에 대해 규정적 위치에 있다. 즉 천이 지를 지배하고 그것을 통솔한다는 것이다. 그러므로 천지에 대해서 때로는 그저 천이라고 칭해지기도 한다.

중국 역사에서 천은 다중적인 의미를 지닌다. 그러나 그것을 큰 틀에서 보면 두 가지로 나눌 수 있는데, 자연적인 천과 인격적인 천이 그것이다.

자연적인 천은 '스스로 그러함'(自然而然)을 의미하는 존재이다. 그것은 높고 푸르며 만물을 생성하고 통섭한다. 그러나 이러한 천은 스스로 어떠한 원인과 목적을 지니지 않으므로, 인격과 의지를 가지고 있지 않다. 노자는 "천이 도道를 본받는다"[6]고 주장하였는데 여기에서의 천은 바로 자연적인 존재이며, 그것은 단지 자신의 도에 따라 운행한다.

인격적인 천은 사람과 유사한 특징을 가진다. 그것은 인간과 유사하게 행위, 사상, 언어를 갖춘 존재이다. 그뿐만 아니라 이러한 천은 인간의 행위를 내려다보고 또한 반응한다. 더욱 중요한 것은 이와 같은 인격적인 천은 인간을 초월한 존재이며, 신과 같은 위상을 지닌다. 그것은

---

6) 『老子』, 第二十五章, "人法地, 地法天, 天法道, 道法自然."

인간세상의 모든 면을 지켜본다. 묵자墨子가 이해한 천이 바로 이와 같은 신적인 천이다. 그에 따르면 천의 뜻에 순종하는 자는 반드시 보상을 받고, 그것을 거스르는 자는 필연적으로 벌을 받기 마련이다.[7] 천은 스스로 의지를 가지고 있는데, 이는 마치 인간이 스스로 의지를 가지고 있는 것과 같다. 이러한 천은 종교적이며 도덕적 의미를 지니고 있다.

비록 천을 자연적인 천과 인격적인 천으로 나눌 수 있지만, 중국에서는 자연적인 천이 주류이고 인격적인 천은 상대적으로 드물다. 일반적으로 이러한 두 가지 의미를 지닌 천은 서로 결합되어 나타난다. 이런 이유 때문에 중국 고대사상 속에서의 천이나 천지, 그리고 자연은 기술화되고 물질화된 현대의 자연 개념과 완전히 동일시될 수 없다. 중국의 천은 아직 인격적 의미가 남아 있고 혼미한 종교적이고 윤리적인 의미가 뒤섞여 있는 반면, 현대의 천은 다만 하나의 자연적 존재에 불과하다.

3. 인간에 대한 규정

인간은 천과 지 사이에 존재하고 그들과 나란히 존재하는 제3의 위치에 있다. 비록 인간은 천과 지 사이에 있는 개별적 존재로서 천지, 음양, 오행, 팔괘와 다르지만, 그것은 또한 이들의 특성을 자신 속에 품고 있다. 즉 인간은 천지, 음양, 오행, 그리고 팔괘의 성질을 포함하고

---

7) 『墨子』, 「天志上」, " 順天意者,……必得賞, 反天意者,……必得罰."

화산암화花山巖畫(광서장족자치구 영면현[廣西寧明])

있다는 것이다.

다른 사상들과 유사하게 중국사상에서도 인간을 육체와 정신을 지닌 존재로 규정한다. 물론 전통사상은 인간을 더욱 세밀하게 정精, 기氣, 신神으로 구분하고 있다. 그러나 이러한 구분조차도 여전히 육체와 정신이라는 이원적 구분방식을 벗어나지 못한다. 정精은 육체, 또는 육체를 구성하는 더욱 정밀한 요소를 의미한다. 신神은 정신, 또는 정신의 높은 차원을 뜻한다. 그리고 기氣는 육체와 정신의 중간 지점에 있는 것이다. 그것은 한편으로는 육체의 특징을 가지고 있고, 다른 한편으로는 정신의 성질도 지니고 있으므로 육체와 정신 사이의 연결고리로 규정된다. 생명은 기氣를 통한 호흡에 달려 있고, 마찬가지로 정신도 이러한 호흡에 의존한다.

그렇다면 인간의 육체와 정신은 어디에서 비롯된 것인가? 중국사상은 인간의 육체와 정신이 모두 천지에서 유래된 것이라고 본다. 구체적으로 말하자면, 인간의 육체는 지地로부터, 정신은 천天으로부터 비롯된다. 즉 지가 인간에게 육체를, 그리고 천이 정신을 부여한다는 뜻이다.

그러나 인간의 심신관계에 있어서, 중국인은 육체가 없는 정신이나 정신이 없는 육체를 모두 부정한다. 다시 말해 육체가 없는 정신은 유령 혹은 헛된 상상물에 불과하고, 정신이 결여된 육체는 그저 움직이는 고깃덩어리를 뜻할 뿐이다. 그러므로 중국사상은 사멸되지 않는 정신이나 영혼을 긍정하지 않고, 육신만의 영생도 받아들이지 않는다. 인간 육체와 정신의 관계에 있어서, 비록 중국인들은 육체에 대한 정신의 의존성, 즉 육체가 사라지면 정신도 존재할 수 없다는 것을 인정하지만 그보다도 육체에 대한 정신의 지배적 작용을 더욱 강조한다. 나아가서 중국사상에서 완벽한 사람은 정신과 육체의 분리 또는 모순을 지니고 있는 사람이 아니라 합일을 이루어 낸 사람이다.

정신과 육체를 두루 가진 존재로서 인간은 어떻게 이러한 자신에 대한 규정을 가질 수 있는가? 규정이란 일종의 구분이다. 그러므로 인간에 대한 규정은 그것이 전체 존재 속에서 다른 존재들과 구분을 통해 나타난다.

중국인은 세계 또는 모든 존재를 천天, 지地, 인人 세 가지로 인식한다. 물론 천지 사이에 인간이라는 존재 이외에도 다른 유형의 존재들이 있다. 예를 들면 광물과 식물, 동물 등이 그것이다. 광물의 특징은 기氣이고, 식물의 특징은 생명이며, 동물의 특징은 감각과 지각(感知)이다. 인간은 특별한 동물로서 그 특징은 정신이다. 다시 말해 기는 광물뿐만 아니라 식물과 동물 나아가 인간도 모두 갖고 있는 것이다. 그리고 생명은 식물, 동물, 인간이 가지고 있는 공통적인 요소이다. 나아가서 감각과 지각은 동물과 인간이 공통적으로 지니고 있는 요소이다. 마지막으로 오직 정신만이 인간의 독특한 특성이라고 할 수 있다. 따라서 인간은 기, 생명, 감각과 지각, 그리고 정신을 모두 갖춘 존재이고, 그것들이 응집된 존재이다. 그러나 이와 같은 모든 특징들 중에서도 정신이야말로 인간만이 가지는 특성이다. 따라서 이러한 정신이 바로 인간으로 하여금 다른 존재들과 구분되게 하고 인간을 인간이게끔 만든다.

그러나 정신 또는 심心은 단지 인식만을 가리키는 것이 아니라 도덕성을 의미하기도 한다. 심은 근본적으로 인의도덕仁義道德, 쉽게 말하면 의義이다. 그렇다면 의는 무엇인가? 그것은 마땅함, 당연함, 응당함을 지칭한다. 의義와 불의不義는 실제로 '마땅히 해야 함'이나 '하지 말아야 함', 도덕과 부도덕, 그리고 선과 불선을 의미하는 것이다. 인간은 감각과 지성을 통해 세계가 어떠한 모습으로 존재하는가에 대해 알 수 있을 뿐만 아니라 당위성을 분명하게 내세워 세계가 어떠한 모습으로 존재해야 하는가에 대해서도 알 수 있다. 당위적인 세계는 자연적인 세계가 아니라 도덕의 세계이다. 그리고 도덕이란 인간의 일반적인 덕성과 품행을 가리키는 것이 아니라, 인간이라는 존재의 고유한 본성을 의미한다. 이는 인간을 동물과 철저히 구분되게 한다. 인간은 천지라는 자연적 세계에서 생활하는 존재일 뿐만 아니라 자신의 고유한 도덕의 세계에서 삶을 영위하는 존재이기도 하다.

인간을 이렇게 구분하고 규정하는 사상은 인성人性과 인심人心에 근거한다. 인간의 본성에 관한 학설은 중국에서 인성론으로 발전되었다. 그리고 인간의 본성(性)은 감정(情)과 서로 짝이 되고 서로 낳기 때문에 중국 전통사상에서는 성정설性情說을 내놓았다. 동시에 인성과 인심은 서로 긴밀하게 연결되어 있기 때문에 인간의 성과 심의 문제가 또한 논의의 주제가 되었는데 이를 일컬어서 심성론이라고 한다.

인성이란 인간을 인간이게끔 만드는 본성이고, 인간과 동물을 구분하는 기준이며, 인간이 세상에 존재하는 근거이다. 중국에서는 인간 본성에 관한 논의가 많이 있었다. 먼저 인성 그 자체에 대한 규정은 무엇인가? 이에 대해 한편으로는 성을 선천적인 것, 즉 인성을 태어나면서 가지는 자연적인 본성이라고 규정하는 사람들이 있다. 그것은 하늘로부터 받은 것이며 태생적인 것이다. 다른 한편으로는 인성을 생성되는 것이라고 주장하는 이들이 있다. 그들에 따르면 인성은 시간에 따라 점차 만들어지는 것이다. 이러한 인성은 본래부터 가지고 있는 것이 아니라 습성에 따라 변화하는 것이다. 다시 말해 인성에는 선천적인 부분이 존재하지만 그것에 대한 후천적인 배양과 노력도 필요하다. 이 밖에도 인성에는 본연지성本然之性과 응연지성應然之性 둘로 구분하는 경우도 있다.

다음으로, 인성을 선악으로 규정할 수 있는가? 인성은 선악으로 논할 수 있다는 이론과 선악으로 논할 수 없다는 이론이 있다. 중국에서 도가와 선종은 인간의 본성을 선악으로 규정할 수 없다고 주장한다. 왜냐하면 그들은 인간의 순수본성 자체가 선악을 초월하는 것이라고 보았기 때문이다. 도가는 인성을 무無로 표현하고, 선종은 그것을 공空이라고 규정한다. 만약 사람들이 인간의 본성을 선善이라고 설정하면 필연적으로 그 대립적 측면인 악惡이 생겨날 수밖에 없다. 이러한 곤경에 빠지지 않기 위해 인성에 대한 규정은 반드시 선악의 대립에서 벗어나야 한다. 물론 이와 같은 선하지도 않고 악하지도 않은 상태 자체를 일종의 지극한 선善으로 간주할 수도 있다. 왜냐하면 이러한 맥락에서의 선은 악과 어떠한 직·간접적인 관계도 없을 뿐만 아니라, 악과 질적으로 다른 선의 생성을 불러일으킬 수 있기 때문이다. 도가나 선종과 달리, 유가에서는 인성을 선악으로 규정할 수 있다고 주장한다. 그중에서 가장 전형적인 것은 바로 맹자의 성선설性善說과 순자의 성악설性惡說이다. 이 밖에도 성가선가악설性可善可惡說 등이 있지만 성선설이야말로 중국 인성론을 대표하는 사상이다.

나아가 만약 인성이 어느 하나로 규정될 수 있는 것이라면, 그것은 모든 사람에게 있어서 동일한가 아니면 차이가 있는가? 이러한 문제로 인해 생겨난 것이 바로 인성의 동일설과 차이설, 즉 인성에 관한 일원론과 다원론이다. 일원론은 일종의 보편적인 인성론을 주장한다. 즉 모든 사람이 서로 다른 내적이거나 외적인 차이를 갖고 있음에도 불구하고 공통적으로 동일한 인성을 지니고 있다는 것이다. 이러한 일원론에 따르면 인성은 선한 것이 아니면 악한 것이다. 반대로 다원론에 따르면 성이 선한 자가 있는가 하면 동시에 그렇지 않은 사람도 있다. 나아가서 이러한 다원론은 인성을 세 단계로 나누었는데, 이른바 성삼품설性三品說이 그것이다. 성삼품설에서 가장 상위의 단계(上品)는 절대적 성선의 단계이고, 가장 하위의 단계는 절대적 성악의 단계이며, 그 가운데 단계는 중품中品의 단계라고 부르는데, 이는 성을 어떻게 이끄는가에 따라 선하게 될 수도 있고 악하게 될 수도 있는 단계를 가리킨다.

마지막으로 만약 사람이 특정한 본성을 가진 존재라면, 그 본성이 하나인가 여럿인가? 일반적으로 인성은 인간의 유일한 본성으로 이해된다. 그러나 특정 이론은 인간이 실제로 두 가지 인성을 가질 수 있다고 주장한다. 즉 하나는 본연지성本然之性이고, 다른 하나는 기질지성氣質之性이다. 본연지성은 또한 천지지성天地之性 또는 의리지성義理之性으로 일컬어진다. 그것은 적연부동寂然不動하며 선악과 같은 성질을 내포하지 않는다. 동시에 그것은 순선純善 또는 지선至善이라고 말할 수 있다. 본연지성은 한편으로는 인간의 인성을 천도天道의 기초 위에 세우고, 다른 한편으로는 그 자체를 모든 도덕의 본원이 되게 한다. 그러나 기질지성은 만사만물 자체의 본성이며 개별 존재의 독특한 특성이다. 그것은 본연적 상태가 사라진 것으로 선과 악으로 나눌 수 있는 것이다. 이 중에서도 주도적 지위를 지닌 인성론은 일원론이다. 일원론에서 주장하는 인성은 인간의 본연지성을 가리킨다.

성性과 관련된 것이 정情이다. 일반적으로 성은 인간의 본성을 가리키는 것이고, 정은 인간이 외부 사물과 접촉해서 발생하는 상태를 지칭하는 것이다. 성은 정靜적이고 정情은 동動적이다. 이러한 맥락에서 정은 '사태의 정황'(事情之情)이 아니라 '감정의 정'(感情之情)이다. 성과 정의 의미와 그 상호 관계에 대해서 중국사상에는 여러 가지 다른 관점이 있다.

유가 학설에는 풍부한 성정에 관한 이론들이 있다. 일반적으로 희노애락이 발發하지 않는 것을 성이라 하고, 그것이 이미 발發한 것을 정이라고 한다. 그러므로 성과 정은 서로 구별된다. 어떤 이들은 정을 성의 한 요소로 이해하고, 다른 이들은 정을 성과 완전히 구분되는 것으로 인식한다. 심지어 어떤 사람들은 성과 정을 성선정악性善情惡으로 구분하여 이해한다. 가령 동중서董仲舒는 성을 선한 것으로, 그리고 정을 악한 것으로 규정한다. 정이 악한 것으로 규정된 이유는 그것이 성에 위배되기 때문이다. 그러나 이러한 관점에 대립되는 주장도 있다. 그것에 따르면 성은 곧 정情이다. 대진戴震은 성을 리理가 아니라 음양오행을 바탕으로 하는 혈기와 마음의 지각이라고 규정하며, 나아가서 그것을 구체적으로 세 부분 즉 욕欲, 정情, 지知로 구분했다.

한편 도가는 정情에 대해서 다양한 입장을 내세웠다. 장자는 한편으로는 인의仁義를 반대하고 다른 한편으로는 정욕情欲을 부정하면서 성명지정性命之情에 맡겨 둘 것을 주장했다. 여기에서 말한 '성명性命'은 인간이 자연으로부터 받은 본성을 가리키고, 정情은 사정事情, 즉 사물 그대로의 상태를 뜻한다. 장자는 인간이 성명지정을 해치거나 상실하면 안되고, 그것에 순응해야 한다고 주장한다. 또한 장자는 '감정 없음', 즉 '무정無情'을 주장한다. 그러나 무정은 자연적인 감정을 없애는 것을 의미하는 것이 아니라, 사태로 인한 호불호(好惡)의 감정에 따라 자신의 몸을 해치는 감정을 무화無化시키는 것을 가리킨다. 신도가新道家에서는 심지어 '성인은 감정이 있다'(聖人有情)고 주장한다. 이에 따르면 성인은 보통 사람과 마찬가지로 감정을 지니고 있지만, 그것에 얽매이지 않고 연루되지 않는다는 점에서 서로 다르다. 사람은 자연에 순응하며 정에 거역하지 않고 그대로 살아 나가야 한다는 것이다.

성과 정은 모두 인간의 심과 연관되어 있다. 심은 사고할 수 있는 기관이다. 그것은 인간을 주재主宰하는 존재일 뿐만 아니라 천지 가운데 가장 영명靈明한 존재이기도 하다. 심과 성정의 관계에 대해 다양한 주장이 있지만, 그중에서도 가장 일반적인 것은 심통성정설心統性情說이라고 할 수 있다. 그에 따르면 성은 심의 본체(體)이고, 정은 심의 작용(用)이다.

심, 성, 정 셋의 관계에서도 심과 성의 관계가 특히 중요한 사상적 주제로 부각되었다. 유가뿐만 아니라 도가와 선종에서도 나름 심성에 관한 학설을 전개하였다. 유가에서 공자는 심성의 문제를 부각시키지 않았지만, 그 뒤를 이은 맹자가 그것을 중심적 논의로 변화시켰다. 맹자는 "심(마음)을 다하면 성을 알고, 성을 알면 천을 알 수 있다"[8]는 주장을

---

8) 『孟子』, 「盡心上」, "盡其心者, 知其性也, 知其性, 則知天矣."

분명하게 제시했다. 송명유학 시기에 이르러서 정주리학과 육왕심학의 근본적 차이도 심과 성의 의미와 둘 사이의 관계에 대한 서로 다른 해석에 따른 것이다. 리학에서는 리(性)가 비록 심속에 포함되어 있지만 둘은 구별되는 것이라고 주장한다. 이와 달리 심학에서는 리(性)가 곧 심이며, 둘은 결국 하나라고 주장한다. 그러나 노자와 장자는 다른 방식으로 심성 문제를 다루었다. 그들은 심을 허정虛靜한 상태에 머물게 하여 천도를 깨닫고, 나아가서 본성의 참모습(性命之情)에 순응해야 한다고 주장한다. 선종은 명심견성明心見性을 통해 깨달음에 이르고 성불成佛해야 함을 강조한다.

중국사상에 따르면, 육체적 측면에서의 인간은 단지 미미한 존재에 불과하다. 반면 천지는 전체 우주를 의미하고, 우주는 공간과 시간을 그 속에 담고 있다. 여기에서의 공간은 무한하여 끝도 없고 한계도 없다. 마찬가지로 그 시간도 무한하여 과거에서 현재, 그리고 미래까지 끝없이 이어질 뿐 시작도 없고 끝도 없다. 그러므로 천지 사이에 존재하는 그 어떠한 존재도 시간과 공간의 유한성을 극복해야만 무한하게 된다. 우주는 무한하지만 인간은 유한하다. 천지만물에 비하면 인간의 유한성은 더욱 명백하다.

인간은 공간적으로 유한성을 지닌다. 장자에 따르면 인간이 천지 사이에 있는 모습은 마치 큰 산에 있는 작은 돌멩이나 나뭇가지와 같다. 인간의 유한성과 천지의 무한성은 차이가 커 비교조차 할 수 없다. 인간은 천지는 물론 그 사이에 존재하는 다른 사물과도 비교할 수 없다. 실제로 인간의 육체적 능력은 몇몇 맹수들의 수준에 미치지 못하며, 감각기관의 발달정도는 어떤 동물보다 뒤지는 경우가 있다. 다시 말해 인간은 지극히 연약하고 작은 동물이다.

인간은 공간적 유한성뿐만 아니라 시간적 유한성도 지닌다. 장자는 인생의 길이를 "흰 준마駿馬가 순식간에 지나가는 것을 좁은 틈새를 통해 보는 것"9)에 비유했다. 인생은 태어나서 죽음에 이르기까지 고작 백년에도 미치지 못한다. 그동안 세월은 쏜살같이 흘러가고, 해와 달이 베틀의 북같이 오가며 꽃다운 세월이 쉽게 흘러가 버린다. 그러나 천지는 장구하고, 해와 달은 영원히 빛을 내며, 산천과 강물은 항상 있는 그대로이다. 인생의 유한한 시간은 우주의 무한한 시간에서 보자면 한 순간에 불과한 것이다.

그러나 심의 측면에서 보면 인간은 위대한 존재이다. 중국사상은 사람의 심을 천지의 심(天地之心)이라 생각했다. 천지가 비록 클지라도 그 속에 살고 있는 인간이 없다면 마음이 없는 존재가 되어 버리고, 자신의 존재조차 알지 못한다. 반면 인간의 마음은 자신을 살펴볼 수 있을 뿐만 아니라 천지도 살펴볼 수 있고, 나아가 인간과 천지만물의 관계까지 파악할 수 있다. 바로 이러한 인간 마음의 깨달음을 통해 천지도 자체의 의미를 드러낼 수 있게 된다.

한편 심은 마음만을 가리키는 것이 아니라 '중심中心'을 의미하기도 한다. 천지의 마음으로서 인간이 바로 천지의 중심이다. 천지는 시간적으로도 공간적으로도 무한하기 때문에 그 어떠한 것도 중심이라 할 수 없고, 그렇다고 중심이 아니라고 할 수도 없다. 그러나 일단 인간이 천지의 마음이 되면, 그것은 천지의 중심이자 만물의 핵심으로 승격된다.

---

9) 『莊子』, 「知北遊」, "人生天地之間, 若白駒過隙, 忽然而已."

그렇지만 중국사상에서 주장하는 천지의 마음으로서 인간은 인간중심주의를 의미하는 것이 아니다. 중국사상에서 강조하는 것은 인간이 만물을 제압하고 정복하는 것이 아니라 그것을 보살피고 그것에 순응하는 것이다.

4. 천인관계

인간이 천지의 마음이라는 것은 이미 인간과 천지의 관계를 내포하고 있다. 그러나 역사가 오래된 중국에서는 천인관계에 대해 다양한 주장을 제시했다. 그중에서도 가장 돋보이는 주장은 천인상분설天人相分說과 천인합일설天人合一說이다.

천인상분설에 따르면 천天, 지地, 인人 셋이 통일적인 전체에 속하여 인간과 자연이 공통적인 본성을 지니고 있지만, 천지의 마음으로서 인간은 자연과 다르다. 인간은 그 나름의 고유한 본성을 가지고 있다. 따라서 인간은 한편으로는 천지자연의 보편적 법칙에 의해 규정되고, 다른 한편으로는 자연을 넘어선 법칙을 가지기도 한다. 이러한 맥락에서 천지자연이 인간과 완전히 같다고 할 수 없고, 인간을 천지자연과 동일한 존재로 파악해서도 안 된다. 그러므로 자연적 사건의 발생 원인을 모두 인간에게 귀결할 수 없고, 동시에 인간의 역사적 전개도 자연에게 떠맡길 수 없다.

천인상분설의 대표적 인물은 순자荀子이다. 그에 따르면 천지자연에는 그 자체의 고유한 법칙이 있고, 그것은 인간의 존망存亡에 따라 변화하지 않는다. 다시 말해, 자연은 인간의 목적이 아니라는 것이다. 마찬가지로 인간의 길흉吉凶과 같은 문제도 합리적으로 다스리는가의 여부에 의해 결정되는 것이지, 천지자연의 좋고 나쁜 변화와 아무런 상관관계가 없다. 그래서 인간은 천인감응天人感應에 매몰되지 말고 천인상분天人相分의 이치를 통찰해야 한다. 천지는 천지의 법칙을 따르게 하고, 인간은 인간으로서의 길을 걸어야 한다. 이것이야말로 인간과 자연의 적절한 관계이다.

만약 천인상분이 진정한 천인관계라면 천이 인간을 이기는 것인가 아니면 인간이 천을 이기는 것인가? 천지 사이에서의 인간은 한편으로는 보잘것없이 미약한 존재이면서도, 다른 한편으로는 위대한 존재이기 때문에 인간이 하늘을 이길 수도 있고 그렇지 않을 수도 있다. 유우석劉禹錫에 따르면, 어떤 면에서 인간은 하늘을 이길 수 있지만 어떤 면에서는 그렇지 않다. 이는 천도天道와 인도人道가 각기 다르기 때문이다. 즉 천도는 만물을 생성하고 인도는 만물을 다스린다. 자연의 세계에서는 힘이 근본이다. 이것이 하늘의 이치이다. 그러나 인간의 세계에서는 도덕이 근본이다. 이것이 사람의 이치이다. 그러므로 서로 다른 세계에서 인간과 하늘은 각기 우세를 갖는다.

천인상분설에 비해 중국 역사에서 보다 주도적 위상을 지닌 것이 천인합일의 사상이다. 천은 천지자연이고, 인은 천지 사이에 존재하는 사람이다. 천인합일은 곧 인간과 자연의 합일이다. 그러나 천과 인이 합일할 수 있는가? 그리고 그것들이 어떻게 합일하는가? 이것은 중국 역사에서 수많은 논쟁을 벌였던 문제이기도 하다.

천인합일설의 한 형태는 한대유학漢代儒學의 천인상류설天人相類說이다. 동중서에 따르면 천은 신神적 본성을 가지고 있고 자신의 형상대로 인간을 생육한다. 인간은 천의 모사模寫이며, 인간세계의 모든 현상은 천의 복제품이다. 인이 천의 부본이라는 '인부천수人副天數'사상은 인간의 형체가 천과 유사하다는 것을 가리킬 뿐만 아니라 정신과 심리적인 부분도 천과 유사하다는 것을 의미한다.

'인부천수'사상을 바탕으로 동중서는 또한 천인감응설天人感應說을 주장했다. 그에 따르면 천이 자신의 의지에 따라 인간을 창조했을 뿐만 아니라, 인간의 활동에 대해 감응할 수 있고, 나아가 인간 행위의 도덕성에 맞게 대응을 할 수 있다. 만약 인간이 천의 의지에 위배되면 천은 반드시 경고로서 재이災異를 내리는데, 이것을 바로 '견고譴告'라고 한다. 반대로 인간이 천의 의지를 제대로 따르면 상서祥瑞와 부서符瑞가 주어진다. 천은 음양오행과 같은 기氣의 변화를 통해 자연과 인간을 주재한다.

동중서의 천인상류설은 의심을 받을 만하다. 그리고 그의 인부천수설은 이치에 맞는 않는 것을 억지로 끌어다 붙인 주장이다. 인간은 육체의 측면에서든 마음의 측면에서든 천의 부본이 아니다. 인간은 천지 사이에 살고 있는 특수한 존재이고, 그 어떤 것으로도 대체될 수 없는 유일한 존재이다. 또한 그의 천인감응설은 일종의 꾸며낸 억측에 지나지 않는다. 물론 인간과 천지 사이에 작용과 반작용이 있는 것은 사실이다. 인간이 자연법칙을 따르거나 어겼을 때, 천지는 자연법칙에 따라 적절한 반응을 보인다. 그러나 동중서가 인간과 천지의 차이는 볼 수 있었지만, 지나치게 인간을 천지화天地化시켰으며, 동시에 천지를 의인화擬人化시켰다. 따라서 인간과 천지의 근본적 차이가 사라져버렸다. 그

[서한西漢] 「마왕퇴일호묘백화馬王堆一號墓
帛畫」 부분도

결과 '인부천수'와 '천인감응'의 주장이 나온 것이다.

천인합일사상에서 가장 핵심적인 내용은 천인상통天人相通의 주장이다. 그것은 다음과 같은 내용을 담고 있다. 먼저 천과 인은 원천적으로 하나이다. 일반적으로 천인합일은 천인상분, 즉 천과 인의 분리를 전제하고 있다. 천과 인이 애초부터 나누어져 있는 것이 아니라면 당연히 그것을 합치시킬 필요도 없을 것이다. 다시 말하면, 천인합일은 하나의 주어진 사실, 즉 천이 배제된 인이 있을 수 없고 인을 제외한 천 역시 존재하지 않는다는 것을 전제하고 있다. 즉 천과 인은 본래 분리될 수 없는 동일성의 존재 범주에 속해 있다는 것이다.

다음으로, 천과 인은 당위적으로 하나이어야 한다. 물론 천과 인 사이에는 천은 천, 인은 인이라는 차이가 존재하지만 양자는 반드시 합일되어야 한다는 것이다. 이는 인간은 항상 천지 사이에 존재하기 때문이다. 이러한 맥락에서 천인합일은 이미 그러한 상태가 아니라, 마땅히 그렇게 되어야 하는 상태를 의미한다. 이러한 사상은 천인상분설에 대한 극복이며, 존재의 이상적인 경지이다.

마지막으로, 인간은 만물의 영장이고 천지의 마음이다. 그렇기 때문에 천인합일이 가능하다. 인간의 마음은 인간 자체의 본성을 알 수 있을 뿐만 아니라 천의 본성도 알 수 있다. 그러므로 인간의 본성과 천의 본성은 합일된 것이다. 나아가서 인간은 인간과 천의 본성을 인식할 수 있을 뿐더러 이러한 본성에 순응하면서 살 수 있다. 이것이 바로 천인합일의 도이다. 그러나 천인합일에 대해 유가와 도가의 주장은 서로 다르다.

유가에서는 천과 인이 본래 합일된 관계이고 서로 상통할 수 있는 관계에 놓여 있다고 주장한다. 그러므로 천이 곧 인(天卽人)이고 인이 곧 천(人卽天)이다. 나아가서 자연은 도덕의 바탕이고 도덕은 자연의 드러남이라고 한다.

맹자에 따르면 천도天道가 곧 인도人道이고 천성天性이 곧 심성心性이다. 그는 "마음을 다해 성을 알고 성을 알면 천을 안다"[10]고 말했다. 맹자의 심성론은 천도가 인간의 마음 밖에 있는 것이 아니라 내면에 존재한다는 것을 전제로 삼고 있다. 즉 천도는 단지 자연에만 있는 것이 아니라 인도 속에도 존재한다는 것이다. 동시에 인성은 인간 마음속에 있다. 따라서 인간이 자신의 마음을 알았을 때 곧 자신의 본성을 안다고 할 수 있고, 마찬가지로 하늘의 본성을 안다고 할 수 있다. 이는 또한 천도가 인도에서 실현되고, 인도는 단지 이해된 천도에 불과하다는 것을 의미한다.

선진유학의 천인합일사상은 송명유학에서 한층 발전되었다. 장재張載의 기학氣學과 정주리학, 그리고 육왕심학의 사상적 핵심은 모두 천인합일의 원칙을 일관되게 견지하고 있다. 장재에 따르면, 천과 인이 서로

---

10) 『孟子』, 「盡心上」, "盡其心者, 知其性也. 知其性, 則知天矣."

다른 것이라면 진정한 '성명誠明'은 있을 수 없다. 오직 천과 인 사이에 차별이 없어질 때에만, 성명은 실현될 수 있다. 정호程顥(明道)는 심지어 "천과 인이 본래 둘이 아니며, 그것을 합치시키는 것을 언급할 필요조차 없다"[11]고 말했다. 즉 천과 인이 근원적으로 하나이기 때문에 천인합일이라는 말은 천과 인을 먼저 나눈 뒤 다시 하나로 합치시킨다는 뜻이 아니라, 본래적으로 천과 인이 합일된 상태를 나타내는 것일 따름이다. 정이程頤(伊川)도 이와 같은 생각을 가지고 있다. 정이에 따르면 도道는 본래 하나이고 그 속에 천과 인의 구별이 없다. 다만 천의 관점에서는 천도라 부르고, 지의 관점에서는 지도地道라 부르며, 인의 관점에서는 인도라고 부른다. 천, 지, 인은 하나의 도에 포함되고, 그 차이는 단지 도가 드러나는 영역의 차이일 따름이다. 육구연陸九淵은 천인합일의 사상을 완전히 인간의 마음으로 내면화시켰다. 그는 "우주는 곧 나의 마음이고, 나의 마음은 곧 우주이다"고 말했다. 육구연에게 있어서, 천과 인은 합일된 것이고(天人一體), 그것이 합일되는 곳은 곧 마음이다.

송명유학자들은 또한 천인합일의 사상을 통해 공자의 인애설仁愛說을 풍부하게 발전시켰다. 공자의 인애는 주로 타인에 대한 사랑을 가리키며, 정감적인 부모와 자식 간의 혈연적 사랑을 타인들에게 널리 확장하는 것을 의미한다. 그러나 송명유학에서의 인은 인간과 인간 사이에 정감을 의미할 뿐만 아니라 인간과 천지만물 사이의 관계까지도 망라한다. 즉 인仁을 통해 천인합일에 이르고, 인한 사람이란 바로 천지만물과 합일의 경지에 이른 사람이다.

---

11) 程顥·程頤, 『二程遺書』 卷六, "天人本無二, 不必言合."

유가에서 주장하는 천인합일이 주로 심성과 천지의 합일이고, 도덕적인 특징을 지니는 것이라면, 도가에서의 천인합일은 인성과 천성의 합일이며, 자연적인 특징을 지니는 것이다. 노자에 따르면 천, 지, 인은 모두 도에 의해서 규정된다. 도는 자연을 따르고 그 자체가 바로 자연이다. 자연으로서의 도는 천, 지, 인의 본성이기도 하다. 장자는 이러한 '저절로 그러해서 그러하다'는 '자연이연自然而然'의 사상을 계승했다. 그는 인간 존재의 근원을 모두 자연으로 환원시켰다. 그러므로 인간의 모든 사상과 행위는 자연을 준칙으로 삼아야 한다. 장자가 주장하는 천인합일의 경지는 "천지는 나와 함께 살아 있고, 만물은 나와 함께 하나가 된다"[12]라는 것이다. 위진현학魏晉玄學은 이러한 노장의 도론道論을 발전시켜 신도가를 형성했다. 왕필王弼이나 곽상郭象 등은 더 이상 일반적 의미에서의 도를 논의하는 것이 아니라 자연으로서의 도를 탐구했다. 그들에 따르면, 인간이 인위적인 명분을 중시하는 가르침인 명교名敎를 넘어서 자연 그대로의 이치에 맡기는 경지에 이를 때 천인합일의 경지에 도달하게 된다.

5. 욕망

여기에서는 인간 존재에 관한 문제를 집중적으로 검토하도록 한다. 곧 사람이 살아가는 가운데 어떻게 자신을 드러내고 생활해야 하는가

---

12) 『莊子』, 「齊物論」, "天地與我並生, 萬物與我爲一."

에 대한 중국사상에서의 논의를 분석하고자 한다.

먼저 인간이 천지 사이에 존재하는 것은 욕망에 대한 추구와 실현으로 표현될 수 있다. 인간이 천지 사이에 존재한다는 것은 실제로 인간이 삶과 죽음 사이에 있다는 것을 의미하고, 이는 또한 인생은 요람으로부터 무덤에 이르는 시간적 과정이라는 것을 의미한다. 생生과 사死는 인생의 시작과 끝이면서도 그 생존하는 핵심적인 내용이기도 하다. 이처럼 생과 사가 근본이지만 살아가는 동안은 늘 욕망에 이끌려 다니게 된다. 인간은 욕망을 위해서 살고 욕망을 위해서 죽는다. 중국사상은 인간이 욕망하는 존재임을 인정할 뿐만 아니라, 욕망 자체를 인간이 살아 있는 동안 가장 원초적이면서 보편적인 사실로 간주한다. 인간이 천지 사이에 존재한다는 것은 반드시 다른 인간과 천지만물에 의존할 수밖에 없으므로, 욕망이 바로 인간과 다른 인간, 그리고 인간과 다른 사물 사이의 관계를 직접적으로 나타내는 형식이 된다. 예컨대 식욕에는 인간과 자연만물의 관계가 내포되어 있는데, 그것은 바로 인간의 육체가 섭취할 수 있는 미네랄이나 식물, 그리고 동물에 대한 소비로 나타난다. 그리고 성욕은 인간과 타인의 관계를 매개하는 것인데, 남녀 간의 육체적 결합이 바로 그것이다.

욕망의 실현에는 '욕망하는 자'와 '욕망되는 자'(所欲者) 곧 욕망을 채워 주는 존재가 있다. 욕망하는 자는 당연히 피와 살의 육체를 가진 인간이다. 욕망은 직접적으로 인간이 육체적 존재라는 점과 그러한 인간이 세계 안에서 그것을 추구하는 것으로부터 비롯된다. 욕망은 항상 그 욕망을 채워 줄 특정한 대상을 향한다. 그 대상은 자연적 사물이나 인공적 사물일 수도 있고, 남자나 여자와 같은 인간일 수도 있다. 그리고 욕망은 욕망하는 자 자신에게서 실현될 수 없고, 욕망의 대상에 의해 충족될 수밖에 없다. 이러한 욕망은 욕망하는 자의 욕망 대상에 대한 지향적 행위로 규정될 수 있다. 욕망의 지향성은 획득과 점유, 소비 및 소멸 등으로 표현된다. 다시 말해 욕망의 대상은 욕망 실현의 과정에서 이용되고 소비되는 반면, 욕망하는 자는 같은 과정에서 자신의 욕망을 충족한다.

그러나 욕망은 중국사상에서 다중적인 의미를 지닌다. 욕欲의 원래 뜻은 모자람, 즉 결핍이다. 그리고 결핍 때문에 갈구와 욕구가 생긴다. 이러한 의미에서 모든 존재는 자신의 존재 가운데 욕망을 뿌리 깊게 간직하고 있다. 특히 생명을 가진 존재에게서는 생존에 대한 욕망이 더욱 두드러지게 나타나는데, 동물의 먹이와 생식에 대한 욕망이 그 좋은 예이다.

동물과 달리 인간이 가지는 뿌리 깊은 욕망은 의식적인 바람과 무의식적인 바람으로 나눌 수 있다. 의식적인 바람과 관련된 인간이 가지는 욕망은 모든 의지나 희망과 갈망 등을 가리킨다. 인간의 욕망은 어떤 대상을 획득하거나 어떤 목적에 이를 수 있기를 바라는 것이다. 이와 같은 넓은 의미에서의 욕망 개념은 중국사상에서 광범위하게 적용되었다. 공자가 "자기가 서고자 하면 남도 서게 하고, 자기가 도달하고자 하면 남도 도달하게 해야 한다"[13]고 말한 것과 맹자가 "살아가는 것도 내가 원하는 바이고 도의道義도 내가 원하는 바이다"[14]라고 말한 것이 모두 이러한 의미를 지니고 있다. 유가와 마찬가지로 도가도 넓은 의미

---

13) 『論語』, 「雍也」, "己欲立而立人, 己欲達而達人."
14) 『孟子』, 「告子上」, "生亦我所欲也, 義亦我所欲也."

[당唐] 미상, 「궁악도宮樂圖」

의 욕망 개념을 사용한다. 노자가 『도덕경道德經』의 많은 부분에서 말한 욕망이 여기에 해당한다. 이와 같이 다양한 문헌 속에서 사용되는 욕망의 내용은 주로 인간에게서는 의식적 바람이고 동식물에게서는 무의

식적 추향趨向의 의미를 담고 있다.

그러나 중국사상의 가장 기본적 주제로서의 욕망은 인간의 모든 바람을 의미하는 것이 아니라 인간의 육체적 본능에서 비롯되는 기본적인 욕구를 가리킨다. 본능은 인간이 본래 가지고 있는 능력이고 선천적인 것이다. 그리고 본능에 속한 욕망은 인간의 가장 기본적인 욕망이고, 그것은 인간 행위의 가장 내재적이며 기본적인 생명의 원동력이다.

인간에게는 수많은 욕망이 있다. 그러나 인간의 기본적 욕망 중에서 식욕과 성욕이 가장 중요하다는 것은 분명하다. "식욕과 색욕은 본성이다"[15]라는 말이 시사하듯, 식욕과 성욕은 인간의 본성이자 천성이다.

먹고 마시는 행위는 인간이 생명을 유지하는 데 필수적인 활동이다. 중국인은 "인간은 먹는 것을 하늘로 삼는다"(民以食爲天)라는 말을 곧잘 한다. 이 말은 한편으로는 먹고 마시는 행위가 인간의 천성임을 의미하고, 다른 한편으로는 인간이 살아가는 가운데 가장 중요하다는 것, 곧

---

15) 『孟子』, 「告子上」, "食色, 性也."

하늘을 섬기는 일과 같은 것이라는 의미이다. 왜 그러한가? 먹고 마시는 행위가 인간의 생사와 직접적으로 연관되기 때문이다. 먹어야 인간은 살 수 있고, 그렇지 않으면 죽는다. 그러므로 다른 욕망에 비해 음식에 대한 욕망이 절대적 우선성을 가질 수밖에 없다. 인간은 우선 먹고 마시는 것이 충족되어야 다른 일에 종사할 수 있다. 그리고 먹고 마시는 것은 우선적인 욕망일 뿐만 아니라 지속적인 욕망이기도 하다. 인간은 매일 세 끼니를 먹고 변함없이 그것을 이어간다. 먹고 마시는 것의 이러한 독특한 본성으로 인해, 그것은 보편적 의의를 부여받고, 나아가 그 의의는 먹고 마시는 것 본래의 범위를 벗어나 더욱 광범위한 영역까지 확장된다. 그래서 '먹다'라는 말은 평범한 동사에 그치지 않고 먹는 행위와 직접적으로 관련이 없는 다양한 활동까지 묘사하는 데 사용되었다.

먹고 마시는 행위와 달리, 남녀 사이의 성적 행위는 인간이 종족을 유지하고 번식하는 데 필요한 것이다. 아무리 먹고 마시더라도 인간은 죽는다. 죽어갈 수밖에 없는 개체가 어떻게 그 종족의 연속을 유지시킬 수 있는가? 이는 남녀 사이의 결합을 통한 번식에 의존할 수밖에 없다. 만약 식욕이 인간과 다른 사물과의 관계라고 한다면, 성욕은 인간과 인간의 관계, 즉 남자의 여자의 대한 욕망, 또는 여자의 남자의 대한 욕망을 가리킨다. 성인成人이라면 반드시 결혼을 해야 하며, 결혼을 해야만 온전한 성인이라고 할 수 있다. 더욱이 인간은 자손, 특히 남성 자손을 가져야 혈통과 가계를 잇는 사명(傳宗接代)을 제대로 완수했다고 여겼다. 중국인은 기본적으로 남녀관계를 번식의 범위 속에 한정시켰다.

욕망에 관해 중국사상에는 식욕과 성욕보다 더욱 넓은 외연을 갖는 개념이 있는데 그것을 바로 '육욕六欲'이라고 부른다. 이 개념은 『여씨춘추呂氏春秋』에서 처음 제기되었다. 그것에 따르면 하나의 건전한 생명은 반드시 여섯 가지 욕망을 충족시켜야 한다. 육욕은 구체적으로 생生, 사死, 이耳, 목目, 구口, 비鼻에 해당하는 욕망을 가리킨다. 이것은 인간의 가장 근본적인 생리적 욕구이자 감각적 욕망이다. 인간은 생존을 원하고 죽음을 꺼린다. 다시 말해 생존을 갈망하고 죽음을 두려워하는 것이 인간의 가장 기본적인 욕망이다. 그리고 육체적 존재로서 인간의 귀는 들어야 하고, 눈은 보아야 하고, 입은 먹어야 하고, 코는 냄새를 맡아야 한다. 한마디로 인간의 감각기관은 그 기관에 상응하는 감각적 사물을 지향한다는 것이다.

그러나 후세 사람들은 육욕에 대해 다른 해석을 가미했다. 그들은 주로 인간의 감각기관에 따라 육욕을 구분시켰다. 일반적으로 인간의 감각기관은 눈, 귀, 코, 혀, 몸, 마음(意念)으로 나눈다. 그래서 이에 상응하는 욕망도 여섯 가지, 즉 보고자 하는 욕망(見欲), 듣고자 하는 욕망(聽欲), 냄새 맡고자 하는 욕망(香欲), 맛보고자 하는 욕망(味欲), 몸에 닿고자 하는 욕망(觸欲), 생각하고자 하는 욕망(意欲)이다. 이와 달리, 어떤 사람들은 여섯 가지 욕망을 성적 욕망(色浴), 형태나 외모에 대한 욕망(形貌欲), 위엄이나 자세 그리고 태도에 대한 욕망(威儀姿態欲), 언어와 음성에 대한 욕망(言語音聲欲), 부드럽고 매끄러운 촉각에 대한 욕망(細滑欲), 생각하는 욕망(人想欲)으로 나눈다.

이러한 구분은 기본적으로 인간의 여섯 가지 욕망을 이성異性에 대한 태생적인 여섯 가지 욕망으로 규정한 셈이다. 즉 이러한 구분은 실제로 여섯 가지 욕망을 인간의 성욕만으로 이해하고 그것을 세분화하며 구체화한 것이다. 인간이 여섯 가지 욕망에 대해 어떠한 규정을 내리든지 간에 여섯 가지 욕망은 결국 인간의 육체적·감각적 욕구를 가리키는 것이며, 그 핵심은 남녀 사이의 성욕이라는 것이다.

인간은 육체적인 욕망을 바탕으로 수많은 비육체적인 욕망을 만들어 낸다. 그것은 구체적으로 재산이나 명예, 그리고 권력 등에 대한 욕망과 같은 것이다. 장자에 따르면 일반 사람들(小人)은 이익을 좇고, 선비(士)는 명예를 추구하며, 대부大夫는 집안(家)을 중요시하고, 성인聖人은 천하를 위한다. 이들은 신분도 다르고 사회에서 처한 계층적 위치도 다르지만 모두가 동일한 기본적인 욕망을 지니고 있다. 그러나 이들은 기본적인 욕망 이외에도 자신의 신분에 걸맞은 특수한 욕망도 가지고 있다. 서로 다른 사람들이 다양한 목적을 추구하는 의미에서 그들의 욕망이 다르다고 할 수 있지만, 결국 그 욕망들은 내용적으로 재산이나 명예, 그리고 권력 등에 불과하다.

재산에 대한 욕망은 육체와 직접적인 관련이 없지만, 양자는 간접적으로 연결되어 있다. 재산은 인간의 점유물이나 소유물인데, 핵심은 생활과 생산의 자원이다. 생산 자원은 직·간접적으로 생활 자원을 생산하고, 생활 자원은 인간의 입고 먹고 살고 행동하는 것을 만족시킨다. 이것들은 인간의 육체와 직접 관련되고 인간의 생사生死까지도 영향을 미친다. 그래서 중국에 "인간은 재물로 인해 죽음에 이르고, 새는 모이로 말미암아 죽는다"[16]라는 속담이 있다. 인간의 재산에 대한 소유는 자신의 생존을 위하는 것일 뿐만 아니라, 자신의 존재 의미를 증명하기

---

16) 『增廣賢文』, "人爲財死, 鳥爲食亡."

위한 것이기도 하다. 왜냐하면 물질적인 가치가 인간의 가치를 증명하는 것이기 때문이다.

재산에 대한 욕망과 달리, 명예에 대한 욕망은 기본적으로 육체를 벗어난 비육체적 욕망이다. 명예라는 것은 특정 사람의 이름이 사회에서 지니는 신임의 정도를 의미한다. 인간은 당연히 이름을 가질 수밖에 없으며, 한 사람의 이름은 그 사람의 존재 자체를 의미할 수도 있다. 그러므로 어떤 사람은 명예를 생명보다 더욱 무겁게 여긴다. 그러나 사람마다 이름이 가지는 가치가 다르다. 즉 어떤 사람은 이름이 전혀 알려지지 않은 존재이고, 어떤 사람은 저명한 인물이다. 명예를 추구하는 사람에게 있어서, 문제는 유명해지는 것이 아니라 좋은 명성으로 유명해지는 것이다. 명예는 인간이 사회에서의 언행을 통해 얻어지는 것이다. 이러한 언행은 일반적인 언행이 아니라 선善과 연결되는 언행을 지칭한다. 대부분 인간은 이를 통해 좋은 명예를 얻을 수 있다. 그러나 명예는 인간의 참된 존재와 분리되어 허위적인 명예로 전락할 수도 있다. 어떤 명예든 간에 그것은 항상 명예롭지 않은 것, 예를 들면 식욕과 색욕, 그리고 재산에 대한 욕망을 수반한다.

권력에 대한 욕망은 사실상 인생 전체를 관통하는 욕망이다. 정치적 분야에서는 물론이고 수많은 비정치적인 상황에서도 권력에 대한 쟁탈과 투쟁이 일어난다. 중국 전통사회에서 가정과 가족, 그리고 국가까지 모두 권력이 지배하는 세상이라고 할 수 있다. 남자로서의 권력, 족장族長으로서의 권력, 그리고 황제로서의 권력은 가장 전형적인 세 가지 권력의 형태이다. 권력의 근본적 표현은 지배, 곧 다른 사람에 대한 통솔과 임면任免이다. 그리고 이러한 지배권은 주로 발언권으로 나타난다.

발언권은 단지 말을 할 수 있는 권력뿐만 아니라 하는 말이 갖는 실제적 효용과 힘을 가리킨다. 즉 권력이 있는 사람이 하는 말은 힘이 있고, 권력이 없는 사람의 말은 그렇지 않다. 인간은 말로써 타인에게 명령하고 무엇을 행하거나 하지 않도록 한다. 권력에 대한 욕망의 실현을 통해 인간은 또한 육체와 비육체적인 다른 욕망을 실현할 수도 있다.

위에서 다룬 육체적인 욕망과 비육체적인 욕망 이외에도 중국에는 또 한 가지 특수한 형태의 욕망이 있다. 그것은 바로 탐욕貪欲이다. 탐욕은 인간의 기본적인 욕망으로 이해되고, 그것은 육체 지향적이며 재산 지향적이고, 명예와 권력 지향적이다. 그러나 탐욕은 인간의 특정한 욕망을 극단화하여 적절한 욕망의 범위에서 벗어나게 한다. 그래서 사람들은 탐욕을 과도한 욕망이라고 부른다. 탐욕은 또한 다른 말로 음욕淫欲이라고도 표현된다. 여기에서의 음욕은 성욕을 의미하는 것이 아니라 과도한 욕망을 가리킨다. 탐욕 또는 음욕은 더 이상 일반적인 욕망이 아니라 '욕망에 대한 욕망'이다. 이와 같이 탐욕을 규정하는 것은 그것이 이미 인간의 기본적인 존재에 대한 필요에서 벗어나, 욕망 그 자체를 추구하는 것이기 때문이다. 만약 욕망 자체를 목적으로 한다면 그것에 대한 추구도 무한히 확장될 수밖에 없다. 이것이 바로 "탐욕스러운 자의 욕망 구덩이는 채워지지 않는다"(貪婪者欲壑難填)라는 말이 의미하는 바이다.

위에서 다룬 다양한 형태의 욕망 이외에도 욕망(欲)과 감정(情)을 결합시킨 정욕情欲이라는 것이 있다. 일반적으로 이것을 칠정七情과 육욕六欲이라고 부른다. 칠정은 기쁨(喜), 노여움(怒), 슬픔(哀), 두려움(懼), 사랑(愛), 미움(惡), 욕망(欲)을 가리킨다. 그리고 육욕은 일종의 정서로, 칠정 가운데 욕망을 제외한 나머지 여섯 가지 감정과 유사하다. 감정과 욕망은 모두 인간 마음의 상태를 가리키는 말이다. 이들은 모두 감정적 태도와 지향성을 가진다.

그러나 욕망은 일반적인 감정과 여전히 차이가 있다. 이것을 비교해 보면 욕망은 더 많은 지향성을 지니고 있지만, 감정은 보다 풍부한 정서적 상태를 지니고 있다. 또한 욕망은 주로 육체와 관련된 대상에 치중해 있는 데 비해, 감정은 심리와 마음상태에 많이 치우쳐 있다. 그래서 중국 속담에 "욕망(欲)이 절실하면 몸을 해치고 감정(情)이 절실하면 마음을 해친다"(欲切傷身, 情切傷心)라는 말이 있다. 이 말은 바로 욕망과 감정 간 차이성과 연관성을 잘 보여 준다. 다시 말해 욕망은 감정을 불러일으키는 동력이다. 욕망하는 과정에서 인간에게는 비로소 기쁨, 노여움, 슬픔, 두려움, 사랑, 미움과 같은 감정이 생겨난다. 물론 반대로 감정도 욕망에 영향을 끼치는데, 예를 들면 기쁨, 노여움, 슬픔, 두려움, 사랑, 미움과 같은 감정은 인간이 자신의 욕망을 실현할 수 있는가와 그것을 어떻게 실현할 것인가에 대해 지배적 역할을 하기도 한다.

6. 도구

욕망을 갖는 인간의 본성은 항상 인간 밖에 있는 욕망의 대상을 지향하는데, 이는 그 욕망의 실현이 인간 내부에서 이루어질 수 없고 외부에 의존할 수밖에 없다는 것을 의미한다. 인간의 욕망 대상은 특정 사물이거나 인간인데, 어쨌든 그것은 세계 안에 있는 어떤 존재이다. 그러나 인간은 천지 사이에 있는 만물을 직접 자신의 욕망 대상으로 만들 수 없고, 일정한 매개를 통해야 하는데, 그것이 바로 수단이고 도구이다. 이러한 수단과 도구를 넓은 의미에서 기술이라고 부르기도 한다. 만약 인간에게 기술이 없다면 그 어떠한 욕망도 실현할 수 없을 것이다. 한마디로 기술은 인간이 욕망을 실현하는 데 필수불가결한 것이다.

도구 또는 기술은 자연적으로 생성되는 것이 아니라 인위적으로 만들어지는 것이다. 유가나 도가가 도구나 기술에 대해 어떠한 태도를 갖고 있는지에 관계없이, 도구가 무엇을 만들고자 하는 인간의 본성에서 비롯되었다는 것에 대해서는 의심의 여지가 없다. 『주역』에서는 복희伏羲와 신농神農으로부터 시작하여 황제黃帝를 거쳐 요순堯舜에 이르는 중국 고대 문명사를 발명과 도구 제조의 역사라고 기술한다. 곧 도구의 발명과 제조가 없었더라면 중화문명의 탄생과 발전이 있을 수 없고, 나아가서 수많은 고대 성인의 위대한 역사적 위상도 있을 수 없다. 이렇게 발명되고 제조된 도구는 생산이나 노동 방면을 포함할 뿐 아니라, 인간의 의식주와 행위의 방면도 포괄한다. 이 밖에 문자와 예법禮法도 넓은 의미에서 도구에 속하며, 그것의 매우 중요한 부분이다.

만약 『주역』에서 말한 도구를 만드는 과정이 중국 역사에 관한 하나의 특수한 서술 형태라면, 왕부지王夫之는 도구의 의의를 본체론적 차원으로 끌어올렸다. 그에 따르면 천하의 근본은 리理도 아니고 심心도 아닌 기器이다. 즉 그는 천하의 근본을 오직 기器라고 주장한 것이다. 이것을 전제로 그는 도道와 기器의 관계에서 도는 기의 외부에 있는 것이 아니라 그 내부에 존재한다고 주장했다. 왕부지가 말하는 기는 천지 사이에 존재하는 모든 개별적 존재를 의미하고, 그것은 자연적인 사물과 인간에 의해 만들어진 사물 모두를 포함한다. 여기에서 말하는 인간에 의해 만들어진 사물은 당연히 도구와 기술을 의미한다. 왕부지는 인간이 도구와 기술을 만들어 내는 것의 의미를 매우 중시한다. 그에 따르면 성인聖人은 도구와 기술을 잘 만든 사람이다. 성인의 생활과 사고 및 언설은 모두 도구를 만드는 것에 관련되지 않은 것이 없고, 그들의 각종 행위도 기器를 다루는 여러 가지 형태에 불과하다는 것이다.

중국의 전통 사유 가운데 도구는 매우 중요하고 폭넓은 의미를 가진다. 하나는 자연에 대한 도구이다. 이러한 도구는 각종 간단한 생활과 생산에 쓰이는 도구와 원시적인 기계를 포함한다. 인간은 이러한 도구의 힘을 빌려서 손발이나 여타 신체기능을 발달시키고, 나아가서 자연을 변화시키며 재구성하여 자신들이 설정한 목적에 도달할 수 있게 한다. 이와 같은 자연성을 지닌 도구의 영역은 아주 광범위한데, 예를 들면 그것은 채집과 수렵, 농경, 의식주 등을 모두 포괄한다. 도구를 만드는 재료에 따라 사람들은 중국사나 세계사의 시기를 구분할 수 있다. 예컨대 석기시대, 청동기시대, 철기시대와 같은 시대의 구분방식은 바로 도구의 재료를 바탕으로 하는 시대구분 방식이다.

자연에 대한 도구 이외에 또한 인간에 대한 도구가 있다. 이러한 도구는 주로 인간생활에 관한 각종 규범의 마련과 그것에 대한 복종 및 훈련활동에 관련된 것이다.

[위진魏晉] 「우역도화상전郵驛圖畫像磚」
(감숙성 가욕관[甘肅嘉峪關])

중국 전통사회에서 이와 같은 인간적 도구는 바로 예악 문명禮樂文明이다. 이것은 유가의 중요한 사상적 주제가 되었다. 공자는 이러한 도구를 여섯 가지로 나누는데, 그것이 바로 '육예六藝'이다. 여섯 가지 예는 예禮, 악樂,

[당唐] 장훤張萱, 「도련도搗練圖」(모사본)

사射, 어御, 서書, 수數를 가리킨다. 육예는 인간을 교육시키는 과정에서 가르치는 가장 기본적인 기술과 활동이고, 그것은 직·간접적으로 도구의 사용과 연결된다. 그러나 그것들의 주요 목적은 자연에 대한 것이 아니라 인간에 대한 것이다. 곧 그것은 자연을 개조하는 데 사용되는 것이 아니라, 인성을 구축하는 데 쓰인다. 선진시대先秦時代의 육예 이외에도 후세의 문인들은 유달리 금琴, 기棋, 서書, 화畵를 강조한다.

이것은 모두 인간의 기술에 대한 훈련이다. 다시 말해 이것은 인간 신체에 대한 개조, 곧 손의 영민한 사용, 눈의 색채와 윤곽에 대한 정확한 시각적 파악, 귀의 음색과 박자 및 리듬적 청각능력의 상승 등을 포함할 뿐만 아니라, 마음에 대한 도야陶冶, 예를 들면 집중력의 유지, 정성스러운 마음가짐의 양성, 그리고 속세의 가치를 초월한 정신 상태로의 매진 등도 다 담고 있다.

기물器物로서 존재하는 것이 도구의 한 측면이고, 이러한 도구에 대한 사용이 다른 한 측면이다. 그리고 도구의 사용이라는 측면을 가리켜 사람들은 그것을 기술技術과 기예技藝라고 부른다.

자연과 관계되는 도구 사용의 활동을 기술이라고 한다. '기技'는 중국어에서 '사람이 손을 사용하는 행위'를 의미하기 때문에 '기술'에서의 '기技'는 주로 수단 또는 수법으로 간주된다. 손의 사용은 당연히 육체의 사용이다. 이러한 의미에서 중국 고대의 기술은 항상 육체의 직접성과 체험성에 관계된다. 물론 기술은 순수하게 육체적인 것만이 아니라 정신적인 것이기도 하다. 기술에서 '술術'은 '방법', 곧 도구를 사용하는 방법으로 이해된다. 이러한 '방법'은 인간에게 도구에 대해 파악할 것을 요구할 뿐만 아니라 인간, 도구, 자연사물 사이의 관계도 잘 이해할 것을 요구한다. 이러한 과정은 이성에 의한 계산과 경험적 축적을 모두 필요로 한다. 그러므로 어떤 기술을 습득하려고 하든지 간에 반드시 정교한 솜씨와 영리한 두뇌가 있어야 한다.

　　위에서 다룬 내용과 달리, 예술에 관한 도구 활동은 기예라고 부른다. 넓은 의미에서 기예도 기술에 속하고 몸과 정신의 합일을 요구하는 활동이다. 그러나 양자를 비교하면, 기술은 상대적으로 육체적 측면에 비중을 두는 반면에, 기예는 정신적인 측면에 초점을 맞춘다. 기예의 본질적 속성은 육체가 도구를 사용하는 행위를 바탕으로 정신을 사물에 침투시키는 것이다. 이를 통해 단지 물질적 대상인 자연사물은 생명의 의미를 지니게 된다. 따라서 그것은 더 이상 일반적인 도구, 다시 말해 단지 특정한 목적에 복무하는 수단으로서의 도구가 아니라, 그 자체를 목적으로 하는 존재, 곧 예술품이 된다.

7. 지혜와 대도

　만약 인간이 도구를 사용하여 단지 자신의 욕망만을 충족시키는 존재라면, 그는 진정한 인간의 세계를 만들어 낼 수 있는 존재라고 할 수 없다. 이러한 인간은 단지 동물과 더불어 살아가는, 동물과 다를 바 없는 존재에 불과할 것이다. 왜냐하면 동물도 일정한 욕망을 가지고 있을 뿐만 아니라, 간단한 자연적 도구를 사용할 수 있기 때문이다. 인간과 동물의 진정한 구분은 바로 인간의 지혜이다. 인간은 살아가면서 욕망과 도구 이외에 지혜의 인도도 필요하다. 중국 전통사상은 대도大道 속에 많은 내용을 응축시켜 놓았다. 그래서 "도를 따라 행하는 것은 지혜롭고, 도를 거스르는 것은 우둔하다"라는 말이 있다. 이러한 의미에서 "지혜가 무엇이냐"라는 물음은 자연스럽게 "대도가 무엇이냐"라는 물음으로 전환된다. 그렇다면 중국 전통사상에서 말하는 대도는 무엇인가?

　중국어에서 '도道'는 본래 '도로道路', 즉 인간이 걷는 '길'을 가리킨다. 길은 다양한 형태가 있다. 어떤 길은 자연적으로 형성된 것으로, 인간이 따로 손을 대지 않아도 걸을 수 있다. 또한 어떤 길은 본래 없던 길을 인간이 새롭게 낸 것이다. 물론 이는 인간이 아무렇게나 길을 만들고 다리를 놓을 수 있다는 것을 의미하는 것이 아니라, 낼 만한 필요와 조건 등에 따라 길을 만들어야 한다는 것을 의미한다. 이러한 의미에서 길은 인간을 빌려 자신을 드러내는 셈이 된다. 그러므로 인간은 길을 걸을 때, 반드시 정해진 노선에 따라 걸어야 한다. 인간이 천지 사이에서 살고 있는 것은 길을 걷는 것과 유사하며, 어느 길에서 다른 길로 오가는 것과 같다. 실제로 인간이 삶과 죽음 사이에 있다는 것도 요람으로부터 무덤으로 발걸음을 옮겨 가는 길 위에 있는 것이다. 그러므로 길과 그 길은 걷는 것은 인간이 살아가면서 중요한 의미를 지닌다.

'도'는 역사적 변천과정 속에서 더 이상 인간이 걷는 '길'이라는 의미에 그치지 않고 다양한 의미를 지닌 개념으로 변화되었다.

먼저 도는 존재의 의미를 지닌다. 그것은 만사만물이 존재하는 원리와 법칙 등을 가리킨다. 이러한 도는 각각의 사물 속에 내재되어 있고 고유하며 변화하지 않는다. 또한 도는 사상의 의미를 지닌다. 인간, 특히 성인은 도에 대해서 몸소 살피고 깊게 사유하여 언어로 표현했다. 그러므로 도는 일종의 이치나 학설, 또는 주장과 같다. 예를 들면 중국 역사에서 자주 언급되는 공·맹의 도와 노·장의 도가 여기에 속한다. 이와 같은 사상의 형태를 띤 도가 바로 사상으로서의 도이다. 마지막으로 도는 언어의 의미를 지닌다. 곧 이러한 도는 말한다는 의미를 지닌다. 물론 일반 사물에 대한 말과 도에 대한 말은 근본적으로 다를 수 있다. 전자를 단순히 말이라고 부를 수 있다면, 후자는 도라고 일컬을 수 있다.

앞에서 말한 바와 같이 도는 존재의 측면, 사상의 측면, 언어의 측면으로 나눌 수 있지만 그들 사이의 관계는 완전히 일치하지 않으며, 때로 서로 모순되는 경우도 있다. 중국사상에서 한편에서는 도를 논하고 그 것에 대해 말하고 있지만, 다른 한편에서는 도를 사유할 수 없고 언어로도 표현할 수 없다고 주장한다. 이 견해에 따르면, 인간은 말할 수 없는 도를 말하는 것이 되고 만다. 그러나 유가나 도가, 그리고 선종 모두 말할 수 없는 도에 대해 말했다. 이것은 그 사상 속에 도에 대한 논의와 사고 등이 응집되어 있다고 말할 수 있다. 이러한 의미에서, 유가와 도가, 그리고 선종에서의 도는 바로 도 자체의 현현顯現이다. 그들의 사상은 하나의 좁은 길이 아니라 큰 길이며 위대한 지혜이다.

이러한 사상들 덕분에 중국 역사의 찬란한 진척이 가능했을 것이다. 사람들은 유가의 도가 진정한 중국문명의 시작을 열었다고 본다. 만약 공자가 세상에 존재하지 않았더라면 중국의 역사는 여전히 혼돈과 어둠 속에 있었을지도 모른다. 또한 사람들은 노자가 인류에게 참된 문명의 길을 시사했다고 믿는다. 다시 말해, 노자는 역사가 유구한 중국문명에 커다란 계시를 주었을 뿐만 아니라 현대 세계문명에도 새로운 희망을 제시했다. 그리고 사람들은 선종의 불광佛光이 인간 마음속에 있는 어두움을 제거하고 본성의 밝음을 열게 했고 여긴다. 이러한 밝은 마음의 시작은 또한 밝은 세계의 구축을 의미한다.

중국사상에서 말하는 도의 관점에서 보면, 도는 하나이고 구별이 없다. 그러나 도의 형태는 다양하다. 곧 하늘의 도를 천도天道, 땅의 도를 지도地道, 사람의 도를 인도人道라고 한다. 천지天地의 도는 자연自然의 도이고, 인간의 도는 사회의 도이다. 그리고 천지의 도는 인간의 도에게 기초를 제공하고, 인간의 도는 천지의 도를 바탕으로 삼아 세워진다. 그러나 천지의 도와 인간의 도 사이에는 차이가 있다. 즉 천도는 멀리 있고, 인도는 인간 곁에 존재한다. 이는 천도와 인도가 인간과의 거리에 있어서 차이가 있다는 것을 보여 준다. 그러므로 중국 전통사상에서는 인간이 천지의 도를 준수하는 것은 물론이고, 인도를 더욱 더 잘 지켜야 한다고 강조한다. 중국사상의 핵심이 인도에 있다는 것은 의심의 여지가 없지만, 이 인도는 어디까지나 천도를 근원으로 삼는다.

인도란 인간이 어떻게 하면 진정한 인간이 될 수 있는가에 관한 도이다. 달리 말해 인도는 인간에 대한 규정, 곧 인간이란 무엇이며, 동시에 인간은 무엇이 아닌지에 대해 밝히고자 하는 것이다. 이에 대한 답을 통해 인간의 도는 인성, 곧 인간이 인간일 수 있게 하는 근본적 본성을 확립하게 된다. 그리고 이와 같은 인간에 대한 규정은 기본적으로 인간과 다른 존재, 특히 동물과의 구분을 통해 이루어졌다.

그러나 이것으로 충분하지 않고 반드시 인간들 간의 구분을 통한 규정도 해야 한다. 이것은 바로 이상적인 인간과 현실에 매인 인간과의 구분이기도 하다. 달리 말해, 이러한 구분은 이상과 현실의 구분을 통해 인간에 대한 최상의 규정을 정립하는 것이다. 따라서 이와 같은 인도는 일반적인 인도가 아니라 인간의 지극한 도, 즉 인생人生의 지극한 도이다. 이러한 인생의 지극한 도는 자연성을 지닌 천지의 도와 다를 뿐만 아니라, 주어진 현실에 그대로 매인 일반적인 인도와도 다른 당위를 지닌 인도이다. 인생의 지극한 도가 당위적이라고 할 수 있는 것은 인간이라면 누구나 마땅히 그것을 실천해야 함을 의미하는 것이기 때문이다. 또한 인생의 지극한 도는 당위일 뿐만 아니라 필연적이기도 하다. 즉 참된 인간이라면 반드시 인생의 지극한 도를 지녀야 한다. 그리고 인생의 지극한 도는 인간의 규범이고 이상이며 목표이다. 그러므로 참된 인간이 된다는 것은 바로 인생의 지극한 도의 길을 걷는다는 것을 의미한다.

인도는 인간 존재의 경계 구분을 둘로 나누어서 본다. 한쪽은 인간과 동물의 구분이고, 다른 한쪽은 인간들 간의 구분, 즉 이상적 인간과 현실적 인간의 구분이다. 그러나 경계지점에서는 항상 논란이 뒤따른다. 거기에는 수많은 사람들이 제기한 문제들이 모여 있다. 예를 들면 자연과 인위人爲, 천리天理와 인욕人欲, 의義와 리利, 겸兼과 독獨 등의 문제가 그것이다. 이러한 문제들에 대해 대도와 지혜는 참된 도가 무엇인가를 잘 밝혀 주고 있다. 중국 전통사상의 대도는 주로 유가, 도가, 선종의 셋으로 나눌 수 있다.

유가가 제시한 도는 '인간사회의 도'이다. 이러한 유가사상의 핵심은 도덕, 윤리 및 정치의 문제에 집중되어 있다. 얼핏 보기에 유가의 학설은 지나치게 간단하고 평이하며, 경직되고 교조적이기까지 하지만, 그것이 중국 사상의 가장 중요한 부분을 담당하고 있다는 사실은 의심의 여지가 없다. 왜냐하면 유가는 인간이 천지 사이에 존재하는 원초적인 사실, 즉 인간이 타인과 하나의 세계에서 어울려 살 수밖에 없다는 사실을 파악했기 때문이다. 인간은 사회 속의 존재이다. 그리고 사회는 가정, 국가의 형태로 나타난다. 그러므로 이러한 사회에 살고 있는 인간은 반드시 도덕, 윤리, 정치 등에 관한 문제를 해결해야 한다. 유가의 학설에 따르면 현실세계에 살고 있는 인간은 반드시 소인을 멀리하고 군자가 되기를 지향해야 한다. 그리고 유학자는 이상적 인격인 성인이 되는 것을 목표로 삼아야 한다. 성인은 인자仁者와 지자智者의 요소를 겸비한 사람이다. 인자는 자기뿐만 아니라 천하의 사람을 사랑한다. 지자는 천명天命을 통찰할 수 있거니와 현실적 시점에서의 사명, 곧 시명時命도 알 수 있다.

유가와 달리, 도가에서 제시한 도는 '자연의 도'이다. 도가는 문명, 특히 유가에 의해서 만들어진 예악문화가 인간 본성의 발전을 가로막는다고 주장했다. 도가에 따르면 유학에 의해 창조된 예악문화는 피상적이고 허위적이며 해로운 것이다. 그래서 인간은 인위적인 세상으로 부터 천지로 되돌아가야 하고, 자연의 척도에 따라 삶을 영위해야 한다. '자연'이란 '저절로 그러한 본성', 곧 도 그 자체이다. 참된 인간이라면 반드시 도를 벗어나지 말아야 하며 그에 순응하는 인간이 되어야 한다. 그리고 도를 따르는 인간이야말로 자연에 순응하고 자신의 본성을 제대로 유지하는 인간이다. 이러한 인간은 유가에서 높이 평가되는 인자仁者와 지자智者를 넘어선다. 그가 겉으로 보기에는 인하지도 지혜롭지도 않지만, 실제로는 '인을 넘어선 인'(大仁)과 '지혜를 넘어선 지혜'(大智)를 지닌 사람이다. 이와 같은 인간은 유가에서 말하는 인자보다 더 큰 사랑을 품고 있고, 지자보다 더 깊은 지혜를 가지고 있다.

선종은 유가와 도가 사상을 어느 정도 계승했지만 여전히 유가나 도가와 구별된다. 선종의 도는 '마음의 도'이다. 선종은 전례 없이 중국인의 마음 세계를 열고 넓혔다. 선종은 '만법유심萬法唯心'을 주장하며, 인간의 마음이야말로 천天, 지地, 인人의 근본이라고 강조했다. 그러므로 인간은 반드시 자신의 마음으로 회귀하여 '명심견성明心見性'을 성취해야 한다. 그리고 참선수행을 하는 자는 세속의 미혹에 물든 자와 달리 '깨달은 자'를 지향해야 한다. 깨달음이란 인간의 마음이 마음 자체를 인식하고, 나아가 인간과 세계의 본성을 인식함을 뜻한다. 그리고 깨달음은 심원하면서도 간명하다. 바로 '마음이 곧 부처임'을 깨닫는 것이다. 인간이 자신의 마음에 대해서 깨달을 수 있다면 부처나 보살이 될 수 있다. 나아가 깨달은 자는 반드시 소승불교小乘佛敎에서 제시하는 계戒, 정定, 혜慧를 지켜야 하며, 대승불교大乘佛敎에서 주장하는 육도六度, 곧 보시布施, 지계持戒, 인욕忍辱, 정진精進, 선정禪定, 반야般若에 대한 수행도 함께 이어가야 한다. 이렇게 참선수행 하는 자의 자비로움과 지혜로움은 깨달은 자로서의 드넓은 사랑(大愛)이요 심오한 지혜이다.

8. 도와 욕

인간의 현실세계에서 도道와 욕欲은 특수한 관계를 형성했다. 도는 어떤 욕망은 실현해도 되고, 어떤 욕망은 실현해서는 안 되는지를 분명하게 가려준다.

중국사상에서는 일반적으로 도와 욕이 서로 다르며, 심지어 대립적이라고 생각한다. 그러나 욕망과 대도大道의 본성과 둘 간의 관계에 대한 이해의 차이로 인해 중국사상은 대도와 욕망에 관한 다양한 태도를 내보였다.

욕망에 대한 여러 가지 태도 중에서 종욕설縱欲說은 다만 하나의 특수한 예일 뿐, 후세에 큰 영향을 미치지 못했다. '종욕縱欲'을 주장하는 것은 『열자列子』 속 양주楊朱의 사상이다. 양주는 "때맞춰 즐거움을 누리고 욕망에 맡긴 채 행동하라"(及時行樂, 任欲而行)고 주장했는데, 이것을 달리 표현하면 귀에 맡겨 듣고 싶은 것만 듣고, 눈에 맡겨 보고 싶은 것만 보며, 코에 맡겨 맡고 싶은 냄새만 맡고, 입에 맡겨 말하고 싶은 것만 말하며, 몸에 맡겨 편안하게만 있고, 뜻에 맡겨 행동하고 싶은 대로만 행동하라는 것이다. 양주는 예의가 인간의 욕망을 가로막는 데 반대한다. 이러한 종욕설은 근본적으로 욕망에 대한 무한한 확장과 그 충족을 주장하고, 대도로써 욕망을 가로막는 것을 부정하며, 욕망으로 하여금 그 자체의 경계를 넘어서게 한다. 그러나 경계나 제한이 없는 욕망은 반드시 인간이 그것을 무한하게 추구하고 충족하는 과정에서 스스로를 철저히 파괴의 길로 몰아가기 마련이다.

중국사상사에서 주도적 위치를 차지하는 것은 종욕설이 아니라 절욕설節欲說과 무욕설無欲說이다.

선진유가는 대체로 절욕을 주장한다. 공자는 인간 욕망의 존재 자체는 인정하지만 예禮로써 그것을 제약할 것을 주장했다. 공자에게 있어서 예는 '기예技藝'를 의미할 뿐만 아니라 또한 대도를 가리키기도 한다. 예는 인간의 규범이다. 그러므로 예에 합치된 욕망은 실현해도 되고, 그것에 어긋나는 욕망은 실현하면 안 된다. 이러한 맥락에서 공자는 "예가 아니면 보지도 말고 예가 아니면 듣지도 말라"17)는 말을 통해 인간의 감각기관과 그에 따른 욕구를 제한하고자 했다.

맹자는 더욱 분명하게 과다한 욕망을 없애고서 과욕寡欲을 유지해야 한다고 주장했다. 그에 따르면, 과욕이야말로 인간이 마음을 다스리는 근본이고, 나아가 인간 존재의 근본이 된다고 했다. 다시 말해 과욕을 제대로 유지할 수 있는가의 여부는 인간이 인간으로서 존재할 수 있는가를 결정한다는 것이다.

순자는 상대적으로 과욕이나 다욕에 많은 관심을 두지 않았고 욕망을 제거하는 일에도 고심하지 않았다. 단지 그는 도道로써 욕망을 제어할 것을 주장했을 뿐이다. 그는 욕망에서 예로 발전하는 과정을 분석했

---

17) 『論語』, 「顏淵」, "非禮勿視, 非禮勿聽."

다. 그에 따르면, 인간은 태어나면서부터 욕망을 가지고 있고, 그래서 얻고(得), 추구(求)하며, 다투고(爭), 어지러워(亂)지며, 곤궁(窮)하게 되는 것과 같은 일들이 생긴다고 생각하였다. 그래서 선왕先王은 예의禮義를 만들어서 사람들을 구분하고 그들의 욕망을 다스리고자 했다. 이러한 의미에서 예의 의미는 사람들이 욕망을 순조롭게 실현할 수 있도록 보장하려는 것이다. 욕망은 완전히 제거될 수 없을 뿐만 아니라 그렇다고 해서 완전히 충족될 수도 없다. 그러나 욕망은 절제가능하고 또한 어느 정도까지는 충족될 수 있다. 이러한 척도는 바로 예에 의해서 제공된다. 만약 인간이 욕망을 따르기만 한다면 파멸하기 십상이다. 인간이 예를 제대로 준수해야만 편안하게 삶을 영위할 수 있다. 순자가 여기에서 논하는 예와 욕의 관계는 바로 도와 욕의 관계이다. 따라서 그는 "도로써 욕을 제어하면 즐거우면서도 어지럽지 않고, 욕으로써 도를 망각하면 미혹되어 즐겁지 않다"[18]고 주장했다. 그러므로 인간은 반드시 도에 근거하여 욕망을 추구해야 한다.

선진도가는 선진유가보다 더욱 극단적으로 과욕이 아닌 '무욕無欲'의 설을 주장했다. 노자는 인간의 욕망을 어느 정도 만족시킬 수 있느냐를 문제로 삼아서는 안 되고, 그것을 근본적으로 없애는 것에 힘을 쏟아야 한다고 주장한 것이다. 그리고 무욕은 인간에게서 욕망이 생겨난 후 그것을 제거하는 것이 아니라, 욕망이 생기기 이전에 그 단초를 없애는 것을 의미한다. 노자는 한편으로는 사람들에게 욕망의 위험성과 "만족할 줄 알아 욕망을 없게 한다"는 것을 깨닫게 하고, "재앙은 만족할 줄

---

18) 『荀子』, 「樂論」, "以道制欲, 則樂而不亂. 以欲忘道, 則惑而不樂."

[서한西漢] 「조씨고아도벽화趙氏孤兒圖壁畵」
부분도(낙양소구묘실洛陽燒溝墓室)

모르는 것보다 더 큰 것이 없다"(禍莫
大於不知足)고 주장했다. 그리고 다른
한편으로 그는 사람들의 욕망을 불
러일으킬 만한 것으로부터 멀어질
것을 강조하면서 "무욕하여 마음을
어지럽히지 않는다"고 말했다.

노자와 유사하게 장자도 욕망이
인간의 본성을 참혹하게 해쳤다고
보고, 반대로 무욕이야말로 인간의
본성을 잘 드러나게 할 수 있다고 주
장했다. 그에 따르면, 참된 도를 터득한 사람은 "삶을 새삼 기뻐할 줄도
모르고, 죽음을 새삼 싫어할 줄도 모른다."19) 생사와 이해관계를 초월
한 사람은 근본적으로 욕망의 문제에 시달리지 않는다.

노장사상에서 주장한 욕망의 부정으로서의 무욕은 다음과 같은 발
전과정을 겪었다. 첫째는 무욕의 단계이다. 이 단계에서는 욕망이 부정
되지만 그것을 부정하려는 욕망은 여전히 남아 있다. 둘째는 '무무욕無
無欲'의 단계이다. 이 단계에서는 앞선 단계에서의 '욕망을 부정하려는
욕망'을 없애는 것이다. 셋째는 '무자신無自身'의 단계이다. 여기에서는
욕망과 그것의 부정을 초월하여 절대적 경지의 무無, 곧 도와 합치되는
단계에 도달한다.

선종은 기본적으로 그에 앞선 유가와 도가가 제시한 욕망에 대한

---

19) 『莊子』, 「大宗師」, "不知悅生, 不知惡死."

견해를 계승했다. 계戒, 정定, 혜慧 삼학三學과 육도六度, 특히 그중에서도 소승의 계학戒學과 대승의 지계持戒는 욕망과 그로 말미암는 파생물을 부정하는 지혜이다. 불교의 계율은 주로 탐貪, 진嗔, 치痴 삼독三毒을 지양하고자 한다. 탐은 탐욕이다. 그것은 일반적인 욕망이 아니라 과도한 욕망이다. 진은 분노이다. 그것은 욕망이 충족되지 못할 때 타인에게 향한 원한과 증오이다. 치는 미혹이다. 그것은 무명無明이고 무지無知이며 또한 잘못된 앎이다. 인간에게는 무명으로 인해 탐욕과 원한이 생겨난다. 불교의 계학은 바로 삼독으로 인해 생겨나는 인간의 악행을 막는 것이다. 물론 계학에는 긍정적인 면과 부정적인 면이 공존하고 있다. 소위 "뭇 악을 행하지 말고 모든 선한 일을 받들어 행하라"[20]는 말이 그것에 대한 가장 간명한 해석이다.

중국에는 지혜가 욕망을 규정하는 학설에 관한 또 다른 학설이 있다. 그러나 그것들은 대부분 절욕설의 변형이다. 그중에서 송명리학宋明理學이 내세운 "천리를 보존하고 인욕을 없앤다"(存天理去人欲)라는 명제가 도道와 욕欲을 구분하는 가장 유명한 명제이다. 여기에서의 천리天理는 천연天然의 이치이고 천하天下의 이치이며 자연적이고 보편적인 이치이다. 하지만 이와 대립되는 것으로서의 인욕은 천연적이지도 않고 보편적이지도 않으며 과도하고 사적인 욕망이다.

송명리학을 대표하는 주희는 "천리를 보존하고 인욕을 없앤다"는 주장을 자신의 사상적 핵심으로 삼았다. 그에 따르면, 하나의 천리가 있으면 하나의 인욕이 있게 마련이다. 그러므로 인욕은 실제로 천리로

---

20) 『增一阿含』, "諸惡莫作, 衆善奉行."

부터 나온 것이다. 그러나 천리는 본래 존재하는 것이지만 인욕은 그것의 본연적 발현이 아니다. 주희는 또한 천리를 구체화했는데, 그것은 바로 유가의 도인 인의예지仁義禮智이다. 반면 인욕은 다만 다양한 사심과 잡념에 불과하다. 그에 따르면, 천리가 온전하게 보존되면 인욕은 없어지고, 인욕이 이기면 천리가 소멸된다. 따라서 오직 인욕을 없애야만 천리를 보존할 수 있게 된다.

　송명 이후, 위와 같은 존천리멸인욕의 설에 대해 몇 가지 대립적인 주장이 나타났는데, 그것들은 기본적으로 리욕합일理欲合一을 주장한다. 리욕합일의 주장에 따르면, 천리와 인욕이 분리될 수 없는 것은 마치 천天과 인人이 분리될 수 없는 것과 같다. 그러므로 천과 인이 합일된 것이라면 천리와 인욕도 합일된 것이어야 한다. 다만 천리와 인욕은 같은 본체에서 드러나는 상이한 작용일 뿐이다. 그들 사이의 차이는 오직 천리는 도를 기준으로 좋고 나쁨을 판가름하고, 인욕은 자기를 기준으로 좋고 나쁨을 판가름하는 데 달려 있을 뿐이다. 물론 리욕합일에는 두 가지 측면의 의미가 들어 있다. 하나는 욕이 리에서 발원된다는 것이다. 즉 욕망이 천으로부터 기원하므로 필연적이고 당연하다는 것이다. 다른 하나는 리 또한 욕에 근원하고 있다는 것이다. 즉 인간을 배제한 천이 있을 수 없듯이 욕을 떠난 리도 있을 수 없다는 것이다. 천리는 바로 인욕의 천리이며, 그것은 또한 중절中節된 욕망의 천리이다.

9. 도와 기技

인간의 생활세계에서 대도大道는 한편으로 욕망과 관련이 있고, 다른 한편으로는 도구와 관련이 있다. 또한 대도는 어떤 수단과 방법은 사용해도 되고 어떤 수단과 방법은 사용해서 안 된다는 것을 규정한다.

중국에서 대도와 수단의 관계, 곧 대도와 기술이나 기예와의 관계는 매우 중요한 주제이며, 이것은 하늘과 인간 사이의 다툼을 구체화한 대목이기도 하다. 일반적으로 인간생활에서 수단과 방법의 의의를 긍정하는 이론을 인위론人爲論이라 부르고, 그것을 부정하는 것을 자연론自然論이라 부른다. 대체로 유가사상은 인위론을 찬성하고 수단에 대한 합리적 사용을 지지한다. 유가의 입장에 의하면, 수단은 인간의 욕구를 만족시킬 수 있을 뿐만 아니라 대도의 실행에도 기여할 수 있다. 이와 달리 도가사상은 자연을 주장하며 수단의 지나친 이용에 대해 반대한다. 도가는 수단이 인간의 욕망을 부추길 뿐만 아니라 자연적인 대도의 흐름을 방해한다고 주장한다. 이러한 유가와 도가 사이의 차이는 실제로 인위론과 자연론의 차이로 변화했다.

유가는 유위有爲를 숭상한다. 그들은 인간이 비록 자연을 존중해야 하지만 그래도 인간만의 적극적인 작위作爲가 있어야 한다고 주장한다. 다시 말해 인간은 자연과 구분되는 인간의 세계를 만들어야 진정한 인간이라고 부를 수 있다는 것이다. 공자는 자연과 구별되는 예악문화, 그리고 인의를 비롯한 도덕적인 인간세계를 구축하는 데 관심을 두었다. 동시에 그는 예禮, 악樂, 사射, 어御, 서書, 수數의 육예六藝가 인간성을 도야하고 구축하는 것의 중요함을 강조했다. 그리고 맹자도 사천事天의 활동을 긍정했다. 여기에서의 '사천'은 '마음을 다해 성을 아는 것'(盡心知性)을 의미할 뿐만 아니라 생산과 증식의 분야도 포함한다. 다시 말하면 사천은 인간이 천도에 합치하는 행동이고, 그 속에는 인간이 수단을 사용하여 천과 매개하는 행위도 포함된다.

유가의 사상가들 중에서 순자는 인위를 가장 강조했다. 그는 자연이 명한 바를 그대로 따르는 것을 반대하고 인간이 하늘을 다스려야 한다고 주장했다. 순자의 이상은 인간이 하늘을 이기는 것이고, 천지를 관장하며, 만물을 제대로 부리는 것이다. 바로 인간이 만물을 사용하는 과정에서 만물은 그것들의 아름다움과 쓰임을 다할 수 있다.[21] 그리고 이러한 사물에 대한 사용은 다름 아닌 인간이 수단을 통해 천지만물을 개조하는 과정이다.

그러나 도가의 사상은 무위를 숭상한다. 즉 그들은 자연에 순응하고 인위를 반대한다. 그들에 따르면, 인위는 단지 자연에 대한 파괴일 뿐만 아니라 인간 본성에 대한 훼손이기도 하다. 따라서 인간에게 올바른 길은 인위를 포기하여 '소박함으로 되돌아가 본래 참된 상태를 되찾는 것'(返樸歸眞)이다.

노자는 인간이 자연의 이치에 순응하고, 천지의 이치를 스승으로 삼아 그것의 본성에 따라야 한다고 주장했다. 그는 기술技術을 반대했다. 다시 말해 그는 다양한 수단의 사용이 인간의 몸과 마음을 해친다고 보았다. 왜냐하면 다양한 도구와 수단의 사용은 수많은 욕망할 만한 사

---

21) 『荀子』, 「王制」, "故天之所覆, 地之所載, 莫不盡其美, 致其用."

물을 만들어 내고, 그것들은 또한 인간의 욕망을 끊임없이 자극하며 인간의 몸과 마음의 편안한 상태를 훼손시킨다고 보았기 때문이다. 또한 도구의 사용은 기이한 사물을 낳게 하고, 인간 사이의 분쟁을 초래하여 천하를 어지럽힌다고 보았다. 그러므로 인간은 기묘함과 이로움을 좇는 마음을 버리고 소박함을 간직하여 그것을 지켜나가야 한다. 오직 이렇게 해야만 인간은 사사로움과 욕망을 줄일 수 있으며, 도와 합치될 수 있다. 물론 노자도 도로써 기技를 인도할 것을 강조한다. 그에 따르면 좋은 말과 행동은 그 어떠한 도구적·인위적 활동에도 의존하지 않은 기예이다. 그러므로 이러한 좋은 말과 행동, 즉 기예는 도 자체의 활동이 된다. 또한 기와 도의 합일은 '행함이 없는 것을 행하고, 일삼음이 없는 것을 일삼는 것'(爲無爲, 事無事)으로 표현된다. 성인은 바로 도로써 기를 잘 인도하는 실천자로, 사람을 잘 구제하기 때문에 사람을 버리는 일이 없고, 사물을 언제나 잘 구제하기 때문에 사물을 버리는 일이 없다.

　노자와 유사하게 장자는 천도와 인도를 구분했다. 소위 천도는 '아무 것도 행하지 않지만 존귀한 존재'(無爲而尊者)이고, 인도는 '항상 무엇을 행하지만 얽매인 존재'(有爲而累者)이다. 장자는 "인심으로 도를 손상시키지 않고 인위로 자연을 돕지 말 것"22)을 요구한다. 또한 그는 사람들에게 "인위로 자연을 파멸시키지 말고 고의로 천성을 망치지 말라"23)고 경고한다. 그렇지 않으면 자연의 이치를 위반하는 행위는 자연을 훼손시킬 뿐만 아니라 인간에게도 큰 피해를 초래한다.

---

22) 『莊子』, 「大宗師」, "不以心捐道, 不以人助天."
23) 『莊子』, 「秋水」, "無以人滅天, 無以故滅命."

나아가 장자는 도구와 수단이 대도를 해친다고 주장했다. 장자에 따르면, 기계機械가 있으면 '기계에 의한 일'(機事)이 반드시 생기고, 기계를 사용하는 일이 생기면 반드시 '기계에 사로잡힌 마음'(機心)이 생기게 마련이다. 그리고 만약 인간이 '기계에 사로잡힌 마음'을 가진다면 그는 본래의 순수하고 소박한 마음을 잃어버려 더 이상 안정적 마음 상태를 유지할 수 없게 된다. 이렇게 된다면 인간은 더 이상 도를 받아들이고 그것을 받들 수 없게 된다. 이와 같이 도구와 기술은 대도를 파괴하기 때문에 그것으로 대도를 규제할 것이 아니라, 반대로 대도로 도구와 기술을 규제해야 한다.

또 장자는 도가 근본(本)이고 기가 말단(末)이라고 주장했다. 한편으로 도는 기보다 높은 존재이기 때문에 도는 기에 가까이 다가가야 한다. 다른 한편으로 기는 도를 지향하는 존재이기 때문에 기도 도에 가까이 다가가야 한다. 따라서 가장 탁월한 기예는 일종의 도의 표현방식이라고 할 수 있다. 장자는 여러 가지 우화로써 인간의 경지를 뛰어넘는 신묘한 기예들을 묘사했는데, 그들의 기예가 바로 대도에 통달한 것들이다.

10. 욕망과 기술, 그리고 대도의 유희

중국인이 구상해 낸 천天, 지地, 인人으로 이루어진 세계 속에서 욕망, 기술, 그리고 대도 이 셋은 공존하며 함께 어울려 유희한다. 이 가운데 욕망의 실현은 각종 기술의 도움이 필요하고 동시에 욕망과 기술은 또한 대도에 의해 규제된다. 그러나 욕망과 기술 및 대도는 또한 각자 끊임없이 발전하고 있다. 새로운 욕망이 낡은 욕망을 대체하듯이 새로운 기술도 낡은 기술을 대체한다. 물론 대도와 지혜도 항상 스스로 새롭게 바뀐다. 낡은 대도가 사라지고 새로운 대도가 생겨난다. 결국 세계의 역사는 영원한 '신구지쟁新舊之爭'의 과정이다.

먼저 욕망의 해방에 관해 살펴보면, 중국에서 주도적 지위를 차지했던 것이 절욕설節欲說과 무욕설無欲說, 그리고 존리멸욕설存理滅欲說이다. 이러한 학설들로 말미암아 인간의 욕망은 극도로 제한되고 억눌렸다. 그러나 명청明淸시기 이후로 인간의 욕망은 점차 해방되기 시작했다. 인간 욕망의 해방은 현실 생활에서 이루어졌을 뿐만 아니라 예술과 문학 작품에서도 다양하게 표현되었는데,『육포단肉蒲團』과『금병매金甁梅』등이 그 대표적인 예다. 이와 더불어 명청시기 사조 중에서 유가와 도가 및 선종이 여전히 주류사상으로서의 지위를 유지하고 있지만 신흥 인문주의 사상과 개인주의 사상이 이미 싹트기 시작했고, 심지어 자연 인성론自然人性論의 사상이 유행이 되기도 했다. 이러한 다양한 사조의 공통적인 특징은 인간의 자연적인 정욕情欲, 그중에서도 특히 성욕을 긍정하는 점이다. 그들에 따르면 인간의 욕망은 곧 천리이다. 따라서 그들은 인욕의 억압이 아닌 그것의 확대를 강조했다.

다음으로 기술의 진보에 관해 살펴보면, 중국사상은 항상 기물器物이나 도구, 그리고 기술의 현실적 응용을 중요시했지만, 그것들은 도道에 비해 항상 부차적이었다. 그러나 송명시대부터 사람들은 심성학心性學 이외에 공리학功利學도 중시하기 시작했다. 그들에 따르면, 우주는 하나의 물질적 존재이고, 인간의 위대함은 사물에 대한 그들의 파악능력에 있다. 인간의 도덕성과 현실적 업적을 모두 중시해서 '덕업德業'이라고 부르는 학풍 및 도덕형이상학을 반대하고 실제적 공리를 주장하는 '사공학事功學'이 그 대표적인 예이다.

또한 중국 전통사회가 무너질 무렵에 이르러서 사람들은 도구의 혁신과 기술의 진보가 중국사회를 개조하는 데 갖고 있는 중대한 의미를 더욱 깊게 인식하였다. 강유위康有爲는 중국사회의 전반적 변혁을 요구했다. 그가 제시한 구체적 대책은 다음과 같다. 첫째는 '변기變器'인데, 이는 서양의 선진기술을 따라 배워야 한다는 것이다. 둘째는 '변사變事'인데, 이것은 근대 상공업의 발전이 필요함을 강조한 것이다. 셋째는 '변정變政'인데, 이는 자본주의 정치체제의 시행을 요구한 것이다. 넷째는 '변법變法'인데, 이는 봉건제도를 자본주의 제도로 바꾸는 것을 주장한 것이다. 이 가운데서도 도구와 기술의 변혁이 가장 기초적인 의미를 지닌다.

마지막으로 대도의 변화에 관한 살펴보면, 일반적으로 도 자체는 영원한 것으로 인식되어 왔다. 즉 '천지의 도'(天地之道)는 불변하고 항상 존재한다는 것이다. 동중서董仲舒가 "천은 변화하지 않으며, 도 또한 변화하지 않는다"(天不變道亦不變)고 말한 것이 바로 이를 가리킨다. 다른 한편으로 '사람의 도'(人之道)는 '천지의 도'를 근본으로 삼아 형성된 것이고, 성인은 천을 본바탕으로 삼아 도를 세웠다(法天而立道). 그렇지만 이와 같은 '불변의 도'는 변화를 내포한다. 즉 도 그 자체는 쉼 없이 생성되고(生生不息) 오로지 자신의 변화원리에 따른다(唯變所適).

그렇다면 중국 역사에서 대도는 어떻게 변화를 거듭했는가? 일반적으로 사람들은 '세간의 도' 곧 세도世道를 유도有道와 무도無道로 나눈다.

유도의 세도에서는 하늘도 그 도에 따라 운행하고(天行其道) 인간도 그 도에 따라 행동한다(人也行其道). 반대로 무도의 세도에서는 천이 도에 따라 운행하지 않고 인간도 도에 따라 행동하지 않는다. 이와 같은 유도와 무도의 이원적 구분 이외에도 대도에 대한 다양한 주장들이 있다.

소옹邵雍은 역사 속 대도의 변천과정을 황皇, 제帝, 왕王, 패伯(覇) 네 가지로 구분했다. 황도皇道는 도로써 백성들을 스스로 변화하게 하는 것이므로(以道化民) 자연함을 숭상한다(尙自然). 제도帝道는 덕德으로써 백성을 가르치는 것(以德敎民)이기 때문에 겸양을 숭상한다(尙讓). 그리고 왕도王道는 공적으로써 백성을 권유하는 것이므로(以功勸民) 정사를 숭상한다(尙政). 마지막으로 패도伯道는 힘으로써 백성을 통솔하는 것(以力率民)이기 때문에 다툼을 숭상한다(尙爭). 이와 같은 역사에 대한 소옹의 구분은 주로 천하를 다스리는 각도에서 제시된 것이다. 천하를 다스리는 것은 근본적으로 통치자와 피통치자 사이의 관계로 표현될 수 있다. 이러한 관계는 또한 천하를 다스리는 방식에 의해 결정한다. 소옹은 천하를 다스리는 방식을 도道, 덕德, 공功, 역力으로 구분했다. 이러한 구분방식에 상응하여 통치자의 본성도 황皇, 제帝, 왕王, 패伯로 구분되었다. 이러한 구분에 입각해서 보면, 백성들의 신분에는 변화가 없지만 그들의 현실적인 생활세계는 '유도'와 '무도'의 변화가 일어난다. 실제로 소옹이 그려 낸 역사는 대도가 점차 쇠퇴하는 과정이다.

소옹과 달리, 강유위는 역사를 '거난세据亂世', '승평세升平世', 그리고 '태평세太平世' 세 단계로 구분했다. 그는 이러한 세 시대가 실제의 역사 속에서 시간적으로 연결되어 있다고 주장한다. 나아가 그는 인류 역사가 실제로 이와 같은 궤적에 따라 전진하는 것이라고 강조했다. 이러한 세 단계로 구분된 역사는 서로 다른 특성을 지니고 있다. 거난세는 문화와 교육이 아직 미개한 상태에 있는 시대이고, 승평세는 그것이 어느 정도 발전한 시대이며, 태평세는 문화와 교육이 완전히 정비된 시대이다. 이에 상응하여, 강유위는 거난세는 군주통치, 승평세는 군주입헌, 그리고 태평세는 민주공화의 정치 형태를 갖춘 것이라고 주장했다. 그에 따르면, 거난세는 두말할 나위 없이 암흑의 시대이고, 승평세도 단지 '소강사회小康社會'에 불과하며, 태평세야말로 '대동사회大同社會'이자 인류 역사발전의 가장 이상적인 사회형태라고 할 수 있다. 이와 같이 강유위는 역사를 대도의 발전과정으로 인식하였지만 그에 의해 그려진 소위 대동사회는 아주 유치하고 공허하다.

이 밖에도 역사에서 대도의 변천과정에 대한 여러 가지 학설이 있다. 비록 수많은 학설이 있지만 크게 보면 다음 세 가지로 나누어 볼 수 있다. 첫째, 역사는 퇴행적으로 전개되고 지금이 옛날보다 못하기 때문에 인간은 마땅히 이전으로 돌아가야 한다. 둘째, 역사는 진화하고 지금이 옛날보다 낫기 때문에 인간은 항상 미래를 지향해야 한다. 셋째, 역사는 순환적이고 대도가 일정한 주기에 따라 운행하기 때문에 인간은 운명이 정해진 바에 복종해야 한다. 그러나 역사가 어떻게 변화하든지 간에, 중국 전통사상에서는 유도有道의 세계야말로 아름다운 세상이라고 주장했다.

[동한東漢] 회상석畵像石(산동성[山東])

제2장 사상

중국의 지혜는 천天, 지地, 인人의 도가 무엇인지를 직접적으로 제시했을 뿐만 아니라 그것들에 대해 어떻게 사고해야 하는지, 즉 '사도思道'(도에 대한 사고)와 '지도知道'(도에 대한 앎)에 관해서도 논의를 했다. 지도는 다른 존재에 대한 일반적 앎이 아니라, 도 그 자체에 대한 앎, 즉 천, 지, 인에 대한 앎을 가리킨다. 이러한 의미에서 지도는 도에 종속된 것이며, 도가 인간에게 드러나는 방식이다. 그러나 지도는 또한 도의 영역일 뿐만 아니라 술術의 영역도 포함한다. 즉 그것은 실제로 도와 술의 통일이다. 다시 말해 도는 지도의 주제이고 내용이며, 술術은 도道에 이르는 절차와 방법이다. 그러나 지도에서의 도와 술은 일반적 인식론이나 방법론과 같은 것이 아니다. 왜냐하면 지도는 항상 천, 지, 인을 아우르는 전체적인 도와 연결되어 있기 때문이다.

1. 지의 본원

우리가 지도의 본성을 탐구할 때 무엇보다도 앎, 즉 지知의 본원에 대해 규명해야 한다. 중국 전통은 '사상에 관한 사상'을 인간의 규정, 즉 심성론의 기초 위에서 세워진 것이라고 본다. 인간은 만물의 영장이다. 또한 인간은 육체적 존재인 동시에 정신적 존재이기 때문에 심신이 합일된 존재이다. 그리고 심의 본성은 사상이고, 이로 말미암아 심을 몸의 주인이라고 한다.

유가사상 속에서 공자는 심에 관한 몇 가지 구체적 활동형태에 대해 어느 정도 언급을 했지만 심 자체의 본성에 관해서는 논의하지 않았다.

이와 달리, 맹자는 심을 하나의 사상적 주제로 만들었다. 그에 따르면 심은 하늘이 인간에게 부여한 것이고, 그 본성은 사고하는 것이다. 그리고 심이 사고 작용을 수행할 때 그것은 존재하고, 그렇지 않을 경우 그것은 없는 것과 마찬가지이다. 맹자는 또한 심이 인성의 본원을 포함하고 인간의 본성이 심에 있다고 주장했다. 더 나아가 그는 측은지심惻隱之心, 수오지심羞惡之心, 사양지심辭讓之心, 시비지심是非之心이 인의예지仁義禮智의 단초라고 했다.

맹자에 비해 순자는 심의 문제를 더욱 구체적으로 논하였다. 그는 심이 인간 몸의 주재主宰이고 다섯 가지 감각기관, 즉 오관의 활동을 관장하는 것이라고 강조했다. 인간의 오관은 각각 특정 감각을 가지고 있지만 그들은 서로의 쓰임(用)이 될 수 없다. 그러나 심은 그것들을 관통시켜 오관에 제공된 감각자료(印象)를 검토한 뒤 지식으로 만든다. 그뿐만 아니라 심은 또한 정욕을 규제하고, 그것을 심의 요구에 따라 변화하도록 한다. 그리고 심은 심지어 인성을 다듬을 수 있는데, 이것을 '화성기위化性起偽'라고 한다. 여기서의 성性은 자연적인 것이고 위偽는 인위적인 것이다. 결국 순자는, 심이 인간을 자연적인 단계로부터 인위적인 노력을 통해 완전한 존재로 탈바꿈시킬 수 있다고 주장한다. 그러나 더욱 중요한 것은, 심은 그 자체의 주인이자 스스로를 규정하는 존재이다.

송명유학 시기에 심성론이 중요한 사상적 주제가 되면서 심의 본성에 대한 사고가 체계적으로 이루어지기 시작했다. 특히 주희는 심의 문제를 아주 상세하게 다루었다. 그에 따르면, 심은 인간의 육체와 그 활동을 지배한다. 또한 심 그 자체는 거울과 같이 허정虛靜하기 때문에 그 본성은 신명지각神明知覺이다. 여기에서의 '지각'은 사물의 실상이 무엇인지를 아는 것, 즉 천지만물의 이치를 파악하는 것을 뜻한다. 다시 말하면 심은 사면팔방의 사물과 고금왕래의 사실을 지각할 수 있다. 그래서 심은 신명한 것이라고 할 수 있다. 그러나 심은 리理와 기氣를 포함하기 때문에 그것은 '도심道心'과 '인심人心'으로 구분될 수 있다. 도심은 '의리지공義理之公'에서 발현된(發) 것이고, 인심은 '형기지사形氣之私'에서 생겨난 것이다. 그리고 리와 기는 각각 성性과 정情에 연관된다. 그러므로 주희는 '심통성정心統性情'을 주장했다. 그에 따르면, 성性은 심의 체體이고, 정情은 심의 용用이다. 또한 성·정은 동動·정靜과 '미발未發'·'이발已發'의 측면에서도 구분될 수 있다. 이러한 주희의 심통성정론은 두 가지 의미를 지니고 있다. 첫째, 심은 성정을 포함한다는 것인데, 이는 하나의 심이 성과 정이라는 두 가지 측면을 갖고 있다는 것이다. 둘째, 심은 성·정을 주재한다는 것인데, 이는 심이 성정의 동정과 변화를 지배한다는 것이다. 물론 주희는 진심盡心에 힘을 기울어야 하고, 도심의 미묘함을 발현되게 하며, 인심의 위태로움을 제거해야 한다고 주장한다.

리학理學에서는 리理가 마음에 있다고 주장하지만, 심학心學에서는 '리理가 곧 심心'(理卽心)이라고 주장한다. 육구연 사상의 핵심은 '본심本心'

이다. 여기에서의 본심은 본유적이고 근본적인 심을 가리키는데, 이러한 본심은 다름이 아니라 바로 맹자가 말한 사단지심, 즉 측은지심, 수오지심, 사양지심, 시비지심이다. 육구연에 따르면 모든 사람이 이러한 본심을 가지고 있고, 모든 본심은 또한 천리를 지니고 있기 때문에 '심心이 곧 리理'(心卽理)이다. 따라서 심은 도덕지심道德之心과 천리지심天理之心의 통일이다. 또한 이와 같은 심은 동심同心이며, 리는 천하의 공리公理이다. 육구연과 마찬가지로 왕수인도 '심즉리心卽理'를 주장한다. 그에 따르면 심은 몸의 주재자이고, 그것이 발한 것은 의意이며, 이러한 의意의 본체는 지知이고, 의意가 있는 곳이 물物이다. 그러므로 "심 밖에 리가 있을 수 없고", 또 "심 밖에 사물이 있을 수 없다"는 말이 성립된다.

유가에 비해 도가는 다른 심론心論을 내세웠다. 노자와 장자는 심을 인간만이 특별히 가진 본성으로 규정했지만, 심은 반드시 도에 합치되어야 한다고 주장했다. 심은 항상 사물에 의해 가려져 있으므로 인간은 마땅히 심을 비우고(虛心) 그것의 '고요한 상태'(靜心)를 유지하여 무無에 이르도록 해야 한다. 그들에 따르면 순수하고 명철明哲한 심이야말로 도에 합치된 것이다.

도가적 성향이 짙은 관자管子는 심에 대해 비교적 체계적인 서술을 했다. 그는 심을 감관의 주재라고 규정했다. 즉 심의 문제가 제대로 해결되어야만 감관의 문제도 순조롭게 풀릴 수 있다. 그러나 관자는 감관에 의한 욕망이 심의 평정한 상태를 해치기 때문에 감관으로 심을 교란시켜서는 안 된다고 강조했다. 또한 그는 심 속의 심이 있다고 주장했다. 이러한 의미에서의 심은 사물만을 사고의 대상으로 삼는 것이 아니라, 그 자체를 사고의 대상으로 삼는 존재라는 것이다. 따라서 심은 사고의 주체이자 동시에 사고의 대상이기도 하다. 이러한 사물에 관한 사고를 배제한 심이야말로 순수한 심이다.

불교의 한 분파인 선종은 만법유심萬法唯心을 주장했다. 이 주장은 심에 지극히 높은 위상을 부여한 것이다. 그러나 인간의 마음, 즉 심은 '진심眞心'과 '망심妄心'으로 나눌 수 있다. 세속에 대한 미혹은 인간으로 하여금 진심을 잃게 하고 망심에 사로잡히게 한다. 이러한 의미에서 선종의 '각오覺悟'는 인간이 망심을 제거하여 그 진심이 제대로 드러날 수 있게 하는 것이다. 나아가 이러한 진심 속에서만 인간과 천지만물은 본래의 모습을 드러낼 수 있다.

심을 가진 존재자로서 인간에게는 앎의 능력이 있다. 비록 이러한 앎의 능력을 갖추고 있더라도 그것이 현실에서 드러나는 모습은 다소 차이가 있다. 모든 사람에게 있어서, 어떤 앎은 선천적인 것이고 어떤 앎은 후천적인 것이다. 동시에 어떤 사람에게는 선천적인 앎이 많은가 하면, 어떤 사람에게는 후천적인 앎이 많다. 이와 같은 차이를 바탕으로 사람들은 앎의 원천을 세 가지로 나눈다. 첫째는 외재적인 앎, 즉 사물의 이치에 관한 앎이다. 이 앎은 감각을 통해 얻어지는 것이다. 둘째는 내재적인 앎, 즉 인성에 부여된 앎이다. 이 앎은 선천적인 것이고, 인간의 내면에 존재하는 것이며, 외부에 의해 주어진 것이 아니다. 셋째는 내면과 외면이 통일된 앎, 즉 인간의 심이 사물의 실상을 정확히 파악하는 앎이다. 이 앎은 심과 물의 합일을 이루는 앎이다.

유가는 앎에 대해서 다양한 이론을 제기했다. 공자에 따르면, 인간은 '태어나면서 아는 자'(生而知之者)와 '학습을 통해 아는 자'(學而知之者)가 있다. 그러므로 인간은 지혜로운 자와 우둔한 자가 있을 수밖에 없다.

그럼에도 공자는 학습의 중요성을 누차 강조했다. 맹자는 인간의 도덕적 측면에 관한 앎이 선천적인 것이라고 주장하며, 이러한 앎을 '양지良知·양능良能'이라고 불렀다. 여기에서의 양능은 배우지 않아도 실천할수 있는 것을 가리키고, 양지는 학습하지 않아도 알 수 있는 것을 의미한다. 이들은 모두 하늘에서 부여받은 것(天之所與)이기 때문에 인간의 고유한 본성이 된다. 그러나 맹자는 사물에 관한 앎이 후천적으로 이루어진다는 것을 인정했다. 그에 따르면, 비록 인간이 총명할지라도 학습과훈련을 통해서만이 사물의 이치를 파악할 수 있다. 송명리학 시기의 장재는 '덕성지지德性之知'와 '견문지지見聞之知'를 구분했다. 그에 따르면, 전자는 심이 자신의 천성을 직관하는 데에서 획득된 앎이고, 후자는 감각기관의 경험을 통해서 얻은 앎이다.

　도가인 노자와 장자는 두 가지 서로 다른, 심지어 대립적인 앎을 제시했다. 하나는 도道에 관한 앎이고, 다른 하나는 물物에 대한 앎이다. 그리고 전자는 내재적이고, 후자는 외재적이다. 그래서 전자는 사람들로 하여금 그들의 내부로 회귀하고, 모든 외부적 지식을 제거하며, 무지無知의 경지에 도달할 것을 요구한다. 반대로 후자는 항상 외부사물을 지향하고, 다양한 사물에 관한 견문과 학식을 가리키는 앎이다.

2. 지와 도

　심과 관련된 앎은 심 자체만을 아는 것이 아니라 모든 사물 즉 천,

지, 인에 대해 아는 것을 의미한다. 그러나 이러한 앎은 또한 일반적인 지식에 대한 앎을 가리키는 것이 아니라 천, 지, 인의 도道, 즉 만물의 존재적 진리에 대해 아는 것을 의미한다. 그러나 심이 과연 천, 지, 인의 도를 알 수 있는가? 만약 그것이 가능하다면 인간의 심은 어떻게 진리를 알 수 있는가?

유가는 앎의 가능성을 긍정했다. 공자와 맹자는 모두 가지론자可知論者였다. 그들은 선천적인 능력이나 후천적인 학습을 통해 지식을 획득할 수 있다고 주장했다. 순자는 한 걸음 더 나아가 두 가지 측면에서 지식의 획득 가능성을 제시했다. 하나는, 인간의 본성은 인식능력을 갖추고 있다는 것이고, 다른 하나는 사물이 인식될 수 있는 내용으로서의 이치를 가지고 있다는 것이다. 이 두 가지의 결합이 지식의 생성을 북돋운다.

그러나 도가는 앎의 가능성에 대해 회의적인 태도를 취했다. 노자에 따르면 상도常道는 말해질 수도 사고될 수도 없는 것이다. 장자는 앎에 대한 회의를 더욱 강조했다. 그가 제시한 앎에 대한 회의는 여러 측면이 있다. 먼저 '도를 아는 것'(知道者)은 선천적으로 극복하기에 불가능한 한계를 지니고 있다. 다시 말해 인간의 생명은 유한하고 지식의 대상은 무한하기 때문에 유한한 생명으로 무한한 지식을 추구하는 것은 근본적으로 불가능하다는 것이다. 다음으로, 인간은 살아가면서 자신이 꿈을 꾸고 있는 상태와 깬 상태조차 분별하지 못하므로 진실과 허상을 구분할 수 없다. 인간은 곧잘 참을 거짓으로, 거짓을 참으로 인지한다. 마지막으로, '앎의 대상'(所知者) 자체에 불확실성이 있다. 일반적으로 앎은 하나의 사물에 대해서 아는 것을 가리키는데, 이러한 앎의 대상으로서 사물 자체가 불확실하다. 그러므로 인간은 어떠한 사물에 대해서 알수 있고 특정한 지식을 획득할 수도 있지만, 이러한 지식의 한계를 알아야 한다. 즉 최고의 지식은 '자기가 알 수 없는 데에서 멈춰야 한다는 것'(止乎其所不能知)을 아는 것이다.

선종은 앎이 당연히 가능하다고 본다. 그에 따르면 인간은 태생적으로 지혜를 갖추는데 이것을 '각오지심覺悟之心'이라고 한다. 인간이 각오, 곧 깨달음에 이르게 되면 자신의 본성을 알 수 있을 뿐만 아니라 만물의 본성까지도 알 수 있다.

비록 중국 전통사상은 앎의 가능성에 대해 서로 다른 이론을 내세웠지만, 앎 자체의 존재에 대해서는 부인하지 않았고, 나아가 진리의 존재에 대해서도 부인하지 않았다. 문제는 인간이, 무엇이 '거짓된 앎'(謬誤)이고 무엇이 '참된 앎'(眞知)인가를 구분하는 데 있다. 바로 전자는 인간이 사물에 대해 갖는 잘못된 인식을 의미하고, 후자는 사물에 대한 인간의 정확한 인식을 가리킨다.

거짓된 앎에 관하여, 순자는 그것이 주로 인간의 착오에서 기인되었다고 보았다. 곧 그는 인간이 무언가에 가리어져 사물의 진상을 인식할 수 없다는 것이다. 이러한 가려짐에는 여러 가지 형태가 있지만, 주된 것은 인간이 사물의 대립적인 두 측면 중에 한 면에만 집착하는 것이다. 즉 인간은 이것을 알면 저것을 모르고, 또한 저것을 알면 이것을 모르는 것, 즉 '이것'과 '저것'을 동시에 알 수 없다는 것이다. 또한 가려짐은 인간과 사물의 두 측면으로 나눌 수 있다. 인간의 측면에서 가려짐은 주로 인간이 마음의 불안정과 감관의 방해로 인해 사물을 정확히 인식하는 능력을 상실함을 의미한다. 사물의 측면에서 가려짐은 일반적으로 사물과 인간의 거리 또는 위치가 부적절하기 때문에 인간이 그것의 진상을 파악하기 어렵게 된다는 것을 가리킨다.

장자는 자신의 시각에서 거짓된 앎의 근본적 원인을 탐구하고 그에 대한 답을 내렸다. 그는 거짓된 앎의 형태를 '도은道隱'과 '언은言隱'으로 나누고, 이들이 생기는 원인을 '소성小成'과 '영화榮華'로 돌렸다. 소성은 인간의 성심成心, 곧 굳어진 인식과 편견을 가리킨다. 그리고 이러한 소성은 도에 대한 인식을 가린다. 영화는 화려한 말, 즉 진실하지 못한 언어를 가리킨다. 이러한 영화는 언어의 본성에 위배될 뿐만 아니라 도에 관한 참된 언어적 표현도 방해한다. 한편 거짓된 앎은 도 자체의 문제에서 기인될 수도 있다. 이는 도가 항상 드러나지 않고 가려져 있는 데에서 비롯된 것이다. 이러한 상황을 가리켜 '도는 항상 숨겨져 있어서 이름이 없다'(道隱無名)라고 말했다.

선종은 거짓된 앎이 인간의 심이 가려져 있기 때문에 생긴 것이라고 주장했다. 이에 따르면 인간의 심은 본래 맑고 고요한(淸靜) 상태에 있었는데, 그것이 외부적 사물이나 사태로 말미암아 여러 가지 망상이 생기고 참된 본성이 가려지게 되었다. 그리고 불교에서는 일반적으로 이렇게 생긴 망상들을 탐貪, 진嗔, 치痴라고 불렀다. 이러한 망상들이 인간으로 하여금 자기 자신을 인식하지 못하게 할 뿐만 아니라 세계에 대해서도 알 수 없게 만든다.

거짓된 앎과 달리 참된 앎은 사물에 관한 참된 지식을 의미한다.

그것은 한편으로 사물의 허위적 존재형태가 아닌 참된 존재실상을 파악하는 것을 의미하고, 다른 한편으로는 생각이 진실과 배치되는 것이 아니라 그것과 합치되는 상태를 의미한다.

유가의 진리관은 성誠을 강조한다. 성誠이란 바로 진상眞相과 진리를 의미한다. 이러한 맥락에서 한편으로는 도가 참된 존재로서 자신의 본성을 드러내고, 다른 한편으로는 인간이 마땅히 성誠에 대해 사고하여 도의 진리를 추구해야 한다. 맹자는 천도天道 자체를 성誠이라 부르고 인도人道를 '성誠에 대해 생각하는 것'(思誠)이라고 주장했으며, 순자는 '마음을 닦는 것'(養心)이 곧 '성을 다하는 것'(致誠)이라고 주장했다. 나아가서 그는 마음속에 있는 앎이 사물과 합치되는 것을 앎이라고 불렀다. 이러한 의미에서 진지 또는 진리는 인간의 생각이 사물과 일치함을 의미하는 것이라고 할 수 있다. 그러나 진리가 과연 사물 자체에 부합되는지의 여부는 반드시 검증을 거쳐야 한다. 이에 대해 순자는 어떠한 생각이 현실에서 진실로 검증될 때에만 그것을 진리 또는 진지라고 부를 수 있다고 강조했다.

도가의 진리관은 '참됨', 곧 진眞을 강조한다. 진은 도의 천성이고 본성이며 자연함이다. 그래서 도가에는 '천진天眞'이라는 개념이 있다. 도가에서 주장하는 진은 인간이 천과 합일하는 것을 의미한다. 장자는 앎에 대해서 회의론적인 태도를 취했지만, 도에 관한 앎의 존재 그 자체에 대해서는 긍정했다. 이러한 의미에서 장자는 도에 대한 앎이 가능하며 진지를 갖추는 것도 가능하다고 본 셈이다. 장자가 말하는 진지는 도와 합치된 생각을 가리킨다. 그렇다면 이와 같은 진지가 어떻게 가능한가? 장자에 따르면, '진인眞人'이 먼저 있고 그다음에 '진지'가 생긴다. 그는 진지가 가능한 이유는 바로 진인이 존재하기 때문이라고 주장했다. 그리고 진인은 도를 터득한 사람, 즉 참된 도에 노니는 사람을 의미한다. 오직 인간이 도와 더불어 살 때 도에 대해서 알 수 있다는 것이다.

선종의 진리관은 '여실如實'을 주장했다. 여기에서의 '실'은 실상實相과 실재, 곧 세계와 삶의 진실한 본성을 의미하므로 여실은 실재와 똑같이 인식함을 의미한다. 선종은 허상을 버리고 '여실'로써 세계를 관조하여 지식과 견문을 얻어야 한다고 강조했다. 달리 말해 사물을 있는 그대로 봐야 한다는 것이다.

3. 도에 대한 인식으로서의 관觀

중국사상의 범주에서 우리는 이미 앎의 본원에 대해서 논의했고, 앎과 도의 관계에 대해서도 분석했다. 그러나 우리는 아직 도에 대한 인식이 어떻게 이루어지는가에 대해서는 다루지 않았다.

중국사상에는 앎 자체에 대한 여러 가지 정의가 있는데, 일반적으로 그것은 마음의 활동과 관계된 것을 통틀어서 일컫는다. 중국어에서 앎과 관련된 언어군言語群이 있는데, 예를 들면 사상思想, 사유思惟, 의식意識, 지혜智慧, 각오覺悟 등이 그것이다. 나아가 마음 심 자를 부수部首로 삼는 모든 글자가 마음과 관련되어 있기 때문에 앎과 연관된 것이라고 할 수 있다. 그러나 마음의 활동으로서 생각은 내재적이고 보이지도 않으며 만져지지도 않는다. 그래서 내재적인 마음의 활동을 외재적인 형상으로 전화시켜서 표현할 필요성이 생겨났다. 그러므로 중국사상은 지식 또는 마음의 본성에 대해 서술할 때, 항상 그것을 인간 신체의 감각기관을 통한 감각 활동에 비유한다. 사람들은 마음의 활동으로 시각을 관찰觀察, 청각을 경청傾聽, 후각을 변문辨聞, 미각을 품상品賞, 촉각을 감응感應 등으로 표현했다. 그중에서도 시각은 다른 감각들과 비교할 수 없는 우월적 지위를 갖는다. 왜냐하면 천지 사이에 존재하는 만물은 모두 형체를 지니고 있고, 그것들은 모두 일차적으로 형상으로써 인간에게 드러나기 때문이다. 이와 동시에 인간도 일차적으로 시각을 통해 천지만물에 접근한다. 또한 시각은 인간의 감각활동이지만 다른 감각들에 비해 더욱 사유성을 지닌 감각이다. 곧 인간은 시각을 통해 육체의 직접성과 유한성을 극복하여 멀리 떨어져 있는 사물에도 접근할 수 있다.

　일반적으로 중국어에서는 시각의 활동을 관觀이라고 부르는데, 예를 들면 관간觀看, 관찰觀察, 관마觀摩 등의 개념이 모두 이러한 의미에서 비롯된 것이다. 그러나 관은 보는 행위 이외에도 '보이는 내용', 예를 들면 경상景象, 경관景觀 등도 가리키고, 나아가서 자연경관自然景觀과 인문경관人文景觀을 의미하기도 한다. 물론 더욱 중요한 것은 관이라는 말이 천지 사이에 있는 만사만물에 대한 인간의 인식, 곧 관점觀點, 세계관世界觀, 인생관人生觀, 가치관價値觀 등을 나타낸다. 만약 사람의 관점이 일정한 원칙성을 지닌다면 그것을 또한 '관념觀念'이라고 부를 수 있다. 그리고 이러한 관념들은 지도적인 역할을 할 수 있기 때문에 인간의 존재나 생각 및 말을 규정할 수도 있다. 그러므로 관은 하나의 신체적 활동일 뿐만 아니라 마음의 활동이기도 하다. 따라서 관은 관찰하는 활동 자체를 가리킬 뿐만 아니라 관찰되는 사물과 관찰로 말미암는 사유를 의미하기도 한다.

그러나 관이라는 활동 자체에 대해 좀 더 세밀하게 구분할 필요가 있다. 첫째는 맹목盲目이다. 이러한 관은 아무것도 보이지 않는 것을 가리킨다. 이러한 상태는 관찰자가 시각적 장애 또는 사고능력의 결핍을 앓고 있거나 관찰되는 사물이 어둠 속에 숨은 채 모습을 드러내지 않기 때문에 일어날 수 있는 것이다. 둘째는 의견意見이다. 이러한 관은 확실성이 떨어진 비슷한 듯하지만 아닌 상태의 것이다. 이러한 상태에서 주체는 사물의 진리를 터득한 것처럼 보이지만 사실은 그렇지 않다. 셋째는 '통견洞見'이다. 이러한 관은 사물의 본성을 있는 그대로 꿰뚫어 보는 것이다. 중국 전통사상에서의 관은 주로 이와 같은 통견의 의미로 쓰이고 있다.

그러나 도에 대한 인식으로서의 관에는 하나의 구조가 있는데 그것은 다음과 같은 부분들을 포함한다. 첫째, 무엇으로 관하는가? 둘째, 무엇을 관하는가? 셋째, 어떻게 관하는가?

먼저 무엇으로 관하는가에 대해 알아보도록 하자. 물론 인간은 관찰의 주체이며 육안으로 만사만물을 관찰한다. 그러나 관은 단순히 육안으로서의 눈의 활동이 아니라 '마음의 눈' 즉 '심안心眼'의 활동이기도 하다. 또한 모든 관찰은 특정한 입장에 기초할 수밖에 없다. 그리고 이러한 입장은 관찰자가 처해 있는 특정한 위치를 의미하며, 그 어떠한 관찰자도 일정한 입장이 있기 마련이다. 따라서 '관찰자가 누구인가'라는 문제는 실제로 '어디에 서 있는 관찰자인가'라는 문제, 즉 관찰자가 어떠한 입장에서 관찰하는가의 문제로 전환된 셈이다. 관찰자의 입장이 중요한 이유는 그것이 관찰자의 시각을 결정하기 때문이다. 또한 입장의 다름이 사물을 보는 시각의 초점을 제약한다. 그리고 시각으로부터 출발하여 인간은 특정한 시야를 획득한다. 여기에서의 시야는 주체가 관찰할 수 있는 범위를 의미한다. 그러나 시각의 다름에 의해 시야의 광대함과 편협함이 결정된다. 시야가 이를 수 있는 가장 먼 곳이 지평선이고 그것은 시야의 한계이기도 하다. 지평선 안쪽에는 다양한 풍경, 즉 인간과 사물이 모여 있다. 바로 이러한 지평선을 기준으로 사물이 현현되거나 은폐된다. 사물을 관찰하기 위해 인간은 자신의 시각과 입장을 변화시킬 필요가 있다. 심지어 때로는 자신의 입장과 시각을 초월하여 사물의 시각과 입장에서 그것을 관찰하는 태도를 취해야 할 경우도 있다. 이렇게 해야만 인간은 사물의 본성을 파악할 수 있다.

중국사상은 사물을 관찰하는 주체 또는 그가 처해 있는 입장에 대해 매우 세밀하게 구분했다. 『주역』에서 이미 원遠, 근近, 부俯, 앙仰과 같은 관찰점을 제시했다. 그리고 장자도 '도道의 관점에서 사물을 보는 것'(以道觀之)과 '사물의 관점에서 사물을 보는 것'(以物觀之)에 대한 시각적 차이점을 분석했다.

더욱이 송명유학에서는 관찰의 입장에 대해 더욱 세밀하게 논의했다. 그중에서 소옹邵雍의 관점이 가장 대표적이다. 그는 관觀을 목관目觀, 심관心觀, 그리고 리관理觀으로 구분했다. 목관은 말 그대로 감각기관인 눈으로 사물을 관찰하는 것이다. 그것은 사물에 대한 감각이며 단지 사물의 외관을 관찰할 수 있다. 심안은 마음으로 사물을 사고하는 것을 의미한다. 이것은 사물에 대한 주체의 사고이며 이를 통해 사물의 본성에 통달할 수 있다. 그러나 이러한 심안에도 한계가 있다. 왜냐하면 그것은 항상 인간의 주관적인 입장과 시각에 갇혀 있기 때문이다. 이와 달리 리관은 인간이 자신이 처해 있는 입장이나 시각을 넘어서서 사물의 이치로 사물을 관찰하는 것인데, 이를 통해 사물 자체의 이치를 드러나게 할 수 있다. 이러한 사물의 이치는 사물의 성性이며 명命이다. 나아가서 이러한 맥락에서 사물의 리理와 성性, 그리고 명命을 결정하는 것은 다름 아닌 도이다. 따라서 리관은 사물의 도를 드러나게 한다는 것이다.

소옹에게 있어서 사물을 관찰하는 목적은 만물이 갖고 있는 그 본성을 드러나게 하는 것이다. 이러한 목적이 이루어질 수 있는 관건은 '인간의 관점에서 사물을 보는 것', 즉 이인관물以人觀物을 통해서가 아니라, '사물의 관점에서 사물을 보는 것', 즉 이물관물以物觀物을 통해서이다. 이 두 가지 관찰하는 방법의 차이는 실제로 인간의 성性과 정情의 차이이다. 이인관물은 정情으로부터 비롯된 것인 데 반해 이물관물은 성性으로부터 출발된 것이다. 여기에서 말하는 성은 인간의 영원한 본성이고, 정은 일시적인 태도이다. 그리고 성은 공적이고 밝으며, 정은 치우치고 어둡다.[1] 그러므로 이인관물이 사물의 본성을 은폐하는 데 반해 이물관물은 그 본성을 드러나게 할 수 있다. 성인과 일반 사람의 차이는 바로 이인관물에 집착하는가 아니면 이물관물에 집중하는가에 달려 있다. 또한 성인이 만물의 존재양상을 볼 수 있는 근거는 바로 성인이 '반관反觀'할 수 있기 때문이다. 반관이란 인간의 시각으로부터 출발하는 것이 아니라 사물로부터 출발하여 그것을 관찰하는 것을 의미한다. 만약 인간이 사물의 입장에서 그것을 사유한다면, 인간의 주관적인 관점은 그다지 중요한 역할을 하지 못할 것이다. 실제로 이인관물에서 이물관물

---

1) 邵雍, 『皇極經世書』, 「觀物外篇」, "性公而明, 情偏而暗."

로의 전환은 심관에서 리관으로의 전환을 의미한다. 그리고 이러한 이물관물은 '천하의 관점에서 천하를 보는 것'(以天下觀天下)이자 '도의 관점에서 도를 보는 것'(以道觀道)이다.

이물관물을 할 때, 주체인 인간과 객체인 사물이 분리되지 않으며, 나아가서 나와 타자의 구분도 없어진다. 이러한 관계 속에서 인간은 천지만물의 오묘함을 터득할 수 있다. 소옹은 성인이 바로 이와 같은 특수한 사람, 즉 만능한 사람이라고 주장했다. 그에 따르면, 성인은 '한 마음이란 관점에서 모든 마음을 보고'(以一心觀萬心), '한 몸이란 관점에서 모든 몸을 보며'(以一身觀萬身), '한 사물이란 관점에서 모든 사물을 볼'(以一物觀萬物) 뿐만 아니라 '한 세대란 관점에서 만 세대를 본다'(以一世觀萬世). 따라서 성인은 위로는 천시天時를 알고, 아래로는 지리地理에 통달하며, 가운데로는 사물의 실상을 정확히 파악하고 모든 인간사를 관통해 아는 존재이다.

다음으로 무엇을 관하는가에 대해 알아보도록 하자. 무엇을 관한다는 말은 사실 한 사물 또는 다양한 사물을 관찰하는 것을 의미한다. 여기에서 먼저 우리는 관찰 대상으로서 사물을 구분해 볼 필요가 있다. 중국 전통사상은 사물을 외재적인 것과 내재적인 것으로 구분한다. 그래서 사물에 대한 관찰을 그 대상에 따라 외관外觀과 내관內觀으로 나눌 수 있다.

외관은 외재적 사물에 대한 관찰이다. 그리고 외재적 사물은 관찰자의 마음 밖에 있는 사물을 가리킨다. 일반적으로 외재적 사물을 천, 지, 인으로 나눌 수 있는데, 그것은 곧 세계 속에 존재하는 만사만물을 뜻한다. 또한 이러한 만사만물은 자연과 역사라는 두 범주로 구분될 수 있는데, 그것은 구체적으로 천과 인으로 표현된다. 『주역』에 '천문을 관찰한다'(觀乎天文)는 말과 '인문을 관찰한다'(觀乎人文)는 말이 있다. 여기에서 천문은 자연을 가리키고, 인문은 역사를 가리킨다.

자연은 천지 사이에 존재하는 만사만물, 곧 광물과 식물, 동물, 그리고 인간 그 모두를 가리킨다. 인간은 한편으로 천지라는 하나의 전체 속에 살고 있지만, 다른 한편으로는 세계 속에 있는 특정한 구체적 사물과 관계를 맺고 있다. 그러므로 인간의 자연에 대한 사고는 항상 전체적인 측면에서의 파악과 개별적인 측면에서의 탐구가 병행된다. 중국에는 "위로는 천문을 관측하고 아래로는 지리를 통찰한다"2)라는 말이 있다. 이 말에는 천지에 대한 종합적 사고뿐만 아니라 그 사이에 있는 만사만물에 대한 개별적 분석의 필요성도 포함되어 있다.

물론 자연에 대한 관찰의 목적은 그것의 외재적 형상만이 아니라 그 속에 내재된 '사물의 이치'(物理)를 발견하고자 하는 데 있다. 사물의 이치는 사물 자체가 갖고 있는 이치, 곧 사물이 존재할 수 있는 참된 이치를 의미한다. 그러므로 사물을 관찰한다는 것은 곧 사물의 참된 이치를 탐구하는 것이 된다. 동시에 사물의 이치는 사물이 존재하고 생성하게 하는 도를 의미한다. 그러므로 사물을 관찰하는 것은 또한 '도를 밝히는 것'(明道)과 '도를 아는 것'(知道)이 된다. 중국 전통사상에 의해 관찰된 '자연의 도'(自然之道) 또는 '천도天道'는 여러 가지 형태가 있다. 태극太極, 음양陰陽, 오행五行, 팔괘八卦 등이 모두 이에 속한다. 그리고 이러한 도는 기氣와 리理, 그리고 심心과 기器 등에 모두 존재한다.

---

2) 『周易』, 「繫辭傳上」, "仰以觀於天文, 俯以察於地理."

역사적 사물은 자연적 사물과 공동성을 지니고 있지만 그 나름의 특수성도 가지고 있다. 이러한 까닭에 사람들이 역사적 사물을 관찰할 때, 반드시 그것과 자연적 사물 사이에 존재하는 보편성뿐만 아니라 그 속에 들어 있는 특수성에 주의를 기울이지 않으면 안 된다. 역사적 사물은 주로 두 가지로 나눌 수 있는데, 인물과 사건이 그것이다. 인물에 관해서는 한편으로 그 인물과 천지 사이의 관계를 알아야 하고, 다른 한편으로는 그와 대중들의 관계를 파악해야 한다. 사건에 관하여 가장 중요한 것은 그 사건이 실제로 역사의 발생, 연속, 그리고 중단을 초래하여 특정한 시대를 구분할 수 있을 만한 사건인가를 판단하는 것이다. 실제로 역사적 사물에 대한 관찰은 자연적 사물에 대한 관찰과 마찬가지로 모두 '체물體物'과 '궁리窮理', 그리고 '지도知道'의 합일이다. 역사적 사물의 발전은 그 자체의 도와 궤적이 있다. 그리고 이러한 도와 궤적은 전진적일 수도 있고 퇴행적일 수도 있으며 순환적일 수도 있다. 그러나 역사의 어느 한 시점에 대해 말하자면, 세상은 도가 있는 때일 수도 있고 도가 없는 때일 수도 있다.

자연과 역사를 관찰하는 방법으로서의 외관은 인간의 지식 획득에 있어서 아주 중요한 역할을 한다. 심지어 인간 사유의 근본적 주제가 바로 자연과 역사, 곧 천과 인이라 해도 과언이 아닐 것이다. 이는 또한 자연과 도덕, 자연과 자유, 인식과 의지 등의 주제로 구체화되기도 한다. 이러한 생각에서 사마천司馬遷은 중국사상이 천과 인의 관계를 규명하고 옛날과 지금의 변화를 통찰하는 것이라고 주장했다.[3)]

---

3) 『史記』, 「太史公自序」, "究天人之際, 通古今之變, 成一家之言."

외관과 달리 내관은 내재적 사물에 대한 관찰을 가리킨다. 그리고 내재적 사물은 관찰자의 마음속에 있는 사물을 의미한다. 나아가 이러한 사물들이 인간의 마음속에 존재한다면 마음에 대한 관찰인 내관은 피할 수 없게 된다. 이 내관은 바로 자신의 마음을 관찰하는 것, 곧 '관심觀心'이라고 말할 수 있다. 그러므로 사람들은 내관을 '심관心觀'이라고 부르기도 한다. 내관은 마음을 중심으로 하는 활동이지만, 마음이 신체나 감각과 밀접한 관련이 있기 때문에 내관에도 몇 가지 단계가 있다.

내관의 첫째 단계는 신체에 관한 것이다. 인간은 신체를 가지고 있기 때문에 공간성을 지닌 존재이다. 이러한 의미에서 인간을 또한 천지 사이에 살아 있는 존재라고 할 수 있다. 그리고 신체가 인간의 사고대상이 될 때, 그것은 다른 사물과 마찬가지로 외관의 대상이 된다. 그러나 인간이 자신의 신체에 대해서 사고할 때, 신체는 외관의 대상일 뿐만 아니라 내관의 대상이기도 하다. 이러한 의미에서 신체는 인간과 외부세계 사이에 있는 통로이면서도 내관과 외관 사이의 접점이다.

신체와 마음은 공존관계에 놓여 있다. 신체가 없으면 마음도 있을 수 없다. 이러한 특징이 신체가 내관에서의 특수성을 결정한다. 중국 역사에서 심신관계에 대한 논의는 '형신론形神論' 속에 잘 나타나 있다. 사람들이 형체와 정신 사이의 관계에 대해 서로 다른 주장을 내세웠지만, 그중에서도 "형체가 사라지면 정신도 없어진다"(形滅神亡)는 관점이 주류이다. 마음은 실제로 먼저 신체 자체에 대해 사고한다. 그럼에도 사람들이 이에 대해 무지한 것은 다만 신체에 대한 익숙함 때문일 따름이다. 또한 마음은 신체를 초월하여 그 밖에 있는 만사만물에 대해 사고할 수도 있다. 그러나 내관 속에서 신체의 역할이 분명하지만, 그것이 경시되었다는 점을 부인할 수 없다.

　신체에 관한 서술에 있어서 중국사상도 일반 상식과 크게 다르지 않다. 사람의 신체를 머리, 몸, 팔다리로 나누고, 동시에 피부, 혈육, 골격, 내장 등 바깥에서부터 안으로 구분한다. 그러나 신체에 관한 구분에서 중국사상의 특징적인 면은 여기에 있는 것이 아니다. 중국사상은 신체의 전체성을 중시하여 그것을 정精, 기氣, 신神 셋의 유기적인 통일체로 보았다. 이러한 관련 속에서 중국사상은 원기元氣, 음양, 오행과 같은 이론들을 통해 신체를 해석했다. 중국사상이 내세운 오장육부五臟六腑와 경락經絡에 관한 학설은 인류 사상사에서 가장 신묘한 신체이론 중의 하나이다. 특히 경락설이 어떻게 발견되었는가에 관한 문제는 지금까지도 수수께끼인 채로 남아 있다. 그러나 의심할 수 없는 것은, 경락에 대한 감지感知가 가능한 이유 중에서 가장 중요한 것은 신체에 대한 내관이 가능했기 때문이다. 다시 말해 신체의 수련과정 중에서, 예를 들면 내단內丹의 정참靜站과 선정禪定의 정좌靜坐 과정에서, 인간은 고요함 가운데 기혈이 경락 속에서 운행하는 것을 체감할 수 있었다는 것이다.

　중국사상은 천과 인이 비슷한 구조를 지닌 존재라고 보았기 때문에 인간의 신체와 자연은 항상 동일한 시각에서 상호 해석되기도 했다. 곧 한편으로 인간은 자연의 형태로서 신체를 관찰한다. 예를 들면 사람들은 신체의 윗부분과 아랫부분을 각각 천과 지에 비유하고, 신체의 구조와 기능을 음양의 변화나 오행 사이의 관계로 해석했다. 다른 한편으로 인간은 또한 신체를 통해 자연을 관찰한다. 곧 천지도 인간의 신체와 마찬가지로 머리, 몸, 팔다리에 해당하는 부분이 각각 있다는 것이다.

　내관의 둘째 단계는 감각에 관한 것이다. 물론 감각기관은 신체의 한 부분이지만 특수한 부분이다. 왜냐하면 그것은 감각을 초래할 수 있기 때문이다. 인간과 세계의 매개는 주로 감각을 통해서 이루어진다. 중국사상은 일반적으로 사유의 근원적 출발점을 감각이라고 보고 있기 때문에 사람들은 유난히 감각에 대한 관찰을 중시한다.

감각이란 감각기관의 활동에 대한 관찰을 의미한다. 여기에서의 '감感'은 '감응感應'을 뜻하는데, 그것은 한 사물의 다른 사물에 대한 반응을 의미한다. 그러므로 '감각'이라는 개념에서 '감'은 감각기관이 감각되는 사물에 대한 반응을 지칭하는 것이다. 그러나 감각이 신체의 한 기능이기 때문에 감각기관은 필연적으로 신체의 제약을 받고 신체가 처해 있는 상태와 밀접하게 연관될 수밖에 없다. 감각은 구체적으로 오관의 기능으로 구분될 수 있다. 오관은 안眼, 이耳, 비鼻, 설舌, 신身이고, 이에 각각 대응하는 감각은 시각, 청각, 후각, 미각, 촉각이다.

사실상 인간의 신체는 애초부터 감각되는 사물과 함께 있고 서로 연관되어 있기 때문에 감각활동이 실제로 가능하고, 아니면 감각활동 자체가 불가능해질 것이다. 생활 속에서 인간과 만물은 상호 영향을 주고받는 관계에 놓여 있다. 이러한 관계 속에서 인간은 감각을 통해 감각될 수 있는 사물의 특성을 드러낸다. 그렇다면 여기에서 말하는 '특성'은 무엇을 가리키는가? 오관에 상응하는 감각될 수 있는 사물의 특성은 바로 모양과 소리, 냄새, 맛, 경도硬度 등이다. 물론 사물이 어떻게 감각되는지에 관한 문제는 인간 신체의 상태뿐만 아니라 감지되는 사물이 처해 있는 시간과 공간의 상태와도 연관된다. 이러한 요소들이 사물을 어느 정도 감지할 수 있는지를 결정한다.

특정 감각의 형성은 인간의 감각기관과 사물의 감성적 특징의 결합 때문이다. 그러나 감각에는 선천적인 한계가 있다. 곧 그것은 두 가지 측면에서 제약을 받을 수밖에 없는데, 하나는 신체의 측면이고, 다른 하나는 사물의 측면이다. 그러므로 감각은 비록 직접성을 지니지만 고유한 일면성과 외재성을 극복할 수 없다. 그래서 감각은 그보다 높은 차원의 마음 활동에 의해 종합되고 내면화되는 과정이 필요하다.

내관의 셋째 단계는 마음에 관한 것이다. 마음을 뜻하는 '심心'은 실체도 아니고 심장과 같은 신체의 한 부분도 아니다. 심은 곧 심령心靈이자 인간에게 있는 영명靈明함이다. 심의 신비로움은 다음과 같은 두 측면에서 나타난다. 곧 한편으로 그것은 외향적이고 감각적 재료를 바탕으로 만물의 이치를 깨닫는다. 그러나 다른 한편으로 그것은 내향적이며 자신의 내면을 살펴 그 본성을 발견한다. 더욱이 심의 외향성은 그것의 내향성을 기초로 삼는다. 그러므로 중국사상은 어떠한 행위를 하기 전에 반드시 마음을 명철하게 하고(明心), 정신을 가다듬으며(收拾精神), 자기 스스로의 주체성 확립(自做主宰)을 강조한다.

일반적인 '관조觀照'와 다르게 마음을 관조하는 것, 즉 '관심觀心'에는 독특한 면이 있다. 일반적으로 관조는 마음이 바깥 사물을 관조하는 것을 가리키지만, 관심에서의 마음은 자기 스스로를 관조하는 것이다. 외물을 관조할 때 마음은 외물로 가득 차 있는 데 반해, 자기 스스로를 관조할 때는 마음이 관조하는 자이자 관조되는 자이다. 따라서 이러한 경우, 관조하는 자와 관조되는 자가 동일하게 된다.

관조되는 마음은 언뜻 보기에 공허한 것 같지만 다양한 생각과 잡다한 사념으로 가득 차 있다. 그러나 이러한 상태는 다만 마음의 가상假像에 불과하다. 도가에 있어서 진정한 마음은 텅 빈 것이다. 그렇기 때문에 그들은 마음의 다양한 가상을 제거하여 그것의 본연적인 텅 빈 상태로 회귀할 것을 주장한다. 그러나 유가에게 있어서 진정한 마음은 텅 빈 것이 아니라 인, 의, 예, 지를 포함한 것이다. 그러므로 유가는 '관심'의 근본적 목적을 마음속에 있는 천도나 천리를 드러내는 것이라고 주장한다.

마지막으로 사물을 어떻게 관하는지에 대해 다루어 보자. 인간이 앎을 획득하는 과정은 사물에 대한 관의 과정, 곧 외관과 내관의 과정이라고 봐도 무방하다. 그리고 관의 근본적 목표는 사물 자체를 관조하는 것, 곧 사물의 본성을 관조하는 것이다. 그러므로 사물을 관한다는 것은 사물을 있는 그대로 드러내는 것을 의미한다. 사실 어떤 사물을 드러낸다는 것은 실제로 그것이 아직 제대로 제시되지 못했다는 점을 전제하고 있다. 다시 말해 이러한 상태에 있는 사물은 아직 가려져 있다는 것이다. 그리고 사물이 가려져 있는 이유는 두 가지로 나눌 수 있는데, 하나는 사물이 본래 가려져 있는 경우이고, 다른 하나는 그것이 인간에 의해 가려진 경우이다. 중국사상은 물론 도나 사물 본성의 은폐성을 어느 정도 인정하지만, 그것보다는 마음의 가려짐과 더불어 가려진 마음이 사물의 본성을 가린다는 점을 더욱 강조한다. 그러므로 사물을 제대로 관조하는 과정은 가려짐을 없애는 '거폐去蔽'와 사물을 드러내는 '현시顯示'의 두 단계로 나눌 수 있다.

가려짐에는 여러 가지 형태가 존재하기 때문에 거폐의 형태도 여러 가지가 있다. 공자는 네 가지 가려짐을 근절해야 한다고 주장했는데, '무의毋意'와 '무필毋必', '무고毋固', '무아毋我'가 그것이다. 이것들은 각각 근거가 빈약한 억측(意), 사태에 대한 절대적 긍정(必), 극단적 고집(固),

그리고 자아중심적 생각(我)을 뜻한다. 이러한 네 가지 형태의 가려짐은 내용적으로는 서로 다르지만 모두 관조자 자신의 사상적 편견을 제거하는 것에 관련된다. 이 중에서도 가장 문제가 되는 것은 자아중심적 태도이다. 다시 말해 인간은 자아로부터 출발하여 자신만의 고유한 입장과 시각을 설정하기 때문에 억측, 사태에 대한 절대적 긍정, 극단적 고집, 자기중심적 생각 등을 가지게 된다는 것이다. 그리고 사람들은 이러한 관점들을 그대로 사물에 투사하여 사물의 본래 모습을 가리게 된다. 그러므로 사물의 본성을 제대로 파악하려면 반드시 위에서 말한 네 가지 가려짐을 없애야 한다.

공자에 비해 순자는 거폐를 더욱 체계적으로 설명했다. 그에 따르면 인간이 도를 알 수 없는 것은 여러 가지 '가려짐'(蔽) 때문이다. 그는 가려짐의 여러 가지 형태를 열거했는데, 욕악欲惡과 시종始終, 원근遠近, 박천博淺, 고금古今 등이 그것이다. 순자에 따르면 어떠한 사물이든지 그 대립적 측면을 갖게 마련이다. 그리고 대립적인 사물들은 공존하고 있지만 서로를 부정하기 때문에 상호 가려짐이 일어난다. 다시 말해 이것이 저것을 가리고 또한 저것이 이것을 가리는 과정에서 인간이 사물의 진상을 인식하지 못하게 된다는 것이다. 또한 순자는 사물 자체에 의한 가려짐 이외에 인간 자신에 의한 가려짐도 있다고 주장한다. 즉 마음이 번잡하고 혼란스러울 때, 인간은 사물의 진리에 대한 인식 능력을 잃는다는 것이다. 그래서 순자는 가려짐을 없애는 '해폐解蔽'를 강조했다. 그에 따르면 성인은 가려짐을 없앨 수 있기 때문에 욕악이 없고 시종이 없으며 박천이 없고 고금도 없어져 사물의 본성을 파악할 수 있다. 여기에서 말한 사물의 본성이란 다름 아닌 사물의 도이다.

순자는 도를 아는 과정이 바로 끊임없이 가려짐을 없애는 과정이라고 주장했다. 그에 따르면 가려짐을 없애는 첫 번째 단계는 '허虛', 곧 '거장去藏'이다. 여기에서의 '장藏'은 인간이 가지고 있는 기존의 경험을 가리키고, 그것은 또한 인간의 기억을 구성하며, 나아가서 인간으로 하여금 선입견과 편견을 갖게 한다. 따라서 거장은 바로 이러한 선입견과 편견을 제거하려는 것이다. 가려짐을 없애는 두 번째 단계는 '일壹', 곧 '거량去兩'이다. 여기에서의 '량兩'은 인간이 동시에 두 가지 사물을 인지하는 것을 가리키는데, 이와 같이 하면 하나의 사물에 대한 인식이 다른 사물에 대한 인식을 방해할 수 있다. 따라서 거량은 하나의 사물에 집중하여 특정한 사물에 대한 인식이 다른 사물에 대한 인식을 방해하는 사태를 방지하려는 것이다. 가려짐을 없애는 세 번째 단계는 '정靜', 곧 '거동去動'이다. 여기에서의 '동'은 허황한 몽상이나 환각과 같은 떠돌아다니는 생각들을 가리키는데, 그것은 허황되고 환각적이며 혼란스럽고 진실하지 않다. 따라서 거동은 인간의 생각을 안정시켜 마음과 사물의 본성으로 되돌아가게 하려는 것이다.

송명유학도 심성론에 대한 논의에서 가려짐을 없애는 것을 중요한 주제로 삼았다. 장재에 따르면, 인간에게는 천명지성天命之性과 기질지성氣質之性이라는 두 가지 구분된 본성이 있는데, 기질지성이 천명지성을 가리고 있기 때문에 인간은 기질을 변화시켜 예禮를 습득하고 성性을 완성시켜야 한다.

정주리학의 공부론도 성性과 리理에 대한 가려짐을 없애는 것에 초점을 맞추었다. 이에 따르면 인간에게는 형기지사形氣之私와 물욕지루物欲之累가 있으므로 기질을 변화시켜 격물궁리格物窮理와 주경함양主敬涵養

에 힘써야 한다. 주희는 인간의 심心을 인심人心과 도심道心으로 나눈 뒤 인심이 도심을 가리기 쉬우므로 "인욕을 없애고 천리를 보존해야 한다"(去人欲存天理)고 주장했다.

육왕심학의 공부론은 '본심을 드러내 밝히는 것'(發明本心)과 '자기의 본심을 찾는 것'(求其本心)을 강조했다. 육구연은 본심을 드러내 밝히는 과정을 심의 허물을 없애는 과정으로 보았다. 그에 따르면 인심에는 병폐가 있는데, 그것은 바로 물욕과 사사로운 의견인바 반드시 없애야 한다. 또한 그는 인심에 있는 이러한 허물들이 없어지면 없어질수록 마음은 한층 더 밝아진다고 주장했다. 그러나 이와 같은 가려짐을 없애는 과정이 무한하기 때문에 인간은 끊임없이 허물을 제거해야 한다는 것이 육구연의 생각이다.

유가의 공자나 순자와 마찬가지로 도가의 사상가들도 도를 체득하는 과정에서 가려짐을 없애는 것의 중요성을 강조했다. 노자는 위도爲道(도를 추구함)와 위학爲學(학문함)이 근본적으로 다르다고 보았다. 다시 말해 "위학하면 날로 보태어지고, 위도하면 날로 덜어진다"[4]는 것이다. 여기에서 '덜어짐', 곧 '손'이 바로 마음을 가리는 것들을 없앤다는 의미이다. 오직 마음의 가려짐을 없애는 것을 통해 인간은 위도할 수 있고 도를 알 수 있다. 노자는 또한 인간의 마음을 신령스러운 거울에 비유했다. 곧 거울과 같은 인간의 마음이 도를 알고자 할 때, 반드시 그 위에 있는 먼지를 제거해야 한다는 것이다. 순수하고 깨끗한 거울이야말로 만물을 제대로 비출 수 있고 나아가서 만물의 도를 제대로 드러낼 수 있다

---

4) 『老子』, 第四十八章, "爲學日益, 爲道日損."

는 것이다.

노자와 달리 장자는 가려짐을 없애는 것을 '좌망坐忘'과 '심재心齋'로 이해했다. 좌망은 마음이 모든 것을 잊은 상태를 가리키고, 그것은 자신의 육체뿐만 아니라 마음까지도 잊은 상태를 의미한다. 장자에 따르면 인간은 오직 모든 것을 잊고 비어 있는 마음 상태에서만 도를 체득할 수 있다. 그리고 심재는 몸을 재계齋戒하듯이 마음을 재계하는 것을 의미한다. 다시 말해 몸의 재계를 행할 때, 육식이나 비린내 나는 생선과 같은 불순한 음식을 먹지 않듯이 심재도 마음속에 있는 불순한 생각이나 잡념을 없애는 것이다. 이러한 심재는 마음의 순수성을 유지시키고 사물을 있는 그대로 관조할 수 있도록 한다.

선종도 자신의 방식으로 가려짐을 없애는 것에 대해 말했다. 혜능慧能에 따르면 인간의 본성은 본래 청정淸靜한 것인데 각종 외부적인 인연(外緣)으로 인해 그것이 가려지게 되었다. 그러므로 그는 '명심견성明心見性'을 통해 마음속에 있는 각종 가려짐을 없애야 한다고 주장했다. 가려짐을 없애는 것의 부정성은 다음의 세 가지 측면에서 나타난다. '무념無念'과 '무주無住', '무상無相'이 그것이다. 무념이란 염상念想할 때 염상念想 자체를 일으키지 않은 상태(於念而不起念)를 가리키고, 무주는 염상할 때 그 염상에 머물지 않는 상태(於念而不住念)를 의미하며, 무상은 현상(相)에 마주할 때 현상에서 벗어나는 것(於相而離相)을 의미한다. 이것은 모두 선종의 기본적인 수행방법이지만 그중에서도 무념이 가장 근본적이다. 마음이 이러한 부정들을 통해 무無의 경지에 이르면 비로소 명심견성이 가능하며, 나아가서 깨달음을 통해 해탈하고 성불成佛할 수 있게 된다.

인간은 가려짐을 없앰으로써 비로소 관조할 수 있고, 동시에 사물은 있는 그대로의 모습을 드러낸다. 이는 인간이 사물을 관조할 때, 그 본성을 관조하는 것이기 때문이며, 사물이 드러나는 것도 그것이 인간의 관조에 의해 드러나는 것이기 때문이다. 그러므로 인간의 관조와 사물의 드러남은 동일한 것이다. 사물의 드러남과 인간의 관조는 하나의 과정으로 표현된다. 그것은 항상 표면에서 내부로, 밖에서 안으로, 그리고 가까운 데에서 먼 데로 이루어진다. 이러한 과정을 또한 시작, 중간, 종결을 포함한 전체로 표현할 수 있다.

『대학大學』에서 말한 '앎의 도'(認識之道)는 앎 자체의 선후 순서를 아는 것이고, 또한 앎의 선후는 사물의 본말本末과 종시終始에 따른 것이다. 순자는 사물이 드러나는 순서에 대해 서술했고, 가려지지 않은 관조 속에서 사물이 자신을 드러낸다고 말했다. 그리고 그에 따르면 인간은 가까운 데서 먼 데로, 시간과 공간의 제한 없이 우주만물에 대한 진리를 획득할 수 있다. 순자는 하나에서 모든 것, 그리고 개별에서 전체로 사물을 인식하는 과정에 대해 서술했다. 이것이 가능한 이유는, 인간이 사람을 기준으로 사람을 헤아릴 수 있고, 상황을 기준으로 상황을 헤아릴 수 있으며, 형의 종류를 기준으로 형을 헤아릴 수 있는 데다 사람과 상황 및 형의 이치가 동일하기 때문이다. 그러므로 인간은 개별적 사물에 대한 인식으로부터 모든 사물에 대한 인식에 이를 수 있으며, 천지만물의 이치를 이해하는 데까지 발전할 수 있게 된다.

노자는 도에 대한 관조의 과정을 드러냈다. 그에 따르면 인간은 멈춘 상태에서 관조하면 사물의 본성을 파악할 수 있다. 그는 이러한 사물의 본성을 근根, 정靜, 명命, 상常, 도道라고 불렀다. 동시에 노자는 사물의 본성에 대한 인식을 참되고 명확한 인식, 즉 지도知道라고 주장했다.

장자는 가려짐을 없애는 것과 사물의 본성을 드러내는 것을 앞과 뒤가 서로 따르는 과정으로 파악했다. 곧 그는 도에 대한 인식의 순서를 '외천하外天下', '외물外物', '외생外生', '조철朝徹', '견독見獨'이라고 주장했다.5) 이러한 과정을 거치면 가려짐이 없어지게 되고 참된 도를 볼 수 있는 경지에 이른다. 장자는 또한 '아무 생각과 사려가 없는 상태'(無思無慮)에서만 도를 알 수 있고, '아무 곳에도 있지 않고 아무 행동도 하지 않은 상태'(無處無服)에서만 도에 편안하게 노닐 수 있으며, '아무것도 따르지 않고 어떤 방법도 쓰지 않은 상태'(無從無道)에서만 도를 터득할 수 있다고 강조했다.6) 나아가 이러한 지도知道와 안도安道, 득도得道는 인간에 대한 도道의 드러남이자 인간의 도에 대한 파악을 의미한다.

4. 앎의 형태

중국사상은 앎이 관조로서의 본성을 드러냈을 뿐만 아니라, 앎의 여러 가지 형태도 구분했다. 앎의 형태는 대체로 세 가지로 나누어 볼 수 있다. 첫째는 직각直覺이다. 둘째는 이성(理智)인데, 분석과 종합, 계산 등이 이에 속한다. 셋째는 직각과 이성의 결합이다.

첫째, 직각은 또한 직관이라고 부른다. 일반적 인식에 따르면, 직접적인 감각은 오직 사물의 현상만을 볼 수 있고 사물의 본질을 꿰뚫어

---

5) 『莊子』, 「大宗師」 참조.
6) 『莊子』, 「知北遊」 참조.

볼 수 없는 반면 감각이 아닌 이성을 통해서만 사물의 본질을 터득할 수 있다. 그러나 직관은 간접적인 추리가 아닌 직접적인 통찰이나 관조를 의미한다. 그리고 직각은 사물의 현상만을 파악하는 것이 아니라, 사물의 본성을 꿰뚫어 보는 것을 가리킨다. 이것이 바로 직각의 신비스러운 점이다. 곧 직각은 감각과 이성의 특성을 모두 갖고 있다.

중국사상에서 직각은 두 가지로 나눈다. 하나는 '체도體道'이고, 다른 하나는 '진심盡心'이다. 체도는 천지 사이의 도를 체험하고 통찰하는 것이며, 진심은 인간의 본심本心을 드러내고 밝히는 것이다. 비교하자면, 전자는 외향성을 지닌 반면 후자는 내향성을 지닌다. 체도는 주로 노장사상에서 언급되고 있다. 노자는 인간이 '상무常無'로써 도의 오묘함을 관찰하고, '상유常有'로써 도의 경계를 관찰한다고 말했다. 이는 마음과 도 자체의 직접적인 만남이다. 한편으로는 마음이 도를 직관하는 것을 의미하고, 다른 한편으로는 도가 마음에 직접적으로 드러나는 것을 의미한다. 장자에 의해 묘사된 도를 체득한 사람은 자아와 세계의 존재를 잊은 사람이고, 도에 대한 사고나 언설을 포기한 사람이다. 바로 이와 같은 신비로운 체험 가운데서, 인간은 도를 파악하고, 도는 인간에게 다가온다.

진심은 주로 유학에 의해 사용된 방법이다. 맹자의 진심설盡心說에 따르면, 인간이 진심을 행하면 본성을 알게 되고, 나아가서 천天에 대해 알 수 있다. 이는 마음에 대한 마음의 직각을 요구한다. 이러한 직각을 통해 인성과 물성物性, 그리고 천명天命이 모두 인간에게 알려진다는 것이다. 육왕심학은 마음의 직각을 극단적으로 발전시켰다. 그에 따르면, 천하의 이치는 모두 내 마음속에 존재하므로, 인식의 근본은 자신의 마음을 되돌아보는 것이다. 이와 비슷하게 왕수인은 내 마음속에서 이치를 구하는 것을 강조했다. 그러나 여기에서의 마음은 다름이 아니라 인간의 '양지良知'를 가리킨다. 그러므로 '치지致知'는 결국 '치양지致良知'이다.

둘째, 이성은 분석과 종합, 계산 등을 포함한다. 선진시대의 명가名家는 특히 사물에 대한 관찰과 변석辯析을 중시했다. 비록 그들의 사상에는 괴변의 성분이 없지 않으나, 사상의 전개에 있어서 이성적 방법의 운용을 크게 추동했다. 이러한 방법이 정주리학程朱理學에서 진일보의 발전을 이루었다. 정이程頤(伊川)는 '격물궁리格物窮理'를 주장하면서 개별적 사물에 대한 인식으로부터 전체적 사물에 대한 인식으로 확장할 것을 강조했다. 그가 말하는 '강명의리講明義理'와 '별기시비別其是非'가 바로 일종의 분석의 방법이다. 주희는 인식이 곧 격물궁리라고 주장했다. 그는 특히 인식에 있어서의 공부 순서를 중시하고, 일상적인 격물과 최종의 궁리를 관통하여 결합할 것을 요구했다. 이를 위해 한편으로는 개별 사물의 특성을 파악할 필요가 있고, 다른 한편으로는 사물 전체의 원리를 깨달아야 한다.

그러나 정주리학에서의 이성은 아직 철저하지 않고, 그 속에 직각의 성분이 혼재되어 있다. 이것이 왕부지王夫之에 이르러서야 비로소 체계적으로 설명되었다. 그에 따르면 격물과 치지는 동일한 것이 아니라 서로 구분된다. 전자가 외향성을 지닌 반면 후자는 내향성을 지닌다. 전자가 관찰을 주요 방법으로 삼는 반면 후자는 변석을 중시한다. 그리고 격물이 사물에 대한 검증으로써 이치를 획득하는 귀납법에 속한다면, 치지는 사유로써 이치를 궁구하는 연역법이라고 할 수 있다. 그러나 왕부지는 두 가지 방법의 겸용을 중시하여, 그중 어느 하나에 극단적으로 치우치는 단편적인 방법은 반대했다.

셋째, 직각과 이성의 결합은 주로 체물과 궁리를 가리킨다.『주역』이 바로 직각과 이성을 결합한 전형적인 예이다.『주역』은 개별적 차원에서 뿐만 아니라 전체에서도 직각과 이성의 결합을 중시하였는데, 그것이 바로 상象과 수數의 통일이다. 한편으로『주역』은 천지만물의 상에 대한 관찰로써 음양변화의 도를 발견했다. 다른 한편으로 그것은 팔괘를 조합하고 배열하며 계산하여 자연의 발전과 인간의 역사를 설명했다.

비록 중국사상은 직각, 이성, 그리고 이 양자의 결합을 구분했으나, 이 가운데에서 직각이 가장 중심적 위치에 있다. 곧 중국사상에 있어서 직각은 앎의 근본적 특징이다.

직각은 마음이 사물의 본성과 직접적으로 만나는 것을 의미하기 때문에 이성을 배제한다. 직각은 논리나 추리를 통한 것이 아니다. 그러나 이는 직각이 비논리적이거나 반추리적이라는 것을 의미하지는 않는다. 다시 말해, 모든 논리나 추리보다 더 근원적이라고 말하는 것이 적절하다. 왜냐하면 직각이 간접적인 형태가 아니라 직접적으로 사물과 교합하고 사물 자체의 진리를 드러내기 때문이다. 그러므로 직관은 사물을 설명하는 것이 아니라, 그 자체를 드러내는 것이다. 바로 이러한 경향으로 인해 중국사상은 일반적으로 형形을 통해 상象을 드러내고 시

詩를 통해 성性을 드러내는 사유적 특징을 가지고 있다.

비록 직각이 중국사상의 기본적 특성이지만, 사람들은 이성을 완전히 배제하지 않았을 뿐만 아니라, 더욱이 직각의 기초 위에서 이루어진 이성의 활동을 반대하지도 않았다. 물론 중국사상에도 연역추리와 귀납추리가 있지만, 그 독특한 점은 순수한 연역추리도 아니고 일반적인 의미에서의 귀납추리도 아닌 독특한 귀납추리인 유비類比를 적용하고 있다는 것이다. 이러한 유비는 하나의 사물과 다른 사물의 본성적인 유사성을 전제로 설정하고, 한 사물의 본성으로부터 다른 사물의 본성을 유비하여 추론한다. 중국인의 사상 속에서 모든 사물은 예외 없이 천, 지, 인 중에 하나이다. 그러므로 사물의 유비는 대부분 실제로 천지와 인간의 유비, 그리고 고대 사람과 현대 사람의 유비로 이루어진다. 천인관계에서 사람들은 먼저 천의 본성을 직관하여 그것을 인간에게 유비시킨다. 또한 고금古今의 관계에서도 사람들은 고대 사람들의 본성을 파악함으로써 인간의 본성을 추론한다. 천인관계에 있어서, 천은 규정성을 지닌다. 이러한 천·인 사이의 유비적 사유는 자연성을 지닌 것이라고 할 수 있다. 이와 비슷한 맥락에서, 고금의 관계에 있어 고대는 규정성을 지닌 것으로서, 고·금 사이의 유비적 사유 또한 역사성을 지닌 사유라고 일컬어질 수 있다. 이러한 자연성을 지닌 사유와 역사성을 지닌 사유가 중국 사람들이 가장 많이 사용한 사유방식이다.

5. 유, 불, 도의 세 가지 차별적 관觀

　우리가 중국사상을 일반적인 사상의 맥락에서 직관, 이성, 그리고
이 둘의 결합으로 분류했지만, 여기에서는 유, 불, 도의 사상적 특징에
입각하여 그 각각의 앎, 곧 관조에 대한 특성을 살펴보고자 한다. 관조
는 같은 내용을 지닌 것이 아니라, 유, 불, 도 세 사상에 따라 서로 다르
게 전개되었다.

　유가의 '관觀'은 기본적으로 '격물치지'라고 할 수 있다. 격물은 주로
외부의 사물과 연관된 것이라면, 치지는 내재적인 마음과 관련된 것이
다. 다시 말해, 이것은 관조의 두 가지 형태인데, 전자는 외관이고 후자
는 내관이다. 정주리학과 육왕심학에서 격물과 치지의 차이가 분명하
게 드러난다. 그러나 실제로 내관과 외관은 분리될 수 없고 상호보완적
이다. 비록 유가의 학설은 관조에 대해 서로 다른 해석방식을 갖고 있
으나, 모두 인간사회에 대한 관조, 곧 개인으로부터 가족, 나아가 국가
와 천하에 대한 관조에 초점을 두고 있다. 유가에서 말하는 관조자는
도덕적 인간이며, 관조된 사물은 주로 도덕적 사물이다.

[남송南宋] 미상, 「호계삼소도虎溪三笑圖」

　유가와 달리, 도가에
서는 관조를 '도로써 도
를　관조함'(以道觀道)이라
고 규정했다. 노·장은
'도가 아닌 것으로써 도
를 관하는 것'(非道觀道)을

반대하고, 각종의 도가 아닌 관점에서 체도體道하는 것을 부정했다. '도로써 도를 관조함'은 먼저 인간으로 하여금 가려짐을 없애는 것을 통해 도에 들어가도록 요구한다. 그러면 도는 인간에게 드러나기 시작한다. 이러한 과정을 거쳐, 마지막으로 인간은 도로써 천하를 관조하고 만사만물을 관조할 수 있다. 도가의 관조자는 자연적인 인간 곧 참된 본성을 지닌 인간이고, 관조된 사물은 만사만물인 자연 곧 본성이다.

유가와 도가에 비해, 불교는 더욱 체계적인 관조론을 발전시켰다. 이는 소승불교이든 대승불교이든 모두 그 초점은 사람의 마음을 깨닫는 데 맞추었다. 불교는 사람들에게 깨달음의 눈, 곧 불안佛眼을 가질 것을 요구했으며, 불안으로 천하를 관조할 것을 요구했다.

불교에는 계戒, 정定, 혜慧의 삼학三學이 있다. 이 세 가지 방법은 일종의 특별한 관계가 있는데, 바로 계로부터 정이 생기고, 정으로부터 혜가 생긴다는 것이다. 여기에서 정은 또한 선정禪定이라고도 부른다. 소승불교에서는 이미 여러 가지 선법禪法을 사용했고, 또한 사선팔정四禪八定에 대한 각종 구체적인 현상에 대해 서술했다. 소승불교의 가장 중요한 선법에는 '사념처四念處' 또는 '사념주四念住'라는 것이 있다. 이러한 선법은 인간이 단지 선정을 행하는 것만이 아니라, 지혜로써 사물을 관조하는 것을 가리키기 때문에 그것을 '사념처관四念處觀'이라고 부르기도 한다. 일반적으로 인간은 네 가지 잘못된 관점을 가지고 있는데, 그것을 네 가지 전도顚倒, 곧 상常, 낙樂, 아我, 정淨이라고 불렀다. 사념처관을 통해 인간은 이러한 네 가지 전도를 파헤칠 수 있다. '신념처身念處'는 신체의 부정不淨함을 관조하는 것(觀身不淨)이고, '수념처受念處'는 고통을 받게 되는 것을 관조하는 것(觀受是苦)이며, '심념처心念處'는 마음의 무상無常을 관조하는 것(觀心無常)이고, '법념처法念處'는 법의 무아無我함을 관조하는 것(觀法無我)이다. 이와 같이 네 가지 전도를 파헤치면, 인간에게는 더 이상 탐욕(貪)과 성냄(瞋), 어리석음(痴)이 없어지고 번뇌가 없는 해탈에 이를 수 있다.

대승불교는 소승불교의 바탕 위에서 여러 가지 선법을 발전시켰는데, 수식관數息觀과 부정관不淨觀, 자비관慈悲觀, 인연관因緣觀, 계분별관界分別觀, 염불관念佛觀 등이 그것이다. 대승불교의 발전 역사에서 공종空宗과 유종有宗, 밀종密宗 등이 앞서거니 뒤서거니 하면서 나타났다. 비록 그들의 선법은 다양하지만 선관禪觀은 두 가지로 나타난다. 하나는 여실관조如實觀照이고, 다른 하나는 여의관조如意觀照이다. 불교의 여러 가지 선관은 모두 이 두 가지 형태 내지 그들의 결합으로 구분될 수 있다.

여실관조는 사물의 본성에 따라 관조하는 것을 가리킨다. 이 관조에서 사물은 사물이 있는 그대로, 곧 그 본성대로 나타난다. 이와 달리, 여의관조는 인간의 의념意念으로써 사물의 본성을 구축하는 것을 의미한다. 이러한 관조에서 사물 자체의 존재는 인간의 의념대로 드러난다. 물론 불교의 관조에서 가장 근본적인 의념은 인간의 특정한 원망願望을 가리키는 것이 아니라, 제법실상諸法實相을 의미하는 것이다. 그러므로 여의관조는 인간이 제법실상을 바탕으로 허망한 감정과 마음을 없애는 것이다. 이러한 의미에서, 여의관조는 여실관조의 특수한 형태이며 나아가 가장 높은 차원의 것이라고 할 수 있다. 동시에 이것은 또한 여실관조가 불교적 관조의 유일한 방법이라는 것을 말해 주기도 한다.

중국 불교인 천태종과 화엄종에도 풍부한 선관이 있다. 먼저 천태종은 '원돈지관圓頓止觀'과 같은 수행방법을 발전시켰다. '지止'는 잡념을 없애 일체의 사려가 없는 지극한 멈춤의 경지에 이른 것을 뜻한다. '관觀'은 '지'를 통해 얻은 허정虛靜한 마음으로 사물의 본성을 관조하는 것을 가리킨다. '지'와 '관'은 불교 수행에서 가장 중요한 두 가지 방법인데, 천태종이 이것을 더욱 발전시켜 '삼지삼관三止三觀'으로 구분했다.

'삼지三止'에서 첫 번째 지는 '체진지體眞止'이다. 이는 마음이 공성空性이라는 진제眞諦에 머무는 것을 가리킨다. 두 번째 지는 '방편수연지方便隨緣止'라고 부르는데, 이는 마음이 수연隨緣이라는 속제俗諦에 머무는 것을 뜻한다. 세 번째 지는 '식이변분별지息二邊分別止'이다. 이는 마음이 진제眞諦와 속제俗諦 어느 하나에도 빠지지 않는 중도中道에 머무는 제일의제第一義諦를 가리킨다.

또한 '삼관三觀'의 첫 번째 관은 '이제관二諦觀', 즉 '가假'에서 '공空'으로 들어가는 것이다. 이러한 과정에서 인간은 제법諸法을 관조하여 인연화합因緣和合으로 인한 가상을 파헤치고 그것의 공성을 깨달으며, '가상으로서의 있음'(假有)에 대한 집착을 없앤다. 두 번째 관은 '평등관平等觀'인데, '공'에서 '가'로 들어가는 것이다. 이를 통해 인간은 제법의 공성空性이 가상과 다른 공성空性이 아니라, 가상과 둘이 아닌 공성임을 깨닫고 악공惡空에 대한 집착을 없앤다. 세 번째 관은 '중도제일의관中道第一義觀'이다. 이는 마음이 가와 공 양쪽 극단을 없애 중도의 관점에서 관조한다는 뜻이다. 이것은 이제관에서 높인 '공생사空生死'를 제거할 뿐만 아니라, 평등관에서 강조한 '공열空涅'도 배제하여 제법의 실상에 이를 것을 강조한 것이다.

그러나 천태종에 따르면, 서로 다른 근성根性을 지닌 수행자는 서로 다른 지관止觀을 갖고 있다. 곧 상, 중, 하의 수행자는 각각 '점차漸次'와

'부정不定', '원돈圓頓'이라는 세 가지 지관을 갖고 있다. 이 가운데 원돈지관圓頓止觀은 원교圓敎의 최고 지관이다. '원圓'은 무엇을 의미하는가? 이것은 바로 '소관所觀', 다시 말해 원융삼제圓融三諦, 곧 공空, 가假, 중中의 제법실상을 가리키는데, 이들은 근원적으로 서로 구별이 없다는 것이다. '돈頓'은 무엇을 의미하는가? 돈은 '능관能觀', 곧 지관을 통해 얻은 상相을 가리키는데, 이것은 '점차'를 거치지 않고 삼지삼관三止三觀을 동시에 수행하는 것이다. 따라서 원돈지관은 사실상 제법실상이 자체적으로 드러나는 지관을 의미한다. 또한 이것은 '지관불이止觀不二'를 가리키며, 여기에서의 지는 관의 지이고(觀之止), 또한 관은 지의 관이다(止之觀). 그리고 원돈지관은 찰나에 동시적으로 일심삼관一心三觀에 이르는 것, 곧 제법의 실상이 공이고 가이며 중이라는 것(亦空亦假亦中)을 직관하는 것이다.

천태종과 달리 화엄종은 '화엄법계관華嚴法界觀'을 제기했다. 이는 각 법계에 따라 제기한 '능관지能觀智'인데, '진공관眞空觀'과 '리사무애관理事無碍觀', 그리고 '주변함용관周遍含容觀'이 여기에 포함된다. 첫째, 진공관은 색즉공色卽空을 관하는 것으로 사事와 리理가 같음을 관하는 것이다(觀事如理). 그러나 진공관은 진여眞如의 리理만 드러낼 뿐 그것의 용用은 드러낼 수 없다. 그러므로 다음 리사무애관으로 나아가게 된다. 리사무애관은 색과 공을 '불이不二'로 관하는 것, 곧 리와 사가 서로 용이 됨을 관하는 것이다. 여기에서 더 나아가 '사사무애事事無碍'를 관할 것을 말했다. 주변함용관이란 바로 온갖 사와 사가 서로 구분과 경계가 없음을 관하는 것이다. 이러한 화엄법계관을 통해 인간은 진법계眞法界에 들어갈 수 있다.

선종만이 진정한 중국화된 불교라고 할 수 있다. 선종의 선관은 마음(心)의 작용이 더욱 두드러지게 나타난다. 따라서 선종의 관은 바로 심관心觀이라 할 수 있다. 이에 따르면, 마음이 곧 불佛이고 불이 곧 마음이며, 마음 밖에 불이 없고 불 밖에 마음이 없다. 마음을 관한다는 것은 허망한 것을 없애 참된 것을 간직하는 것, 곧 망심妄心을 제거하여 진심을 밝게 드러내는 것이다. 이는 무념無念과 무주無住, 무상無相을 통해서 실현된다. 이를 통해 진심을 관할 수 있게 되면 만물의 본성도 관할 수 있게 된다. 그러므로 선종의 선관은 마음을 관하는 것일 뿐만 아니라 사물을 관하는 것도 포함하기 때문에 천하의 진상을 꿰뚫어 보는 것이라고 할 수 있다.

선종은 심에 관한 이론을 세 가지 방향에서 제시했다. 첫째는 심학心學인데, 이는 '마음이 곧 불이고, 불이 곧 마음이다'라고 주장했다. 둘째는 리학理學인데, 이는 '마음이 모든 법法(사물)을 낳고, 모든 법은 오직 마음에 있다'라고 주장했다. 따라서 사물은 모두 참되고, 그것은 인연으로 말미암아 존재하는 것이다. 셋째는 반야학般若學인데, 이는 심성이 본래 공空하여 쓸 마음 자체가 없음을 주장했다. 그러므로 세상에는 애초 사물이나 사태가 없고 번뇌하는 마음도 존재하지 않는다.

6. 인식, 도덕, 그리고 심미

사상은 일반적으로 인식과 도덕, 그리고 심미로 나눈다. 이들은 각각의 영역이 있을 뿐만 아니라 서로 다른 마음의 작용과도 연관이 있다.

달리 이것을 진眞, 선善, 미美의 영역으로 나눌 수 있고, 마음의 작용이란 차원에서 보면 지知, 의意, 정情으로 구분될 수 있다. 이렇듯 지, 의, 정은 서로 구분되기 때문에 각각 인식론, 윤리학, 미학에 해당된다.

중국사상의 일반적 의미에서 도道에 관한 인식을 인식론이라고 부를 수 있지만 실은 그것만이 아니다. 다시 말해 인식과 도덕, 그리고 심미의 통일을 도라고 부르는 것이 더 적절하다. 이것은 그 어떠한 관조도 마음이 하나의 전체로서 간주되기 때문이다. 따라서 관조는 인식론적일 뿐만 아니라 윤리학적이면서도 동시에 미학적이다. 이러한 의미에서 어느 하나의 단편적인 이해로는 마음이 갖는 관조의 본성에 이를 수 없다.

선진시대의 공자는 앎과 도덕의 연관성에 대해 강조했다. 앎이란 도에 대한 앎이다. 공자에게 있어서 도는 인의도덕을 의미한다. 도에 대한 앎은 곧 인의도덕을 아는 것이다. 그러므로 도를 아는 사람은 도덕적인 사람, 곧 인자仁者와 지자智者의 결합이다. 비록 인자와 지자 사이에 구별이 있지만 그들은 근본적으로 동일하다. 인자는 사람을 사랑하고 지자는 사람을 안다는 것은 도덕과 앎의 대상이 동일하다는 것을 의미한다. 사랑하는 사람은 바로 그가 아는 사람이며, 마찬가지로 아는 사람은 바로 그가 사랑하는 사람이다.

맹자가 말하는 진심설盡心說은 그의 심성론 중 한 부분이다. 맹자에게 있어 인식으로서의 진심은 동시에 성性과 천天을 아는 것이다. 그러므로 인식은 실제로 인간의 양지양능良知良能을 아는 것이고, 인심과 인성을 아는 것이다. 여기에서의 '심心'은 '시비지심是非之心'을 가리키며 또한 선악지심善惡之心을 의미한다. 자신의 심성을 아는 사람은 당연히 양지와 양능이 있는 사람이자 동시에 지혜와 도덕을 갖춘 사람이다.

『중용』은 도덕과 인식을 '존덕성尊德性'과 '도문학道問學'이라는 용어로 통일했다. 이는 또한 송명리학에서 중심적 주제로 논의되었다. 비록 그 당시 사람들은 존덕성과 도문학이 구별되고 나아가서 리학이 도문학에 초점을 맞추는 데 비해 심학은 존덕성을 중시하다고 인식하였으나, 양자가 절대적으로 분리된다고 주장한 적이 없었다. 리학은 사물의 이치를 파악하는 것을 강조하는 동시에 '경敬'을 매우 중시하였는데, 그에 따르면 치지致知에 이르는 자로서 경敬하지 않는 자가 없다. 심학은 심성의 발명發明을 더욱 강조하여 치지致知가 곧 치양지致良知라고 주장했다. 이것은 도문학이 곧 존덕성이요, 존덕성이 곧 도문학임을 뜻한다.

노자와 장자는 다른 측면에서 앎과 도덕의 일치성을 설명했다. 비록 그들은 일반적인 의미에서의 지知와 인仁을 반대하여 무지무인無知無仁을 주장했지만, 도의 차원에서는 일반적인 지와 인을 하나로 귀결시켰다. 그들에게 무지와 무인이야말로 최고의 지와 인이다. 도가 있는 사람은 천, 지, 인의 도를 아는 사람이요, 그것을 획득한 사람이다. 도가 있는 사람은 또한 덕이 있는 사람이고, 또한 덕德은 득得을 의미한다. 곧 도와 덕이 있는 사람은 앎의 과정에서 천지의 덕성을 획득한 사람이다. 이처럼 장자는 앎의 과정이 동시에 득도의 과정이라고 주장했다. 나아가 그는 도와 덕이 앎의 문제보다 중요하다고 강조하고, 도와 덕이 앎의 전제조건이라고 주장했다. 따라서 오직 진인眞人이야말로 참된 앎, 곧 진지眞知를 가질 수 있다.

선종은 중국화된 불교로서 불교의 기본 정신을 계승하고 발전시켰다. 대승불교는 '자비와 지혜를 함께 펼 것'(悲智雙運)을 주장했다. 이는

육도六度사상, 곧 보시布施와 지계持戒, 인욕忍辱, 선정禪定, 정진精進, 반야般若에서 집중적으로 드러난다. 이것들은 실제로 도덕과 인식의 고차원적 통일을 의미한다. 불교의 지혜는 일종의 자비의 지혜이고, 이것은 자기와 타인의 구분이 없음을 주장하면서 또한 '자기를 헤아려 타인을 헤아릴 것'(度己度人) 또한 강조한다. 이것이 바로 이른바 대승의 기상氣象이자 보살의 마음가짐이다. 선종에서 말하는 지혜는 짙은 중국적 특색을 갖고 있다. 이것은 유가와 도가에서 주장하는 도덕과 인식의 통일이라는 특징을 더욱 두드러지게 드러낸다. 한편으로 선종은 인간과 세계의 본성에 대한 관조를 강조하면서도, 다른 한편으로 이러한 관조가 일상생활에서의 윤리적 행위와 분리된 것이 아니라는 점을 분명히 했다.

중국 전통사상에서의 관조는 인식과 도덕의 통일을 의미할 뿐만 아니라 또한 심미적이다. 왜냐하면 중국사상에서 관조의 특징은 직각성直覺性에 뿌리를 두고 있고, 심미적 관조는 바로 직각성을 갖고 있기 때문이다. 직각성을 지닌 관조는 마음을 관조하든 사물을 관조하든 모두 그것의 본성, 곧 도를 관조하는 것이다. 도는 직관을 통해 드러난다. 도는 순수하고 완벽하며 원만구족하다. 그래서 도는 진, 선, 미의 통일이라는 심미적 특성을 지닌 것이라고 할 수 있다. 동시에 도는 마음이나 사물과 분리된 것이 아니라 이치와 사물의 합일, 또는 이치와 마음의 합일이다. 그러므로 도는 문文이나 상象으로 모두 드러날 수 있다. 미는 다름 아닌 도의 드러남, 곧 도의 문이요 도의 상이다.

도와 그것의 드러남은 직각성에 의해 관조된다. 직관은 도에 대한 직접적 드러냄이기 때문에 일반적 이성이나 논리 및 추리를 초월하여 도를 직접적으로 표현하는 것이다. 이와 같은 '이치와 사물의 통일'(理事一體)에 대한 표현은 감성적이고 형상적이며 시적詩的이기 때문에 그것은 또한 심미적이다. 여기에서 자연적인 도의 문文이 예술적인 형태로 근본적 전환을 하게 된다. 즉 천지만물의 도의 문이 문화예술의 도의 문으로 승화된다는 것이다.

관조된 도와 그것이 표현된 문文은 중국 미학과 예술의 근본적인 주제로 자리 잡고 있다. 그러나 문과 도의 결합지점 자체가 사실상 직각성을 지닌 관조이다. 그러므로 유가와 도가 및 선종의 미학은 모두 관조에 대한 이해에서 시작한다. 유가는 주로 풍속을 관조하고, 도가는 자연을 관조하며, 선종은 마음을 관조한다.

중국 전통미학의 종결지점에서 왕국유王國維는 관조적 심미 특성에 대해 체계적인 분석을 했다. 그는 시인을 주관적인 시인과 객관적인 시인 두 가지 유형으로 구분했다. 동시에 그는 관조를 '나로서 사물을 관조하는 것'(以我觀物)과 '사물로서 사물을 관조하는 것'(以物觀物)으로 나누었다. 따라서 관조에는 두 차원의 경지가 생기는데, 유아지경有我之境의 관조와 무아지경無我之境의 관조가 그것이다.

7. 지행합일

중국 전통사상은 인식, 곧 도에 대한 앎의 중요성을 강조하지만, 그것을 실천으로부터 독립시켜 순수한 인식론을 구축하지는 않았다. 중국에서의 앎은 항상 도에 대한 앎을 의미하지만, 이속에는 생활세계에 관한 앎도 포함한다. 따라서 도에 대한 앎은 필연적으로 도를 행하고 도를 수양하는 것과 연관될 수밖에 없다. 이러한 까닭에 중국인들은 앎의 본성에 대해 논의할 때, 항상 지와 행의 관계 문제에 주목했다. 행은 주로 인간이 현실세계에서 행하는 행위를 가리킨다. 그것은 인간과 인간, 그리고 인간과 사물의 교제와 교섭을 의미한다. 지와 행의 관계 문제는 중국사상에서 매우 중요한 주제이다.

공·맹으로 대표되는 원시유학에서 지와 행의 문제는 매우 주목 받았다. 공자는 인간이 학습을 통해 인을 알아야 할 뿐만 아니라 그것을 실천할 것을 강조했다. 그는 인의 실천과정을 통해 타인에 대한 참된 사랑이 이루어질 수 있다고 주장했다. 인의 실천은 인간의 내부에서 외부로 확장하는 과정이다. 이러한 과정은 먼저 '경으로써 자신을 수양하고'(修己以敬), 다음으로 '자신을 수양하여 타인을 편안하게 하며'(修己以安人), 마지막으로 '자신을 수양하여 백성을 편안하게 하는'(修己以安百姓) 것으로 이루어진다.

맹자는 인의예지仁義禮智 사덕이 인간의 본심이자 본성이기 때문에 수신은 '자신에게 되돌아가서 참되게 하는 것'(反身而誠)이라고 주장했다. 이러한 바탕에서 그는 인간이 인심仁心을 발현해야 할 뿐만 아니라 인정

仁政을 베풀고, 나아가 왕도정치를 실행하여 인의 이상을 온 천하에 실천해야 한다고 강조했다. 『대학』에서는 지행의 문제를 구체적으로 수修, 제齊, 치治, 평平이라는 절차로 서술했다. 지행합일의 가장 이상적인 상태는 내성외왕內聖外王의 도를 실천하는 것이다.

송·명 이후 사람들은 지와 행의 절대적 분리가 불가능하다고 인식했지만, 그들 사이의 선후나 경중에 대해서는 서로 다른 관점을 갖고 있었다. 정주리학에서는 선지후행先知後行을 주장했다.

정이는 "행하는 것이 어렵지만 지 또한 어렵다"(行難知亦難)고 주장했다. 그렇지만 학문은 마땅히 지를 근본으로 삼고 행이 그 후에 이루어져야 한다는 것을 강조했다. 그에 따르면, 지가 깊으면 행 또한 거기에 미치게 되며, 제대로 알면서도 그것을 행하지 못한 자는 있지 않다. 만약 알면서도 행하지 않는 자가 있다면 그 사람의 앎은 단지 '얕은 지'(淺知)에 불과하다. 주희는 이러한 정이의 이론에 동조하고 그것을 더욱 발전시켰다. 그는 지가 행에 비해 시간적으로 앞선다는 것을 주장하면서 동시에 행이 지보다 중요하다는 것을 강조했다. 지행관계에 있어서, 주희는 양자 중에 어느 한쪽에 치우쳐서는 안 된다고 강조했다. 다시 말해 지가 명확할수록 행이 더욱 독실해지고, 행이 독실할수록 지도 더욱 명확해진다는 것이다.

이와 달리 명 말의 왕부지王夫之는 행선지후行先知後를 주장했다. 그가 보기에 지와 행은 분리된 것이다. 바로 이러한 전제에서 지와 행이 상호작용을 할 수 있다. 그러나 지와 행은 동격적인 것이지 병행적인 것은 아니다. 앎은 실천을 공용功用으로 삼지만, 실천은 앎을 공용으로 삼지 않는다. 앎은 반드시 실천을 기초로 삼고, 오직 역행力行을 거쳐야만 참된 앎을 얻을 수 있다. 이러한 지행관계 속에서 지와 행은 서로의 바탕이 되어 효용을 일으키며, 또한 나아가서 공을 이룰 수 있다는 것이다.

지행관계에 관하여 가장 독보적인 의견을 내놓은 사람이 바로 지행합일을 주장한 왕수인이다. 그에 따르면 참된 앎이 바로 참된 실천이다. 치지致知는 그것을 실천하는 데 있으며, 실천으로 옮길 수 없는 지는 치지가 아니다. 지의 참됨은 행에 달려 있고, 행의 명찰明察함은 지에 근거한다. 앎은 실천의 시작이요, 실천은 앎의 완성이다. 왕수인에게서 지와 행의 합일은 그의 치양지설致良知說에서 이루어진다. 양지는 인간이 선천적으로 갖고 있는 시비지심是非之心이나 호오지심好惡之心을 가리킨다. 치양지는 바로 양지의 활동을 실현하는 것을 의미한다. 이것은 인식이자 실천이다. 뿐만 아니라 치양지는 양지를 확장하는 것을 의미한다. 이것은 가려진 양지를 드러난 상태로 이끌고, 그것을 개별적인 차원에서 전체적인 차원으로 확장하는 것이다.

유가의 학설은 실제로 지와 행 사이에 가능한 관계를 세 가지로 제시했다. 첫째는 지선행후知先行後이다. 이는 앎이 실천의 기초라는 것을 강조한다. 둘째는 행전지후行前知後이다. 이는 실천이 앎의 기초라는 점을 강조한다. 셋째는 지행합일이다. 이는 앎이 반드시 실천으로 전환되어야 하고, 또한 실천이 반드시 앎으로 환원되어야 한다는 것을 주장한다. 이에 따르면 앎과 실천은 다만 시간적 선후의 차이만 존재할 따름이다.

도가에서 논의되는 지행 문제는 도에 대한 앎의 문제와 도를 행하는 문제로 귀결된다. 노자가 말하는 도에 대한 앎은 '관도觀道', 곧 만물 자체의 본성을 관조하는 것을 의미한다. 그러나 노자에 있어서 성인은 관도자觀道者일 뿐만 아니라 또한 행도자行道者이기도 하다. 도를 행하는 사람은 천지자연의 이치에 따라 행동하는 사람이다. 노자가 "천지의 도는 이로워 해롭지 않고, 성인의 도는 작위하되 다투지 않는다"[7]고 말한 것이 바로 성인이 지도자와 행도자의 통일이라는 뜻이다. 그리

[남송南宋] 유송년劉松年, 「산관독서도山館讀書圖」

고 도를 행하는 것은 구체적으로 수신, 치가治家, 치향治鄕, 치국, 치천하 등 다양한 범주와 영역으로 표현된다. 그러나 수신이든 치국이든 모두 무위를 근본으로 삼아야 한다. 이러한 무위는 무능을 가리키는 것이 아니라 가장 높은 차원의 작위를 의미하는 것이므로 '무위하지만 실행하지 못한 것이 없음'(無爲而無不爲)이 가능하다. 장자에 있어서 득도한 진인 眞人은 앎을 갖춘 사람일 뿐만 아니라 그것을 실천하는 사람이기도 하다. 그 전형적인 인물상은 천지 사이에서 소요하며 노니는 사람이다. 그의 자유로움은 마음의 영역에서 뿐만 아니라 현실세계의 영역에서도 실현되는 것이다.

선종과 불교는 근본적으로 깨달음 곧 인간과 세계에 대한 앎을 추구하는 것이다. 앎 곧 지혜의 획득에 대하여, 불교는 수행의 절차를 제시하였는데 문聞·사思·수修·증證이 바로 그것이다. 첫째, 불법佛法이라는

---

7) 『老子』, 第八十一章, "天之道, 利而不害, 聖人之道, 爲而不爭."

기존의 지혜를 들어야 한다. 둘째, 기존의 지혜에 대해 사고하는 것으로, 그것을 사유하고 구분하며 선택하고 나아가서 의롭지 못한 것을 제거하여 의로운 것을 받아들여야 한다. 셋째, 기존의 지혜를 닦는 것으로, 이는 선정의 수련을 통해 지止로부터 관觀에 이르고, 인생과 우주의 실상을 통찰해야 한다. 이것들을 바탕으로 인간의 몸과 마음이 불교의 진리를 직접 증득하여 깨달을 수 있는데, 그것이 바로 '사가 곧 리'(卽事卽理)요 '리가 곧 사'(卽理卽事)인 것이다.

위에서와 같이 불교에서의 수행절차는 지로부터 행으로 이행하는 과정임을 알 수 있다. 일종의 스스로 증득하는 지혜로서의 이러한 과정은 특히 지행합일을 강조하는 것이다. 이뿐만 아니라 불교는 또한 수행을 할 때, 반드시 신체와 언어, 그리고 의념意念이라는 세 가지 측면에서 올바름을 유지해야 한다고 강조했다. 일반적 불교와 달리 선종은 수행의 절차를 강조하는 것이 아니라 돈오頓悟를 통해 성불成佛할 것을 주장했다. 이러한 의미에서 명심견성明心見性의 순간 지는 행이 되고 행은 또한 지가 된다.

제3장 언어

중국어에서 '도道'라는 개념은 도로道路, 도리道理, 도설道說 등 여러 가지 의미를 가지고 있다. 이 중에서 도설은 언어와 말을 가리킨다. 사람들이 말하는 것을 바로 설도說道라고 칭한다. 이러한 맥락에서 이해하자면, 도는 도리에 관한 표현이고, 도에 관한 언설이다. 일반적인 견해에 따르면, 중국사상에는 언어학적 자각이 없고, 분석철학에서 강조되는 어사에 대한 의미론적 구분이 결핍되어 있다. 즉 중국사상은 오랜 세월을 거친 훈구학적 전통을 갖추고 있지만 언어의 문제를 연구 주제로 삼지 못하고, 나아가서 해석학과 언어철학을 체계적으로 구축하지 못했다. 또한 중국사상이 반언어적이라는 인식을 갖고 있는 사람들이 있다. 그렇지 않더라도 그것은 적어도 언어적인 측면을 경시하는 경향이 있다. 그러나 이것들은 모두 지나치게 섣부른 판단에 불과하다. 실제로 중국사상은 언어에 대해서 아주 복잡한 태도를 가지고 있다. 비록 사람들은 도가 언어로써 표현될 수 없는 것이라고 주장하지만, 또한 언어를 통해 불가언설의 도를 제시하려고 한다. 그러므로 문제의 핵심은 단편적으로 중국의 고전적 언어관을 긍정하거나 부정할 것이 아니라, 그것의 기존 형태에 대해 분명하게 정리하는 동시에 한계점을 제시하는 데 있다.

1. 중국어의 일반적 특징

인류의 언어형성은 하나의 고립된 사건이 아니라, 실제로 생활하는 세계 속에서 여타 사물과의 상호교합으로부터 생겨난 것이다. 중국어와 중국사상의 언어에 대한 태도에 관하여, 우리는 단편적이고 고정된 형태의 사고로 접근해서는 안 되고, 반드시 그것을 보다 넓은 연관 속에서 파악해야 한다. 다시 말해, 언어 자체 또는 언어를 언어로서만 고려하는 것을 지양하고, 언어를 초월한 차원에서의 존재, 사상, 언어, 문자와의 상호 관계에 입각해서 언어 자체의 본성을 제시해야 한다.

일반적인 인식에 따르면 존재는 외재적이고, 그것은 현실세계에서 발생하는 모든 사건의 총괄이자 자연사물, 역사사건, 그리고 문화현상을 모두 포괄하는 것이다. 한편, 사상은 내재적이고, 그것은 인간의 두뇌와 마음의 활동이며, 지각과 판단이면서도 존재하는 사물에 대한 반응이다. 언어는 음성적이다. 그것은 인간의 목과 입, 혀, 입술과 치아의 상호작용으로 인한 활동이다. 이러한 언어는 마음의 소리(心聲)를 나타내는 것이고, 사상을 표현하는 수단이다. 문자는 부호이고, 선(線)의 모양을 갖추고 있으며, 가시적인 동시에 언어를 기록하는 수단이다. 이러한 맥락에서 언어는 시간성을 지니고, 문자는 공간성을 지닌다고 할 수 있다. 시간성을 지닌 소리의 언어는 소멸되기 쉽지만, 공간성을 지닌 문자는 오랫동안 보존될 수 있다. 비록 그들은 작용과 반작용의 관계에 놓여 있지만, 전자는 후자를 결정하고 후자가 전자에 의해 결정되는 것이 또한 근본적인 성격을 지닌다. 이러한 관점이 일상경험에 의해 받아들

여지고 있을 뿐만 아니라, 이론적
사유에 의해서도 인정되고 있다. 중
국사상의 근간을 이루는 유가, 도가,
선종도 기본적으로 이러한 언어문
자관을 유지하고 있다.

그러나 일반적인 언어와 문자의
관계와 달리, 중국어의 한자는 피동
적으로 언어를 기록하는 것이 아니
라, 능동적으로 언어를 창출한다.
이는 한자가 병음문자가 아닌 비병음문자이기 때문이다. 한자는 소리
를 기록할 뿐만 아니라 소리 이외에 여타 풍부한 내용도 기록할 수 있
다. 이러한 이유로 한자는 일반적인 그 이상의 문자가 될 수 있는 것이
다. 이러한 특수성으로 인해, 우리는 중국어의 본성을 논의할 때 소리만
이 아니라 문자까지도 면밀하게 검토하고, 나아가 소리보다 문자를 우
선적으로 논의해야 한다.

한자 발명에 관하여 신비로운 전설이 남아 있는데, 그것은 바로 황
제창힐黃帝倉頡이 글자를 만드는 이야기이다. 먼저 창힐은 신이 아니라
인간이다. 그러나 일반적인 인간과 달리 그는 신인神人이다. 전설에 따
르면 창힐은 일반 인간과 달리 눈을 두 개 갖고 있는 것이 아니라 네
눈을 갖고 있다. 이는 그가 보통 사람보다 한 쌍의 눈을 더 가지고 있다
는 것을 의미한다. 눈은 인간이 만물을 관찰하는 데 필요한 기관이다.
창힐이 네 눈을 갖고 있다는 것은 그가 인간이 볼 수 있는 사물을 볼
수 있을 뿐만 아니라, 인간이 볼 수 없는 것도 관찰할 수 있다는 것을

의미한다. 즉 그가 천지 사이의 만사만물에 숨겨져 있는 오묘함을 볼 수 있다는 것이다. 이렇게 창힐은 만물에 숨겨진 천지의 도를 보고, 그 것을 문자로 나타냈다.

전설에 창힐이 문자를 발명할 때, 하늘에서 수수비가 내리고 귀신도 놀라서 울음을 냈다고 한다. 이는 문자가 빛과 같이 천지귀신을 조명했 다는 것을 의미한다. 이것으로 인해 천지가 숨을 수 있는 오묘함이 없 어지고 귀신이 감출 수 있는 비밀도 사라진 것이다. 하늘에서 수수비가 내린 것은 하늘이 자신의 보물고를 열어 인간에게 선물을 선사하는 것 때문이고, 귀신이 울음을 내는 것은 자기가 살던 암흑의 세계가 더 이상 존재하지 않게 되었기 때문이다. 이러한 전설에서 한자의 발명이 중국 문명에 대한 획기적인 의미를 지니고 있음을 엿볼 수 있다.

그러나 학계의 일반적 견해에 따르면 한자는 다양한 기원을 갖고 있는데, 물어物語와 결승結繩, 팔괘八卦, 도화圖畵, 서결書契 등이 그것이다. 사람들이 아무리 이론과 역사에 근거하여 한자의 기원을 확정하고자 해 도 그 형성과정에서의 규칙을 부정할 수 없는데, 그것이 바로 도화에서 부호로, 그리고 상형象形에서 표의表意로의 이행이다. 이러한 역사적 변 천과정 속에서 한자가 만들어진 원칙이 있는데, 그것이 바로 육서六書이 다. 육서는 한자가 서로 조합하는 기본적인 원리를 제시하는데, 구체적 으로 상형象形과 지사指事, 회의會意, 형성形聲, 전주轉注, 가차假借로 나눈다.

상형은 사물의 형상적 특징을 바탕으로 문자를 만들어 낸 것이다. 여기에는 천지만물, 도구, 인간과 그 활동이 포함된다. 상형문자는 사물 의 형상을 선으로 구획하여 도화와 어느 정도 유사한 면이 있다. 지사 는 뜻으로써 글자를 만들어 내는 것이다. 그것은 사물에 대해 구체적으로 묘사하는 것이 아니라 추상적으로 표현한 것이다. 형성은 하나의 자근字根이 특정한 음을 표기하고, 다른 자근이 사물의 형상을 표현하며, 양자를 조합하여 한 글자로 만든 것이다. 회의는 두 가지 서로 다른 의미를 지닌 자근을 조합하여 새로운 한자를 만들어 낸 것을 가리킨다. 전주는 두 문자가 형태는 다르지만 같은 뜻을 갖고 있는 것을 가리킨다. 여기에는 형태의 전환(形轉), 음의 전환(聲轉), 그리고 의미의 전환(義轉)이 포함된다. 가차는 음성이나 의미가 비슷한 글자를 빌려서 묘사하기 힘든 사물을 표현하는 것을 가리킨다.

육서 중에서 가장 앞 단계에 있는 것이 상형과 지사의 문자 조형법이고, 중간 단계에 위치한 것이 형성과 회의의 문자 조합법이며, 마지막 단계에 있는 것이 가차와 전주의 문자 쓰임법이다. 이러한 사실로 알 수 있듯이 상형과 지사가 한자 구조의 가장 기본적인 원칙이고, 그 뒤 단계에 있는 원칙들은 모두 이러한 두 가지 근본적 원칙의 기초 위에서 만들어진 것이다. 이상의 논의로 보면, 한자의 오묘함은 그것이 음성을 기록하는 데 있는 것이 아니라, 존재와 사상 및 언어라는 삼자의 결합에 있는 것이다.

존재적 차원에서 한자는 물상物像과 사태를 묘사한다. 이러한 사물에는 자연물, 인공물, 인간과 그 생활방식들이 포함된다. 물론 한자는 직접적으로 사물의 상을 모사하는 것이 아니라, '사물에 대한 관찰로부터 그 형상을 추출하는 것'(觀物取像)이다. 다시 말해 한자는 형상에 대한 모방이 아닌 그것에 대한 추상적 표현이다. 그것은 도상으로부터 선형으로 변화하면서 서로 다른 획과 조합으로 표현된 것이다.

사상적 차원에서 한자는 사고를 응축한 것이다. 실제로 모든 상형

한자에 의해 표현된 물상은 관찰과 사고를 거친 산물이고, 또한 모든 지사 한자도 사물에 대한 사상을 직접적으로 표현한 것이다. 한자가 무의미한 부호가 아니라, 심오한 의미를 지닌 것이다. 동시에 한자의 형상적 특징과 그 부호의 의미는 항상 풍부하고 복잡하다.

언어적 차원에서 한자는 그 부호와 음상 사이에 약속된 규칙이 있다. 비록 최초의 한자와 그 어음 사이에는 아무런 관련이 없지만, 언어와 문자가 상호 발전하는 과정에서 특정 도형이 확정적인 음성을 지니게 되었다. 그뿐만 아니라 어떠한 특정 한자가 단순한 음성기준 문자나 부수로 변화되면서 형성 한자의 음을 표기하는 기능을 가지게 되었다.

바로 이와 같은 존재와 사상, 언어의 결합에서 한자는 아주 압축된 내용을 갖게 되었다. 이것은 또한 다른 측면에서 한자 형태의 간략한 특징을 결정한다. 한자는 서로 다른 획을 통해 2차원적 부호 공간을 구축하여 바탕이 균형적인 정사각형을 형성한다. 그러므로 한자는 또한 정사각형 문자(方塊字)라고 일컬어진다. 한자에 문자 하나가 하나의 어휘를 나타내는 경우가 있는데 이것을 단음절 어휘라고 한다. 이와 같은 정사각형 문자에는 음성과 사상, 존재를 모두 담고 있다. 그러므로 일반적인 표음表音문자에 비해, 상형象形의 표의表意문자인 한자는 보다 간략하고 짧은 분량으로 같은 사태와 의미를 전달할 수 있다.

한자를 매개로 하는 고대 중국어는 그 쓰임의 과정에 있어서 서구 언어가 갖추지 못한 특징을 지니고 있다.

먼저 품사의 사용법(詞法)에서 중국어는 분명한 규정성을 지니고 있지 않다. 대명사와 명사는 격格의 변화가 없고 성性과 수數의 변화도 없다. 동사도 과거와 현재, 미래의 시제가 없다. 그리고 중국어 중에 하나의 어휘가 동시에 다중적인 품사로 쓰일 경우도 많다. 즉 한자에서 하나의 같은 어휘가 명사로 쓰일 수도 있고, 동사로 쓰일 수도 있으며 심지어 형용사와 부사 등으로 쓰일 수도 있다.

이러한 특징이 어휘 해석을 중심으로 하는 훈고학에 매우 큰 어려움을 안겨 준다. 사람들은 대부분 지금의 어휘로써 고대의 어휘에 접근하는 것이 한계가 있기 때문에 고대 문헌을 분석할 때 글자에 얽매이지 말아야 한다는 인식을 갖고 있다. 실제로 중국의 전통 경전을 둘러싼 논쟁은 대부분 어사를 중심으로 하는 논쟁들이다.

이 밖에도 고대 중국어는 발달된 관계대명사를 결여하고 있다. 그래서 두 개 내지 그 이상의 어사 연결은 대부분 관계대명사로써 확정되는 것이 아니라, 문헌에 주어진 순서나 구체적인 사용 맥락에 따라 헤아려야 한다. 이러한 특징도 또한 어휘의 모호성과 다중성을 초래한다.

문장 구사방법(句法)에 있어서도 고대 중국어는 나름의 특징을 지니고 있다. 사상을 표현할 때, 가장 눈에 띄는 문제가 바로 복합구複合句의 구성 문제이다. 중국어에서 병렬적 복합구는 가장 흔한 문법현상이다. 그러나 이러한 복합구는 항상 어순에 따라 나열된 것이지 관계대명사를 통해 그 연합과 대립, 선택, 그리고 인과 관계를 나타내는 것은 아니다.

이 밖에 고대 중국어 어법의 특징은 주어절로 시작된 복합구의 사용을 제한한다. 먼저 고대 중국어에는 어법으로 규정된 주어절로 시작하는 복합구를 거의 볼 수 없다. 나아가서 주어절, 목적어절, 부사절, 그리고 명사 술어절, 형용사 술어절 등을 거의 찾아볼 수가 없다. 이러한 유형들의 문법절에 대해 사람들은 그것을 선후순서에 입각한 어순으로 표현하는 것을 더욱 선호한다.

한자에 의해 규정된 언어는 당연히 중국 사상의 표현에 영향을 끼쳤다. 한편으로는 그것이 생동하고 다의적이며 간단명료하지만, 다른 한편으로는 어사의 확정성과 사상관계의 명석함을 결여하고 있는 것이다.

이러한 특징은 고대 중국어가 사상을 표현할 때 지니는 일반적인 특징이라고 할 수 있다. 그러므로 그것은 당연히 유가와 도가, 불교의 언어구사의 본질을 제한할 수밖에 없었다. 나아가 이러한 특징은 유가와 도가, 불교 사상을 전개하는 데 언어표현의 공통성을 부여한다. 그러면 유가와 도가, 불교가 언어의 문제를 어떻게 사고했는지에 관해 살펴보기로 한다.

2. 유가의 정명

유가는 언어로써 진정한 사상, 즉 진리를 표현할 수 있다고 주장했다. 동시에 언어는 현실세계에 살고 있는 인간들의 가장 중요한 활동방식이다. 그러므로 유가는 언어를 매우 중시했다. 『주역』에 따르면, 언어는 군자의 중추이며, 천지를 감동시킬 수 있는 것이다. 이는 언어가 행위와 마찬가지로 모두 인간 존재의 징표이며, 천·인을 소통시키는 방법이라는 것을 의미한다. 이처럼 언어를 중시하기 때문에 유가에서는 항상 입덕立德, 입공立功과 더불어 입언立言을 주장했다. 입덕은 인간이 도덕적인 본보기를 세우는 것을 가리키고, 입공은 공적을 이루는 것을 가리키며, 입언은 교육을 위해 언설을 구사하는 것을 가리킨다. 그러나 도덕과 공적은 모두 언어를 벗어날 수 없고, 언어로 환원되어 표현된다. 따라서 입언이 '세 가지 없어지지 않는 것'(三不朽) 중에서도 가장 중요하다.

언어에 대하여 공자는 여러 측면에서 직·간접적으로 말했는데, 그 중에는 인간 언행에 관한 것도 있고, 『시경』 공부에 관한 것도 있으며, 일반적 언설에 관한 것도 있으나, 이러한 것들은 모두 정명正名에 근거한 것이다. 그러므로 언어활동으로서의 정명은 주로 정치와 관련된 것이라고 할 수 있으며, 나아가 그것을 일종의 정치언어학으로 봐도 무방하다. 곧 그는 "명칭이 바르지 못하면 말이 따르지 않는다"고 주장했다. 나아가 그는 결과적으로 이루고자 하는 일이 성취될 수 없고, 예악이 부흥될 수 없으며, 형벌이 적중하지 못하고, 백성들로 하여금 혼란스럽고 따를 바를 모르게 한다고 주장했다. 그가 보기에 '명名'은 명칭이고, 사물에 대한 정확한 명명命名, 즉 명분을 가리킨다. 명칭은 그것이 진정한 명분을 의미할 때에만 의의를 가질 수 있다.

이러한 넓은 의미에서의 명은 사람들의 언행을 규정할 뿐만 아니라 사회제도의 정립과 백성의 생활방식에도 영향을 끼친다. 이로 인해 인간은 마땅히 명을 참된 명분으로 인식하고 언행을 통해 그것을 실현해야 한다. 그러나 실제로 현실에서의 명은 항상 참된 명분과 거짓된 명분 사이에 걸쳐 있다. 그러므로 정명이 필요하다. 정명은 거짓된 명분을 제거하여 참된 명분을 회복하고, 언어적인 명분이 사실과 일치하도록 바로잡는 것이다. 동시에 정명은 또한 적절한 어사의 사용 범위를 규정하고, 어사 사이의 차이를 밝히면서 사이비 어사를 제거하도록 요구한다. 정명의 '정正'은 한편으로 교정校正의 의미로서 잘못된 명분을 수정하는 것을 가리키지만 다른 한편으로는 명을 그 참된 뜻인 중정中正

에 이르게 하는 것을 의미한다.

순자는 공자의 정치언어학을 계승하여 '제명制名'을 말했다. 그는 명名과 실實의 관계에서 실(내용)이 명(명칭)의 근거가 된다고 주장했다. 그러므로 인간은 마땅히 사물의 내용에 따라 명명命名해야 하는데, 이에 대해 그는 '내용을 가리키는 것으로 명칭을 붙인다'(制名以指實)고 말했다. 이렇게 해야만 인간은 사람을 구분할 수 있고 사물을 분별할 수 있으며, 나아가 사회질서의 정당성을 유지할 수 있다. 이와 같은 전제에서, 순자는 '명으로써 명을 어지럽히는 것'(以名亂名)과 '명으로써 실을 어지럽히는 것'(以名亂實), 그리고 '실로써 명을 어지럽히는 것'(以實亂名)을 반대했다.

'명으로써 명을 어지럽히는 것'은 명칭의 다름을 이용하여 사실의 혼란을 만들어 내는 것을 가리킨다. '명으로써 실을 어지럽히는 것'은 명칭의 구분을 바탕으로 사실과의 관계를 없애는 것이다. 그리고 '실로써 명을 어지럽히는 것'은 사실의 개별성으로 명칭의 보편성을 부정하는 것을 의미한다.

이러한 세 가지 잘못이 명과 실의 참된 관계를 혼란하게 만들기 때문에 엄격하게 금지되어야 한다. '내용을 가리키는 것으로 명칭을 붙이는 것'을 보장하기 위해 순자가 제시한 구체적인 제명의 방법이 바로 '같은 내용은 같은 명칭을 붙이고, 다른 내용은 다른 명칭을 붙인다'(同實同名, 異實異名)는 것이다. 이것은 명과 실 사이의 동일성과 일치성을 보증하는 것이다. 동시에 그는 명과 상相도 구분했다. 그는 사람들에게 공명共名과 별명別名을 사용하여 명과 실이 서로 대응하고 절충切中될 수 있어야 한다고 주장했다.

동중서는 유가의 정치언어학을 '명칭을 자세히 살필 것', 곧 '심찰명호深察名號'로 구체화했다. 그에 따르면, 천하를 다스리는 데 가장 중요한 것은 큰 요체를 파악하는 데 있고, 이는 또한 심찰명호에 달려 있다. 여기에서 말한 명은 '큰 이치의 으뜸가는 조목'(大理之首章)이다. '천인상여天人相與'와 '천인감응天人感應'의 관점을 기본으로 삼아 그는 명을 성인이 하늘의 의지에 따라 만든 것이라고 강조했다. 그래서 하늘의 의지를 알려면 심찰명호해야 한다. 그는 명이 참된 것, 즉 실에서 생겨난 것(名生於實)이라고 주장했다. 이것은 바로 명이 바로 참임을 말한 것이다. 그래서 심찰명호하기 위해서는 사물을 변별하여 명을 바로잡아야 하고, 언어와 현실을 완전히 일치시켜야 한다. 명과 실이 일치할 때, 사람들이 명을 통해서 실을 궁구할 수 있고, 사물의 명을 바탕으로 그 자체의 본성을 파악할 수 있다. 또한 심찰명호를 통해 명 자체의 의미를 분석하고, 어사와 다른 어사 사이의 세밀한 의미 차이를 구분해야 한다.

넓은 의미에서 논의되는 정치언어학으로서 유가의 정명사상은 언어가 도덕과 윤리, 사회에서 지니는 의미에 대해 충분히 고려했다. 나아가 유가에 있어서 정치는 곧 정명이고, 정명은 곧 정치이다. 이러한 인식이 유가로 하여금 유독 언어를 중시하게 했고, 특히 유가적 규범성을 지닌 언어, 곧 '명교名敎'를 중시하게 했다.

언어의 정치성은 근본적으로 어사를 통해 개별적 인간을 예악규범으로 질서 지어진 사회 전체의 구조 속에서 지위와 신분 및 타인과의 관계에 들어맞도록 규정하는 것이다. 이것으로 보면, 사실에 부합하는 언어는 바로 중정하고 중용에 맞는 어사이다. 이는 또한 대부분의 유가 경전에서 특정 문제에 대해 동일한 표현을 하도록 했다.

동일성을 지닌 대표적 표현의 예는 공자가 말한 "임금은 임금다워야 하고 신하는 신하다워야 하며, 아버지는 아버지다워야 하고 자식은 자식다워야 한다"[1]는 것에서 잘 볼 수 있다. 이러한 주어와 술어의 동일한 표현방식은 동어반복적이고 그 어떠한 새로운 의미를 밝혀내지 않는 것처럼 보인다. 그러나 실제는 그렇지 않다. 공자의 말은 구체적으로 언명하지 않는 가운데, 이미 군주가 군주답지 못한 것, 신하가 신하답지 못한 것, 아버지가 아버지답지 못한 것, 그리고 자식이 자식답지 못한 것을 부정하고 있다. 그의 말에서 직접적으로 드러나는 부분은 오직 임금과 신하, 아버지와 자식이 자신의 본성을 유지하는 것이다. 이러한 정명으로서의 동어반복은 사물이라면 그 자체의 명분에 맞아야 함을 강조하는 것이지, 외부의 다른 사물과 비교할 것을 주장하는 것이 아니다.

동일성을 지닌 표현이 주로 긍정적인 측면에서 정명을 설명한 것이라면, 배제적 내용을 지닌 표현은 부정적인 측면에서 그것을 논의한 것이다. 공자에게 다른 유형의 전형적인 표현으로, "즐거워하지만 음란한 데까지 이르지 말아야 하며, 슬퍼하지만 마음을 해치는 데까지 이르지 말아야 한다"[2]고 말한 것이 있다. 여기에서 진정한 즐거움으로서의 '락樂'은 지나치지 말아야 하고, 참된 슬픔으로서의 '애哀'는 정도를 넘지 말고 조화를 잃지 말아야 하는 것을 의미한다. 다시 말해 '락'이 자신의 경계를 넘으면 '음淫'이 되고, '애'가 자신의 경계를 벗어나면 또한 '상傷'이 된다는 것이다. 따라서 락과 음, 애와 상은 서로가 이웃이면서 그 사이에는 넘어서면 안 되는 경계가 있다. 그렇지 않다면, 락은 락이 아

---

1) 『論語』, 「顔淵」, "齊景公問政於孔子, 孔子對曰: 君君臣臣父父子子."
2) 『論語』, 「八佾」, "樂而不淫, 哀而不傷."

니고, 애는 또한 애가 아니게 된다. 그러면 락과 애는 중정의 이치와 중용의 도리에 어긋나게 된다.

3. 도가의 언과 도

유가와 달리, 도가는 언어로 진리를 포착할 수 있는 것에 대해 회의적이다. 도가에서의 언어와 진리 관계는 언言과 도道의 관계로 구체화되었다. 일반적으로 대도大道는 목적이고, 언어는 그것에 이르고 통달하게 하는 수단이다. 대도를 깨닫기 위해 사람들은 언어라는 수단을 빌려야 한다. 그러나 대도를 깨닫는 시점에서 언어를 또한 포기해야 한다. 도가에서 가장 염려하는 것은 사람들이 수단을 목적으로 간주하고, 대도를 언어로 잘못 파악하는 것이다.

노자는 도와 언의 관계를 논의한 최초의 인물이다. 그에 따르면, 말할 수 있는 도는 항상된 도가 아니고, 부를 수 있는 이름은 항상된 이름이 아니다.[3] 여기에서의 도와 명은 이중적인 의미를 지닌다. 하나는 도 자체이고 다른 하나는 도에 대한 언설이다. 이는 다름 아니라 도 그 자체는 말로 표현할 수 없고, 말로 표현할 수 있는 도는 도 그 자체가 아니라는 주장이다. 도와 언의 관계뿐만 아니라 지知와 언의 관계도 이렇게 규정되었다. 도 그 자체에 대한 직접적인 깨달음으로서의 지는 비언어적이다. 그래서 노자는 "아는 자는 말하지 않고, 말하는 자는 알지

---

3) 『老子』, 第一章, "道可道非常道, 名可名非常名."

못한다"[4]라고 말했다. 즉 도를 아는 사람은 그에 대해 말을 하지 않고, 말을 쏟아내는 사람은 도를 모르는 사람이라는 것이다.

그럼에도 인간은 언어로써 말할 수 없는 도에 대해 말해야만 한다. 그래서 도와 언 사이에 일종의 분리될 수 없는 관계가 성립된다. 이러한 모순적인 입장에서 인간이 말로 표현할 수 없는 도에 대해 말을 하려면 반드시 언어의 한도와 한계에 주의해야 한다. 언어로 표현되는 도는 도 자체가 아니라 도와 유사한 것이다. 이는 인간으로 하여금 언어를 넘어서서 그 밖에 있는 의미의 파악을 요구한 것이다.

도와 언의 관계에 있어서, 장자는 노자의 사상을 계승하고 있다. 그에 따르면 도는 말로 표현할 수 없고, 명명命名할 수도 없다. 장자가 도를 언어로 표현할 수 없다고 주장한 이유는 그것이 언어의 한계를 벗어난 것이기 때문이다. 언어는 형태가 있는 사물을 표현할 수 있지만 형태가 없는 것에 대해 말할 수 없다. 그런데 도는 형태가 있는 것이 아니라 무형적인 존재이다. 그러므로 언어로 도를 포착할 수 없다는 것이다.

노자에 비해 장자는 도와 언의 관계를 더욱 세밀하게 분석했다. 장자에 따르면 '서書'는 언어에 불과하고, 언어는 그 뜻(意)에 근거하며, 뜻

---

4) 『老子』, 第五十六章, "知者不言, 言者不知."

은 또한 따르는 바가 있다. 그러나 뜻이 따르는 바에 대해서 언명할 수 없다. 여기에서 장자는 도와 언의 관계를 구체화했다. 서書는 문자들의 집합으로서 언어적인 기록인데, 언어는 또한 사상을 표현하는 것이다. 그리고 뜻(意)은 도에 관한 사유이고, 뜻이 따르는 바가 바로 언명될 수 없는 도 자체이다. 그러나 사람들은 언어문자가 바로 도 자체라거나 그것을 통해 도 자체에 이를 수 있다고 착각하는데, 장자는 이를 근본적으로 잘못된 생각이라고 비판했다.

장자는 언과 도의 관계를 명확히 수단과 목적의 관계로 표현했다. 곧 그는 말의 근본이 뜻에 있으므로 "뜻을 얻으면 말을 잊어야 한다"(得意忘言)고 말했다. 수단과 목적의 관계에 놓여 있는 도와 언의 관계에 대해 두 가지 측면에서 생각해야 할 것이 있다. 하나는 언어를 통해 뜻을 얻는 것(以言得意)이고, 다른 하나는 뜻을 얻어 언어를 잊는 것(得意忘言)이다. 그렇지 않으면 이상한 사태가 벌어지는데, 그것은 바로 수단이 목적이 되고 목적이 수단으로 전락하게 되는 것이다.

신도가新道家라고 일컬어지는 위진현학魏晉玄學은 한편으로 도와 언의 관계에 대해 선진도가의 관점을 이어받으면서도 다른 한편으로는 『주역』 속의 유관한 사상을 흡수했다. 『주역』에서는 도와 언의 관계를 의意, 상象, 언言의 관계로 표현했다. 그리고 의, 상, 언에 대해 명확하고 구체적으로 규정했다. 의는 괘의卦意를 가리키고, 상은 괘상卦象을 의미하며, 언은 효사爻辭를 뜻한다. 이와 같은 특수한 의미들은 일반적인 맥락으로 서술할 수도 있다. 『주역』에서 "말은 뜻을 나타내는 데 충분치 않다"[5]고 주장하면서 언어의 한계를 강조하고 있지만, 한편으로 "상을 세워 뜻을 다 드러낸다"[6]라는 말을 통해 언어의 부족함을 보완할 수 있다고 보았다. 언어는 문자로 표현되면서 일종의 부호가 된다. 상은 비언어적인 것이므로 문자적인 부호가 아니다. 그러나 문자에 비해 상은 더욱 복잡하고 다중적인 의미를 지닌다. 하지만 『주역』은 언어문자와 상에 대해 어느 한쪽으로 치우쳐서는 안 된다고 주장했다. 언어문자는 의미를 전하는 것이고, 상은 의미를 드러내는 것이다. 실제로 도에 관한 문제에 있어서도 언과 상은 상호보완적이다.

위진현학에서는 의, 상, 언 삼자의 관계에 대해서 자세하게 해석했다. 의, 상, 언 삼자의 관계를 왕필王弼은 목적과 수단의 관계로 설정했다. 그는 의와 상의 관계에서 의는 목적이고 상은 수단으로 보아 "상을 통해 의를 드러낸다"고 말했다. 그러나 상과 언의 관계에서는 상이 목적이 되고 언은 수단이 된다고 보아 "언은 상을 밝히는 것"이라고 말했다. 목적에 이르기 위해서는 반드시 수단에 의존해야 하고, 수단을 통해 목적에 이를 수 있다는 말이다. 그에 따르면, 의를 드러내는 데 상보다 좋은 것이 없고, 상을 드러내는 데 언보다 좋은 것이 없다. 언은 상에서 생겨나기 때문에 언을 깊이 파고듦으로써 상을 제대로 관찰할 수 있다. 그리고 상은 의에서 생겨난 것이므로 상을 깊이 파고듦으로써 의를 제대로 관찰할 수 있다. 이에 그는 "의는 상을 통해 다 드러나고, 상은 언을 통해 다 드러난다"[7)고 말했다. 그러나 일단 목적이 실현되면 서슴없이 수단을 버려야 한다. 그러므로 언이 상을 명확하게 할 수 있는 것은 상을 얻고 난 뒤 그 언을 잊는 데 있으며, 상이 의를 보존할 수 있는

---

5) 『周易』, 「繫辭傳上」, "書不盡言, 言不盡意."
6) 『周易』, 「繫辭傳下」, "聖人立象以盡意."
7) 『周易略例』, 「明象」, "意以象盡, 象以言著."

것은 의를 얻고 난 뒤 그 상을 잊는 데 있다. 그렇지 않으면 장자가 지적한 바대로 목적과 수단이 전도된 잘못을 범하게 된다고 왕필은 주장했다.

도가의 언어학은 기본적으로 도구론적 언어학이라고 할 수 있다. 왜냐하면 도가는 도와 언의 관계를 분리 내지 대립적인 것으로 규정하기 때문이다. 도 자체는 자연성을 지닌 것이고, 그것은 비언어적이며 언어를 초월한 것이다. 한편 어사로서의 도는 애매하고 다의적인 것으로(어사로서의 도는 대도와 도로, 언설을 모두 의미할 수 있음), 그것은 대도와 언어의 내재적 의미를 밝힐 수 없다. 다시 말해 도가 대도를 의미할 때 그것은 언어를 가리키는 것이 아니며, 도가 언어를 가리킬 때 그것은 또한 대도를 말하는 것이 아니다. 대도는 신비로운 존재이며 가려진 것이다. 비록 그것은 천지만물 속에 내재하지만 언어로써 포착되지 않는다. 이처럼 도가들에게 있어서 언어는 단지 도에 이르게 하는 수단으로만 간주될 뿐이다.

자연의 이치, 곧 도는 표현할 수 없고 또한 언어가 도道적인 것이 아니기 때문에 사람들이 언어문자로 표현할 수 없는 도에 대해 논의하고자 할 때, 반드시 언어의 한계에 대해 밝게 알아야 한다. 언어의 구체적인 사용과정에서 도가는 한편으로 언어에 대해서 말하면서도 다른 한편으로 그것을 제거하려고 했다.

노자에게 있어서 가장 전형적인 언어 사용법은 역설적 표현방식이다. 그에 따르면, 도는 유有이면서 무無이고, 만물은 도 그 자체이면서도 또한 그 자체가 아니다.

장자에게 있어서 언어는 더욱 풍부한 방식으로 묘사되었다. 그는 언설로 도를 표현하고자 할 때 나타나는 곤궁함을 염두에 두면서도, 인간이 언어를 통해 도를 깨달은 정도에 대해 고려하여 우언寓言, 중언重言, 치언卮言이라는 말을 만들어 냈다. 우언은 가차를 통해 말하는 방식이다. 우언에서의 언은 이것을 가리키고 있지만 그 뜻은 저것을 나타내고 있다. 장자는 현실과 비현실적인 사물을 빌려서 특정한 이치를 전달하려고 했다. 중언은 중첩된 언어, 즉 타인의 논쟁 속에 자신의 관점을 함축시키는 것을 가리킨다. 치언은 무심코 내뱉는 말을 의미한다. 그것은 아무런 편견이 없고 형식이 없는 말이다. 그러므로 치언은 임의적이고 파편적이다. 이러한 세 가지 방식을 통해 장자는 도 자체의 의미에 대해서 간접적으로 표현했다.

4. 선종의 언설과 불가언설

불교는 언어를 매우 중시했다. 불교는 붓다를 교주로 삼는 종교일 뿐만 아니라 인간의 본성적 각오, 곧 불성佛性을 되찾는 것에 대한 가르침이기도 하다. 불교는 교육적 의미가 그것의 종교적 의미보다 더욱 짙다고 할 수 있다. 교육에는 여러 가지 방식이 있지만 언어를 통한 것이 가장 중요하다. 이른바 불佛, 법法, 승僧 삼보三寶 중에서 법이 부처의 설법으로서 가장 근본적인 의미를 지니고 있으며, 이는 또한 부처가 언어를 통해 이치를 밝혔음을 강조하는 것이다. 불법에는 세 가지 면이 포함되어 있는데 계戒, 정定, 혜慧 삼학三學이 그것이다. 이 가운데 혜는 실상實相과 관조觀照, 문자반야文字般若를 포함한다. 소위 문자반야라는 것은 바로 여러 부처와 보살이 제법실상諸法實相에 대해 몸소 경험한 뒤 그것을 언어문자로 전달한 것이다. 그러므로 문자반야는 부처의 지혜를 직접적으로 밝힌 것이다.

불교에 있어서 언어는 부처 설법의 방법적인 의미에서 중요할 뿐만 아니라 부처에 대해 공부하는 데에도 중요한 의미를 지닌다. 인간이 지혜를 습득하려면 반드시 '듣고'(聞), '생각하고'(思), '닦는'(修) 과정을 거쳐야 한다. 이러한 과정을 거치면 인간의 몸(身), 언어(語), 의식(意)이 모두 근본적인 변화가 일어난다. 한편으로 인간은 불교의 가르침과 어긋나는 언어, 곧 악구惡口와 양설兩舌, 기어綺語, 망어妄語를 제거해야 하고, 다른 한편으로는 불법에서 가르치는 언어를 사용해야 한다. '팔정도八正道'에서 말하는 정어正語가 바로 불법과 실재에 맞게 말하는 것을 가리킨다.

선종은 물론 불교의 기본적인 사상을 계승하고 있으나, 언어의 측면에서는 다른 불교의 교설과 크게 다르다. 선종은 기본적으로 좌선을 중시하고 언어를 통한 가르침을 가볍게 여긴다. 실제로 중국화된 불교로서의 선종은 도가사상을 많이 흡수했다. 도가에서의 도와 언의 관계가 선종에서는 불성佛性 혹은 불심佛心과 언어의 관계로 전환되었다. 도가와 비슷하게 선종은 불성을 목적으로, 언어를 수단으로 간주했다. 불성 자체는 언설로 드

[오대五代] 석각石恪, 「이조조심도二祖調心圖」

러낼 수 없는 것이지만, 언어를 통해 그것을 말할 필요는 있다.

선종은 또한 불심종佛心宗이라고 부른다. 그것은 직지인심直指人心을 주장하고 마음을 근본으로 삼는 수행, 즉 수심修心을 강조했기 때문이다. 선종이 이해한 인간의 본심本心은 선악을 초월한 것이고, 그것은 공空이자 무無이다. 그러므로 선종은 무념無念과 무주無住, 무상無相을 요구했다. 선종은 언어를 포함한 모든 마음 밖에 있는 사물을 명심견성明心見性에 이를 수 있는 수단일 뿐이라고 간주했다. 그러므로 선종에서는 불립문자不立文字를 강조했다. 그럼에도 선종에 있어서 문자는 다중적인 의미를 담고 있다. 그것은 때로 모든 언어문자를 가리킬 경우도 있고, 서면으로 되어 있는 문자나 구두로 전하는 문자를 의미할 때도 있으며, 때로는 화려하고 소박한 언어를 뜻하는 경우도 있다. 이러한 사실로 미루어 볼 때 불립문자도 역시 맥락에 따라 다른 의미를 지닌다. 그러나 일반적인 의미에서 불립문자는 문자가 심성 자체의 직접적인 드러냄이라는 것을 부정하는 의미가 담겨 있다.

비록 심성은 그 본성적 의미에서는 언어를 초월하고 상相을 갖고 있지 않지만, 이러한 무無의 경지에 통달하려면 무가 아닌 유有를 빌려야 가능하다. 또한 현실적인 시각에서 보자면 심성은 가려져 있고, 각종 망상에 의해 가려진다. 그러므로 망상을 제거하고 참된 심성을 되찾기 위해서는 반드시 언어를 동원해야 한다. 이러한 상황에서 선종은 불립문자에서 불리문자不離文字로 전환되었다. 이에 문자선文字禪은 마음을 언어로 전할 수는 없지만, 언어를 빌려 드러낼 수 있다고 주장했다. 그리고 이 언어는 인간이 도를 몸소 깨닫는 정도를 판가름하는 중요한 기준이 되었다. 문자선에서는 선종의 어록이나 공안公案에 대한 탐구를 통해 선의 이치를 파악할 것을 강조했다. 인간은 유언有言으로써 무언無言을 드러내고, 문자를 통해 불가언설적인 심성을 말했다. 문자선이 항상 가까운 것을 말하고 있는 것 같지만 실제로 그것이 가리키는 것은 아주 먼 데 있고 그 속뜻은 아주 심오하기 때문에 탁월한 언어예술로 평가받고 있다.

그러나 문자선이 극단화되면서 일종의 현담玄談이나 언어유희로 전락하게 되었다. 그래서 문자선의 대립 선법으로서 묵조선黙照禪이 생겨났다. 여기에서 '묵黙'은 '정좌묵수靜坐黙守'를 가리키고, '조照'는 '지혜관조智慧觀照'를 의미한다. 묵조선은 모든 언어적 행위를 반대하고, '정좌묵조靜坐黙照'를 통해 몸소 인생과 세계의 참된 본성을 깨달을 것을 주장했다. 묵조선에 따르면 마음이야말로 부처에 대한 '근본적 깨달음'(本覺)이고, 중생이 갖고 있는 신묘함이다. 그러나 시작부터 인간의 마음은 가려진 존재이다. 그래서 망념妄念을 제거해야만 마음의 참된 본체를 드러낼 수 있다. 그리고 이것은 '묵조黙照'를 통해서만 가능하다. 즉 정좌하여 정定에 이르면 묵묵히 모든 언어를 잊을 수 있고, 사물이나 사태의 진상이 눈앞에 명확하게 드러난다는 것이다.

그러나 묵조선은 돈오선頓悟禪의 이념에 위배되어 인간으로 하여금 '명심견성明心見性'에 이를 수 없게 한다. 다시 말해 묵조선은 인간을 '선적단견禪寂斷見'에 빠지게 하고, '폐목합안閉目合眼'의 지경에 이르게 하여 묵조사선黙照邪禪으로 전락될 수 있다는 것이다. 화두선話頭禪, 또는 간화선看話禪이 바로 이러한 묵조선의 대립으로 생겨난 것이다. 묵조선이 문자를 없앨 것을 지향한다면 화두선은 문자를 초월하는 것을 목적으로 한다. 화두선은 주로 공안公案에 나타나는 선사禪師의 문답과 언행의 탐구를 통해 '증어證語'를 획득하는 것이다. 간화선은 근본적으로 화두話頭에 대해 '의정疑情'을 갖는 것이다. 오직 큰 의정만이 큰 깨달음, 즉 '증오證悟'에 이를 수 있다. 간화선은 화두를 이용하여, 사실상 언어를 통해 언어의 시작점, 곧 언어가 없는 순수한 마음 상태에 복귀하는 것이다. 이것은 그 어떠한 언어나 언설을 초월한다. 다시 말해 그것은 공空의 상태, 곧 비유비무非有非無의 상태에 이르는 것을 의미하고, 순수한 정靜, 곧 일종의 신비로운 '적정의 음'(寂靜之音) 상태를 뜻한다.

명청시기에 이르러 선종은 '선정쌍수禪淨雙修'와 '선밀합일禪密合一'을 주장하며 선종과 정토종淨土宗, 밀종密宗의 삼위일체를 실현했다. 일반적으로 정토종은 아미타불을 서방정토의 교주라고 믿는다. 이에 따르면, 사람이 나무아미타불南無阿彌陀佛을 낭송하면 정념淨念이 계속 이어지고, 마음이 흐트러지지 않으며, 저승으로 왕생往生할 때 아미타불의 인도를 받을 수 있으므로 정토에서 영생할 수 있다.

선정쌍수론에서는 "스스로의 본성이 아미타불이요, 그 마음이 바로 극락정토"[8]라고 주장했다. 아미타불은 뭇 부처의 왕으로서 부처의 법신法身이고, '끝이 없는 빛'이며, 또한 '끝이 없는 수명을 지닌' 존재이다. 사실상 법신으로서의 부처는 다름 아닌 불명佛名이고, 불음佛音이며, 인간 스스로의 본성의 다른 이름일 따름이다. 그리고 염불은 부처에 대한 소환이고 기대이며 기도이다. 따라서 '나무아미타불'을 염송하는 것은 아미타불에 귀의하여 스스로의 불성을 드러내려고 하는 것이고, 무한한 광명과 수명에 이르고자 하는 것이다. 염불을 할 때, 사람들은 자신이

---

8) 『蓮宗集要』, 第八章, "自性彌陀, 唯心淨土."

몸(身)과 언어(語), 그리고 의식(意)을 부처의 이름과 일치시켜서 해탈하여 성불할 것을 염원한다. 여기에서 염불의 '염念'은 기도의 특수한 방식으로서 언어가 신심을 지배하는 신비로운 힘을 드러낸다.

선정쌍수와 유사하게 선밀합일론은 선종과 밀종의 수행방식이 상호 보완적이라는 것을 강조하는 것이다. 실제로 밀종의 '신밀身密', '어밀語密', '의밀意密'의 수행은 더욱 구체적이고 세밀한 방식으로 선종이 지향하는 명심견성의 경지에 이른다. 이 가운데 어밀, 곧 '지주持呪'는 언어가 갖는 신비로운 작용을 더욱 두드러지게 나타낸다. 주어呪語는 일반적인 언어가 아니라 지극히 특수한 형태의 언어이다. 그것은 기도의 언어로서 현실 속 언어의 힘을 넘어서서 인간의 몸과 마음을 변화시킬 수 있다. 이처럼 선종과 정토종, 밀종의 삼위일체는 극단적으로 언어를 신체와 언어, 의식을 포함한 인간 존재 전체를 규정하는 것으로 보았다.

선종의 언어는 동어반복적인 표현방식을 많이 사용했다. 예를 들면 '부처는 곧 부처'이고, '마음은 곧 마음'이라는 표현이 그것이다. 그러나 다른 한편으로 선종은 또한 역설적인 표현방식도 적지 않게 사용했다. 이는 선종이 언어에 대해 '중도中道'라는 관점에서 바라보고 있기 때문이다. 한편으로 인간은 상에 집착하면 안 된다고 보았다. 언어의 본성이 공空이므로, 만약 언어문자의 표현에 집착하면 인간은 상에 집착하게 되기 때문이다. 다른 한편으로 인간은 또한 공에 집착해서도 안 된다. 언어의 본성은 무無가 아니므로, 만약 인간이 특히 불교적 언어를 포함한 언어문자 일체를 배제한다면 공에 집착하게 되기 때문이다. 그러므로 언어는 공이면서도 상이다. 또한 언어는 공도 아니고 상도 아니다. 따라서 선종에서 언어의 역설적 표현은 항상 사물이 '이것이면서도 저것이다'라는 방식이나 또는 그 반대로 '이것도 아니고 저것도 아니다'라는 방식으로 전개된다.

그러나 선종의 언어는 경우에 따라 역설적인 표현방식을 극단화시켜 황당하고 이치에 맞지 않는 표현을 하기도 한다. 선종의 선문답 속에서 자주 등장하는 답이 물음과 들어맞지 않는 경우가 그것이다. 이러한 황당하고 이치에 맞지 않는 것은 외면적인 불성佛性에 관한 물음에 대한 내재적인 선심禪心에 입각한 답에서 비롯된 것이다. 이는 인간들로 하여금 일상적인 사유를 파괴시켜 참된 선종의 사유에 이르도록 하기 위한 때문이다.

비록 선종의 여러 유파들이 언어에 대해 서로 다른 관점을 내세웠지만, 전체적으로 그들의 언어관은 도구론적 언어관에 속한다. 선종은 언어와 마음의 관계를 손가락으로 달을 가리키는 것에 비유한다. 사람은 손가락으로 달을 가리키지만, 손가락은 달이 아니고 달도 손가락이 아니다. 만약 사람이 손가락을 달로 착각한다면, 달을 놓칠 뿐만 아니라 자신의 손가락도 놓칠 수 있으므로 이중적인 망각과 이중적인 착오에 빠질 수밖에 없다는 것이다.

5. 언어의 한계

유가와 도가 및 선종은 언어에 대해 서로 다른 관점을 내세웠으나, 언어와 존재의 관계에 대해서는 기본적으로 동일한 입장을 가지고 있었다. 사상은 존재를 반영하고, 언어는 사상을 표현하며, 문자는 언어를 기록한다. 요컨대 언어는 존재에 대해 규명하거나 도에 대해 언설하는 수단이다. 물론 언어와 존재의 관계에 대해 유가와 도가 및 선종의 이론은 현저하게 어긋나는 점들이 있다. 유가의 정명사상은 언어가 존재를 표현할 수 있고, 나아가 언어가 마땅히 현실을 제대로 반영해야 함을 주장했다. 그러나 도가는 언어가 도 자체를 드러낼 수 있다는 데 회의적이다. 왜냐하면 언어와 도의 관계는 수단과 목적의 관계로 규정되므로 인간이 도를 체득하려면 반드시 언어를 넘어서야 하기 때문이다. 그리고 선종은 이러한 도가의 입장과 비슷한 관점을 내세웠다. 선종에 따르면 언어는 심성의 본성인 공空을 드러낼 수 없다. 그러나 도가에 비해 선종은 다양한 형태의 언설에 대해 탐구했고, 다양한 각도에서 불가언설적인 것에 대해 언설하려는 시도를 했다.

그러나 이와 같은 중국사상의 언어관에 대해 반성할 필요가 있다. 그들은 모두 언어를 하나의 수단으로 간주했을 뿐 그 속에 있는 본성과 형태를 제대로 보지 못했다. 언어는 사람에 의해서 말해지는 것이고 모든 언설의 집합이다. 그러나 현실에는 한 종류의 언어만 있는 것이 아니라 다양한 형태의 언어가 공존하고 있다. 동시에 이러한 언어들은 한 가지 작용만 갖고 있는 것이 아니라 여러 가지 효용을 지니고 있다. 유가와 도가, 선종은 서로 다른 방식으로 언어를 구분했고, 서로 다른 언어의 한계를 밝혔다.

유가는 성인의 말과 일반 사람들의 말을 구분했다. 성인은 비록 인간이지만 하늘의 이치에 따라 행동하고 말하는 사람이다. 그러므로 성인의 말은 천도天道의 말이라고 할 수 있다. 이와 달리 일반 사람들의 말은 그들의 풍속을 대변한 것, 곧 그들의 존재와 생활에 관한 언설들이다. 그 가운데 많은 말들은 그들의 삶에 관한 바람을 표현한 것이다. 그래서 언어적인 측면에서 유가는 성인의 말로 일반 사람들의 말을 규정하고 바로잡아야 한다고 주장했다.

도가는 '하늘의 말'(天言)과 '사람의 말'(人言)을 구분했다. 천지는 비록 말을 하지 않지만 그 이치는 만물 속에서 드러난다. 도가에 따르면, 성인은 천지의 이치를 살펴 그것을 말로 표현했으므로 하늘의 말은 자연적이며 본성에 합치된 것이다. 반대로 사람의 말은 인위적이고 자연에 거스른 것이며 욕망의 표현이고 잔꾀 부림이다. 이러한 하늘의 말과 사람의 말 차이로 말미암아 노자와 장자는 인간들에게 사람의 말을 버리고 하늘의 말에 귀 기울일 것을 요구했다.

한편 불교와 선종은 불언(佛言) 또는 법언(法言)과 인언(人言)을 구분했다. 불언과 법언은 제법의 실상을 깨달은 말이다. 그것은 참되기 때문에 도道이자 경經이다. 반대로 인언에는 악구惡口, 양설兩舌, 기어綺語, 망언妄言 등이 있다. 이것들은 인간의 탐욕과 성냄, 어리석음 등 악의 본성이 언어적으로 드러난 것이다. 그래서 깨달은 자는 이러한 인언을 제거하여 불언에 귀를 기울여 사유하면서 수행해야 한다.

위에서 살펴본 바에 따르면, 언어는 다음과 같이 분류될 수 있다. 첫째는 도구적 언어이다. 이러한 언어는 매개적 작용을 하면서 존재를 반영하고 사상을 표현한다. 둘째는 욕망적 언어이다. 이것은 인간의 바람에 대한 외침으로, 욕망하는 행위와 사태를 가리킨다. 셋째는 지혜적 언어이다. 그것은 성언聖言과 천언天言, 불언佛言 등으로 제시되어 인간의 존재와 운명을 규정한다. 이러한 지혜적 언어는 존재를 반영하거나 사상을 표현하는 것이 아니라 존재를 이끌고 사상을 지배하는 것이다. 욕망적 언어는 대부분 도가 아닌 언어 또는 도와 어긋난 언어로 간주되고, 지혜적 언어는 일반적으로 도의 언어로 이해되고 있다.

우리가 지혜적 언어의 차원에서 언어의 본성을 다시 고찰할 때, 비로소 언어와 도의 관계를 발견할 수 있다. 만약 언어가 도이면, 도는 또한 언어가 된다. 그러므로 도는 비언어적이거나 반언어적인 것으로 이해되어서는 안 되고 지혜적 언어로 규정되어야 한다. 만약 우리가 이와 같은 방식으로 언어와 도의 본성을 해석한다면, 도와 언어의 관계도 변화한다. 즉 문제는 더 이상 도가 언어로써 표현될 수 있는지에 관한 것이 아니라, 언어의 형태를 구분하는 것으로 전환된다. 다시 말해, 도를 가리는 도구적 언어와 욕망적 언어를 제거하여 지혜적 언어로 도를 드러나게 하는 것이다. 이것은 또한 도 그 자체로 하여금 말하게 하는 것이다.

도의 언어는 규정적 성격을 지니는 언어이므로 인간의 언어를 이끈다. 이는 또한 인간이 문도聞道와 설도說道를 해야 하는 이유이기도 하다. 그뿐만 아니라 도가 인간의 사상을 지배하므로 인간은 마땅히 도에 대해 사유해야 한다. 마지막으로 도는 인간의 존재를 주재한다. 그러므로 인간은 도를 지키고 그것에 의해 규정된 길을 걸어야 한다. 이러한 의미에서 우리는 언어와 사상, 그리고 존재 사이의 관계를 다시 사고해야 한다. 만약 언어가 단지 인간의 언어만 가리킨다면 존재는 사상을 결정하고 사상은 또한 존재를 결정한다. 그러나 만약 언어가 지혜, 즉 도의 언어를 의미한다면 언어가 사상을 결정하고 나아가서 존재도 결정한다.

제4장 유가

─ 사회의 원리

　중국의 지혜는 비록 유儒 · 도道 · 불佛(선종) 삼교를 포함하지만, 유가 사상은 그 가운데서도 핵심적인 골격이다. 유가사상이 이렇게 중요한 까닭은 그것이 문제로 삼는 대상이 사람들이 세상에 살아가면서 가장 중요한 문제, 곧 사람이 어떻게 세상에서 자신을 일으켜 세우고, 다른 사람들과 관계를 형성하는지, 그 방법에 관한 것이기 때문이다. 그것은 개인적인 측면에서 도덕적 문제로 드러나며, 사회적 차원에서는 윤리적 문제로 나타나고, 국가적 차원에서는 정치적 문제로 모아지며, 세계의 차원에서는 종교적 문제를 형성한다.

　일반적으로 유학은 원시유학原始儒學과 송명유학宋明儒學으로 구분된다. 원시유가의 사상 또한 천도론天道論과 인도론人道論이라는 두 방면의 학설을 포함하고 있다. 천도天道와 인도人道는 비록 구별되지만, 또 서로 연결된다. 한편으로 천도는 인도가 되도록 그 근거를 제공하는데, 사람의 심신心身과 성명性命의 본원이 된다. 반면에 인도는 위로 천도에 도달할 수 있어서, 천인합일天人合一을 실현한다.

　원시유학은 의심할 여지없이 전체 유학의 역사를 위한 기초를 마련

[송宋] 미상, 「효경도孝經圖」

했으며, 송명유학은 이것을 기초로 진일보의 발전을 이루었다. 정주程朱의 리학理學과 육왕陸王의 심학心學은 유학의 주체정신 중의 천도와 인도학설을 이어 나갔을 뿐

만 아니라, 도교와 불교의 사상을 많이 받아들였다. 그 결과 이들은 원시유학의 천도론을 확충하여 우주론을 만들었고, 인도론을 확충하여 심성론을 만들었다. 우주론에는 이른바 기론氣論, 리론理論, 심론心論과 기론器論 등의 다양한 이론이 있고, 심성론에서는 무엇이 심인지, 무엇을 성이라고 하는지 등의 문제에 대한 격렬한 논쟁이 벌어졌다.

천도론이든 심성론이든, 결국 그 모든 것은 인간 존재 곧 삶의 세계에 구현되어야 하는 것이다. 천도론은 생활세계를 위한 외적 기초를 놓았으며, 심성론은 생활세계를 위한 내적인 기초를 제공하였다. 그러나 유학이 인간 실존, 곧 생활세계 자체를 드러내고 표현하는 점에서는 충분하지 않다.

원시유학 이후의 전체 중국유학사는 원시유학의 기본 경전에 대한 해석사로 볼 수 있다. 그러므로 원시유학의 기본 경전은 중국유학에 대해, 심지어는 중국의 지혜에 대해 결정적인 의미를 가진다.

원시유학의 기본 경전은 일반적으로 사서오경으로 이해된다. 그러나 그중에서 가장 중요한 것은 『주역』·『논어』·『맹자』·『대학』 그리고 『중용』 등이다. 『주역』은 천天·지地·인人의 음양으로 변화하는 원리를 탐구한다. 『논어』는 공자의 인학仁學을 기록하고 있다. 『맹자』는 맹자가 주장한 마음을 보존하고 본성을 배양하는 이론을 표현하고 있다. 『대학』은 수신의 원리와 방법을 설명하고 있다. 『중용』은 중용中庸의 원리와 성誠의 의미를 설명하고 있다.

1. 『주역』

중국유학의 경전은 늘 6편, 곧 『시』·『서』·『예』·『역』·『춘추』 및 『악』의 6권이었다. 이것들은 각기 다른 측면에서 유학의 원리를 표현하고 설명한다. 그러나 『주역』[1]은 중국 역사에서 여러 경전의 우두머리로 최고의 지위를 가진 것으로 존중되었다. 여기에는 이유가 있다. 사실 『주역』은 중국의 지혜에서 가장 기본적인 천도관과 인도관을 말하고 있다. 이런 까닭에 이 책은 중국인의 언어와 사상 그리고 실존을 형성하였다. 『주역』에 대한 이해 없이는, 중국의 지혜와 중국인의 민족문화가 가진 특징 또한 이해할 수 없다.

그런데 『주역』은 도대체 어떤 책인가? 『주역』은 『역경』과 『역전』의 두 부분으로 구성되어 있다. 이들은 세상에 하나씩 차례로 등장했다. 『역경』은 점술占術에 관한 책이다. 그것은 음양陰陽을 기본 요소로 하는 괘卦의 모습에 근거해서 사람과 사물의 운명을 예측한다. 그것은 신비

---

1) 아래에 나오는 『주역』의 원문은 黃壽祺·張善文이 譯注한 『周易譯注』(上海: 上海古籍出版社, 2001)에서 인용하였다.

하면서도 한편으로 황당하기까지 하다. 이것과 대조적으로, 『역전』은 『역경』에 대한 해석과 설명이다. 비록 『역전』이 『역경』의 기초 위에서 세워진 것이지만, 『역경』으로부터 『역전』까지 근본적인 변화가 발생하였다. 그것은 곧 점치는 책으로부터 지혜의 책으로의 변화였다. 『역전』은 결코 『역경』의 단순한 부속이 아니라, 『역경』을 기반으로 한 창조적인 해석이다. 『역전』은 『역경』 중의 미신을 사상으로 바꾸었고, 그 숨겨져 있던 진리를 드러난 진리로 바꾸었으며, 사람과 사물에 관한 예측을 세상이 바뀌고 변화하는 원리로 승화시켰다. 바로 이러한 상황에 근거해서 우리는 『역경』으로부터 『역전』을 이해하는 것이 아니라, 『역전』으로부터 『역경』을 이해해 들어간다. 오직 이렇게 할 때 우리는 『주역』에 이르는 올바른 길을 찾을 수 있다. 수천 년 동안 『주역』을 연구한 해설서인 문헌들은 풍부해졌지만, 진정으로 역의 이치를 이해하고 밝힌 저작은 아주 일부에 불과하다. 이것은 사람들이 『주역』의 점치고 미래를 예측하는 술법에 탐닉하여, 음양이 변화하는 큰 원리를 잊었기 때문이다. 그러나 역을 잘 이해한 사람은 점을 치지 않고 다만 도道를 생각할 뿐이다.

『주역』은 사람과 자연의 원리, 곧 중국 지혜의 핵심적인 쟁점을 알려 준다. 이것은 『주역』에서 '역의 원리'(易理)로 표현되어 있다. 무엇을 역의 원리라고 부르는가? 그것은 『주역』이 드러내 보여 준 사람과 자연의 원리이다. 역의 원리가 가지고 있는 본질은 3가지가 있는데, '불역不易', '변역變易', '간역簡易'이 그것이다.

첫 번째는 '불역'이다. "하늘은 높고 땅은 낮으니 건곤의 구별이 정해지고, 낮은 것과 높은 것이 있으니 귀한 것과 천한 것이 구별되었으며, 움직이는 것과 고요한 것이 있어 강한 것과 부드러운 것이 정해졌다. 모가 비슷한 것끼리 모이고, 만물이 무리로 나누어져 있지만, 공존하는 그 상호작용의 잘잘못으로 길흉이 생긴다. 하늘에서는 현상을 이루고, 땅에서는 형태가 생겨 서로의 변화가 일어난다."[2] 『주역』은 하늘과 땅이 변하지 않는 것과 영원한 진리를 말한다. 하늘과 땅이 나누어져 세상을 형성하였다. 세상은 이미 주어져 있고 동시에 또한 확정되어 있는 것이다. 하늘과 땅 사이에 낮고 높음, 움직이고 고요함, 만물, 현상과 형태가 모두 위치가 정해져 있고, 구분되어 있으며, 생성되고 드러난다. 하늘과 땅은 스스로의 동일성을 유지하고 있다. 이것은 하늘은 하늘이고, 땅은 땅이며, 또한 하늘은 영원히 하늘이고, 땅은 영원히 땅이라는 것을 말한다. 지구는 영원토록 존재한다. 그러므로 『주역』에서 말한 하늘과 땅의 원리는 불변하는 것이며 영원한 것이다.

두 번째는 '변역'이다. "그래서 강한 것과 부드러운 것이 서로 교감하고, 팔괘의 현상이 일어난다. 우레로 고동시키고, 비바람으로 적시며, 해와 달이 운행하니 추위와 더위가 나타난다. 건의 원리는 남성을 이루고, 곤의 원리는 여성을 이룬다."[3] 『주역』의 영원한 진리는 하늘과 땅, 만물의 변화에 관한 진리이다. 이것은 하늘과 땅의 원리는 음양의 원리이며, 음양의 원리는 곧 변화의 원리이기 때문이다. 음이 전환되어 양이 되고, 양이 전환되어 음이 되며, 그래서 새로운 음과 양이 형성된다. 변화는 공간적인 위치의 이동뿐만 아니라, 시간의 흐름이기도 하다. 변화

---

2) 『周易』, 「繫辭傳上」, "天尊地卑, 乾坤定矣, 卑高以陳, 貴賤位矣, 動靜有常, 剛柔斷矣. 方以類聚, 物以群分, 吉凶生矣. 在天成象, 在地成形, 變化見矣."
3) 『周易』, 「繫辭傳上」, "是故剛柔相摩, 八卦相盪. 鼓之以雷霆, 潤之以風雨, 日月運行, 一寒一暑. 乾道成男, 坤道成女."

의 과정에서 만물은 스스로를 만들고 완성한다.

마지막은 '간역'이다. "건은 큰 시작을 이루고, 곤은 유형의 물건을 이룬다. 건은 쉬운 까닭에 잘 알고, 곤은 간편하기 때문에 할 수 있다. 간이하면 알기 쉽고 간편하면 따르기 쉽다. 알기 쉬우면 가까이 할 수 있고, 쉽게 따르면 공적이 있다. 친함이 있으면 오래가고, 공적이 있으면 크게 된다. 오래가는 것은 성현들의 덕이고, 크게 된다는 것은 성현들의 업적이다. 쉽고 간단한 가운데 천하에 이치가 얻어지니, 천하에 이치가 얻어지면 그 가운데 위치가 이루어진다."[4] 『주역』에서 말하는 영원한 변화에 관한 진리는 또한 매우 간결한 진리이다. 이것은 하늘과 땅의 원리가 비록 그 자신을 가리고 있지만, 또한 마치 해와 달이 하늘을 지나고, 강과 냇물이 땅을 흘러가듯, 스스로를 밝게 드러내고 있다. 이와 같은 천도는 결코 복잡하지 않고 간결하다. 따라서 역의 원리는 사람들이 쉽게 알아볼 수 있고, 또 사람들이 실천하기 쉽다.

1) 성인이 역을 짓다

전통적으로 『주역』은 세 성인, 곧 복희伏羲·문왕文王·공자孔子에 의해 세 단계의 상고시대를 거치며 만들어졌다고 이해되었다. 이 점에 대해 사람들은 의심을 한다. 어쩌면 『주역』은 전혀 확정해서 이야기할 만한 저자가 없거나, 또는 저자라고 지칭되는 세 성인은 사람들이 빌려

---

4) 『周易』, 「繫辭傳上」, "乾知大始, 坤作成物. 乾以易知, 坤以簡能. 易則易知, 簡則易從, 易知則有親, 易從則有功. 有親則可久, 有功則可大. 可久則賢人之德, 可大則賢人之業. 易簡而天下之理得矣, 天下之理得, 而成位乎其中矣."

온 이름일 것이다. 그러나 『주역』의 저자가 누구인지에 상관없이, 지은 이들 모두는 성인이다.

이 성인들은 어떻게 역을 지었던 것일까? "역은 생각하는 것도 없으며, 하는 것도 없으며, 고요히 움직이지 않다가 느껴 천하에 통하여 이루어 가는 까닭에, 천하의 지극한 신묘함이 아니면 누가 여기에 참여할 수 있겠는가? 무릇 역은 성인이 깊이를 다하여 기미를 연구한 것이다. 오직 깊은 이치가 내재해 있기 때문에 천하의 뜻에 통할 수 있고, 오직 기미를 알고 있기 때문에 천하의 일을 이룰 수 있으며, 오직 신묘하기 때문에 빠르지 않아도 빨라지고, 가지 않아도 가서 이르게 되는 것이다."[5] 『주역』은 비록 성인이 지었지만, 그것은 인위적인 것에서 나온 것이 아니라, 자연에서 나온 것이다. 이것은 『주역』이 보통 사람들의 생각과 행위의 결과가 아니라는 뜻이다. 사람이 뭔가를 하고자 할 때, 사람들은 자신의 생각에 근거해서 사물을 변화시키거나 창조하려고 노력한다. 사물은 인간 행동의 산물이다. 이러한 상황에서 사물의 본성 자체는 드러나지 않고 오히려 희미해지고 왜곡된다. 대조적으로 성인이 역을 지을 때는 자연에 맡기고 생각으로 간섭하지 않으므로 '생각하는 것이 없다'고 말하는 것이다. 스스로의 움직임에 맡기고 억지로 운영하고 만들지 않으니 '하는 것이 없다'고 말하는 것이다. 성인이 생각하는 것이 없고, 하는 것이 없을 때, 그의 마음과 몸은 고요하게 멈춘 빈 상태에 있게 된다. 이와 같은 상황에서 그는 모든 사건과 사물에 열려

---

5) 『周易』, 「繫辭傳上」, "易無思也, 無爲也, 寂然不動, 感而遂通天下之故, 非天下之至神, 其孰能與於此? 夫易, 聖人之所以極深而研幾也. 唯深也, 故能通天下之志, 唯幾也, 故能成天下之務, 唯神也, 故不疾而速, 不行而至."

있으며, 기대하고 받아들일 수 있다. 동시에 만사만물 또한 성인을 향해 걸어오는데, 이것은 마치 거울 속에 자신의 모습과 본성을 드러내는 것과 같다. 이것이 바로 성인과 세상만물 사이의 상호 감응이다. 이와 같은 감응을 통해 성인은 만물을 인식할 수 있고, 세상을 위해 무엇인가를 할 수 있다. 이런 의미에서 생각하는 것이 없는 것은 곧 생각하는 것이며, 하는 것이 없는 것은 곧 무엇을 하는 신기한 특징을 가지고 있다. 심지어는 생각하는 것이 없는 것이 가장 높은 경지의 생각이고, 하는 것이 없는 것이 가장 높은 경지에서 하는 것이라고 말할 수 있다. 생각하는 것이 없고 하는 것이 없는 가운데, 성인은 자신을 버린다. 그는 천지의 마음이 되고, 또한 천지가 되어 말한다. 그래서 우리는 『주역』이 복희나 문왕, 공자가 말한 것이 아니라, 천지의 원리가 말한, 곧 천이 복희와 문왕 혹은 공자에 의지해서 말한 것이라고 말할 수 있다. 만약 상황이 이렇다면, 『주역』의 진정한 저자가 누구인지와 관련된 문제는 사실 그다지 중요하지 않다.

성인과 천지天地 사이의 감응은 특별한 방식을 통해 실현되는데, 그것이 곧 '관찰'이다. "옛날 포희씨包犧氏가 천하를 다스릴 때, 우러러 하늘의 모습을 관찰하고, 허리를 굽혀 땅의 법도를 관찰하며, 가까이는 몸에서 취하고 멀리는 천지만물에서 가져다가 처음으로 팔괘를 만드니, 신명한 덕에 통달하고, 만물의 본모습을 유추하여 알게 되었다."[6] 관찰은 보기이다. 관찰을 통해서 성인은 천지만물이 변화하는 원리를 파악하였다. 당연하지만 성인의 관찰 방식은 하늘을 우러러 쳐다보는 것과

---

6) 『周易』, 「繫辭傳下」, "古者包犧氏之王天下也, 仰則觀象於天, 俯則觀法於地, 觀鳥獸之文, 與地之宜, 近取諸身, 遠取諸物, 於是始作八卦, 以通神明之德, 以類萬物之情."

허리를 굽혀 살피는 것, 가까운 곳과 먼 곳을 살피는 것 등으로 구체화 된다. 이런 여러 형태의 관찰에서 관찰자의 관점과 거리에 변화가 발생 한다. 그래서 관찰이 모종 단일 시점의 한계를 극복하고 전체적인 관찰 과 부분적인 관찰이 이루어지면, 사물의 본성을 꿰뚫게 된다. 전체적인 관찰과 부분적인 관찰이 서로 대응하여, 관찰하는 것은 모든 존재자, 곧 천지만물이고, 사람 자신까지도 포괄하게 된다. 그러나 성인이 관찰 한 것은 결코 사물의 구체적인 특성이 아니라, 모습(象), 도리(法) 및 무늬 (文)이다. 이것들은 사물의 존재가 드러내는 것이자 그렇게 드러난 것이 다. 이를 바탕으로 성인은 천지가 존재하는 본성, 곧 음양의 변화를 관 찰할 수 있었다. 아울러 천지 사이에 음양으로 조합된 8개의 기본 원소, 곧 8괘를 관찰할 수 있었다. 그래서 성인은 천지만물의 심오하고 신묘 한 것, 곧 우주의 진리를 드러내 보여 주었다.

당연히 성인은 자연을 관찰하는 것 외에 사람 또한 관찰한다. 그렇 기 때문에 『주역』은 자연의 생성과 변화뿐만 아니라, 인류 역사의 전개 와도 관련되어 있다. 64괘는 자연의 변화에 관한 묘사이면서, 아울러 인류 발전에 대한 기록이다. 동시에 각 괘의 의미에 대한 해석은 자연 적 사실과 인간적 사건에 관련되고, 또한 인류의 사건에 관련되어 있다. 이 외에 『주역』에는 특별히 저자가 처했던 시대가 각인되어 있다. "역 이 이루어진 것은 중고中古시대이다. 주역을 지은 이는 걱정이 있었는 가?"7) 저자가 걱정한 것이 무엇인가? 그가 걱정한 것은 갑작스럽게 일 어날 수 있는 위험한 사건을 걱정하는 것이 아니라, 운명 자체가 매 순

---

7) 『周易』, 「繫辭傳下」, "易之興也, 其於中古乎. 作易者, 其有憂患乎?"

간 직면하게 되는 위기를 걱정하는 것이다. 다만 사람들이 위기를 의식하고 예방할 때, 위험은 비로소 기우杞憂로 바뀌게 되지만, 그렇지 않는다면 기우는 위험한 것이 된다. 『주역』은 위기를 강조하고 위기를 해결하는 책이다. "그러므로 그 말이 위태로워, 위태로운 자를 평안하게 하고, 편안한 자를 기울게 하니, 그 도가 심대하여 백물이 폐하지 않으나, 시종 두려워하면 그 요구하는 것이 허물이 없을 것이니, 이것을 역의 도라 한다."[8] '역도易道'의 근본은 사물을 위험한 것으로부터 편안한 것으로 바꾸는 것, 곧 흉凶을 길吉로 변화시키는 것이다.

2) 괘효사의 일반적인 의미

『주역』의 '역경' 부분에 64괘가 있지만, 실제로는 8괘를 중첩시켜서 나온 것이고, 그것은 다시 음양의 두 가지 효에 근원을 두고 있다. 이것은 음과 양이 8괘를 만들었고, 8괘가 중첩되어 64괘를 구성했음을 말한다. 이를 바탕으로 사람들은 괘사와 효사를 작성하였다.

음과 양의 두 가지 효爻는 『주역』 괘에서 가장 기본적인 요소이다. 역易과 음양의 의미는 무엇인가? 이것은 탐구할 만한 가치가 있다. 비록 이들 글자의 의미와 관련하여 많은 설명과 논쟁이 있지만, 해나 달과 관련해 이해하는 것이 사상에 있어서 가장 설득력이 있다. '역'이라는 글자는 사실상 해(日)와 달(月)을 뜻하는 두 글자가 결합해 만들어졌다. 음양의 어원학語源學적인 측면에서도 음은 달에 근원한 것이고, 양은 해

---

8) 『周易』, 「繫辭傳下」, "是故其辭危. 危者使平, 易者使傾, 其道甚大, 百物不廢, 懼以終始, 其要無咎, 此之謂易之道也."

에 근원을 두고 있는 것을 보여 준다. 하지만 음과 양 두 가지 효의 부호가 어디에서 기원한 것인지는 아주 명확하게 확인되지 않는다. 양의 부호는 긴 수평으로 하나로 연결된 실선(一)이고, 음의 부호는 두 개의 짧은 수평 실선(--)이다. 이 두 상징은 도대체 무엇을 의미하는 것일까? 사람들은 남성과 여성의 성기 모양을 표현한 것이거나, 혹은 거북이 등껍질로 점을 친 무늬를 분류하고 단순화한 것이거나, 혹은 인간의 일상생활에 기초한 경험의 종합적 결론이라고 생각한다. 이러한 생각들은 모두 나름의 합리적인 근거를 제시하고 있다. 그러나 진짜 문제는 하늘과 땅 사이에 보편적으로 존재하는 음양현상에 대해 다른 상징부호를 사용하는 대신, 사람들은 왜 하필이면 하나의 긴 실선과 짧은 두 개의 실선을 사용하는가 하는 점이다. 이것은 어쩌면 하나의 긴 실선과 두 개의 짧은 실선이 가장 간단하고 명확할 뿐만 아니라, 끊임없이 쉽게 조합할 수 있기 때문일 것이다. 사람들이 설마 하나의 긴 실선과 짧은 두 개의 가로줄보다 더 나은 부호, 즉 예를 들어 점이나 곡선, 삼각형 및 심지어 다각형, 원형 및 타원형으로 음양을 표현하는 것을 상상할 수 있을까? 이와 같은 비교에서 우리는 오직 하나의 긴 실선과 짧은 두 개의 실선만이 음과 양을 가장 잘 표현하며, 조합하고 변화시키는 데 가장 도움이 되어서, 모든 가능성 중에서 가장 좋은 것이라고 말할 수 있다. 이와 같은 분석을 감안할 때, 음양의 두 효에 대한 우리의 생각은 방향을 바꿔야만 한다. 하나의 긴 실선과 짧은 두 개의 실선이 실제로 어떤 구체적인 사물을 나타내는지 짐작할 필요는 없지만, 성인이 왜 이것을 사용해서 음과 양의 두 가지 근본적인 자연 현상을 나타내는지 물어보아야 하는 것이다.

음양의 두 가지 효를 기본 요소로 해서, 성인들은 8괘를 만들었다. 그것은 음양의 부호를 세 번 겹쳐서 구성된 8종의 삼三자 모습의 괘 형태이다. 8괘는 명확한 괘의 형태와 괘의 명칭 그리고 그것에 상응하는 자연현상이 있어서 구별된다. 그들의 이름은 건乾·곤坤·진震·손巽·감坎·리離·간艮·태兌이고, 이들에 상응하는 자연현상은 하늘(天)·땅(地)·천둥(雷)·바람(風)·물(水)·불(火)·산(山)·호수(澤)이다. 8괘의 각 괘는 세 효爻로 구성된다. 왜 단지 셋일 뿐인가? 사람들은 그것이 천지인天地人 삼재三才를 의미한다고 말한다. 그러나 사실 음양은 3차례 중첩되어야 8괘를 형성한다. 각 괘 사이의 구별은 먼저 음양의 구성과 수량이 동일하지 않은 것에 있다. 이것은 세 개의 음 혹은 세 개의 양, 두 개의 음 혹은 두 개의 양, 한 개의 음 혹은 한 개의 양이라는 세 가지 유형으로 나눌 수 있다. 그래서 각 괘의 음양은 균형이 맞지 않고, 서로 상이하다. 그것이 음이 많고 양이 적지 않다면, 음이 적고 양이 많다. 다음으로 각 괘 간의 구별은 음양 두 효가 정렬되는 순서에 있다. 세 개의 음 혹은 세 개의 양 외에, 두 가지 두 개의 음과 한 개의 양의 모습인 괘와 두 가지 한 개의 음과 두 개의 양의 모습인 괘의 차이는 하효下爻에서 중효中爻를 거쳐 상효上爻까지의 음양 선후 순서가 서로 다른 것이다. 따라서 음양의 수량뿐만 아니라, 음양의 순서와 조합이 각 8괘 자체의 개성을 결정한다. 음양으로부터 8괘로의 변화는 이미 두 가지 추상적인 사물의 특성에서 구체적인 사물 현상으로의 발전이다. 사실 하늘·땅·천둥·바람·물·불·산 및 호수는 그 자신을 가리킬 뿐만 아니라, 이들 자신이 갖추고 있는 특성을 의미한다. 그래서 8괘는 또한 강건(健)·온순(順)·움직임(動)·들어감(入)·빠짐(陷)·걸림(麗附着)·멈춤(止)·기쁨(說悅)

을 표현한다. 이것에서 출발해 8괘는 또한 강건·온순·움직임·들어
감·빠짐·걸림·멈춤·기쁨의 특징을 가진 사물을 가리킨다. 그것은
자연적, 사회적 현상뿐만 아니라 사람의 신체 자체의 생리적 구조와 심
리적 작용을 포괄한다. 이와 같은 의미에서, 8괘는 세상의 모든 존재자
에 대한 분류라고 말할 수 있다. 그런데 여기에서 문제가 등장하는데,
왜 하늘과 땅 사이에 오직 8괘만이 있는가 하는 점이다. 이것은 동시에
세상의 모든 사건과 사물이 왜 8가지 종류로 분류되어야 하는지를 묻는
것이기도 하다. 이것은 『주역』에서 아직 문제로 성립되지 않았다. 아마
성인에게 있어서 8괘는 자연이 준 자명한 사실로, 어떤 질문도 필요하
지 않았을 것이다. 이 외에 8괘 자체에서도 이 8가지 현상과 특성 사이
의 관계는 무엇인지 물을 수 있는데, 여기서 논리는 무력함을 드러낼
수 있다. 비록 8괘는 나열되어 있지만, 그들 사이의 관계는 결코 단순한
병렬관계가 아니며, 서로 뒤섞인 복잡한 관계이다. 이러한 관계는 자연
현상의 본성에 근거해서 배열된 것이 아니라, 괘의 모습이 보여 주는
음양의 수량과 순서에 근거해서 확정되었다.

　8괘 가운데 두 개가 서로 중첩하면 64괘를 구성한다. 이 64괘의 각
괘는 모두 6개의 효로 구성된다. 서로 인접한 세 효가 각 괘를 만들 수
있기 때문에, 6효로 구성된 어떤 괘도 사실상 단순히 두 개의 괘상을
포괄하는 것이 아니라, 4개의 괘상을 포괄하게 된다. 두 개로 구성된
기본괘基本卦 외에, 두 개의 교호괘交互卦가 있다. 그리고 이것은 64괘의
어떤 괘에도 해석을 위한 풍부한 공간을 제공한다. 사실상 육효六爻의
효가 가진 위치, 곧 초효부터 상효까지의 순서는 일종의 저급으로부터
고급까지의 과정이다. 그것은 이 괘가 나타내는 사물의 발전과 변화를

보여 준다. "역이란 책은 처음과 끝이 하나의 인과관계로 이어져 허황됨이 없다. 육효가 서로 뒤섞여 복잡하나 오직 시간과 공간이 핵심이다. 그 처음은 알기 어려우나 전개되면서 쉽게 본말을 알 수 있다. 첫 사는 애매하나 나중은 뚜렷해진다. 점을 쳐 시비를 판단할 때는 중간의 네 효가 중요하다. 그러나 존망과 길흉을 명확히 이해하면 점을 치지 않고도 알 수 있다. 지혜로운 사람이라면 단사를 보고 이미 대강을 짐작한다. 2효와 4효는 기능이 같으나 위치가 달라 그 작용이 같지 않다. 2효는 명예가 많고 4효는 두려움이 많으니 가깝다. 유약함의 도는 멀리가면 불리하니 허물이 없어야 하며, 중용의 자리를 알아야 한다. 3효와 5효는 기능이 같으나 위치가 다르며, 3효는 흉함이 많고 5효는 공이 많으니 귀천의 차이이다. 유약하면 위험하고 강을 쓰면 승리한다."9) 이 말은 동일한 음효 혹은 양효라도 6효에서 그 위치가 다름에 따라 그 의미 역시 변화하는 것을 뜻한다. 일반적으로 첫째 위치(初位)는 시작으로, 감춰져 사용하지 않아야 한다. 둘째 위치(二位)는 발전으로, 적절하게 진취적이어야 한다. 셋째 위치(三位)는 작은 성취로, 신중하게 일을 처리해야 한다. 넷째 위치(四位)는 상승으로, 때를 살펴 추세를 정확히 판단해야 한다. 다섯째 위치(五位)는 큰 성공으로, 공덕을 드러내야 한다. 가장 위의 위치(上位)는 종결이며, 위기를 전환해야 한다. 한마디로 말해 괘 중의 여섯 개 효는 부호의 형태로 구체적인 사물의 발전 변화 과정 전

___

9) 『周易』, 「繫辭傳下」, "易之爲書也, 原始要終以爲質也. 六爻相雜, 唯其時物也. 其初難知, 其上易知, 本末也. 初辭擬之, 卒成之終. 若夫雜物撰德, 辯是與非, 則非其中爻不備. 噫亦要存亡吉凶, 則居可知矣. 知者觀其彖辭則思過半矣. 二與四同功而異位, 其善不同. 二多譽, 四多懼, 近也. 柔之爲道, 不利遠者, 其要無咎, 其用柔中也. 三與五同功而異位, 三多凶, 五多功, 貴賤之等也. 其柔危, 其剛勝邪."

체, 즉 그것의 시작, 중간과정 그리고 종결을 묘사하고 있다.

64괘는『주역』의 핵심이며,『역경』의 구성 부분이다. 전통적인 역학 연구는 그것을 상하 2부분의 경經으로 구분한다. 상경上經은 '건괘乾卦'로 부터 시작해서 '리괘離卦'까지 모두 30괘이고, 하경下經은 '함괘咸卦'로부터 시작해 '미제괘未濟卦'까지 모두 34괘이다. 상경은 천지天地로부터 시작되었는데, '건곤乾坤'이 곧 천지이고, 하경은 남녀에서 시작되었는데, '함咸'이 바로 남녀의 감응을 뜻한다. 이렇게 시작되는 것은 천지 곧 세상이 있은 뒤에 만물이 있게 되고, 만물이 생겨난 후에 남녀가 있게 되며, 남녀가 있은 뒤에 사회가 있기 때문이다. 이것으로부터 출발해서 사람들은『주역』의 '상경'은 자연의 역사이고, '하경'은 인류의 역사라고 단정할 수 있었다. 그러나 이와 같은 역사적인 관점에서 64괘의 순서를 보는 것은 몇 가지 점에서 문제가 있다. '상경'은 순전히 자연의 역사와 관련되지 않고, '하경' 또한 순전히 인간의 역사와 관련되지도 않기 때문이다. 오히려 '상경'과 '하경'에는 사실상 자연과 인간 현상이 모두 포함되어 있다. 이런 까닭에 사람들을 곤란하게 괴롭혔던 문제는 64괘가 도대체 어떤 원칙에 근거해서 그 순서대로 배열되었는가 하는 것이다. 여기에서는 반드시 괘상 사이의 음양 관계를 고려해야 한다. 사실상 사람들은 이미 64괘에서 건괘와 곤괘를 시작으로 확정한 이후, 각 괘의 관계가 기본적으로 상반相反되는 것이 아니라, 서로 원인으로 연결되어 있는 것을 알고 있다. 상반된다는 것은 하나의 사물이 변화 발전 과정에서 또 다른 하나의 사물이 되는 것이며, 그래서 앞의 괘는 긍정이라면 뒤의 괘는 부정否定이다. 반면에 서로 원인으로 연결되어 있다는 것은 하나의 사물과 뒤의 다른 사물이 인과관계를 구성하는 것이며, 그래서

[송宋] 미상, 「효경도孝經圖」

앞의 괘가 원인이라면 뒤의 괘는 결과이다. 전체 64괘는 이 원리에 따라 음양으로 변화하는 전체를 구성하였다. 이 전체는 시작과 중간과정 그리고 종결까지 포괄하고 있다. 그러나 그 끝은 '미제未濟', 곧 미완성이다. 그것은 사실 새로운 시작을 가리킨다. 이것은 역의 유한함이 무한을 품고 있음을 의미한다. 무한성은 바로 유한성에 대한 부정이다.

『주역』은 64괘와 각각의 효에 대해 간단하게 설명하고 있는데, 이것이 바로 괘사卦辭와 효사爻辭이다. "성인은 상으로 그 뜻을 표현하고, 설괘設卦로 묘사를 다하며, 계사로 말을 다한다."10) 『주역』은 사물을 관찰하여 그 상을 취하고, 가상假象 곧 상징으로 의미를 깨우친 이후에는 말로 그 의미를 표현한다. 『주역』 자체의 표현 구조에서 보자면, 괘의 모습(象)과 의미는 말보다 우선하지만, 말 자체가 결코 있어도 되고 없어도 되는 것은 아니다. 오히려 말은 모습이 담고 있는 의미를 비로소 진정으로 표현하고, 또한 그 의미를 완전하게 드러나게 하는 것이다. 만약 말이 없다면 『주역』은 이해할 수 있는 사람이 없는 천상天上의 책이 될 뿐이다. 언어를 통해 모습을 해석한 이후에 그것은 비로소 진정한 천인天人의 책, 말을 통해서 사람의 마음에 천의 제한을 푼 오묘한 책이 될

---

10) 『周易』, 「繫辭傳上」, "聖人立象以盡意, 設卦以盡情僞, 系辭焉以盡其言."

수 있었다.

괘사와 효사의 주요 내용은 괘의 모습과 그 변화에 대해 설명하고 아울러 판단하는 것이다. "단이란 상을 말하고, 효爻는 변화를 말하며, 길흉吉凶은 득실을 말하고, 회인悔吝은 작은 결함을 말한다. 결함이 없다는 것은 허물을 잘 보완하는 것이다. 귀천은 지위에 있고, 대소는 괘에 있으며, 길흉은 일에 있고, 회인悔吝은 기개에 있으며, 허물이 없는 것(無咎)은 뉘우침에 있다. 괘에는 대소가 있고, 사辭에는 위험한 것과 평이한 것이 있다. 사라는 것은 각자가 얻은 바를 가리킨다."11) 괘사와 효사는 사물의 특정 상황에 대해 길흉吉凶과 회인悔吝, 허물이 없는 것(無咎) 등으로 나누어 구체적인 판단을 제시한다. 이것들은 사물의 발전과정에 있어서 길흉의 여러 단계를 보여 주는 것이다. 이것은 또한 사람들에게 특정 상황에 따라 각기 다른 조치를 취하도록 각성시킨다.

이와 같은 특징에 기초하면, 『주역』의 괘사와 효사는 보통의 언어가 아니라 신비한 언어라고 할 수 있다. 신처럼 모든 것을 알고 있으며, 사람들이 아직 모르는 사물의 진정한 모습을 알려 줄 수 있다. "역은 과거를 알아 미래를 살피고, 드러난 부분을 미세하게 살피고, 어두운 부분을 드러내며, 괘의 이름으로 사물의 이치를 판별하며, 정확하고 단정적인 용어를 구사하니, 이만하면 충분히 갖추어진 것이다! 작은 것으로 시작해서 큰 것으로 확대시켜 나가고, 뜻이 심원하고 표현은 문학적이며, 그 말은 원만하면서도 적절하고, 그 일은 광범하면서도 깊이가

---

11) 『周易』, 「繫辭傳上」, "彖者, 言乎象者也, 爻者, 言乎變者也, 吉凶者, 言乎其失得也, 悔吝者, 言乎其小疵也. 無咎者, 善補過也. 是故列貴賤者存乎位, 齊小大者存乎卦, 辯吉凶者存乎辭, 憂悔吝者存乎介, 震無咎者存乎悔. 是故卦有小大, 辭有險易. 辭也者, 各指其所之."

있으며, 음양의 방면으로써 사람들의 행위를 이루게 하여 득실의 결과를 밝힌다."[12] 바로 괘사와 효사가 깊이 있고 세밀하게 음양변화의 원리에 대해 설명해 주기 때문에, 『주역』은 사람의 운명과 사물의 발전을 게시해 보여 줄 수 있는 것이다.

3) 역과 천지의 도

비록 『주역』의 괘사와 효사는 64괘에 대한 설명이고, 또한 64개의 특정 사물에 대한 설명이지만, 이 자체는 일련의 지혜로운 사상을 함축하고 있다. 『역전』이 위대한 점은 이렇게 함축되어 있는 지혜로운 사상을 충분하게 열어 드러낸 점에 있다. 이와 같은 지혜로운 사상은 다른 어떤 사물에 관한 것이 아니라, 바로 천지의 도에 관한 것이다. "역이라는 책은 광대하여 모든 것을 갖추고 있다. 천도天道가 있고 지도地道가 있으며 인도人道가 있다. 삼재三才를 겸하여 이것을 둘로 곱하였으니, 육효六爻가 된다. 육효는 다른 것이 아니라 곧 삼재의 도이다. 도는 변동하므로 효爻라 한다. 효는 등급이 있으므로 물物이라 한다. 물은 서로 뒤섞이므로 문文이라 한다. 문이 부당하면 길흉이 생긴다."[13] 여기에서는 천지의 도 혹은 천지인의 도에 대한 규정이 『주역』의 가장 기본적인 구성단위 곧 괘와 육효이고, 동시에 또한 길흉의 생성에 영향을 준다고 말한

---

12) 『周易』, 「繫辭傳下」, "夫易, 彰往而察來, 而微顯闡幽, 開而當名辨物, 正言斷辭則備矣! 其稱名也小, 其取類也大, 其旨遠, 其辭文, 其言曲而中, 其事肆而隱, 因二以濟民行, 以明失得之報."
13) 『周易』, 「繫辭傳下」, "易之爲書也, 廣大悉備. 有天道焉, 有人道焉, 有地道焉. 兼三才而兩之, 故六. 六者, 非它也, 三才之道也. 道有變動, 故曰爻. 爻有等, 故曰物. 物相雜, 故曰文. 文不當, 故吉凶生焉."

다. 괘는 천지인의 모습을 형상화한 것일 뿐이고, 육효는 천지인의 움직임을 모방한 것에 불과할 뿐이다.

『주역』은 바로 모습에 대한 관찰에 기초해 천지인의 원리를 아는 것이다. 한편으로 『주역』은 천지인의 도를 드러내 밝히고, 또 다른 한편으로 천지인의 도는 『주역』에서 표현된다. 이러한 의미에서 『주역』은 천지인의 도 자체이다. 그것들은 동일한 것이다. "역은 천지의 준칙이기 때문에 천지의 도를 모두 포괄할 수 있다. 위로는 천문을 관찰하고, 아래로는 지리를 살폈기에, 눈에 보이지 않는 것까지도 그 근원을 안다. 시작과 끝을 알기 때문에 생사의 문제를 알 수 있다. 정기精氣가 물物이 되고, 유혼遊魂이 변화하니 귀신鬼神의 정상情狀을 안다. 마치 천지와 같아 어긋남이 없고, 지혜가 만물에 두루 통해 천하를 구제할 방도를 갖추니 허물이 없으며, 온갖 것을 통하면서도 잘못된 곳으로 빠지지 않고 우주와 합일되어 생명의 가치를 아니 근심이 없다. 대지를 본받아 인仁을 돈독히 하니 사랑을 베풀 수 있다. 천지의 모든 조화를 포괄하되 어긋남이 없고, 만물을 원만하고 완전히 생성시키되 하나도 빠뜨리지 않으며 주야晝夜의 도에 통달한다. 신神은 존재하는 곳도 존재하지 않는 곳도 없으며, 역은 고정된 본체가 없다."14) 『주역』은 무엇을 알고 있는가? 그것은 유명幽明과 생사生死 그리고 귀신鬼神, 곧 모든 가려져 있거나 드러나 있는 존재자, 무대에 있는 것과 자리를 떠난 모든 것까지 알고 있다. 무엇이 존재하고 무엇이 존재하지 않는지를 아는 것이기 때문에,

---

14) 『周易』, 「繫辭傳上」, "易與天地准, 故能彌綸天地之道. 仰以觀於天文, 俯以察於地理, 是故知幽明之故. 原始反終, 故知死生之說. 精氣爲物, 遊魂爲變, 是故知鬼神之情狀. 與天地相似, 故不違, 知周乎萬物, 而道濟天下, 故不過, 旁行而不流, 樂天知命, 故不憂. 安土敦乎仁, 故能愛. 範圍天地之化而不過, 曲成萬物而不遺, 通乎晝夜之道而知. 故神無方而易無體."

세상의 모든 것이 그렇게 생존해 가는 것처럼 사람들이 태연하게 물러나게 할 수 있다. 뿐만 아니라 사람은 천지와 한 몸이 될 수 있고, 만물과 함께 살아갈 수 있게 된다.

천지인의 원리에 대한 표현인 『주역』의 가장 근본적인 의의는 천지인의 실존적 운명을 공개해 보여 준 것이다. "옛날 성인이 주역을 지을 때, 신명께 천지자연의 이치를 깊이 참조하여 시초蓍草를 내었다. 3은 천수이고 2는 지수로 숫자가 서로 어울린다. 음양에서 변화를 관찰하여 괘를 세우고, 강함과 유함에서 비롯하여 효爻를 내고, 도덕에서 화순하여 의에 이치가 있고, 이치를 다하고 본성을 극진히 하여 천명을 알기에 이른다. 옛날 성인이 주역을 지을 때, 천성과 천명의 이치에 순응하고자 한 것이다. 그래서 하늘의 도를 세워 유와 강이라 하고, 사람의 도를 세워 인과 의라 하였다. 삼재三才를 겸하여 이것을 곱함으로써 주역은 육획六畫으로 한 괘를 이루었다. 양효와 음효로 나누어져 있고, 유와 강이 오기도 한다. 그러므로 주역은 여섯 효의 위치로 길흉과 변화를 드러내는 것이다."15) 『주역』의 괘사와 효사는 진정 천지인의 도로부터 나온 것이지만, 그것은 결코 단순한 반영이나 모사가 아니라 탐구이고 발현으로, 천지인의 도가 가진 깊은 비밀 자체가 충분히 드러나도록 한다. 이것이 바로 '이치를 궁리하여 본성을 온전히 실현하고 명에 이르는 것'(窮理盡性以至於命)이다. 그런데 무엇이 이치이고, 본성이며, 명인가? 이들 사이에는 어떤 구별이 있고, 또 관련되어 있는가? 일반적인 견해는,

---

15) 『周易』, 「說卦傳」, "昔者聖人之作易也, 幽贊於神明而生蓍. 參天兩地而倚. 觀變於陰陽而立卦, 發揮於剛柔而生爻, 和順於道德而理於義, 窮理盡性以至於命. 昔者聖人之作易也, 將以順性命之理. 是以立天之道, 曰陰與陽, 立地之道, 曰柔與剛, 立人之道, 曰仁與義. 兼三才而兩之, 故易六畫而成卦. 分陰分陽, 迭用柔剛. 故易六位而成章."

이치는 곧 물리物理이고, 성은 인간의 본성이며, 명은 자연적 운명이다. 그러나 이것은 『주역』 본문의 원래 의미와 일치하지 않는다. 사실상 여기에서는 사물과 사람 사이의 차이와 관련이 없다. '리'는 물리이면서 윤리이고, 성은 인성이면서 또한 물성이며, 명은 당연히 천과 사람 모두에게 적용된다. 리와 성은 이와 같은 의미에서 결코 어떤 근본적인 차이가 없으며, 심지어는 상호 교환이 가능하다. 그러나 사물 존재의 의미에서, 그들은 표현할 수 있는 강약의 차이가 있다. 리가 사물의 존재 의미에 관한 일반적인 표현이라면, 성은 사물의 존재 의미에 관한 비교적 강한 표현이다. '명'이란 사물의 존재 의미에 관한 궁극적인 표현이다. 『주역』은 '리'와 '성'에 대해 깊이 탐구할 뿐만 아니라, '명' 곧 천지인의 궁극적인 존재 의미를 파악한다. 『주역』이 존재의 운명을 이해한 후, 그것은 만사만물의 생성과 소멸을 설명할 수 있게 된다. 이런 의미에서 『주역』은 천지인의 도를 자세히 설명했을 뿐만 아니라, 천지인의 도를 창조한 것이다. 만약 『주역』이 등장하지 않았다면, 천지인의 도는 드러나지 않고 가려져 있을 것이다. 바로 『주역』이 천지인의 도를 드러내 보여 준 것이다. 천도天道는 음과 양이고, 지도地道는 유와 강이며, 인도人道는 인과 의이다.

천지인의 도에 있어서, 천도인 음양은 가장 근본적인 것이며, 지도地道와 인도人道는 모두 천도에 의해 규정된다. 따라서 『주역』에서 말하는 천지의 도는 일반적으로 모두 음양의 원리와 같은 것이다. "한번 음이면 한번 양이 되는데 이것을 도라고 한다. 이것을 계승한 것은 선이고, 이것을 형성하는 것은 사람의 본성이다. 인자는 이것을 보고 인이라 하고, 지자는 이것을 지혜라고 하지만, 백성들은 날마다 쓰면서도 그것이 무엇인지 모른다. 그러므로 군자의 도는 아는 이가 드물다. 도는 인으로 나타나고, 일상생활 속에 감추어져서 쓰이며, 만물을 고동하게 하고 성인이 함께 근심하니 거룩한 덕과 위대한 사업이 지극하게 된다."[16] 음양의 도는 세상의 근본적인 원리이지만, 사람들은 시각이 다르기 때문에 그것에 대한 인식에 있어서도 다른 점이 있게 되거나, 그것에 대해 아무런 이해가 없기도 한다. 이것은 음양의 도가 가리어 덮이도록 만들 수 있다. 그럼에도 불구하고 음양의 도는 만사만물 속에서 드러난다.

그런데 무엇을 음양이라 하는가? 음양은 세상의 가장 기본적인 구성 원소이자 능력이다. 그것은 모종의 실체가 아니라, 일종의 감각할 수 있는 대상이다. 오히려 그것은 세상에 가득 채워진 '기氣'여서, 음양은 '음양의 두 기'(陰陽二氣)로 표현될 수 있다. 사람들은 종종 음과 양의 특징을 정면과 반면, 적극과 소극, 긍정과 부정을 사용해 묘사한다. 그러나 이러한 판단은 존재론적인 것이지 가치론적인 것이 아니며, 사실적인 것이지 가치론적인 것이 아니라는 점에 반드시 주의해야 한다.

그러나 음양은 '음양의 두 기'로 표현될 뿐만 아니라, 사물 자체의 두 가지 다른 성질, 예를 들어 강유剛柔, 건순健順, 진퇴進退, 개폐開閉, 신굴伸屈, 귀천貴賤, 고저高低 등으로 나타난다. 자연영역에서 음양은 천지天地, 일월日月, 한서寒暑, 명암明暗, 주야晝夜 등으로, 인간의 영역에서는 남녀, 군신, 군자와 소인 등으로 구체화된다.

이러한 모든 음양의 현상에서 천지, 곧 건곤은 가장 근본적인 것이

---

16) 『周易』, 「繫辭傳上」, "一陰一陽之謂道. 繼之者善也, 成之者性也. 仁者見之謂之仁, 知者見之謂之知, 百姓日用而不知. 故君子之道鮮矣. 顯諸仁, 藏諸用, 鼓萬物而不與聖人同憂, 盛德大業至矣哉."

다. 건곤은 『주역』의 신비로 접근하는 관문으로 이해된다. "건곤은 역의 핵심이다. 건곤이 열을 이루니 역은 그 가운데 있다. 건곤이 훼멸되면 역을 볼 수 없다. 역을 볼 수 없다면 건곤은 거의 없는 것이다."[17] 여기에서 건곤과 역은 분리할 수 없는 것이다. 이것은 건곤이 곧 하늘과 땅인데, 하나가 순수한 양이라면, 다른 하나는 순수한 음이기 때문이다. 그러므로 건곤은 음양과 같은 것이 될 수 있다. 모든 음양의 변화는 곧 건곤의 변화일 뿐이다. "건은 지극히 고요하다가도 움직일 때는 곧아서 크게 생성한다. 곤은 고요할 때는 오므렸다가도 움직일 때는 퍼져서 넓게 생성한다. 광대함은 천지에 짝이 되고 변통은 사계에 짝이 되며, 음양은 일월에 짝이 되고, 쉽고 간명함은 지극한 덕에 짝이 된다."[18] 건곤은 공간에 있어서 무한하며, 시간에 있어서도 무한한데, 그런 까닭에 그것은 우주의 오묘함이다.

비록 음양과 건곤 사이에는 이와 같이 일반적이지 않은 관계가 있지만, 이들은 여전히 차별성을 가지고 있다. 전자가 형이상학적인 것이라면, 후자는 형이하학적이다. "형이상을 도라 하고, 형이하를 기라고 하며, 변화를 적절히 조절하는 것을 변이라 하고, 밀어붙여 실행하는 것은 통이라 하며, 그것으로 천하를 안정시키는 것을 사업이라 한다."[19] 도道와 기器는 당연히 다른 것이다. 그런데 다른 점은 대체 어디에 있는가?

---

17) 『周易』,「繫辭傳上」, "乾坤, 其易之蘊邪? 乾坤成列, 而易立乎其中矣. 乾坤毀, 則無以見易. 易不可見, 則乾坤或幾乎息矣."
18) 『周易』,「繫辭傳上」, "夫乾, 其靜也專, 其動也直, 是以大生焉. 夫坤, 其靜也翕, 其動也辟, 是以廣生焉. 廣大配天地, 變通配四時, 陰陽之義配日月, 易簡之善配至德."
19) 『周易』,「繫辭傳上」, "是故形而上者謂之道, 形而下者謂之器, 化而裁之謂之變, 推而行之謂之通, 舉而錯之天下之民謂之事業."

가장 직관적인 차이 중 하나는 무형과 유형이다. 음양은 도가 되며, 형체가 없고 막히고 덮여 있으며, 심지어 생각할 수도 없고 말로 표현할 수도 없다. 건곤은 기가 되며, 형체가 있고 드러나 있으며, 생각할 수 있고 말로 표현할 수도 있다. 그러나 도와 기器의 형이상학과 형이하학적 구별은 또한 규정하는 것과 규정되는 것의 차이를 의미한다. 도는 기器의 규정자이다. 전자는 후자의 근거이자 원인이다. 그러나 이것에도 불구하고, 도는 기器로 표현되어야 하고, 기器는 도를 표현해 내야 한다. 그래서 도와 기器는 음양과 건곤이 동일한 하나인 것처럼 통일되어 한 몸이 되어야 한다.

음양의 도는 천지의 도가 되는데, 그것은 근본적으로 음양 관계의 도이다. 그러므로 음양의 도를 보여 주는 관건은 음과 양이 어떻게 관계를 만들고 또 변화하는지를 드러내는 데 있다.

음과 양은 비록 세상 속에서 대립하는 요소이고, 서로 다르며 모순적이지만, 또한 같은 한 몸에 속한다. 세계가 시작되기 전에는 음양이 구분되지 않은 혼돈 혹은 태극이다. 세계가 시작된 후, 곧 음과 양은 이미 구분되었지만, 그것들은 또한 공생적이고 보완적이다. 음 하나만으로는 그 무엇도 생겨나지 않고, 양 하나만으로는 성장하지 못한다. 만약 음이 없다면 양 역시 존재하지 않을 것이다. 그 반대도 마찬가지다. 이것은 곧 음과 양은 상대의 존재를 자신의 존재 조건으로 삼을 뿐만 아니라, 동시에 또한 자신은 상대의 존재 조건이 된다는 것이다. 이러한 서로 조건이 되는 것은 이것인 존재나 저것인 존재를 부정하는 것이고, 일종의 '함께 존재하는 것'(共在)이다.

물론 음과 양이 함께 존재한다는 것은 기계적 병렬이 아니라, 서로 감응하는 것이고, 교류하는 것이다. "천지의 기운이 자욱함에 만물이 변화하여 순수하게 되고, 남녀가 정을 맺음에 만물이 화생한다."[20] 세상의 음양은 서로 교감하는데, 서로 상대에 감응하며 존재하는 것이다. 한편으로는 양이 음을 향하고, 다른 한편으로는 음이 양을 받아들인다. 바로 자석의 같은 극끼리는 밀어내고, 다른 극끼리는 서로 끌어당기는 것과 같이 『주역』에서는 하나의 법칙이 등장하는데, 양효의 흐름에 있어서 양효를 만나게 되면 가로막히고, 음효를 만나게 되면 뚫려 순탄하게 된다. 음양의 교감은 각각 서로의 존재를 포괄하게 만드는데, 곧 음 가운데 양이 있고, 양 가운데 음이 있는 것이다. 이렇게 되면 그것은 천지만물의 발생과 발육을 촉진시킨다.

음양의 교감 과정에서 사물은 근본적인 변화가 생겨나는데, 즉 음과 양은 더 이상 자신으로 머물지 않고 그 대립면으로 전환된다. 그래서 음은 변해 양이 되고, 양은 변해 음이 되어 음양은 서로 전환된다. "역이라는 책은 멀리할 수 없다. 도는 수시로 변한다. 한곳에 머무르지 않고 계속 변화하고 움직이면서 상하사방을 돌아다닌다. 상하가 고정되지 않고, 강유가 서로 바뀌며, 고정된 틀이 없이 항시 변화하면서 움직인다."[21] 이와 같이 변화한다는 생각은 『주역』의 핵심이며, 처음과 끝을 관통하고 있다. 64괘를 구성하고 있는 각각의 괘에서 보자면, 그 여섯 개의 효는 모두 변화하는 것이다. 건과 곤 두 괘는 순음과 순양이 되는 존재가 순음과 순양 자체의 변화를 묘사했다면, 나머지 음양이 뒤

---

20) 『周易』, 「繫辭傳下」, "天地氤氳, 萬物化醇, 男女構精, 萬物化生."
21) 『周易』, 「繫辭傳下」, "易之爲書也不可遠. 爲道也屢遷. 變動不居, 周流六虛. 上下無常, 剛柔相易, 不可爲典要, 唯變所適."

얽힌 괘는 더욱 음양의 변화를 드러내 보여 준다. 초효에서 상효까지 여섯 개의 효는 양이 음으로 바뀐 것이 아니라면, 곧 음이 양으로 바뀐 것이다. 64괘 전체에서 말하자면, 앞의 괘로부터 뒤의 괘로 이르는 과정 역시 변화하는 것이다. 자연에 관한 괘의 모습이든, 아니면 사람에 관한 괘의 모습이든, 그것들은 모두 음양변화의 도에 의해 규정된다.

그러나 『주역』에서 말하는 음양변화의 도는 근본적으로 낳고 낳음 곧 생성에 있다. "부유한 것을 대업이라 하고, 나날이 새로워지는 것을 성덕이라 한다. 낳고 낳는 것을 역이라 하고, 그것의 상象을 건이라 하며 그것을 본받은 것을 곤이라 한다. 숫자로써 다가올 일을 미리 아는 것을 점이라 하고, 음양으로 헤아리지 못하는 것을 신이라 한다."[22] 이러한 『주역』에서 말하는 낳고 낳는 덕은 바로 천지가 보여 주고 있는 낳고 낳는 덕을 표현한 것이다. 여기서 말하는 낳는다는 것은 곧 생성을 뜻하며, 광물의 변화, 식물의 성장, 동물의 번식과 사람의 태어나고 성장함을 가리킨다. 낳고 낳는다는 것은 곧 생겨나고 또 생겨나는 것, 생겨나고 다시 생겨나서 그 생겨나고 생겨나는 것이 끊임이 없는 것이다. 이것은 천지만물의 생성이 유한한 것이 아니라 무한한 것임을 말한다. 이러한 이해에 따르면, 세계는 절대적인 신이나 신령이 창조한 것이 아닐 뿐만 아니라, 절대정신의 외적 실현(外化)이나 그것과 이질적인 존재(異在)가 아니라, 절대적인 주재자가 없이 저절로 그러한 하나의 과정이다. 동시에 낳고 낳는 것은 어떤 것에 기원하지 않고, 또 어떤 것을 위한 것도 아니며, 단지 본래부터 그러할 뿐이다. 천지만물 자체는 다만

---

22) 『周易』, 「繫辭傳上」, "富有之謂大業, 日新之謂盛德. 生生之謂易, 成象之謂乾, 效法之謂坤. 極數知來之謂占, 通變之謂事, 陰陽不測之謂神."

스스로를 원인으로, 그 자신을 목적으로 한다. 『주역』은 낳고 낳는 과정에 대해 도식화해서 설명한다. "역에는 태극이 있고, 태극은 양의를 낳으며, 양의는 사상을 낳고, 사상은 팔괘를 낳는다. 팔괘가 길흉을 결정하며 길흉이 대업을 낳는다."[23] 이 자체는 비록 『주역』의 점을 치는 과정이지만, 우주 생성의 과정으로도 이해된다. 태극太極은 가장 본원적인 시작이며, 음과 양이 나누어지지 않은 원초적 상태이다. 양의兩儀는 태극이 분화되어 나온 음양의 두 기이다. 이것으로부터 계속 분화되어 사상四象, 곧 소양少陽·태양太陽·소음少陰·태음太陰으로 나누어진다. 팔괘八卦는 하늘·땅·산·호수·바람·천둥·물·불의 여덟 가지 사물이다. 태극으로부터 양의, 사상을 거치는 변화는 간단한 것으로부터 복잡한 것으로 변하는 과정이다. 그것은 우주 전체의 발전으로 이해될 수 있지만, 또한 어떤 한 사물의 발전으로도 이해될 수 있다. 그렇기 때문에 사물마다 태극을 가지고 있으며, 사물마다 음양을 가지고 있는 것이다. 동시에 사물의 발전은 처음부터 끝까지 이르지만, 동시에 끝에서부터 처음으로 돌아가기도 한다. 오직 사물이 이처럼 발전할 때 그것은 비로소 낳고 낳는 끝없는 과정이다.

4) 성인의 역도

성인은 『주역』을 지은 사람이지만, 또한 그것에 표현된 원칙의 준수자이기도 하다. 지은이의 경우이든, 아니면 준수자의 경우이든, 성인은

---

23) 『周易』, 「繫辭傳上」, "易有太極, 是生兩儀, 兩儀生四象, 四象生八卦. 八卦定吉凶, 吉凶生大業."

모두 천인합일의 원칙에 근거해 인식하고 행동한다.

천지인의 구조에 있어서, 성인은 특별한 지위를 가지며, 아울러 독특한 신분을 얻었다. 그는 사람이지만 평범한 일반인은 아니며, 천지와 가장 가까운 사람이다. 덕분에 그는 인간과 천 사이의 중개자가 될 수 있다. 한편으로 그는 천과 땅으로부터 계시를 얻지만, 다른 한편으로는 이 계시를 사람들에게 전하고, 천지인이 합하여 하나가 되도록 한다. 비록 천인합일은 사람에 대한 보편적인 요구이지만, 그러나 사실상 오직 성인만이 진정으로 그것을 성취한다.

성인은 『주역』을 지을 때, 천인합일을 실현하였다. 비록 음양과 팔괘는 이미 하늘과 땅 사이에 존재하고, 또한 천지의 도가 되어 운행하지만, 성인의 관찰과 모방이 없어서 음양의 도는 충분하게 드러날 수 없었고, 사람들에게 이해될 수도 없었다. 천지의 도는 성인을 통해 자신을 드러내 보여 주게 되었다고 말할 수 있다. 동시에 성인 또한 자신의 인식과 행동을 방임하지 않고, 완전하게 천지의 도에 의거해서 그것과 같은 내용으로 그것을 표현해 드러낸다. "천이 신물을 낳으니 성인이 그것을 본받고, 천지가 변화하니 성인이 그것을 이어 받으며 하늘이 상을 드리워 길흉을 드러내니 성인이 그것을 상으로 삼았다. 또 하도와 낙서가 나와 성인이 그것을 본받았다. 역에는 사상이 있어 우주의 법칙을 보여 주고, 괘사로서 그 법칙을 설명하며 길흉이 정해짐으로써 상황을 판단할 수 있게 한다."[24] 여기서 우리는 치우친 천뿐만 아니라, 치우친 사람이 아닌, 천과 사람이 함께 존재(共在)하는 것을 보게 된다. 한편으로

---

24) 『周易』, 「繫辭傳上」, "是故天生神物, 聖人則之, 天地變化, 聖人效之, 天垂象, 見吉凶, 聖人像之, 河出圖, 洛出書, 聖人則之. 易有四象, 所以示也, 繫辭焉, 所以告也, 定之以吉凶, 所以斷也."

천은 성인을 향해 자신을 열어 주고 있는 것이고, 다른 한편으로 성인은 천을 본받고 있는 것이다. 바로 이러한 천과 사람의 상호감응이 있어서 비로소 『주역』이 등장할 수 있었다.

성인이 『주역』을 따를 때에도 천인합일은 실현된다. 이것은 성인이 결코 일상생활 세계의 일반적인 법칙에 따라 살지 않고, 『주역』에 규정된 음양의 도에 따라 살아가며, 그래서 천과 사람이 하나가 되는 것을 성취한다는 뜻이다. 성인이 말하는 역易의 도는 역의 이치에 근거한 수신에 집중적으로 표현되었다. "역은 성인이 덕을 숭상하고 사업을 넓게 펼치기 위해 만든 것이다. 지혜를 높고 원대히 하되 하늘처럼 하며, 실천은 땅과 같이 비근한 데로부터 시작한다. 천지가 자리 잡으니 역이 그 사이에서 행해진다고 했다. 본성을 완성하고, 있는 것을 보존하는 것이 도의 문이다."25) 천지를 따르는 것은 음양을 따르는 것이다. 그것은 한편으로는 지식의 학습으로, 다른 한편으로는 예절의 교육으로 구체화된다. 끊임없는 본성의 수련을 통해서, 사람은 도의로 나아가는 큰 문을 찾아, 천지와 서로 통할 수 있게 된다.

그러나 성인이 제시한 역의 도는 일상생활 세계의 생각과 행동 속에 보다 구체적으로 실현된다. "군자가 평소 거처하는 것에서 편안한 것이 역의 순서이며, 즐거이 그 깊은 뜻을 찾는 것이 효사이다. 군자는 거처할 때는 그 상을 보고, 효사로 그 깊은 뜻을 찾으며, 움직일 때는 그 변화를 보고, 점으로 그 깊은 뜻을 찾는다. 이런 까닭에 하늘이 스스로 보우하니 이롭지 않음이 없다."26) 이것은 보다 명확하게 다음과 같이

---

25) 『周易』, 「繫辭傳上」, "夫易, 聖人所以崇德而廣業也, 知崇禮卑, 崇效天, 卑法地. 天地設位, 而易行乎其中矣. 成性存存, 道義之門."

표현할 수 있다. "역에는 성인의 도가 네 가지 있다. 말하는 사람은 효사(辭)를 중시하고, 움직이는 사람은 변화를 중시하며, 기구를 만드는 사람은 상象을 중시하고, 복서를 쓰는 사람은 점을 중시한다. 이 때문에 군자는 어떤 일이나 행위에 앞서 역에 의거해 미리 상황을 파악하는데, 그 반응이 마치 메아리와 같다. 미래의 상황에 대해 먼 것이나 가까운 것뿐 아니라 깊거나 어두운 것까지도 빠짐없이 파악한다. 천하의 지극한 정밀함이 아니고서 누가 이것에 참여할 수 있겠는가? 셋과 다섯으로 변화하고, 그 수를 뒤섞어서, 그 변화를 통해 마침내 하늘과 땅의 무늬를 만들고, 그 수를 다하여, 마침내 천하의 상을 정하니, 천하의 지극한 변화에 통하지 않으면, 누가 이것에 참여할 수 있겠는가?"27) 성인의 네 가지 도에 관해서는 보다 자세한 해석과 설명이 필요하다.

첫째, 말하는 사람은 효사를 중시한다. 『주역』에서 보자면 괘사와 효사는 성인이 천지만물의 변화를 드러내 언어로 표현한 것이어서, 효사에는 사물의 명운과 길흉의 비밀이 포함되어 있다. 보통 사람의 경우에도, 그 자신의 말은 그 사람의 생활과 생각의 직접적인 표현이며, 다른 사람들에게 전달될 수 있는 것이다. "군자가 자기 집에서 한마디 하더라도 그 말이 선하면 천리 밖에서도 호응하는데, 하물며 가까운 곳이겠는가? 집에서 한 말이라고 그 말이 선하지 못하면 천리 밖에서도 비

---

26) 『周易』, 「繫辭傳上」, "君子所居而安者, 易之序也, 所樂而玩者, 爻之辭也. 是故君子居則觀其象而玩其辭, 動則觀其變而玩其占. 是以自天佑之, 吉無不利."

27) 『周易』, 「繫辭傳上」, "易有聖人之道四焉. 以言者尚其辭, 以動者尚其變, 以制器者尚其象, 以蔔筮者尚其占. 是以君子將有爲也, 將有行也, 問焉而以言, 其受命也如響. 無有遠近幽深, 遂知來物. 非天下之至精, 其孰能與於此. 參伍以變, 錯綜其數, 通其變, 遂成天下之文, 極其數, 遂定天下之象, 非天下之至變, 其孰能與於此."

난하는데, 하물며 가까운 곳이겠는가? 말은 입에서 나가 다른 사람에게
영향을 미치며, 행위는 비근하고 사소한 것이라도 오랫동안 영향을 미
친다. 언행은 군자에게 가장 중요하다. 명예와 치욕도 언행을 어떻게
하느냐에 달려 있다. 군자는 언행으로 천지를 움직이니 어찌 신중하지
않을 수 있겠는가?"[28] 사람의 말은 직접적으로 그 자신과 관련된다. 그
것은 사람과 사람의 교류일 뿐만 아니라, 사람과 세상의 소통이기도 하
다. 이러한 의미에서 말은 한 사람과 다른 사람, 사람과 세상 사이의
핵심이다. 이 때문에 사람들은 신중하게 말해야 하며, 옳은 것과 같은
사실에 근거해서 말해야 한다.

둘째, 움직이는 사람은 변화를 중시한다. 변화가 천지만물의 근본이
라면, 사람들은 변화와 좋은 변화를 알아야 한다. 『주역』은 전체 세상이
든 아니면 개별적인 사물이든, 그 변화는 모두 시간으로 표현된다고 생
각한다. 그러나 여기에서 말하는 시간은 일반적인 의미의 시간이 아니
라, 특별한 시간이다. 그것은 사물이 발전하는 단계이고, 또 한 사물의
핵심이자 임계점臨界點이다. 바로 이 순간에 사물의 성질은 근본적인 변
화가 발생한다. 따라서 사람들은 이 순간을 파악하고 또 인식해서, 때에
맞춰 나아가고, 때에 맞춰 멈춰서, "하늘보다 먼저 해도 하늘이 어기지
않으며, 하늘을 뒤따라 해도 하늘의 때를 받드는"(先天而天弗違, 後天而奉天時)
것에 도달하게 된다. 그러나 사람들이 시간에 맞춰서 변화할 수 있으려
면, 기미를 충분히 볼 수 있어야 한다. 기미란 사물의 미세한 변화이고,

---

28) 『周易』, 「繫辭傳上」, "君子居其室, 出其言善, 則千裏之外應之, 況其邇者乎? 居其室, 出其言
不善, 則千裏之外違之, 況其邇者乎? 言出乎身, 加乎民, 行發乎邇, 見乎遠. 言行, 君子之樞機.
樞機之發, 榮辱之主也. 言行, 君子之所以動天地也, 可不慎乎?"

길흉의 징조이다. 맹아가 되는 그것은 한 사물의 죽음과 다른 사물의 새로운 탄생을 품고 있다. 사람들이 기미를 알 수 있고 볼 수 있으면 곧 때에 맞춰 대응할 수 있게 된다. 마치 신인이 변화와 좋은 변화를 아는 것과 마찬가지로, 군자는 기미를 보고 행한다. "궁하면 변화하게 되고, 변화하면 통하게 되며, 통하면 오래갈 수 있게 된다."(窮則變, 變則通, 通則久) 그래서 『주역』에서 말하는 변역變易의 도는 또한 불역不易의 도가 된다.

셋째, 기구를 만드는 사람은 형태(象)를 중시한다. 『주역』에서 형태의 독특한 의미는 성인들이 한편으로 사물을 관찰해서 형태를 취하였고, 다른 한편으로는 형태에 의거해 기구를 만든 것에 있다. 사람은 비록 다른 사물들과 마찬가지로 세상 속에서 살아가지만, 다른 생물들과 다르며 반드시 스스로의 노력을 통해 생존해 간다. 그중에서 기구의 발명이나 사용 그리고 혁신은 도약의 기점이다. 『주역』은 기구의 발명이 삶 자체의 경험에 근원을 둔 것이 아니라, 형태의 계시에 기초한 것이라고 생각한다. 이런 이유로 성인들은 사람들의 의식주나 삶과 죽음을 위해 여러 기구를 발명하였다. 이것이 어떻게 가능한가? 형태는 천지만물에 대한 모방이기 때문이다. 그러나 그것은 결코 단순한 형태가 아니라 복잡한 상징이다. 그것이 표현하는 것은 사물이 존재하는 원리이다. 성인들은 형태의 도움을 받아 먼저 사물의 원리를 인식하고, 그다음에 이 원리에 의지해 기구를 제작하였다.

넷째, 복서를 쓰는 사람은 점을 중시한다. 일반적으로 역을 잘 이해한 사람들은 점을 치지 않는다. 그러나 점은 또한 확실히 『주역』의 근원적인 성질이어서, 이 책은 실제로 점에 관한 책이다. 그러나 점 자체는 의심스러운 것이다. 거북이 등껍질이나 시초와 같은 물건들이 어떻게 사람이나 사물의 운명과 서로 관련되어 있고, 그것을 예측할 수 있다는 것인가? 사실 핵심은 점에 사용되는 도구가 아니라, 점을 치는 사람이 어떻게 점을 치는가에 있다. 『주역』에서는 "성인은 이것으로 마음을 깨끗이 씻어 아무것도 없는 상태로 비워 두며, 다른 사람들과 길흉을 같이한다. 미래의 상황을 신묘하게 알면서도 보통 사람처럼 살아가니, 누가 이와 같을 수 있겠는가? 옛날의 총명하고 지혜로운 사람들은 빼어난 무예를 지니고 있으면서도 다른 사람을 죽이지 않았다. 천도를 밝게 알게 된 후에 사람들의 삶을 살핀다. 이것은 신묘한 물건을 일으켜 사람들의 삶을 보다 윤택하게 하는 것이다. 성인은 이것으로 재계하여 그 덕을 신묘하고 밝게 한다"[29)라고 말한다. 여기에서 이미 점쟁이는 손만 쓰는 것이 아니라 마음을 쓴다고 설명한다. 아마 마음으로 점을 보는 것이 가장 근본적인 점이 될 것이다. 성인의 마음은 비어 있고 고요해서, 천지만물의 음양변화를 감지할 수 있으며, 사람에게 일어나는 모든 일의 과거, 현재, 미래를 안다. 이 덕분에 그는 사람들에게 알 수 없고 신비로워 예측할 수 없는 운명을 이야기할 수 있는 것이다.

---

29) 『周易』, 「繫辭傳上」, "聖人以此洗心, 退藏於密, 吉凶與民同患. 神以知來, 知以藏往, 其孰能與於此哉. 古之聰明睿智, 神武而不殺者夫. 是以明於天之道, 而察於民之故. 是興神物以前民用. 聖人以此齋戒, 以神明其德夫."

『주역』에서 말하는 성인의 도는 매우 단순해서 천지가 마음에 있고
하늘과 땅이 손안에 있다.

2. 『논어』

공자는 유가사상의 기초를 놓은 사람인 까닭에 유가를 대표한다. 공
자의 사상은 중국인의 민족정신을 형성하였다. 수천 년 동안 그 영향력
은 이어져 왔다. 오늘날의 세상에서도 유가사상은 여전히 강력한 생명
력을 가지고 있다. 공자는 중국사상의 대표자가 되었던 것이다.

공자는 비록 성인聖人의 말을 전할 뿐 자신의 주장을 지어내지 않았
지만, 그의 말은 선진시기의 수많은 서적에 기록되었다. 사람들은 심지
어 유가의 육경과 같은 기본적인 경전이 모두 공자에 의해 편찬되었다
고 생각한다. 그렇지 않다 해도, 적어도 『춘추』만큼은 공자가 지은 것이
라고 믿는다. 그러나 이 모든 것은 논란의 여지가 있다. 어쨌든 『논어』[30]
는 공자와 그의 제자들의 대화를 가장 집중적으로 기록한 책이다. 공자
는 대체 무슨 말을 했을까? 이것은 사람들이 깊이 생각할 만한 가치가
있다.

---

30) 아래에 나오는 『논어』의 본문은 양백준 역주의 『논어역주』(북경: 중화서국, 1980)에
서 인용하였지만, 개별 구절의 끊어 읽기는 다를 수 있다.

1) 도

일반적으로 공자의 관심사는 현실생활이고, 널리 알린 것은 몇 가지 윤리 교화여서, 도에 대해서는 거의 이야기하지 않았다고 생각한다. "선생님의 문장은 들을 수 있었지만, 선생님이 성과 천도를 말하는 것은 들을 수 없었다."[31] 사람들은 다만 공자의 문장에 관한 학문만을 이해하고, 그의 성과 천도에 관한 사상은 알지 못하였다. 그러나 이것이 공자가 성과 천도를 말하지 않았다는 것을 의미하는 것은 아니다. 성과 천도의 문제는 중국사상의 핵심이자 가장 고차원적인 부분이기 때문에, 그것에 관한 공자의 말은 제한적일 수밖에 없다. 그는 반드시 누구를 향해서 말할 것인지, 또 어떻게 말할 것인지와 관련된 문제를 고려해야 했다. 그는 재능에 따라 교육을 하였는데, 아마도 대부분의 학생들에게는 말하지 않고 소수의 학생들에게만 말하였을 것이다. 동시에 그는 또한 말하는 방식도 주목하였는데, 도의 문제를 일상의 윤리적인 문제로 풀었다. 『논어』에서 공자는 여러 곳에서 도에 대해 이야기한다. 그러나 사람들은 이러한 사실에 대해서도 그렇게 생각하지 않고, 설사 공자가 도를 말했다고 하더라도, 노자나 장자처럼 도 자체에 대해 전문적인 사고나 설명을 진행하지는 않는다고 생각한다. 이러한 시각은 정확한 측면이 있다. 하지만 이러한 시각은 반드시 공자의 사상과 말하기 전술, 곧 전할 뿐 주장을 지어내지 않는 것을 고려해야 한다. 사실 도는 공자 사상에 있어서 핵심적인 위치를 차지하고 있고, 그것은 천명과 인의 등

---

31) 『論語』, 「公冶长」, "夫子之文章, 可得而聞也, 夫子之言性與天道, 不可得而聞也."

개별적인 문제를 규정한다.

비록 공자는 도에 대해 명확하게 규정하고 있지 않지만, 그는 사람의 삶과 수양에 있어서 도의 중요성을 강조하였다. 공자는 사람이 "도에 뜻을 두고, 덕에 근거하고, 인에 의지하고, 예에서 노닐어야 한다"[32]고 말한다. 도와 덕, 인과 예는 사람의 삶에 있어서 가장 중요한 몇 가지 요소이다. 그러나 덕이나 인, 예 등과 비교해서 말할 때, 도는 우선적인 지위를 가진다. 그것은 사람이 지향하는 것이고, 실제로 사람의 삶에 있어서 가장 근본적인 목표이다. 그렇기 때문에 "아침에 도를 깨달으면, 저녁에 죽어도 좋다"[33]고 말하는 것이다. 사람이 어느 날 도를 깨달으면 곧 죽어도 좋다는 말에서, 도가 사람의 삶에 있어서 궁극적인 의의가 된다는 것을 알 수 있다. 도가 궁극적으로 추구하는 것이라면, 사람들은 마땅히 물질적인 향유에 대한 미련을 버려야 한다. "도에 뜻을 둔 선비가 허름한 옷과 거친 음식을 부끄럽게 여긴다면, 그와 논할 수 있는 일은 아무것도 없다."[34] 물질적 향유에 대한 미련은 사람들이 도를 추구해 가는 데 장애가 된다. 뿐만 아니라 사람들은 자발적이고 적극적으로 도를 추구해야 하는데, "사람이 도를 넓힐 수 있는 것이지, 도가 사람을 넓히는 것이 아니기"[35] 때문이다. 도는 비록 사람으로부터 멀리 있는 것은 아니지만, 도가 이미 만들어져 그곳에 진열되어 있거나, 또는 자발적으로 사람에게 다가오지 않는다. 도는 단지 사람의 사고와 행위에 의지해서 비로소 스스로를 드러내고, 또 사람의 규칙이 된다. 오직

---

32) 『論語』, 「述而」, "志於道, 據於德, 依於仁, 遊於藝."
33) 『論語』, 「里仁」, "朝聞道, 夕死可矣."
34) 『論語』, 「里仁」, "士志於道, 而恥惡衣惡食者, 未足與議也."
35) 『論語』, 「衛靈公」, "人能弘道, 非道弘人."

사람이 도를 넓힐 때 도는 비로소 사람들을 넓힐 수 있다. 말하자면 사람이 도를 사유하고 실천하게 될 때, 도 역시 사람을 이끌어 사람을 진정한 사람이 되도록 한다.

그런데 공자의 사상에 있어서 도는 도대체 무엇을 뜻하는가?

첫째, 천도天道이다. 그것은 천 자신의 도로, 또는 자연 스스로 전개하고 드러낸 길이다. 이런 의미에서 천도는 곧 천명이기도 하다.

둘째, 인도人道이다. 그것은 사람이 걸어가는 길이다. 인도는 천도에 합치할 수도 있고 합치하지 않을 수도 있다. 동시에 다른 사람들은 다른 길을 갈 수 있으며, 그래서 "도가 같지 않으면 함께 일을 할 수 없다"[36]는 것이다. 인도가 가장 집중적으로 체현되면 한 국가의 도, 곧 천하의 도가 된다. 공자는 그것을 도가 있는 것(有道)과 도가 없는 것(無道)으로 구분하였다. 도가 있는 것은 정의롭고, 공명정대한 것이며, 도가 없는 것은 사악하고 공명정대하지 않는 것이다. 도가 있는 것과 도가 없는 것은 예악 등의 차이에서 구체적으로 표현된다. "천하에 도가 있으면 예와 풍악과 정벌이 천자로부터 나오고, 천하에 도가 없으면 예악과 정벌의 대권이 제후로부터 나온다. 제후로부터 나오면 대략 십대에 나라를 잃지 않는 경우가 없고, 대부로부터 나오면 오대에 망하지 않는 경우가 없으며, 가신이 국권을 잡으면 삼대에 망하지 않는 경우가 없다. 천하에 도가 있으면 정사가 대부의 손에 있지 않고, 천하에 도가 있으면 일반 사람들이 의논하지 못한다."[37] 도가 있는 것과 도가 없는 것을 구

36) 『論語』, 「衛靈公」, "道不同, 不相爲謀."
37) 『論語』, 「季氏」, "天下有道, 則禮樂征伐自天子出, 天下無道, 則禮樂征伐自諸侯出. 自諸侯出,
蓋十世希不失矣, 自大夫出, 五世希不失矣, 陪臣執國命, 三世希不失矣. 天下有道, 則政不在大
夫, 天下有道, 則庶人不議."

분하는 핵심은 누가 천하의 규정자인지에 달려 있다. 천자가 규정자일 때 천하는 도가 있는 유도의 시기이고, 제후가 규정자일 때 천하는 도가 없는 무도의 시기이다. 왜 그런가? 천자는 천지의 아들이며, 천을 대신해 도를 실천하는 사람이다. 반면 제후는 천자에 의해 지배된다. 천자가 천하를 통치하는 것이 도에 합치하는 것이라면, 제후가 천하를 통치하는 것은 도에 부합하지 않는 것이다.

세상에 도가 실행되고 있는지의 여부에 의거해서 사람들 또한 처세 태도를 다르게 취해야 한다. "굳게 믿어 배우기를 좋아하고, 착한 도를 죽음으로 지킨다. 위태한 나라에 들어가지 말고, 어지러운 나라에 살지 않으며, 천하에 도가 있으면 나타나고, 도가 없으면 숨는다. 나라에 도가 있는데도 가난하고 천한 것은 부끄럽지만, 나라에 도가 없는데도 부귀한 것은 역시 부끄러운 일이다."[38] 도는 사람들이 근심 없이 생활하고 정신적으로 의탁하는 곳이다. 그러나 천하에 도가 있는지의 여부를 감별해서, 사람은 활동하고 은거할 것인지의 여부를 선택해야 한다. 그 표준은 사람과 도가 동일한 것이다. 세상에 도가 실행되고 있다는 것은 도 스스로의 드러남이다. 그러므로 인간 역시 세상에 드러나야 하고, 아울러 부유하고 존귀하게 되어야 한다. 세상에 도가 실행되지 않으면, 도 스스로가 숨긴 것이다. 그러므로 사람 역시 세상에서 숨어야 하며, 빈곤하고 낮아져야 한다. 드러나고 숨는 것은 사람들의 여러 다른 언행으로 구체화된다. "나라에 도가 있으면 당당하게 말하고 당당하게 행동하며, 나라에 도가 없을 때는 당당하게 행동하되 말은 공손해야 한다."[39] 세상

---

38) 『論語』, 「泰伯」, "篤信好學, 守死善道. 危邦不人, 亂邦不居, 天下有道則見, 無道則隱. 邦有道, 貧且賤焉, 恥也, 邦無道, 富且貴焉, 恥也."

에 도가 실행되는지의 여부와 상관없이 사람의 행위는 모두 당당해야 하지만, 말은 분별되는 것이 있다. 도가 실행될 때는 당당해야 하고, 도가 실행되지 않을 때는 겸손해야 한다.

셋째, 도리道理이다. 그것은 사상, 학설과 주장 등이다. 도리가 언어 형태가 되면 본질적으로 천도와 인도에 관한 사유이며, 아울러 그것들의 표현이다. 물론 여러 다른 사람들은 서로 다른 사상이나 학설을 만들고 서로 다른 도리를 말한다. 공자 또한 그 자신의 도를 가진다. "나의 도는 하나로 일관되어 있다."[40] 이것은 공자가 도를 가지고 있을 뿐만 아니라, 그 도가 오직 하나임을 의미한다. 그것은 공자사상의 처음과 끝을 관통해 있다.

천도와 인도, 도리는 비록 각기 다르지만, 그들 모두는 도 자체의 드러남이다. 그러므로 천도, 인도와 도리 세 가지는 서로 연결되어 있다.

2) 천명

공자의 천도에 대한 생각은 그의 천명관에 집중적으로 표현되어 있다.

공자의 앞 시대에 사람들은 제帝와 천天을 신봉하였다. 제는 곧 상제이자 천제이며, 그것은 비록 이름도 성도 없고, 형체도 없지만, 천지 사이에 최고의 주재자로, 세상과 인간의 운명을 지배하였다. 제와 달리 천은 비록 자연적인 형태를 갖추고 있음에도 불구하고, 그것은 의인화되고 신비롭게 덧칠해져서 최고의 인격신이 되었다.

---

39) 『論語』, 「憲問」, "邦有道, 危言危行. 邦無道, 危行言孫."
40) 『論語』, 「里仁」, "吾道一以貫之."

당연히 공자 역시 천에 대해 말했지만, 그가 말한 천은 이미 다층적인 의미를 가지고 있다. 부인할 수 없는 것은 천이 여전히 일정한 수준에서 인격적 의미를 유지하고 있다는 것이다. 예를 들면, "천이 버릴 것이다. 천이 버릴 것이다!"[41]라고 말하는데, 여기에서의 천은 사랑하고 미워하는 정감을 가지고 있다. 또 다른 예를 들면, "천이 나를 버렸구나! 천이 나를 버렸구나!"[42]라고 말하는데, 여기에서의 천은 자발적인 행위의 능력을 갖추고 있다. "천에 죄를 지으면, 기도할 곳이 없다"[43]고 말하는데, 여기서 말하는 천은 감응이 있고, 선과 악을 구별할 수 있다. "천을 원망하지 않고, 사람을 탓하지 않으며, 아래에서 배워 위로 통달하니, 나를 아는 자는 천이 아니겠는가!"[44]라고 말하는데, 여기에서 말하는 천은 의식이 있고, 사람을 이해할 수 있는 것이다. 전체적으로 이 몇 곳에서 말하는 천은 여전히 일정한 의인화의 특징이 남아 있다. 그것은 마치 사람처럼 행동하고, 생각하고, 느끼는 것처럼 보인다.

그러나 공자가 말했던 천의 주요 내용은 인격신의 의미에 국한되지 않고 새로운 의미를 얻었다. 한편으로 공자의 천은 자연으로서의 천이다. 그것은 천지의 존재와 그 운행이다. "천이 무슨 말을 하더냐? 사계절은 운행되고 만물은 생육되지 않는가? 천이 무슨 말을 하더냐?"[45]라고 말한다. 천은 시간과 공간의 변화와 만사만물의 생성을 거스르지 않고, 어떤 의지와 말도 하지 않는다. 사실상 천 자체가 사계절이고 온갖

---

41) 『論語』, 「雍也」, "天厭之. 天厭之."
42) 『論語』, 「先進」, "天喪予, 天喪予."
43) 『論語』, 「八佾」, "獲罪于天, 無所禱也."
44) 『論語』, 「憲問」, "不怨天, 不尤人, 下學而上達, 知我者其天乎."
45) 『論語』, 「陽貨」, "天何言哉. 四時行焉, 百物生焉. 天何言哉."

사물, 곧 자연계 그 자체이다. 또 다른 측면에서 공자가 말하는 천은 의리義理로서의 천이다. 그것은 사람의 도덕과 문화의 기초이다. "천이 내게 덕을 주었다."[46] 여기에서의 천은 도덕의 원천이다. 천은 나에게 도덕을 주었는데, 어떤 사람은 나의 도덕이 천으로부터 생겨난 것이라고 말한다. "천이 이 문화를 없애 버리려고 했다면 그분보다 나중에 죽을 나 같은 사람이 이 문화에 동참하여 그것을 향유할 수 없었을 것이고, 천이 아직 이 문화를 없애려고 하지 않는다면 광인들이 나를 어떻게 하겠는가?"[47]라고 말하였는데, 여기서 말하는 천은 문화의 규정자이고, 문화의 보존과 상실의 원인이다. 천은 도덕과 문화를 건립하는 근거가 된다는 것을 볼 수 있다.

공자는 천의 인격신적인 의미를 약화시켰을 뿐만 아니라, 각종 귀신 관념에도 반대했다. "공자는 괴이한 일, 폭력, 분란, 귀신에 대해서는 언급하지 않았다"[48] 공자가 관심을 기울인 것은 사람의 일상생활 세계의 문제였지, 이 세상 밖의 여러 가지 기이하고 신비한 현상이 아니었다. 이 같은 신비한 현상은 비록 존재하는 것이지만, 일상적인 사건과 비교한다면, 그것은 사람의 생활에 대해 중요성이 낮은 것이기도 했다. 동시에 신비로운 현상은 신비스럽기는 하지만, 그 원인을 찾아 문제를 모두 해결할 수는 없다. 그러므로 신비로운 현상에 대한 관심은 비현실적인 환상에 빠질 수 있다. 공자는 이 점을 의식하고 있었는데, 그의 가장 기본적인 태도는 사람과 귀신세계를 서로 분리하는 것이었다. "사

---

46) 『論語』, 「述而」, "天生德於予."
47) 『論語』, 「子罕」, "天之將喪斯文也, 後死者不得與於斯文也, 天之未喪斯文也, 匡人其如予何."
48) 『論語』, 「述而」, "子不語怪・力・亂・神."

람들이 의로움에 이를 수 있도록 힘쓰고, 귀신을 공경하되 그를 멀리한 다면 지혜롭다고 할 수 있다."49) 여기에서 말하는 지혜는 귀신을 멀리 하는 것이고, 그것은 바로 사람들이 당면하고 있는 삶의 세계 자체로 돌아가기 위한 것이다. 그래서 귀신이 아닌 사람, 죽음이 아닌 삶이 진 정 공자가 사유한 주제였다. 공자는 "사람도 섬기지 못하면서, 어떻게 귀신을 섬길 수 있겠는가!", "삶을 알지 못하는데 어떻게 죽음을 알겠는 가?"50)라며 삶을 강조했다. 사람들은 사람과 삶의 문제를 해결해야만, 비로소 귀신과 죽음의 문제를 해결할 수 있다. 그러나 살아 있는 한 사 람들은 결코 사람과 그 삶의 문제를 최종적으로 해결할 수 없다. 이것 은 실제로 생활세계에 있어서 귀신과 죽음의 중요성을 부정한 것이다. 분명히 사람과 그들의 생활은 가장 근본적인 것이다. 왜 그런가? 공자 에게 있어서 오직 하나의 사람이 살아가는 세계, 곧 사람이 생활하는 세계가 있을 뿐이다. 공자는 이쪽 세계와 저쪽 세계라는 분리된 두 세 계를 믿지 않았다. 사람과 상대하는 귀신의 세계는 없으며, 삶 이후 죽 음의 세계 역시 없는 것이다.

만약 신도 없고 귀신도 없다면, 누가 이 세계의 생성을 주재했을까? "공자는 이익과 운명과 인仁에 대해서 드물게 말하였다."51) 공자는 명命 을 인정한다. 명이란 무엇인가? 명은 곧 명령이고, 또 지배, 안배 그리고 규정이다. 공자에게 있어서 명은 사람의 명령이 아니라, 천의 명령이다. 이른바 명은 근본적으로 천명이다. 자연의 명령으로서, 천명은 세계만

---

49) 『論語』, 「雍也」, "務民之義, 敬鬼神而遠之, 可謂知矣."
50) 『論語』, 「先進」, "未能事人, 焉能事鬼?", "未知生, 焉知死?"
51) 『論語』, 「子罕」, "子罕言利與命與仁."

물의 생성과 인간의 생활을 규정한다. "도가 행해지려고 하는가? 천명이다. 도가 없어지려고 하는가? 천명이다."[52] 어떤 도리 혹은 주장하는 것이 실현될 수 있는지의 여부는 그것을

주장하는 사람이나 반대자의 개인 의지에 있지 않고, 심지어는 대중의 수용 혹은 거부에도 있지 않다. 바로 천명 스스로가 어떻게 안배되는지에 달려 있다. 천명은 모든 것을 주재하는 힘이지만, 그것은 절대 어떤 인격신으로 작용하지 않으며, 저절로 운행한다.

자연의 명령으로서, 천명은 정의롭고 영원한 것이며, 그것은 또한 부정되거나 변경될 수 없다. 이러한 의미에서 그것은 선한 것이지 악한 것이 아니며, 아울러 사람이 추구하는 모든 가치의 기초와 생활이 추구하는 목표가 되었다. 그러나 천명과는 달리 여전히 일종의 시간적 명命, 시명時命이 존재한다. 그것은 천명이 어떤 역사적 시간 속에서 표현되는 형태, 즉 시세와 시운이다. 그것은 필연적이지 않고 우연적인 것이며, 영원한 것이 아니라 일시적인 것이다. 따라서 시명은 어떤 때는 공정하지만 어떤 때에는 공정하지 않고, 어떤 때에는 좋지만 어떤 때에는 나쁘다. 일반적으로 그것이 드러내 보여 주는 주요 내용은 전자가 아니라 후자이다. 만약 천명이 긍정적이고 적극적이라면, 시명은 부정적이고

---

52) 『論語』, 「憲問」, "道之將行也與? 命也. 道之將廢也與? 命也."

소극적이다. 공자 자신은 늘 시명에 대해 경험했으며, 시명이 공평하지 않다고 느꼈다. 그러나 시명은 궁극적으로 천명에 귀결되어야 한다.

사실상 천명과 시명은 함께 사람의 운명을 구성한다. 천명이 변하지 않는 것이라면, 시명은 변화하는 것이다. 그러나 그것이 천명이든 시명이든, 그것은 모두 사람들의 삶을 규정한다. 사람들은 천명과 시명에 의해 규정된 길에서 살고 있다고 말할 수 있다.

공자는 사람들이 운명을 두려워해야 한다고 강조한다. "군자에게는 세 가지 두려워하는 것이 있다. 천명을 두려워하고, 큰 사람을 두려워하며, 성인의 말씀을 두려워한다. 소인은 천명을 모르니 두려워할 줄 모르고, 큰 사람을 업신여기며, 성인의 말씀을 경시한다."53) 군자와 소인의 구분은 천명을 두려워하는지의 여부 등에 있다. 천명에 대한 두려움은 무엇보다 먼저 사람들에게 천명의 존재를 인정하라고 요구한다. 그것은 사람보다 앞서 존재할 뿐만 아니라, 사람의 의지로 바꿀 수도 없는 것이다. 그다음으로 천명에 순종하고 천명을 위반하지 않을 것을 요구한다. 사람들은 천명의 규정을 따라 행동해야 하고, 천명의 경계선을 넘어서는 행위를 해서는 안 된다. 이와 같은 복종에서 사람이 표현하는 것은 집중과 흔들리지 않는 것이다. 그러나 공자는 사람들이 그들의 운명을 두려워할 뿐만 아니라 그 운명을 알아야 한다고 주장한다. "명命을 모르면 군자가 될 수 없다. 예를 모르면 사회적 역할을 할 수 없다. 말을 변별하지 못하면 사람을 이해할 수 없다."54) 군자는 운명을 알고 있

---

53) 『論語』, 「季氏」, "君子有三畏. 畏天命, 畏大人, 畏聖人之言. 小人不知天命而不畏也, 狎大人, 侮聖人之言."
54) 『論語』, 「堯曰」, "不知命, 無以爲君子也. 不知禮, 無以立也. 不知言, 無以知人也."

는 사람이다. 동시에 소인은 운명을 알지 못하는 사람이라고 말할 수
있다. 사람이 자신의 운명을 알게 될 때, 운명은 더 이상 어둡고 부정적
인 것이 아니라 긍정적이고 밝은 것이 되고, 사람의 밖에 있는 것이 아
니라 사람에게 내재하는 것이 된다. 단지 천명을 두려워하고 알게 되면
사람은 비로소 진정한 사람이 될 수 있다. 왜냐하면 사람은 이것을 통
해 자신의 운명을 파악하고, 사람의 길과 운명의 길을 하나로 통일할
수 있기 때문이다.

3) 인은 사람을 사랑하는 것

천명론天命論이 공자의 천도론天道論이라면, 인학仁學은 곧 그의 인도
론人道論이다. 천명이 외적으로 사람과 그 생활세계의 기초를 놓았다면,
인仁은 내적으로 인간 존재의 기초를 놓는 것이다.

인은 공자의 인간 본성에 대한 규정이다. 그런데 공자 이전, 사람들
은 예악을 통해 사람의 본성을 규정하였다. 예禮란 무엇인가? 그것은 법
률이자 도덕이고 생활습관이다. 그것은 사람들의 가장 근본적인 유희
의 규칙으로, 그래서 사람들의 존재와 사상, 언어를 지배하였다. 이와
같이 예는 차이를 나타내 줄 뿐만 아니라 등급을 구분해 주었고, 천지인
을 확정하였으며, 또는 보다 구체적으로 천지와 임금과 가족과 스승 사
이의 선후와 높고 낮은 질서를 설명하고 확정하였다. 예는 매우 복잡한
현상이다. 한편으로 그것은 도의 측면을 갖추고 있어서 천지인의 규칙
이지만, 다른 한편으로 그것은 기예技藝의 측면을 가져서 예의와 예절
등 구체적인 행위방식을 포괄하고 있다. 이 밖에 예는 성문화된 것도

있고, 성문화되지 않은 것도 있다.

그러나 공자는 하늘이 무너지고 땅이 갈라지는 것 같은 예악 붕괴의 시대에 살았고, 전통적인 예식은 일찍이 없었을 만큼 훼손되었다. 이런 상황에 대응해서, 공자사상의 근본적인 사명은 예적 질서를 회복하는 것이었다. 예적 질서의 중건을 통해서 공자는 질서 정연한 세계를 건설하고자 하였다. 당연히 공자의 사상은 결코 전통적인 예적 의식의 단순한 복원은 아니며, 그것의 창조적인 전환이었다.

공자는 예가 인성을 형성하는 데 중요한 것이라 주장한다. "공손함도 예가 없으면 피곤함이 되고, 신중함도 예가 없으면 두려움이 되며, 용기도 예가 없으면 난폭함이 되고, 정직도 예가 없으면 각박함이 된다."[55] 이것은 사람들이 아무리 많은 미덕을 가지고 있다고 하더라도, 만약 예적 규정이 없다면, 그와 같은 미덕의 극단적인 표현은 그것들을 나쁜 행동으로 변하게 만든다는 것을 말한다. 오직 예만이 사람의 미덕을 미덕으로 만들어 주고, 사람의 인성을 건강하게 성장시킨다고 말할 수 있다. 이것은 예에서 인성과 삶의 척도가 제공된다는 것이다. 그러나 예나 예악이 단지 기구와 의식에서만 나타나는 것은 아니다. "이것이 예이다, 저것이 예이다 라고 말하지만 옥과 비단을 가리키겠는가? 이것이 음악이다, 저것이 음악이다 라고 말하지만 종과 북을 가리키겠는가?"[56] 공자는 기예의 의미에서든 아니면 도의 의미에서든 예는 단지 외재적인 것이 될 수 없다고 생각하였다. 옥이나 비단 같은 외재하는 예적인 물건들에 비해 더욱 중요한 것은 내재하는 예적인 것들이다. 이

---

55) 『論語』, 「泰伯」, "恭而無禮則勞, 愼而無禮則葸, 勇而無禮則亂, 直而無禮則絞."
56) 『論語』, 「陽貨」, "禮云禮云, 玉帛云乎哉? 樂云樂云, 鍾鼓云乎哉?"

와 같은 내적인 예는 인애의 마음에 기초해서 건립된다. 이러한 의미에서 비록 예는 중요하지만, 인은 더욱 중요하다. 인이 없으면 예는 공허한 것이고 아무런 의미도 없다. "사람으로서 인하지 않으면 예는 무엇인가? 사람으로서 인하지 않으면 음악은 무엇인가?"[57] 오직 인이 있을 때 비로소 예는 생명력을 주입받고, 현실적 힘을 풍부하게 가지게 된다. 이것이 사람들이 말하는 공자의 인으로 예를 설명하는 것이다.

그렇다면 인은 도대체 무엇인가? 인의 글자 형태는 사람(人)과 숫자 이(二)로 구성되어 있다. 이것은 인이 근본적으로 사람과 사람 사이의 관계임을 보여 준다. 그러나 그것은 사람들 사이의 일반적인 관계가 아니라, 사람과 사람이 서로 사랑하는 관계이다. 따라서 인은 곧 사람을 사랑하는 것이고, 또한 사람을 사랑하는 감정이다. 인의 또 다른 오래된 글자 형태는 마음(心)에서 나왔는데, 이것은 바로 인이 일종의 사람을 사랑하는 마음이라는 점을 보여 준다. 그러나 그것은 단지 감정의 범위에 한정되는 것이 아니라, 사람들의 행동과 말에도 관철되어 있다.

공자가 말한 인의의 마음은 결코 신비로운 측면을 가지지 않으며, 오히려 그것은 사람들이 익숙하게 알고 있는 일상적인 감정, 곧 부모와 자식 사이의 감정에 근원을 둔 것이다. 사랑은 근본적으로 일종의 베푸는 것이자 헌신이다. 부모가 자녀를 낳아 보호하며 기르고, 아이들은 또한 부모에게 효도하며 공경하고 돌보아 주는 것이다. 이런 종류의 사랑은 현실적으로 이미 존재하고 실제로 일어나는 사랑이다. 각각의 사람들은 모두 실제로 이와 같은 사랑의 관계 속에서 사랑하고 사랑 받는

---

57) 『論語』, 「八佾」, "人而不仁, 如禮何? 人而不仁, 如樂何?"

다. 이러한 사랑은 일상적이고 보편적이다. 공자의 인애 학설이 현실세계와 각 개인의 존재에서 출발한 것이라는 것을 알 수 있다.

그러나 이러한 가정 관계 중 부모와 자식 사이의 감정 관계에는 실제로 두 가지 다른 사랑의 형태가 있다. 그것은 동일한 것이 아니라, 차이가 있는 것이다. 그중 하나는 위에서 아래로의 사랑으로, 곧 부모의 자녀에 대한 사랑, 형이나 언니의 동생에 대한 사랑을 가리킨다. 다른 하나는 아래에서 위로의 사랑, 곧 자녀들의 부모에 대한 사랑이나 동생들의 형이나 언니에 대한 사랑을 가리킨다. 만약 전자가 자애와 보호에 편중되어 있다면, 후자는 경애와 존중에 편중되어 있다. 공자는 특히 효의 문제는 부양의 문제일 뿐만 아니라, 존경의 문제라고 지적했다.[58] 존경은 존중하고 사랑하는 마음이다. 그것은 존중, 공경, 관심, 주의 및 진지함 등이다. "오늘날의 효도란 단지 부모를 먹여 살릴 수 있는 것을 말한다. 그런데 개와 말까지도 모두 먹여 살리는 일이 있을 수 있으니, 공경하지 않는다면 무엇으로 개나 말과 구별할 것인가?"[59] 효를 공경으로 실천하는지의 여부는 사람과 동물의 행동을 구별하는 표식이다. 만약 사람들이 효도를 단지 봉양하는 것으로 간주할 뿐 공경과 무관하게 본다면, 그렇다면 사람들은 효도하지 않는 것이며 사람은 폄하되어 동물이 될 것이다.

비록 공자 또한 부모의 자녀에 대한 사랑을 중시하지만, 실제로는 부모에 대한 자녀의 사랑을 더욱 강조한다. 그래서 그는 인의 근본이 효제孝弟, 곧 아들의 아버지에 대한 사랑과 동생의 형에 대한 사랑이라

---

58) 『論語』, 「爲政」 참조.
59) 『論語』, 「爲政」, "今之孝者, 是謂能養. 至於犬馬, 皆能有養, 不敬, 何以別乎?"

는 점을 반복해서 설명한다. 공자는 효제가 인의 근본이라고 생각한다. "그 사람이 효도하고 공경하면서 윗사람을 해하기를 좋아하는 사람은 드물다. 윗사람을 해하기를 좋아하지 않고서 난을 일으키기를 좋아하는 사람은 없다. 부모를 잘 섬기는 것을 효라 하고, 형과 어른을 잘 섬기는 것을 제라 한다. 군자는 근본을 힘쓰니 근본이 확립되면 인의 도가 생겨나고, 효제는 그 인을 행하는 근본이구나."[60] 효제가 이러한 까닭은 그것이 일종의 특별한 사랑이기 때문이다. 아버지의 사랑처럼 위로부터 아래로 이르는 사랑과 달리, 효제는 아래로부터 위로 이르는 사랑이다. 위로부터 아래로 이르는 사랑은 명령, 규정, 관리 및 통제일 수 있는 반면, 아래로부터 위로 이르는 사랑은 말을 듣고, 복종하며, 온순하고 온화한 것이다. 만약 인애의 주요 내용을 아버지의 사랑으로 이해한다면, 인애는 정복하려는 욕망을 가지게 될 것이다. 인애를 효제로 파악할 경우에만 비로소 온순해진 의지, 곧 윗사람을 해하지 않게 된다. 이것에서 보자면, 예는 단순히 어떤 외적인 의식에 대한 수동적인 순응이 아니라, 내적인 규칙에 대한 적극적인 순종이다. 이런 방식으로 인을 해석하고 예를 설명한 공자는 전체 사회의 위계질서를 확립하는 데 최초의 토대를 제공하였다. 가족과 국가가 동일한 구조를 가지고 있기 때문에, 자식이 되어 부모에게 효도하듯 신하는 임금에게 충성한다. 이것이 가족을 가족으로 만들고, 국가를 국가로 만드는 것이다. 그래서 공자는 "임금은 임금다워야 하고, 신하는 신하다워야 하며, 아비는 아비다워야 하고, 자식은 자식다워야 한다"고 말했다.

---

60) 『論語』, 「學而」, "其爲人也孝弟, 而好犯上者, 鮮矣. 不好犯上, 而好作亂者, 未之有也. 君子務本, 本立而道生. 孝弟也者, 其爲仁之本與."

당연히 아버지와 아들의 관계도 일종의 대인 관계이지만, 특별한 대인 관계, 곧 혈연관계이다. 부모와 자녀는 비록 차별적인 개체이지만, 혈연을 통해 양자 사이에는 밀접한 관계가 형성된다. 부모의 생명은 자녀들에게서 연속되고 갱신된다. 자녀들에 대한 부모의 사랑은 자신들의 생명에 대한 사랑이 연장된 형태라고 볼 수 있다. 동시에 부모님에 대한 자녀들의 사랑은 또한 자기 생명의 기원에 대한 회고와 고마움으로 이해될 수 있다. 이것은 혈연의 본성에 의해 규정된 인간 생명의 특징이다. 그러나 혈연관계는 바로 사람에게 남아 있는 고유한 자연적 관계이기도 하다. 그것은 이미 있는 것이고 이미 정해져 있는 것이며 바꿀 수 없는 것이자 영원히 연속되는 것이다. 혈연은 땅만큼이나 자연스러운 것이다. 땅이 외재하는 자연적인 것이라면, 혈연은 내재하는 자연적인 것이다. 이 분석에 따르면 인애는 인간의 정감이 되고, 그것은 일종의 혈연적인 사랑이면서, 동시에 자연적인 사랑이다.

이와 같다면, 인애는 일종의 무차별적인 사랑이 아니라 차별적인 사랑이다. 무차별적인 사랑은 각 사람이 가진 자기 부모에 대한 사랑의 우선성을 부정한다. 이것은 자신의 부모를 사랑하는 것은 비록 자연스러운 것이지만, 이기적이고 정의롭지 않을 가능성이 매우 높을 수 있다는 것이다. 이와 달리 무차별적 사랑은 모든 사람을 사랑하라고 말하며, 그리고 사랑은 정의의 원칙 위에서 세워진다. 그러나 이와 같은 무차별적 사랑은 단지 이상적인, 비현실적인 사랑일 뿐이다. 현실에 있어서 사람들이 가장 먼저 그리고 대부분이 경험하는 사랑은 부모에 대한 사랑이다. 이런 의미에서 공자의 인애학설은 이상에서 나온 것이 아니라, 현실에서 나온 것이다. 그러나 공자가 효제를 인애의 근본으로 보았을 때, 그는 필연적으로 사랑의 정의正義 문제와 만나게 되었다. 어떤 사람이 자신의 부모를 사랑하는 것과 다른 사람을 사랑하는 것은 함께할 수도 있고, 갈등이 발생할 수도 있다. 갈등이 일어난 상황에서 만약 부모를 사랑한다면 다른 사람을 사랑하지 않는 것이 되고, 만약 다른 사람을 사랑한다면 부모를 사랑하지 않는 것이 된다. 이와 같은 곤란한 상황에서 사람들은 결국 어떻게 선택하는가? 공자가 고려하는 것은 누구를 사랑하는 것이 정의로운지에 대한 문제가 아니라, 누가 자신의 부모인지에 대한 문제이다. 부모가 중요한 까닭은 그는 자연스럽게 사람들과 함께 일체가 되기 때문이다. 그 가운데는 이익의 상관성 역시 포함된다. 그래서 사람들이 무조건적으로 먼저 부모를 사랑하고 다른 사람을 사랑하지 않을 때, 인애는 곧 유한성을 가지게 된다. 공자가 말한 '부모와 자식 사이에 서로 죄를 숨겨 주는 것'(親親相隱)은 인애의 정의와 보편성을 손상시킨다. 아버지는 아들을 위해 숨기고, 아들은 아버지를 위해 숨기는 것은 비록 인정에 맞는 사랑이지만, 합리적인 사랑은 아니다. 이것은 그것이 아버지와 아들에게는 인애이지만, 다른 사람에 대해서는 인애가 아니기 때문이다.

공자 자신도 어쩌면 효제의 유한성을 의식하고, 부모와 자식 사이에 서로 죄를 숨겨 주는 것은 인애의 정의와 보편성을 손상시키는 특별한 경우에 불과하다고 생각했을 수도 있다. 비록 공자는 아버지와 아들 사이의 정이 인애의 가장 근본적인 정감이라고 생각했지만, 그는 효제를 단지 가족구성원 사이에 국한시키려고 하지는 않았으며, 마땅히 효제의 정감을 세계로 확장해야 한다고 생각하였다. 이것은 사람들이 자신의 아버지를 사랑해야 할 뿐만 아니라, 세상의 모든 사람들을 사랑해야 한다고 말하는 것과 다르지 않다. "젊은 사람은 집에 들어가면 부모님께 효도하고, 밖으로 나가면 윗사람을 공경하며, 언행이 근엄하고 믿음성이 있으며, 널리 여러 사람을 사랑하고 인을 가까이해야 한다."[61] 그렇기 때문에 효제 혹은 인은 일종의 세계 속에서 보편화된 부모에 대한 정이 된다. 이것은 사람들에게 자신의 부모를 사랑하는 것처럼 세상의 모든 사람을 사랑할 것을 요구한다. 이렇게 보편화된 효제의 정서에 기초해서 사람들은 비로소 '세상이 한 가족' '세상의 모든 사람이 형제'라는 관념을 만들어 내게 된다. 세상은 본래 하나의 가족이 아니지만 인자는 그것을 한 가족으로 보고, 세상의 모든 사람이 형제는 아니지만 인자는 그들을 형제로 본다. 이렇게 이해된 인은 부모에 대한 사람들의 사랑뿐만 아니라, 부모가 아닌 사람에 대한 사랑 곧 세상의 모든 사람에 대한 사랑을 포함한다. 이 밖에도 인애는 사람에 대한 사람의 사랑을 의미할 뿐만 아니라, 자연에 대한 사람의 사랑도 포함한다. 공자는 인자의 경우 산을 좋아하고, 지자의 경우 강을 좋아한다고 말하였다. 인자나 지자는 또한 산수자연을 사랑하는 사람이다. 이러한 의미에서 인은 일종의 박애博愛가 된다. 그러나 공자가 말하는 박애는 부모에 대한 사랑의 확대와 보편화이지, 부모에 대한 사랑을 초월한 인류에 대한 겸애兼愛나 하나님의 성스러운 사랑이 아니다.

　　보편화된 부모에 대한 사랑이라는 의미로 인에 대해 이해함으로써, 공자는 인을 사람의 본성으로 보게 되었다. 이 말은 곧 인이 사람의 본성이라는 말이다. 사람이 동물과 다른 것은 인애의 마음이 있다는 점이

---

　61) 『論語』, 「學而」, "子弟入則孝, 出則弟, 謹而信, 泛愛衆, 而親仁."

다. 인이 없으면 인간은 인간이 아니며, 바로 인이 비로소 인간을 인간이 되게 한다. 이렇게 이해된 인은 곧 선이다. 한 사람의 인자仁者는 바로 한 사람의 선한 사람이다. "참으로 인에 뜻을 둔다면 악한 짓을 하지 않는다."[62] 인자라면 당연히 선행만을 할 뿐, 악행이 있을 수 없다. 만약 인이 사람의 본성이라면, 선 역시 사람의 본성이다. 공자의 사상은 사실상 유학에서 인성이 본래 선하다는 주장이 우위를 점하는 데 기초를 마련하였다. 사람의 본성으로서 인은 선한 것일 뿐만 아니라 아름다운 것이고 지혜로운 것이다. 이 때문에 공자는 사람들에게 인 가운데 거주할 것을 요구하였다. "인을 고향으로 삼는 것이 좋다. 인 가운데 거주하지 않는 쪽을 선택한다면 어떻게 지혜롭다고 할 수 있겠는가?"[63] 거주는 사람이 세상에서 살아가는 데 있어서 기본적인 존재 방식이다. 인 가운데 거주한다는 것은 사람의 본성 가운데 거주하는 것이고, 또한 사람의 진정한 고향에서 살아가는 것이다. 인은 선한 것이기 때문에 이와 같은 거주는 선한 것이다. 아름다움과 선이 하나이기 때문에 이러한 거주는 아름다운 것이다. 인을 고향으로 삼는 것은 진리와 합치하는 선택이기 때문에, 이러한 거주는 또한 지혜로운 것이다. 인이 사람의 본성이라면, 사람은 마땅히 항상 인과 함께해야 하는데, 바로 사람이 마치 항상 도와 함께하는 것과 같다. "부귀는 사람들이 원하는 것이지만 합당한 방식으로 얻은 것이 아니면 거기에 연연하여 머물지 않고, 빈천은 사람들이 싫어하는 것이지만 정당한 사유로 만난 것이 아니면 굳이 박차고 떠나 버리지 않는다. 군자가 인을 떠난다면 어디서 명예를 이루겠

---

62) 『論語』, 「里仁」, "苟志於仁矣, 無惡也."
63) 『論語』, 「里仁」, "里仁爲美. 擇不處仁, 焉得知."

는가? 군자는 밥 한 끼 먹는 짧은 시간도 인을 어김이 없으니 다급해져도 반드시 인에 거하고 곤경에 빠져도 반드시 인에 거한다."[64] 비록 도는 높고 크지만, 어느 때 어느 곳에서든 한쪽에 치우치지 않고 사람의 모든 활동 가운데 있다. 사람의 어떤 일도 모두 그것의 도가 있다고 말할 수 있다. 그렇기 때문에 사람은 도를 따라 가야 한다. 사람에게 있어서는 인이 가장 근본적인 도이다. 이것은 사람에게 어느 때 어느 장소에서도 모두 인을 따라 행할 것을 요구한다. 오직 인자가 된 사람만이 비로소 군자가 될 수 있다. 사람의 본성으로서 인은 또한 인간 존재의 궁극적인 의미이기도 하다. "지사志士와 인자는 자신의 생존을 추구하느라고 인을 해치는 일은 없지만, 자신을 죽임으로써 인을 이루는 일은 있다."[65] 사람의 육체와 생명은 고귀한 것이며, 생명이 없다면 그 어떤 것도 있을 수 없다. 하지만 인으로 가득 찬 생명만이 비로소 의미 있는 생명이며, 그렇지 않으면 아무런 의미가 없다. 이상적인 상태는 생명과 인이 하나가 된, 곧 인에 합치하는 생명이다. 그러나 현실적 상태는 생명과 인의 충돌, 곧 생존을 위해 인을 해치거나 인을 이루기 위해 자신을 죽이는 일이 발생할 수 있다. 이 딜레마의 선택에서 공자는 생명을 포기하고 인을 실현할 것을 주장하였다.

인이 사람의 본성이 되면, 그것은 사람의 내재적인 심령을 규정할 뿐만 아니라, 사람의 외적 활동을 규정한다. 인은 현실의 생활세계에서 사람의 각종 존재방식으로 전개되어 진다. 이것은 또한 그 자신과 그리

---

64) 『論語』, 「里仁」, "富與貴, 是人之所欲也, 不以其道得之, 不處也, 貧與賤, 是人之惡也, 不以其道得之, 不去也. 君子去仁, 惡乎成名? 君子無終食之間違仁, 造次必於是, 顚沛必於是."
65) 『論語』, 「衛靈公」, "志士仁人, 無求生以害仁, 有殺身以成仁."

고 다른 사람과의 관계라는 두 가지 방면에서 구체적으로 표현된다.

그 자신과의 관계에서 공자는 극기克己를 강조했다. '기己'는 나 자신이다. 사람들은 세상을 인식할 수 있을 뿐만 아니라, 자신을 인식할 수 있으므로, 그 자신과 일종의 특별한 자신에 대한 반성적 관계를 형성할 수 있다. 극기는 스스로 자신을 이기고 억제하는 것, 스스로 자기 자신을 규제하는 것이기 때문에 하나의 경계 속에서 자기 자신을 충실하게 지키는 것이다. 세계를 극복하는 것과는 달리, 스스로를 억제하는 것은 어렵고도 힘든 일이다. 세계를 극복하는 것은 자신의 힘을 사용해서 세계와 투쟁하는 것이라면, 자신을 극복하는 것은 자신의 힘을 사용해서 스스로와 투쟁을 벌이는 것이다. 자신과 투쟁을 벌이는 것은 사람이 평범하지 않은, 곧 스스로 자기 자신을 초월할 수 있는 힘을 가질 것을 필요로 한다. 그러나 이것이 어떻게 가능한가? 그 관건은 사람 스스로 예를 통해 자신의 욕망을 규제하는 것에 있다. 이른바 예는 옳고 그름에 대한 경계선을 나누어 확정하는 것이다. 그것은 사람들이 어떤 일을 할 수 있고, 사람들이 무엇을 할 수 없는지를 밝혀 준다. 예와 예 아닌 것은 인간 존재의 경계선이다. 예에 합치하는 일은 할 수 있지만, 예가 아닌 일은 해서는 안 된다. 공자는 "예가 아니면 보지 말고, 예가 아니면 듣지 말며, 예가 아니면 말하지 말고, 예가 아니면 행동하지 말라"[66]라고 말하였다. 사람은 예가 제정한 경계선을 준수해야 하며, 그것을 넘어서는 안 된다. 이것으로부터 사람은 자신의 감정과 말, 행동을 규제한다. 공자는 자신을 극복하는 것과 예로 돌아가는 것이 같은 것이라고 생각

---

66) 『論語』, 「顔淵」, "非禮勿視, 非禮勿聽, 非禮勿言, 非禮勿動."

하였다. "자신을 이기고 예로 돌아가는 것이 인이 된다. 하루라도 나를 이기고 예로 돌아가면 천하가 인으로 돌아간다. 인을 행하는 것은 자기로부터 말미암은 것이니 다른 사람에게서 말미암겠는가?"[67] 자신을 이기는 것은 스스로 예적 규범을 지키도록 하는 것, 곧 예로 돌아가는 것이다. 동시에 자신을 이기고 예로 돌아가는 것은 사람이 자신의 본성을 유지해서 인을 실현하는 것, 곧 사람을 사랑하도록 하는 것이다.

다른 사람과의 관계에서 말한다면, 공자는 사람을 사랑할 것을 주장했다. 사람을 사랑하는 것은 먼저 사람이 세상을 떠나 혼자서 살아갈 수 없다는 이미 주어진 상황을 반드시 승인해야 한다. 사람이 인간세상을 벗어나 동물과 함께할 수 있다는 것은 환상에 불과하다. "새나 짐승과 함께 살 수 없는데, 내가 이 백성들과 함께하지 않고 누구와 함께 하겠는가."[68] 사람의 생활은 세상 속에서 이어지고, 이것은 곧 사람과 사람 가운데서 생활한다는 말이다. 타인의 존재는 마치 나 자신의 존재와 마찬가지로 부인할 수 없는 하나의 사실이다. 사람이 세계 속에서 생활한다면 사람들을 상대해야 하는 것은 피할 수 없다. 오직 사람들과 내가 함께 있을 때만 사람은 비로소 진정으로 자신의 존재를 펼쳐 보일 수 있다. 사람은 다른 사람의 존재를 인정해야 할 뿐만 아니라, 다른 사람의 존재를 이해해야 한다. 공자는 "남이 자기를 알아주지 않음을 걱정하지 말고 자기가 남을 알지 못함을 걱정하라"[69]고 말한다. 이것은 함께 존재하는 세계 속에서 사람은 자기 자신을 생각하는 것이 아니라

---

67) 『論語』, 「顏淵」, "克己復禮, 爲仁. 一日克己復禮, 天下歸仁焉. 爲仁由己, 而由人乎哉?"
68) 『論語』, 「衛子」, "鳥獸不可與同群, 吾非斯人之徒與而誰與."
69) 『論語』, 「學而」, "不患人之不己知, 患不知人也."

다른 사람을 생각해야 하는 것을 보여 준다. 다른 사람의 존재는 자신의 존재에 대해 필수적이다. 다른 사람과 함께 존재하지 않는다면, 자기라는 존재도 없다. 함께 존재하는 가운데 사람은 다른 사람과 다양한 관계를 만든다. 그중에서 공자는 우정의 중요성을 강조했다. 우정은 물론 사람들 사이의 특별한 관계일 뿐만 아니라, 또한 일종의 특별한 감정이다. 우정은 친족 간의 감정과 다르다. 친족 간의 감정은 혈연을 기초로 세워진 것이다. 우정은 애정과도 다르다. 애정은 남녀 사이에서 육체적인 관계를 포함한다. 우정은 근본적으로 뜻을 함께한다는 공통점을 기반으로 세워진 것이다. 이것은 우정을 가진 사람들이 공통의 도를 추구한다는 것을 의미한다. 공통의 도는 다른 사람들이 우정을 쌓고 또 친구가 되도록 할 수 있다. 하지만 공자의 입장에서 말한다면, 우정을 쌓아야 할 뿐만 아니라, 좋은 친구와 나쁜 친구를 구별해야 한다. "유익한 친구도 세 가지 유형이 있고, 해로운 친구도 세 가지 유형이 있다. 정직한 사람을 벗하고 신실한 사람을 벗하고 견문이 많은 사람을 벗하면 유익하고, 아첨하는 사람을 벗하고 부드러운 척 잘하는 사람을 벗하고 말 잘하는 사람을 벗하면 해롭다."[70] 좋고 나쁜 친구를 구분하는 근본적인 기준은 비록 수없이 많지만, 가장 중요한 것은 단지 그 사람의 진실함 곧 성실한지의 여부일 뿐이다. 성실한 친구는 도에 대해서도 충실할 뿐만 아니라, 사람에 대해서도 충실하다.

그런데 사람은 다른 사람과의 관계를 어떻게 좋게 처리할 것인가? 그 관건은 어떻게 자신이 다른 사람들을 대하는 것에 있다.

---

70) 『論語』, 「季氏」, "益者三友, 損者三友. 友直, 友諒, 友多聞, 益矣, 友便辟, 友善柔, 友便佞, 損矣."

공자는 부정적인 측면에서 자신이 원하지 않는 것을 다른 사람에게 주지 말아야 한다고 강조했다. 이것이 바로 "내가 원하지 않는 일을 남에게 하지 마라"[71]라는 것이다. 또 "다른 사람이 나에게 하는 것을 원하지 않는 바가 있다면, 나도 다른 사람에게 하지 않으려고 한다"[72]고 말할 수도 있다. 긍정적인 측면에서, 사람은 자신이 원하는 것을 다른 사람에게 주어야 한다. "인자는 자신이 나서고 싶은 자리가 있으면 다른 사람을 그 자리에 내세우고, 자신이 가고 싶은 곳이 있으면 다른 사람을 그곳에 보낸다."[73] 이것은 유가의 황금률로 간주된다. 오늘날의 세상에도 그것은 여전히 보편적 가치를 가진다.

부정적인 방면이든 긍정적인 측면이든, 이 황금률은 모두 사람과 사람 사이의 동일성을 세워 준다. 이것은 내가 원하지 않는 것은 다른 사람 또한 원하지 않는 것이고, 동시에 내가 원하는 것은 바로 다른 사람 역시 원하는 것이다. 이것은 다음과 같은 가설에 근거해 있는데, 천은 동일한 이 리를 토대로 하고, 사람은 동일한 이 심을 가지고 있고, 심은 동일한 이 욕구를 가진다는 것이다. 그래서 사람들은 자신으로부터 다른 사람에게로 미루어 나갈 수 있다.

그러나 사람과 사람이 공유하는 동일성 외에, 차별성도 있다. 각각의 사람들은 모두 다른 모습이며, 각각의 사람들의 존재는 모두 다르다. 그렇기 때문에 내가 원하지 않는 것도 다른 사람들이 원하거나, 반대로 내가 원하는 것을 다른 사람들은 원하지 않을 수도 있다. 만약 상황이

---

71) 『論語』, 「顏淵」, "己所不欲, 勿施於人."
72) 『論語』, 「公冶長」, "我不欲人之加諸我也, 吾亦欲無加諸人."
73) 『論語』, 「雍也」, "夫仁者, 己欲立而立人, 己欲達而達人."

이렇다면, "내가 원하지 않는 일을 남에게 하지 마라" 뿐만 아니라, '내가 원하는 것 역시 남에게 하지 말아야 한다'. 비록 공자는 이처럼 명확하게 표현하지는 않았지만, 그 또한 차이에 대한 존중과 인정에 대해 표현하였다. 그것이 바로 충서忠恕사상이다. 심지어 그는 충서가 그의 일관된 도라고 생각했다.

충서란 무엇인가? 이른바 '충忠'은 충실, 충직, 충심이다. 그것은 한 조각 진실하여 하나도 비어 있지 않은 심령, 안으로 자신을 속이지 않고, 밖으로 다른 사람을 속이지 않는 것을 가리킨다. 이른바 '서恕'는 관용과 용서이다. 사람은 타인과의 차별성을 승인하고 그것에 동의해야 하며, 심지어는 다른 사람의 부족한 점과 잘못을 이해해야 한다는 것을 의미한다. 공자는 인이 다섯 가지 미덕을 갖추고 있는데, 서의 관용이 바로 그중의 하나라고 생각한다. "공손함, 관대함, 믿음, 민첩함, 은혜로움이다. 공손하면 모욕당하지 않고, 너그러우면 대중의 지지를 얻고, 믿음직스러우면 사람들이 그에게 일을 맡기고, 민첩하면 공로가 있게 되고, 은혜로우면 다른 사람을 부릴 수 있다."[74] 이 다섯 가지 덕성은 모두 다른 사람에 대해 인애를 실천하는 다른 태도이다. 그중에서 관대함이 바로 관용이다. 바로 사람들이 자신과 다른 사람들을 용인할 수 있기 때문에, 소수가 아닌 다수의 옹호와 지지를 얻을 수 있는 것이다.

물론 공자의 인이 지향하는 최고의 이상은 세상에 대한 사랑의 실현, 즉 박애이다. 사람들이 세상의 모든 사람들을 사랑하고, 아울러 그들 자신이 필요한 사랑을 갖도록 하는 것이다. "노인들은 편안히 살게

---

74) 『論語』, 「陽貨」, "恭寬信敏惠. 恭則不侮, 寬則得衆, 信則人任焉, 敏則有功, 惠則足以使人."

하고, 친구들은 나를 믿게 하고, 젊은이들은 나를 따르게 하겠다"[75])는 말이 그것이다. 여기에서 말하는 사람은 구별이 있다. 그러나 그것은 혈연관계에 따라 친소의 구별을 확정하는 것이 아니라, 다른 연령에 따라 노소의 차이를 구별한다. 물론 그들을 가족의 구성원과 유사하다고 생각할 수도 있다. 노인은 자신의 부모 같고, 친구는 자기 형제 같으며, 젊은이는 자신의 자녀와 같은 것이다. 이것이 바로 세상이 한 가족이라는 것이다. 사람들 사이의 구별에 상응해서, 인애 또한 구별이 있다. 노인에 대한 사랑은 아래로부터 위로의 사랑이고, 친구에 대한 것은 평등한 사랑이며, 젊은이에 대한 것은 위로부터 아래로의 사랑이다. 각각의 사람들은 모두 인애의 마음을 가진 사람으로부터 다른 형태의 사랑을 얻을 수 있다.

공자의 관점에서 말하자면, 인은 비록 사람의 본성을 규정하지만, 그렇다고 모든 사람들이 인을 실현할 수 있는 것은 아니다. 그래서 어떤 사람들은 인자가 아니며, 또 다른 어떤 사람들은 인자인 것이다. 동시에 그처럼 인애의 마음을 가진 사람은 비록 모두 인자라고 칭할 수 있지만, 완전히 동등한 자리는 아니며 차이가 있다. 그들 사이에 고저의 등급과 서열이 있는 것이다.

최고로 높은 경지의 사람은 성인이다. 성인은 인애의 완전한 표현이다. 그 박애의 마음은 온 세상과 모든 사람을 꿰뚫고 있다. 그러나 이러한 경지에 도달할 수 있는 사람은 소수에 불과한데, 그렇기 때문에 아주 소수의 사람만이 성인이라고 부를 수 있을 뿐이다. 공자가 볼 때 성인

---

75) 『論語』, 「公冶長」, "老者安之, 朋友信之, 少者懷之."

은 다만 그보다 앞선 시대의 위대한 왕들일 뿐이다.

그다음은 어진 사람(仁人)이다. 어진 사람은 인의 일반적인 특징을 실현하였다는 측면에서 성인成人이고, 현명한 덕을 갖추고 있다는 측면에서 현인賢人이다. 어진 사람은 사실상 동시에 인자仁者이기도 하고 지자智者이기도 하다. 인애가 없는 지자나, 지혜가 없는 인자는 모두 완전하지 않다. 인자와 지자는 공동의 기초를 가지고 있는데, 사람 자신과 관련되어 있다. 인은 다른 어떤 사물을 사랑하는 것이 아니라, 사람을 사랑하는 것(愛人)이며, 지는 다른 어떤 사물을 아는 것이 아니라, 바로 사람을 아는 것(知人)[76]이다. 이것은 사람들이 사랑하고 아는 것이 모두 사람이라는 것을 의미한다. 물론 세상과 삶을 살아가는 태도에 있어서 인자와 지자는 차별적이다. "지자는 물을 좋아하고 인자는 산을 좋아하며, 지자는 동적이고 인자는 정적이며, 지자는 인생을 즐겁게 살고 인자는 인생을 오래 산다."[77] 공자는 여기에서 인자와 지자의 세 가지 다른 점을 구분하고 있다. 첫째는 다른 자연 대상이다. 지자는 물을 좋아하고, 인자는 산을 좋아한다. 물은 흘러가고 유연하며, 산들은 위엄 있고 고요하다. 둘째는 다른 행동방식이다. 지자는 활동적이며, 인자는 안정되어 있다. 셋째로는 다른 삶의 지향이다. 지자는 즐거움을, 인자는 오래 사는 것을 추구한다. 그러나 이러한 구분은 상대적이다. 오히려 인자는 지자의 본성을 지니고, 지자도 인자의 본성을 지닌다. 어진 사람은 인자와 지자일 뿐만 아니라, 사실은 동시에 용감한 사람(勇者)이다. "지자는 미혹되지 않고, 인자는 근심하지 않고, 용감한 사람은 두려워하지

---

76) 『論語』, 「顔淵」 참조.
77) 『論語』, 「雍也」, "知者樂水, 仁者樂山, 知者動, 仁者靜, 知者樂, 仁者壽."

않는다."[78] 한 사람의 어진 사람은 인과 지혜와 용기의 세 가지 큰 덕을 동시에 갖추고 있다. 그는 지혜를 가지고 있어서 사람과 세상의 원리에 대해 알고 있으므로 흔들리지 않는다. 그에게는 사랑이 있어서 세상 사람들과 함께하기 때문에 걱정할 것이 없다. 그는 용기가 있어서 도를 따라 실행하므로 두려워하지 않는다.

그다음은 군자이다. 군자는 글자의 의미에서는 통치자, 곧 낮은 자리에 있는 사람과 달리 높은 자리에 있는 사람을 가리킨다. 이러한 지위에서 군자는 모종의 특별한 권력을 가지고, 다른 사람들을 지배할 수 있다. 일반적으로 이와 같은 지위에 오르는 것은 종종 혈연에 의해 결정되었다. 그러나 공자에게 있어서 군자는 권력을 가진 사람이 아니라, 도덕적인 사람을 가리킨다. 동시에 군자 또한 혈연에 기초해 타고난 것이 아니라, 인간 본성의 도야에 의거해 형성된다. 공자는 군자가 기본적으로 도에 의해 규정된다고 생각한다. 군자가 도를 추구한다면, 그는 기구화 또는 도구화될 수 없다. "군자는 한 가지 용도로만 쓰이는 그릇처럼 국한되지 않는다."[79] 도구화는 군자를 도로부터 멀어지게 할 뿐만 아니라, 그를 한쪽으로 치우치게 하고 단일화하여, 어떤 특정 목적에 봉사하는 어떤 하나의 수단이 되도록 만들어 버린다. 군자가 도를 추구할 때, 그는 음식 등과 같은 물질적인 이익에 대해 더 이상 추구하지 않으려 할 것이다. "군자는 도를 추구하지 먹을 것을 추구하지 않는다. 농사를 지으면 더러는 굶주릴 때가 있지만 학문을 하면 벼슬길에 나아가 녹을 얻을 수가 있다. 군자는 도를 걱정하지 가난을 걱정하지 않는

---

78) 『論語』, 「子罕」, "知者不惑, 仁者不憂, 勇者不懼."
79) 『論語』, 「爲政」, "君子不器."

다."[80] 만약 한 사람이 도를 추구하지 않고 음식을 추구한다면, 그는 무도할 뿐만 아니라 먹을 것마저 없을 수 있다. 만약 한 사람이 도를 추구하고 음식을 추구하지 않는다면, 그는 도를 깨달았을 뿐만

아니라, 음식까지도 얻었을 것이다. 이것은 도가 비록 음식이 아니지만, 음식을 가져올 수 있기 때문이다. 반대로 음식은 도가 아니다. 만약 도의 지침이 없다면, 사람들의 음식을 추구하는 행동 또한 아무런 효과도 없는 쓸모없는 행동이 될 수 있다.

공자의 사상에서 도는 인애로 구체화되었으므로, 군자가 도를 추구하는 것은 곧 인을 추구하는 것이다. 한 사람의 군자는 본질적으로 한 사람의 인자이다. "군자는 학문으로써 친구를 모으고, 친구를 통하여 인을 넓힌다."[81] 학문은 도에 관한 학문이며, 도 자체의 표현이다. 학문으로 친구를 모은다는 것은, 도가 사람들을 한곳에 모으고, 뜻이 같고 도가 합치하는 친구가 되는 것일 뿐이다. 친구는 도의 친구이고, 또한 인의 친구이다. 그 결과 친구의 우정은 도를 밀어 올리고, 또 인을 밀어 올린다. 이것이 친구를 통해 인을 넓힌다는 것이다. 군자의 인격을 갖춘 사람은 인자한 사람이다. 이것은 그에게 성실하고 밝은 내적인 미덕

---

80) 『論語』, 「衛靈公」, "君子謀道不謀食. 耕也, 餒在其中矣, 學也, 祿在其中矣. 君子憂道不憂貧."
81) 『論語』, 「顏淵」, "君子以文會友, 以友輔仁."

을 갖추게 하여, 걱정도 없고 두려움도 없다. "안으로 자신을 돌아보아 꺼림칙한 것이 없다면 무엇을 걱정하고 무엇을 두려워하겠느냐?"[82] 무엇을 걱정하고, 무엇을 두려워하는가? 그것들은 여러 해를 끼치는 일들일 뿐이다. 그러나 군자의 마음은 충실하고, 부끄러울 것도 없으니, 걱정하고 두려워할 어떤 무서운 것도 없다. 군자가 된 그는 내적인 측면과 외적인 측면을 함께 수양한다. 공자는 "바탕이 형식을 압도하면 거칠고, 형식이 바탕을 압도하면 겉만 화려하다. 형식과 바탕을 잘 어울려야 비로소 군자답다"[83]고 말하였다. 한 사람의 내적인 측면과 외적인 측면의 관계에는 그 적절한 정도가 있다. 지나치게 질박한 것과 지나치게 점잖은 것은 모두 합당하지 않다. 단지 그 사람의 내적인 측면과 외적인 측면이 적당하게 표현될 때, 그는 비로소 진정한 군자의 모습을 갖추게 된다.

군자의 본성을 확정하기 위해서 공자는 군자와 소인을 비교했다. 군자와 소인은 완전히 서로 대립한다. 군자는 소인이 아니며, 소인은 군자가 아니다. 공자는 "너는 군자 같은 선비가 되지, 소인 같은 선비가 되지 말아라"[84]라고 강조했다. 유학자는 이미 일반인이 아닌 비교적 특별한 사람으로, 곧 유학의 이론을 이해한 사람일 것이다. 그럼에도 불구하고 공자는 그들이 군자와 소인의 구별에 주의할 것을 경고했다. 그렇다면 군자와 소인을 구별하는 그 경계선은 어디에 있는가?

첫 번째는 도를 실천하는 것에서의 차이이다. 군자는 도덕에 의해

---

82) 『論語』, 「顏淵」, "內省不疚, 夫何憂何懼?"
83) 『論語』, 「雍也」, "質勝文則野, 文勝質則史. 文質彬彬, 然後君子."
84) 『論語』, 「雍也」, "女爲君子儒, 無爲小人儒."

규정되고, 소인은 이익에 의해 규정된다. "군자가 가슴속에 덕으로 다스릴 생각을 품고 있으면, 소인은 가슴속에 길이길이 지금까지 살아온 정든 땅에 머물 생각을 품게 되고, 군자가 가슴속에 형벌로 다스릴 생각을 품고 있으면, 소인은 가슴속에 보다 혜택이 있는 곳을 찾아 떠날 생각을 품게 된다."[85] "군자는 정의에 밝고, 소인은 이익에 밝다."[86] 이와 같은 대비에서 군자는 덕과 형, 의와 관련되고, 소인은 땅과 혜택, 이익과 관련된다. 전자가 도덕, 법칙, 인의라면, 후자는 거주지, 혜택, 이익이다. 이것으로부터 군자가 생각하는 것은 보편적인 도의라면, 소인이 생각하는 것은 개인의 이익이라는 것을 알 수 있다. 이러한 비교에 따르면, 군자와 소인의 덕행은 근본적으로 다르다. 심지어 우리는 군자의 경우 도와 덕을 갖춘 사람이라면, 소인은 도도 없고 덕도 없는 사람이라고 말할 수 있다.

그다음으로는 사람됨의 다름이다. 군자가 자기 자신에게 근거한다면, 소인은 다른 사람에게 의지한다. "군자는 자기 자신에게서 잘못을 찾고, 소인은 남에게서 잘못을 찾는다."[87] 사람과 사람의 관계에 있어서, 군자는 단결하지만 결탁하지는 않고, 소인은 결탁하지만 단결하지 않는다. "군자는 친밀하지만 사리사욕을 위하여 결탁하지 않고, 소인은 사리사욕을 위하여 결탁하되 인간적으로 친밀하지 않는다."[88] 동시에 군자는 화합하지만 똑같지는 않고, 소인은 똑같으면서 화합하지 않는다. "군자는 남과 화합하지만 동일하지는 않고, 소인은 남과 동일하지

---

85) 『論語』, 「里仁」, "君子懷德, 小人懷土, 君子懷刑, 小人懷惠."
86) 『論語』, 「里仁」, "君子喩於義, 小人喩於利."
87) 『論語』, 「衛靈公」, "君子求諸己, 小人求諸人."
88) 『論語』, 「爲政」, "君子周而不比, 小人比而不周."

만 화합하지는 못한다."[89] 이 외에도 군자는 사람을 이롭게 하고, 소인은 사람을 해롭게 한다. "군자는 다른 사람의 좋은 점을 이루도록 도와주지, 다른 사람의 나쁜 점을 이루도록 도와주지 않는다. 소인은 이와 반대이다."[90]

마지막으로 처세에서의 다름이다. 군자의 마음은 거리낌이 없지만, 소인은 걱정한다. "군자는 마음이 평온하고 너그러우며, 소인은 마음이 항상 근심으로 조마조마하다."[91] 이것은 군자의 경우 도와 함께하고 다른 사람과 함께하는 반면, 소인은 오직 개인적인 욕망과 자기 자신밖에 없다. 군자는 평안하고, 소인은 교만하다. "군자는 태연하면서도 교만하지 않고, 소인은 교만하면서도 태연하지 못한다."[92] 군자는 가난하면서도 곤궁하지 않지만, 소인은 가난에 얽매인다. "군자는 곤궁에 처해도 의연하지만, 소인은 곤궁하면 분수에 넘치게 된다."[93]

공자의 예와 인에 관한 사상에서 한편으로 우리는 공자의 살아 있는 사상을 보게 되는데, 그것은 곧 무질서의 세계에 질서를 세우고, 사랑이 없는 시대에 인애를 선양한 것이다. 다른 한편으로 우리는 그의 죽은 사상을 보게 되는데, 예교가 개체의 성장을 속박하고, 인애가 다양한 감정의 표현을 제한하는 것이 그것이다.

---

89) 『論語』, 「子路」, "君子和而不同, 小人同而不和."
90) 『論語』, 「顏淵」, "君子成人之美, 不成人之惡. 小人反是."
91) 『論語』, 「述而」, "君子坦蕩蕩, 小人長戚戚."
92) 『論語』, 「子路」, "君子泰而不驕, 小人驕而不泰."
93) 『論語』, 「衛靈公」, "君子固窮, 小人窮斯濫矣."

4) 사람이 되는 길

공자나 유학에 있어서, 사람이 된다는 것은 어진 사람(仁人)이 되는 것을 의미한다. 그러나 이것은 생명의 과정으로, 소년으로부터 중년을 거쳐 노년에 이른다. "선비는 도량이 넓고 의지가 굳지 않으면 안 되니 임무는 막중하고 갈 길은 멀기 때문이다. 인의 실천을 자기의 임무로 여기니 이 또한 막중하지 않은가? 죽은 뒤에야 이 일이 끝나니 이 또한 멀지 않은가?"94) 인의 실천이 막중한 임무인 것은 그것이 자기 자신을 사랑하는 것이 아니라, 세상을 사랑하는 것이기 때문이다. 죽음에 이르도록 갈 길이 먼 것은, 그것이 생명의 마무리가 되고, 가까이 있는 것이 아니라 멀리 있기 때문이다. 이것은 사람들에게 살아 있는 한 멈추지 않고 분투할 것을 요구한다.

공자는 자신의 경험으로, 큰 도를 추구해 어진 사람이 되는 과정을 묘사했다. "나는 열다섯 살에 학문에 뜻을 두었고, 서른 살에 자립하였으며, 마흔 살에는 미혹되지 않았고, 쉰 살에는 천명이 무엇인지를 알았으며, 예순 살이 되어서는 귀가 순해졌고, 일흔 살에는 마음이 하고 싶은 대로 해도 법도에서 벗어나지 않았다."95) 이 구절은 보다 상세하고 명확한 설명이 필요하다. 이 가운데 학문에 뜻을 두었다는 것은 그 지향이 공부에 있음을 밝힌 것이다. 지향은 한 사람의 인생 목표이다. 사람이 자기 삶에 대해 각성하기 시작할 때, 사람은 인생의 목표를 계획하

---

94) 『論語』, 「泰伯」, "士不可以不弘毅, 任重而道遠. 仁以爲己任, 不亦重乎? 死而後已, 不亦遠乎?"
95) 『論語』, 「爲政」, "吾十有五而志於學, 三十而立, 四十而不惑, 五十而知天命, 六十而耳順, 七十而從心所欲不踰矩."

기 시작한다. 여기서 학문에 뜻을 둔다고 말할 때, 그것은 일반적인 지식의 습득에 뜻을 두는 것이 아니며, 도에 관한 배움에 뜻을 두는 것이다. 배움은 도를 배우는 것이다. 오직 도 만이 인간 삶에서 가장 중요한 목표가 된다. 자립은 사람이 세상 속에서 당당하게 서는 것을 가리킨다. 그러나 그렇게 서는 것이 가능한 것은 사람들이 예를 이해했기 때문이다. 예는 인간의 말과 행동의 규범이다. 사람이 예에 따라 말하고 행동할 수 있을 때, 사람은 진정한 어른이 될 수 있다. 미혹되지 않는다는 것은 사람이 혼란을 잠재우고, 지혜를 얻었다는 것을 의미한다. 지혜로운 사람은 자신이 누구이며, 동시에 세상이 무엇인지를 안다. 천명을 안다는 것은 지혜를 더 높은 단계로 끌어올리는 것이다. 이것은 사람들과 세상이 모두 천명에 의해 결정되기 때문이다. 천명을 아는 것은 곧 세상의 도를 아는 것이다. 귀가 순해졌다는 것은 사람이 천명을 따를 수 있다는 것이다. 그는 천의 의지를 이해할 수 있을 뿐만 아니라, 하늘의 뜻에 순종할 수 있는 것이다. 마음이 하고 싶은 대로 해도 법도에서 벗어나지 않는 것은 곧 사람과 천이 하나가 되었음을 뜻한다. 그의 생존방식은 개인의 의지에서 나온 것이지만, 다른 측면에서 그것은 천도의 규칙에 합치하는 것이다. 이것은 인간 삶의 최고 경지이다. 이러한 경험은 어쩌면 개인의 특수성을 함축하고 있을 것이지만, 또한 보편성을 갖추고 있다.

이와 같은 공자의 개인적 경험에 대한 설명이 긍정적인 측면에서 말한 것이라면, 그가 보통 사람들을 향해서 말한 군자의 세 가지 규율은 부정적인 측면에서 말한 것이다. "군자에게는 세 가지의 경계할 일이 있다. 젊을 때는 혈기가 아직 안정되지 않았으니 경계할 것이 호색에 있고, 장성하여서는 혈기가 한창 왕성하니 경계할 것이 싸움에 있고, 늙어서는 혈기가 이미 쇠잔하였으니 경계할 것이 이득 즉 물욕에 있다."[96] 사람의 일생은 태어나서 임종할 때까지 대략 소년, 장년 및 노년으로 나눌

[송宋] 미상, 「효경도孝經圖」

수 있다. 이와 같은 각 단계에서 생리적 변화가 있을 뿐만 아니라, 심리적인 욕망의 변화도 있다. 그것들이 인생의 다양한 문제를 만들어 낸다. 공자는 혈기와 그 변화가 생리 중에서 가장 근본적인 것이라고 생각하였다. 사실 혈기는 다른 것들이 아니라 인간 자신의 생명력이다. 혈기의 변화는 곧 생명력의 변화이다. 청소년에게 있어서 혈기는 아직 확정되지 않은 상태이고, 중년에는 왕성하고, 노년에는 쇠약해 진다. 이 각각에 상응하는 것은 다른 내용의 욕망이다. 그것은 각각 여색, 싸움과 이득이다. 호색은 여색이고, 싸움은 투쟁이고, 이득은 욕심이다. 이러한 욕구는 평범한 욕망이 아니고, 자신의 경계선을 넘어선 욕망이다. 사람들이 이러한 욕구를 효과적으로 통제하는 데 관심을 기울이지 않는다면, 그것들은 순간적으로 사람의 삶을 파괴할 가능성이 매우 높다. 그러므로 이러한 욕구에 대한 경계는 사람들이 도를 추구해 인을 성취하는 데 반드시 필요한 조건이다.

---

96) 『論語』, 「季氏」, "君子有三戒. 少之時, 血氣未定, 戒之在色, 及其壯也, 血氣方剛, 戒之在鬥, 及其老也, 血氣既衰, 戒之在得."

그런데 어떻게 도를 추구해 인을 성취하는가? 공자는 그 열쇠가 수양에 있다고 생각하였다. 수양은 개인의 말과 행동을 고쳐 바르게 하는 것이다. 그리고 수양공부의 주요 내용은 밖에서 구하는 것이 아니라, 자기 안에서의 반성이다. 공자의 제자인 증자는 "나는 매일 다음과 같이 세 가지 측면에서 나 자신을 반성한다. 다른 사람을 위하여 일을 도모하면서 충실하지 않았는가, 친구와 교제하면서 미덥지 않았는가, 스승의 가르침을 잘 익혔는가?"[97]라고 말하였다. 세 가지 측면에서 자신을 반성한다는 말이 강조하는 것은 단번에 성공하는 것이 아니라, 여러 번에 걸쳐 반복적으로 자신을 돌아본다는 점이다. 반성은 매일 필수적이고 지속적으로 완성되어 가는 숙제이다. 반성은 스스로 자신을 돌이켜 생각해 보는 것이다. 물론 사람들은 애써 자신을 돌이켜 생각한다. 돌이켜 생각하는 것은 단지 마음 자신일 뿐이다. 그것은 진실하고 순수하며 투명한 것이다. 사람은 이 마음을 써서 그 자신이 이미 한 일들을 생각한다. 이것은 사람이 자신이 이미 한 행동과 생각, 말에 대해 재검토하고, 무엇이 옳고 무엇이 그른지를 구별해 낸다. 증자는 여기에서 세 가지 가장 중요한 일, 곧 충실, 믿음, 학습을 지적하고 있다. 충이란 자기에 대한 그리고 타인에 대한 성실함이고, 믿음은 친구 사이의 신의이고, 학습은 스승이 전해 주는 도에 대한 학습이다.

그러나 반성의 과정에서 옳고 그름의 기준은 어떻게 확립되는가? 한편으로 그 자체는 사람의 천성에 기초해 세워지고, 다른 한편으로 그것은 성인의 말, 곧 경전에 의거한다. 그렇기 때문에 수양과 반성에서

---

97) 『論語』, 「學而」, "吾日三省吾身. 爲人謀而不忠乎? 與朋友交而不信乎? 傳不習乎?"

보자면, 학습은 결여될 수 없는 것이다.

공자는 학습의 중요성을 강조했다. 그는 비록 사람이 배우지 않고 태어나면서 이미 알고 있는 것이 있음을 인정하지만, 그러나 가장 주요한 것으로 배움을 통해 아는 것을 강조했다. 보통 사람의 경우 그가 일반적인 군자의 미덕을 갖춘 경우에도, 그가 만약 배우지 않는다면 그가 가진 그와 같은 미덕들을 상실할 수 있다. "어진 것을 좋아하면서 배우는 것을 좋아하지 않으면 그 폐단은 우둔해지는 것이고, 지혜로운 것을 좋아하면서 배우는 것을 좋아하지 않으면 그 폐단은 허풍스러워지는 것이고, 믿음직한 것을 좋아하면서 배우는 것을 좋아하지 않으면 그 폐단은 해치는 것이고, 곧은 것을 좋아하면서 배우는 것을 좋아하지 않으면 그 폐단은 가혹해지는 것이고, 용맹스러운 것을 좋아하면서 배우는 것을 좋아하지 않으면 그 폐단은 난폭해지는 것이고, 굳센 것을 좋아하면서 배우는 것을 좋아하지 않으면 그 폐단은 무모해지는 것이다."[98] 사람들이 설령 인, 지, 신, 직, 용, 강 등의 미덕을 추구하더라도 학습을 통한 교화의 과정이 없다면 이러한 미덕 또한 폐단이 될 수 있는 것이다. 이것은 단지 학습을 통해 사람들은 비로소 이러한 미덕의 진정한 본질이 무엇인지 알게 되며, 아울러 이러한 미덕의 본질을 실현할 수 있는 것이다. 이것은 학습이 인간 본성을 갈고 닦는 가장 근본적인 부분임을 보여 준다. 그런데 학습이란 무엇인가? 학습은 곧 아는 것이다. 알지 못하던 사람이 알고 있는 사람에게서 배우고, 이것을 통해서 모르는 것이 아는 것으로 변하는 것이다. 이렇게 이해되는 학습에는 당연히

---

98) 『論語』, 「陽貨」, "好仁不好學, 其蔽也愚, 好知不好學, 其蔽也蕩, 好信不好學, 其蔽也賊, 好直不好學, 其蔽也絞, 好勇不好學, 其蔽也亂, 好剛不好學, 其蔽也狂."

가르치는 것과 배우는 것의 두 가지 필수적인 부분이 포함된다. 교사와 학생 사이에서 가장 중요한 차이점은 한쪽은 이미 학습한 반면 다른 한쪽은 아직 학습하지 않았거나 학습 중이라는 점이다. 교사는 바로 이미 학습한 지식을 아직 학습하지 않았거나 학습 중인 학생에게 전수해 준다. 그러나 교육자인 교사 자신 역시 교육을 받아야 한다. 이것은 이미 학습한 사람 역시 여전히 학습해야 한다는 말이다. 따라서 모든 교육의 핵심은 모두 학습이다.

학습의 과정에서 사람들은 반드시 좋은 학습과 사유의 관계도 안배해야 한다. "배우기만 하고 스스로 사색하지 않으면 학문이 체계가 없고, 사색만 하고 배우지 않으면 오류나 독단에 빠질 위험이 있다"[99], "내가 일찍이 종일토록 먹지 않고 밤새도록 자지 않으면서 사색해 본 적이 있는데 유익한 것이 없었으니 배우는 것만 못하더라."[100] 일반적으로 학습이란 새로운 사물에 대한 학습이고, 사유는 오래된 사물에 대해 돌이켜 생각하는 것이다. 학습은 사유의 전제이자 기초이며, 사유는 학습한 것에 대한 가공과 새로운 단계로 올라가는 것이다. 배우지 않으면 사고는 헛된 것이고 아무런 의미도 없다. 학습의 기초 위에서 구축된 사유만이 비로소 자신의 끊어지지 않는 원천을 얻을 수 있게 한다.

공자가 말한 학습의 내용은 보통의 사물에 대한 지식뿐만 아니라, 도에 대한 학문까지 넓은 범위를 포함한다. 그러나 그의 가장 핵심적인 교육이념은 학습이 무엇보다 모종의 전문적인 기능의 훈련이 아니라, 인간 본성의 배양과 형성에 관한, 곧 어떻게 도를 구하고 인을 완성하는

---

99) 『論語』, 「爲政」, "學而不思則罔, 思而不學則殆."
100) 『論語』, 「衛靈公」, "吾嘗終日不食, 終夜不寢, 以思, 無益, 不如學也."

지에 있다. '배우고 때로 익힌다'(學而時習之)고 할 때의 학습은 바로 도에 관한 학습이다. 그러므로 학습의 근본 목적은 스스로 도를 획득하는 것이고, 아울러 자신의 인격 경지를 끌어올리는 것이지, 다른 사람에게 보여 주거나 자랑하기 위한 것이 아니다. "옛날의 학자는 자신을 성장시키기 위해 공부했는데, 오늘날의 학자는 다른 사람에게 보여 주기 위해 공부한다."[101] 그러나 도를 배운다는 것이 결코 모종의 신비한 사상이나 깊은 이론을 추구하여 획득하는 것이 아니며, 일종의 도와 합일하는 일상생활의 태도를 세우는 것이다. "군자는 식사를 함에 있어서 배불리 먹기를 바라지 않고, 거주함에 있어서 편안하기를 바라지 않으며, 일을 함에 있어서는 민첩하고, 말을 함에 있어서는 신중하며, 도가 있는 사람을 통해 자신의 잘못을 바로잡으니, 이렇게 되면 배우기를 좋아한다고 할 수 있다."[102] 여기에서 말하는 학습은 사실상 실제로 사람에게 의식주와 말하고 행동하는 등의 여러 측면에서 적절한 정도의 파악을 요구한다. 학습은 또 현실세계에 있어서 각종 사회관계의 처리로 구체화된다. "아내를 대함에 있어서 현덕을 중시하고 미색을 경시하며, 부모를 섬김에 있어서 자신의 힘을 다할 수 있고, 임금을 섬김에 있어서 자신의 몸을 바칠 수 있고, 친구와 교제함에 있어서 말에 신용이 있다면, 비록 못 배웠다고 할지라도 나는 반드시 그를 배웠다고 부를 것이다."[103] 이와 같은 학습은 사람들이 부자父子, 군신, 친구 사이의 예적 규범에 대해 복종하는 것과, 그것에 더해 인의 정서를 만들어 가는 것을

---

101) 『論語』, 「憲問」, "古之學者爲己, 今之學者爲人."
102) 『論語』, 「學而」, "君子食無求飽, 居無求安, 敏於事而愼於言, 就有道而正焉, 可謂好學也已."
103) 『論語』, 「學而」, "賢賢易色, 事父母, 能竭其力, 事君, 能致其身. 與朋友交, 言而有信. 雖曰未學, 吾必謂之學矣."

강조하지 않는 것이 없다. 이와 같은 의미에서, 공자의 도에 대한 학습은 예와 인에 관한 학습이기도 하다.

그러나 예에 관한 학습 이외에, 공자는 문예의 학습이 인간성을 형성하는 것에 대한 작용과 의의를 특별히 중시하였다. "젊은 사람은 집에 들어가면 부모님께 효도하고, 밖으로 나가면 윗사람을 공경하며, 언행이 근엄하고 믿음성이 있으며, 널리 여러 사람을 사랑하고 인을 가까이하되, 이렇게 하고도 남는 힘이 있으면 그 힘으로 글을 배우는 법이다."104) 여기서 글(文)이란 문장이자, 문학 및 예술 등이다. 글은 비록 핵심은 아니지만 필요한 것이다. 넓은 의미에서 글은 시와 음악이 가장 중요한 역할을 담당한다. "시를 통해 일어나고, 예를 통해 확립하며, 음악을 통해 완성한다."105) 이 말에서 보자면, 시는 시작이고, 예의는 중간 혹은 주체이며, 음악은 완성이다.

공자는 시의 기능이 다양한 측면이라고 생각하였다. "『시경』은 그것으로 감흥을 일으킬 수도 있고, 인정과 풍속을 살필 수도 있으며, 여러 사람이 한데 모일 수도 있고, 위정자에 대하여 원망을 할 수도 있다. 가까이로는 그것을 본받아 어버이를 섬기고, 멀리로는 그것을 본받아 임금을 섬기며, 조수와 초목의 이름을 많이 알게 된다."106) 시가 매우 다양한 역할을 수행한다는 점을 말하고 있다. 그것은 자연과 사회를 알도록 하는 인식작용이 있고, 집안과 나라의 윤리질서를 유지하는 도덕적 기능을 가지며, 사람의 감정을 풍부하게 배양하는 미적 기능을 가지

---

104) 『論語』, 「學而」, "弟子, 入則孝, 出則弟, 謹而信, 凡愛衆, 而親仁, 行有餘力, 則以學文."
105) 『論語』, 「泰伯」, "興於詩, 立於禮, 成於樂."
106) 『論語』, 「陽貨」, "詩, 可以興, 可以觀, 可以群, 可以怨. 邇之事父, 遠之事君, 多識於鳥獸草木之名."

고 있다.

당연히 공자가 말한 시는 유학의 경전 중 하나인 『시경』이다. 그는 "『시경』의 시 삼백 편을 한마디로 개괄한다면 생각에 사악함이 없다"[107]라고 생각하였다. 『시경』의 가장 근본적인 특징은 그것이 나쁜 것이 없는 순수하고 바른 감정을 표현한다는 점으로, 그렇기 때문에 그것은 사람의 본성과 합치한다. 『시경』에 대한 학습은 또한 사람의 성정을 길러 나쁜 것이 없는 바르고 순수한 감정에 이르도록 하기 위한 것일 뿐이다. 『시경』에서 「관저關雎」편은 시작을 알리는 첫 번째 시이다. 공자는 "「관저」편은 즐거우면서도 음탕하지 않고, 슬프면서도 몸을 상하게 하지 않는다"[108]고 생각했다. 이와 같은 감정의 표현은 과격하거나 극단적인 것이 아니라 중도를 행한 것으로, 공자가 주장하는 나쁜 것이 없는 순수하고 바른 이념과 일치한다.

공자는 또한 음악의 특별한 의의를 강조했다. 조화로운 소리의 음악은 그 본질에서 말한다면 즐거움과 쾌락이다. 사람들에 대한 음악의 영향은 바로 사람들을 즐겁게 만들어 주고, 심신과 세계가 조화로운 관계를 유지하도록 한다. 공자는 좋은 음악은 마땅히 선을 표현하고 아름다움을 표현해서, 아름다움과 선이 합일되도록 해야 한다고 생각했다. "공자가 「소」를 평가하며 '아름다움을 다하고 또한 선함을 다했다'라고 하였고, 「무」를 평가하며 '아름다움은 다했으나 선을 다하지는 않았다'고 하였다."[109] 동시에 공자는 음악과 그 연주가 상이한 단계를 포함하

---

107) 『論語』, 「爲政」, "詩三百, 一言以蔽之, 曰思無邪."
108) 『論語』, 「八佾」, "關雎, 樂而不淫, 哀而不傷."
109) 『論語』, 「八佾」, "子謂韶, 盡美矣, 又盡善也, 謂武, 盡美矣, 未盡善也."

[수隋] 전자건展子虔, 「수경도授經圖」

는 하나의 과정이라고 생각하였다. "음악이란 알 만한 것이다. 막 시작했을 때는 여러 가지 소리가 혼연일체를 이루다가, 이어서 한 가지 소리가 순수하고 명석하게 울리고, 이 상태가 끊어지지 않고 이어져 지속되다가 끝나게 된다."110) 이러한 과정은 바로 시작과 중간 그리고 마무리가 있는 것으로 구성되는 사물의 총체이다.

사실상 공자는 음악을 독특한 예술 장르로 이해했을 뿐만 아니라, 삶이 보여 주는 일종의 경지, 심지어는 가장 높은 경지로 이해했다. 음악은 즐거움이다. 공자는 다음과 같은 즐거운 삶의 이상에 동의했다. "봄날 옷이 만들어졌으면 어른 대여섯 명과 아이 예닐곱 명을 데리고 기수에 가서 목욕하고 무우에서 바람을 쐬고는 시를 읊으며 돌아오겠습니다."111) 이것은 어떤 삶의 풍경인가? 벗들과 함께 즐거워한다. 그들은 자연 속에서 놀고, 세상에서 노래한다. 어떤 공적이나 이익이 없고, 어떤 이익이나 손해도 없다. 천과 하나가 되고, 사람과 함께 모인다. 이것이 바로 음악의 정신이다. 음악의 핵심은 즐거움이다. 도와 함께하는 것, 그것이 바로 음악의 본질이다. 바로 공자가 『논어』 첫머리에서 "배우고 때에 맞춰 그것을 학습한다면 즐겁지 않겠는가?"라고 말하였는데,

---

110) 『論語』, 「八佾」, "樂其可知也. 始作, 翕如也, 從之, 純如也, 皦如也, 繹如也, 以成."
111) 『論語』, 「先進」, "莫春者, 春服旣成, 冠者五六人, 童子六七人, 浴乎沂, 風乎舞雩, 詠而歸."

즐거워하는 것이 무엇인가? 즐거워하는 것은 다름 아닌 도이다. 이러한 의미에서 공자는 위대할 뿐만 아니라, 즐거운 사상가이다.

3. 『맹자』

맹자는 공자의 추종자로, 세상 사람들은 성인인 공자 다음에 위치한다고 해서 아성亞聖이라고 칭한다. 맹자는 공자의 인학사상仁學思想을 계승하고 선양하여 더욱 발전시켰다. 그러나 이들 사이에도 일정한 차이가 있다. 공자는 인을 부모와 자식 사이의 사랑에 귀결시켰는데, 그것은 일종의 특정한 인간적 감정이다. 비록 인애는 인간의 본심이고 본성이라고 말할 수 있지만, 그것은 공자가 직접 지적하지는 않았으며, 그래서 여전히 확연하게 드러나지 않고 가려져 있고 명확하지 않다. 그러나 맹자는 직접 이것을 명백하고 분명하게 드러내 공개했다. 그는 인간의 마음과 본성에 대해 탐구하였고, 본성인 인애는 선한 것이라 생각하였다. 사람들 모두에게는 이러한 본심이 있다. 동시에 사람들 모두에게는 이러한 본성이 있다. 이것에 근거해서 맹자는 자신의 심성론을 세웠다. 이것은 후대의 유학 연구에 계속 영향을 미쳤다. 그 사상의 주요 내용은 『맹자』112) 한 권에 기록되어 있다.

---

112) 아래에 나오는 『孟子』 본문은 楊伯峻 譯注, 『孟子譯注』(北京: 中華書局, 1960)에서 인용하였다.

1) 심

맹자는 먼저 사람을 사람이 되도록 하는, 사람을 규정하는 것을 찾으려고 하였다. 이것은 인간이 무엇인지 묻는 근본적인 생각과 문제를 제시하고 그것에 답한 것이기도 하다. 사람이 무엇인지를 규정하는 것은 사람의 본성을 제시하는 것이지만, 그것은 바로 인간과 동물이 서로 구분될 때 얻어지는 것이기도 하다. 사람과 동물의 차이는 도대체 무엇일까? "사람이 금수와 다른 부분은 많지 않다. 보통 사람들은 그것을 버리지만, 군자는 그것을 보존하고 있다."[113] 존재자 전체에서 보자면, 사람 자체는 특별한 동물이지만, 다른 동물과는 가장 가까운 이웃이다. 생리적인 측면이나 심리적인 측면에서, 사람과 동물은 일정한 유사점을 가지고 있다. 그러므로 인간과 동물 사이를 구분하는 간격은 매우 작다. 이 때문에 사람들은 이러한 차이를 간과하기도 한다. 물론 사람과 동물의 차별성에 대한 의식 여부는 당연히 생각이 정확한지의 여부와 관련된다. 그러나 맹자는 사람과 동물의 차이를 유지하는지의 여부는 곧 보통 사람과 군자의 구분을 형성한다고 생각하였다. 이것은 소인이 이 구분을 버려 버린다면, 군자는 그 구분하는 것을 보존하기 때문이다. 소인이 이 구분하는 것을 버릴 때 그와 동물은 동일한 것이어서 스스로 사람으로부터 동물로 변하게 된다. 군자가 그 구분하는 것을 보존할 때 그와 동물은 분리되며 그 자신은 동물로부터 변해 사람이 된다. 그렇다면 버린다는 것은 무엇이고, 보존한다는 것은 무엇인가? 맹자는 이것은

---

113) 『孟子』, 「離婁下」, "人之所以異於禽獸者幾希. 庶民去之, 君子存之."

다른 것이 아니라 하나의 심心일 뿐이라고 지적한다.

그런데 심이란 어떤 것인가? 심은 중국어에서 일반적으로 5개의 내장기관 중 하나인 사람의 심장을 가리킨다. 그러나 사람들은 심장이 다른 일반적인 기관과 다르게 특별한 기능을 가지고 있다고, 즉 생각할 수 있다고 믿었다. 이러한 의미에서, 심은 더 이상 심장만을 의미하지 않고 마음을 가리키게 되었는데, 그것은 사유하는 의식과 정신 등을 모두 포괄하는 것이다. 그렇기 때문에 마음은 사람의 감각기관과 관련되어진다. 그러나 사람의 다섯 가지 감각기관과 마음에는 큰 차이가 있다. "귀나 눈과 같은 감각기관들은 생각하는 기능이 없기 때문에 사물에 의해 덮여 버리고, 사물이 사물과 서로 만나면 이끌려 갈 뿐이다. 마음의 감각기관은 생각하니, 생각하면 얻고, 생각하지 않으면 얻지 못한다. 이것은 천이 우리에게 준 것이니, 먼저 그 큰 것을 세우면, 곧 그 작은 것이 빼앗을 수 없다. 이렇게 한다면 큰 사람이 될 뿐이다."[114] 맹자의 시각에서 말하자면, 귀와 눈 등의 감각기관 자체는 여전히 하나의 사물이다. 이것은 그것들이 신체의 일부이자 육체적인 것이기 때문이다. 그것들이 바깥의 사물을 감각할 때, 스스로는 하나의 특별한 사물이 되어 다른 외재하는 사물과 교섭하지만, 아울러 외재하는 사물에 조종되거나 가려질 수 있다. 이와 달리 마음의 본성은 사물이 아니며, 신체를 가지고 있거나 육체적인 것도 아니고, 물질적인 것 이상이다. 사물이 아닌 마음의 본성은 사유이다. 이러한 사유는 곧 사색이고, 또한 사물의 의미를 획득할 수 있는 것이다. 그래서 감각이 아닌, 마음이 바로 인간과

---

114) 『孟子』, 「告子上」, "耳目之官不思, 而蔽於物. 物交物, 則引之而已矣. 心之官則思, 思則得之, 不思則不得也. 此天之所與我者, 先立乎其大者, 則其小者不能奪也. 此爲大人而已矣."

동물을 서로 구분하는 근본적인 경계선이다. 이 근본적인 경계선이 확정될 때만, 다른 경계선 역시 비로소 구분되어 얻을 수 있게 된다.

당연히 맹자가 이해한 마음은 결코 단순히 하나의 인식하는 마음이 아니며, 도덕을 갖춘 마음이다. 이것은 마음이 사물의 본성을 인식할 수 있을 뿐만 아니라, 사람의 행위를 이끌 수 있고, 특히 사람과 사람의 관계를 규정할 수 있다는 말이다. 맹자는 바로 이와 같은 사람의 마음을 악을 보고 '참지 않는 사람의 마음'(不忍人之心)이라고 불렀다. "모든 사람에게는 불의를 보고 참지 않는 마음이 있다. 선왕에게 그러한 참지 않는 마음이 있었기에 악을 용납하지 못하는 정치가 있었다. 참지 않는 마음으로 악을 용납하지 않는 정치를 행한다면, 천하를 다스리는 일은 마치 작은 물건을 손바닥 안에서 주무르듯 쉬운 일이다. 내가 모든 사람에게 참지 않는 마음이 있다고 말하는 것은, 예를 들어 어린아이가 우물에 빠지려는 것을 지금 어떤 사람이 갑자기 발견한다면, 그 사람이 어떤 사람이라도 모두 놀라고 불쌍히 여기는 마음이 있다는 것에 근거하고 있다. 그 사람에게 그러한 마음이 생기게 된 것은 어린아이의 부모와 깊은 교재를 나누기 위해서가 아니며, 그 지방의 이웃과 친구들로부터 칭찬을 듣고자 그렇게 한 것도 아니며, 그 어린아이의 울부짖는 소리를 싫어해 그러한 마음이 생긴 것도 아니다. 이렇게 봤을 때, 사람에게 측은히 여기는 마음이 없으면 사람이라고 할 수 없고, 잘못을 부끄러워하는 마음이 없으면 사람이라고 할 수 없으며, 사양하는 마음이 없으면 사람이라고 할 수 없고, 옳고 그름을 가리는 마음이 없다면 사람이라고 할 수 없다. 측은히 여기는 마음은 인의 씨앗이고, 잘못을 부끄러워하는 마음은 의의 씨앗이며, 사양하는 마음은 예의 씨앗이고, 옳고 그름을 가리는 마음은 지의 씨앗이다. 사람에게 이 네 가지 씨앗이 있는 것은 마치 사람에게 팔과 다리의 사지가 있는 것에 비유할 수 있다. 이러한 네 가지 씨앗을 지니고 있으면서도 스스로 그것들을 실천할 수 없다고 말하는 것은 자기를 해치는 사람이고, 그의 군주가 그것들을 실천할 수 없다고 말하는 것은 그 군주를 해치는 사람이다. 이 네 가지 씨앗이 자기에게 내재해 있으면 또한 그것을 어떻게 확충할 줄도 안다. 그것은 마치 금방 타오르기 시작한 불꽃이나, 샘솟기 시작한 샘물과 같아, 확충하기만 하면 천하를 안정시켜 편안하게 할 수 있지만, 확충하지 못한다면 그 자신의 부모조차 섬기지 못한다."115)

무엇이 참지 않는 사람의 마음인가? 맹자는 사람의 본심과 다른 사람의 마음이 모두 같고 서로 소통하는 것으로 미리 전제한다. "입이 맛에서 같이 좋아하는 것이 있고, 귀가 소리에서 같이 듣는 것이 있으며, 눈이 색에서 같이 아름다워하는 것이 있다. 마음에 유독 같은 것이 없겠는가? 마음이 이처럼 같이 느끼는 것은 무엇인가? 그것은 리理이고 의義이다. 성인은 먼저 우리의 마음이 이와 같음을 알았을 뿐이다. 그러므로 리와 의가 우리 마음을 기쁘게 하는 것은, 마치 고기요리가 우리 입을 즐겁게 하는 것과 같다."116) 맹자는 사람들이 공통의 감각을 가진

---

115) 『孟子』,「公孫丑上」, "所以謂人皆有不忍人之心者. 今人乍見孺子將入於井, 皆有怵惕惻隱之心. 非所以內交於孺子之父母也, 非所以要譽於鄉黨朋友也, 非惡其聲而然也. 由是觀之, 無惻隱之心, 非人也. 無羞惡之心, 非人也. 無辭讓之心, 非人也. 無是非之心, 非人也. 惻隱之心, 仁之端也. 羞惡之心, 義之端也. 辭讓之心, 禮之端也. 是非之心, 智之端也. 人之有是四端也, 猶其有四體也. 有是四端而自謂不能者, 自賊者也, 謂其君不能者, 賊其君者也. 凡有四端於我者, 知皆擴而充之矣, 若火之始然, 泉之始達. 苟能充之, 足以保四海. 苟不充之, 不足以事父母."

116) 『孟子』,「告子上」, "口之於味也, 有同嗜焉, 耳之於聲也, 有同聽焉, 目之於色也, 有同美焉. 至於心, 獨無所同然乎? 心之所同然者何也? 謂理也, 義也. 聖人先得我心之所同然耳. 故理義之悅我心, 猶芻豢之悅我口."

다고 생각하였다. 이것은 경험적이고 직관적인 사실이다. 사람들은 똑같은 감각기관을 가졌을 뿐만 아니라, 같은 감각 대상에 대해 동일한 감정을 가진다. 감각의 과정에서 사람들은 좋고 나쁜 감각 대상을 품평하고 감상하며 구분한다. 비록 각각의 사람은 서로 같지 않지만, 사람들은 공통의 관심과 기호를 가진다. 맹자는 사람들이 공통의 감각을 가지고 있다는 것으로부터 공통의 마음을 가지고 있다는 것을 추론해 냈다. 마음과 감각은 비록 다른 것이지만, 서로 비슷한 특징을 가지고 있다. 사람들이 공통의 감정을 가지고 있다면, 공통의 마음을 가질 수 있는 것이다. 사람들은 모두 동일하게 생각할 수 있는 마음을 가지고 있으며, 동시에 사람들은 동일한 사고의 대상을 가지고 있다. 사람의 마음이 같은 점은 다른 것이 아니라, 동일한 리와 의에 대해 좋아하고 또 그것을 추구하는 것이다. 사람은 태어나면서부터 자연스럽게 이와 같은 마음을 가지고 있다. 그러나 현실적인 생활 속에서 사람들은 그것을 늘 잃어버리기도 한다. 참는 사람의 마음은 바로 이러한 마음을 사람이 억제하고 억압하며 방해하는 것으로, 그것은 다른 사람에 대한 무시이자 아무런 관심이 없는 것이고, 따라서 잔인하고 포학한 것이다. 비록 참는 사람의 마음이 본래의 마음에 대해 가리고 덮는 것이지만, 현실세계에 있어서는 먼저 드러날 뿐만 아니라 보편적인 것이다. 그래서 세계 곳곳에는 증오와 전쟁, 학살이 가득한 것이다. 이른바 춘추시대에 의로운 전쟁은 없다는 말이 바로 이런 뜻이다. 이러한 의미에서 참지 않는 사람의 마음은 참는 사람의 마음에 대한 부정이고, 사람의 본래 마음을 향해 되돌아가는 것이다. 참지 못하는 사람의 마음을 사람의 본심으로 삼으면 다른 사람과 서로 동일하고 서로 소통하는 마음을 사람들이 갖추게 되는 것이다.

맹자는 참지 않는 사람의 마음을 직접적으로 '측은하게 여기는 마음'이라 표현한다. 그것은 사람이 다른 사람의 처지, 특히 고난에 대해 생겨난 동정심과 이것을 기초로 해서 발생한 타인에 대해 돕고 싶어 하는 마음이다. 맹자는 특별히 하나의 사례를 인용하는데, 그것은 바로 생명이 위험한 처지에 놓인 어린아이에게 생겨나는 사람들의 동정심이다. 이러한 동정심이 생겨나는 까닭은 결코 이런 저런 외적인 원인들, 곧 어린아이의 부모와 교재를 나누는 것이나, 사회적인 명성, 어린아이의 울부짖는 소리가 싫은 것 때문이 아니라, 유일한 내재적 원인 곧 동정심 때문이다. 사람이 처지를 바꿔 어린아이처럼 자신이 위험을 느끼고 도움을 받아야 할 필요가 있다고 생각할 때, 그는 이 어린아이에 대해 동정심을 가질 수 있다. 동정하는 마음은 사람과 사람의 마음이 서로 같을 뿐만 아니라, 서로 소통할 수 있음을 전제한다. 당연히 동정하는 사람과 동정 받는 사람 사이에는 일정한 차이가 존재한다. 일반적으로 동정하는 사람과 동정 받는 사람은 자발적으로 사랑하고 또 그 사랑을 받는 관계이다. 전자는 능동적이고 후자는 수동적이다. 전자가 강자라면 후자는 약자이기도 하다. 그러나 바로 동정 받는 사람이 동정심을 호소할 때, 동정하는 사람의 동정심은 깨어나게 된다. 이러한 순간에 사람은 반드시 그의 동정심을 생성시킨다. 맹자는, 동정심인 측은하게 여기는 마음은 모든 사람이 본래부터 갖추고 있는 것이라고 생각하였다. 그는 심지어 매우 극단적으로 측은한 마음을 가질 때에만 비로소 사람이지, 그렇지 않다면 사람이 아니라고 말하였다.

사람의 마음에는 측은하게 여기는 것 외에도 악을 미워하는 마음이 있다. 악을 미워한다는 것은 무엇인가? 악이나 추악한 것을 미워하는 것이다. 악은 선과 대립하는 것이다. 선은 좋은 것이고, 악은 나쁜 것이다. 선과 악의 구별은 사람 마음의 기본적 능력이다. 이 구별은 또한 마음의 지향, 즉 선을 향하고 악을 피하는 것으로 나타난다. 맹자는 이것을 악을 미워하는 것, 또한 수치심으로 표현하였다. 수치심은 사람이 가진 선악의 경계선에 대한 의식이다. 사람이 선악의 경계선을 지키고 있을 때 그는 부끄러움이 있지만, 사람이 선악의 경계선 밖으로 넘어가게 되면 부끄러움이 없게 된다. 악을 미워하는 마음은 사람의 마음이 갖추고 있는 모종의 능력이며, 그것은 사람들이 선과 악의 경계선을 넘지 않고 사람들이 경계선을 지키도록 경고한다. 그렇기 때문에 그것은 사람의 자기 마음에 대한 규제이다. 맹자는 "사람은 부끄러워하는 마음이 없어서는 안 된다. 부끄러워하는 마음이 없는 것을 부끄러워하면, 부끄러워할 일이 없게 된다"[117)]고 강조했다.

사람에게는 또한 사양하는 마음이 있다. 사양은 자기 자신의 권리에 대한 양보이다. 사람은 비록 모종 일에 대해 권리를 가지지만, 그는 그것을 포기한다. 뿐만 아니라 그는 이 권리를 다른 사람들에게 양보해 주기도 한다. 이것은 비록 일반적인 인간관계에서 표현되지만, 주로 상하관계, 곧 아버지와 아들, 형과 아우 등에서 표현된다. 이러한 관계에서 사람과 사람 사이 자체는 선후의 질서를 안배해 준다. 사양하는 마음은 자신의 우선권을 부정하고, 이와 같은 일차적인 순서의 규정을 긍정하는 것일 뿐이다. 사양하는 마음은 곧 포기하는 것에서 보자면 그것

---

117) 『孟子』, 「盡心上」, "人不可以無恥. 無恥之恥, 無恥矣."

은 겸손한 것이고 온순한 것이고, 양보에서 보자면 그것은 공경하는 것이고 포용하는 것이다.

사람에게는 또 옳고 그름을 아는 마음이 있다. 옳고 그름은 곧 참과 거짓이고, 맞고 틀린 것을 의미한다. 옳고 그름은 일반적인 인식의 영역과 관련될 뿐만 아니라, 도덕적인 영역과도 관련되어 있다. 사람의 마음이 사물에 대해 옳고 그름을 판단해 제시하는 것은 사유의 문제일 뿐만 아니라 행동의 문제이기도 하다. 이것은 사람들이 사물의 옳고 그름을 구분해 낼 때, 그는 또한 선택과 결정을 하게 되고, 또 잘못된 것을 버리고 옳은 길을 가게 되는 것이다.

맹자가 말한 측은하게 여기는 마음, 악을 미워하는 마음, 사양하는 마음, 옳고 그름을 아는 마음은 사람의 마음이 가진 네 가지 측면을 구성하고 있다. 그런데 왜 단지 이 네 가지 측면만이 있을 뿐, 더 많거나 혹은 더 적지 않은가? 맹자는 사람에게 사단四端이 있는 것은 사지四肢가 있는 것과 마찬가지로 선천적이며 저절로 주어진 것이어서 그 이유를 물을 수 없는 것이라고 생각하였다. 여기서 확인되듯 맹자는 마음을 육체에 비유하고, 마음의 구조를 마치 육체인 것처럼 보고 있다. 그런데 이것은 대체 어떤 구조인가? 사람들은 그것들을 팔이 된다거나 다리가 된다고 구분하기 어렵다. 뿐만 아니라 더 나아가 좌우의 팔과 좌우의 다리로 구분하는 것은 더욱 말할 것도 없다. 이러한 구조는 일반적으로 널리 알려져 있는 지知·정情·의意 삼분법과도 같지 않다. 만약 이러한 구분에 따르면, 마음의 구조는 인식과 의지, 정감의 세 가지 측면으로 나눌 수 있다. 사실상 맹자의 마음의 네 가지 측면은 단순하게 지정의에 귀속시킬 수도 없다. 그러나 맹자의 네 가지 측면을 가진 마음에 대한 이해는 전체적으로는 도덕적인 마음의 특징을 드러내 보여 준다. 인식이나 정감까지도 모두 도덕에 의해 규정되는 것이다. 그렇기 때문에 인식은 도덕화된 인식이고, 정감은 도덕화된 정감이다. 동시에 도덕 역시 인식론적 도덕과 정감화된 도덕이 된다. 이 모든 것은 또한 참지 않는 사람의 마음, 곧 측은히 여기는 마음에 집중되어 있다. 그것은 도덕적인데, 이것은 그것이 다른 사람에 대한 관심이기 때문이다. 또 그것은 정감인데, 이것은 그것이 타인에 대한 일종의 동정심이기 때문이다. 동시에 또한 인식론적인데, 이것은 그것이 타인에 대한 일종의 판단이기 때문이다.

맹자의 사단은 사람의 마음이 마치 육체의 사지와 마찬가지로 네 가지 측면을 가지고 있음을 의미할 뿐만 아니라, 마음 자체가 네 가지 발단을 가지고 있음을 의미한다. 발단은 사물의 기원, 맹아 및 시작이다. 그것은 사물의 전체에 대해 중요하다. 이것은 시작이 없다면 사물은 발전하거나 완성되지 못하고, 시작이 있어야만 사물은 비로소 발전하고 완성될 수 있기 때문이다. 사람은 자신과 다른 사람들이 이미 이 마음의 발단을 가지고 있음을 인정해야 한다. 그러나 사람이 마음의 네 가지 발단을 가졌다는 것은, 사람들이 이미 마음의 전체를 가지고 있다는 의미는 아니며, 마음이 완전한 선을 향해 갈 수 있는 가능성을 사람들이 갖추고 있다는 것을 의미한다. 어떤 사물이 단지 가능성만을 가지고 있을 때, 그것은 또한 불가능성을 가지고 있는데, 곧 그것은 그와 같은 가능성이 없을 수 있다는 것이다. 이것은 또 다른 하나의 가능성을 포함하고 있는데, 그것은 곧 마음의 완전한 선이 불가능하다는 것이다. 어떤 사람이 마음의 사단을 부인하고 포기할 때, 그는 마음의 맹아가 성장하는 것을 저지하게 된다. 그래서 어떤 사람들은 사단을 드러내 보여 주고, 또 어떤 사람들은 사단을 덮어 버린다. 그래서 맹자는 사람들이 본래의 마음을 확충시켜야 한다고 강조한다. 사단은 다만 마음의 발단이고, 사람들은 반드시 이것들을 확충하여, 그것이 마음을 발전하고 완성할 수 있도록 해야 한다.

바로 이와 같은 이유에 기초해서, 마음은 사람과 동물을 구분하는 기준이 될 뿐만 아니라, 또한 군자와 소인의 차이점이기도 하다. "군자가 보통 사람들과 다른 것은 그가 마음을 보존하고 있다는 점이다. 군자는 인을 마음에 보존하고 있고, 예를 마음에 보존하고 있다. 어진 사람은 다른 사람을 사랑하고, 예를 가진 사람은 다른 사람을 공경한다. 다른 사람을 사랑하는 사람은 다른 사람에게서 사랑을 받고, 다른 사람을 공경하는 사람은 다른 사람도 그를 공경한다. 여기에 한 사람이 있어서 그가 자기를 횡포하게 대하면 군자는 반드시 이렇게 반성을 한다. 내가 틀림없이 어질지 못하고, 무례했다. 이런 일이 어떻게 닥쳐왔겠는가? 이렇게 스스로 반성해 봐도 어질고, 스스로 반성해 봐도 예를 갖췄는데 그 횡포함이 여전하다면 군자는 반드시 이렇게 반성한다. 내가 틀림없이 성실하지 못한 것이다. 또 성실한데도 그 횡포함이 여전하면 군자는 이렇게 말한다. 역시 이 사람은 망령된 사람일 뿐이다. 그렇게 한다면 짐승과 무엇이 다르겠는가? 짐승과 다투어서 무엇 할 것인가?"[118]

---

118) 『孟子』, 「離婁下」, "君子所以異於人者, 以其存心也. 君子以仁存心, 以禮存心. 仁者愛人, 有禮者敬人. 愛人者, 人恒愛之, 敬人者, 人恒敬之. 有人於此, 其待我以橫逆, 則君子必自反也. 我必不仁也, 必無禮也, 此物奚宜至哉? 其自反而仁矣, 自反而有禮矣, 其橫逆由是也, 君子必自反也. 我必不忠. 自反而忠矣, 其橫逆由是也, 君子曰. 此亦妄人也已矣. 如此, 則與禽獸奚擇哉? 於禽獸又何難焉?"

비록 사람은 그 본성에서 말하자면 모두 본심을 갖추고 있지만, 그것은 일종의 가능성일 뿐이다. 맹자는 군자와 소인의 구별이 마음의 가능성을 실현했는지의 여부에 있다고 생각하였다. 군자에 대해 말하자면 그는 마음의 사단을 보존하고 있고, 소인에 대해 말한다면 그는 그것을 잃어버렸다. 이러한 극단적인 대립이나 충돌하는 상황이 발생하는 것은 군자와 소인이 서로 만나는 경우이다. 왜냐하면 군자는 마음을 보존하고 있고, 소인은 마음을 보존하고 있지 않아서, 소인은 마음으로 마음에 맞춰 대응할 수 없기 때문이다. 군자가 자신의 마음으로 되돌아가 스스로 마음을 보존해 낼 때, 소인이 마음을 보존하고 있지 않다는 것을 깨닫는다. 이것으로부터 군자는 자신과 소인의 차이를 의식할 수 있게 된다. 이와 같은 군자와 소인의 구분은 사람과 동물의 차이와 거의 유사하다. 바로 이와 같은 의미에서 사람들은 비록 오직 군자만이 진정한 사람이며 소인은 진정한 사람이 아니고, 비록 그들이 일반적인 동물은 아니더라도 하나의 동물에 불과할 뿐이라고 말하는 것이다.

2) 성性

사람의 마음에 관한 맹자의 이론은 실제로 그의 인간 본성론에 기초를 다졌다. 심은 사람의 마음이고, 사유이며, 생각이다. 인성은 곧 사람의 본성이며, 본래 갖추고 있는 특성이다. 그렇다면 사람의 마음과 인성은 어떤 관련성을 가지는가? 앞에서 언급한 것처럼, 인성은 동물성과 서로 구분할 때 표현되어 나온다. 맹자의 사상에 따르면 사람의 인성은 분명히 동물의 동물성과 다르다. 그렇다면 사람의 인성은 어디에 있는가? 일반적인 중국사상은 사람이 육체와 마음으로 구성되어 있다고 생각한다. 육체적으로, 사람은 식색, 곧 식욕과 성욕의 자연적인 욕구를 가진다. 이 점에서 인간과 동물은 거의 동일하다. 그렇기 때문에 육체적인 성은 사람의 인성과 동물의 동물성 사이의 경계선을 구분할 수 없다. 이렇게 하면, 오직 사람의 마음만이 남는다. 마음에서 말하자면 그것은 인식론적 성일 뿐만 아니라 도덕성이어서, 구체적으로는 사단으로 표현된다. 바로 사람의 마음은 사람의 본성이 근본적으로 소재하는 곳이 되는 것이다. 이것은 사람의 마음이 인성을 결정한다는 말이다. 맹자에게 있어서 이른바 인성은 단지 마음의 특성일 뿐이다. 인성은 어떤 것인가? 바로 마음의 본성이 아니겠는가?

그런데 인성은 어떤 것인가? 맹자의 시대에, 인간의 본성에 대해 사람들은 이미 여러 이론을 제시하고 있었다. 첫 번째 주장은 인성이 선한 것도 없고, 선하지 않는 것도 없다는 생각이다. 사람의 본성은 선악과 상관없고, 사람들이 세상에서 만물과 접촉할 때 비로소 선악이 형성되는 것이다. 두 번째 주장은 인성이 선이 될 수도 있고, 또 악이 될 수 있다는 생각이다. 사람의 본성에는 선한 것도 있고, 선하지 않은 것도 있다. 그렇기 때문에 사람은 자신의 성장 과정 중에 선하게 될 수도 있고, 선하지 않게 될 수도 있다. 세 번째 주장은 선한 성이 있고, 선하지 않은 성이 있다는 생각이다. 어떤 사람의 인성은 선하지만, 또 다른 어떤 사람의 인성은 선하지 않다는 것이다.

이와 같은 관점과는 달리 맹자는 사람의 본성이 본래부터 선하다고 생각하였다. 이런 성선설은 훗날에 등장하는 성악설과도 다르다. 성악설은 사람의 본성이 악하다고 전제한다. 단지 교화를 통해서 사람은 비로소 선의 성격을 배양하게 된다. 이것과 달리 맹자는 사람의 본성이 선하다는 것을 긍정하고, 사람이 악을 표현하는 것은 사람의 본성을 위반한 것이기 때문에 본성의 왜곡이다.

맹자는 사람의 인성이 선도, 악도 아니라 선한 것이라고 생각하였다. 그는 물이 가진 성질을 이용해 인간의 본성을 설명한다. "물에는 정말 동쪽과 서쪽의 구분이 없고, 상하의 구분도 없는가? 사람의 본성이 선한 것은 마치 물이 낮은 곳으로 흐르는 것과도 같다. 사람이라면 선하지 않은 사람이 없고, 물이라면 위로 흐르는 물이 없다. 이제 물을 쳐서 넘게 하면 사람의 이마를 뛰어넘게 할 수 있고, 밀어 보내면 산에도 올라 넘게 할 수 있으나, 그것이 어떻게 물의 본성이겠는가? 외부의 힘으로 그렇게 하는 것이다. 사람은 선하지 않은 행위도 할 수 있지만, 그 본성 역시 물의 경우처럼 외부의 힘으로 그렇게 되는 것이다."[119] 물의 본성은 낮은 곳으로 흐르는 것이지만, 환경의 영향에 따라 낮은 곳으로 흘러갈 수도 있고, 또 높은 곳으로 튈 수도 있다. 이것은 마치 물에 정해진 본성이 없는 것처럼 보이기도 하지만, 실제로는 결코 그렇지 않다. 물의 다른 변화는 결코 물의 본성이 아니며, 외부의 환경이 변화한 결과이다. 맹자는 인성이 물의 본성과 같다고 지적했다. 인성은 선하지만, 세상의 여러 상황에서 선이 될 수도 있고 선하지 않은 것이 될 수도 있는 것이다. 그러나 사람들이 인성의 현실적인 변화와 드러나는 모습에 의거해서 인성이 본래 선하다는 원초적인 사실을 결코 부정

---

119) 『孟子』, 「告子上」, "水信無分於東西, 無分於上下乎? 人性之善也, 猶水之就下也. 人無有不善, 水無有不下. 今夫水, 搏而躍之, 可使過顙, 激而行之, 可使在山, 是豈水之性哉? 其勢則然也. 人之可使爲不善, 其性亦猶是也."

할 수는 없다. 문제의 핵심은 사람들이 인성의 본래 모습과 인성의 현실적인 상태를 구분하는 것에 있다.

사람의 본성이 선한 것이라면, 사람의 선 곧 인의는 외재하는 것이 아니라 내재하는 것이 된다. 맹자는 인의를 사람의 본성을 개조하고 기른 결과라고 말하는 것에 반대하고, 인성 자체의 직접적인 표현이라고 주장한다. 이것은 바로 인성 자체가 인의이기 때문이고, 그래서 인의는 사람의 본성에 대한 상해나 변형이 아니라 자연스러운 본래 모습이다. 이러한 의미에서 불인과 불의가 비로소 인성을 위배한 것이고, 사람의 본성이 변질된 상태가 된다.

맹자는 사람들의 선량한 본성을 '양지양능良知良能'이라고 불렀다. "사람이 배우지 않고서도 할 수 있는 것을 양능良能이라 하고, 생각하지 않고서도 아는 것을 양지良知라고 한다. 어린아이도 자기 어버이를 사랑할 줄 모르지 않고, 자라나서는 자기 형을 공경할 줄 모르지 않는다. 어버이를 어버이로 받드는 것이 인이다. 어른을 공경하는 것이 의이다. 다른 것은 없고, 이것을 온 세상에 적용시켜 나간다."[120] 양지양능 또한 사람의 지식이자 능력이지만, 그것은 일반적인 지식이나 능력이 아닌 특별한 지식과 능력이다. 그것은 선천적인 것이지 후천적인 것이 아니다. 타고난 것이어서, 그것은 학습과 사려의 과정을 거쳐서 획득할 필요가 없다. 동시에 그것은 직각의 결과이고 마음의 직접적이고 즉각적인 드러남이지, 논리적 계산이나 추론의 산물이 아니다. 그러나 이 특별한 지식과 능력은 뭔가 다른 어떤 것이 아니라, 사람들의 선량한 본성이고

---

120) 『孟子』, 「盡心上」, "人之所不學而能者, 其良能也, 所不慮而知者, 其良知也. 孩提之童無不知 愛其親者, 及其長也, 無不知敬其兄也. 親親, 仁也. 敬長, 義也. 無他, 達之天下也."

또한 인의이다. 그것이 어떻게 인의인가? 여기에는 다른 이유가 없다. 그 유일한 이유는 인의가 세상에 통용할 수 있다는 것이다. 하지만 이 하나의 이유는 또한 자명한 것이어서 설명이 필요 없다. 양지양능은 선천적일 뿐만 아니라 선한 것이다. 그러므로 그것들은 사람의 본래적인 능력과 본래적인 앎이라고 부를 수 있을 뿐만 아니라, 사람의 선한 앎과 선한 능력이라고 말할 수도 있다.

이미 언급한 바와 같이, 맹자가 생각한 인성은 사람의 마음에 기초해 있다. 인성은 마음의 확충과 현실화에 불과하고, 인성의 선함은 마음의 선함을 발휘한 것이다. 양지양능은 실제에 있어서는 양심良心이다. "측은해하는 마음은 사람이라면 누구나 가지고 있다. 악을 미워하는 마음은 사람이라면 누구나 가지고 있다. 공경하는 마음은 사람이라면 누구나 가지고 있다. 옳고 그름을 가리는 마음은 사람이라면 누구나 가지고 있다. 측은해하는 마음은 인이다. 악을 미워하는 마음은 의이다. 공경하는 마음은 예이다. 옳고 그름을 가리는 마음은 지이다. 인의예지는 밖에서 나에게 녹아 들어온 것이 아니고, 내가 본래부터 가지고 있는 것으로, 생각하지 않을 뿐이다."[121] 사람 자신은 네 가지 모습의 마음을 가지고 있는데, 측은해하는 마음, 악을 미워하는 마음, 공경하는 마음, 옳고 그름을 가리는 마음이 그것이다. 이 마음의 네 가지 모습으로부터 사람들은 자연스럽게 인성의 네 가지 덕인 인의예지를 얻는다. 그렇기 때문에 마음의 사단은 인의예지 네 가지 덕의 내재적인 토대이고, 인의

---

121) 『孟子』, 「告子上」, "惻隱之心, 人皆有之. 羞惡之心, 人皆有之. 恭敬之心, 人皆有之. 是非之心, 人皆有之. 惻隱之心, 仁也. 羞惡之心, 義也. 恭敬之心, 禮也. 是非之心, 智也. 仁義禮智, 非由外鑠我也, 我固有之也, 弗思耳矣."

예지의 네 가지 덕은 마음의 사단이 외적으로 표현된 것이다.

인의예지의 네 가지 덕 가운데 인이 가장 중요하다. 그것은 맹자가 말한 인성의 핵심이며, 그의 학설이 다른 이론과 다른 중심 요지이다. 인에서 시작하여 맹자는 양주楊朱의 이기적인 태도와 묵자墨子의 겸애兼愛에 반대했다. "양주는 나를 위한다는 태도를 취해서 한 올의 털을 뽑아서 천하를 이롭게 하는 일도 하지 않는다. 묵자는 겸애를 주장하여 머리 꼭대기부터 발꿈치까지 닳아 없어지더라도 천하를 이롭게 하는 일이라면 감행한다. 자막子莫은 그 중간을 잡고 나가는데, 중간을 잡고 나가는 것이 정도에 가깝기는 하다. 중간을 잡고 나가면서 상황에 따른 임기응변이 없으면 한 가지를 고집하는 것과 같다. 한 가지를 고집하는 것이 옳지 않은 것은 그렇게 하는 것이 정도를 해치고 한 가지를 내걸고 백 가지를 없애 버리기 때문이다."[122] 이기적인 것이나 겸애 등의 관점은 인의仁義의 큰 원리에 위배된다. 이기적인 것은 인이 아니다. 그것은 단지 자신을 사랑하는 것이고, 세상을 사랑하지 않는다. 그런데 이기적인 사람이 세상에 사랑받지 못하게 될 때, 그는 결국 자신을 사랑할 수도 없다. 그렇기 때문에 이기적인 태도는 인간 본성에 반하는 것이다. 이것과 달리 겸애는 세상 사람들을 사랑할 뿐만 아니라 아무런 구별 없이 평등하게 세상 사람들을 사랑하는 것이다. 그러나 이와 같은 구별 없는 사랑은 가깝고 먼 인륜 관계와 선후의 순서를 부인하고 지워 버려서, 사람의 정서에 부합하지 않는 사랑일 뿐이다. 맹자는 이기적인 태도와 겸애의 중간에 위치한 사랑이 중도에 합치하는 사랑이고, 사물

---

122) 『孟子』, 「盡心上」, "楊子取爲我, 拔一毛而利天下, 不爲也. 墨子兼愛, 摩頂放踵利天下, 爲之. 子莫執中, 執中爲近之. 執中無權, 猶執一也. 所惡執一者, 爲其賊道也, 擧一而廢百也."

의 본성에 접근한 것이라고 생각하였다. 그러나 그 중간을 잡고 가는 것이 하나를 고집하는 것이 되어서는 안 되며, 그렇지 않을 경우 도를 해치게 된다. 오직 인만이 비로소 사람의 본성과 일치하고, 도와도 합치한다. "인은 사람의 본질이고, 인과 사람을 합해서 말하면 그것이 바로 도이다."[123] 인자한 사람은 인성을 갖춘 사람이다. 만약 어떤 사람이 인자하다면, 그것이 바로 도에 합치하는 것이다.

그런데 무엇이 인仁인가? 아울러 우리는 어떻게 할 때 비로소 인을 실천할 수 있는가? 인은 사람을 사랑하는 것이다. 그러나 맹자는 사람을 사랑하는 것이 결코 생소한 것도 아니고 멀리 있는 것도 아닌 일상적이고 절실한 것이어서, 자신과 주변의 가장 가까운 사람들이 교류하는 것에서 시작한다고 생각하였다. 이것은 또한 친친親親이다. 친친이란 다른 것이 아니라, 바로 자신과 친족관계의 사람을 사랑하는 것이고, 자신의 부모를 사랑하는 것이다. 맹자는 "섬기는 것 중에 무엇이 가장 중요한 것인가? 부모를 섬기는 것이 가장 중요하다. 지켜야 하는 것 중에 무엇이 가장 중요한 것인가? 몸을 지키는 것이 가장 중요하다. 그 몸을 잃지 않고 자기 부모를 섬긴다는 말은 들어봤지만, 자기 몸을 지키지 않고 자기 부모를 섬기는 사람이 있다는 말은 들어본 적이 없다. 누가 섬기지 않겠는가만, 부모를 섬기는 일이 섬기는 것의 근본이다. 누가 지키지 않겠는가만, 몸을 지키는 일이 지키는 일의 근본이다"[124]라고 말한다.

---

123) 『孟子』, 「盡心下」, "仁也者, 人也, 合而言之, 道也."
124) 『孟子』, 「離婁上」, "事, 孰爲大? 事親爲大. 守, 孰爲大? 守身爲大. 不失其身而能事其親者, 吾聞之矣. 失其身而能事其親者, 吾未之聞也. 孰不爲事? 事親, 事之本也. 孰不爲守? 守身, 守之本也."

섬긴다는 것은 모시고 받드는 것이다. 사람이 세상에서 살아가면서 여러 가지에서, 곧 사람을 모시거나 사물을 받들고 있다. 사람들은 일을 처리하는 데 바빠 인생에서 모시고 받들어야 할 근본적인 것을 잊어버릴 수 있다. 맹자는 부모를 섬기는 일이 가장 중요한 것이라고 강조한다. 왜 그런가? 존재하는 것 가운데 사람이 가장 중요하며, 사람 가운데서 부모는 가장 중요하다. 이것은 사람이 부모에 의해 태어나고, 부모에 의해 길러지기 때문이다. 부모를 섬긴다는 것은 부모를 봉양하는 것이고, 그들을 존중하고 봉사하며 도우는 것이다. 지킨다는 것은 수호하는 것이다. 수호는 수호해야 하는 것을 지키는 것이다. 어떤 일이 지켜져야 하는 것이라면, 한편으로 그것은 이미 존재하는 것이자 사람들이 가지고 있기 때문이고, 다른 한편으로는 그것이 빼앗기거나 손상될 위험이 있기 때문이다. 맹자는 몸을 지키는 것이 모든 지켜야 하는 것 가운데 가장 근본적으로 지켜야 할 것이라고 지적했다. 몸을 지킨다는 것은 자신의 본성과 본심, 곧 양심을 지켜서 파괴되지 않고 잃어버리지 않는 것이다. 인의에서 보자면, 부모를 섬기는 것은 가장 중요한 일이고, 양지와 양능에서 보자면, 몸을 지키는 것이 가장 중요한 보증이 된다. 비록 부모를 섬기는 것은 바깥을 향하고, 몸을 지키는 것은 안을 향하는 것이지만, 그러나 실제로 이것은 인성과 인심의 관계이고, 서로 연결되어 분리될 수 없다. 그렇기 때문에 몸을 지키는 것은 부모를 봉양하는 것에 양지양능의 기초를 제공하고, 동시에 부모를 봉양하는 것은 몸을 지키는 것의 인애仁愛가 드러난 것이다. 당연히 맹자는 인애가 부모를 섬기는 것에 한정된다고 생각하지 않았으며, 세상의 모든 사람에 두루 미친다고 생각하였다. 그는 부모를 섬기는 것을 확장하는 것, 곧 사랑을 확대해 갈 것을 주장하였다. "내 부모를 공경하는 것에서 시작하여, 그 마음을 다른 사람의 부모에게로 넓혀 간다. 내 자식을 사랑하는 것에서 시작하여, 그 마음을 다른 사람의 자식에게로 넓혀 간다."125) 이것은 곧 타인의 부모와 자식을 자신의 부모와 자식으로, 그리고 자기 부모에 대한 사랑을 세상 모든 사람에 대한 사랑으로 확장할 것을 요구하는 것이다. 맹자는 여기에서 한편으로 인애란 부모를 섬기는 것으로 겸애와 구별된다고 강조하면서, 다른 한편으로 인애는 확장되는 사랑으로 이기적인 사랑과 다른 것이어야 한다고 요구한다.

맹자는 부모를 섬기는 것으로 인을 규정할 뿐만 아니라, 그것으로 인의예지의 네 가지 덕을 규정한다. 맹자는 "인의 내용은 부모를 섬기는 것이고, 의의 내용은 형을 따르는 것이다. 지의 내용은 이 두 가지를 알고 그것을 버리지 않는 것이고, 예의 내용은 이 두 가지를 절도 있게 표현하는 것이다. 악樂의 내용은 이 두 가지를 즐기는 것이니, 즐기면 생겨나고 생겨나면 어떻게 그만둘 수 있겠는가? 어떻게 그만둘 수 있겠는가 하면 모르는 사이에 발이 움직이고 손이 춤추게 된다"126)라고 말하였다.

넓은 의미의 의義는 인간 본성을 실현하는 도로를 가리킨다. 그렇기 때문에 그것은 규범이나 요청 그리고 명령으로 표현된다. 의는 사람들에게 무엇을 할 수 있고, 또 무엇을 할 수 없는지를 규정해서 사람들에게 절대적인 한계를 제공한다. 이와 같은 의미에서 사람의 본성은 인에

---

125) 『孟子』, 「梁惠王上」, "老吾老, 以及人之老. 幼吾幼, 以及人之幼."
126) 『孟子』, 「離婁上」, "仁之實, 事親是也, 義之實, 從兄是也. 智之實, 知斯二者弗去是也, 禮之實, 節文斯二者是也. 樂之實, 樂斯二者, 樂則生矣. 生則惡可已也, 惡可已, 則不知足之蹈之手之舞之."

근거해서 의에 따라 행동하는 것이다. "거할 곳이 어디인가? 인이 그곳이다. 갈 길은 어디인가? 의가 그것이다. 인에 거하며 의를 따라가면 대인의 일은 갖추어지게 된다."127) 한 사람이 인애의 고향에서 살아가려면, 도의의 길을 걸어가야 한다. 사람들이 이렇게 행동할 때, 그들은 고상한 덕행과 위대한 사람들의 덕목을 가지게 된다. 결과적으로 의는 사람이 세상에서 살아가는 삶의 의미가 되었다. 이상적인 상황은 사람들의 삶과 도의道義가 완전하게 일치하는 것이다. 이것은 사람의 생명이 도의적 생명과 합치하고, 동시에 도의 또한 생명의 도의를 보호하는 것을 말한다. 그러나 현실적인 상황에서는 생명과 도의는 서로 충돌할 수 있다. 생명의 보존을 위해 도의를 버릴 수 있지만, 도의를 위해 사람들은 생명을 희생할 수도 있다. 이와 같은 선택하기 어려운 상황에서 맹자는 생명을 버리고 의를 취할 것을 주장한다. "물고기는 내가 원하는 것이고, 웅장 역시 내가 원하는 것이다. 두 가지를 모두 얻을 수 없다면, 물고기를 포기하고 웅장을 가진다. 생명도 내가 원하는 것이고, 의 역시 내가 원하는 것이다. 이 두 가지를 동시에 얻을 수 없다면, 생명을 버리고 의를 취한다."128) 개체의 생명과 보편적인 도의 사이에서 후자는 전자에 비해 더욱 중요한 것이다. 넓은 의미의 의와는 달리, 좁은 의미의 의는 형을 따르는 것이다. 형은 나이가 많은 형제, 동생보다 큰 사람이다. 형은 동생과 비교했을 때, 나이에서 우세할 뿐만 아니라, 생활의 다른 측면에서도 우선적인 권리를 가진다. 동생이 형을 따르는 것은 바로

---

127) 『孟子』, 「盡心上」, "居惡在? 仁是也. 路惡在? 義是也. 居仁由義, 大人之事備矣."
128) 『孟子』, 「告子上」, "魚我所欲也, 熊掌亦我所欲也, 二者不可得兼, 舍魚而取熊掌者也. 生亦我所欲也, 義亦我所欲也. 二者不可得兼, 舍生而取義者也."

이와 같은 등급 순서에 대한 인정이다. 그것은 존중, 존경 심지어는 복종이나 충성으로 표현된다. 당연히 형을 따르는 것은 가족적인 의미뿐 아니라 사회적인 의미도 가진다.

지智는 지혜 또는 지식이다. 그러나 여기서 말하는 지혜는 일반적인 사물에 관한 지식이 아니라, 인의에 관한 지식이다. 이것은 지가 내린 판단이 단지 인의에 관한 옳고 그름, 곧 무엇이 인의에 합치하고 무엇이 인의에 합치하지 않는지를 판단할 뿐이라는 말이다. 사람들은 인의가 무엇인지 알 뿐만 아니라, 그 인의를 어떻게 유지하는지도 알고 있다.

본질적으로 예는 인간관계를 구별하는 질서이다. 그러나 이런 종류의 질서는 근본적으로 인의에 의해 규정된다. 인으로 부모를 섬기는 것은 부자 관계를 명시하고, 의로 형을 따르는 것은 형제 관계를 확정해준다. 그뿐 아니라 인의는 또한 세상의 다양한 관계를 구분시킨다. 임금과 신하는 마치 아버지와 아들의 관계와 같고, 친구는 마치 형제 관계와 같다. 따라서 예는 인의의 기초 위에 세워진다. 예에 대한 준수는 한편으로 예의 바른 마음을 갖추는 것이고, 다른 한편으로는 예의 있는 모습을 갖추는 것이다. 이것이 바로 예가 인의에 대해 절도와 수식의 기능을 가지도록 하는 것이다.

전체적으로 말하자면, 맹자가 말한 인성이 갖춘 인의예지 네 가지 덕목의 핵심은 가까운 혈육에 대한 사랑이다. 인의예지 네 덕목 사이의 차이점은 사람들이 가까운 혈육에 대해 사랑을 포착하는 방식의 차이에 불과할 뿐이다.

3) 마음을 보존하고 본성을 배양하다(存心養性)

비록 맹자는 사람이 선량한 본심과 본성을 갖추고 있다고 생각했지만, 이것은 다만 하나의 가능성일 뿐이라고 지적한다. 오직 본심을 충분히 확장했을 때만, 사람들은 진정으로 그것을 실현할 수 있고, 그것은 가능성으로부터 현실성으로 바뀌게 된다. 그렇지 않으면, 사람의 선량한 본심과 본성은 영원히 현실성으로부터 멀어져 버리거나, 심지어는 가능성에서 불가능성으로 돌변하게 된다. 맹자는 현실에서 생활하는 사람들이 종종 자신의 본심과 본성을 잃어버리는 것을 발견했다. "인은 사람의 마음이고, 의는 사람이 가야 할 길이다. 그 길을 버리고 따르지 않고, 마음을 잃어버리고 찾을 줄을 모르니 슬픈 일이다. 사람들은 닭이나 개를 풀어 놓으면 그것을 찾을 줄 알면서 잃어버린 마음을 찾을 줄은 모른다. 학문을 하는 길은 다른 것에 있지 않고, 잃어버린 마음을 찾는 것일 뿐이다."[129] 맹자를 슬프게 탄식하도록 한 것은 사람들이 자신의 정신적인 고향과 그 길을 버려 버리고, 오히려 집도 없어 돌아갈 수도 없는 황량한 들판에서 기분대로 노닌다는 것이다. 맹자를 더욱 슬프게 한 것은, 사람들은 자신들이 잃어버린 재물은 다시 되찾아 올 수 있지만, 자신의 본심과 본성을 잃어버린 것을 깨달아 그것을 다시 회복할 수 없다는 것이다. 사람들은 모두 학습을 중시하지만, 맹자가 강조한 학문은 결코 일반 사물에 관한 지식을 추구하는 것이 아니라 사람들 자신이 일찍이 상실했던 본심과 본성을 찾는 것이다.

---

129) 『孟子』, 「告子上」, "仁, 人心也, 義, 人路也. 舍其路而弗由, 放其心而不知求, 哀哉! 人有雞犬放, 則知求之, 有放心而不知求. 學問之道無他, 求其放心而已矣."

이와 같이 사람이 본심과 본성을 잃어버린 것을 맹자는 자포자기自
暴自棄라고 불렀다. "스스로를 해치는 사람과 함께 이야기를 나눌 것은
못되며, 스스로를 버리는 사람과는 함께 일을 할 것이 못된다. 말을 하
는데 예의가 아닌 것을 자포라 부르고, 내가 인에 근거하고 의를 따르는
것을 할 수 없는 것을 자기라 부른다. 인은 사람의 편안한 집이고, 의는
사람의 올바른 길이다. 편안한 집을 버려 두고 살지 않고, 바른길을 버
리고 따르지 않으니 슬프다."130) 인의는 사람들이 거주하는 고향과 걸
어가야 할 길이 되는데, 그것은 천이 부여한 것이고, 사람 자신이 본래
갖추고 있는 것이다. 그러므로 그것들은 사람의 본성과 본심이며, 사람
의 양지양능이다. 만약 사람의 본심과 본성이 박탈당하게 된다면, 그것
은 천의 뜻도, 다른 사람들의 행동 때문도 아닌, 그 사람 자신이 부른
결과이다. 그러므로 이러한 행위는 그 사람의 자포자기인 것이다. 자포
自暴라는 것은 곧 스스로 자신의 본성에 해를 끼치는 것이다. 자기自棄라
는 것은 스스로 자신의 본성을 버리는 것이다. 자포자기는 사람들이 자
신의 몸, 곧 자신의 본성을 지키지 못한 것일 뿐이다. 사람들이 자신의
선량한 본성에 해를 끼치고 포기할 때, 그는 당연히 인의를 부정하게
되며, 인에 근거하여 의를 따를 수 없고, 선한 말이나 선한 행동도 할
수 없다.

맹자가 볼 때, 사람의 잘못은 본심과 본성에 대한 자포자기에만 있
는 것은 아니며, 도를 추구하는 데 있어서 가까운 것을 버리고 먼 것을

---

130) 『孟子』, 「離婁上」, "自暴者不可與有言也, 自棄者不可與有爲也. 言非禮義, 謂之自暴也, 吾身
不能居仁由義, 謂之自棄也. 仁, 人之安宅也, 義, 人之正路也. 曠安宅而弗居, 舍正路而不由,
哀哉!"

추구하고, 쉬운 것을 버리고 어려운 것을 추구하는 것에도 찾을 수 있다. "도는 가까운 곳에 있지만 먼 곳에서 구하며, 일은 쉽게 할 수 있는데 어렵게 하려고 한다. 모든 사람이 그 부모를 부모로 섬기며, 그 연장자를 연장자로 받들면 세상이 평화롭다."[131] 일반적인 시각에서 보자면, 가까운 것과 먼 것, 쉬운 것과 어려운 것의 관계는 서로 모순처럼 보이지만, 그러나 실제로는 선후로 서로를 뒤따른다. 이것은 또한 앞에는 가깝고 뒤는 먼 것이고, 앞은 쉽고 뒤는 어려운 것이다. 만약 사람들이 가까운 것을 버리고 먼 것을 추구하고, 쉬운 것을 버리고 어려운 것을 추구한다면, 그것은 가까운 것은 멀어지고, 먼 것은 더욱 멀어지며, 쉬운 것은 어려워지고, 어려운 것은 더욱 어려워지는 결과를 초래할 수 있을 뿐이다. 인의의 도에는 당연히 가까운 것과 먼 것, 쉬운 것과 어려운 것이 있다. 그러나 맹자는 먼저 멀고 어려운 것이 아니라, 가깝고 쉬운 것부터 추구해야 한다고 생각했다. 그것들이 바로 사람들이 일상생활에서 부모를 섬기는 것과 형을 따르는 것이다. 이것은 사람의 양지양능이고, 본심과 본성이며, 사람이 그 가운데 살고 있는 고향이고 걸어가야 할 그 가운데 난 길이다. 사람은 이곳에서 출발해 세상 모든 곳에 도달할 수 있고, 세상을 평화롭게 할 수 있다. 그러나 인의의 도를 추구할 때, 만약 사람들이 부모를 섬기는 것, 형을 따르는 것과 같은 가깝고 쉬운 일을 부정해 버리고, 멀고 어려운 일을 꿈꾼다면 그는 단지 역류하여 정반대 방향으로 갈 수 있을 뿐이다. 그는 멀고 어려운 일을 실현할 수 없을 뿐만 아니라, 가깝고 쉬운 일조차 완성할 수 없어서, 진정으로

---

131) 『孟子』, 「離婁上」, "道在邇而求諸遠, 事在易而求諸難. 人人親其親, 長其長, 而天下平."

인의의 길을 걸어갈 수도 없다.

사람들이 인의의 길을 포기하게 되면, 다른 사물을 자신의 목표로 설정하게 된다. 맹자는 이것을 인작人爵이 천작天爵을 대신했다고 표현한다. "천작이 있고, 인작이 있다. 인의충신과 선을 즐기며 지치지 않는 것은 천작이다. 공경대부는 인작이다. 옛날 사람들은 자신의 천작을 닦았고, 인작은 그것에 따라 왔다. 요즘 사람들은 자신의 천작을 닦아 인작을 요구한다. 인작을 얻고 나서 자신의 천작을 버려 버린다면, 그런 사람은 미혹이 심한 사람이다. 종국에는 결국 그것마저 잃고 말 것이다."132) 인의예지는 천 또는 자연이 사람에게 부여한 등급이자 지위이기 때문에 천작이라 부른다. 공경대부는 사람이 만든 등급이자 지위이기 때문에 인작이라 부른다. 만약 사람들이 천작에 의지해서 인작을 얻고, 여기서 한 걸음 더 나아가 인작을 얻은 후에는 천작을 버려 버린다면, 그 사람은 철저하게 자신의 본심과 본성을 버린 것이고, 따라서 불인不仁, 불의不義하게 된다. 이러한 의미에서 사람 또한 사람이 아니라, 사람 아닌 것이 된다.

바로 이와 같은 상황에 대해 맹자는 가장 시급한 과제를 제시하였는데, 그것이 바로 사람의 본심과 본성을 찾는 것이고, 자신의 고향으로 되돌아가 거주하는 것이며, 자신의 길을 걸어가는 것이다. 사람의 본심과 본성이 자신 속에 있기 때문에 사람은 자신에게로 돌아가야 한다. "사람들이 항상 하는 말이 있는데, 모두 천하와 국가를 말한다. 천하의

---

132) 『孟子』, 「告子上」, "有天爵者, 有人爵者. 仁義忠信, 樂善不倦, 此天爵也. 公卿大夫, 此人爵也. 古之人修其天爵, 而人爵從之. 今之人修其天爵, 以要人爵. 既得人爵, 而棄其天爵, 則惑之甚者也. 終亦必亡而已矣."

근본은 국에 있고, 국의 근본은 가에 있으며, 가의 근본은 각 사람에게 있다."[133] 천하와 국가는 세계 전체와 각각의 다른 구성자에 대한 묘사이다. 일반적으로 세상은 나라보다 크고, 국가는 가족보다 크며, 가족은 개인보다 크다. 그러나 맹자는 큰 것이 작은 것의 기초가 되는 것이 아니라, 작은 것이 큰 것의 기초가 된다고 생각하였다. 사람 자신이 바로 세계 전체와 그것을 구성하는 다양한 요소의 기초이다. 그러므로 천하와 국가 문제의 발생과 해결은 모두 사람 자신에 달려 있다. 이것은 바깥을 향해서가 아니라, 안을 향해 나갈 길을 찾는 것이다.

무엇보다 먼저 불인하고 불의한 사람들은 마땅히 수치심을 가져야 한다. "무릇 인이란 하늘이 준 가장 고귀한 벼슬이고, 사람에게 있어 가장 편안한 집이다. 아무도 막는 사람이 없는데도 불구하고 인에 근거하여 그것을 실천하지 않는 것은 어리석은 짓이다. 인자하지 않고, 지혜롭지도 않으며, 예절도 모르고 의도 실천하지 않는다면, 이런 사람은 그저 다른 사람에게 부림을 당할 수밖에 없다. 남에게 부림을 당하면서 그 부림당하는 것을 스스로 부끄러워하는 것은 마치 활 만드는 사람이 활 만드는 것을 부끄러워하고, 화살 만드는 사람이 화살 만드는 것을 부끄러워하는 것과 같다. 만약에 정말로 그것을 부끄러워한다면, 인을 실천하는 것보다 좋은 것은 없다. 인을 실천하는 것은 마치 활쏘기 시합을 하는 것과 같아서, 활 쏘는 사람은 먼저 스스로의 자세를 단정하게 바로 잡은 다음 활을 쏘고, 설사 쏜 화살이 과녁에 맞지 않아도 자기를 이긴 사람을 원망하지 않으며, 스스로를 되돌아보아 반성할 따름이다."[134]

---

133) 『孟子』, 「離婁上」, "人有恒言, 皆曰天下國家. 天下之本在國, 國之本在家, 家之本在身."
134) 『孟子』, 「公孫丑上」, "夫仁, 天之尊爵也, 人之安宅也. 莫之禦而不仁, 是不智也. 不仁不智,

[원元] 미상, 「송하유강도松下儒講圖」

맹자는 인의를 실천하는 사람은 자신의 집을 소유한 사람이어서 주인이고, 반대로 인의를 실천하지 않는 사람은 집이 없는 사람이기 때문에 노예라고 생각하였다. 사람들은 주인으로서의 역할보다는 노예로서의 신분에 부끄러워하지만, 이것은 결코 정확하지 않다. 여기에서 말하는 진정한 수치는 인의예지와 인의예지가 아닌 것의 경계선과 자신을 위해 초월할 수 있는 한계에서 불안과 고통을 의식하는 것에 있다. 사람들이 주인이 되지 못하고 노예가 되는 것은 외적인 원인에 근거하지 않고 내적인 원인에 근거한다. 사람이 자기 자신의 본성을 잃어버리고 있다는 것을 깨달을 때, 사람은 자신의 고유한 인의예지의 본성으로 돌아갈 수 있게 된다.

다음으로 인의를 갖추고는 있지만 효과를 얻지 못하는 사람들 또한 자신의 본성으로 돌아가 그 원인을 찾아야 한다. "사람을 사랑하는데 친해지지 않으면 그 인仁을 반성하고, 사람을 다스리는데 다스려지지 않으면 지智를 반성하며, 사람을 예로 대하는데 반응이 없으면 그 공경함을 반성한다. 실천하지만 얻지 못하는 것이 있다면 자기 자신에게서 그 원인을 찾아야 하며, 자기 몸이 바르면 온 세상이 돌아오게 된다."135)

<hr />

無禮無義, 人役也. 人役而恥爲役, 由弓人而恥爲弓, 矢人而恥爲矢也. 如恥之, 莫如爲仁. 仁者如射, 射者正己而後發, 發而不中, 不怨勝己者, 反求諸己而已矣."

몇몇 인의를 실천하지 않는 사람과 비교하면, 인의를 추구하는 사람들은 당연히 올바른 방향으로 나아가고 있다. 그러나 사람의 인의는 다른 사람에게 인의의 반응을 불러일으킬 수 있거나, 다른 사람에게 반응을 불러일으키지 않을 수 있다. 사람들의 인의가 다른 사람을 감동시키지 못하는 이유는 아마도 외적인 이유 때문이거나, 혹은 사람의 내적인 이유 때문일 것이다. 그러나 맹자는 사람들이 다른 사람에게 책임을 돌려서는 안 되며, 마땅히 스스로에게 책임을 물어야 한다고 강조했다. 이것은 어쩌면 마음이 그다지 진실하지 않기 때문에, 또 어쩌면 마음이 그다지 강하지 않기 때문일 것이다. 사람의 마음 자체가 진실해지고 강해질 때, 자연스럽게 사람들을 감동시킬 수 있다. 이것은 사람의 본성이 동일하고 서로 연결되어 있어서, 한 사람의 인의가 다른 사람의 인의를 불러일으킬 수 있기 때문이다.

마지막으로 모든 사람들은 마땅히 자아에서 출발해 인의의 큰 길을 걸어가야 한다. "모든 사물의 이치는 나에게 갖추어져 있다. 자신을 반성해 성誠하면 즐거움이 그보다 큰 것이 없다. 노력하며 용서하는 마음으로 일을 행한다면, 인을 구하는 데 그보다 가까운 길은 없을 것이다."136) 맹자는 사람 자신이 모든 것을 갖추고 있다고 생각하였다. 이것은 사람의 본심과 본성이 양지양능을 갖추고 있고, 사단의 마음을 갖추고 있을 뿐만 아니라, 인의예지의 네 가지 덕의 본성을 갖추고 있기 때문이다. 덕분에 사람은 모든 것을 알 수 있고 모든 일을 할 수 있다. 그러므로

---

135) 『孟子』, 「離婁上」, "愛人不親, 反其仁, 治人不治, 反其智, 禮人不答, 反其敬. 行有不得者皆反求諸己, 其身正而天下歸之."
136) 『孟子』, 「盡心上」, "萬物皆備於我矣. 反身而誠, 樂莫大焉. 強恕而行, 求仁莫近焉."

사람 자신은 모든 일과 모든 사물을 이해하고 파악하는 첫 번째 통로가
된다. 그런데 자기 자신에게 어떻게 돌아갈 것인가? 맹자는 성誠을 강조
했다. 성誠은 성실함과 진실함이다. 성은 인식론적 측면에서의 사실과
일치하는 진리를 인식하는 것과 윤리학적 측면에서 충실한 인격의 덕
목을 가리킬 뿐만 아니라, 또한 사람이 진정으로 진실 가운데 존재하는
것을 뜻한다. 그러므로 성의 언어적 의미는 두 가지 가능성이 있다. 하
나는 동사적 의미로 즉 진실하게 존재하는 것이고, 다른 하나는 명사적
의미로 즉 진실한 존재 자체이다. 사람이 스스로를 반성해 성誠할 때,
그는 성실한 활동을 실천할 뿐만 아니라, 또한 진정한 본심 그리고 본성
과 함께 있는 것이다. 성誠을 통해서 그리고 성誠 안에서, 사람과 성誠은
합일된다. 당연히 이것은 최고의 기쁨이다. 기쁨은 다른 어떤 것이 아
니라 합일에 있다. 사람은 자신의 본성으로 돌아갈 뿐만 아니라, 다른
사람을 향해 걸어간다. 다른 사람에 대한 사랑은 근본적으로는 관용이
다. 사랑은 헌신, 보호 및 도움이며, 관용은 다른 사람들이 자신의 차이
점과 고유성을 유지하도록 하는 것이다. 사랑과 관용은 비슷한 두 가지
일이라고 말할 수 있다.

　스스로를 반성해 성誠을 추구하는 것은 인을 추구하는 간결한 방법
이다. 그것은 마음을 보존하고 성을 배양하는 것일 뿐이다. 맹자는 바
로 이와 같은 자신의 심성을 수련하는 과정을 통해서, 사람은 비로소
진정한 의미로서의 사람으로 성장할 수 있다고 생각하였다. 한 사람이
이상적인 인격을 실현하게 되면 그는 대인이 된다. "대인이란 그 어린
아이의 마음을 잃지 않는 사람이다."[137] 대인은 소인배가 아닐 뿐만 아
니라, 평범한 사람도 아니고 위대한 사람이다. 그러나 대인의 위대함은

그가 갖추고 있는 높은 지위와 강력한 권력에 있지 않고, 그가 가진 위대한 마음속에 있다. 그런데 성인의 마음은 결코 신비롭거나 특별한 것이 아닌, 어린아이의 마음이다. 이 마음은 허무하거나 무가치하지 않으며, 가려지거나 잃어버리지 않은, 사람이 타고난 마음이다. 그것은 사람의 본심이고, 사단의 마음이다. 소인은 그것을 잃어버렸고, 대인은 그것을 지켜 보존하고 있다. 대인의 마음은 바로 사람이 본래부터 가지고 있는 인의의 마음이다. 그러므로 대인이 되는 길은 밖에서 찾아야 하는 것이 아니라, 내면에서 발견하는 것이다. 일단 이 어린아이의 마음을 찾을 수 있으면, 사람은 대인이 된다. 따라서 맹자는 모두가 요임금이나 순임금과 같은 사람이 될 수 있다고 생각하였다. 이것은 모든 사람이 대인이 될 수 있다는 것을 말한다.

사람의 심성에 대한 탐구와 수련은 비록 사람 자신의 반성이지만 결코 천天과 아무런 관련이 없는 것이 아니라 천명과 관련되어 있다. 맹자는 마음을 온전히 실현하는 것은 본성을 아는 것이고, 동시에 천을 아는 것, 천을 섬기는 것이라고 생각하였다. "마음을 온전히 실현하는 사람은 그 본성을 안다. 자기 본성을 알면 천을 알게 된다. 자신의 마음을 살피고 자신의 본성을 기르는 것이 천을 섬기는 것이다. 일찍 죽고 오래 사는 것에 의심을 두지 않고, 수신하며 기다리는 것이 천명을 지키는 방법이다."[138] 마음을 알면 어떻게 성을 알 수 있을까? 이것은 맹자가 말하는 마음과 본성이 둘이 아니기 때문이다. 사람의 마음은 인성의

---

137) 『孟子』, 「離婁下」, "大人者, 不失其赤子之心者也."
138) 『孟子』, 「盡心上」, "盡其心者, 知其性也. 知其性, 則知天矣. 存其心, 養其性, 所以事天也. 壽不二, 修身以俟之, 所以立命也."

핵심이며 근본으로, 마음의 사단은 성이 가진 네 가지 덕성의 근원이다. 성을 알게 되면 어떻게 천도를 알 수 있는가? 이것은 사람의 본심과 본성이 천의 밖에 있거나, 혹은 천에 대립해 있는 것이 아니라, 천이 부여한 것이기 때문이다. 심지어는 사람의 본심과 본성이 사람에게 내재해 있는 천이라고 말할 수 있다. 심성이 인간에게 내재해 있는 천이라면, 그것은 또한 외재하는 천과 대응할 수 있게 된다. 내재하는 천과 외재하는 천은 모두 동일한 하나의 천이다. 맹자는 심성과 천의 동일성을 지적하는 것 외에, 사람의 심성을 수련하는 과정이 하나의 인식론적 과정이 아니라, 하나의 실천적 과정임을 강조한다. 그것은 인식과 실천의 통일이다. 이것과 상응해서 그것은 천을 아는 길일 뿐만 아니라 또한 천을 섬기는 길이다.

그런데 천은 도대체 무엇을 의미하는가? 맹자에 비추어 볼 때, 천은 자연적인 실체도 아니고, 인격적인 신비로운 존재도 아니며, 저절로 그러하고, 본래부터 그러한 것일 뿐이다. 천은 이미 존재하고 있거나 앞으로 존재하게 될 전체 세계의 본성이며, 심지어는 일정한 사회 역사의 필연적 규율로 표현된다. "세상에 도가 있으면, 덕이 적은 사람이 덕이 많은 사람에게 부림을 받으며, 덜 어진 사람이 더 어진 사람에게 부림을 받는다. 천하에 도가 없으면 적은 것이 큰 것을 부리고, 약한 것이 강한 것을 부리니, 이 두 가지는 천의 뜻이다. 천의 뜻에 따르는 사람은 살 수 있고, 천을 거스르는 사람은 망한다."[139] 세상에 도가 있는지의 여부는 두 가지 상대적인 사회 역사적인 상황을 뜻한다. 세상에 도가 있다

---

139) 『孟子』,「離婁上」, "天下有道, 小德役大德, 小賢役大賢. 天下無道, 小役大, 弱役强. 斯二者, 天也. 順天者存, 逆天者亡."

는 것은 도가 실현되는 도덕적인 세상을, 세상에 도가 없다는 것은 도가 실현되지 않는 폭력이 난무하는 세상이다. 그런데 세상에 도가 있는지의 여부는 사람이 아니라 천이 그렇게 만든 것이자, 사물이 본래부터 그렇다고 말할 수 있다. 사람이 천을 알고 천을 섬겨야 한다면, 사람은 천의 뜻을 따라야 하고, 천을 거슬러 행해서는 안 된다.

사람은 자신의 심성수련을 통해 천을 알고 천을 섬기게 되는데, 이것은 사람이 걱정 없이 생활하는 근본이 된다. 명命이란 무엇인가? 그것은 명령이고, 규칙이다. 천명은 천의 명령이고, 또한 저절로 주어진 것이자 안배이다. 운명이 인간의 삶을 지배하기 때문에 그것을 거부하고 반항할 수는 없으며, 그것에 순종하고 지켜야 하는 것이다. 그러나 이와 같은 운명에 대한 사람의 태도는 자율적인 선택을 완전히 부정하는 것은 아니며, 단지 소극적으로 기다리고 행운과 불운이 다가오는 것을 받아들이도록 요구할 뿐이다. 반대로 사람은 적극적으로 그들의 운명과 관계를 맺어야 한다. "명 아닌 것이 없으나 명의 올바른 것을 순리로 받아 가야 한다. 그렇기 때문에 명을 아는 사람은 돌담 아래에 서지 않는다. 자기의 도리를 다하고 죽는 사람은 올바른 명에 죽는 것이다. 질곡에 매여서 죽는 것은 올바른 명이 아니다."[140] 비록 운명은 피할 수 없지만, 사람들이 먼저 명을 알게 되면 곧 어떤 것이 좋은 운인지 어떤 것이 나쁜 운인지를 알게 되면, 곧 좋은 것을 따르고 나쁜 것을 피할 방법을 알게 되는 것이다. 그다음으로 사람은 명을 행해야 하는데, 올바른 명에 의거해 행위하며, 올바르지 않은 명에 따른 행동을 하지 않아야

---

140) 『孟子』, 「盡心上」, "莫非命也, 順受其正. 是故知命者不立於巖牆之下. 盡其道而死者, 正命也. 桎梏死者, 非正命也."

한다. 죽음도 마찬가지여서, 올바른 명과 올바르지 않은 명의 구분이 있다. 어떤 죽음은 운명에 합치하지만, 어떤 죽음은 운명에 합치하지 않는다. 도에 합치하는 죽음은 올바른 명이지만, 도와 합치하지 않는 죽음은 올바르지 않은 명이다.

맹자가 말하는 심성·천명 사이의 관계는 궁극적으로 어떻게 천과 사람이 소통할 수 있는지에 집중된다. 천과 사람 사이에서 그는 완전한 소통의 유일한 길이 성誠이라고 생각하였다. "자신을 성하게 하는 방법이 있으니, 선을 밝히지 못하면 그 몸을 성하게 할 수 없다. 그러므로 성은 하늘의 도이고, 성해지려고 하는 것은 사람의 도이다. 지극히 성하고도 그것에 감동되지 않은 사람은 있은 적이 없다. 성하지 않고 남을 감동시킨 사람은 있은 적이 없다."141) 성은 곧 진실무망함이다. 한편으로 천은 진실한데, 그것은 그 자신이지 다른 것이 아니다. 다른 한편으로 사람은 진실을 추구하고 생각하여 자신이 진실한 존재자가 되도록 한다. 사람의 진실이라는 것은 다른 것이 아니라 사람의 본심과 본성이고, 양지양능이다. 사람 자신의 심성이 진실하게 될 때, 그는 또한 천과 땅을 감동시킬 수 있고, 천지의 진실한 모습을 이해해 천인합일을 실현하게 된다. 반대로 어떤 사람이 진실하지 않을 때, 그는 천지를 감동시킬 수 없고, 천지의 진실에 다가갈 수도 없으며, 천인합일을 실현할 수도 없다.

당연히 마음을 보존하고 본성을 배양하며 천을 아는 것 외에도 맹자는 호연지기를 배양할 것을 특별히 강조하였다. "그것은 기의 일종이며

---

141) 『孟子』, 「離婁上」, "誠身有道, 不明乎善, 不誠其身矣. 是故誠者, 天之道也, 思誠者, 人之道也. 至誠而不動者, 未之有也. 不誠, 未有能動者也."

지극히 크고 가장 군센 것으로 올바름으로 그것을 기르면 한 점 해로움도 없고, 천지사방에 충만하게 된다. 이러한 기는 반드시 의와 도에 배합되고 합치되어야 하는데, 만약 그렇지 않으면 그 어떤 힘도 발휘하지 못한다. 그것은 의와 일치함으로써 생겨나는 것이지 외재하는 의가 내재화됨으로써 얻어지는 것이 아니다. 행위 가운데 마음에 부끄러운 것이 있으면 그 기는 어떠한 힘도 발휘하지 못하게 되는 것이다."[142] 호연지기는 광대한 기와 강력한 기이다. 그러나 그것은 자연계의 공기도 아니고 인체의 호흡하는 생리적인 기도 아닌, 오히려 사람의 생명력이 되는 기이다. 이런 종류의 기는 사람의 심성에 의해 지배된다. 인의예지를 갖추게 될 때 사람들은 생명력으로 충만하고, 인의예지를 잃어버리면 사람들은 용기를 잃고 무기력하게 될 것이다. 그래서 호연지기는 정의로운 기라고 부를 수 있다. 사람의 심성에 고유한 인의에 의지해서 호연지기는 일종의 특별한 힘을 획득하게 되는데, 그것은 사람 자신을 가득 채울 수 있을 뿐만 아니라, 하늘과 땅을 관통할 수 있다. 이것이 호연지기를 무한한 기가 되도록 한다.

맹자는 지志가 기氣를 부리는 장수이고, 기는 몸에 가득한 것이라고 생각하였다. 사람의 심과 기의 규정은 사람의 신체에 영향을 미치기 때문에, 그것들은 사람의 몸에서도 드러날 수 있는 것이다. "군자가 본성으로 지니는 것은 위대한 사업이라 하더라도 그것에 보탬이 되지 않고, 궁하게 산다고 하더라도 그것을 덜어내지 않는다. 그 본분이 정해져 있기 때문이다. 군자가 본성으로 지니는 인의예지는 마음에 뿌리박고 있

---

142) 『孟子』, 「公孫丑上」, "其爲氣也, 至大至剛, 以直養而無害, 則塞於天地之間. 其爲氣也, 配義與道. 無是, 餒也. 是集義所生者, 非義襲而取之也. 行有不慊於心, 則餒矣."

으며, 그것이 빛으로 발하면 윤택하게 얼굴에 나타나고 등에 넘쳐흐르고 사지에 뻗어나가, 사지는 말하지 않아도 그것을 드러내 보여 준다."[143] 사람의 본성은 곧 인의예지이다. 그것은 사람에게 고유한 것이기 때문에 증가하거나 감소하지 않는다. 사람의 본성은 사람의 내면을 지배할 뿐만 아니라 사람의 외면에도 작용한다. 그것은 직접적으로 사람의 얼굴, 복부 및 팔다리의 형상과 움직임에서 나타난다. 이와 같은 의미에서 하나의 선량한 마음에는 선량한 신체가 있고, 추악한 영혼에는 추악한 몸이 있는 것이다. 그러므로 사람들은 몸의 아름다움이나 추악함을 통해 영혼의 아름다움이나 추함을 살펴볼 수 있다. 따라서 신체의 수련은 심성의 수양과 마찬가지로 사람이 수련해야 할 중요한 부분이다.

마음과 기, 그리고 신체의 배양을 통해서 사람은 자신에 대한 전체적인 수련을 완성한다. 사람의 몸과 마음의 구조에 대해 중국사상에서는 일반적으로 정精(신체), 기氣, 신神(心)의 세 가지 측면으로 나눈다. 이것들은 몸과 마음 전체를 구성하는 필요성분으로 어느 하나도 결여될 수 없다. 비록 그것들은 상호 영향을 주고받지만, 마음(心神)은 주재하는 것이다. 맹자가 말한 사람의 마음과 기, 몸이라는 세 측면에 대한 수련은 몸과 마음의 구조에 대한 중국사상의 일반적인 이론과 일치한다. 한편으로 그는 마음과 몸의 전체적인 구조를 주목하였고, 다른 한편으로는 심성의 도덕적 주재성을 앞장서서 제창하였다.

사람이 되는 길에 대해 맹자는 자신의 마음과 기, 몸의 수련을 강조하는 것 외에, 외적인 곤경을 통한 단련과 인내를 특별히 중시하였다.

---

143) 『孟子』, 「盡心上」, "君子所性, 雖大行不加焉, 雖窮居不損焉. 分定故也. 君子所性, 仁義禮智根於心, 其生色也然, 見於面, 盎於背, 施於四體, 四體不言而喻."

"천이 이 사람에게 큰일을 맡기는 명을 내리면 반드시 먼저 그들의 심지를 괴롭히고, 그들의 근골을 수고롭게 하며, 육체를 굶주리게 하고, 그들 자신에게 아무것도 없도록 해서 그들이 하는 것이 그들이 해야 할 일과는 어긋나게 만드는데, 그것은 마음을 움직이고 자기의 성질을 참아서 그들이 해내지 못하면 일을 더 많이 할 수 있게 해 주기 위해서 이다. 사람들은 언제나 잘못을 저지르고 난 후에야 고칠 수 있고, 마음 속으로 번민하고 생각으로 달아 보고 난 후에야 하고, 안색으로 나타내고 음성으로 드러난 후에야 안다. 들어가면 법도 있는 세가와 보필하는 선비가 없고, 나가면 적국과 외부에서의 우환이 없다면, 그런 나라는 늘 멸망했다. 그렇게 된 후에야 우환 속에서는 살고, 안락 속에서는 망한다는 것을 알게 된다."[144] 맹자는 이와 같은 생명의 시련을 천과 사람의 일로 보았다. 천의 측면에서 말한다면, 인재를 만들어 낼 때 사람의 몸과 마음은 고통을 겪도록 함으로써 위대한 심성을 배양해 냈다. 사람의 측면에서 말한다면, 한 사람이 비범한 사업을 성취할 때는 반드시 여러 단련의 과정을 견뎌내어 몸과 마음이 강하고 의연해져서 강력한 힘을 얻는다.

이렇듯 내적인 수련을 바탕으로 외적으로 연마된 사람을 맹자는 대장부라고 불렀다. "천하라는 넓은 집에 살며 천하의 올바른 자리에 서고 천하의 큰 도를 실천하여 뜻을 이루면 백성들과 함께 행하고 뜻을 이루지 못하면 혼자서 그것을 실천하여 부귀도 그 마음을 음란하게 하

---

144) 『孟子』, 「告子下」, "故天將降大任於斯人也, 必先苦其心志, 勞其筋骨, 餓其體膚, 空乏其身, 行拂亂其所爲, 所以動心忍性, 曾益其所不能. 人恒過, 然後能改, 困於心, 衡於慮, 而後作, 徵於色, 發於聲, 而後喻. 入則無法家拂士, 出則無敵國外患者, 國恒亡. 然後知生於憂患而死於安樂也."

지 못하고 빈천도 뜻을 바꾸지 못하며 무력으로도 굴복시킬 수 없으면 이런 사람을 대장부라 부른다."145) 대장부는 위대한 사람이다. 사람들은 일반적으로 이들이 몇몇 용감한 행동을 하고, 위세등등하며, 찬양할만하고 감동적인 영웅이라고 생각한다. 그러나 맹자가 말한 대장부는 인의를 갖춘 사람일 뿐이다. 그들이 위대한 것은 그들이 사람 가운데 가장 위대한 본성, 곧 인의예지를 갖추고 있기 때문이다. 인은 세상의 가장 넓은 근거이고, 예는 세상의 올바른 자리이며, 의는 세상의 큰 길이다. 이 인의예지에 근거해서 그들은 하늘과 땅 사이에 정정당당한 한 사람으로 서게 된다. 그들은 도와 함께하기 때문에 그들이 뜻을 이루는지의 여부는 상관하지 않고, 현달하면 세상을 구제하고, 현달하지 못하면 자신만이라도 선을 이룬다. 결과적으로 그들은 외적인 여러 상황에 따라 자신의 인격을 바꾸지 않는 것이다.

맹자는 이러한 고상한 인격을 가진 사람들이 완전히 똑같지는 않으며, 차이를 가진다고 생각하였다. "욕구할 수 있는 것을 선하다(善)고 부르고, 자신에게 있는 것을 믿는다(信) 라고 부르며, 충만하게 채워져 있는 것을 아름답다(美)고 하고, 충만하게 채워져 있으면서 광휘가 있는 것을 위대하다(大)고 하고, 위대하면서 감화시키는 것을 성스럽다(聖) 하고, 성스러우면서 측량할 수 없는 것을 신묘하다(神)고 한다."146) 맹자는 사람을 선·신·미·대·성과 신의 여섯 가지 유형으로 구분한다. 이들은 모두 인의를 실천하는 사람이고, 인의를 실천하지 않는 사람들과는

---

145) 『孟子』, 「滕文公下」, "居天下之廣居, 立天下之正位, 行天下之大道, 得志, 與民由之, 不得志, 獨行其道, 富貴不能淫, 貧賤不能移, 威武不能屈, 此之謂大丈夫."
146) 『孟子』, 「盡心下」, "可欲之謂善, 有諸己之謂信, 充實之謂美, 充實而有光輝之謂大, 大而化之之謂聖, 聖而不可知之之謂神."

다르다. 그러나 인의를 실천하지만, 인의를 실현하는 정도에 있어서 이들은 고저의 수준이 다르다. 선한 사람은 선량하고, 좋은 사람이다. 그는 사람을 사랑하기 때문에, 그 또한 다른 사람에게 사랑 받고 욕구할 수 있는 것이고, 다른 사람이 좋아하는 것이다. 믿음직한 사람은 그 자신의 선량한 본성을 갖추고 있다. 그는 진실무망하기 때문에 다른 사람이 믿을 수 있다. 아름다운 사람은 사람의 선량한 본성을 충분하고도 완전히 실현한 사람이다. 그는 완벽하여 결함이 없다. 여기에서 아름다운 사람은 외적인 모습의 완벽한 모습이 아니라 내적 도덕의 완전성이다. 대인은 그 본성의 찬란한 빛을 뿜어내는 사람이다. 대인의 위대함은 광대함으로, 즉 그 본심과 본성의 광대함이다. 이것을 통해서 그 미덕은 내부에만 숨겨져 있는 것이 아니라 외적으로 나타나고, 빛이 모든 사물에 비추어지는 것처럼 세상에 드러난다. 성인은 특별한 사람이지만, 그는 자신의 미덕을 드러내 보여 줄 뿐만 아니라, 그 덕으로 감화할 수 있다. 성인은 자신의 덕을 세상의 덕으로 전환하여 다른 사람과 자신, 천과 사람을 융화시킨다. 신인의 경우 그는 비록 세상을 사랑하지만, 신비스럽고 알 수 없다. 그 사람의 도는 천의 도와 마찬가지로, 드러나 보여 주면서 또 덮이고 가려진다. 선·신·미·대·성·신의 여섯 가지 다른 인격 유형은 낮은 곳에서 높은 곳으로 이르는 서열이다. 전후에서 서로 따르는 두 가지 인격 유형 중에서, 전자는 후자의 기초가 되고, 후자는 전자의 한 단계 상승이 된다. 선량한 사람은 가장 낮은 이상이다. 이것은 인간의 본성이 선하고, 인간이 된다는 것은 선량한 사람이 되는 것을 의미하기 때문이다. 신인神人은 가장 높은 이상이다. 이것은 신인이 천과 하나가 되기 때문인데, 천은 최고의 존재이다.

4. 『대학』

　『대학』은 송명유학에서 특별한 지위를 가지며, 초학자들이 덕을 쌓아가는 첫 번째 관문이라 부른다. 관문이란 어떤 사물의 시작과 출발점이다. 사람들은 관문으로 들어가야만 정확한 방향과 길을 찾을 수 있다. 그러므로 관문은 간단하고 쉬워 보이지만 사실은 중요한 것이다. 『대학』은 초학자들이 덕을 쌓아가는 관문으로, 사람들이 그것에 대한 배움을 통해 도덕으로 통하는 길에 들어설 수 있다는 것을 의미한다. 『대학』이란 무엇인가? 『대학』은 어린아이를 깨우치는 학문이 아니라, 어른들의 학문이다. 어른은 바로 성인成人이다. 그러나 성인은 생리적으로 성숙한 것을 가리키는 것이 아니라, 도덕심성에 있어서의 완성을 가리킨다. 다시 말해서 한 사람의 성인은 진정한 인성을 갖춘 사람, 완성된 사람을 말한다. 어른의 학습 혹은 교육은 어느 한 전공기술에 대한 교육이 아니라, 인성의 기본적인 수련과 배양을 말한다. 인성교육은 모든 교육 중에서 가장 기본적인 교육이며, 인성의 학문은 모든 학문 중에서 가장 위대한 학문이다. 인성을 교육하는 과정에서 인간이 자신의 인성을 획득하고 명백히 알게 된다면, 그는 더는 소인이 아니라 어른 곧 군자가 되는 것이다.

　『대학』이 보여 주는 것이 바로 대학의 도이다. 대학에는 도가 있다. 한편으로 대학의 도는 사람의 인성에 대한 기본 규정이고, 또한 성인의 지혜에 관한 것이다. 다른 한편으로 대학의 도는 이런 지혜를 얻는 순서에 관한 것이다. 『대학』은 인간의 지혜와 그것을 획득하는 순서를 삼강三綱과 팔조목八條目으로 나누는데, '명명덕明明德', '친민親民', '지어지선止于至善'이 삼강이라면, '격물格物', '치지致知', '성의誠意', '정심正心', '수신修身', '제가齊家', '치국治國', '평천하平天下'는 8조목이다.

1) 삼강령

"대학의 도는 명덕을 밝히는 데 있으며, 백성을 친함에 있으며, 최고선에 머무르는 것에 있다."[147] 이것이 바로 사람들이 일반적으로 말하는 『대학』의 삼강령으로, 곧 세 개의 강령적이고 관건적인 관념이다.

대학의 도는 먼저 '명덕을 밝히는 것'에 있다.

밝음(明)의 본래 의미는 광명光明으로 암흑과 구별된다. 광명이 어둠을 몰아낼 때 그것은 밝게 비추는 것이 된다. 사물이 어둠 속에 있다가 밝은 대낮이 되면 그 자신의 모습을 드러낸다. 사람이 사물 자체의 의의를 이해하게 되면 바로 명백하게 깨닫게 된다. 여기에서 '명덕을 밝힌다'(明明德)고 할 때, 첫 번째 명明자는 동사이다. 위의 정확한 표현은 사람은 자신의 밝은 덕성을 밝혀야 한다는 것이다. 이 말은 사람이 자신의 밝은 덕성을 잘 알고 이해해야 할 뿐만 아니라, 자신의 밝은 덕성을 명백하게 드러내고 실현해야 한다는 것을 의미한다.

덕德은 덕성으로 사람 자신의 본성이다. 그것은 사람 자신에게 이미 획득되고 실현된 도道로 이해된다. 이 덕은 후천적으로 부가된 것이 아니라, 선천적으로 가지고 있는 것이다. 그러므로 덕을 본래의 덕이라 한

---

147) 『禮記』, 「大學」, "大學之道, 在明明德, 在親民, 在止于至善."

다. 그러나 인간의 본래의 덕은 어떠한가? 본성은 어떠한가? 이에 대해 중국 역사에서는 서로 다른 학설이 있다. 성에는 선악이 없다는 설이 있고, 본성이 선하다는 설, 본성이 악하다는 설, 그리고 본성은 선이 될 수도 있고 악이 될 수도 있다는 설이 있다. 그러나 『대학』에서는 본성이 선하다고 주장한다. 여기에서는 사람의 본래적인 덕은 명덕이며 광명한 덕성이라고 생각한다. 밝은 덕성이란 바로 선량한 덕성을 말한다.

명덕을 밝힌다는 말이 강조하는 것은 다만 사람에게 고유한 밝은 덕성을 잘 알고 드러내야 한다는 것일 뿐이다. 명덕은 물론 인간의 본성이지만, 이것은 하나의 가능성일 뿐이다. 이것은 사람이 이 밝은 본성을 실현할 수도 있고, 또 실현하지 않을 수도 있다는 말이다. 만약 사람의 명덕이 시종일관 자신을 드러낸다면, 사람은 명덕을 구태여 밝히지 않아도 될 것이다. 하지만 사람들이 명덕을 밝히려는 것은, 바로 '명덕'이 늘 가려져 있기 때문이다. 명덕이 가려져 있을 때, 그것의 밝음은 암흑으로 변하며, 이로부터 덕이 결여되거나 덕이 없는 모습으로 나타난다. 그래서 명덕을 밝히는 것은 곧 '명덕'을 가리고 있는 각종 은폐물을 제거하는 것이다. 이렇게 제거할 때, 비로소 인간은 자기본성의 '명덕'을 분명하게 드러낼 수 있다.

인간이 드러낸 광명의 덕성은 결코 추상적이지 않고 구체적인 것이다. 사실 그것은 한 사람을 사람으로 만드는 기본적인 규정이고, 유가에서 말하는 인의예지신仁義禮智信 등이다. 이 밖에 덕德과 도道가 이미 내재적으로 불가분의 관계를 가지고 있는 이상, '덕'을 밝히는 것은 동시에 '도道'를 밝히는 것이다. 그러므로 사람은 자신의 덕을 밝힐 뿐만 아니라, 천하의 도道 역시 밝혀야 한다. 유가에서 보자면, 세상의 도道는 당연히 사회의 도道를 말하는 것이지, 도가道家에서 말하는 천지의 도道, 곧 자연의 도를 가리키는 것이 아니다.

그다음은 친민親民이다.

민民은 바로 민중이다. 하지만 민은 현대적 의미인 시민은 아니다. 시민은 자기가 스스로를 규정하며 자신의 권리와 의무를 알고 실현한다. 반대로 민은 전통적 의미인 '신민臣民'을 가리킨다. 군주와 신하의 관계에서 '신민'은 군주의 지배와 통치를 받는다. 여기에서 '친민'하는 사람과 민중은 군신관계는 아니지만, 여전히 통치자와 피통치자의 관계이다. 이런 관계에서 민은 '친민'의 대상이며, '친민'하는 사람은 민의 주체이다.

'친민'하는 사람과 피친민자의 관계는 '친親'의 행위에 집중되어 있다. 그러나 무엇을 친親이라고 하는가? 친親의 의미는 역사적으로 아래와 같이 서로 다른 두 가지로 해석하고 있다. 한 가지는 그것이 바로 친애親愛로 사랑의 마음이라고 여긴다. 소위 친민이란 바로 민을 사랑하는 것으로, 친민이라는 것은 곧 백성을 사랑하는 것이다. 다른 한 가지는 그것이 스스로 새로워지는 것이다. 친민이라는 것은 바로 통치자가 자신의 도덕을 새롭게 하는 것을 통해 백성들의 도덕도 스스로 새롭게 하는 것이다. 이 두 가지 해석은 『대학』에서 모두 근거를 찾을 수 있다. 첫 번째 주장의 경우, '군자는 현명한 이를 현명하게 여기고, 가까운 이를 사랑한다'(君子賢其賢而親其親)이다. 여기에서 친親은 바로 사랑하는 것이다. 두 번째 주장을 말하자면, 은殷나라 때의 탕왕湯王이 「반명盤銘」에서 "진실로 날로 새로워지고, 나날이 새로워지며, 또 날로 새로워진다"[148]라고 하였다. 「강고康誥」에서는 "백성들을 새롭게 만들어라"[149]라고 하였다. 『시경詩經』에서는 "주나라는 비록 오래된 나라이지만, 그 명은 새롭다"150)라고 하였다. 여기에서 말하는 '신新'이 만약 '친親'의 뜻이라면, 그 친親은 바로 새롭게 바뀐다는 것이다. 이 두 가지 해석은 비록 서로 다른 주장을 가진 사상이 근거를 제공하였지만, 사실은 서로 상충되지 않는다. 그것은 모두 '친민'하는 사람과 피친민자의 관계와 관련된다. 만약 친親을 사랑이라고 한다면, 그것은 어른 자신의 동기와 행위에 관한 것이다. 그리고 만약 친이 백성을 새롭게 하는 것이라면, 그것은 민중의 행위와 그 결과이다. 이것은 사실상 결국 동일한 하나의 사물에 대한 두 가지 측면에서의 설명이다.

세 번째는 최고선에 머무르는 것에 있다.(在止于至善)

지止는 정지停止이며, 어느 한곳에 머무르는 것이다. 그러나 어느 한곳에 머문다고 해서 스스로 동일성을 유지하며 절대적인 정지 상태에서 움직이지 않는 것은 아니다. 반대로 어느 한곳에 정지한다는 것은 어떤 곳에 이르렀다는 것이다. 그것은 반드시 길을 걸어가는 과정을 거쳐야만 실현될 수 있다. 그러므로 멈춘다는 것은 어느 곳에 도달해 거기에 거주하는 것이라고 말할 수 있다. 그러나 어른이나 군자에서 말하자면, 일반적인 곳이 아니라 아주 특별한 곳에 머무르는 것을 말한다. 그곳은 인간이 추구하는 마지막 목표이다. 그러므로 그곳은 가장 높은 곳이고 가장 원대한 곳이다. 『대학』에서는 그곳이 임의의 어떤 곳이 아니라, 지극히 선한 상태를 말한다. 그러므로 이 책에서는 최고선에 머무

---

148) 「盤銘」, "苟日新, 日日新, 又日新."
149) 「康誥」, "作新民."
150) 『詩經』, 「大雅·文王」 "周雖舊邦, 其命維新."

를 것을 강조한다. 선은 좋은 것이다. 그러나 최고선은 일반적으로 좋은 것이 아니라 최대 혹은 최고로 좋은 것이고 절대적으로 좋은 것이다. 그것은 유가에서 사랑으로 표현된다. 최고선은 특별한 경지로, 그것은 인간이 살아가면서 도달할 수 있는 가장 높은 곳이자 가장 원대한 곳이다. 그러므로 그것은 인간의 목적이며 또한 목적지이다. 그곳은 인간이 돌아가야 할 곳이기도 하고 반대로 나온 곳이기도 하다. 오직 그곳에 이르고 머물러야만 인간은 비로소 자신에 대한 규정을 얻을 수 있다. 『대학』에서 그것을 구체적으로 아래와 같이 말하고 있다. "군주가 되어서는 인仁에 머물렀고, 신하가 되어서는 경敬에 머물렀으며, 아들이 되어서는 효孝에 머물렀고, 아버지가 되어서는 자애로움(慈)에 머물렀으며, 나라 사람들과 사귈 때에는 믿음(信)에 머물렀다."[151] 이것은 실제로 유가에서 현실세계의 여러 가지 역할에서 반드시 지켜야 할 상응하는 구체적인 윤리도덕규범이다. 사람은 사회생활에서 일종의 윤리적 관계에 처하게 된다. 그중 주요한 관계가 바로 군신, 부자와 형제 관계이다. 이런 관계 중에서 사람마다 각자 독특한 신분과 위치가 있으며 자신에게 존재하는 근본적인 규정을 가지고 있다. 그것을 알고 그것을 실현하면 최고의 경지, 곧 최고선의 경지에 도달할 수 있게 된다. 비록 군신, 부자와 형제 등 사람마다 근본적인 규정은 다르지만 그것은 모두 사랑의 서로 다른 모습이다. 그러므로 최고선이 바로 사랑이며, 최고선에 머문다는 것은 바로 사랑을 실현하고 완성하는 것이다.

삼강령 자체에서 말한다면, 이들 세 가지는 대체 어떤 관계인가? 일

---

151) 『禮記』, 「大學」, "爲人君止于仁, 爲人臣, 止于敬, 爲人子, 止于孝, 爲人父, 止于慈, 與國人交, 止于信."

반적으로 명덕을 밝힌다는 것은 자신과 관련된 것이고, 심지어는 개인의 심성에 관한 것이다. 친민은 다른 사람과 관련된 것으로, 세계와 교류하는 것이다. 그러나 명덕을 밝히는 것과 친민親民은 내외 관계로 불가분의 관계를 가지며, 하나의 사물이 가진 두 가지 측면이다. 명덕을 밝힌 사람은 반드시 친민하여야 하는데, 이것은 반드시 내적인 것으로부터 밖을 향해 나가 실현되어야 하기 때문이다. 그리고 친민親民하는 사람은 반드시 명덕을 밝혀야 하는데, 외적인 것은 반드시 내적인 것을 전제로 해야 하기 때문이다. 아울러 명덕을 밝히는 것과 친민은 모두 최고선에 이르러 머물러야 한다. 때문에 최고선에 머무르는 것은 명덕을 밝히는 것과 친민의 목적이다. 이런 의미에서 보면 『대학』의 근본적인 취지는 바로 최고선에 머무르는 것인데, 그것은 오직 '이르러'(至)야 '크게'(大) 될 수 있기 때문이다. 이렇게 이해를 한다면 명덕을 밝히는 것과 친민은 최고선에 머무르는 것의 두 측면에 불과할 뿐이다. 그러나 최고선에 머무르는 것은 결코 명덕을 밝히는 것과 친민 밖에 있는 것이 아니며, 이 두 가지에 내재해 있다. 명덕을 밝힐 때 사람은 최고선의 경지에 이른다. 친민할 때 사람은 최고선의 경지에 이른다. 최고선에 머무르는 것은 사실상 명덕을 밝히는 것과 친민의 내적인 목적이다. 그러나 삼강령은 사실상 모두 사랑에 통일된다. 명덕을 밝히는 것은 인간 자신이 가진 사랑의 덕을 드러내는 것이고, 친민은 민중에게 사랑을 베풀거나 또한 이것으로 민중을 스스로 새롭게 변하게 하는 것이다. 최고선에 머무르는 것은 결국 사람을 사랑이라는 최고의 목적에 도달하게 하는 것일 뿐이다.

그리하여 '최고선에 머무는'(止于至善) 것은 인성의 교육에 규정적인 의의를 가진다. 사람들은 반드시 이 유일한 최고의 목적을 알아야 한다. "멈추어야 할 곳을 안 후에 안정하게 되고, 안정된 이후에 고요하게 된 다. 고요해진 후에 편안하게 되고, 편안해진 후에 사려할 수 있게 된다. 사려한 이후에 얻을 수 있다."[152] 멈추어야 하는 것을 안다는 것은 사람 이 정지하고 앞으로 나가지 않는 것을 의식한다는 것이 아니다. 그것은 바로 사람의 마음이 자신에게로 돌아오게 할 뿐만 아니라 생각을 할 수 있게 하는 것이다. 사람은 목적지를 알게 되면 자신의 지향을 확정 지을 수 있고, 혼란한 데로부터 안정을 찾아 일신의 평안함을 얻어 일을 사색할 수 있고, 궁극적으로는 마음으로 얻는 바가 있어 사물의 본성에 대한 사색에 이르게 된다.

『대학』에서 "만물에는 근본과 끝이 있고, 일에는 마침과 시작이 있 으니, 먼저 할 일과 나중에 할 일을 가릴 줄 알면, 도에 가깝다"[153]라고 하였다. 여기에서 도는 도로이고 과정으로, 그것에는 시작, 중간 과정, 완성이 있으며, 또한 본말, 시종, 선후로 표현된다. 대학의 도 역시 당연 히 그 자신의 도로와 과정이 있다. 그것이 바로 삼강령이다. 그중 최고 선은 대학의 도에서 근본이 된다. 최고선과 '최고선에 머무는' 것을 알 아야만 정확하게 대학의 도를 걸어갈 수 있다. 따라서 그것은 강령 중 의 강령이다.

---

152) 『禮記』, 「大學」, " 知止而后有定, 定而后能靜, 靜而后能安, 安而后能慮, 慮而后能得."
153) 『禮記』, 「大學」, " 物有本末, 事有終始, 知所先后, 則近道矣."

2) 팔조목

삼강령을 구체화한 것이 팔조목이다. "옛날 온 세상에 명덕을 밝히려는 사람은 우선 자기 나라를 다스렸고, 나라를 다스리려는 자는 우선 자기 가정을 다스렸고, 가정을 다스리려는 자는 우선 자기를 닦았고, 자기를 닦으려는 자는 우선 마음을 바르게 했고, 마음을 바르게 하려는 자는 우선 뜻을 참되게 했고, 뜻을 참되게 하려는 자는 우선 올바른 앎에 도달했다. 올바른 앎에의 도달은 격물에 달려 있다. 사물의 이치를 연구하여 끝까지 따지고 파고들어 궁극에 도달하면(격물을 하면) 그 후에 올바른 앎에 이르고, 앎에 도래한 연후에 뜻이 참되어지고, 뜻이 참되어진 후에 마음이 바르게 되고, 마음이 바르게 된 후에 수신이 되고, 수신이 된 후에 가정이 다스려지고, 가정이 다스려진 후에 나라가 다스려지고, 나라가 다스려진 후에 천하가 태평해진다. 천자에서 서민에 이르기까지 한결같이 수신이 근본이다. 근본이 바르지 못한데 끝이 잘된 경우란 없다. 중시해야 할 것을 경시하고 경시해야 할 것을 중시하고서 잘된 경우란 아직 없었다. 이러한 이해가 바로 근본을 '아는 것'이고, 바로 '올바른 앎에 이르렀다'는 말의 의미이다."[154]

팔조목은 삼강령의 구체화된 것이어서, 양자 사이에는 일종의 대응 관계가 있다. 앞에서 말했듯이 '최고선에 머무는 것'은 삼강령 중에서

---

154) 『禮記』, 「大學」, "古之欲明明德於天下者, 先治其國, 欲治其國者, 先齊其家, 欲齊其家者, 先修其身, 欲修其身者, 先正其心, 欲正其心者, 先誠其意, 欲誠其意者, 先致其知. 致知在格物. 物格而后知至, 知至而后意誠, 意誠而后心正, 心正而后身修, 身修而后家齊, 家齊而后國治, 國治而后天下平. 自天子以至于庶人, 一是皆以修身爲本. 其本亂而末治者, 否矣. 其所厚者薄而其所薄者厚, 未之有也. 此謂知本, 此謂知之至也.

강령 중의 강령이다. 그것은 '명덕을 밝히는 것'과 '친민' 두 가지 부속되는 강령이 있으며, 그 하위분류로 격格·치致·성誠·정正·수修·제齊·치治·평平 등의 8개 덕목이 있다. 팔조목은 수신을 중심으로 각각 삼강령을 설명하였다. 치致·성誠·정正은 첫 번째 부속 강령인 '명덕을 밝히는 것'에 대해 상세하게 서명한 것이고, 제齊·치治·평平은 두 번째 부속 강령 '친민'에 대해 상세하게 설명한 것이다. 이 두 가지를 실현하는 것이 바로 세 번째 강령인 '최고선에 머무는 것'의 완성이다.

팔조목 자체에서 말한다면, 그것은 본말本末의 구분, 곧 선후의 구분이 있다. 앞과 뒤에 있는 두 가지 덕목 중, 앞의 것이 본本이고 뒤의 것이 말末이다. 하지만 본말本末은 상대적이다. 만약 팔조목 중에서 하나의 덕목이 그 앞의 덕목과 서로 비교하자면 그것은 뒤가 되며 그렇기 때문에 말末이다. 하지만 그것을 뒤의 덕목과 서로 비교하면 그것은 앞이 되고 그렇기 때문에 본本이다. 『대학』은 한편으로 뒤에서 앞으로 돌아오며, 뒤가 앞에 의하여 결정된다는 것을 강조한다. 다른 한편으로 앞에서 뒤로 가는데, 앞이 뒤의 기반이 되었음을 지적한다. 요컨대 본本이 말末보다 더 중요하다는 것이다. 이러한 규정에 따라 『대학』은 앞에서부터 뒤로 이르는, 지혜를 획득해 가는 다른 단계와 내용을 자세하게 설명한다.

팔조목의 선후 순서에 관해 역사적으로 다양한 주장이 있어서 사람들 사이에 논쟁이 벌어졌다. 주희는 격물格物 이후에 즉 만물의 이치를 파고들어 명확히 한 후에야 사람들이 비로소 성의誠意가 된다고 생각하였다. 그러므로 그는 격물을 성의誠意 앞에 두었다. 그러나 왕수인은 이런 주장을 비판하며, 성의가 없으면 진정한 앎도 없어서 성의를 반드시 격물의 앞에 놓아야 한다고 생각하였다. 주희와 왕수인의 『대학』에 관한 논쟁은 근본적으로 그들의 철학적 관념의 다름에 근원을 두고 있다. 전자는 만물의 리에 주목하였고, 후자는 사람의 마음에 주목하고 있다. 그러나 우리는 여기에서 다만 『대학』의 일반적인 내용의 고유한 순서만 살펴볼 것이다.

첫째는 격물格物이다. 물物은 여러 가지 의미가 있다. 일반적으로 그것은 모든 존재하는 것을 가리킨다. 중국인들의 존재 개념 속에, 존재하는 것의 전체는 천지인天地人으로 나눌 수 있는데, 사람의 몸과 마음 역시 포함된다. 이것으로부터 물物은 천지만물, 세상의 모든 사물이라고 말할 수 있는 것이다. 그러나 존재하는 것의 전체 속에 물物은 또한 일부 특수한 의미를 가진다. 물과 사람의 관련 속에서 물物은 신체 밖에 존재하는 것이다. 그러므로 물物은 사람 이외의 물物과 신체 밖의 물物과 같은 것이다. 물物과 마음의 관련성 속에서 물은 사람의 마음과는 다른 것이어서, 물은 마음 밖의 물物이다. 비록 『대학』에서 물物에 대하여 명확하게 규정하지 않고 있지만, 물物은 대체로 마음 밖의 물物이라고 말할 수 있다. 이런 의미에서 물物은 모든 자연물을 의미할 뿐만 아니라 모든 사회적 산물도 가리키는데, 그것은 인물人物과 사물事物이다. 사람이 격물할 때, 그는 마음으로 마음 밖의 모든 물物과 접한다. 다시 말하면 세상의 모든 사물과 접한다. 그러나 유가에서 물物은 주로 자연적인 의미에서가 아니라, 사회적인 의미에서 말한 것이다. 물物은 생활세계에 있어서의 인물과 사물이다. 그것은 구체적으로 군신君臣, 부자父子, 형제兄弟, 부부, 친구 사이에서 발생하는 사건의 전체이다.

그렇다면 사람과 물이 접하는 '격格'은 도대체 무엇을 의미하는가?

역사적으로 어떤 사람들은 격格을 격투格鬪로 이해하면서, 사람과 사물의 투쟁으로 여긴다. 격格은 이렇게 격살擊殺이라는 의미로 변했는데, 사람의 물物에 대한 배제나 소멸을 뜻한다. 이런 과정을 거쳐 마음이 순수한 마음이 되고, 의식은 순수한 의식에 이른다. 이것은 일종의 도교적인 이해이다. 이것은 선진유가의 사람의 인식에서 마음과 물의 관계에 관한 관점과 부합되지 않을 뿐만 아니라, 『대학』에서 말하는 여러 사물에 대한 태도와도 부합하지 않는다. 격格의 진정한 의미는 탐구이고 추구이다. 그래서 격물은 바로 사물 자체에 존재하는 이치를 탐구하는 것이다. 이로부터 격물은 사람과 사물이 생활세계에 공존한다고 말할 수 있다. 한편으로 사람은 사물을 알고 이해하여 사물의 의미를 파악하며, 다른 한편으로 사물은 사람을 향해 나타내고 털어놓아 자신의 비밀스러운 본성을 드러내는 것이다.

둘째는 치지致知이다. 여기에서 지知는 곧 지식이고, 치致는 도달 혹은 획득의 의미이다. 격물을 통하여 사람들은 지식을 얻게 된다. 지식은 비록 마음이 활동한 산물이지만, 비어 있는 마음 자체가 아니라, 마음이 사물에 대해 파악한 것이다. 그러므로 지식은 언제나 사물에 대한 지식이다. 최고의 의미에서, 지식은 사물의 도道에 대한 인식이다. 그러므로 지식의 본성에 대한 규정은 '도道'를 아는 것이다. 사람은 무엇을 알아야 하는가? 무엇이 있고 무엇이 없는 것인지를 알아야 한다. 이것은 또한 무엇이 존재하는 것이고, 무엇이 없는 것인지를 아는 것이다. 어느 한 지식이 존재의 진정한 모습을 알 때 그것은 진짜로 아는 것이다. 반대로 존재의 진상을 알지 못할 때 그것은 아는 것이 없는 것이다. 만약 그것이 존재의 진상을 가리고 있으면 그것은 가짜로 아는 것 혹은 잘못되게 아는 것이다. 진정한 앎은 또한 진리이며, 그것은 사람의 생활의 길을 이끌 수 있다.

치지는 지식에 대한 획득으로, 바로 무지에서 지식에로의 비약이며, 가짜 앎에서 진정한 앎으로의 전환이다. 이것은 지식이란 사람에게 선천적으로 고유한 것이 아니라 후천적으로 학습된 것임을 뜻한다.

셋째는 성의誠意이다. 상대적으로 격물格物과 치지致知의 경우 외재하는 사물을 더욱 중시한다면, 성의의 경우는 내적인 마음 자체에 더 편향된다. 의意는 마음의 뜻이다. 비록 의意는 사람 마음의 활동이지만, 그것은 지향성을 가져서, 곧 어느 한 사물을 가리킨다. 이런 사물을 대할 때, 사람은 모종의 태도를 취하거나 가질 수 있다. 그러나 사람의 태도는 진실과 허위의 구분이 있다.

성의는 마음의 뜻이 진실해야 하고, 진정으로 자신을 드러내야 하며, 자신을 덮어 감추거나 기만해서는 안 된다는 것을 의미한다. "이른바 뜻을 진실하게 한다는 것은 자기를 속이지 않는 것이다. 나쁜 냄새를 싫어하는 것 같고, 아름다운 여자를 좋아하는 것 같은데, 그것을 스스로 겸손해한다고 말한다. 그러므로 군자는 혼자 있을 때에도 신중하다."155) 이것은 사람이 사물에 대한 자기 마음의 뜻을 진실하게 표현해야 한다는 것이다. 싫으면 싫은 것이고, 좋으면 좋은 것이다. 사람은 자기 마음의 뜻을 감추지 말고, 싫어하는 것을 좋아한다고 표현하지 말며, 좋아하는 것을 싫어한다고 표현하지 말아야 한다. 그렇지 않으면 스스로를 속이고 다른 사람도 속이는 것이다. 사람은 스스로를 기만하지 말아야 할

---

155) 『禮記』, 「大學」, " 所謂誠其意者, 毋自欺也. 如惡惡臭, 如好好色, 此之謂謙, 故君子必愼其獨也."

뿐만 아니라, 다른 사람도 속여서는 안 된다. 이것은 내재적인 것이 외적으로 표현되어 나오기 때문이다. 타인은 마치 나 자신이 확실하게 나를 관찰할 수 있는 것처럼 확실하게 나를 관찰할 수 있다. 성의는 바로 솔직하게 있는 그대로 자기 마음의 뜻을 표현하는 것이다.

넷째는 정심正心이다. 마음(心)은 정신이고, 정正이란 교정 혹은 수정이다. 성의와 마찬가지로 정심도 마음 자신에 관한 수양이다. 성의가 주로 마음이 진실 되어야 하고 허위적이어서는 안 된다고 요구하는 것이라면, 정심은 자신의 마음이 그 스스로를 유지하고 외부사물의 지배를 받아서는 안 된다고 요구한다.

현실생활 속에서 마음은 늘 바깥 사물과 관계가 생겨나고, 또한 바깥 사물의 영향을 고려하여 상응하는 태도가 생겨난다. 하지만 이런 태도는 그것이 소극적이든 적극적이든 상관없이 모두 마음 자신의 순수성을 파괴한다. "몸이 지나치게 분노하는 바가 있으면 그 바름을 얻을 수 없고, 지나치게 두려워하는 바가 있으면 그 바름을 얻을 수 없고, 지나치게 좋아하는 바가 있으면 그 바름을 얻을 수 없고, 지나치게 걱정하는 바가 있으면 그 바름을 얻을 수 없다."156) 여기에서 말하는 분노(忿懥), 두려움(恐懼), 좋아함(好樂)과 우환(憂患)은 사람의 감정과 욕망의 표현이다. 이것들은 정태성情態性적인 것이자 지향성적인 것이다. 사람의 감정은 언제나 바깥 사물에 향하며 또한 그것에 따라 움직인다. 예를 들면 사람은 어떤 사물에 따라 기뻐하기도 하고 고통스러워하기도 한다. 마음이 바깥사물의 영향을 받을 때, 그 본성은 스스로를 지킬 방법이

---

156) 『禮記』, 「大學」, "身有所忿懥, 則不得其正, 有所恐懼, 則不得其正, 有所好樂, 則不得其正, 有所憂患, 則不得其正."

없다. 만약 심령이 스스로의 순수한 본성을 상실하게 되면, 스스로의 작용을 발휘할 수 없게 된다. 다시 말하면 감각하는 사물의 존재를 있는 그대로 인지하지 못한다. "마음이 있지 않으면, 보아도 보이지 않고, 들어도 들리지 않고, 먹어도 그 맛을 모른다."[157] 마음이 거기에 없을 때 즉 관심을 가지지 않을 때, 사람의 감각기관은 느끼려 해도 감각해야 할 사물을 느끼지 못한다. 왜 그런가? 이것은 바로 마음이 이미 다른 사물에 끌려가, 바른 것에서 그릇된 것으로 변해 버려서, 감각과 감각해야 할 사물이 분리되는 것을 초래했기 때문이다. 만약 마음이 마음으로 활동하지 않는다면, 사람도 역시 마음이 없는 사람이 되는 것이다. 마음이 없는 사람은 당연히 진정한 의미에서의 사람이 아닌 것이다.

정심은 마음을 올바로 세우는 것이다. 그것은 올바르지 않은 마음을 순수한 본심의 자신으로 돌아오게 한다. 여기에서 관건은 마음자신과 그것의 감정표현을 구분하는 것인데, 즉 심성心性과 심정心情을 구분해야 한다. 사람은 심성을 유지해야 하고, 심정을 제거해야 한다. 그러나 심정의 제거는 또한 마음이 바깥사물의 영향에서 벗어나는 데 있다. 오직 이렇게 해야만 마음이 바른 위치로 돌아올 수 있고, 본성을 가질 수 있으며, 비로소 모든 사물을 통찰할 수 있는 것이다.

다섯째는 수신修身이다. 정심은 주로 바깥 사물이 사람에 대한 영향을 극복할 때이고, 수신은 사람 자신이 바깥 사물에 대해 가진 좋고 나쁜 편견에서 벗어나는 것을 강조한다.

여기 '수신'에서 말하는 '신身'은 마음과 상대되는 육체가 아니라, 육

---

157) 『禮記』, 「大學」, "心不在焉, 視而不見, 聽而不聞, 食而不知其味."

체를 가진 개체의 존재라고 해야 할 것이다. 몸은 사람과 사람과의 다름을 나타내며, 사람으로서의 자신을 말한다. 그러나 이 개체 자신은 개체로서의 입장이 있으며, 흔히 사람들이 바깥 사물을 볼 때 하나의 독특한 시각이 된다. "사람은 자기가 친하고 사랑하는 것에 치우치며, 그 천하게 여기고 미워하는 것에 치우치고, 그 두려워하고 공경하는 것에 치우치며, 그 슬프고 불쌍히 여기는 것에 치우치고, 그 거만하고 게으른 것에 치우친다. 그러므로 좋아하면서도 그 나쁜 점을 알고, 미워하면서도 그 아름다운 점을 아는 사람은 세상에 드물다."[158] 사람은 보통 자신의 기존의 입장과 시각에서 출발하여, 자신의 애증을 사랑하고 미워하는 사물에 투사한다. 반대로 사람은 사물 자체에서 출발해 그 사물의 사랑스러운 점과 미운 점을 잘 분별하지 못한다. 만약 그렇게 되면 사람은 시비를 가릴 줄 모르고 선악을 분별하지 못하게 된다.

이른바 수신은 근본적으로 개인을 고치는 것이고, 또 사람 스스로가 가지고 있던 기존의 입장과 시각을 버리는 것이다. 사람은 자신의 선입견과 편견을 버리고 사물 자체로부터 출발하여 있는 그대로의 사실에 근거해 파악해야 한다. 이러한 기초 위에서 사랑스러운 것을 사랑하고, 미운 것을 미워해야 한다. 사람과 세계의 이런 관계가 비로소 하나의 진정한 관계이다.

여섯째는 제가齊家이다. 만약 수신의 중심이 여전히 개체 자신에 한정되어 있다면, 제가는 개체와 타인의 관계를 고려한 것으로, 먼저 집안 다른 구성원과의 관계이다.

---

158) 『禮記』, 「大學」, "人之其所親愛而辟焉, 之其所賤惡而辟焉, 之其所畏敬而辟焉, 之其所哀矜而辟焉, 之其所敖惰而辟焉. 故好而知其惡, 惡而知其美者, 天下鮮矣."

집안은 하나의 가정일 뿐만 아니라 하나의 가족이다. 집안은 혈연관계를 유대로 한 생명공동체이다. 그것은 자연성도 있지만 사회성도 있어서, 사회를 구성하는 가장 기본적인 단위이다. 한 가정에서 가장 기본적인 관계는 부자, 부부와 형제 관계이다.

제가는 가정 혹은 가족이 하나같이 정연해야 한다는 것이 아니라, 가족의 구성인원들이 고유의 구조에서 각자 있어야 할 곳에 있고, 상호간의 이미 정해진 관계를 지켜야 한다는 것이다. 한 가정에서 구성인원 사이의 관계는 평등한 것이 아니라 등급이 나누어져 있다. 부모와 자녀 사이 그리고 형제자매 사이는 상하나 나이 많고 어린 서열로 구분되거나 또는 높고 낮은 구분이 있다. 그러므로 각각의 구성원은 기타 다른 구성원과의 관계에서 차이가 있다. 유가에서는 그것을 효孝, 제弟, 자慈로 각각 나누어 확정지었다. 효는 자녀의 부모에 대한 효도를 말하고, 제는 동생의 형에 대한 존중을 말한다. 자는 부모의 자녀에 대한 자애를 말한다. 비록 효, 제와 자는 서로 의존적이고 평등한 특징을 가지고 있지만, 아랫사람의 윗사람에 대한 관계가 우선이고, 그다음에 윗사람의 아랫사람에 대한 관계이다. 이런 관계는 확대할 수 있다. "효는 곧 임금을 섬기는 사군이 되고, 제는 곧 윗사람을 모시는 것이 되며, 자는 곧 민중을 사랑하고 보살피는 것이 된다."[159]

일곱째는 치국治國이다. 여기서 말하는 국은 현대적 의미에서의 민주국가가 아니라, 전통적 의미의 왕국이다. 이런 나라에서 군왕은 통치하고, 신하와 백성은 통치를 받는다. 군신관계는 국가에서 가장 주요한

---

159) 『禮記』, 「大學」, "孝者, 所以事君也, 弟者, 所以事長也, 慈者, 所以使衆也."

관계이다. 왕국의 역사는 왕조를 형성한다. 한 왕조에서 다른 한 왕조로의 전환은 바로 시대가 바뀌는 것이다.

이른바 치국은 바로 국가를 다스리는 것이다. 분명한 것은 모든 시민이 국가의 관리에 참여하는 것이 아니라, 군왕 등 통치자들이 민중 또는 피통치자를 통치하는 것이다. 때문에 치국은 윗사람이 아랫사람을, 소수가 다수를 다스리는 것을 말한다. 그러나 사람들은 어떻게 나라를 다스리는가? 『대학』에서 말하는 치국은 제가와 같은 것이다. 이것은 유가에서 말하는 집안과 나라가 동일한 구조이고, 모두 상하장유의 등급서열이 있다. 한 나라는 한 가정을 확대한 것에 지나지 않는다. 군신관계는 근본적으로 부자관계와 같다. 그래서 치국의 원칙은 근본적으로 제가의 원칙 즉 효孝·제弟·자애慈愛 등이다. 통치자가 선두에서 제가의 원칙을 실행하면, 수많은 민중은 모방하며 따르게 된다. "위에서 노인을 노인으로 모시면 백성들이 부모님에게 효도하게 되고, 위에서 어른을 어른으로 모시면 백성들이 연장자를 공경하게 되며, 위에서 외로운 이를 불쌍히 여기면 백성들도 따라할 것이니, 이로써 군자는 '혈구지도'를 지니는 것이다."160) 제가의 원칙이 나라 안에서 보편적으로 실행될 때, 치국의 목적 또한 실현된다.

한편으로 치국에서 채택한 제가 원칙의 주요한 부분은 사람과 사람과의 관계를 처리하는 것이다. 다른 한편으로 덕이 근본이라면 재물은 말단(德本財末)이라는 생각의 주요한 부분은 사람과 사물의 관계를 처리하는 것이다. 한 나라의 지속과 발전은 반드시 물질적인 재부의 생산과

---

160) 『禮記』, 「大學」, "上老老而民興孝, 上長長而民興弟, 上恤孤而民不倍, 是以君子有絜矩之道也."

축적에 의지한다. 그러나 재부는 민중이 만들어 낸 것이고 민중은 도덕에 감화된다. 그러므로 『대학』에서는 다음과 같이 강조한다. "군자는 먼저 덕을 쌓아야 한다. 덕이 있으면 여기에 사람이 있게 되고, 사람이 있으면 여기에 땅이 있게 되고, 땅이 있으면 여기에 재물이 있게 되고, 재물이 있으면 여기에 쓰임이 있게 된다. 덕이 근본이고 재물은 말단이다."[161] 덕이 근본이고 재물은 말단이라는 사상은 비록 이익을 목적으로 하지 말라고 요구하며 의리를 중시하면 이익이 된다고 하지만, 덕으로 완전히 재물을 대체할 수는 없다. 이것은 다만 덕을 먼저 추구하고 재물은 그다음이라는 것을 밝히고 있을 뿐이다. 군자도 재물을 좋아하며, 그것을 얻는 것이 덕과 합치한다.

전체적으로 『대학』에서 말하는 치국의 이념은 법에 따라 나라를 다스리는 것이나 법으로 나라를 다스리는 사상이 아니라, 전형적으로 덕으로 나라를 다스리는 사상이다.

여덟째는 평천하平天下이다. 치국이란 주요 대상이 자신이 속한 민족이나 국가를 다스리는 것이라면, 평천하는 다른 민족이나 국가를 어떻게 대할 것인지와 관련된 문제이다.

세상은 하늘 아래에, 곧 땅 위에 있다. 하늘과 땅은 무한한 것이 아니라 유한한 것이다. 그러므로 사람들은 '하늘 끝, 바다 끝'(天涯海角), '하늘 안'(天邊內)과 '하늘 밖'(天邊外)이라는 말을 한다. 하늘과 땅의 한계는 그 자체의 한계가 아니라, 사람들이 본 것과 알고 있는 것의 한계와 관련되어 있다. 이런 한계 혹은 경계 내에서, 모든 민족과 국가는 '세상'(天

---

161) 『禮記』, 「大學」, " 君子先慎乎德. 有德此有人, 有人此有土, 有土此有財, 有財此有用. 德者本也, 財者末也."

下)을 구성하였다. 이런 의미에서 세상은 하나의 유한한 자연적인 세계이며, 지리적인 측면에서의 정치적 집합이다.

평천하는 자기 나라를 다스리는 원칙을 천하의 보편적인 원칙으로 만든 것일 뿐이다. 그러나 '평平' 자체는 복잡한 의의를 내포하고 있다. 그것은 평정平定의 의미로 어지러운 것을 평화스러운 것으로 만든다고 말할 수도 있고, 공평함의 의미로 공정公正과 정의正義를 실현하는 것이라고 말할 수도 있다. 그래서 평천하는 세상을 태평하게 하고 공평하게 하는 것이다. 이것은 또한 세상에 올바른 도가 받아들여지고, 대동大同의 이상을 실현하게 하는 것이다.

앞에서 서술한 것처럼 팔조목과 삼강령은 대체적으로 대응관계가 존재한다. 치致·성誠·정正은 명덕을 밝히는 것을 상세하게 해석하였고, 제齊·치治·평平은 친민親民을 기술하였다. 이 양자의 실현은 바로 최고선에 머무르는 것을 완성하는 것이다. 그러나 팔조목에는 여전히 더욱 복잡한 관계가 존재한다. 비록 앞 조목과 뒤 조목의 관계는 본말의 관계이지만, 이것은 결코 근본만 중요하고 말단은 보잘것없다는 것이 아니다. 오히려 본말 사이에서 보자면 근본은 시작이고 말단은 완성이다. 이렇다면 말末을 근본의 일환으로 받아들여 근본의 의미를 풍부하게 하였을 뿐만 아니라 근본의 한계를 벗어나게 하였다. 그리하여 팔조목에서 제일 마지막 내용인 평천하는 바로 그 앞 일곱 조목에 대한 완성과 응집이며, 또한 명덕을 밝히는 것, 친민과 최고선에 머무는 것이 모두 실현된 것이다. 이런 의미에서 보면 평천하는 온 세상에 명덕을 밝히고, 백성들을 가까이하며, 최고선에 머무는 것이다. 만약 명덕을 밝히는 것, 친민과 최고선에 머무는 것이 없다면, 사람들도 세상을 평화롭게 하지는 못할 것이다. 오직 명덕을 밝히는 것, 친민과 최고선에 머무는 것이 세상에 실현될 때, 사람들은 세상을 평화롭게 할 수 있는 것이다.

3) 원칙과 방법

『대학』의 삼강령과 팔조목은 사실상 유가의 내성외왕內聖外王의 도道를 말한 것이다. 명덕을 밝히는 것은 내성內聖이고, 친민은 외왕外王이며, 최고선에 머무는 것은 내성외왕의 궁극적인 이상을 실현하는 것이다. 비록 사람들은 보통 내성외왕이 중국 전통사상 중 유가, 도가, 불가에서 공통적으로 추구했던 궁극 목표라고 알고 있지만, 오직 유가 특히 『대학』에서 그것을 가장 전형적으로 표현하고 있다. 그것은 『대학』에서 내성외왕의 원칙과 방법을 충분히 제시하고 있기 때문이다.

그런데 무엇을 내성이라 하는가? 여기서 '내內'는 한 사람 자신을 말한 것이고, 특히 그 내적인 심성을 말한 것이다. '성聖'은 최고의 도를 얻은 것을 의미한다. 도를 깨달은 사람은 곧 덕이 있는 사람이다. 그렇기 때문에 성인은 도덕의 최고 경지에 오른 사람이다. 여기에서 도덕은 윤리적인 의미도 있지만 지식적인 의미도 있다. 이것은 또한 성인은 최고의 도덕을 가진 사람인 동시에 최고의 지혜를 가진 사람이라는 뜻이다. 지혜라는 것은 바로 도를 아는 것이며, 도道에 대해 귀를 기울여 듣고 말하는 것이다. 사람에 대해 말하자면, 도道는 그 자신이 되고, 이미 먼저 주어진 것이자, 만사만물 가운데 존재하는 것이다. 그래서 도에 대한 이해는 사람의 마음을 도에 대해 활짝 열어 놓고, 가슴을 비우고 받아들이는 것일 뿐이다. 『대학』에서는 구체적으로 격물格物, 치지致知,

성의誠意, 정심正心 등 단계의 심성수련을 거쳐 수신修身에 도달하는 것으로 표현한다. 그것은 바로 도를 인식하고(知道), 도를 몸소 실천하며(體道), 도에 합치해 가는(合道) 과정이다.

무엇을 외왕이라 하는가? '외外'란 다른 사람과의 외적인 관계, 즉 타인과 세계와의 관계를 말한다. '왕王'은 최고와 첫 번째를 의미할 뿐만 아니라, 통치와 통일을 의미한다. 왕은 패자覇者와 다르다. 패자는 무력과 폭력으로 세상을 정복하지만, 이와 상반되게 왕은 도덕과 지혜로 백성을 감화시킨다. 이와 같은 왕도를 실현하는 데 있어서 핵심은 제왕 자신이 도덕과 지혜의 본보기가 되어, 백성들에게 호소하고 끊임없이 도덕과 지혜를 얻는 것이다. 이런 이유로 왕은 개인의 심성수양을 전체 백성의 심성수련으로 전환시킨다. 이것을 바탕으로 바로 『대학』에서 말한 것처럼, 왕은 가정을 다스릴 뿐만 아니라, 나라를 다스리고 세상을 평화롭게 한다. 왕은 자기를 한 나라의 국왕으로 되게 할 뿐만 아니라, 그 국가 또한 왕의 나라로 만든다.

내성과 외왕의 관계는 무엇인가? 일부 사람들은 내성과 외왕은 필연적인 관계가 없다고 생각한다. 그것은, 내성은 필연적으로 외왕으로 이어지지 않고, 외왕은 반드시 내성을 전제로 하지 않기 때문이다. 이러한 사례는 중국 역사에서 흔히 찾아볼 수 있다. 예를 들면 몇몇 유가의 성인들은 제왕이 되지 못했을 뿐만 아니라, 동시에 몇몇 제왕이 반드시 유가의 성인이 된 것은 아니다. 그러나 『대학』이 보여 주고 있는 내성 외왕의 원칙은 결코 역사에 대한 묘사가 아니며, 대인의 인격에 대한 이상을 구축하는 것이다. 바로 이러한 내용에서 보자면, 『대학』에서 서술한 내성과 외왕은 밀접하여 분리할 수 없으며, 심지어 한 사물의 두 가지 측면이라 말할 수 있다. 한편으로 내성은 외왕의 기초와 근거이고, 다른 한편으로 외왕은 내성의 표현이자 완성이다.

『대학』에서 주장하는 내성외왕은 그 자체의 뚜렷한 한계가 있다. 최고의 도덕과 지혜의 획득인 내성은 격물格物・치지致知・성의誠意・정심正心 등의 과정을 거쳐 완성되는 것이다. 비록 이것은 사물과 마음 두 가지 방면으로 나누어지지만, 그것은 처음부터 끝까지 마음 자체의 활동에 의하여 이루어진다. 그러므로 내성의 관건은 마음이 자신을 유지하는 것으로, 그것은 곧 성의와 정심이기도 하다. 이와 같은 마음은 순결한 것이며 원초적인 것이다. 마음이 이렇게 드러날 때, 그것은 궁극적인 도덕과 지혜를 얻게 된다. 그런데 이와 같은 궁극적인 도덕과 지혜는 어디에서 오는 것인가? 그것은 마음 자체가 본래 가지고 있는 것이고, 사물이 마음을 향하여 드러내 보여 준 것이다. 전체적으로 궁극적인 도덕과 지혜는 저절로 마음에 주어진 것이다. 이와 같은 의미에서, 내성은 원초적인 마음을 회복한 것일 뿐이다. 그러나 내성으로부터 외왕으로 이르는 것은 원초적인 마음의 확장으로, 그것은 제가齊家・치국治國・평천하平天下로 표현된다. 그렇다면 어떻게 제가・치국・평천하할 수 있는가? 그것은 모두 마음에 달려 있다. 그러므로 이것은 모두 마음으로 가정을 다스리고, 나라를 다스리며, 세상을 평화롭게 하는 것이라고 설명할 수 있다. 그런데 이런 마음은 여기에서 효를 근본으로 하는 도덕으로 구체화되고, 마음으로 외왕을 이루는 것은 또 마음으로 사람을 교화하는 왕도王道가 되는 것이다. 그러나 외왕은 구체적인 현실세계와 관련되어 있다. 현실세계의 창조와 개혁은 절대로 심성을 수양하는 문제가 아니다. 동시에 집안이나 국가, 그리고 세상은 비록 모종 의미에서 동일한 구조와 특징을 가지기는 하지만, 그것들은 결코 완전히 동질적이지 않고, 이질적이다. 마치 나라가 집안과 다른 것처럼, 세상 또한 나라와 같을 수 없는 것이다. 이렇게 보자면, 외왕이 진정으로 실현될 수 있는지의 여부는 의문점이 남는다.

『대학』에서 제시한 내성외왕의 도道는 동시에 지행합일知行合一의 원칙을 함축하고 있다. 『대학』에 대하여 역사적으로 어떤 사람들은 한쪽 측면에 치우쳐 지식만 강조하면서, 격물을 근본이라고 여긴다. 또 어떤 사람들은 또 다른 측면에 치우쳐 행위를 강조하며, 성의誠意를 근본이라고 여긴다. 사실 『대학』에서 지식과 행위는 통일된다. 지식은 도를 아는 것이며, 행위는 도를 실천하는 것이기 때문이다. 그러나 『대학』에서 말하는 도는 사람의 도로, 곧 사람이 어떻게 사람이 되어 존재할 것인지에 관한 도리이다. 도에서 출발해, 지행은 하나가 된다. 이런 연관성에 비추어 보자면, 지식은 독특한 특성을 가지고 있다. 지식은 외적인 것을 인식해야 할 뿐만 아니라, 내적인 것도 인식해야 한다. 또한 외부의 사물을 인식해야 할 뿐만 아니라, 마음도 인식해야 한다. 오직 마음이 마음 자신에게로 되돌아올 때, 그것은 사물의 이치를 인식할 수 있다. 이런 인식 과정은 지止·정定·정靜·안安·려慮·득得 등으로 표현된다. 당연히 『대학』은 인식을 중시할 뿐만 아니라, 행위도 중시한다. 『대학』의 행위는 보통의 물질적인 생산 활동이 아니라, 사람의 도덕실천 활동이다. 행위는 지식의 밖에 있지 않을 뿐만 아니라, 지식을 보충하는 것도 아니며, 그것은 지식 자체의 완성이자 현실화이다. 다시 말하면 사람에 대한 진정한 지식은 반드시 사람의 존재를 지도할 뿐만 아니라, 사람의 행위를 변화시키기 때문에 윤리로 성립되었다. 그것은 사람과 사람의 관계뿐만 아니라, 사람과 사물의 관계까지도 규정하였다.

이 밖에 『대학』의 내성외왕의 도에서 제시하는 원칙은 다른 사람(人)과 내(我)가 하나로 합일하는 원칙도 함축되어 있다. 여기에서 말하는 나(我)는 일반적인 의미에서의 나가 아니라, 수신한 나이다. 때문에 그는 도덕과 지혜에 의해 규정된 자아이다. 이것은 곧 내가 개인적 욕망에서 출발하는 것이 아니라, 도덕과 지혜로부터 출발하는 것을 말한다. 여기에서 다른 사람(人)은 나 외의 사람들을 가리킨다. 그들은 집안, 같은 나라 사람과 세상의 모든 사람을 말한다. 『대학』에서 주장하는 다른 사람과 나의 합일은 다른 사람과 나가 공존하고 있다는 사실을 핵심적으로 강조하였는데, 다시 말하면 모두가 한 집안의 일원으로, 한 나라의 국민으로, 하나의 세상에서 생활하는 것을 말한다. 그뿐만 아니라 다른 사람과 내가 공존한다는 것은 모두가 가족 관계에 따라 즉 효도로 규정된다는 것을 의미한다. 그러나 다른 사람과 내가 공존하는 관련성 속에서, 다른 사람과 나는 여전히 차이가 있으며 심지어 등급이 있는 것이다. 이것은 상하와 존비의 다름이나, 구체적으로는 통치자와 피통치자의 주동과 피동 관계로 표현된다. 나는 가정을 바로잡고 나라를 통치하고 천하를 평화롭게 하는 사람이고, 다른 사람은 바로잡히고 통치 받고 다스려지는 사람이다.

『대학』은 내성외왕의 도 그리고 그것과 관련된 지행합일과 다른 사람(人)과 내(我)가 합일한다는 원칙을 제시했을 뿐만 아니라, 이런 이상적인 인격에 도달하는 구체적인 과정과 절차도 제시하였다. 바로 수신의 지침을 제시하였기 때문에, 『대학』은 유가의 초학자들이 덕으로 진입해 들어가는 문이 되었다.

『대학』의 삼강령인 명덕을 밝히는 것, 친민과 최고선에 머무는 것은 이미 하나의 강령으로 먼저 내성외왕內聖外王의 기본 과정을 지적하였으며, 팔조목의 격물格物, 치지致知, 정심正心, 수신修身, 제가齊家, 치국治國, 평천하平天下는 더욱 상세하게 내성외왕의 도가 가진 각각의 부분과 상호관계를 서술하였다. 이것은 수신을 중심축으로, 자신의 안과 밖 두 가지 방향을 향해 전개되었다. 사람 자신의 안을 보면 격물·치지·성의·정심에 힘써, 이것으로 명덕을 밝히게 된다. 사람 자신의 밖으로는 제가·치국·평천하에 힘써, 이것으로 친민에 이른다.

당연히 팔조목 자체에는 또한 더욱 복잡한 관계가 포함되어 있다. 격물과 치지는 핵심적으로 사람과 사물의 관계를 말하고, 성의와 정심은 주요하게 사람과 자기 마음과의 관계를 말한다. 사물과 마음에 대한 파악은 수신을 위한 기초를 제공한다. 수신으로부터 출발하여 사람은 제가·치국·평천하에 이르는데, 이것은 심성의 실현과 확장이다. 개인으로부터 가족에 이르고 다시 나라에 이르며 심지어 천하에 이르는데 범위는 점점 커지며 목표도 점점 원대해진다. 내성은 마침내 외왕으로 완성된다.

팔조목 중에서 서로 인접한 두 개의 조목은 선후관계를 가지고 있다. 앞에 있는 조목은 뒤에 있는 조목의 필요조건이 된다. 전자가 없으면 후자가 있을 수 없으며, 오직 전자가 있어야만 비로소 후자가 있게 된다. 동시에 모든 앞 조목과 뒤 조목은 점차 확대되는 관계를 구성한다. 전자가 있어야 할 뿐만 아니라 후자도 있어야 한다. 오직 제일 마지막 조목을 실현해야만, 곧 여덟 개의 조목이 모두 실현될 때, 내성외왕은 비로소 충분한 조건을 갖추게 된다.

그러나 팔조목의 첫 조목과 마지막 조목은 또한 은밀한 연관성이 존재한다. 첫 번째 조목은 격물이고 제일 마지막 조목은 평천하이다. 그러나 격물과 평천하는 어떤 관계를 가지는가? 물物은 존재하는 것으로 사물과 인물을 포함하고 있기 때문에, 그것은 세상의 물物이다. 천하는 곧 세계이고, 그것은 땅 위의 사람과 사물이기 때문에, 세상은 곧 물物의 세상이다. 때문에 물物과 세상은 비록 차이가 있지만 또한 같은 것이기도 하다. 바로 이와 같은 의미에서 우리는 심지어 격물格物은 바로 격천하格天下이며, 평천하平天下는 바로 평물平物이라고 말할 수 있다. 그리하여 평천하는 제일 마지막 조목으로 가장 첫 번째 조목인 격물과 많이 떨어져 있지 않다. 차라리 평천하는 격물에 대한 회귀라고 말하는 것이 옳다. 그러나 이것은 단순한 중복이 아니라, 스스로의 갱신이다. 한편으로 격물에서 평천하에 이르는 것은 인식이 행위로 변하는 것이고, 내성이 외왕으로 전환되어 완성되는 것이다. 다른 한편으로 평천하에서 격물에 이르는 것은 행위가 인식으로 변하는 것이며, 외왕이 내성으로 전환하여 완성되는 것이다. 일찍이 충분히 의식하지 못했던 팔조목의 이런 순환 관계는 내성외왕의 도가 유한한 것이 아니라 무한한 것임을 분명하게 보여 주고 있다.

5. 『중용』

『중용』은 유가의 지혜 중에서 특별한 의의를 갖추고 있으며, 사람들은 그것을 공자의 문하에서 전수된 심법心法으로 여겼다. 그러나 그것은 선종禪宗처럼 문자에 가탁한 것이나 마음에서 마음으로 전한 것이 아니라, 마음이 깨달은 법문이자, 유가의 풍부하고 복잡한 학설의 중심과 핵심이다. 이는 그것이 유가의 도道를 논한 것으로, 공자의 제자들이 듣지 못했던 성性과 도道이다. 따라서 이것은 신유가의 가장 중요한 경전 중의 하나가 되었을 뿐만 아니라, 중국 역사에 있어서 도가와 불가 역시 중시한 것이다. 사람들은 보통 『중용』의 기본 내용이 바로 중용과 성誠이라고 생각하는데, 이것은 핵심을 맞춘 것은 아니다. 『중용』의 가장 근본적인 취지는 도 자체와 그 표현을 상세하게 설명하는 것이다. 중용과 성은 결코 도의 여러 특성 가운데 두 개의 특성이 아니라, 도 자체의 본성이다. 이것은 도가 바로 중용이며, 도가 바로 성誠이라는 것을 의미한다. 이러한 상황에서 도는 한편으로 천도天道로 드러나고, 다른 한편으로 인도人道로 드러난다. 인도에서부터 천도를 온전히 실현할 때, 사람은 중용의 도와 성誠의 도를 실천하게 되며, 이상적인 천인합일天人合一의 경지에 도달할 수 있게 된다.

1) 도

도道는 중국 지혜의 핵심적인 개념이고 근본적인 주제이며, 유가와 도가, 불가에서는 모두 서로 다른 측면에서 이것에 대해 설명한다. 그러나 『중용』에서는 도에 대해 다음과 같이 독특하고 구체적으로 설명한다. "천이 명한 것을 성性이라 하고, 성에 따르는 것을 도라 하며, 도를 닦는 것을 교敎라 한다."[162] 여기서 말하는 천天은 높은 하늘만 가리키는 것이 아니라, 천연天然과 자연自然도 가리킨다. 명命은 숙명(命定)과 운명命運이다. 천명天命은 자연의 법칙이자 기획이다. 그러나 그것은 독립적인 실체로 사물 밖에 있는 것이 아니라 사물 안에 있으며, 바로 사물 자체의 자연적인 본성이다. 그러나 성性은 사물의 본성일 뿐만 아니라, 인간의 본성이다. 본성이 열어 둔 길을 따라 바르게 나가는 것이 도道이다. 이런 의미에서 볼 때 도道는 명사의 특성을 가지고 있을 뿐만 아니라, 동사의 특징도 가지고 있다. 도는 도로일 뿐만 아니라 도를 따라가는 것, 곧 도로를 열고 그 도로 위를 걷는 것이다. 도를 따라 걷는 것 자체에서 보자면 하늘만 그 길을 걷는 것이 아니라 사람도 그 길을 걷는다. 이것은 도가 천도天道와 인도人道를 포함하며, 이 양자의 결합과 집합이라는 것을 뜻한다. 그러나 도를 수양한다는 것의 주요 내용은 천도가 아니라 인도이다. 그것은 사람들이 도를 행해야 할 뿐만 아니라, 도에 근거해 교화하고 교육해야 한다는 것을 강조한다. 도를 가르치는 것은 도에 근거한 사고와 설명을 바탕으로 하는 것이다. 그렇기 때문에 도 자체는 반드시 사람의 사고와 설명을 통해 가르침의 이치로 표현되어야, 사람들은 비로소 교육과 교화를 진행할 수 있다. 이상의 분석에 근거하여 『중용』의 도道에 대한 이해는 다음과 같이 설명할 수 있다. 도는 자연적인 본성이며, 그것은 한편으로 천도이고, 또 다른 한편으로는 인도人道로, 사람은 그 도를 걸어가야 한다는 것이다.

　『중용』은 일반적인 도에 대한 논술과는 달리 특별히 도의 신비성을 강조해 드러낸다. 신비하다는 것은 일반적으로 어떤 사물이 신기하고

---

162) 『禮記』, 「中庸」, " 天命之謂性, 率性之謂道, 修道之謂敎."

비밀스러운 것을 가리킨다. 이른바 신기는 일상적이지 않은 것을 의미하며, 비밀스러운 것은 그것이 알 수 없다는 것을 말한다. 도는 마치 "천이 하는 일은 소리도 없고 냄새도 없는"[163] 것과 같다. 천은 운행하고 있지만 아무런 소리가 없고 냄새도 없으며 감지할 수도 없다. 천 자체의 드러남이 바로 가려지는 것이다. 도 역시 마찬가지다. 소리도 없고 빛도 없으니, 들을 수도 없고 볼 수도 없다. 비록 도는 존재하지만 그 자체는 마치도 존재하지 않는 것 같다. 그렇지만 이 존재하지 않는 것 같은 도는 확실히 진정 존재한다.

그러나 도의 이런 신비성은 이 세상을 넘어선 피안의 세상에 있는 것이 아니라, 이 현실세계에 존재한다. 만약 도가 피안의 세계에 있다면, 사람과 아무런 연관이 없을 것이며, 일상적이지도 않고 신비하지도 않을 것이다. 오히려 아무런 의미도 없다고 하는 편이 나을 것이다. 도의 신비함은 그것이 이 현실세계의 일상적인 것에 있다는 것이다. 한편으로 도는 습관적이고 익숙한 것으로 언제 어디든 존재한다. 다른 한편으로 도는 또한 은폐되어 있고 무형이다. 도는 익숙하면서도 생소한 것 혹은 생소하면서도 익숙한 것이다. 이것이 바로 도의 신비함이 있는 곳이다. 『중용』에서는 도의 특성이 마치 귀신의 특성과 같다고 생각한다. "귀신의 덕이 성대하구나. 보려고 해도 보이지 않으며, 들으려고 해도 들리지 않지만, 사물의 근간이 되어 빠뜨리지 않는다. 천하의 사람들이 재계하고 깨끗이 하여 옷을 성대하게 입고 제사를 받들게 하고, 양양洋洋하게 그 위에 있는 듯하며 그 좌우에 있는 듯하다."[164] 귀신은 비록

---

163) 『禮記』, 「中庸」, "上天之載, 無聲無臭."
164) 『禮記』, 「中庸」, "鬼神之爲德, 其盛矣乎? 視之而弗見, 聽之而弗聞, 體物而不可遺, 使天下之

천지 사이에 존재하지만, 그것들은 특별한 존재이다. 귀鬼는 죽지 않는 죽은 자이며, 신神은 영원히 존재하는 존재이다. 그들은 비록 인류와 동행하지만 지금껏 볼 수도 없고 들을 수도 없다. 그런데도 귀신은 언제 어디서든 작용을 하여 사람들에게 행운 혹은 액운을 가져다준다. 이런 것은 사람들에게 귀신의 존재를 믿지 않을 수 없게 한다. 도道 역시 마찬가지이다. 그것은 덮어 감추어도 자신을 드러낸다.

도는 신비성과 일상성의 통일일 뿐만 아니라, 또한 유한성과 무한성의 통일이다. 우리는 천지 사이에 존재하는 존재자의 특성으로 천지의 道의 본성을 설명할 수 있다. 천지 사이의 모든 존재하는 사물은 그 자체의 존재로 말하면 모두 유한한 것이며 심지어 유일한 것이다. 마치 하늘 한 조각, 땅 한 뙈기, 돌 하나, 물 한 방울과 같다. 그러나 그것을 전체적으로 보면 모두 무한한 것이며, 시간과 공간상 헤아릴 방법이 없다. 이런 무한성은 존재하지 않는 것처럼 공空이 가진 무한성이 아니라 유한성에 대한 극복이며 유한성이 아닌 존재가 되는 것이다. "천지의 도는 한마디로 설명할 수 있으니, 그 물건 됨이 둘이 아니고, 그것이 물건을 만들어 내는 것은 헤아릴 수 없다. 천지의 도는 넓고, 두텁고, 높고, 밝고, 원대고, 오래된 것이다."165) 도 자체는 하나이지만 많은 것을 생성한다. 이런 의미에서 그가 공간적으로는 제일 큰 것이며, 시간적으로는 가장 오래된 것이다. 이러하므로 도 자체는 그 어떤 유한한 공간과 시간도 초월하였다.

人齊明盛服, 以承祭祀, 洋洋乎如在其上, 如在其左右."
165) 『禮記』,「中庸」,"天地之道, 可一言而盡也, 其爲物不二, 則其生物不測. 天地之道, 博也, 厚也, 高也, 明也, 悠也, 久也."

위에서 설명한 도의 특성은 그것과 인간의 관계를 포함하고 있다. 도는 그 자체가 바로 도이고, 사람은 그 자체가 바로 사람으로, 도와 사람은 단순하게 같은 것이 아니다. 하지만 도는 반드시 사람을 향해야 하고, 사람도 반드시 도를 향해 걸어가야 한다. 오직 사람만이 도를 드러내 보여 줄 수 있고, 도가 있어야 사람은 비로소 걸어갈 길이 있다. 도는 근본적으로 말하면 사람의 도로이며, 그러므로 사람의 밖에 외재해 있는 것이 아니라 안에 내재해 있다. "도는 사람과 멀리 있는 것이 아닌데 사람이 도를 행한다고 하면서 사람에게서 먼 것을 찾는다면 도라고 할 수 없다."[166] 도가 기왕에 사람의 도道인 이상 그것과 사람은 가까운 곳에 있지 멀리 있지 않다. 만약 도道와 거리가 아득하게 멀다면 그것은 사람의 도道가 아니며, 사람을 규정하는 것으로 구성되지 못한다. 사람의 도道로서, 도와 사람은 떨어지려 해도 떨어질 수 없다. "도는 잠시라도 인간을 떠날 수 없다. 떠날 수 있는 것은 도가 아니다."[167] 사람과 도道는 늘 함께한다. 만약 도가 사람과 떨어질 수 있다면, 그것은 사람의 몸 밖의 물건이 되며, 사람에게 이용되거나 버려지는 도구에 지나지 않게 된다. 그러나 사람과 분리될 수 없는 도는 사람에게 대체 어떤 의미를 가지는가? 도는 일반 사물이 무엇인지를 규정하는 것이며, 그것은 한 사물을 그 사물이 되게 하는 것이다. 동시에 도는 또한 사람에 대해서도 사람이 무엇인지를 규정하는 것으로, 그것은 한 사람을 그 사람이 되게 하는 것이다. 다시 말하면 한 사람이 된다는 것은 바로 도가 있는 사람이라는 것이며, 도가 없는 사람이 아닌 것이다.

---

166) 『禮記』, 「中庸」, "道不遠人, 人之爲道而遠人, 不可以爲道."
167) 『禮記』, 「中庸」, " 道也者, 不可須臾離也. 可離非道也."

이렇듯 도가 사람을 규정하는 것이라면, 그것은 바로 사람의 보호자인 셈이다. 하지만 도 자체의 본성은 소리도 없고 빛도 없으므로, 사람에 대한 보호는 결코 엄격한 목소리나 얼굴이 아니다. 사람이 감각하지 못하는 곳에서도 도는 묵묵히 사람의 말과 행동을 지켜 주고, 사람이 바른길을 걸어가도록 한다. "이런 까닭에 군자君子는 아무도 보지 않는 곳에서 경계警戒하고 삼가며, 아무도 듣지 않는 곳에서도 두려워하고 염려念慮한다. 숨기려는 것보다 더 잘 드러나는 것이 없고, 은미隱微한 것보다 더 잘 나타나는 것이 없다. 그러므로 군자는 그 홀로 있을 때 더욱 삼가는 것이다."168) 한 사물은 사람들에게 보이지 않거나 들리지 않을 두 가지 가능성이 있다. 한 가지는 사물 자체가 아무런 소리도 빛도 없어서 사람들에게 감지될 수 없는 경우이고, 다른 한 가지는 사물이 소리도 있고 빛도 있지만 사람 자신이 가진 원인으로 그것을 감각하지 못하는 경우이다. 사람이 사물을 감각하지 못하는 경우에서도, 나와 다른 사람이 모두 감각하지 못할 수도 있고, 나는 감각하였지만 다른 사람이 감각하지 못하는 경우가 있고, 반대로 다른 사람은 감각하였지만 나 자신은 감각하지 못하는 경우가 있다. 상황이 어떠하든, 도道는 다 감각할 수 있는 것이다. 그것은 도道 자체가 소리도 없고 빛도 없는 것이면서, 소리도 있고 빛도 있는 곳에 존재할 뿐만 아니라, 소리도 없고 빛도 없는 장소에도 존재하기 때문이다. 그러므로 도는 사물이 드러날 때도 자신을 나타내지만, 사물이 은폐되어 있을 때도 자신을 드러낸다. 이런 상황에 비추어 사람은 신중해야 하고, 도道가 자신의 본성을 지키게 하

---

168) 『禮記』, 「中庸」, "是故君子戒愼乎其所不睹, 恐懼乎其所不聞. 莫見乎隱, 莫顯乎微. 故君子愼其獨也."

여, 도와 함께 존재해야 하며, 도를 벗어나 행동해서는 안 된다. 『중용』
에서는 특별히 홀로 있을 때도 신중하게 행동하는 신독을 강조한다. 신
독에서 독獨은 홀로 있는 것이다. 그것은 사회적인 공동체의 연결고리
에서 벗어나, 각종 윤리규범의 구속을 받지 않는 것을 가리킨다. 사람은
다른 사람과 함께 있을 때, 타인이 바라보는 눈길과 귀로 들리는 것을
고려한다. 그가 성실해야 한다면, 성실한 것처럼 위장해 다른 사람을
속이기도 한다. 사람이 혼자 있을 때, 타인의 감시 없이 다만 자신만이
지켜보고 있다. 이럴 때는 성실할 수도 있고, 성실하지 않을 수도 있다.
이때 그는 타인을 속일 필요가 없으며, 자기 자신을 속일 필요가 있다.
그러므로 한 사람이 혼자 있을 때는 타인과 함께 있을 때보다 더욱 위
험하며, 쉽게 도를 벗어나거나 위반할 수 있다. 신독은 바로 사람이 홀
로 있을 때의 긴장감을 말한다. 소인은 혼자 있을 때 자기의 욕망을 따
른다. 그러나 군자는 혼자 있을 때에도 여전히 자신의 욕망을 조절한다.
어떻게 그렇게 할 수 있는가? 그것은 도가 이때에도 함께하기 때문이
다. 도는 사람들이 함께 있을 때에도 있고, 홀로 있을 때에도 함께한다.
도는 사람이 홀로 있을 때 군자인지 소인인지를 관찰하고 구분할 수
있다. 만약 어떤 사람이 신독하여, 도에 따라 생각하고 말하고 행동한다
면, 그는 도에 대해 부끄러움이 없는 것이다. "그러므로 군자는 속으로
반성해 병폐가 없어야 하고, 뜻에 악이 없어야 한다. 군자가 따라갈 수
없는 사람이라 하는 것은, 오직 남들이 보지 않는 것이 아니겠는가."[169]
사람은 보이지 않거나 들리지 않는 곳에서도 도의 보호를 받는다. 이

---

169) 『禮記』, 「中庸」, "故君子內省不疚, 無惡於志. 君子之所不可及者, 其唯人之所不見乎."

특별한 곳에서 소인은 도를 알지 못하고 실천하지도 않는다. 그러나 군자는 도를 알고 행한다. 이것이 바로 군자가 소인보다 뛰어난 부분이다.

비록 도는 사람의 보호자이지만, 그것은 또 모든 사람에게 두루 미치기도 하고, 모든 사람을 초월해 있다. 한편으로 도는 모든 사람들에게 두루 미친다. 그것은 세상 어디에도 있으면서, 천과 사람을 관통해 있다. 사람들 사이에 어떤 형태의 차이와 등급이 있는 것과 상관없이, 도는 모든 사람과 연결되어 있다. 다른 한편으로 도는 모든 사람을 초월한다. 가장 어리석은 사람만 통달할 수 없는 것이 아니라, 가장 지혜로운 성현도 파악하지 못한다. "군자의 도는 넓고도 은밀하다. 아둔한 부부도 함께 알 수가 있지만, 그 지극한 것은 비록 성인이라도 알지 못하는 것이 있으며, 못난 부부도 실천할 수 있지만, 그 지극한 것은 비록 성인이라도 할 수 없는 것이 있다."[170] 도는 드러나기도 하고 은폐되기도 한다. 도에 대한 인식 가능성과 실천 가능성에서 보자면, 성인도 인식할 수 있고 행할 수 있을 뿐만 아니라 일개의 어리석은 부부도 인식할 수 있고 행할 수 있다. 이것은 성인이든 아둔한 사람이든 모두 인식과 행위의 능력이 있기 때문이며, 그들 사이의 차이는 크고 작은 차이가 있을 뿐이다. 도에 대한 인식의 불가능성과 행위의 불가능성에서 보자면, 아둔한 부부만 인식과 행위에서 불가능한 것이 있는 것이 아니라, 성인도 역시 마찬가지이다. 이것은, 아둔한 사람은 도의 얇고 표면적인 부분에만 이를 수 있을 뿐이며, 성인은 비록 도의 깊고 높은 부분까지 통달할 수 있더라도 그 역시 전지전능한 것은 아니기 때문이다. 도는

---

170) 『禮記』, 「中庸」, "君子之道費而隱. 夫婦之愚, 可以與知焉, 及其至也, 雖聖人亦有所不知焉, 夫婦之不肖, 可以能行焉, 及其至也, 雖聖人亦有所不能焉."

비록 인성에 내재되어 있지만 인성을 초월하며, 심지어 인성이 따라잡지 못하는 부분이다. 도는 사람을 초월해 있을 뿐만 아니라, 세상을 초월해 있다. "천지가 아무리 커도 사람은 오히려 유감으로 생각되는 것이 있다. 그러므로 군자가 큰 것을 말하면 천하에 실을 수 있는 것이 없고, 작은 것을 말하면 천하에 쪼갤 수 있는 것이 없다."[171] 도는 세상의 크고 작음으로 가늠할 수 없다. 그래서 도는 세상에서 제일 큰 것이며, 또한 제일 작은 것이라고 말할 수 있다. 도는 세상에서 제일 고귀한 것이고, 또한 가장 심원한 것이다. 그렇다면 도는 일상생활 속에 관통되어 있고, 또한 천지자연의 밖으로 초월해 있는 것이다. "군자의 도는 부부 관계에서 발단되지만, 그 지극함은 천지에서 살필 수 있다."[172]

비록 도는 모든 존재자와 사람에게 널리 퍼져 있지만, 서로 다른 존재자에게는 서로 다른 도가 있으며, 서로 다른 사람들에게는 서로 다른 도가 있다. 『중용』에서는 사람의 도를 크게 군자의 도와 소인의 도로 나눈다. 유가는 늘 사람에 대한 규정을 중시했다. 그것은 사람과 동물을 구분할 뿐만 아니라, 사람 자신도 구분한다. 그러나 『중용』의 근본은 사람과 동물의 구분이 아니라, 다른 사람과 자신의 구분이며, 군자와 소인의 구분이다. 군자와 소인의 차이는 아주 많다고 할 수 있지만, 가장 중요한 것은 도와 관련성에서의 차이다. "그러므로 군자의 도는 어두운 듯하지만 나날이 드러나고, 소인의 도는 반짝 빛나지만 나날이 없어진다."[173] 만약 군자와 소인이 모두 도를 가지고 있다고 말한다면, 군

---

171) 『禮記』, 「中庸」, "天地之大也, 人猶有所憾. 故君子語大, 天下莫能載焉, 語小, 天下莫能破焉."
172) 『禮記』, 「中庸」, "君子之道, 造端乎夫婦, 及其至也, 察乎天地."
173) 『禮記』, 「中庸」, "故君子之道, 闇然而日章, 小人之道, 的然而日亡."

자의 도는 비록 평범하지만 나날이 선명하게 드러나며, 소인의 도는 비록 당장은 빛을 발하지만 나날이 소멸해 간다. 그러므로 군자는 도가 있는 사람이고, 소인은 도가 없는 사람이다.

그러면 군자의 도道는 어떻게 구체적으로 표현되는가? 『중용』에서는 이 점에 대해 아주 많이 설명하고 있다. 군자는 지혜가 있고 덕성이 있는 사람이다. 지혜가 있다는 것은 큰 도가 어떻게 생겨나 유행하는지를 아는 것이고, 덕성이 있다는 것은 도를 따라 행하고, 도의 규정에 따라 생활하는 것을 말한다. 군자의 도는 특별히 다른 사람과 나의 관계, 곧 자신을 어떻게 대하는가와 타인을 어떻게 대하는가에서 드러난다. 한편으로 군자는 자신의 몸을 근본으로 삼는다. "군자의 도는 비유하자면 먼 곳을 가는데 반드시 가까운 곳에서 출발하는 것과 같고, 높은 곳을 오르는데 반드시 낮은 곳에서 시작하는 것과 같다."[174] 여기에서 말하는 가까운 곳과 낮은 곳이란 바로 자신을 말하며, 먼 곳과 높은 곳이란 타인과 세계를 말한다. 하나의 간단한 도리는 가까운 곳에서 먼 곳으로, 낮은 곳에서 높은 곳으로 이르는 것이다. 이것이 바로 자기로부터 타인에게 도달하는 것이다. 사람은 자기 자신을 근본으로 해야 할 뿐만 아니라, 자기 자신으로 돌아와야 한다. 사람이 타인과의 관계에서 문제가 발생했을 때, 자기 안에서 원인을 찾아야 하며, 타인에게 외재하는 원인을 찾으면 안 된다. 다른 한편으로 군자는 다른 사람을 너그럽게 용서해야 한다. "충과 서는 도와의 거리가 멀지 않으니, 자신의 몸이 원치 않는 것을 남에게 베풀지 말아야 한다."[175] 충忠은 자신의 본성에

---

174) 『禮記』, 「中庸」, "君子之道, 辟如行遠必自邇, 辟如登高必自卑."
175) 『禮記』, 「中庸」, "忠恕違道不遠, 施諸己而不願, 亦勿施於人."

충실한 것이며, 서恕는 다른 사람을 너그럽게 용서하는 것이다. 다른 사람을 용서할 때, 다른 사람 자체의 독특한 존재를 승인하고 허락하는 것이다. 사람은 자신의 뜻을 타인에게 강요하거나, 다른 사람을 자신의 욕망대로 존재하게 해서는 안 된다. 군자의 도는 자신으로부터 다른 사람에게 이르고, 다른 사람으로부터 하늘에 이르는 과정이다. "군자의 도는 자신에 근본을 두고, 백성에게 징험하며, 삼왕에 살펴보아도 잘못됨이 없고, 천지에 세워 보아도 어그러짐이 없으며, 귀신에게 물어보아도 의심이 없고, 오래도록 성인을 기다려도 미혹됨이 없다. 귀신에게 물어보아도 의심이 없는 것은 천을 아는 것이다. 오래도록 성인을 기다려도 미혹되지 않는 것은 사람을 아는 것이다. 그러므로 군자가 움직이면 세세토록 천하의 도가 되고, 실행하면 세세토록 천하 법도가 되며, 말하면 세세토록 천하의 준칙이 된다. 멀리 있으면 우러러 바라보고, 가까이 있으면 싫어하지 않는다."[176] 여기서 해석한 군자의 도는 자신의 도일 뿐만 아니라 천지인에게 두루 미치는 도이다. 그 도는 사람이 걸어가는 도로이기도 하고, 천이 걸어가는 길이기도 하다. 이 밖에 군자는 도를 알 뿐만 아니라 행할 줄도 알며, 자기 스스로가 바로 도의 표현이어서, 세상의 법칙이 되었다.

비록 군자의 도는 그 고원함에서 소인의 도와 다르지만, 그 자신도 차이를 포함하고 있어서 구분이 필요하다. 일반적인 군자의 도와 달리, 성인의 도는 하나의 특별한 군자의 도이다. 심지어 성인의 도는 군자의

---

176) 『禮記』, 「中庸」, "君子之道, 本諸身, 徵諸庶民, 考諸三王而不謬, 建諸天地而不悖, 質諸鬼神而無疑, 百世以俟聖人而不惑. 質諸鬼神而無疑, 知天也. 百世以俟聖人而不惑, 知人也. 是故君子動而世爲天下道, 行而世爲天下法, 言而世爲天下則. 遠之則有望, 近之則不厭."

도가 도달해야 할 최고의 경지라고 말할 수 있다. "위대하구나! 성인의 도! 광대무변 흘러넘쳐 만물을 발육시키니, 하늘처럼 숭고하며 너그럽구나. 예의가 삼백이요, 세세한 의례는 3000가지나 되는구나. 모든 것은 사람을 키우고 얻은 뒤에야 성취할 수 있다. 그러므로 옛말에 '진실로 지극한 덕이 아니라면, 지극한 도는 이루어지지 않는다'고 하였다. 그러므로 군자는 덕성을 높이고 묻고 배우는 길을 가는 것이니, 넓고 큰 것에 이르지만 정미함도 다하며, 높고 밝음을 다하지만 중용의 길을 가며, 옛것을 익히어 새것을 알며, 돈후함으로 예를 숭상하는 것이다. 이 때문에 윗자리에 있어도 교만하지 않고, 아랫자리에 있어도 배반하지 않는다. 나라에 도가 있으면 그 말이 족히 일어나고, 나라에 도가 없으면 그 침묵이 족히 용납된다."[177) 성인은 보통 사람이 아니라 특별한 사람으로, 천과 사람 사이의 왕이다. 이것은 그가 사람과 하늘을 관통하고 있기 때문이다. 한편으로 성인은 지극한 덕을 품고 있어 이것으로 지극한 도에 통달할 수 있다. 또 다른 한편으로 지극한 도는 다른 곳에 강림하는 것이 아니라, 지극한 덕을 갖춘 성인에게만 강림한다. 성인은 천지자연의 소리에 귀를 기울여 이런 소리가 가진 의미를 사람들에게 전달한다. 성인으로서 도덕을 추구할 뿐만 아니라, 학문도 탐구한다. 하지만 역사적으로 사람들은 "군자는 덕성을 높이고 묻고 배우는 길을 간다"(君子尊德性而道問學)는 구절을 가지고 논쟁을 벌였다. 어떤 사람들은 '덕성을 존중해야 한다'(尊德性)고 하고, 어떤 사람들은 '묻고 배우는 길'(道問學)을

---

177) 『禮記』, 「中庸」, "大哉! 聖人之道洋洋乎! 發育萬物, 峻極于天. 優優大哉! 禮儀三百, 威儀三千. 待其人而後行. 故曰, 苟不至德, 至道不凝焉. 故君子尊德性而道問學. 致廣大而盡精微, 極高明而道中庸, 溫故而知新, 敦厚以崇禮. 是故居上不驕, 爲下不倍. 國有道, 其言足以興, 國無道, 其默足以容."

강조하였다. 사실 군자의 길은 어느 하나를 버리거나 소홀히 하지 않으며, 덕성을 높이는 것과 묻고 배우는 길의 통일이다. 그러므로 군자는 인자仁者이기도 하고 지자智者이기도 하다. 이렇게 보면, 성인은 제일 넓은 곳에 도달한 사람이고, 미세한 곳 깊이 들어간 사람이다. 그는 가장 높고 밝은 자리에 있으면서, 또한 중용의 자리에 있다. 이로부터 성인과 천지가 한 몸이며, 만물과 하나가 되고, 모든 것과 연결되며 공감한다는 것을 알 수 있다.

『중용』은 군자의 길을 서술할 때, 일반적인 본성을 해설하였을 뿐만 아니라, 구체적인 규정도 설명하였다. 군자의 도에 대한 인식과 실천은 결코 신비하고 불가사의한 경험이 아니라, 일상적인 생활세계의 삶이고, 타인과의 왕래이다. 『중용』에서는 군자의 도를 다섯 가지 '도달해야 하는 도'(達道)와 세 가지 '도달해야 하는 덕'(達德)으로 구분한다. "천하에 도달해야 할 다섯 가지 도가 있는데, 그것을 또 행하게 만드는 것이 셋이다. 임금과 신하, 아버지와 아들, 남편과 부인, 형과 동생, 벗과 사귀는 다섯 가지가 세상 사람이 도달해야 할 도이다. 지知와 인仁과 용勇, 이 세 가지는 세상 사람이 도달해야 할 덕이니, 그것을 행하게 하는 것은 하나이다."178)

도달해야 할 다섯 가지 도는 다섯 가지 막힘없이 통하는 도로이며, 다섯 가지 보편적인 인간관계이기도 하다. 그것은 각각 나라, 집안과 친구 등 몇 가지 측면을 포함한다. 그러나 그 기본은 집안과 나라가 동일한 구조이며, 나라는 집안 관계의 확대이다. 이런 관계 속에서, 각 관

---

178)『禮記』,「中庸」, "天下之達道五, 所以行之者三. 曰, 君臣也, 父子也, 夫婦也, 昆弟也, 朋友之交也, 五者天下之達道也. 知, 仁, 勇三者天下之達德也, 所以行之者一也."

게의 당사자 사이는 사실상 차이와 등급서열이 존재한다. 일반적으로 말하면 관계 속에서 전자는 규정자이고 후자는 피규정자이다. 그런데 어떻게 이 다섯 가지 도를 실현할 것인가? 그 관건은 관계 속의 당사자가 모두 이런 관계에 함축되어 있는 기존의 약속을 지키고, 그 자신이 되어야 한다. 바로 일반적으로 말하는 임금은 임금다워야 하고, 신하는 신하다워야 하며, 아비는 아비다워야 하고, 아들은 아들다워야 하는 것과 같은 것이다. 이것은 임금은 곧 임금이고, 신하는 곧 신하이며, 아비는 곧 아비이고, 아들은 곧 아들이라는 말이다. 각각의 사람들은 모두 그 본성에 따라 그 무엇이 되어야 하는 것이다.

도달해야 하는 세 가지 덕은 다섯 가지 도에 도달할 때 요구하는 세 가지 보편적인 덕성이다. 즉 지혜, 사랑과 용기이다. 이것은 일반적인 인성에서 가장 중요한 미덕이다. 세 가지 달덕達德은 중국의 사상에 의해 분명하게 표현되었을 뿐만 아니라, 일반적인 인류의 사상에 의해 강조되었다. 그러나 『중용』에서 말하는 세 가지 달덕은 주요하게 사람의 현실생활 중, 특히 인류관계에서 표현되어 나오는 미덕을 말한다. 그것들은 한 사람이 타인을 대할 때의 덕성이다. 그러므로 지知는 사람을 아는 것이고, 애愛는 사람을 사랑하는 것이며, 용勇은 용기 있게 군자가 되는 것이자 소인이 되지 않는 것이다. 『중용』은 또 세 가지 달덕을 어떻게 실현하는지에 대해 밝히고 있다. 배우기를 좋아하면 지혜를 얻을 수 있고, 힘써 행하면 인仁에 도달할 수 있으며, 부끄러움을 알면 용기 있게 변할 수 있다. 배우기를 좋아하는 것은 지식을 배우는 것이다. 그것은 일반 사물에 대한 지식을 배울 뿐만 아니라, 도에 대한 지식을 배우는 것이다. 도를 아는 사람은 지혜가 있는 사람이다. 힘써 행한다는 것은 사랑을 실천한다는 것이다. 사람들은 자기의 가족을 사랑해야 할 뿐만 아니라, 세상 사람들을 사랑해야 한다. 사랑, 곧 인을 행하는 사람은 당연히 인자仁者이다. 부끄러움을 안다는 것은 치욕을 안다는 것이다. 사람은 무엇을 해야 하고 무엇을 하지 말아야 하는지를 안다. 이 경계선을 알게 되면, 사람은 해야 할 일을 용감하게 실천한다. 용감하게 실천하는 사람이 바로 용기 있는 사람 즉 용자勇者이다.

『중용』은 다섯 가지 '도달해야 하는 도'와 세 가지 '도달해야 하는 덕' 외에, 나라를 다스리는 아홉 가지 '경經'을 서술하였다. 아홉 가지 경은 바로 아홉 개의 주요한 강령이다. "수신修身하는 것, 현인을 존중하는 것, 어버이를 친애하는 것, 대신大臣을 공경하는 것, 신하들의 입장에서 이해하는 것, 백성들을 자식처럼 사랑하는 것, 여러 기술자를 우대하는 것, 먼 지방 사람들을 너그럽게 대하는 것, 제후들을 포용하는 것이다. 수신하면 도가 확립되고, 현인을 존중하면 의혹됨이 없으며, 부모를 친애하면 부모와 형제들이 원망하지 않고, 대신을 공경하면 국정이 혼란하지 않으며, 신하들의 입장에서 이해하면 관료들이 예우에 크게 보답하고, 백성들을 자식처럼 사랑하면 백성들이 서로 권면하게 되고, 여러 기술자를 우대하여 오게 하면 재화가 풍족해지며, 먼 지방 사람들을 너그럽게 대하면 사방에서 귀의해 오고, 제후들을 따뜻하게 포용하면 복종하니 세상이 두려워하게 될 것이다."179) 아홉 가지의 경은 치국의 강령으로, 두 가지의 기본적인 방향을 포함하고 있다. 한 가지는 다스려

---

179) 『禮記』, 「中庸」, "修身也, 尊賢也, 親親也, 敬大臣也, 體群臣也, 子庶民也, 來百工也, 柔遠人也, 懷諸候也. 修身則道立, 尊賢則不惑, 親親則諸父昆弟不怨, 敬大臣則不眩, 體群臣則士之報禮重, 子庶民則百姓勸, 來百工則財用足, 柔遠人則四方歸之, 懷諸侯則天下畏之."

지는 사람이고, 다른 한 가지는 다스리는 자가 자신을 다스리는 것이다. 다스려지는 사람은 스스로부터 출발하여 가정을 거쳐 나라에 이르며 마지막에 천하에 도착한다. 그는 자기로부터 타인으로, 가까운 곳에서부터 먼 곳으로, 작은 것에서부터 큰 것에로 이른다. 지배자는 자신을 다스릴 때 비록 인애의 동일성을 표현하였지만, 자기와 서로 다른 타인에 대한 태도와 행위는 일정한 차별성을 가진다. 아홉 가지 경은 수신에서 다른 사람을 이끄는 것을 거쳐, 국가천하를 다스리는 과정이며, 분명한 절차와 효용성을 가지고 있다. 하지만 그중에서 수신이 근본이다. 이것은 수신이 바로 수도修道이며 군자의 길을 걷고 있기 때문이다.

2) 중용

『중용』은 도의 일반적 본성을 탐구하였으나, 그 일반적인 본성이 다른 무엇이 아니라 중용 자체라고 생각한다. 때문에 도는 이런 도 혹은 저런 도가 아니라, 바로 중용의 도이다.

그러나 일상적인 언어의 사용에서 중용은 자주 오해를 받는다. 그것을 옳고 그름을 판단하지 않는 절충적 태도로 여기거나 아주 일반적이고 평범한 상태라고 여긴다. 요컨대 중용의 일상적인 용법은 적극적인 의의를 가지지 않고, 오직 소극적인 의의만 가질 뿐이다. 사람들은 옳고 그름을 확정해 판단할 때 중용을 포기하려 한다. 또한 사람들은 탁월하거나 우수하게 되려고 할 때 중용을 극복하려고 한다.

이와 같은 일상적인 언어의 용법과 달리, 유가사상은 중中 혹은 중용에 특별한 의미를 부여하였다. 일찍부터 유교는 중 혹은 중용의 방법론적 의미를 중시하였고, 그것이 좌우로 치우친 편견에서 벗어나 어디에도 기울지 않게 사물 자체를 파악하는 방법이라고 여겼다. 그러나 공자는 중용을 덕德이 드러난 것으로 보았다. 그것은 일반적인 덕德이 아니라 지고한 덕이며, 바로 도 자체의 본성이다. 이와 같은 의미를 바탕으로 『중용』은 중용의 도를 계승하고 발전시켜, 본체와 방법 두 가지 측면에서 모두 자세하게 설명하고 있다. 한편으로 중용은 도 자체의 근본적인 본성이며, 그것은 천도天道와 인도人道를 관통해 연결되어 있다. 다른 한편으로 중용은 인간이 세상에서 존재하는 방법으로, 사람들의 생활과 사상 및 언어에 대해 규정하고 이끌어 준다.

그런데 중용은 그 자체에서 보자면 도대체 어떤 의미가 함축되어 있는가? 중中은 보통 중앙·중심·중간 등을 가리킨다. 이것은 흔히 주변이나 가장자리와 상대되는 핵심으로 이해된다. 만약 사물을 핵심과 가장자리로 구분한다면, 이원론二元論적 함정에 빠지는 것을 면치 못할 것이다. 그러나 중용의 중은 결코 그런 것이 아니다. 이른바 중이란 정중正中, 혹은 치우치지 않은 안 곧 중정中正을 말한다. 중中은 그것이 사물의 밖이 아니라 사물 자체를 의미한다. 만약 어떤 사물이 자신의 본성으로 존재할 때, 그것은 바로 중中이다. 동시에 사람들이 어떤 사물에 대해 자체와 동일하게 파악할 때 이것도 역시 중이며, 구체화하여 적중이 된다. 중의 의미에 대해 분석한 후에 우리는 또 용庸의 의미도 분석해야 한다. 비록 용庸이 일반적인 평범함과 관련되고, 심지어는 졸렬함(庸俗)과 연결되지만, 이것은 결코 용의 본래 의미는 아니다. 용의 진정한 의미는 평상적이라는 것과 보편적이라는 것이다. 바로 이렇기 때문에, 그것이 평범함과 졸렬함으로 변형될 가능성이 있는 것이다. 용의 보편성은 공간적 의미에서 하늘과 사람에게 두루 미친다는 의미뿐만 아니라, 시간적인 의미에서 영원하다는 의미를 가진다. 그래서 용은 바로 보편성과 영원성의 결합이다. 이런 보편성과 영원성은 다른 어떤 사물의 특성이 아니라, 바로 중의 본성이다. 이것으로부터 중中과 용庸은 서로를 규정한다. 중中은 용庸의 중中이고, 용庸은 중中의 용庸이다. 중中과 용庸에 대한 이와 같은 이해에 따르면, 이들을 각자 따로 분리해서 말하든 아니면 중용의 도道를 전체적으로 말하든, 바로 사물 자체의 보편적이고 영원한 도道를 가리킨다.

그렇기 때문에 중용은 우선 사물의 본체로 이해해야 한다. 이른바 본체는 바로 사물 자체가 존재하는 근본이며, 한 사물이 바로 그 사물이 되도록 하는 가능 근거이다. 중은 사물 자체 곧 정중正中과 중정中正이므로, 그것은 사물 자체의 근본이다. 그래서 중은 곧 본체이다.

중용을 본체로 이해할 때, 그것은 천지만물의 본체를 표현할 뿐만 아니라, 하나의 실현되는 순서와 과정을 표현하기도 한다. 중용이란 바로 중용을 실현하는 것이다. "중中은 천하의 큰 근본이며, 화和는 천하에 두루 통하는 도이다. 중과 화에 이르면, 천지가 자리 잡히고 만물이 길러진다."[180] 중은 사물 자체의 본성이고, 이것은 곧 사물의 근본이므로, 천지의 근본이기도 하다. 화는 여러 사물 사이의 조화와 공존을 가리킨다. 사물과 사물 간에는 여러 가지 가능성이 존재하는데, 예를 들면 차이, 대립, 동일 등이다. 하지만 유일하게 조화만이 막힘없이 통하는 큰 도이다. 조화로운 사물 사이에는 차이가 있으면서, 또 통일되기도 한다.

---

180) 『禮記』, 「中庸」, " 中也者, 天下之大本也, 和也者, 天下之達道也, 致中和, 天地位焉, 萬物育焉."

중과 화和에 이른다는 것은 사물이 치우치지 않고 조화의 상태에 도달하는 것을 가리키며, 그것은 곧 중용의 도道를 실현하는 것이다. 중용의 도가 실현될 때, 사물은 자신의 본성을 실현하게 된다. 때문에 천은 천이 되고, 땅은 땅이 되며, 각자 자기가 있을 자리에 있게 된다. 천지가 만물을 생성하고, 만물들 각각이 자신의 자리를 얻게 되는 것이다.

중용이 천지만물의 본체라면, 그것은 또한 사람의 본체가 된다. 무엇을 사람의 본체라고 하는가?『중용』에서 보자면, 사람의 본체는 바로 사람의 인성이다. 그러나 사람의 인성이 가장 직접적으로 드러나는 곳이 바로 사람의 마음이다. 때문에 우리는 인성은 바로 인심이며, 인심은 바로 인성이라고 말할 수 있는 것이다. 그렇다면 중용은 인성과 인심을 어떻게 표현하고 있는가?『중용』에서 "희노애락이 아직 나타나지 않은 상태를 중中이라 하고, 나타나 모두 절도에 맞는 것을 화和라고 한다"[181]라고 하였다. 여기에는 아주 상세한 분석이 필요하다.

희노애락喜怒哀樂은 인간의 기본적인 감정이며, 인심이 사람과 사물에 대해 반응하는 가장 기본적인 표현 형태이다. 그러나 희노애락이 드러나지 않을 때, 사람의 마음 자체는 희노애락이라고 말할 수 없다. 감정이 드러나지 않았을 때의 마음은 고요하지만, 영민하고 투명하다. 마음은 그 자신 외에 아무것도 없으며, 그 어떤 잡념도 없다. 그러나 바로 오염되지 않은 마음만이 순수하며, 그 자신이고, 그 본성이다. 자신을 유지하고 있는 마음은 치우치지 않고 중정한데, 곧 그 본성에 부합되며, 큰 도道에 합치하는 것이다.

---

181)『禮記』,「中庸」, "喜怒哀樂之未發, 謂之中, 發而皆中節, 謂之和."

그런데 이미 드러난 마음은 희노애락의 감정을 가지게 된다. 사람들이 희노애락의 감정 상태일 때, 사람의 감정은 의도적으로 마음이 지향하는 사람과 사물을 가리키며, 사람과 사물에 의해 기쁨과 노여움과 슬픔과 즐거움을 느낀다. 사실상 희노애락은 반드시 구분해야 한다. 만약 그것이 자신의 도度를 넘어서면 화和라고 할 수 없다. 오직 그것이 자신의 도에 부합할 때 비로소 화和가 된다. 이른바 중절中節이란 바로 사물의 절도를 정확히 적중하는 것을 말한다. 한편으로 희노애락은 각자 자신의 본성에 부합해야 하는데, 기뻐하고 노여워해야 할 때 기뻐하고 노여워하며, 슬퍼하고 즐거워해야 할 때 슬퍼하거나 즐거워해야 한다. 기뻐해야 할 때 노여워하거나, 슬퍼해야 할 때 즐거워하면 안 된다. 다른 한편으로 희노애락은 각자 일정한 도度를 유지해야 한다. 그들은 자기의 경계선을 지켜야 하며, 희노는 곧 희노이고, 애락은 곧 애락이어야 한다. 이것이 바로 즐거워하되 음란하지 않으며, 슬퍼하지만 상심하지 않는 것이다. 오직 이렇게 해야만 희노애락은 비로소 중절中節할 수 있으며, 중용의 도에 부합할 수 있다.

마음의 희노애락이 아직 나타나지 않은 것과 이미 나타난 상태와의 구분은 역사적으로 심성心性과 심정心情의 구별로 이해가 되었다. 그래서 이것들은 심성론에서 성性과 정情의 관계를 형성하였다. 비록 『중용』에서 성과 정을 구분하지만, 그것의 높고 낮음을 구분하지는 않았으며, 성은 선하고 정은 악하다고 생각하였다. 사실상 성과 정은 분리할 수 없다. 성은 정으로 표현되어야 하며, 정은 성에 부합해야 한다. 이것이 바로 중화中和이고 중용이다. 『중용』에서는 성과 정이 모두 중용의 규정에 부합해야 한다고 강조한다.

그다음으로 『중용』에서는 중용을 사물을 파악하는 방법으로 이해한다. 비록 사물의 본성인 중용의 도는 천도와 인도에 관통해 내재해 있지만, 그것이 인간의 현실생활 속에서 사람들이 사물을 파악하는 방법이 될 때, 그것은 비로소 진정으로 실현된다. 그렇지만 중용의 도는 철저하게 실행하기가 매우 어려운 것이다. 이것은 사람들이 일반적으로 그의 비범한 의미를 알기 어렵고, 또 이것에 의거해서 세상에서 사람으로 살아가는 것이 매우 어렵기 때문이다. 중용의 도는 그 실천에서 곡절과 어려움이 많다고 할 수 있다. 중용의 도를 잘 따르는지의 여부는 군자君子와 소인小人을 구분하는 하나의 표지가 된다. "군자는 중용을 실천하지만, 소인은 중용에 어긋난다. 군자의 중용은 군자답게 때에 알맞고, 소인의 중용은 소인답게 거리낌이 없다."[182] 군자의 도는 바로 중용의 도이고, 소인의 도는 바로 중용의 도에 반하는 것이다.

그렇다면 중용의 도와 중용의 도에 반하는 것의 차이는 도대체 어디에서 나오는가? 『중용』에서 "도가 행해지지 않는 까닭을 나는 알겠다. 지혜로운 사람은 지나치고, 어리석은 사람은 미치지 못한다. 도가 밝혀지지 않는 까닭을 나는 알겠다. 현명한 사람은 지나치고, 못난 사람은 미치지 못한다. 사람은 먹고 마시지 않는 이가 없지만, 맛을 제대로 알 수 있는 사람은 드물다."[183] 중용의 도는 바로 중도中道이고, 중용의 도에 반하는 것은 바로 지나치거나 미치지 못하는 것이다.

지나치거나 미치지 못한다는 것은 사물의 치우치지 않은 본성과 대

---

182) 『禮記』, 「中庸」, "君子中庸, 小人反中庸. 君子之中庸也, 君子而時中. 小人之中庸也, 小人而無忌憚也."
183) 『禮記』, 「中庸」, "道之不行也, 我知之矣. 知者過之, 愚者不及也. 道之不明也, 我知之矣. 賢者過之, 不肖者不及也. 人莫不飮食也, 鮮能知味也."

제4장 유가 — 사회의 원리   343

비한 것이다. 어떤 사물이 그 자신이 되는 것, 그것이 바로 치우치지 않는 중정中正이며, 그 존재의 경계선이다. 바로 이 경계선 속에서 한 사물은 비로소 그 사물 자신이 될 수 있는 것이다. 중中은 사물이 자신의 경계선 안에 서 있음을 의미한다. 지나친 것은 바로 사물의 경계선을 넘어서서, 자신의 경계선 밖으로 벗어나는 것을 말한다. 그리하여 한 사물은 더 이상 그 사물 자체가 아니라, 또 다른 사물이 되어 버린다. 미치지 못한다는 것은 바로 이것과 상반된다. 그것은 사물 자신의 경계선에 미치지 못하여, 그 자신에게 이르지 못한 것을 말한다. 그것은 아직 그 사물 자신이 되지 못하고, 다만 그 사물과 관련되는 것일 뿐이라고 말할 수 있다. 이런 의미에서 볼 때, 지나치거나 미치지 못하는 것은 모두 사물을 중절하지 못한 것이다. 비록 이 두 가지는 서로 다른, 심지어 상반되는 상태이지만, 사물 자신이 되지 못했다는 의미에서, 이것들은 완전히 동일하다. 그래서 사람들은 지나친 것은 미치지 못하는 것과 같다(過猶不及)고 말하는 것이다.

지나친 것과 미치지 못하는 것의 중용의 도에 반하는 것 또한 그것의 구체적으로 드러나는 것이 있다. 한편으로 그것은 인식과 관련되어 있고, 다른 하나는 행위와 관련되어 있다. 인식과의 관련성에서 보자면 지혜와 어리석음이 있다. 여기에서 말하는 지혜는 지나친 것이고, 어리석음은 미치지 못함을 말한다. 그들은 사물의 본성을 무심히 지나쳤거나, 사물의 본성을 보지 못했다. 행위와의 관련성에서 보자면 현명함과 못남이 있다. 현명함은 지나침을 말하고 못남은 미치지 못함을 말한다. 그것은 너무 지나쳤거나 모자람을 말한다. 요컨대 여기에서 말하는 지혜와 어리석음, 현명함과 못남은 모두 중도를 준수하지 않았으며, 모두 진정한 의미에서의 지자智者와 인자仁者가 아니며, 군자君子 역시 아니다.

그러나 군자가 따르는 중용의 도는 인식과 행위에서 늘 사물의 본성과 일치한다. 지나치지도 않고, 모자라지도 않으며 중도中道에 의거한다. 이것은 사물의 본성대로 사물을 인식하고, 일의 본성대로 행동하는 것을 말한다. 이렇게 실천한 중용의 도는 비록 단순한 도이지만, 세상에서 가장 지고무상至高無上한 도이다.

3) 성

도는 중용의 도로 표현되지만, 또한 성명誠明의 도로 표현되기도 한다. 도가 도 자신일 때 그것은 치우치지 않은 중정中正한 것이며, 진실하게 자신을 드러낼 때 그것은 성명한 것이다. 때문에 도는 중용이면서 성명한 것이다.

성誠은 일반적으로 사람의 마음, 예를 들면 성심성의誠心誠意, 정성(誠懇), 성실誠實 등과 관련된다. 우리가 보통 한 사람이 성실하다고 말하면, 그것은 그의 언행이 일치하는데 그의 말이 진실하여 그의 마음을 표현해 줄 뿐만 아니라 그의 행위와도 부합한다는 것을 의미한다. 그러나 한 사람의 성실함에 대해 말하면, 우리들은 사실상 구체적인 몇 가지 형태로 구분할 수 있다. 우선은 그의 말이다. 그가 말한 것이 진실하고 거짓이 아니라는 뜻이다. 그다음은 그의 마음이다. 그가 표현해 낸 것이 진심이고, 가짜가 아니라는 뜻이다. 마지막으로는 그의 행위이다. 그것이 실재하고 허위로 날조한 것이 아니라는 뜻이다. 성誠에 관한 이와 같은 언어적인 의미는 비록 보편적으로 사용되지만, 여전히 『중용』에서 말하는 성誠이 가진 의미는 아니다.

『중용』에서 성誠은 도의 본성에 대한 규정이다. 도는 성誠이다. 이것은 또한 도가 불성不誠한 것이 아닌 것임을 말한다. 그러나 불성하다는 것은 무엇을 의미하는가? 불성은 거짓을 말한다. 그것은 사물 자신의 본성을 표현하는 것이 아니라, 반대로 그것을 은폐하는 것이다. 가상假象으로서의 불성은 보기에는 그런 것 같지만, 사실은 꼭 그런 것은 아니며, 그것은 보기에는 그런 것이 아니지만 사실은 바로 그런 것이다. 때문에 가상은 옳은 것 같으면서도 그르며, 그른 것 같으면서도 옳다. 이와 반대로 성誠은 바로 진실무망한 것이다. 도는 바로 그 자신이지, 그 자신 이외의 다른 그 어떤 사물이 아니다. 도 자신의 존재가 진실할 때, 그것은 다른 성誠이나 혹은 진정한 형태에 기초를 제공해 준다. 일반적인 관점에 따르면, 만약 사상이 진실한 도道를 표현하게 되면 그것은 바로 진리이고, 만약 말로 진실한 도를 표현해 내면 그것은 바로 진실한 말이며, 만약 사람이 진실한 길 위를 걸어간다면 그는 바로 진정한 사람인 것이다.

하지만 도는 성誠으로 반드시 드러나야 하는데, 이것은 성誠이 밝음(明)과 내재적이고 필연적인 관계를 맺도록 한다. 만약 도가 밝지 않으면, 그것은 자신을 은폐하거나 은폐된다. 자신을 은폐한다는 것은 도 자신이 만물이 아니기 때문에 감각할 수 없고 말로 표현할 수 없는 특성을 가지고 있는 것을 말한다. 이른바 은폐된다는 것은 도 자신이 만물의 각종 현상에 의해 덮어지거나 대체되는 것을 말한다. 도의 은폐는 심지어 이런 극단적인 상황으로 발전하여 세상에 도가 없는 지경까지 이른다. 이와 반대로 도가 밝을 때, 그것은 자신을 분명하게 드러내 보여 준다. 밝음이 드러나는 것이 될 때 두 가지 형태가 있다. 하나는 도 스스로 드러나는 밝음으로, 세상에 자신을 직접 드러내며 사람들에게 나타내 보여 준다. 때문에 도가 밝아진다(道明) 혹은 성이 밝아진다(誠明)라고 한다. 다른 한 가지는 사람이 도를 알게 되고 도를 깨달아 도를 말하는 것으로, 그렇기 때문에 그것은 도를 밝힌다(明道) 라고 하거나 성을 밝힌다(明誠) 라고 하는 것이다.

그래서 성誠과 밝음(明)의 관계는 늘 도道와 사람의 관계와 밀접하게 관련되어 있다. 그러나 이러한 관계에서 관련자들이 처한 지위는 다르다. 성이 밝아진다(誠明)는 것은 도道 자신이 사람을 향해 나타내는 것이므로, 도에서 사람에 이른다. 반대로 성을 밝힌다(明誠)는 것은 사람이 도를 드러내 보여 주는 것이므로, 사람에서 도에 이른다. 성誠과 밝음(明)의 이 두 가지 관계는 사실상 성性과 교육(敎)의 차이를 의미한다. "성誠으로부터 밝아지는 것을 성性이라 하고, 밝아지는 것으로부터 성해지는 것을 교敎라고 한다. 성하면 밝아지고 밝아지면 성해진다."[184] 성으로부터 밝아질 때는, 도 자신의 발생과 작용이고 본성의 드러남이다. 밝아지는 것으로부터 성해질 때는, 사람이 도를 준수하며 실천하고, 도에 따라 행하는 것으로, 교화의 결과이다. 이런 의미에서 우리는 심지어 '성性과 교육(敎)', '성誠과 밝음(明)'을 동등한 위치에 둘 수 있다. 이것은 성性이 곧 성誠이며, 교육(敎)이 곧 밝음(明)이라는 것을 말한다. 뿐만 아니라 '성性과 교육(敎)', '성誠과 밝음(明)'으로 서로 해석할 수 있다. 이런 해석을 통해, 그들 자신의 의미는 한 걸음 더 나아가 해방되고 해석된다. 성誠

---

184) 『禮記』, 「中庸」, "自誠明, 謂之性, 自明誠, 謂之敎. 誠則明矣, 明則誠矣."

으로부터 밝아지는 것과 밝아지는 것으로부터 성해지는 것의 구별은 도道와 사람의 차이에서 나타날 뿐만 아니라, 사람 자체의 차별성에서 도 드러난다. 성誠으로부터 밝아지는 것은 성인聖人의 자연스러운 행위 이다. 그는 완전히 천성에서 시작하여 자신의 진실한 본성을 드러내 보 여 준다. 이와 달리 밝아지는 것으로부터 성해지는 것은 현인賢人들이 배우고 수양을 쌓아서 성취하는 것이다. 그것은 기질을 바꾸고 본심을 밝히며 덕을 밝히는 것으로부터 성誠에 이른다.

『중용』에서는 천도와 인도에 근거하여 성誠의 유형을 성자誠者와 성 지자誠之者로 구분한다. "성誠이라는 것은 하늘의 도이고, 성誠이 되게 하 는 것은 사람의 도이다. 성誠은 힘쓰지 않아도 중도를 행하며 생각하지 않아도 얻어져 자연스럽게 도에 맞으니 성인聖人이다. 성이 되게 하는 것은 선善한 것을 가려서 그것을 굳게 잡는 것이다."[185] 이와 같은 구분 은 성誠으로부터 밝아지는 것과 밝아지는 것으로부터 성해지는 것의 구 분과 유사하다. 성誠이라는 것(誠者)은 성誠 자체를 가리키며, 도道의 본성 이 자연스럽고 직접적으로 드러난 것이다. 이와 달리 성誠이 되게 하는 것(誠之者)은 학습하여 성誠을 얻는 것을 가리키며, 성誠의 특성에 도달하 고 얻는 것이다. 전자는 선천적인 것이며, 후자는 후천적인 것이다. 전 자가 배우지 않고 알 수 있고 행할 수 있는 것이라면, 후자는 배운 후 알 수 있고 행할 수 있는 것이다. 성자誠者와 성지자誠之者는 곧 천도와 인도의 구분으로, 천과 사람의 차이에서 구체적으로 드러나며, 사람 자 신의 차이에서도 구체적으로 드러난다. 이렇게 해서 사람은 성인聖人과

---

185) 『禮記』, 「中庸」, "誠者, 天之道也, 誠之者, 人之道也. 誠者不勉而中, 不思而得, 從容中道, 聖人也. 誠之者, 擇善而固執之者也."

현자賢者로 구분된다. 성인은 천도天道의 본성을 대표하고, 현인賢人은 인도人道의 본성을 대표한다.

그런데 사람은 어떻게 성지자誠之者가 되는가? 어떻게 자명성自明誠에 도달할 수 있는가? 이것은 사실상 어떻게 성에 이를 것인가의 문제이다. 이것에 대해 『중용』에서는 상세한 설명하고 있다. 『중용』에서 성誠에 이르는 것은 사람의 일상생활 세계, 곧 타인과 나와의 관계, 사람과 하늘의 관계 중에 구체화하였다. 성誠에 이르는 관건은 사람 자신으로부터 출발하는 것이고, 그것은 곧 수신修身이다. "그러므로 군자는 수신하지 않을 수가 없고, 수신하려면 어버이를 섬기지 않을 수 없고, 어버이를 섬기려면 사람을 알지 않을 수 없고, 사람을 알려면 하늘을 알지 않을 수 없다."186) 수신에서 출발하여 사람은 타인에게로 향하며 여기에서 천지자연으로 향한다. 한편으로 사람에서부터 천에 이르며, 다른 한편으로 천에서 사람에게도 이른다. 사람과 천은 기묘한 순환관계를 구성한다.

이와 같은 천과 사람의 세계에서, 사람의 성에 이르는 활동은 더욱 구체화될 수 있다. 『중용』에서는 다음과 같이 말한다. "널리 배우며, 자세하게 묻고, 신중하게 생각하며, 명확하게 판단하고, 충실하게 실천한다. 배우지 않을지언정 배운다면 능숙하지 않고는 그대로 두지 않는다. 묻지 않을지언정 묻는다면 알지 않고는 그대로 두지 않는다. 생각하지 않을지언정 생각한다면 얻지 못한 것을 그대로 두지 않는다. 분별하지 않을지언정 분별한다면 밝지 못한 것을 그대로 두지 않는다. 실천하지

---

186) 『禮記』, 「中庸」, "故君子不可以不修身, 思修身, 不可以不事親, 思事親, 不可以不知人, 思知人, 不可以不知天."

않을지언정 실천한다면 충실하지 않은 것을 그대로 두지 않는다. 다른 사람이 한 번에 능숙하면 나는 백 번을 하며, 다른 사람이 열 번에 능숙하면 나는 천 번을 한다. 만약 이 도에 능숙하면 비록 어리석으나 반드시 밝아지며, 비록 유약하나 반드시 강해진다."[187] 여기에서 말하는 배움(學)·물음(問)·생각(思)·분별(辨)·실천(行) 등은 대체적으로 지知와 행行의 두 방면으로 나눌 수 있고, 사람의 일상생활이 도道와 관련된 기본 활동이라는 것을 말한다. 그러나 일반적인 것과 다른 점은『중용』에서 사람의 지행知行을 철저하게 실행할 것을 강조한다는 것이다. 이것은 배움(學)·물음(問)·생각(思)·분별(辨)은 명석해야 하고, 행위와 실천은 충실히 해야 한다는 것이다. 명석은 사물의 본성을 남김없이 탐구하고, 그것의 진리를 파악해야 하는 것이다. 충실은 사물의 처음부터 끝까지를 관통하며 완벽함에 도달하는 것이다. 아는 것과 행하는 것은 극단, 즉 도의 근본에 도달해야 한다. 이것은 또한 사람이 지극한 성誠을 통해서 성誠 자신에 이르는 것이다.

『중용』에서는 사람이 성誠의 경지에 도달하는 때, 바로 그 자신과 만물이 완성된다고 생각한다. "성誠은 자신을 성취하는 것만이 아니라, 만물을 완성하는 근거이다. 자기를 완성하는 것은 인仁이요, 만물을 완성하는 것은 지知로, 성性의 덕이다. 안팎 즉 자기와 만물을 합치게 하는 도이다. 따라서 수시로 쓰는 것이 마땅하다. 그러므로 지극한 성은 그침이 없다. 그치지 않으면 곧 영원하고, 영원하면 징험이 나타난다. 징

---

187)『禮記』,「中庸」, "博學之, 審問之, 愼思之, 明辨之, 篤行之. 有弗學, 學之弗能, 弗措也. 有弗問, 問之弗知, 弗措也. 有弗思, 思之弗得, 弗措也. 有弗辨, 辨之弗明, 弗措也. 有弗行, 行之弗篤, 弗措也. 人一能之己百之, 人十能之己千之. 果能此道矣. 雖愚必明, 雖柔必强."

험이 나타나면 곧 멀어지고, 멀어지면 곧 넓고 두터워지고, 넓고 두터워
지면 곧 높고 밝아진다. 넓고 두터우니 만물을 싣는 것이고, 높고 밝으
니 만물을 덮는 것이며, 오래고 영원하니 만물을 이루게 하는 것이다.
넓고 두터움은 땅에 짝이 되고, 높고 밝음은 하늘에 짝이 되며, 멀고
오램은 끝이 없는 것이다."[188] 성誠의 경지에 오른 사람은 도道와 하나
가 된 사람이기 때문에, 자신과 만물이 하나가 된 사람이다. 그는 자신
을 완성할 뿐만 아니라 사물도 완성한다. 자신을 완성한다는 것은 자기
를 실현하는 것이며, 자신의 선량한 본성을 완벽하게 실현하는 것이다.
그러므로 자신을 완성하는 것은 바로 인仁이다. 사물을 완성하는 것은
만물을 실현하는 것이며, 만물이 존재하는 도리를 깨닫는 것이다. 그러
므로 사물을 완성하는 것은 지智이다. 그러나 성誠의 경지에 오른 사람
이 사물을 완성하는 것은, 어떤 한 사물을 창조하는 것이 아니라 사물을
하나의 사물이 되도록 하는 것이며 그 자신의 본성을 실현하는 것이다.
성誠의 경지에 오른 사람의 행위는 천지가 움직이는 것과 같다. 그래서
그는 만물을 포용할 수 있고 덮어 줄 수 있고 궁극적으로 만물을 완성
할 수 있다.

　성誠의 경지에 오른 사람은 자신을 완성하고 사물을 완성할 뿐만 아
니라 성인이 되어 천인합일天人合一을 실현한다. "오직 천하의 지극한 성
誠의 경지에 오른 사람이 그 성性을 온전히 실현할 수 있고, 그 성性을
온전히 실현할 수 있으면 인성人性을 온전히 실현할 수 있으며, 인성을

---

188) 『禮記』, 「中庸」, "誠者非自成己而已也, 所以成物也. 成己, 仁也, 成物, 知也. 性之德也, 合內
　　外之道也. 故時措之宜也. 故至誠無息. 不息則久, 久則征, 征則悠遠, 悠遠則博厚, 博厚則高明.
　　博厚, 所以載物也, 高明, 所以覆物也, 悠久, 所以成物也. 博厚配地, 高明配天, 悠久無疆."

온전히 실현할 수 있으면 사물의 본성을 온전히 실현할 수 있고, 사물의 본성을 온전히 실현할 수 있으면 천지의 변화와 성장을 도울 수 있고, 천지의 변화와 성장을 도울 수 있으면, 천지와 셋이 될 수 있다."189) 성誠의 경지에 오른 사람은 자신의 진리를 파악했을 뿐만 아니라, 천·지·인의 진리도 파악했다. 때문에 그는 비록 사람이지만 천지와 마찬가지로 자연의 천성天性에 따라 행한다. 이런 의미에서 성誠의 경지에 오른 사람은 천지天地와 나란히 서 있는 제3자이다. 그는 더 이상 천지에 의해 규정되는 것이 아니라, 천지와 함께 참여하고 만물의 변화와 생성을 촉진시킨다. 그리하여 "오직 천하에 지극한 성誠의 경지에 오른 사람이라야 천하의 큰 법도를 경륜할 수 있으며 천하의 큰 근본을 세울 수 있으며 천지의 변화와 성장을 알 수 있다."190) 뿐만 아니라 지극한 성誠의 경지에 오른 사람은 신神과 같아 사물의 발전을 알 수 있다. "지극한 성誠의 경지에 오른 사람의 도道는 앞일을 미리 알 수 있으니, 나라가 흥하려 하면 반드시 상서로운 조짐이 있고, 나라가 망하려 하면 반드시 흉한 징조가 있어서, 그것이 시초점이나 거북점에 나타나고, 사람의 몸에서 움직임으로 드러난다. 그리하여 화禍와 복福이 도래하려고 할 때 좋을지를 반드시 먼저 알고 나쁠지를 반드시 먼저 알게 되는 것이다."191) 지극한 성誠의 경지에 오른 사람은 예민하게 천·지·인의 전조를 알아차릴 수 있으며, 사물 자체에 내재한 비밀을 통찰할 수 있다. 그러나 사람이

---

189) 『禮記』, 「中庸」, "唯天下至誠, 爲能盡其性, 能盡其性, 則能盡人之性, 能盡人之性, 則能盡物之性, 能盡物之性, 則可以贊天地之化育, 可以贊天地之化育, 則可以與天地參矣."

190) 『禮記』, 「中庸」, "唯天下至誠, 爲能經綸天下之大經, 立天下之大本, 知天地之化育."

191) 『禮記』, 「中庸」, "至誠之道, 可以前知, 國家將興, 必有禎祥, 國家將亡, 必有妖孼, 見乎蓍龜, 動乎四體. 禍福將至, 善, 必先知之, 不善, 必先知之."

지극한 성의 경지에 올라 마치 신神과 같게 되는 것은 다른 것 때문이 아니라 바로 성誠의 경지에 오른 사람의 마음이 곧 성이기 때문으로, 마음이 성이니 영민하고, 영민한 것이 바로 신神인 것이다. 하나의 성실한 마음속에서 세상의 모든 사물과 사건이 모두 성실하게 자신의 본성을 드러내는 것이다.

제5장 도가
─ 자연의 길(道)

　도가는 중국 주류 사상 가운데 하나이다. 유가와 마찬가지로 도가사
상의 주제 역시 천인天人 관계이다. 즉 천도론天道論과 인도론人道論이 중
심이다. 비록 유·도 양가가 모두 '도道'를 궁구하지만, 도에 대한 그들
의 규정은 완전히 다르다. 유가의 '도'는 '성誠'이고 아울러 인의예지仁義
禮智로 구체화되었다면, 도가의 '도'는 '무無'이고 인의예지를 넘어선다.
유가가 '인도人道'를 더욱 중시했다면 도가는 '천도天道'를 더욱 중시했다.
이에 유가와 도가는 서로를 보완한다. 그러나 도가는 유가의 대립면으
로 등장하였다. 도가는 유가를 반대하며, 심지어는 유가에서 말한 '인의
의 도'는 도가 아니며 도가 없다고 여겼다.

　도가 천도론의 핵심은 '자연自然'에 있다. 자연은 '자연계'뿐만 아니
라 '저절로 그렇게 되는 것'(自然而然)이다. 그것은 사물 존재의 본성이다.
이렇게 이해된 자연은 진실하면서도 자유롭다. 도가의 인도론은 천도
론에 의해 결정된다. 그 속의 심성心性이론은 비록 송명유학처럼 주제로
부각되지 못하였지만, 도가사상에서 중요한 위치를 점한다. 심성에 관
한 도가의 이론은 주로 마음을 비울 것(虛心)과 마음을 고요하게 할 것(靜

心)을 요구한다. '하지 말라'는 부정적 행위를 통해 인간은 자신의 본성인 '무'에 도달한다. 이 '무'는 소극적인 것이 아니라 적극적인 것이다. 그것은 심지어 두 가지의 대립과 모순을 넘어서서 존재의 최고 경지가 되었다.

노자와 장자는 원시도가를 개창하였다. 위진魏晉시기 현학가玄學家인 왕필王弼과 하안何晏은 원시도가를 계승하고 발전시켰다. 그들은 특히 '무 본체론'을 내세웠다. 도가사상은 도교道教에 영향을 주었고, 특히 당송 도교의 변혁과 창신을 촉진하였다. 도교 내단설內丹說 가운데 '성性과 명命을 동시에 수행한다'는 것은 사실상 도가사상의 심성론을 주제로 삼은 것이다. 도가사상이 또한 선종禪宗에 영향을 끼쳤다는 것은 부인할 수 없다. 도가와 선종은 구별이 된다. 도가는 몸에 치우쳤고, 선종은 마음에 치우쳤다. 그러나 도가와 선종은 합일되었다. 이것은 그들 모두 심성 가운데 '무'의 경험을 강조하였기 때문이다. 특히 몸과 마음을 함께 중시해야 한다는 구호 아래에서 사람들은 선종과 도가를 모두 수행해야 한다는 점을 더욱 높이 떠받들었다.

설령 도가가 매우 풍부한 역사를 지녔더라도 그 핵심 사상은 여전히 노장의 지혜이다. 그 지혜의 기록이 『노자』와 『장자』라는 두 책에 각기 실려 있다.

1. 『노자』

비록 중국의 모든 전통사상이 '도道'를 궁구하지만, 도가만이 도를 자신의 사상 주제로 삼았다. 바로 이 때문에 그 학파를 '도가道家'라 칭하였다. 노자의 『도덕경道德經』[1]은 도에 관한 전문 논술이다. 그 영향은 이미 상하 수천 년, 동서 수만 리에 이르도록 깊고 오래며 넓다.

1) 도와 사물

그렇다면 무엇이 '도道'의 의의인가? 도의 본래 뜻은 길, 곧 사람이 다니는 곳을 지칭한다. 이후 그것은 사람이 다니는 길뿐만 아니라, 사물의 존재와 그것이 발전하고 운행하는 도로를 가리키게 되었다. 이 때문에 도는 늘 만물의 본성과 법칙 등으로 이해되었다. 일반적으로 도를 이해하는 방식과 달리 노자가 말하는 도는 이것이 도이고 저것이 도라는 구체적이고 개별적인 도를 가리키는 것이 결코 아니며, 도 그 자체이다. 그런데 이러한 도는 어떠한가? 노자는 『도덕경』 제1장에서 도에 대해 간단명료하게 규정하였다.

도를 도라고 하면 항상 불변하는 도가 아니고, 이름을 이름이라 하면 항상 불변하는 이름이 아니다. 무無는 천지의 시작을 이름한 것이고,

---

1) 아래에 나오는 『도덕경』 혹은 『노자』의 본문은 陳鼓應의 『노자 주석과 평가』(老子注釋及評價, 北京: 中華書局, 1984)를 인용하였다. 이 책의 『노자』 번역 역시 진고응의 해석을 따르는데, 진고응은 『帛書 老子』까지 반영하였기에 현재의 유통본과 조금의 차이가 있다.

유有는 만물의 어미를 이름한 것이다. 그러므로 늘 무로 그 오묘함을 보고자 하고, 늘 유로 그 끝을 보고자 한다. 이 두 가지는 같은 곳에서 나왔으나 이름이 다를 뿐 함께 현묘하다고 일컫는다. 현묘하고 또 현묘하여 뭇 현묘함의 문이다.[2]

이것이 실제로 도에 대한 노자사상의 핵심이자 강령이다. 위의 글 가운데 '유有'와 '무無'는 도의 존재와 관련 있고, '보고자 한다'는 것은 도의 사상과 관련 있으며, '도라고 할 수 없다'는 말과 '이름이라 할 수 없다'는 말은 도의 언설과 관련이 있다. 이와 같은 말을 통해 노자는 도와 존재의 관계, 도와 사상의 관계, 도와 언어의 관계를 밝혔다. 바로 이 세 가지 관계 속에서 도는 자신을 드러내 보인다.

노자는 우선 도와 존재의 관계를 드러내었다. 도를 도라고 말하면 그것은 존재하는 것이지 비어 있는 '허무虛無'가 아니다.

비어 있는 덕의 모습은 오직 도만이 따른다. 도가 사물을 냄에 오직 황홀하고 황홀하도다. 황홀하고 황홀한 가운데 형상이 있다. 황홀하고 황홀한 가운데 사물이 있다. 그윽하고 어두운 가운데 정기가 있다. 그 정기는 매우 참되고 그 가운데 믿음이 있다.[3]

도는 덕德의 규정이고, 덕은 도의 실현이다. 그러므로 도는 천지간에서 가장 근본적인 존재이다. 도는 언뜻 보기에 있는 것 같기도 하고 없

---

2) 『老子』, 第一章, "道可道非常道, 名可名非常名. 無, 名天地之始, 有, 名萬物之母. 故常無, 欲以觀其妙, 常有, 欲以觀其徼. 此兩者, 同出而異名, 同謂之玄. 玄之又玄, 衆妙之門."
3) 『老子』, 第二十一章, "孔德之容, 惟道是從. 道之爲物, 惟恍惟惚. 惚兮恍兮, 其中有象. 恍兮惚兮, 其中有物. 窈兮冥兮, 其中有精. 其精甚眞, 其中有信."

는 것 같기도 하며 밝은 듯하다가도 어두운 듯하여 헤아릴 수 없이 신비하다. 그러나 도는 진실하게 존재하는 것으로, 사물도 있고 형상도 있으며 정기도 있고 믿음도 있다. 존재로서의 도는 다자多者로 드러나는 것이 아니라 일자一者로 드러난다. 이 '하나'(一)는 한 사물, 하나의 존재처럼 전체 가운데 하나도 아니며, 수많은 하나를 모은 사물의 모든 일체도 아니다. 동시에 그것은 사물의 어떠한 원소를 관통하여 그것의 공통된 성질을 이루는 것이 아니라, 사물로 하여금 가능성이 있는 '통일'을 이루게 한다. 이 통일은 한데 모으는 힘인데, 그것은 사물이 자신에게 통일되어 통일체를 이루도록 하는 것이다. 다만 '도의 하나'를 통해야 하늘은 비로소 하늘이 되고 땅은 비로소 땅이 되며, 만물은 비로소 만물이 된다. 그러므로 노자는 "하늘은 하나를 얻어 맑고, 땅은 하나를 얻어 평안하다"[4]라고 말하였는데, 만물은 이 하나를 얻어 생겨난다.

그러나 존재로서의 도는 천지天地라고 이해할 수도 없고, 또한 천지 간의 만물이라고도 이해할 수 없다. 도는 도 그 자체이다. 만약 도가 천지 및 천지에 속한 만물과 구별된다면 그것은 텅 비어 있는 '허무'이다. 이에 도는 '유'이면서 '무'인데, 이는 있음과 없음이 같고 존재와 허무가 같다는 말이다.

존재의 차원에서 말하자면 '유무有無'의 동일성은 본질적인 규정이고, 음양陰陽의 동일성은 다만 그다음으로 중요한 규정이다. "만물은 음을 지고 양을 안고 있다"(萬物負陰而抱陽)라고 할 때의 음양이 본질적인 유무와 같을 수 없다. 이는 '있음'을 한 걸음 더 나아가 구분한 것이라고

---

4) 『老子』, 第三十九章, "天得一以淸, 地得一以寧."

하는 편이 옳을 것이다. 즉 양으로서의 유와 음으로서의 유가 됨에 따라 유의 두 가지 양상을 이루었다 할 것이다. 음양을 구분하는 데 있어 본질적인 '무'는 배제되어 버렸다. 이와 동시에 무로서의 유 역시 숨겨져 드러나지 않는다. 그렇지만 유무의 관계는 음양 관계로 대체되었고, 이러한 도는 '유무의 도'가 되는 것이 아니라 '음양의 도'가 된다. 그러나 음양의 도는 반드시 유무의 도 가운데 회복해 나가야 한다. 오직 이렇게 되어야만 음양은 유무가 생성되는 과정에서 비로소 힘을 얻을 수 있고, 아울러 유의 두 가지 양상이 된다.

그러나 노자가 이해한 도는 '존재'이면서 곧 '허무'인데, 이를 일반적인 '유'·'무'와 경솔하게 뒤섞어서는 안 된다. 상투적인 이해에 따르자면, 존재이면서 허무인 도는 형이상이고, 일반적 의미의 유와 무는 형이하이다. 형이상의 존재이면서 허무인 것은 천지와 그에 속한 만물을 초월한다. 노자는 천하의 만물은 유에서 생하였고, 유는 무에서 생하였다고 생각하였다. 여기에서의 '유'는 곧 '무'이다. 그러나 형이하의 유와 무는 오히려 천지와 그에 속한 만물 속에 있다.

서른 개의 바큇살이 바퀴통에 모이지만 그 없음으로 인해 수레의 쓸모가 있다. 흙을 빚어 그릇을 만드는데 그 없음으로 인해 그릇의 쓸모가 있다. 문과 창문을 뚫어 방을 만드는데 그 없음으로 인해 방의 쓸모가 있다. 그러므로 유有가 이롭게 되는 것은 무無가 쓸모 있게 해서 그러하다.5)

---

5) 『老子』, 第十一章, "三十輻, 共一轂, 當其無, 有車之用. 埏埴以爲器, 當其無, 有器之用. 鑿戶牖以爲室, 當其無, 有室之用. 故有之以爲利, 無之以爲用."

여기에서 말한 바퀴통, 그릇, 창과 문의 유무는 천지간의 만물 속에 있는 유·무이다. 그것은 만물 내에서 스스로를 구분할 따름이다. 하나의 사물로서의 '유'는 다른 어떤 사물이 결핍되어 '무'가 되는 것과는 다르다. 무는 여기에서 '공무空無'로 표현된다. 그것은 보기에는 쓸모없지만, 오히려 '유'를 쓸모 있게 한다.

설령 도의 '무' 자체에 대해서는 규정할 방법이 없을지라도 그것은 오히려 분명히 드러난다. 무가 드러나는 활동은 만물과 서로 구분될 뿐만 아니라 만물 가운데 하나라는 의미에서의 무와도 서로 구분된다. 이 때문에 무의 드러남은 바로 그것의 부정이자 만물에 대한 부정이다. 그러나 무는 어떤 사물로 다른 어떤 사물을 부정하는 것이 아니기 때문에 그것은 실제로 어떠한 사물처럼 드러날 방법이 없다. 그것은 자신을 드러내는 와중에 자신을 가린다고 하는 편이 훨씬 나은데, 이 때문에 '도는 숨어서 이름을 붙일 수 없다'(道隱無名)고 말한 것이다.

그런데 도가 만물에 대해 부정한다는 것은 부차적인 것이고, 근본적인 것은 무가 스스로에 대해 부정하는 것이다. 자신을 부정하는 가운데 무는 비로소 '무' 자체가 될 수 있다. 그렇지 않으면 무는 만물 가운데 특수한 형태로서 유와 상대적인 무가 된다. 무는 자신을 부정하는 가운데 한편으로 자기와 동일성을 유지하고, 다른 한편으로 자기와의 차별성을 확정한다. 즉 무의 자기 부정은 바로 가장 본질적인 생성이다. 이러한 의미에서 무는 죽어 있는 무가 아니라 살아 있는 무이다. 이와 같기 때문에 무가 비로소 '도'의 본성이 된다. 무는 생성이기 때문에 천하 만물은 유에서 생하고 유는 무에서 생한다. 이는 '허정虛靜'이 생동하여 만물을 형성하는 것이다.

이와 같다면 도는 반드시 '생生'으로 이해해야 한다. '생'은 단편적인 '유'도 아니며 단편적인 '무'도 아니다. 그것은 늘 유·무의 대립이다. 한편으로 무는 유로 바뀌며, 이에 유는 다른 유에서 생성되는 것이 아니라 '무' 가운데서 생성되는 것이자 자기에게서 생성되어 나온다. 이 때문에 그 자신이 시작·기초·근거가 되며, 자기보다 더욱 근본적인 시작을 배제한다. 다른 한편으로 '유'는 '무'로 회귀하는데, 유는 자신을 고수하거나 자기에게 정체되어 있지 않고, 무로 회귀하는 가운데 새로운 '유'의 생성을 시작한다. 이에 근거하면 도는 "사물을 낳되 소유하지 않고, 모든 일을 하면서도 뽐내지 않고, 만물을 키우면서도 다스리지 않는다."6) 유와 무의 영원한 대립과 전환을 통해야만 비로소 이른바 '끊임없이 낳고 낳음'(生生不息)이 있을 수 있다. 이러한 의미에서 유와 무의 동일성은 자기 가운데서 순환된다.

도의 생성은 만물을 창생하는 과정에서 구체적으로 표현된다. 이에 노자는 도를 천하의 '어머니'라 여겼다.

> 섞여 있는 어떠한 사물이 있으니 이는 천지에 앞서 생겼다. 고요하고도 아득하며, 홀로 우뚝 서서 바뀌지 않으며, 두루 행하여도 위태롭지 않으니 천하의 어미가 될 수 있다. 나는 그 이름을 모르나 억지로 자字를 붙여 말하자면 도道라 한다.7)

도는 비록 천지만물과 다르지만, 만물과 완전히 분리되어 있음을 의

---

6) 『老子』, 第十章, "生而不有, 爲而不恃, 長而不宰."
7) 『老子』, 第二十五章, "有物混成, 先天地生. 寂兮寥兮, 獨立不改, 周行而不殆, 可以爲天下母. 吾不知其名, 字之曰道."

미하지는 않는다. 이와 달리 도는 천지만물의 발생과 연관된다. 노자는 이 연관을 모자母子 관계로 형상화한 것이다. 도는 천지의 어머니이고, 천지는 도의 아들이다. 모자 관계는 우선 일종의 생육生育 관계이다.

> 골짜기 신은 죽지 않으니 이를 현빈玄牝이라 한다. 현빈의 문을 일컬어
> 천지의 뿌리라 한다.[8]

도는 허무한 것이지만 동시에 신비한 것이다. 도는 이와 같이 영원히 생성한다. 도는 마치 신비한 모성의 생식기관이 생육의 기능을 지닌 것과 같고, 그것은 근원의 바탕으로서 천지를 생육한다. 생육은 보통의 생산과 제조가 아니다. 생산자와 생산품은 종종 구분되지만, 생육하는 자와 생육을 받는 자는 오히려 밀접하게 연관된다. 도와 천지만물의 관계는 바로 이와 같다. 도는 천지만물 가운데 자기를 드러낸다.

도가 만물을 낳는 것에서부터 출발하여 노자는 우주와 세계의 생성 과정을 묘사하였다.

> 도는 하나를 낳고, 하나는 둘을 낳으며, 둘은 셋을 낳고, 셋은 만물을
> 낳는다. 만물은 음을 등에 지고 양을 안고 있으며, 참된 기운으로 조화
> 를 이룬다.[9]

도가 만물을 낳는 것은 하느님이 천지와 인간을 창조하는 것과 다르

---

8) 『老子』, 第六章, "谷神不死, 是謂玄牝. 玄牝之門, 是謂天地根."
9) 『老子』, 第四十二章, "道生一, 一生二, 二生三, 三生萬物. 萬物負陰而抱陽, 沖氣以爲和."

며, 또한 절대정신이 자신을 외재화한 자연세계와도 다르다. 이것은 세계 스스로가 생성하는 과정에서 드러난다. 그러나 이러한 과정을 어떻게 묘사할 것인가? 노자는 1·2·3이라는 숫자를 점차 늘리고 확대하는 방식으로 이러한 과정을 설명하였다. 이에 대해 사람들은 1·2·3을 구체적으로 규정하려 하고, 또 구체적인 명칭을 부여하려 하였다. 그러나 이는 억지로 말만 끌어 맞추려는 위험에 빠질 수 있다. 사실 노자는 1·2·3으로 도가 만물을 낳는 것이 간단함에서 복잡함으로, 단일함에서 다중적인 과정으로 나아감을 표현했을 따름이다. 이러한 과정에서는 '유有가 무無에서 태어난다'는 것 이외에도 음양의 분화와 음양의 상호 추동, 그리고 음양의 상호 변화가 핵심이다. 그것은 만물에 구체적인 존재 형태를 부여한다. 그러나 도가 만물을 낳는 과정에서 '도' 이외에도 덕德·물物·세勢 등이 모두 함께 작용한다. 이에 노자는 다음과 같이 말하였다.

> 도는 낳고, 덕은 기르며, 사물(物)은 형태를 이루고, 형세(勢)를 이루게 된다. 이 때문에 만물은 도를 높이고 덕을 귀하게 여기지 않음이 없다. 도가 높고 덕이 귀하지만, 명령을 하는 것이 아니라 항상 저절로 그러한 것이다. 그러므로 도는 낳고 덕은 기르니, 키우고 양육하며 완성되게 하고 익숙하게 하며 배양하고 덮어 준다.[10]

설령 만물이 여러 요소들에 의해 형성된다 하더라도 '도'가 가장 근

---

10) 『老子』, 第五十一章, "道生之, 德畜之, 物形之, 勢成之. 是以萬物莫不尊道而貴德. 道之尊, 德之貴, 夫莫之命而常自然. 故道生之, 德畜之, 長之育之, 亭之毒之, 養之覆之."

본적이다. 도는 만물을 낳고 키울 뿐만 아니라 여전히 그것을 배양하고 그것을 보호한다.

'도'에는 비록 많은 특성이 있으나 그것의 기본 특성은 '자연自然'이다.

> 그러므로 도는 크고, 하늘도 크며, 땅도 크고, 사람 역시 크다. 이 세계
> 에는 큰 것이 네 가지 있으니 사람도 그 가운데 하나이다. 사람은 땅을
> 본받고, 땅은 하늘을 본받으며, 하늘은 도를 본받고, 도는 자연을 본받
> 는다.11)

노자는 천지인天地人은 '도'를 따라야 하지만, 도는 어떠한 사물도 따르지 않으며 오로지 자연만 따른다고 여겼다. 그렇다면 무엇이 '자연'인가? 자연이란 말에는 두 가지 뜻이 있다. 그 하나의 의미는 '자연계'이다. 자연계는 광물·식물·동물로 이루어진 총체이다. 특별한 동물로서 사람도 이 가운데 포함된다. 그것의 다른 한 의미는 '저절로 그렇게 된다'(自然而然)이다. 이는 한 사물이 다만 그 자신이며, 자기가 드러내는 그 모습일 따름이라는 말이다. 이 때문에 자연은 곧 그 자신의 본성이다. 노자사상에서 '자연계'를 의미하는 말은 천지만물이다. 그렇지만 '자연'은 '저절로 그러하다'는 것과 자기 본성이 빚어내는 모습이다. 이에 노자가 '도는 자연을 본받는다'고 말할 때 '도'가 외재하는 자연계에 의거한다고 여긴 것이 아니라, 도는 자신에게 의거하며 자신을 따른다고 강조한 것이다. 왜 그러한가? 도는 자신보다 더 높은 차원의 근원이 없으

---

11) 『老子』, 第二十五章, "故道大, 天大, 地大, 人亦大. 域中有四大, 而人居其一焉. 人法地, 地法天, 天法道, 道法自然."

며, 자기가 자기의 설립 근거이기 때문이다. 이로써 '도'라는 존재는 자기를 본받으며, 또한 자연을 본받는다. 이러한 의미에서 '도는 자연을 본받는다'(道法自然)는 것은 도가 자기의 본성에 근거하여 존재한다는 말이다.

'도는 자연을 본받는다'고 할 때, 그것은 '허정虛靜'으로 표현된다. '허'는 '실實'과 상대되는 개념이며, '실'은 이미 실현되었다는 것이고, '허'는 아직 실현되지 않았다는 뜻이다. 그러나 아직 실현되지 않았다고 할 때, 그 가운데는 이미 실현될 수 있는 동력과 원천을 포함하고 있다. 이 때문에 '허'는 '도'의 근본 본성인 '무無'의 한 형태이다. 바로 '허' 가운데 '도'는 다른 사물이 아닌 자기로부터 자기를 유지한다. 도는 '허'가 되는 동시에 '정靜'(고요함)을 간직한다. 이는 '허무虛無'의 도가 동적일 수 없고 다만 정적이라는 말이다. '고요함'은 자신에게 머물러 있다는 것이며, 자기와 자기가 동일한 곳에 처해 있다는 것이다. 이와 달리 조급한 '움직임'은 도에서 멀어진 것이자 도를 잃어버린 것이다. 이 때문에 노자는 '고요함은 조급한 것의 우두머리가 된다'(靜爲躁君)고 강조하였으며, 아울러 '청정함이 천하에서 바른 것'(淸靜爲天下正)이라고 여겼다.

도는 또한 '유약柔弱'으로 나타난다. 유약함은 굳셈(剛强)의 대립면이다. 보통의 관념에서는 굳셈을 긍정하고, 유약을 부정한다. 그러나 노자는 오히려 이러한 관점을 반대하였다. 그는 유약함이 굳세고 강함을 이긴다고 생각하였다. 이는 유약이 생명을 대표하고, 굳셈이 죽음을 대표하기 때문이다. 천지간에서 물(水)보다 더 유약한 특성을 지닌 사물은 없다. 이에 노자는 "최고의 선은 물과 같다. 물은 만물을 잘 이롭게 하면서도 다투지 않고 뭇사람이 싫어하는 곳에 처하므로 도에 가깝다"[12]

라고 하였다. 물은 비록 유약하여 다투지 않고 가장 낮은 곳에 처하지만, 가장 굳세고 가장 강인하다. 이에 물을 이길 수 있는 어떠한 사물도 없다. 이 밖에도 물 자체에는 생명이 없지만 오히려 생명의 근원이 된다. 이렇게 물은 도를 비유하는 형상이 되었다.

'자연'·'허정'·'유약'의 '도'는 여전히 '무위無爲'로 드러난다. '무위'는 아무것도 하지 않아 생명의 활력을 상실한 것이 아니라, 자연의 움직임에 어긋남이 없다는 것이다. 도는 다만 자연을 따라 함이 있을 따름이지 자연에 반하여 움직이지 않기 때문에 그것이 곧 '무위'이다. 그러나 도의 무위는 바로 천지만물의 자연 본성을 따르는 것이다. 무위는 도의 태연하게 맡겨 두는 것이며, 만물로 하여금 자기와 같이 존재하게끔 하는 것이다. 이러한 이해에 따르면 '무위'는 일반적 의미의 '유위'보다 더욱 작위적인데, 이는 작위의 최고 형태이다. 이러한 의미에서 노자는 '도는 함이 없지만 하지 못하는 것도 없다'(道無爲而無不爲)고 말하였다. 이 말 때문에 노자를 곧잘 음모가로 오해한다. 즉 그냥 볼 때는 어떠한 일도 하지 않지만, 실제로는 무슨 일이든 하기 때문이다. 그러나 노자사상과 음모술은 서로 아무런 관련이 없다. 음모술은 일종의 작위이며 게다가 거짓된 작위이다. 노자사상의 함이 없으면서도 하지 못하는 것이 없다는 말은 도의 자연스런 힘을 드러내는 것에 지나지 않는다.

물론 '도'에는 여러 가지 특성이 있다. 하지만 그 특성들에 공통점이 있는데, 이는 존재가 곧 허무인 도의 본성과 서로 관련이 있다. 만약 우리가 '도'의 본성을 억지로 존재성과 허무성으로 나누어 말한다면, 노

---

12) 『老子』, 第八章, "上善若水. 水善利萬物而不爭, 處衆人之所惡, 故幾於道."

자가 강조한 것은 존재성이 아니라 허무성이다. 이는 노자가 말한 '허무'의 의미가 일반적인 '존재'의 특성을 넘어서고 있고, 존재성의 의미는 오히려 허무성만 못하다는 데 있다. 이른바 '자연'·'허정'·'유약'·'무위'는 모두 도의 허무한 본성에 근원한다. 이 때문에 노자의 사상은 존재가 곧 허무라는 데 근본한다.

도의 본성을 바로 이처럼 이해하는 기초 위에서 노자는 일반적으로 논의되는 변증법적 사상을 전개하였다. 이는 사물의 모순적 대립 및 그 상호 전환에 관한 독특한 사상이다. 노자는 모든 사물을 모순적 양면성을 지닌 것으로 구분하였다. 예를 들어 음과 양, 적극과 소극, 긍정과 부정 등이 그것이다. 이것들은 서로 대립하고 있다. 이러한 모순 현상은 천지만물에 두루 퍼져 있는데, 자연·사회·정신 등을 포괄한다. 사물의 모순은 비록 대립적이지만, 또한 상호 의존적이다.

> 천하의 사람들은 아름다운 것이 아름답다고 알고 있지만 이것은 추할 따름이며, 모두 선함이 선함이 되는 줄 알고 있지만 이것은 불선함일 따름이다. 유와 무는 서로를 생하고, 깊과 짧음은 서로를 형상하며, 높음과 낮음은 서로를 채우고, 음音과 소리는 서로 조화롭고, 앞과 뒤는 서로 따르니, 이는 영원한 것이다.13)

만약 모순된 한 측면이 더 이상 존재하지 않는다면 그와 대립한 모순의 한 측면 역시 사라진다. 그러나 모순된 한 측면이 생겨난다면 대

---

13) 『老子』, 第二章, "天下皆知美之爲美, 斯惡已, 皆知善之爲善, 斯不善已. 故有無相生, 難易相成, 長短相形, 高下相盈, 音聲相和, 前後相隨, 恒也."

립하는 측면 역시 함께 출현한다. 이 때문에 천지간에는 모순의 두 측면 가운데 어느 하나만 단독으로 있지 않으며, 늘 모순의 두 측면이 함께 존재한다.

그런데 더욱 중요한 것은 모순의 대립면은 함께 존재할 뿐만 아니라 서로 전환된다는 점이다. 이러한 전환에서 사물은 자기로부터 그 대립면으로 바뀌게 된다.

> 굽으면 온전하고, 구부리면 곧아지며, 파이면 채워지고, 낡으면 새로워지며, 적으면 얻게 되고, 많으면 미혹된다.[14]

사물의 발전이 이와 같은 것은 그 자신이 모순으로 전개되는 하나의 과정으로 표현되기 때문인데, 시작에서부터 마침까지 또한 마침에서 시작까지 이처럼 끊임없이 순환한다.

노자는 사물의 이러한 전환을 매우 중시했고, 아울러 그러한 전환은 사물 발전 과정에서 '필연'이라 생각했다. 한 사물이 결국 부정적 측면으로 나아갈 때, 가장 먼저 드러나는 것은 긍정적 측면이다.

> 움츠리려 하면(欲歙) 반드시 펼쳐지고, 약해지려 하면 반드시 강해지고, 사라지려 하면 반드시 흥하며, 취하려 하면 반드시 준다. 이것을 미묘한 밝음이라 한다.[15]

---

14) 『老子』, 第二十二章, "曲則全, 枉則直, 窪則盈, 敝則新, 少則得, 多則惑."
15) 『老子』, 第三十六章, "將欲歙之, 必固張之, 將欲弱之, 必固强之, 將欲廢之, 必固興之, 將欲取之, 必固與之. 是謂微明."

여기에서 '하고자 한다'는 의미의 '욕欲'은 사람의 바람도 아니고, 더욱이 인간의 욕망도 아니다. 이것은 사물이 변화하는 추세이다. 이 때문에 위에서 말한 긍정과 부정의 변화는 사람의 음모가 아니라 사물의 법칙이다. 부정적 측면 이전에 나타나는 긍정적 측면에 대해 노자는 사물 그 자체의 미묘한 조짐이라 여겼다. 왜냐하면 사물 그 자체의 긍정성에는 부정성을 포괄하고 있고, 부정성 역시 긍정성을 포괄하고 있기 때문이다. 노자가 더욱 강조한 것은 사물이 발전하는 가운데 음의 성질과 소극성 및 부정성이었지, 양의 성질과 적극성 및 긍정성은 아니었다. 이는 앞의 것이 사물의 시작이고, 뒤의 것이 사물의 완성이기 때문이다.

그러나 노자는 존재가 곧 허무인 도의 본성이 사실상 일반 모순의 대립이 아니기 때문에 사람은 반드시 모순의 어느 한 측면만 고수하는 방식을 버리고 그것을 초월해야 한다고 생각하였다.

이 때문에 성인은 함이 없는 일을 처리하며, 말이 없는 가르침을 행한다. 만물을 지으면서도 처음 창조했다고 하지 않고 만물을 낳으면서도 소유하지 아니하며, 이루면서도 기대하지 아니하고, 공을 이루어도 거기에 머물지 않는다. 오직 머물지 않으므로 떠나지 않는다.[16]

성인의 언행에는 모순이 없다. 그는 사물이 이미 지니고 있는 모순을 극복한 것이 아니라, 어떠한 모순도 멀리하여 모순을 만들지 않는다. 이러한 의미에서 사물의 모순과 대립 및 그 전환에 관한 노자의 사상은

---

16)『老子』, 第二章, "是以聖人處無爲之事, 行不言之敎. 萬物作而弗始, 生而弗有, 爲而弗恃, 功成而弗居. 夫唯弗居, 是以不去."

일반 변증법과 다르다. 즉 변증법에서는 사물의 모순이 대립과 통일의 과정 속에서 궁극적으로 지양될 수 있다고 여겼지만, 노자는 사물이 발전하는 애초에 어떠한 모순도 없는 '도'에 이르러야 한다고 여겼기 때문이다.

'도'와 '존재'의 관계를 밝힘과 동시에, 노자는 또한 '도'와 '사상'의 관계를 밝혔다. 도는 자신의 생성 가운데 필연적으로 사상으로 나아간다. 이는 도가 사유될 때만이 비로소 사람에게 선명히 드러나기 때문이다. 이 때문에 도는 결국 사상 가운데 발생한다. 그러나 사상과 도의 관계는 그리 간단하지 않고 복잡하다. 노자는 사상과 도의 관계 특성을 의식했다. 그것은 한편으로 도가 사유될 수 있는지를 논의하는 것이며, 다른 한편으로 도가 어떻게 사유될 수 있는지를 밝히는 것이었다.

도는 분명 감각의 대상이 아니다. 감각의 대상이란 감성세계 가운데 존재하는 것들로, 사람의 감각기관에 호소하여 일반적으로 논해지는 감성인식의 재료가 될 수 있다. 도는 '하나'인데, 전체 가운데 한 부분도 아니며 전체 그 자체도 아니다. 이와 같이 존재하는 도 그 자체는 '허무'이다. 그것은 시간과 공간 속에 존재하지 않기에 사람이 느낄 수 있는 사물이 될 수 없다. 도는 볼 수 없으며, 들을 수 없으며, 만질 수 없다. 이에 노자는 "보아도 보이지 않는 것을 이夷라 하며, 들어도 들리지 않는 것을 희希라 하며, 만져도 만질 수 없는 것을 미微라 한다"[17]라고 하였다. 이러한 감각 거부가 바로 도를 만물의 전체 또는 만물 가운데 하나라고 보는 것에 대한 부정이다. 오히려 이는 '도'를 '무無'로 보아야

---

17) 『老子』, 第十四章, "視之不見, 名曰夷, 聽之不聞, 名曰希, 搏之不得, 名曰微."

할 것을 요구한다.

> 사물 없는 데로 돌아간다. 이를 일컬어 형상 없는 형상이라 하고 사물
> 없는 형상이라 하니, 황홀하다고 한다.[18]

'허무'로 존재하는 도에 대해 사람들은 반드시 감각을 버리고 또 감
각을 초월하여 다른 방식으로 원활하게 이를 길을 찾아야 한다.

동시에 도는 또한 학식(학문)의 대상도 아니다. 일반적 의미의 학식·
사상·지혜는 모두 도를 어기는 것인데, 그것은 모두 자연을 위배하는
것이자 인위적인 것이며 심지어는 허위적인 것이기도 하다. 노자는 '큰
거짓'(大僞)에서 지혜가 나오는 것이라 여겼다. 여기에서의 지혜는 도의
지혜가 아니라 보통 사람들의 지혜이다. 그것은 인위적인 꾀이자 책략
이다. 사람이 지혜와 꾀에 빠지면 본성本性과 본심本心을 잃어버리게 된
다. 이러한 지혜는 사람을 잘못된 길로 인도한다. 이 때문에 성인은 이
러한 학식을 버리고 백성들로 하여금 성스러움도 끊고 지혜도 버려 무
지하고 무욕한 상태로 만들어 큰 도가 스스로 드러나게 한다.

노자는 일반 의미의 감각과 학식은 모두 도를 파악할 수 없다고 여
겼다. 그렇다면 이것 이외에 사람은 무엇에 근거하여 도를 깨닫는가?
어떠한 방식이든 상관없이 도에 이르는 길은 여전히 그 사람의 '마음'에
있다. 노자는 마음을 신비한 거울에 비유하였는데, 노자에서 말한 '현묘
한 거울'(玄覽)이 그것이다. 거울의 본성은 공허하며 없는 것(空無)이지만,
사물을 비출 수 있다. 거울처럼 마음도 공무空無하지만, 사물에 대해 사

---

18) 『老子』, 第十四章, "復歸於無物. 是謂無狀之狀, 無物之象, 是謂恍惚."

고할 수 있다. 그러나 마음은 형태가 없다. 그러므로 마음은 신비한 거울이다. 비록 이러한 마음 거울 그 자체는 깨끗하고 빛이 나 만물을 두루 비출 수 있지만, 실상은 더럽혀져 흠이나 티가 있다. 흠에는 갖가지 유형과 원인이 있지만, 가장 심각한 것은 마음이 가려지고 더럽혀진 데 있다. 이 가려짐은 오랫동안 사람이 품고 있던 예견과 편견, 그리고 선입견이다. 사람들은 여기에서부터 만물을 관찰하기 시작한다. 비록 사람들은 자신이 사물의 본성을 본다고 여기지만, 사실상 사물의 어떠한 모습도 관찰하지 못한다. 이에 노자는 다음과 같이 말하였다.

> 발끝으로 서는 사람은 오래 서지 못하고, 발걸음을 넓게 하여 걷는 사람은 오래 걷지 못한다. 스스로 보았다고 하는 사람은 밝지 못하고, 스스로 옳다고 하는 사람은 드러나지 않으며, 스스로 자랑하는 사람은 공이 없고, 스스로 잘난 체하는 사람은 우두머리가 될 수 없다.[19]

자기의 바람에서 출발한 모든 사상과 행위는 결국 그 목적에 이를 수 없다. 우리의 편견은 사람이 사물을 이해하고 파악하는 본성을 가로막기 때문이다. 이 때문에 노자는 '현묘한 거울을 깨끗이 씻어 내어'(滌除玄覽) 아무런 띠끌이 없게 하기를 요구한다. 이것으로 빛을 지닌 마음 거울의 본래 본성을 되돌이켜 만물을 비추고 또 도와 합일할 수 있도록 하는 것이다. 이것은 '도를 실천하는 것'(爲道)이지 '학문을 하는 것'(爲學)이 아니다. 도를 하는 것과 학문을 하는 것은 완전히 다르다. 노자는 이 두 가지를 대비시켰다.

---

19) 『老子』, 第二十四章, "企者不立, 跨者不行. 自見者不明, 自是者不彰, 自伐者無功, 自矜者不長."

학문을 하게 되면 나날이 늘어나고, 도를 하게 되면 나날이 줄어든다. 줄이고 또 줄여서 함이 없는 데에 이른다. 하는 것이 없지만 하지 못하는 것도 없다.[20]

학문을 하는 것과 도를 하는 것은 모두 마음과 관련이 있다. 비록 마음의 본성은 '공무空無'이지만, 현실에는 오히려 사물에 관한 지식으로 가득 차 있다. 학문을 하는 것은 사물에 대한 지식을 증가시키는 것이며, 도를 실천하는 것은 이러한 지식을 줄이는 것이다. 학문을 하는 것은 바깥을 향한 것이고, 도를 실천하는 것은 안을 향한 것이다. 도를 실천하는 과정에서 사람은 마음을 비우고 고요하게 하며, 존재가 곧 허무인 도를 깨닫게 된다. 가장 위대한 사람으로 도를 실천하는 사람인 성인聖人은 바깥에서부터 안을 향하는 사람이다.

문밖을 나서지 않고서도 천하를 알며, 창문으로 내다보지 않아도 천도天道를 본다. 멀리 나갈수록 그 앎은 적어진다. 이 때문에 성인은 행하지 않고도 알고, 보지 않고도 밝으며, 하지 않고도 이룬다.[21]

이는 '천도天道'가 안에 있지 바깥에 있지 않다는 말이다. 이 때문에 안으로 향하는 것은 도를 따라 행하는 것이고, 바깥을 향하는 것을 도를 어기는 것이다.

앎의 과정에서 노자는 특히 '관觀'의 의미를 강조하였다. '관'이란 본

---

20) 『老子』, 第四十八章, "爲學日益, 爲道日損. 損之又損, 以至於無爲. 無爲而無不爲."
21) 『老子』, 第四十七章, "不出戶, 知天下, 不闚牖, 見天道. 其出彌遠, 其知彌少. 是以聖人不行而知, 不見而名, 不爲而成."

다는 뜻이지만, 감각기관으로 보는 것이 아닌 마음으로 보는 것이다. '관'은 꿰뚫어 본다는 의미이다. 천하의 어떠한 사물에 대해서도 노자는 사물의 바깥에서 보는 것을 반대하고, 사물 그 자체로 관조할 것을 요구한다.

> 그러므로 몸으로 몸을 보며, 집으로 집을 보고, 마을로 마을을 보며,
> 나라로 나라를 보고, 천하로 천하를 본다. 내가 천하가 그렇다는 것을
> 어찌 알겠는가? 이것 때문이다.22)

여기에서 바라보는 사물에 점차 변화가 생기는데, 그것은 자기에게서 천하로 확대된다. 그러나 자기의 본성이 변하지 않는 것을 보는 것이 바로 있는 그대로 여실히 관조하는 것이다. 만약 '도를 본다'고 말한다면, 이는 도로 도를 본다는 뜻이다. 그러나 도는 '무'와 '유'가 통일되어 있으므로, 도로 도를 본다는 것은 실제로는 무로 무를 보는 것이며 유로 유를 보는 것이다. 이에 노자는 "늘 무로 그 오묘함을 보고자 하며, 늘 유로 그 끝을 보고자 한다"23)라고 하였다. '무'에서부터 도의 무를 보기에 그 오묘함을 볼 수 있고, '유'에서부터 도의 유를 보기에 그 경계를 볼 수 있다. 이것이 도로 도를 보는 두 가지 양상이다. 바로 도로 도를 보는 과정에서 도는 비로소 다른 사물이 아닌 자신을 드러낼 수 있다. 도로 도를 보는 것은 영원함(常)을 아는 것이다. 이는 천하의 영원하고도 보편적인 진리를 아는 것이다. 영원함을 아는 것을 '명明'이

---

22) 『老子』, 第五十四章, "故以身觀身, 以家觀家, 以鄉觀鄉, 以國觀國, 以天下觀天下. 吾何以知天下然哉? 以此."
23) 『老子』, 第一章, "故常無, 欲以觀其妙, 常有, 欲以觀其徼."

라 한다. 사람이 영원하고도 보편적인 진리를 파악했기 때문에 그는 곧 밝은 통찰과 지혜를 얻는다.

도와 존재 그리고 사상과의 관계를 서술하는 동시에, 노자는 또 도와 언어의 관계를 제시하였다. '도'의 의미는 매우 다중적이며, 그 가운데 가장 주된 의미로는 '길'(道路)과 '말'(言說) 두 종류를 포함한다. 노자사상에서 도는 이 두 가지 의미를 모두 지닌다. 그러나 주목할 만한 것으로 노자사상에서 도의 두 가지 의미는 분리되어 있다는 점이다. 도가 길을 의미할 때 그것은 말과 전혀 상관이 없으며, 동시에 도가 말을 의미할 때 그것은 길과 전혀 관련이 없다. 이러한 구분을 고려하면 노자가 도를 길과 말로 동시에 이해했다는 점을 사람들은 인정할 수가 없다.

이는 도와 언어 사이에 극복할 수 없는 모순이 있음을 나타낸다. 도는 언어로 형성될 방법이 없으며, 도는 다만 언어 바깥에 있을 따름이다. 동시에 언어도 도를 표현할 도리가 없으며, 언어는 다만 도를 가릴 따름이다. 왜 그런가 하면, 도는 존재이면서 허무인 본성을 지닌다는 데 그 까닭이 있다. 그리고 언어는 도가 아니며, 그것은 천지간의 만물 가운데 하나이다. 도가 언어로 말해질 때 도는 더 이상 도가 아니다. 이 때문에 도는 언어로 표현되기를 거부한다. 도는 숨어 있어 이름이 없으며, 도는 스스로 말을 하지 않는다. 설령 이와 같더라도 사람들은 여전히 언어로 말할 방법이 없는 도를 말하려고 한다. 그런데 이것이 어떻게 가능한가?

첫째, 말로 표현할 수 없는 도의 본성 때문에 노자는 말을 하지 말아야 한다고 생각했다. 그는 모든 성인이 말로 하지 않는 가르침을 펼쳤다고 여겼다. 이에 그는 아는 사람은 말을 하지 않고, 말하는 사람은 모른다고 보았다. 그런데 만약 사람이 말을 할 수밖에 없다면 가능하면 적게 말해야 한다. 말이 없는 것이야 말로 저절로 그러한 자연이다. 적게 말하는 것이 사물의 본성에 부합한다. 사람들은 그래도 성인이 말한 모든 언어를 존중해야 한다. 이는 또한 말을 소중히 여기는 것이다.

다음으로, 도는 비록 존재이면서 허무어서 표현할 수 없지만, 언어는 말로 할 수 없는 도를 말해야 한다. 도의 본성을 표현하기 위해 언어는 구체적인 사물의 도움을 받아야 한다. 노자가 도를 서술할 때 갖가지 비유의 말이 가득하다. 비유는 그 형상에 있는 것이 아니라, 그 바깥에 있다. 이에 비유하는 형상은 말로 할 수 있는 천지와 만물이지만, 그것의 의미는 오히려 말로 할 수 없는 도이다.

그다음으로, 도의 본성인 허무성은 존재성보다 높고 부정성이 긍정성보다 높기 때문에 도에 관한 묘사는 필연적으로 일상 언어의 방식을 어길 수밖에 없다. 이는 반어反語이다. "바른말은 반대처럼 들린다"(正言若反)는 논리가 노자의 글 곳곳에서 나타난다. 이는 사람들의 일상 언어와 분리되어야만 비로소 도에 관한 말할 수 없는 말을 이해할 수 있다는 뜻이다.

마지막으로, 노자는 말이 진실해야 하고 또한 믿음이 있어야 한다고 강조하였다. 도에 관한 믿음직한 말은 자연스럽고도 소박한 언어이다.

> 도가 입으로 말해지면 담박하여 아무런 맛이 없고, 보아도 볼만하지 않고, 들어도 들을 만하지 않지만, 쓰면 오히려 다함이 없다.[24]

---

24) 『老子』, 第三十五章, "道之出口, 淡乎其無味, 視之不足見, 聽之不足聞, 用之不足旣."

이 때문에 도와 보통 이야기되는 화려한 언사는 다르다. 믿음직한 말은 아름답지 않고, 아름다운 말은 믿음직하지 않다.

2) 무도

『도덕경道德經』에서 '도道'를 논할 때는 또한 도의 대립면인 '무도無道'와 '비도非道'를 비판하였다. 무도와 비도는 도에 대한 부정이다.

노자의 사상에 따르면 도는 보편적이고 영원히 존재한다. 이와 같다면 '무도'와 '비도'의 출현은 어떻게 가능한가? 그 까닭은 도가 존재이면서 허무이기 때문에 자신의 본성이 스스로를 가리고 숨긴다는 데 있다. 이는 사람과 도의 관계를 무너뜨리며, 따라서 아울러 도가 스스로에 대한 가림과 숨김이 심화됨을 유발한다. 이에 무도와 비도는 도와 함께 존재한다.

사실 현실적 인간에게 애초에 부여된 것은 도가 아니라 욕망이다. 인간의 생명 과정은 욕망의 충동과 이를 실현하는 과정일 따름이다. 그러나 자기의 욕망을 채우기 위해서 사람은 도구와 기술을 채택하고 이를 개선해야 했다. 욕망과 도구는 비록 큰 도 즉 지혜에 의해 규정되고 지도를 받을 수 있지만 위험스런 일도 나타날 수 있는데, 그것이 바로 도의 대립면인 무도와 비도이다.

욕망은 매우 다양하지만 그것의 기본 형태는 인간의 신체이며, 신체는 인간의 감각 활동으로 표현된다. 만약 인간이 욕망을 실현하는 와중에 도의 가르침을 받아들인다면 인간은 자기 욕망의 한계를 의식할 수 있고, 또한 이 한계 내의 욕망만을 만족한다. 이러한 욕망은 유한하므로 쉽사리 만족할 수 있다. 때문에 사람이 만족함을 알고서 만족한다면 그는 늘 만족스럽다. 만족함을 안다는 것은 바로 인간 욕망에 대한 끝을 의식한다는 말이다. 동시에 이는 한계 바깥의 욕망을 부정한다는 뜻이다. 이에 노자는 "이름 없는 소박함으로 제압한다면 욕망하지 않을 것이다. 욕망하지 않아 고요하게 되면 천하는 저절로 바르게 된다"[25]라고 하였다. 욕망하지 않음은 한계 바깥에 있는 욕망을 없애는 것이며, 동시에 한계 내에 있는 욕망의 만족을 보장하는 것이다. 바로 이러한 기초 위에서 인간은 자신을 굳게 지켜 편안하고도 정확할 길을 갈 수 있다.

이와 달리 욕망에 도의 가르침이 없다면 욕망이 인간을 통제하여 욕망하는 인간이 된다. 혹자는 이를 인간이 그의 욕망과 같아진 것이라 말한다. 욕망하는 가운데, 한편으로 욕망은 욕망하는 대상을 추구하며, 다른 한편으로 욕망하는 대상은 욕망 자체를 자극한다. 욕망의 추구와 욕망하는 대상의 자극은 서로에게 작용하여 악의 무한한 순환을 만든다. 이 욕망은 곧 탐욕이 된다. 이러한 욕망은 더 이상 신체의 욕망이 아니라, 욕망에 대한 욕망이며 욕망에 대한 의지이다. 바로 이 욕망의 의지가 '부도不道'를 만드는데, 그것은 인간 존재의 길과 도리가 아니다.

제한되지 않는 욕망을 실현하는 과정에서 욕망은 쾌락에 만족함과 동시에 위험성을 드러낸다. 이것은 감각기관과 그 감각 활동에서 감각의 대상이 감각기관을 지배해 버리는 것으로 드러난다. 감각 대상은 심지어 감각기관을 마비시킬 수 있다. 이 때문에 노자는 "다섯 가지 색은 사람의 눈을 멀게 하고, 다섯 가지 소리는 사람의 귀를 멀게 하며, 다섯

---

25) 『老子』, 第三十七章, "鎭之以無名之樸, 夫將無欲. 不欲以靜, 天下將自正."

가지 맛은 사람의 입맛을 없게 하고, 말 타고 사냥하는 것은 사람의 마음을 미치게 하며, 얻기 어려운 재화는 사람의 행동을 어지럽게 한다"[26]라고 하였다. 더욱 중요한 것은 욕망이 사람의 감각기관과 그 감각을 해칠 뿐만 아니라 인간의 육체를 훼손시킬 수 있다는 점이다. 욕망은 사람을 죽음의 길로 인도하여, 위험한 지경에 놓이게 한다. 죄는 욕망하는 것이 가장 크며, 재앙은 만족함을 모르는 것이 가장 크며, 허물은 욕망하여 얻으려는 것이 가장 크다. 죄악이란 근본적으로 인간이 지닌 욕망의 한계를 넘어서는 것인데, 이는 또한 규칙을 파괴하는 것이다. 이것으로 말미암아 쟁탈과 투쟁이 벌어지고, 결국에는 남도 해치고 자기도 해치게 된다.

욕망은 물론 '부도不道'이지만 자신을 '도'라 여기며, 다른 사람에게도 '도'라 간주된다. 이 때문에 그것이 천하에 유행하는 것이다. 사람들은 화려한 옷을 입고, 예리한 검을 차며, 질리도록 음식을 먹는다. 사실 욕망의 격발과 만족이 바로 '세계의 도'이며, 인간의 역사는 식색食色의 끊임없는 추구와 실현, 그리고 이것으로 야기된 쟁탈과 소유에 지나지 않는다.

욕망을 부정하는 동시에 『도덕경』에서는 또한 도구와 기술까지 부정하였다. 도구와 기술은 비록 욕망과 그것을 실현하는 수단이지만, 노자의 눈에 그것의 본성은 '인위人爲'적인 것이었다. 이 때문에 그것은 '자연'과 '도'를 어기는 것이었다.

그러나 욕망을 실현하는 데 도구와 기술은 광범위하게 사용되며, 큰

---

26) 『老子』, 第十二章, "五色令人目盲, 五音令人耳聾, 五味令人口爽, 馳騁畋獵, 令人心發狂, 難得之貨, 令人行妨."

도는 오히려 유행하지 않는다. 기술은 욕망을 실현하는 수단이지만, 도는 욕망을 한정하거나 부정하기 때문이다. 이에 인간의 욕망에서 출발한다면 사람들은 도가 아닌 기술을 선택한다. 큰 도는 매우 평탄하지만 사람들이 오솔길을 좋아하는 것은 조금도 이상할 것이 없다. 사람들은 도에 따르기를 거절한다. 설령 이 같지 않더라도 사람들은 도에 아무런 쓰임새가 없다고 여길 것이다. 이와 반대로 '무도無道'는 사람들이 언뜻 보기에 간단하고 명료하면서도 넓은 길이다.

바로 이러한 이유 때문에 사람들은 도구와 기술을 숭배한다. 이에 도구와 기술은 끊임없이 발명되고, 개선되며, 창신되고, 보급된다. 현실 세계는 마치 도구와 기술에 힘입어 존재하고 발전하는 것 같다. 그러나 노자는 기술이 이미 있는 문제를 해결할 수 없으며, 오히려 새로운 문제를 야기할 따름으로 천하를 크게 혼란하게 할 것이라 보았다.

천하에 꺼리는 것이 많으면 백성들은 더욱 가난해지며, 사람에게 이로운 기물이 많으면 국가가 혼란하며, 사람에게 기교가 많으면 기이한 사물이 더욱 생겨나고, 법령이 더욱 많아지면 도적이 많게 된다.[27]

도구가 물론 인간에게 이미 부여된 욕망을 만족시키지만, 또한 새로운 욕망을 자극한다. 기술과 욕망의 결합은 '무도'의 횡행을 더욱 촉진시킨다.

욕망과 기술이 결합된 이러한 인간 활동은 '인도人道'로 표현되며, 그

---

27) 『老子』, 第五十七章, "天下多忌諱, 而民彌貧, 人多利器, 國家滋昏, 人多伎巧, 奇物滋起, 法令滋彰, 盜賊多有."

것은 '천도天道'와 상대된다. 천도는 자연스러운 것이지만, 인도는 부자연 혹은 반자연적이다. 노자는 천도와 인도를 구분하였는데, 이는 곧 '자연'과 '인위'의 구분이다.

> 하늘의 도는 마치 당겨진 활과 같구나! 높은 것은 억누르고 낮은 것은 들어 올리며, 넉넉함이 있으면 덜어내고 부족한 것은 보충한다. 하늘의 도는 넉넉한 것을 덜어내어 부족한 것을 보충한다. 사람의 도는 그렇지 않으니, 부족한 것을 덜어내어 넉넉한 것을 받든다. 누가 넉넉한 것을 덜어 천하를 받들 수 있겠는가? 오직 도를 지닌 자이다.[28]

이는 천도와 인도가 완전히 상반된 방향으로 나아가고 있다는 말이다. 천도는 자연에 맡겨두어 사물이 보충되는 과정에서 고르게 발전하도록 한다. 그러나 인도는 그렇지 않다. 인도는 다만 기술을 수단으로 삼아 인간의 욕망을 충족시키되, 사물 간의 균형을 전혀 고려하지 않고 분화와 대립만을 가속시킨다. 이러한 의미에서 '천도'와 상대되는 '인도'는 근본적으로 '무도'이고 '비도'이다.

자연을 반대하는 인도는 '허정虛靜'까지 반대한다. 인도는 만족만을 추구하기 때문이다.

> 가지고서 가득 채우기만 하는 것은 때에 맞게 멈추는 것만 같지 못하고, 갈아서 날카롭게 하는 것은 오래 보존하지 못한다. 금과 옥이 집안에 가득하면 지킬 수가 없고, 부귀하다고 교만하면 스스로 허물만 남

---

28) 『老子』, 第七十七章, "天之道, 其猶張弓與! 高者抑之, 下者擧之, 有餘者損之, 不足者補之. 天之道, 損有餘而補不足. 人之道, 則不然, 損不足以奉有餘. 孰能有餘以奉天下? 唯有道者."

기는 것이다.29)

사물의 만족은 종종 사물이 그 극
한으로 발전한 것과 같다. 이렇게 되
면 그것은 자신의 반대면으로 나아갈
수 있는데, 이는 자신에 대한 부정이
다. 만족한 것은 동시에 조급하다.

[명明] 증경曾鯨, 「여선상呂仙像」

무거움은 가벼움의 뿌리가 되고 안정
됨은 조급함의 군주가 된다. 이 때문에 군자는 하루 종일 다녀도 무거
움을 실은 수레에서 떠나지 않는다. 비록 영화를 누리더라도 편안히
거처하며 초연하다. 어찌하여 만승의 군주가 되어 천하에 몸을 가볍게
놀리겠는가? 가벼움은 뿌리를 잃은 것이고, 조급함은 군주를 잃은 것
이다.30)

조급함은 사물이 자기에서도 도망가는 일이다. 그런데 사람의 조급
함은 도를 멀리하고 욕망과 도구를 추구하는 것으로 표현된다. 사람은
끊임없이 자기 욕망을 실현하면서 새로운 욕망을 불러일으키며, 동시에
끊임없이 새로운 도구를 발명하고 채택한다. 이것이 사람을 조급하고
불안한 가운데 영원토록 놓이게 한다.

'무도'는 '유약의 반대면인 '굳셈'으로 드러난다.

---

29) 『老子』, 第七章, "持而盈之, 不如其已, 揣而銳之, 不可長保. 金玉滿堂, 莫之能守, 富貴而驕,
自遺其咎."
30) 『老子』, 第二十六章, "重爲輕根, 靜爲躁君. 是以君子終日行不離輜重. 雖有榮觀, 燕處超然.
奈何萬乘之主, 而以身輕天下? 輕則失本, 躁則失君."

사람이 살아 있을 때는 유약하지만 죽을 때는 강하고 딱딱하다. 초목
이 자라날 때는 부드럽고 연약하지만 죽을 때는 마르고 딱딱하다. 그
러므로 굳셈은 죽음의 무리고 부드럽고 약함은 삶의 무리이다. 이 때
문에 군대가 강하면 전멸할 수 있고, 나무가 강하면 부러진다. 강하고
큰 것은 아래에 처하고, 부드럽고 약한 것은 위에 처한다.[31]

굳센 것은 보기에 유약함을 넘어서는 것 같다. 그렇지만 사실 부드
럽고 약한 것이 도에 부합하고, 강하고 씩씩한 것은 '무도'이다. 노자는
그것이 위의 말처럼 되는 것은 사람과 사물이 세상에 드러남에 부드럽
고 약한 것은 생명의 징조이고, 강하고 굳센 것은 죽음의 특징이기 때문
이라고 여겼다. 유약은 영원한 생명력을 지니고 있지만, 굳셈은 생명력
의 상실이다. 이 때문에 노자는 다음과 같이 말하였다.

군대를 잘 쓰는 것은 위험을 구제하는 것일 따름이지, 감히 강함을 취
하지 않는다. 성과를 이루고도 자랑하지 않으며, 성과를 이루고도 뽐
내지 않으며, 성과를 이루고도 교만하지 않으며, 성과를 이루는 것도
부득이해서 그러한 것이며, 성과를 이루고도 강하다 하지 않는다. 사
물이 강하면 늙은 것이니 이를 '부도不道'라고 하며, 부도는 일찍 끝난
다.[32]

즉 강하고 굳센 것은 사물의 끝남이지 시작이 아니므로, 이는 도에

---

31) 『老子』, 第七十六章, "人之生也柔弱, 其死也堅强. 草木之生也柔脆, 其死也枯槁. 故堅强者死
之徒, 柔弱者生之徒. 是以兵强則滅, 木强則折. 强大處下, 柔弱處上."
32) 『老子』, 第三十章, "善有果而已, 不敢以取强. 果而勿矜, 果而勿伐, 果而勿驕, 果而不得已,
果而勿强. 物壯則老, 是謂不道, 不道早已."

어긋나는 것이다.

도의 '무위'와 완전히 달리, 무도는 '인위人爲'이며 '유위有爲'이다. 뿐만 아니라 무도의 유위는 또한 쟁탈爭奪로 나아간다. 사람들은 자기 욕망에서부터 출발해서 도구를 사용하여 자신의 이익을 얻는다. 극단적인 상황에서 쟁탈은 곧 전쟁으로 비화된다. 전쟁은 '무도'의 전형적인 형태이다. 전쟁은 국가의 이익을 위한 것이며, 그에 사용되는 도구는 살인에 전문화된 무기이다. 이에 노자는 "천하에 도가 있으면 전장에서 달리던 말도 농사에 사용된다. 천하에 도가 없으면 새끼를 밴 암컷 말이 전장에 사용된다"[33]라고 하였다. 도가 있음(有道)에서 도가 없음(無道)으로 이르면, 도구 혹은 기물은 그 성격 자체가 완전히 변한다. 도가 있을 때의 도구는 평화로운 삶을 따르지만, 도가 없을 때의 도구는 전쟁의 조력자가 된다. 전쟁에서 도구는 사람의 생명을 없애는 것으로 악독하다. 노자는 "군대란 상서롭지 못한 기물로, 세상 모두 싫어하므로 도를 지닌 자는 여기에 처하지 않는다"[34]라고 하였다. 전쟁의 도구는 전쟁에 충실하게 복무하는 도구이므로, 도가 없는 사람만 사용하지 도가 있는 사람은 이를 버린다.

도를 가지고 군주를 보좌하는 사람은 군대로 천하에 위세를 부리지 않는다. 그 일은 자기에게로 되돌아오기 때문이다. 군대가 주둔한 곳에는 가시나무가 자란다. 큰 전쟁이 난 곳에는 반드시 흉년이 든다.[35]

---

33) 『老子』, 第四十六章, "天下有道, 却走馬以糞. 天下無道, 戎馬生於郊."
34) 『老子』, 第三十一章, "夫兵者, 不祥之器, 物或惡之, 故有道者不處."
35) 『老子』, 第三十章, "以道佐人主者, 不以兵强天下. 其事好還. 師之所處, 荊棘生焉. 大軍之後, 必有凶年."

이 말을 보면 노자는 전쟁을 주장한 것이 아니라 전쟁을 결연하게 반대하였다.

도가뿐만 아니라 유가도 '무도無道'와 '비도非道'를 반대하였다. 그런데 유가의 '도'가 진정한 도인가? 노자는 자신이 주장한 도가의 도만이 진정한 '큰 도'이며, 유가의 도는 도가 아닌 '부도不道'이자 '비도'라고 보았다.

인의仁義의 도는 왜 도가 아닌가? 그것은 '큰 도'가 무너진 뒤 생겨난 것이기 때문이다. 노자는 "큰 도가 사라지니 인의가 있게 되었고, 지혜가 나오니 큰 거짓이 있게 되었다"[36]라고 하였다. 한편으로 도와 덕, 인과 의를 구분해야 하는데, 이는 어떠한 도·덕·인·의인지를 캐물어야 한다. 여기에서는 진정한 도덕인의와 거짓의 도덕인의를 분별해야 한다. 다른 한편으로 도덕인의 사이의 관계와 변천의 과정을 드러내고 밝혀야 한다.

상덕上德은 덕을 지닌 것 같지 않으니 이에 덕이 있고, 하덕下德은 덕을 잃지 않으려고 하니 이에 덕이 없다. 상덕은 함이 없으면서도 작위하려 하지 않으나, 하덕은 함이 없지만 작위하려 한다. 상인上仁은 함이 있으되 의도를 가지고 하지 않고, 상의上義는 함이 있으면서 의도도 있다. 상례上禮는 함이 있으면서도 여기에 응하지 않으면 팔을 잡아 당겨 억지로 하게 한다. 그러므로 도를 잃은 후에 덕이 있으며, 덕을 잃은 후에 인이 있으며, 인을 잃은 후에 의가 있으며, 의를 잃은 후에 예가 있다. 무릇 예란 충忠과 신信이 얄팍한 것이고, 어지러움의 우두머리이다. 미리 안다고 하는 자는 도의 허황된 꽃에 지나지 않으며 어리석음

---

36) 『老子』, 第十八章, "大道廢, 有仁義, 慧智出, 有大僞."

의 시작이다.[37)]

도에서부터 덕·의·인을 거쳐 예에 이르는 과정은 한편으로 큰 도의 상실이며, 다른 한편으로 욕망과 기술의 증가이다.

이와 같이 볼 때, 유가의 도덕과 인의는 종종 '무도'의 동반자이다. 물론 인의의 도는 무도와 서로 구분되며 아울러 무도를 극복하려 한다. 그런데 그것은 항상 무도와 구분되지 않는다. 한편으로 인의의 도는 인간의 무도를 가리거나 엄폐하며, 인간으로 하여금 진정한 도를 회피하게 하거나 잊게 한다. 부모 형제와 친척이 불화하기 때문에 효자가 나고, 나라가 혼란하기 때문에 충신이 난다. 사람들은 효자나 충신에 대해서는 관심을 두지만, 가족의 불화와 국가의 혼란은 신경 쓰지 않는다. 다른 한편으로 인의의 도는 또한 무도를 끌어내어 인간을 죄악에 빠뜨린다. 이 때문에 인의의 도는 인간 본성을 완벽하게 만들 수 없으며 오히려 본성을 파괴한다. 이에 인의의 선善은 오히려 악이 되는데, 그것은 동기와 달리 정반대의 결과를 야기한다. 그것은 거짓으로 진실을 보완하는 동시에 거짓으로 진실을 혼란케 한다. 문제점은 '무도'가 '유도'의 허상으로 출현한다는 데 있을 뿐만 아니라, 사람이 이러한 허상을 깨닫지 못한다는 데 있다.

---

37) 『老子』, 第三十八章, "上德不德, 是以有德, 下德不失德, 是以無德. 上德無爲而無以爲, 下德無爲而有以爲. 上仁爲之而有以爲, 上義爲之而有以爲. 上禮爲之而莫之應, 則攘臂而仍之. 故失道而後德, 失德而後仁, 失仁而後義, 失義而後禮. 夫禮者, 忠信之薄, 而亂之首. 前識者, 道之華, 而愚之始."

3) 도를 따라 행하다

사람 앞에는 실로 두 갈래의 길이 있다. 그 한 갈래는 '도道'인데 이는 생명으로 통하고, 다른 한 갈래는 '무도無道'인데 이는 죽음으로 통한다. 도를 따라 행함은 무도를 부정하고 도를 긍정하는 길이다.

노자는 도와 무도 사이를 첨예한 모순의 관계로 드러낸다. '도'에서 보자면 도는 도이고, 무도는 무도이다. 그러나 '무도'에서 보자면 도는 무도이고, 무도는 도이다. 이러한 것이 노자의 매우 전형적인 언어 표현 방식이다. 그것은 한편으로 동일성을 나타내지만, 다른 한편으로 패러독스, 즉 역설로 나타난다. 역설의 방식인 '도는 무도이다'라는 언어 표현 방식이 사실 『노자』라는 책의 전체 문장을 지배한다.

> 밝은 도는 어두운 듯하고, 나아가는 도는 물러나는 듯하며, 평탄한 도
> 는 평탄하지 않은 듯하고, 최상의 덕은 낮은 골짜기와 같으며, 넓은 덕
> 은 부족한 듯하고, 강건한 덕은 게으른 듯하며, 질박한 덕은 탁한 듯하
> 다. 큰 결백은 욕된 듯하고, 큰 네모는 모서리가 없는 듯하며, 큰 그릇
> 은 늦게 완성되고, 큰 소리는 소리가 없으며, 큰 형상은 모양이 없다.
> 도는 숨어 있어 이름이 없다.[38]

여기에서 도는 도가 아니며, 덕은 덕이 아니며, 사물은 사물이 아니다. 이러한 언어 표현 방식에서 주어는 '도'이고, 목적어는 무도이다. 이에 주어와 목적어는 동일한 언어 표현 방식 가운데 두 가지 완전히 다

---

38) 『老子』, 第四十一章, "明道若昧, 進道若退, 夷道若纇, 上德若谷, 廣德若不足, 建德若偸, 質眞
若渝. 大白若辱, 大方無隅, 大器晩成, 大音希聲, 大象無形. 道隱無名."

른 관점을 드러낸다.

당연히 노자는 극단적인 패러독스 형태 속에서 도를 긍정하고 무도
를 부정하려 애썼다. 이는 일반적인 도에 대한 거부이다. 이러한 이해
에 기반하면 도에 의해 규정된 천지와 성인의 본성은 '인仁'이 아니라
'불인不仁'이다.

> 천지는 불인하여 만물을 풀로 만든 강아지처럼 여긴다. 성인은 불인하
> 여 백성을 풀로 만든 강아지처럼 여긴다.[39]

이 말은 비인도주의적이거나 인간 본성을 없애자는 뜻이 결코 아니
다. 이와 반대로 이는 인의仁義라는 인도주의가 포함하고 있는 모순, 즉
시종 욕망을 동반한 현상 때문에 자기가 와해되는 것을 의식하고 동시
에 이를 반대하자는 것이다. 이에 '불인'은 일반적인 인의를 부정한 것
일 뿐만 아니라 그 일반적인 것을 넘어서고 초월하자는 뜻이다. 이는
인의 등의 무도를 부정하는 가운데 '도'에 이르기를 생각한 것이다. 오
직 도만이 만물과 사람을 '유무有無'가 변화하는 가운데 끊임없이 낳을
수 있다.

도를 따라 행하는 가운데 사람은 '무도'가 엄폐하고 유발한 욕망을
부정해야 한다.

> 그 마음을 비우게 하고, 그 배를 채우며, 그 뜻을 약하게 하고, 그 뼈를
> 강하게 한다. 늘 백성으로 하여금 앎이 없게 하고 욕망이 없게 하여

---

39) 『老子』, 第五章, "天地不仁, 以萬物爲芻狗. 聖人不仁, 以百姓爲芻狗."

저 지혜로운 자가 감히 무엇을 하지 못하게 한다.[40]

여기에서는 반드시 욕망을 구분해야 하는데, 이는 욕망의 한계를 확정하는 일이다. 마음과 배, 뜻과 뼈는 비록 인간의 몸과 마음에 일부분이나, 근본적인 차이가 존재한다. 그것은 실제로 '인위人爲'와 '자연自然'의 구분이며, 인위적인 욕망과 자연적인 욕망의 구별이다. 배나 뼈와 같은 자연스런 욕망은 원래 신체에 속한다. 그것은 생리 현상으로 자연의 본성과 부합하며, 저절로 그러한 것이다. 이러하면 배를 채우고 뼈를 강하게 하는 일은 도에 따라 행하는 것이다. 반대로 인위적인 욕망은 인간의 작위에서 나오는 것으로, 마음과 뜻의 산물이다. 게다가 여기에서 말한 마음과 뜻은 주로 자연을 어기고 자연에 반하는 것으로 이해되기에 도를 어기면서 나아가는 것이다. 이러한 의미에서 사람은 자신의 마음을 비우고 뜻을 약하게 해야 한다.

이러한 부정은 하나의 과정이다. 우선, 욕망 없음(無欲)을 욕망한다. 그다음, 욕망이 없다. 마지막으로 '무無'인데, 이는 '무위'이다. 욕망 없음을 욕망하면서 사람은 욕망을 없애려고 노력하여 무욕의 차원에 이른다. 그런데 이렇게 욕망을 없애는 것 역시 여전히 욕망이다. 이에 욕망과 욕망 없음을 욕망하는 것이 서로 맞서 싸우게 된다. 이것은 심신의 분열과 고통을 안겨 줄 수 있다. 그러나 무욕에서 사람은 욕망 없음의 욕망이 서서히 사라질 것이다. 그런데 부정으로서의 '무'는 여전히 그것이 부정하는 대상이 있다. 절대적인 '무'에서만이 욕망의 흔적은 완전히

---

40) 『老子』, 第三章, "虛其心, 實其腹, 弱其志, 强其骨. 常使民無知無欲, 使夫智者不敢爲也."

사라질 수 있고, 사람은 절대적인 무 가운데 거닐게 된다. 이는 욕망의 부정임과 동시에 '도'로 되돌아감을 의미한다.

욕망을 부정함과 동시에 도에 따라 행하려면 도구와 기술을 버려야 한다. 도구와 기술은 인간의 욕망을 만족시키며, 더욱이 욕망을 자극한다. 그것은 인간이 도를 멀리하게 되는 추진 동력이다. 큰 도를 걷기 위해 인간은 최대한으로 도구 사용을 자제해야 한다.

나라는 작고 백성의 수는 적어야 한다. 그들로 하여금 수많은 기물이 있어도 사용하지 않게 하며, 백성들로 하여금 죽음을 중히 여기고 멀리 이사하지 않게 한다. 비록 배와 수레가 있어도 탈 일이 없게 하며, 비록 갑옷과 병기가 있어도 진칠 곳이 없게 한다. 백성들로 하여금 다시 끈을 묶어 뜻을 나타내도록 해야 한다. 그 먹을 것을 달게 여기고, 입을 것을 아름답게 여기며, 거처를 편안하게 여기고, 그 풍속을 즐겁게 한다. 이웃 나라가 서로 보이고 닭 울음소리와 개 짖는 소리가 서로 들려도 백성들은 늙어 죽을 때까지 서로 왕래하지 않는다.[41]

노자에서 큰 도가 유행하는 이상국은 이미 도구와 기술이 그 의미를 잃었다. 사람들은 생산과 생활에 필요한 도구인 물질 기물을 버렸을 뿐만 아니라 문화 산물까지 버렸다. 사람들은 자기가 속한 국가에서 편안히 살며, 적도 없고 친구도 없이 '도'와 함께 있다. 이 밖에 노자는 특히 문화 형태로 출현한 산물까지 비판하였다.

---

41) 『老子』, 第八十章, "小國寡民. 使有什佰之器而不用, 使民重死而不遠徙. 雖有舟輿, 無所乘之, 雖有甲兵, 無所陳之. 使人復結繩而用之. 甘其食, 美其服, 安其居, 樂其俗. 隣國相望, 鷄犬之 聲相聞, 民至老死, 不相往來."

성스러움을 끊고 지혜를 버리면 백성의 이로움은 백 배가 될 것이며, 인을 끊고 의를 버리면 백성은 다시 효성스럽고 자애로울 것이며, 기교를 끊고 이익을 버리면 도적이 없을 것이다. 이 세 가지는 꾸며진 문명으로 천하를 다스리기에 부족하다. 그러므로 속할 바가 있게 하며 바탕을 드러내고 소박함을 안으며 사사로움을 적게 하고 욕심을 줄이고 학문을 끊어 근심이 없게 한다.[42]

성스러움과 지혜(聖智), 인의仁義, 기교와 이익(巧利)이 큰 도에 해가 되는 까닭은 그것이 한편으로 인간의 욕망을 엄폐하고, 다른 한편으로 인간의 욕망을 유발하기 때문이다. 그것들은 진리 형태도 드러난 거짓말에 지나지 않는다. 이것으로 보건대, 그것을 끊고 버리는 것은 거짓에서 진리로 향하며, 큰 도로 되돌아가는 시초이다.

욕망의 제한과 도구의 포기는 '무도'에 대한 부정이다. 이것이 도를 따라 행하는 한 측면이고, 다른 한 측면은 도에 대한 경험과 실천이다. 그것은 도를 닦음(修道), 도를 행함(行道), 도를 실천함(爲道)이다.

도는 비록 자연의 도이나 반드시 성인의 입을 통해 말해져야 하므로, 언어적 형태를 지닌다. 어떤 사람이 도를 닦으려 하면 우선 도를 들어야 한다. 그런데 사람들이 도를 대하는 태도는 대체로 세 가지 형태로 나눌 수 있다.

상사上士가 도를 들으면 근면하게 행할 것이며, 중사中士가 도를 들으면 있는가 없는가 반신반의할 것이며, 하사下士가 도를 들으면 크게 비웃

---

42) 『老子』, 第十九章, "絶聖棄智, 民利百倍, 絶仁棄義, 民復孝慈, 絶巧棄利, 盜賊無有. 此三者以爲文, 不足. 故令有所屬, 見素抱樸, 少私寡欲, 絶學無憂."

을 것이다. 비웃지 않으면 도가 되기에 부족하다.[43]

뛰어난 사람은 도를 들을 뿐만 아니라 열심히 도를 행하여 도와 합일한다. 그러나 중간 정도의 사람이 도를 들으면 긴가민가하며 그것이 있는지 없는지 따질 것이다. 그렇지만 수준이 낮은 사람은 도의 부름을 거절하고 따르기를 거부한다.

이러한 관계 속에서 도를 하는 사람은 자기와 뭇사람을 구분해 낸다.

뭇사람이 희희낙락하는 것은 마치 큰 잔치에 참석한 것과 같고 봄날 높은 대에 오르는 것과 같다. 나는 홀로 담박하여 아무런 조짐이 없다. 나는 혼돈스러워 마치 아직 웃지 못하는 어린아이와 같다. 피곤하여 지쳐 돌아갈 곳이 없는 것과 같다. 뭇사람들은 여유가 있는데, 나는 홀로 부족한 듯하다. 나는 어리석은 사람의 마음이도다. 세상 사람들은 밝게 드러내는데, 나는 홀로 어둡고 어둡도다. 세상 사람들은 자세히 살피는데, 나는 홀로 답답하다. 뭇사람들은 모두 쓰임이 있는데, 나만 홀로 완고하여 어리석다. 나는 다른 사람과 다르니, 먹여 주는 어미를 귀히 여긴다.[44]

이것은 나와 세상 사람들의 여러 가지 다른 모습을 서술한 것이다. 이는 세상 사람들이 '비도非道'의 생활 속에 빠져 있지만, 나는 홀로 도를 존중하고 도를 추구하며 도의 법칙에 따라 살았다는 표현에 지나지 않

---

43) 『老子』, 第四十一章, "上士聞道, 勤而行之, 中士聞道, 若存若亡, 下士聞道, 大笑之. 不笑不足以爲道."
44) 『老子』, 第二十章, "衆人熙熙, 如享太牢, 如春登臺. 我獨泊兮, 其未兆. 沌敦兮, 如嬰兒之未孩. 儽儽兮若無所歸. 衆人皆有餘, 而我獨若遺, 我愚人之心也哉. 俗人昭昭, 我獨昏昏. 俗人察察, 我獨悶悶. 衆人皆有以, 而我獨頑且鄙. 我獨異於人, 而貴食母."

는다. 비록 도를 닦는 사람은 '무도'의 세계에서는 어리석어 보이지만, 그 스스로는 범속을 초월하여 탈속한 위대한 풍모를 지닌다. 도를 실천하는 사람을 무엇에 근거하여 보통 사람들과 구분할 수 있는가? 이는 그가 드러내는 여러 특성에 근거하지 않고, 그가 도를 닦는다는 사실에 근거한다.

그런데 도를 실천하는 사람은 어떻게 도를 닦는가? 도를 닦는 관건은 '도'와 합일하는 데 있다.

혼백(정신과 육체)을 하나로 안고 떠나지 않을 수 있겠는가? 기를 오로지하고 부드러움을 이루었는데 어린아이와 같을 수 있겠는가? 현묘한 거울을 깨끗이 씻어 티끌이 없을 수 있겠는가? 나라를 사랑하고 백성을 다스림에 함이 없을 수 있겠는가? 하늘의 문이 열리고 닫히는데 암컷과 같이 될 수 있겠는가? 사방에 모두 통달하고도 앎이 없을 수 있겠는가?[45]

도와 합일하는 것은 자기로부터 시작해야 하며, 또한 자신의 정精·기氣·신神을 수련해야 한다. 수련은 부정의 과정으로 표현되는데, 정·기·신을 가리고 더럽히는 갖가지 형태를 배제한다. 그것은 동시에 긍정의 과정으로 정·기·신의 순수한 본성을 드러내며, 아울러 정·기·신을 합일한다. 당연히 도를 닦는 사람은 자기만을 고집스레 지키는 것이 아니라 오히려 다른 사람과 천지에 통한다. 이 때문에 도를 닦는 사람은 다른 사람과 함께하며 천지와 함께한다.

---

45) 『老子』, 第十章, "載營魄抱一, 能無離乎? 專氣致柔, 能如嬰兒乎? 滌除玄覽, 能無疵乎? 愛民治國, 能無爲乎? 天門開闔, 能爲雌乎? 明白四達, 能無知乎?"

사람은 도를 닦음으로 도를 체현한다(體道). 도를 체현함은 직접 도의 생성을 체험함이다. 이는 심신이 합일된 '허정虛靜'의 상태에서 발생한다.

지극하게 허虛(빔)에 이르고, 돈독하게 정靜(고요함)을 지킨다. 만물이 함께 일어나지만 나는 되돌아감을 본다. 사물은 무성하게 자라나지만 각기 그 뿌리로 돌아간다. 뿌리로 돌아감을 고요하다 하고, 고요함은 명命으로 돌아간다고 한다. 명으로 돌아감을 늘 그러하다 하며, 늘 그러함을 아는 것을 밝다고 한다. 늘 그러함을 알지 못하면 망령되게 흉함이 일어난다. 늘 그러함을 알면 포용하고, 포용하면 공평하고, 공평하면 온전하며, 온전하면 하늘의 도에 맞고, 하늘의 도에 맞으면 도이고, 도는 오래가서 몸이 죽을 때까지 위태롭지 않다.[46]

사람이 극단적이고 절대적인 '허정'에 이르게 되면 이때 사람과 만물 사이에 신비한 길이 활짝 열린다. 한편으로 만물은 허정 가운데 자신의 본성을 드러내고, 다른 한편으로 사람은 만물의 존재를 고요히 볼 수 있다. 이것이 도와 합일한 경험이다. 만물의 드러남을 말하자면, 그것은 자신의 근원으로 돌아가므로, '뿌리로 돌아간다'(歸根)고 하였다. 이는 또한 그들이 평화롭게 자기의 고향에 있는 것이므로 '고요하고 편안하다'고 하였다. 이는 만물이 자기 본성을 회복하는 것이므로 '명으로 돌아간다'(復命)고 하였다. 이는 또 영원하고 보편적인 것을 실현한 것이므로 '늘 그러하다'(常)고 하였다. 사물의 영원성과 보편성을 사람이 아

---

46) 『老子』, 第十六章, "致虛極, 守靜篤. 萬物竝作, 吾以觀復. 夫物芸芸, 各復歸其根. 歸根曰靜, 靜曰復命. 復命曰常, 知常曰明. 不知常, 妄作凶. 知常容, 容乃公, 公乃全, 全乃天, 天乃道, 道乃久, 沒身不殆."

는 것이 진정한 '도를 밝힘'(明道)이다. 여기에서부터 사람은 포용하지 않을 것이 없어 크게 공평하며, 온전하지 않은 것이 없고, 하늘과 합일하며, 도와 합일한다. 사람이 도를 체득하여야 비로소 일생토록 자기를 지킬 수 있다.

도와 합일한 사람은 도를 얻은(得道) 사람이다. 도를 얻은 사람은 덕德이 있는 사람이다. 덕이란 바로 도가 사람의 몸에 실현된 것이다. 그러나 어떻게 도를 추구하여 덕을 얻을 수 있는가? 이것은 사람이 도덕을 추구하는 것과 불가분의 관계에 있다.

> 그러므로 도를 따르는 사람은 도와 같아지고, 덕은 덕과 같아지며, 잃음은 잃음과 같아진다. 도와 같아지면 도 역시 즐거이 그를 얻고, 덕과 같아지면 덕 역시 즐거이 그를 얻고, 잃음과 같아지면 잃음 역시 즐거이 그를 얻는다.[47]

사람과 사물이 상호 작용하는 것처럼 사람과 도 역시 서로 생성한다. 도덕은 사람의 적극적이고 소극적인 활동에 응답한다. 사람이 도덕과 가까이할 때는 도덕 역시 사람을 가까이하고, 사람이 도덕을 멀리하면 도덕 역시 사람을 멀리한다. 그런데 도를 수행하는 사람은 덕을 자기 몸에 실현할 뿐만 아니라, 이를 다른 사람과 세계에까지 확대한다.

> 도를 내 몸에 닦으면 그 덕은 진실해지고, 집안에 닦으면 그 덕은 남음이 있고, 마음에 닦으면 그 덕은 오래 가고, 나라에 닦으면 그 덕은

---

47) 『老子』, 第二十三章, "故從事於道者, 同於道, 德者, 同於德, 失者, 同於失. 同於道者, 道亦樂得之, 同於德者, 德亦樂得之, 同於失者, 失亦樂得之."

풍부해지고, 천하에 닦으면 그 덕은 두루 퍼진다.48)

자기로부터 시작하여 집안, 마을, 나라, 그리고 천하에 이르는 것은 도덕이 끊임없이 확대되고 보편화되는 과정이다.

이미 도를 행하는 사람이 보통 사람과 다르다면 그는 어떤 진실한 형상을 지니고 있는가?

옛날 도를 잘 실천하는 사람은 미묘하여 현묘하게 통하며 깊어서 헤아릴 수 없다. 오직 헤아릴 수 없으므로 억지로 형용하여 설명한다. 망설임이여 마치 겨울에 얇은 얼음이 언 내를 건너는 것과 같고, 머뭇거림이여 사방을 두려워하는 것과 같고, 엄숙함이여 마치 손님과 같고, 흩어짐이여 마치 얼음이 녹는 것과 같고, 두터움이여 소박한 통나무와 같고, 비어 있음이여 마치 골짜기와 같고, 혼돈스러움이여 마치 흐린 것과 같고, 담박함이여 마치 바다와 같고, 날아 흩어짐이여 머무는 것이 없는 것과 같다. 누가 탁함을 고요히 하여 서서히 맑아질 수 있도록 하겠는가? 누가 편안하게 움직여 생성할 수 있겠는가? 이 도를 보존하는 자는 가득 채우려 하지 않는다. 오직 가득 채우지 않음으로 낡았으나 새로움을 이룰 수 있다.49)

이 말은 도를 실천하는 사람의 본성을 규정한 것이 아니라, 그의 모

---

48) 『老子』, 第五十四章, "修之於身, 其德乃眞, 修之於家, 其德乃餘, 修之於鄕, 其德乃長, 修之於邦, 其德乃豊, 修之於天下, 其德乃普."

49) 『老子』, 第十五章, "古之善爲道者, 微妙玄通, 深不可識. 夫唯不可識, 故强爲之容. 豫焉若冬涉川, 猶兮若畏四隣, 儼兮其若容, 渙兮若凌釋, 敦兮其若樸, 曠兮其若谷, 混兮其若濁, 澹兮其若海, 飂兮若無止. 孰能濁以靜之徐淸? 孰能安以動之徐生? 保此道者, 不欲盈. 夫唯不盈, 故能蔽不新成."

습을 묘사한 것이다. 이러한 묘사는 대부분 비유적 방법을 사용하였다. 그 가운데 어떤 것은 자주 보이는 인간 행위이고, 어떤 것은 보편적인 자연 현상이다. 그러나 이러한 언급은 도를 실천하는 사람이 한편으로는 내성적이지만, 다른 한편으로는 외향적임을 표현하였다. 그러한 사람은 이미 한계를 지니고 있으면서도 한계가 없다. 그러나 도를 실천하는 사람은 근본적으로 큰 도의 움직임과 멈춤(動靜)을 체득하고 실천하여 흐린 것에서부터 맑은 것으로, 편안한 것에서부터 생성으로 이른다. 이는 사실 큰 도가 지닌 '존재는 곧 허무'라는 생성의 본성을 파악한 것이다. 그러므로 도를 실천하는 사람은 스스로 끊임없이 낳고 낳아 새롭고 또 새롭다.

노자는 도를 실천하는 사람을 수많은 자연 현상에 비유하였을 뿐만 아니라 특별한 연령대에 있는 사람, 즉 갓난아이에 비유하였다.

> 덕을 두텁게 머금고 있음은 갓난아이에게 비유된다. 독벌레가 쏘지 않으며, 맹수가 달려들지 않고, 맹금도 채어 가지 않는다. 뼈는 약하고 살은 부드럽지만 손을 꽉 쥔다. 암수의 교합도 모르면서 고추는 서 있으니, 정기가 지극하다. 하루 종일 울어도 목이 쉬지 않으니 조화가 지극하다.[50]

보통 갓난아이를 약하고 작으면서 아무것도 모르는 생명이라 생각한다. 갓난아이는 자연 본성을 지니고 있으되, 아직 문명의 영향을 받지

---

50) 『老子』, 第五十五章, "含德之厚, 比於赤子. 蜂蠆不螫, 猛獸不據, 攫鳥不搏. 骨弱筋柔而握固. 未知牝牡之合而全作, 精之至也. 終日號而不嗄, 和之至也."

않았다. 갓난아이는 도와 직접적인 연관을 맺고 있으며, 비범한 덕성을 지니고 있다. 한편으로 갓난아이는 도의 보호를 받아 다른 생물에게 해를 입지 않으며, 다른 한편으로 스스로가 기특한 함을 지니고 있으니 충분한 정기精氣가 가득하다. 물론 갓난아이를 도를 실천하는 사람이라 말하기 어렵고, 도를 실천하는 사람 역시 갓난아이는 아니다. 그러나 그 둘은 공통점이 있는데, 자연이 부여한 도덕을 지니고 있다는 점이다. 그러므로 노자는 도를 실천하는 사람을 갓난아이에 비유하였다. 그러나 그 둘 사이에는 근본적인 차별도 있다. 갓난아이는 어른이 아니며 다만 원래 하늘에서 받아 아직 상실하지 않은 자연성을 지니고 있지만, 성장하면서 시간이 흐름에 따라 그것을 상실할 가능성이 있다. 도를 실천하는 사람은 더 이상 갓난아이가 아니라 어른이며, 그 본래의 자연성을 상실한 후에도 다시 그 자연성을 보존할 수 있다. 그러므로 도를 실천하는 사람은 더 이상 갓난아이 이후에 다시 갓난아이가 되는 것은 아니다. 그런데 도가의 갓난아이는 유가의 갓난아이와 다르다. 유가의 갓난아이는 양지良知와 양능良能, 본심本心과 본성本性, 인의仁義와 도덕道德을 상징한다. 하지만 도가의 갓난아이는 자연스런 '허정虛靜'의 마음을 지녀 인의와 도덕을 초월하고 있다.

노자는 도를 실천하여 도를 얻은 사람이 바로 성인聖人이라 보았다. 성인이 지닌 덕성은 도의 특성이다. 왜냐하면 도는 자연적이고, 허정하며, 유약하고, 무위하는 까닭에 성인 역시 자연적이고, 허정하며, 유약하고, 무위한다. 당연히 이러한 특징은 여러 인격 특징으로 구체화될 수 있다.

분명 성인은 천지의 자연스러운 도에 의해 규정된다.

하늘과 땅은 장구하다. 천지가 오래고 또 오랠 수 있는 것은 스스로를 위한 작위가 없으므로 오래 살 수 있다. 이 때문에 성인은 자기 몸을 뒤로 하기에 몸이 앞설 수 있고, 자기 몸을 도외시하므로 몸을 보존한다. 이는 사사로움이 없기 때문에 그러한 것이 아닌가? 그러므로 그 사사로움을 이룰 수 있다.[51]

성인은 특별한 사람으로서, 자기가 없고 사사로움이 없어, 완전히 천지자연의 도와 일체가 된다. 그는 천지자연의 도를 깨닫고 따르며, 아울러 그것으로 자기 삶의 원칙을 삼는다. 이에 성인의 천지의 도처럼 오랠 수 있는 것이다.

그런데 성인은 천지와 관계할 뿐만 아니라 백성들과도 관계한다. 천·지·인의 구조에서 성인은 매우 독특하고도 중요한 위치를 차지한다. 성인은 천지와 사람을 연결한다. 그는 천지의 자연스러운 도를 대중에게 전하고, 그들이 도에 따라 행하도록 한다. 이는 성인이 천하를 다스리는 중요한 일이다. 그런데 어떻게 다스리는가? 유일한 방법은 자연의 도에 따라 아무런 함이 없이 다스리는 것(無爲而治)이다. 이러한 '무위'가 성인에 대한 기본 규정이다. 성인은 함이 없는 일에 처하며, 말이 없는 교화를 베푼다. 함이 없는 것을 함으로 삼고, 일이 없는 것을 일로 삼는다. 여기에서 '무위'는 어떠한 일도 하지 않는다는 말이 아니라, 큰 도에 어긋나는 각종 인위적 행위를 하지 않는 것이다. 동시에 그 다스림은 단편적이고 소극적이거나, 단편적이고 적극적인 활동과 같을 수

---

51) 『老子』, 第七章, "天長地久. 天地所以能長且久者, 以其不自生, 故能長生. 是以聖人後其身而身先, 外其身而身存. 非以其無私邪? 故能成其私."

없다. 그것은 도가 저절로 그렇게 되는 것이며, 아울러 사람과 만물을 자기 본성에 따라 행하도록 한다. 이러한 '무위'는 가장 근본적인 생성이며, 가장 고차원적 형태의 '유위有爲'이기 때문에 함이 없지만 하지 않음도 없다. 이에 근거하여 "성인은 다니지 않고도 알며, 보지 않고도 밝으며, 하지 않고도 이룬다."[52]

함이 없이 다스리는 가운데 성인은 백성들과 혼연일체가 된다.

> 성인은 늘 자기의 마음이 없이 백성의 마음을 자기의 마음으로 삼는다. 선한 사람을 나는 선하게 대하고 불선한 사람도 나 역시 선하게 대하니, 모두가 선해진다. 믿음이 있는 사람은 나도 믿음으로 대하고 믿음이 없는 사람도 나 역시 믿음으로 대하니, 모두가 믿음이 있게 된다. 성인은 천하에 있으면서 무엇에도 집착하지 않으며 천하 사람들을 혼연히 순박하게 하니, 백성들이 자기의 귀와 눈에 집중하도록 하여 성인이 그들을 어린아이로 만든다.[53]

성인은 자기가 없으면서도 사람들을 자기와 같이 만든다. 동시에 성인은 사람들이 선하든 선하지 않든 모두 선하게 대하여 그들이 모두 선을 이루도록 하며, 믿음이 있든 믿음이 없든 모두 믿음으로 대하여 그들이 모두 믿음이 있도록 한다. 이는 성인의 선함이 지극한 선함으로 보통의 선과 불선을 뛰어넘고 있으며, 성인의 믿음은 지극한 믿음으로 보통의 믿음과 믿지 않음을 넘어서고 있기 때문이다. 성인의 도는 자연

---

52) 『老子』, 第四十七章, "聖人不行而知, 不見而明, 不爲而成."
53) 『老子』, 第四十九章, "聖人常無心, 以百姓心爲心. 善者, 吾善之, 不善者, 吾亦善之, 德善. 信者, 吾信之, 不信者, 吾亦信之, 德信. 聖人在天下, 歙歙焉, 爲天下渾其心, 百姓皆注其耳目, 聖人皆孩之."

의 도로, 인위적인 분별이 없다. 그러므로 성인은 천하 사람들의 마음을 완전히 순일하게 하여 그들이 모두 갓난아이의 모습을 회복하도록 한다. 성인은 사람만 사랑할 뿐만 아니라 사물도 사랑한다.

성인은 늘 사람을 잘 구제하므로 사람을 버리지 않으며, 늘 사물을 잘 구제하므로 사물을 버리지 않는다.[54]

성인의 사랑은 모든 것에 두루 미치기에, 만물을 '무도'의 위험에서 구출하여 '도' 가운데 존재하도록 한다. 성인은 모든 사람이 자신의 본성을 지켜 사람이 되게 하고, 모든 사물이 자신의 물성을 지켜 사물이 되게 한다.

『도덕경』이 중국 정신에 미친 영향은 비할 바 없이 크고 깊다. 노자가 주장한 무위자연의 정신은 줄곧 유가의 '예악禮樂문화'와 대척점에 있었으며, 중국 인성론의 건립에 중요한 작용을 하였다. 근대 이후 노자는 서양문화에도 영향을 끼쳤다. 서양에서는 노자를 한편으로 기독교와 대비하였는데, 이는 '계시종교'와 달리 자연을 흠뻑 도취한 정신이자 지혜였기 때문이다. 다른 한편으로 사람들은 플라톤 이후 형이상학 전통이 낳은 폐단을 노자를 이용하여 극복하려 하였다.

---

54) 『老子』, 第二十七章, "聖人常善救人, 故無棄人, 常善救物, 故無棄物."

2. 『장자』

노자사상의 계승과 발전으로 장자莊子[55]의 도가사상은 분명 그 내용이 더 풍부해지고 정교해졌다. 만약 노자를 예지가 충만한 노인이라고 한다면 장자는 환상을 품은 소년이다. 특히 「소요유逍遙遊」에서 해석한 자유의 사상은 고금을 통틀어 누구도 밝히지 못했던 것인데, 오랜 기간 중국 지식인들의 정신적 이상 가운데 하나로 자리 잡았다.

1) 도

장자사상의 핵심 주제 역시 '도道'이다. 그런데 그는 어떻게 도를 규정짓는가? 그는 도가 정감도 있고 믿음도 있지만 함도 없고 형태도 없다고 생각했다. 도는 비록 진실한 존재이지만 하나의 사물처럼 구체적으로 존재하는 것은 아니다. 이 때문에 우리는 도와 만물 사이의 구분에 주의를 기울여야 한다. 만약 도가 만물이 아니라고 한다면 그것은 어떠한 특정 시간과 공간 내에 존재하지 않는다.

> 태극太極의 위에 있으면서도 높다고 하지 않고, 육극六極의 아래에 있으면서도 깊다고 하지 않는다. 천지에 앞서 생겨났으면서도 장구하다고 하지 않고, 상고上古보다 오래되었으면서도 늙었다고 하지 않는다.[56]

---

55) 아래에 나오는 『장자』는 陳鼓應의 주석 『莊子今註今譯』(北京: 中華書局, 1983)을 인용하였다. 번역본 역시 진고응의 판본을 저본으로 하였다.

56) 『莊子』, 「大宗師」, "在太極之上而不爲高, 在六極之下而不爲深. 先天地生而不爲久, 長於上古而不爲老."

'태극'은 세상의 가장 높은 곳이고, '육극'은 세상의 가장 낮은 곳이다. 이것들은 공간에서 가장 먼 경계이다. 천지의 창조와 상고의 시작은 가장 오래된 시간의 시작이다. 이것들은 시간상 가장 이른 경계이다. 그런데 도는 시간과 공간의 경계를 넘어선다. 도는 가장 먼 공간보다 더 멀며, 가장 이른 시간보다 더 이르다. 그런데 도는 시간과 공간의 한계를 넘어서고 있을 뿐만 아니라, 근본적으로는 시간성과 공간성이 없다. 이 때문에 도는 시공으로 그 본성을 묘사할 도리가 없다. 구체적이고 물리적인 시공간에 존재하지 않기에 도에는 형상이나 소리 등의 감각적 특성도 없다. 이에 도는 구체적 존재자의 특성으로 억지로 비교해서는 안 된다.

'도'는 만물의 존재와 달리 '허무虛無'이기 때문이다. 그런데 도의 허무성은 어떻게 스스로 드러나는가? 이는 허무와 존재의 구분을 통해 드러난다. 장자는 일반 존재의 시작을 부정함으로써 허무의 시작에 도달하며, 그리하여 허무를 열어 내었다.

> 처음이 있으면 처음이 아직 시작되지 않았다는 것도 있고, 시작의 시작도 아직 시작되지 않았다는 것도 있을 것이다. 있음이 있다면 없는 것도 있고, 있음과 없음이 시작되기 전도 있고, 있음과 없음이 시작되기 전의 그 처음도 있을 것이다.[57]

'허무'는 '존재'에 대한 부정이다. 그러므로 부정은 하나의 사물이 될

---

57) 『莊子』, 「齊物論」, "有始也者, 有未始有始也者, 有未始有夫未始有始也者. 有有也者, 有無也者, 有未始有無也者, 有未始有夫未始有無也者."

수 없다. 부정이 이처럼 가능할 때에는 부정 자체도 부정된다. 이는 부정이 다른 사물에 대한 부정일 뿐만 아니라 자기에 대한 부정임을 말한다. 이와 같아야 부정은 절대적인 허무, 즉 '도'를 철저하게 드러낼 수 있다. 도는 비록 하나의 시작이지만 그것은 일반 존재의 시작이 아니라 그보다는 더욱 근원적인 것이다. 존재의 시작과 비교했을 때 '도'는 한층 더 '아직 시작되지 않음'(未始)을 보존하고 있으며, 또한 '허무'를 보존하고 있다. 도는 비록 가장 근본적인 것으로 '아직 시작하고 있지 않은 것'이지만, 오히려 자기의 시작을 배태하고 있다.

이와 같이 도는 자기 자신으로서 존재한다. 이에 장자는 "스스로 근본하고 스스로에게 근거하여 천지가 생기기 이전 아주 오랜 옛날부터 진실로 존재하였다"[58]라고 하였다. 도는 이처럼 자신을 자신의 존재 근거로 삼는다. 즉 도는 자기 이외의 어떠한 존재도 자신의 존재 근거로 삼지 않는다. 만약 도에 외재하는 존재 근거가 있다면 그보다 더욱 근원적인 시작으로 거슬러 올라가야 한다. 그렇다면 도는 최초의 시작이 될 수 없다. 도가 자신을 자기의 근거로 삼을 때, 그것은 자신의 시작일 뿐만 아니라 최초의 시작이 된다. 그런데 도는 어찌하여 자신의 건립 근거가 되는가? 도는 도일 따름이며, 그 자신일 따름이다. 도는 저절로 그러한 것이다. 이 때문에 장자가 말한 도의 근본적 의미는 '자연'이다. 도는 자신의 건립 근거일 뿐만 아니라 천지와 만물의 건립 근거가 된다. 시작으로서의 도는 하늘을 낳고 땅을 낳으며, 이것으로 만사와 만물을 생육한다.

---

58) 『莊子』, 「大宗師」, "自本自根, 未有天地, 自古而固存."

장자는 '도'에서부터 사물로, 그리고 또 사람으로 변천하는 과정을 묘사하였다.

태초泰初에 무無가 있었는데, 무는 이름을 붙일 수도 없었다. 하나(一)가 생겨났는데, 하나는 있었지만 아직 형체(形)가 없었다. 만물은 이를 얻어 생겨났으니, 이를 일컬어 덕德이라 한다. 아직 형체가 없는 것에 나누어짐이 생겨났으나 또한 그 틈이 없었음을 일컬어 명命이라 한다. 움직여서 만물을 생하니, 만물이 이루어져 이치를 낳는 것을 일컬어 형체라 한다. 형체가 정신을 보존하여 각기 법칙이 있는 것을 성性이라 한다. 성을 닦아 덕으로 돌아가니, 덕이 지극해지면 태초와 같아진다. 같아지면 비게 되고, 비게 되면 크게 된다. 말하는 것에 무심해지고, 그 말하는 것에 무심해지면 천지와 합치된다. 그 합치됨은 어떠한 형태가 없어 어리석은 듯하고 어두운 듯하니, 이를 일컬어 현묘한 덕(玄德)이라 하며 이는 위대한 따름과 같아진다.[59]

이러한 과정을 다음과 같은 몇 단계로 해석할 수 있다. 첫째, '무無'이다. 이는 도가 '허무'로서 존재하는 형태이다. 그것은 가장 근본적인 시작인데, 이는 텅 비어 없을 뿐만 아니라 이름을 붙일 방법도 없다. 둘째, 하나(一)이다. 그것은 도가 '존재'로서 존재하는 형태이다. 하나는 비록 존재이고 유有이지만, 여럿 가운데 하나의 존재가 아니라 구분되지 않는 혼돈의 하나이다. 셋째, 덕德이다. 그것은 사물이 도의 본성을

---

59) 『莊子』,「天地」, "泰初有無, 無有無名. 一之所起, 有一而未形. 物得以生, 謂之德. 未形者有分, 且然無間, 謂之命. 留動而生物, 物成生理, 謂之形. 形體保神, 各有儀則, 謂之性. 性修反德, 德至同於初. 同乃虛, 虛乃大. 合喙鳴, 喙鳴合, 與天地爲合. 其合緡緡, 若愚若昏, 是謂玄德, 同乎大順."

얻어 그 사물로 생성된 것을 뜻한다. 넷째, 명命이다. 사물은 비록 형체가 없지만, 이미 음양이기陰陽二氣로 구분된다. 기로서 그것은 모든 곳(無間)에 유행한다. 다섯째, 형形이다. 기는 끊임없이 운행하지만, 그것은 한군데 모여 사물을 이루며 아울러 자기의 독특한 형체를 만든다. 여섯째, 성性이다. 사물이 발전하는 가장 마지막이자 가장 높은 단계에서 그것은 형체를 얻을 뿐만 아니라 그 속에 정신을 불어넣는다. 사물의 정신은 특히 인간의 정신을 가리킨다. 그러나 인간의 정신은 수련을 통해야만 태초泰初로 돌아가 큰 도와 합치할 수 있다. 이는 한편으로 도에서 사람에게 이르고, 다른 한편으로 사람이 도에 돌아가는 과정으로, 하나의 순환을 이룬다.

도가 만물을 생성하는 과정에서, 도 스스로는 비록 허무한 본성을 지니지만 동시에 또한 모든 일과 사물 가운데 깃들어 있다. 한편으로 도는 한곳에 있거나 하나의 사물로 머무르지 않지만, 다른 한편으로 도는 있지 않은 곳이 없으며 만물에 두루 퍼져 있다. 이에 도는 보편성을 지닌다. 어째서 이러한가? 이는 바로 도가 만물을 낳기 때문이다. 이러한 낳음은 특별하다. 도는 만물과 결코 분리되지 않는데, 스스로가 온갖 일과 사물 속에 관통되어 있다. 도는 만물을 덮어 주고 실어 준다. 도가 만물을 포용한다면 만물은 모두 도를 지녔다. 이와 같다면 도는 온갖 다른 사물 속에 있는 것이다. 각기 다른 사물마다 도를 지니고 있을 뿐만 아니라 서로 대립하는 사물조차도 도를 지닌다. 동시에 도는 갖가지 등급이나 서열이 있는 사물 가운데도 존재한다. 즉 높은 차원의 사물도 도를 지니며, 낮은 차원의 사물도 도를 지닌다.

천하의 모든 일과 온갖 사물은 모두 도를 지닌다. 이것은 도대체 무엇을 의미하는가? 도가 '자연적'이라면 사물이 지닌 도 역시 자연을 지녔다는 것이며, 또한 자기의 본성을 지녔다는 말이다. 이는 만물이 자신의 본성에 따라 존재한다는 말이다. 이러한 의미에서 천지와 만물은 도와 하나로 관통되어 있다.

장자는 이에 근거하여 만물은 '똑같이 가지런하다'(齊一)고 주장하였다. 장자 역시 비록 사물에는 차이가 있으며 심지어는 모순적이고 대립적이라는 데 동의하였지만, 그는 이것이 다만 단편적이고 일시적이며 확정적이지 않은 것이라 여겼다. 사물을 비교하는 것은 이것과 저것이 서로 대립하는 데 근원하지만, 이러한 대립은 상대적이지 절대적이지는 않다고 보았다.

> 사물은 저것이 아닌 것이 없으며, 또한 사물은 이것이 아닌 것이 없다. 저것은 스스로 드러나지 않으나, 이것에서부터 알 수 있다. 그러므로 저것은 이것에서부터 나왔고, 이것 역시 저것에 근원하였다고 말하는 것이다. 이것과 저것은 함께 생한다는 학설이 있는데, 그렇다 하더라도 생하면 죽음이 있고 죽으면 생함이 있으며, 가한 것이 있으면 불가한 것이 있고 불가한 것이 있으면 가한 것이 있다. 옳은 것이 있어서 그른 것이 있고, 그른 것이 있어서 옳은 것이 있다.[60]

이 때문에 사람은 이것과 저것의 구분에 집착해서는 안 된다. 이것 아니면 저것, 또는 이것이거나 저것이라고 하는 것은 하나를 보다가 다른 하나를 잃어버리는 것으로, 사물 그 자체를 파악할 수 없다. 사실

---

60) 『莊子』, 「齊物論」, "物無非彼, 物無非是. 自彼則不見, 自是則知之. 故曰彼出於是, 是亦因彼. 彼是方生之說也, 雖然, 方生方死, 方死方生, 方可方不可. 方不可方可. 因是因非, 因非因是."

사물은 그 사물마다 유일한 존재로서, 비교해서는 안 된다. 이러한 의미에서 모든 사물은 똑같고 평등하다.

　장자는 차별적인 만물이 똑같을 뿐만 아니라, 각기 구별되는 사물에 대한 논의, 즉 물론物論 역시 똑같다고 여겼다. 비록 사물은 그 자체는 차이가 없지만 사람들이 다른 각도에서 사물을 볼 때 각기 상이한 관점이 생겨나서 각기 다른 사물에 대한 논의가 형성된다고 보았다.

　　도의 입장에서 보면 사물에는 귀하고 천함이 없다. 사물의 입장에서 보면 스스로를 귀하다 여기고 서로를 천하다 여긴다. 세속의 관점에서 보면 귀천은 자기에게 있지 않다. 차별의 관점에서 보면 자기가 크다고 여기는 것을 크다고 여기니 만물은 크지 않음이 없고, 자기가 작다고 여기는 것을 작다고 여기니 만물은 작지 않음이 없다. 하늘과 땅이 쌀알처럼 작음을 알고, 털끝이 산언덕처럼 크다는 것을 안다면 차별의 이치를 보게 된다. 효용으로 보면 자기가 유용하다고 여기는 것을 유용하다고 여기니 만물이 유용하지 않음이 없고, 자신이 무용하다고 여기는 것을 무용하다고 여기니 만물은 무용하지 않은 것이 없다. 동쪽과 서쪽이 서로 반대가 되지만 서로가 없어서는 안 된다는 것을 아니 효용의 나눔이 정해졌다. 취향의 입장에서 보면 자기가 옳다고 여기는 것을 옳다고 하니 만물은 옳지 않은 것이 없고, 자기가 그르다고 여기는 것을 그르다고 하니 만물이 그르지 않은 것이 없다.[61]

---

61) 『莊子』,「秋水」, "以道觀之, 物無貴賤. 以物觀之, 自貴而相賤. 以俗觀之, 貴賤不在己. 以差觀之, 因其所大而大之, 則萬物莫不大, 因其所小而小之, 則萬物莫不小. 知天地之爲稊米也, 知毫末之爲丘山也, 則差數覩矣. 以功觀之, 因其所有而有之, 則萬物莫不有, 因其所無而無之, 則萬物莫不無. 知東西之相反而不可以相無, 則功分定矣. 以趣觀之, 因其所然而然之, 則萬物莫不然, 因其所非而非之, 則萬物莫不非."

사물에 대해 사람들은 각기 다른 입장과 관점에서 살피고 있다. 그 입장을 각기 도, 사물, 세속, 차별, 효용, 취향 등으로 구별할 수 있다. 그 가운데 사물로 사물을 보는 것은 인간의 편견을 벗어나 있는 그대로 여실하게 관조하는 것이 결코 아니며, 어떠한 사물을 중심으로 삼고 이와 다른 사물을 주변부로 여기는 관점이다. 세속의 입장으로 사물을 보는 것은 '도'에 반하여 행하는 것이다. 사람들은 그 사물 자체를 보지 않고, 세속의 관점에 따라 사물을 본다. 차별로 사물을 보는 것은 크고 작다는 척도를 가지고 사물을 헤아리는 것이다. 또 효용으로 사물을 보는 것은 유용과 무용의 척도로 사물을 따지는 것이며, 취향으로 사물을 보는 것은 옳고 그름의 척도로 사물을 보는 것이다. 이러한 여러 가지 관점과 입장에 따라 사물의 의미는 근본적으로 뒤바뀐다. 그런데 사물에 대한 이러한 관점은 모두 상대적이지, 절대적이지 않다. 사물로 사물을 보는 관점은 사물마다 자기를 귀하게 여기고 자기 이외의 다른 사물은 천하게 본다. 그러므로 사물마다 모두 귀함과 천함이 있게 된다. 세속의 관점으로 사물을 보면, 사물의 좋고 나쁨은 그 사물 자체에 있는 것이 아니라 세속에 있다. 세속의 관점이 변한 이후에는 그 사물에 대한 좋고 나쁨 역시 변한다. 그러므로 사물마다 귀할 수도 있고 천할 수도 있다. 차별의 관점에서 말하면 사물마다 그것만의 큼이 있고 작음이 있다. 그러므로 사물과 사물 사이의 크고 작음은 비교할 수 없다. 효용의 관점으로 말하면 사물마다 쓸모 있는 곳도 있고 쓸모없는 곳도 있다. 그러므로 사물과 사물의 효용은 비교할 수 없다. 취향의 관점에서 말하면 사물마다 이미 그것의 옳음이 있고 또한 그름이 있다. 그러므로 사물과 사물의 옳고 그름도 비교할 수 없다. 다만 '도'의 관점에서 사물을 보아야만 사물을 여실하게 볼 수 있다. 도의 입장에서 보면 사물은 모두 자신의 본성에 따라 존재하므로 각기 자신의 '도'를 얻고 자신이 있어야 할 자리에 있다. 이에 사물은 그 자신을 유지하고 보존하며, 귀천이나 차별이 발생하지 않는다. 이러한 관점에 근거하면 각기 다른 관점의 사물에 대한 논쟁, 즉 물론은 사라질 것이다. 아울러 그것은 이것과 저것의 대립을 소멸시켜 사물과 도의 관련성을 회복시킬 것이다.

장자는 도와 만물의 관계를 논함으로써 '도'의 의미를 확정하는 동시에, 또한 도와 욕망의 관계를 통하여 도의 본성을 드러내었다. 인간은 욕망의 존재이며, 인간의 현실 생활은 욕망의 만족을 추구함이다. 눈은 좋은 광경을 보고자 하며, 귀는 즐거운 소리를 들으려 하며, 입은 풍미가 있는 음식을 맛보려 하며, 의지와 기개는 무엇이든 가득 채우려 한다. 욕망은 인간 존재의 본성이기 때문에 사람은 욕망의 만족을 가치 목표로 설정한다.

무릇 천하 사람들이 높이는 것은 부귀한 것과 장수하는 것, 그리고 좋은 평을 듣는 것이다. 즐거워하는 것은 몸이 편안한 것과 맛있는 음식, 그리고 아름다운 옷과 흥겨운 음악이다. 하찮게 여기는 것은 빈천한 것과 요절하는 것, 그리고 악평이다. 고통스럽게 여기는 것은 몸이 편하지 못한 것과 입이 맛있는 음식을 먹지 못한 것, 그리고 몸이 아름다운 옷을 입지 못한 것과 눈이 좋은 광경을 보지 못한 것과 귀가 좋은 음악을 듣지 못한 것이다.[62]

---

62) 『莊子』, 「至樂」, "夫天下之所尊者, 富貴壽善也. 所樂者, 身安厚味美服好色音聲也. 所下者, 貧賤夭惡也. 所苦者, 身不得安逸, 口不得厚味, 形不得美服, 目不得好色, 耳不得音聲."

비록 여러 가지를 욕망한다고 하더라도 인간의 욕망은 기본적으로 신체와 관련되며, 구체적으로는 다섯 가지 감각기관이 누리는 즐거움으로 표현된다. 사람들이 즐거워하는 것은 욕망이 채워지는 즐거움이며, 고통스럽게 여기는 것은 욕망이 채워지지 못하는 고통이다.

비록 인간의 욕망을 완전히 금지할 순 없지만, 장자는 욕망을 그대로 놓아두어서도 안 된다고 여겼다.

> 사람이 두려워해야 할 것으로는 이부자리 위의 일과 음식을 먹는 사이의 일인데, 그것을 경계할 줄 모른다면 이는 잘못된 것이다.[63]

인간의 가장 기본적인 욕망은 식욕과 성욕이다. 이는 인간에게 필수적이고 일상적인 욕망이기에 완전히 없앨 수 없다. 문제의 핵심은 식욕과 성욕의 한계를 확정하는 일이다. 이러한 한계는 사실 사람이 확정하지 않고 자연이 확정한다. 즉 도가 욕망의 경계를 확정하는 것이다. 사람은 반드시 생명에 해로운 욕망을 끊어야 하며, 이와 달리 생명에 합치하는 욕망에는 만족해야 한다. 식욕과 성욕은 인지상정이지만, 커다란 위험을 내포하고 있다. 그 한계를 알고 충실하게 지키는 자는 도에 부합하는 사람이고, 그 한계를 모르고 파괴하는 자는 도에 합치하지 않는 사람이다.

장자는 도와 욕망을 구분했을 뿐만 아니라, 도와 기술(기예)도 구분하였다. 기술은 도와 다르다. 도는 자연적이지만, 기술은 인위적이다. 인간의 능력으로서 기술은 인간 자신과 사물을 변화시키는 수단이자

---

63) 『莊子』, 「達生」, "人之所取畏者, 衽席之上, 飮食之間, 而不知爲之戒者, 過也."

도구이다. 이와 같이 기술은 인간 생활에서 일정한 작용을 일으킨다. 장자는 기예가 뛰어난 사람 여럿을 묘사하였다. 그들은 보통 사람이 아니며, 출중한 기예를 몸에 지닌 사람들이다.

그러나 장자는 기술 혹은 수단을 결코 높이지 않았다. 차라리 장자는 기술에 대한 경배를 반대하였다고 하는 편이 나을 것이다. 원시 기계의 활용은 인류의 큰 발명이고, 아울러 기술 발전에 있어 중요한 첫걸음이었다. 기계는 손발의 힘을 덜어 사람을 신체로부터 해방시키는 데 도움을 주었으며, 더욱 편하게 노동에 종사하도록 하였다. 비록 기계는 이와 같이 유용한 점이 있지만, 장자는 그 속에 위험이 내재되어 있다고 보았다.

> 나는 나의 스승에게서 "기계가 있는 사람은 반드시 꾀를 부리는 일이 있게 되고, 꾀를 부리는 일이 있게 되는 사람은 반드시 꾀를 부리는 마음이 있게 된다. 꾀를 부리는 마음을 가슴속에 간직한 사람은 순수하고 결백함이 갖추어지지 않고, 순수하고 결백함이 갖추어지지 않으면 신묘한 자연의 본성이 안정되지 않고, 신묘한 자연의 본성이 안정되지 않으면 도가 깃들지 않는다"라고 들었소. 나는 모르는 것이 아니라 부끄러워 기계를 쓰지 않는 것이오.[64]

기계가 일반 기구와 다른 점은 작동이 가능하고 더욱 기교적인 것이라는 데 있다. 사람이 기계를 이용하여 어떠한 활동을 할 때, 그는 타산적이거나 꾀를 부리게 되고, 이렇게 되면 심지어 위선으로 발전하여 사

---

64) 『莊子』, 「天地」, "吾聞之吾師, 有機械者必有機事, 有機事者必有機心. 機心存於胸中, 則純白不備, 純白不備, 則神生不定, 神生不定者, 道之所不載也. 吾非不知, 羞而不爲也."

람으로 하여금 노동의 대가는 도외시한 채 사리사욕만 취하게 한다. 이
것이 장자가 말한 기계의 위험한 점이며, 그것은 꾀를 부리는 일이나
꾀를 부리는 마음만 일으킬 따름이다. 꾀를 부리는 마음은 인위적인 것
이지 본연의 마음이 아니다. 그것은 도를 받아들일 수 없으며 도의 인
도를 받을 수 없다. 이 때문에 기계의 좋은 점은 곧바로 기계의 나쁜
점이 되어 버린다.

장자는 비록 기술이 도를 해칠 수도 있지만, 또한 기술은 도를 위해
일을 할 수 있다고 여겼다. 여기에서 관건은 도가 기술을 규정하는 데
있다.

신臣이 좋아하는 것은 도이니, 이것은 기술보다 앞서 있는 것입니다.[65]

이는 기술이 도보다 높이 있다는 것이 아니라 도가 기술보다 높이
있다는 말이다. 이에 도가 기술을 이끌어야 하며, 기술은 도에 도달해야
한다. 도의 지도가 없는 기술이라면 그것은 도를 해칠 뿐만 아니라 기
술의 발전 역시 저해할 수 있다. 이와 달리 기술이 도의 지도를 받는다
면 기술은 도의 도구가 될 뿐만 아니라 기술의 발전과 완벽함을 촉진하
게 될 것이다. 기술이 자연의 도와 합치할 때만이 그것은 사람의 솜씨
로 했다고 할 수 없을 정도로 절묘한 경지에 이를 수 있다. 비록 기술은
도와 같지는 않지만, 도가 없는 기술이 아니라 도를 지닌 기술이다.

---

65) 『莊子』, 「養生主」, "臣之所好者道也, 進乎技矣."

재능이 있어 기교가 뛰어난 것은 기술이다. 기술은 정사政事를 겸하고, 정사는 의義를 겸하며, 의는 덕德을 겸하고, 덕은 도道를 겸하며, 도는 자연(天)을 겸한다.[66]

인간의 능력이자 사물의 기물인 기술은 반드시 사물 간의 관계 속에 놓여 있어야 한다. 그런데 한 사물이 의리를 지니면 이 의리에 덕이 들어 있고, 덕이 있으면 도가 깃들어 있으며, 이 도는 하늘의 자연 그 자체가 된다. 이는 도만이 기술의 최종 근거가 됨을 표명한다. 기술이 도 가운데 자리할 때만이 바로 자신을 건립하는 근거가 된다.

장자는 최종적으로 도道와 비도非道의 대립을 지적하였다. 도는 자연적이지만, 비도는 반자연적이다. 또한 도는 사람의 성정에 부합하는 것이지만, 비도는 사람의 성정을 해치는 것이다.

그러므로 일찍이 이를 시험 삼아 말해 본다면, 천하에 사물 때문에 자신의 본성을 바꾸지 않은 이가 없다. 소인은 이익을 위해 몸을 바쳐 죽었고, 사士는 명예를 위해 몸을 바쳐 죽었으며, 대부는 가家를 위해 몸을 바쳐 죽었고, 성인은 천하를 위해 몸을 바쳐 죽었다. 그러므로 이 몇 사람들은 사업이 같지 않고 명성이 다르지만, 본성을 해쳐 자기 몸을 죽인 것은 한가지이다.[67]

소인, 사, 대부, 성인은 각기 다른 신분을 지닌 사람들이다. 그들은

---

66) 『莊子』, 「天地」, "能有所藝者, 技也. 技兼於事, 事兼於義, 義兼於德, 德兼於道, 道兼於天."
67) 『莊子』, 「騈拇」, "故嘗試論之, 自三代以下者, 天下莫不以物易其性矣. 小人則以身殉利, 士則以身殉名, 大夫則以身殉家, 聖人則以身殉天下. 故此數子者, 事業不同, 名聲異號, 其於傷性以身爲殉, 一也."

각기 다른 욕망을 추구하였으며, 각기 다른 수단을 취해 왔다. 설령 그렇더라도 그들이 도에 반한 것은 동일하며, 또한 외물 때문에 자신의 본성을 바꾸었다. 사물이란 욕망하고 기술로 만들어진 것이며, 성性이란 큰 도에 합치하는 본성이다. 사물 때문에 자신의 본성을 바꾸었다는 것은 욕망과 기술로 하여금 도의 규정을 넘어서게 하며, 아울러 욕망과 기술을 목표로 삼았다는 말이다. 그러나 욕망과 기술의 팽창은 결코 무한하지 않고 유한하다. 그것은 몸과 마음으로 이루어진 사람의 자연스런 죽음을 초월할 방법이 없다. 욕망과 기술이라는 이름표가 실현될 때가 바로 인간의 성정이 타락하는 날이며, 큰 도가 사라지는 날이다.

'도'와 '비도'의 대립은 천도天道와 인도人道의 대립으로 나타난다. 천도는 천지의 도이고, 인도는 인간의 도이다. 천지의 도는 자연적이며 도 그 자체이다. 인간의 도는 비자연적이며 인간의 욕망과 기술의 활동 결과이다.

> 무엇이 '도'인가? 천도가 있고 인도가 있다. 아무런 함이 없으면서도 존귀한 것이 천도이고, 함이 있으면서 누가 되는 것이 인도이다. 군주는 천도이고, 신하는 인도이다. 천도는 인도와 그 거리가 머니, 살피지 않을 수 없다.(68)

여기에서 장자는 천도와 인도를 무위無爲와 유위有爲, 군도君道와 신도臣道로 구분하였다. 비록 그 둘을 모두 '도'라고 말할 수는 있으나, 실

---

68) 『莊子』,「在宥」, "何謂道? 有天道, 有人道. 無爲而尊者, 天道也, 有爲而累者, 人道也. 主者, 天道也, 臣者, 人道也. 天道之與人道也, 相去遠矣, 不可不察也."

제로는 아예 다른 두 가지이며, 심지어는 대립하는 도이다. 이 둘은 완전히 상반된다. 이 때문에 사람은 천도와 인도를 구분하여 천도는 취하고 인도는 버려야 한다.

장자에 대해 말하자면 가장 전형적인 '비도'의 형태는 자기 사상의 적수인 유가의 인의도덕仁義道德이다. 장자는 그와 유가 사이에 근본적 문제에서의 차이가 있음을 밝혔다.

> 내가 말하는 훌륭함이란 인의仁義를 일컫는 것이 아니라 자기의 덕德이 선하다고 할 따름이며, 내가 말하는 훌륭함이란 인의를 일컫는 것이 아니라 자기 성명性命의 정情에 맡겨 둘 따름이며, 내가 말하는 잘 들음이란 다른 이의 말을 잘 듣는 것이 아니라 스스로 살피는 것일 따름이며, 내가 말하는 잘 보는 것이란 다른 사물을 분명하게 보는 것이 아니라 스스로를 잘 보는 것일 따름이다.[69]

인의가 '비도'인 것은 그것이 인위적이고 심지어는 허위적이기 때문이다. 덕과 성명의 정이 도에 합치하는 것은 자연적이며 사람이 원래 지니고 있기 때문이다. 총명함이란 바깥에 있는 현상을 잘 듣고 보는 것이 아니라, 내 자신의 본성을 잘 듣고 보는 것이다. 인간 자신의 본성은 바로 도에 의해 규정되는 것으로 자연스런 성정性情이다. 장자는 여전히 '큰 도'를 훼손하는 것에 대해 비판하였다.

---

69) 『莊子』, 「騈拇」, "吾所謂臧者, 非仁義之謂也, 臧於其德而已矣, 吾所謂臧者, 非所謂仁義之謂也, 任其性命之情而已矣, 吾所謂聰者, 非謂其聞彼也, 自聞而已矣, 吾所謂明者, 非謂其見彼也, 自見而已矣."

무릇 통나무를 해쳐서 그릇을 만드는 것은 기술자의 죄이고, 도덕을
훼손하여 인의를 행하는 것은 성인의 잘못이다.[70]

통나무에서부터 그릇이 되는 것은 자연에서 인위로 흐르는 것이며,
도덕에서 인의로 이르는 것 역시 자연에서 인위로 흐르는 것이다. 그것
들은 모두 '도'에서 '비도'로 바뀐 것들이다. 비록 도가와 유가 모두 인
의와 도덕을 논하지만, 그 내용이나 의미에 있어서는 서로 다르다. 도가
는 자연적이며, 유가는 인위적이다. 도가에 대해 말한다면 첫째가 도덕
이고 그다음이 인의이다. 즉 도덕이 인의를 규정한다. 그런데 유가에
대해 말하자면 인의이고 도덕이다. 즉 인의가 도덕을 규정한다. 바로
이러한 의미에서 유가는 도덕을 훼손하여 인의를 행하는 것이다.

2) 도를 알다

장자의 관점에 따르면, 도는 비록 존재하는 것이며 사람에게 작용하
지만, 알 수가 없는 것이다.

도는 들을 수 없으니 들었다면 도가 아니고, 도는 볼 수 없으니 보았다
면 도가 아니며, 도는 말할 수 없으니 말하였다면 도가 아니다. 형태로
드러나게 하는 것이 형태를 지니지 않았다는 것을 아는가! 도는 이름
할 수 없다.[71]

---

70) 『莊子』, 「馬蹄」, "夫殘樸以爲器, 工匠之罪也, 毁道德以爲仁義, 聖人之過也."
71) 『莊子』, 「知北遊」, "道不可聞, 聞而非也, 道不可見, 見而非也, 道不可言, 言而非也. 知形
形之不形乎! 道不當名."

도는 한편으로 사람의 청각·시각·언어에 호소하지 않으며, 다른 한편으로 사람의 청각·시각·언어는 도에 통할 도리가 없다. 왜 그러한가? 이는 도의 존재 방식이 곧 허무의 방식이기 때문이다. 그런데 사람의 감각·사상·언어 등은 모두 존재의 형식으로 있지, 허무의 형식으로 있지 않다. 이 때문에 도는 사람의 감각·사상·언어로 나아가길 거부한다. 동시에 사람의 어떠한 감각·사상·언어도 도를 드러낼 수 없으며, 다만 도를 가릴 따름이다.

이러한 관계 속에서 사람은 반드시 언어·사상과 도의 구분에 주의해야 한다.

세상에서 도道라 하여 귀하게 여기는 것은 책인데, 책은 말에 불과하니 말이 귀한 것이다. 말을 귀하게 여기는 것은 뜻이 있어서인데, 뜻은 따르는 것이 있다. 뜻이 따르는 것을 말로써 전할 수 없는데, 세상 사람들은 말을 귀하게 여겨 책을 전한다. 세상에서는 귀하게 여기나 나는 오히려 귀하게 여길 만하지 않다고 보니, 이는 귀하게 여기는 것이 실제로는 귀하지 않기 때문이다. 그러므로 볼 수 있는 것은 형태와 색깔이고, 들을 수 있는 것은 이름과 소리일 따름이다. 슬프도다! 세상 사람들은 형태와 색, 이름과 소리로 저 도의 실상을 알 수 있다고 여긴다.[72]

이것은 언어에 대한 일반적 이해에 기반한 것이다. 문자는 언어의 기록이며, 언어는 사상의 표현이고, 사상은 존재에 대한 사유이다. 장자

---

72) 『莊子』, 「天道」, "世之所貴道者書也, 書不過語, 語有貴也. 語之所貴者意也, 意有所隨. 意之所隨者, 不可以言傳也, 而世因貴言傳書. 世雖貴之, 我猶不足貴也, 爲其貴非其貴也. 故視而可見者, 形與色也, 聽而可聞者, 名與聲也. 悲夫, 世人以形色名聲爲足以得彼之情!"

는 여기에서 책은 언어와 문자를 적은 것이고, 언어는 사상의 기록이며, 뜻은 도에 관한 사유이나, 뜻이 따르는 것은 말로 표현될 수 없는 '도'라고 여겼다. 그러나 보통 사람들은 언어가 도를 표현할 수 없다는 데 주의를 기울이지 않고, 오히려 언어와 문자가 도라고 생각한다. 그러나 언어와 문자는 말로 표현될 수 없는 '도'를 영원히 묘사할 수 없다.

장자는 언어가 비록 도는 아니지만 도와 아주 밀접한 관계가 있다고 생각했다. 언어와 도는 수단과 목적의 관계라 간주할 수 있다.

통발이란 물고기를 잡기 위한 것이니 물고기를 잡았다면 통발은 잊어야 하고, 덫이란 토끼를 잡기 위한 것이니 토끼를 잡았다면 덫은 잊어야 하며, 말이란 뜻을 전하기 위한 것이니 뜻을 알았다면 말을 잊어야 한다. 내 어찌 저 말을 잊은 사람과 함께 이야기를 나눌 수 있을까?[73]

목표에 도달하기 위해 인간은 반드시 수단의 도움을 받아야 한다. 그러나 일단 목적이 실현되면 수단을 버려야 하는데, 수단을 목적으로 삼는다거나 진정한 목적을 잊어서는 안 된다. 수단과 목적의 관계처럼 언어와 사상의 관계 역시 그처럼 이해해야 한다. 이는 한편으로 말로 뜻을 얻어야 하며, 다른 한편으로 뜻을 얻었다면 말을 버려야 한다는 것이다. 이뿐만 아니라 '뜻'과 '뜻이 따르는 것' 역시 이와 같다. 사람이 '도'를 사유한 이후에는 사유 자체는 버려야 하며, 직접 불가사의한 '도'를 체득해야 한다. 여기에서 언어는 자신의 한계를 뛰어넘을 수 없다.

---

73) 『莊子』, 「外物」, "筌者所以在魚, 得魚而忘筌, 蹄者所以在兎, 得兎而忘蹄, 言者所以在意, 得意而忘言. 吾安得夫忘言之人而與之言哉!"

그렇지 않다면 그것은 더 이상 수단이 아니라 자신을 목적으로 하는 존재가 돼 버린다. 언어가 자신의 한계를 뛰어넘을 때, 도는 잊힌다.

장자는 비록 도는 알 수 없고 말해질 수 없다고 여겼지만, 여전히 도를 알아야 한다고 강조하였다.

하늘이 운행하는 이치를 알고 사람이 행하는 바를 아는 것은 지극한 것이다. 하늘이 운행하는 이치를 아는 사람은 천연의 자연대로 살아가고, 사람이 행하는 바를 아는 사람은 자기 지식으로 아는 것을 가지고 자기 지식으로 알지 못하는 것을 길러 나가 하늘이 내린 수명대로 살다 죽으며 중간에 요절하지 않으니, 이는 앎의 성대함이다. 비록 그렇더라도 문제가 있다. 무릇 앎이란 대상을 기다린 이후에야 합당함을 아는데, 그 기다리는 대상은 온전하지가 않다. 어찌 내가 말한 하늘(자연)이 인위가 아닌 줄 알며, 내가 말한 인위가 하늘이 아닌 줄 알겠는가? 또한 진인眞人이 있은 후에야 참된 앎(眞知)이 있다.[74]

장자는 천인天人의 도를 아는 지식이야 말로 최고의 경지라고 생각하였다. 그러나 이를 진정으로 실현하는 것은 매우 어렵다. 왜냐하면 지식이란 알아야 하는 사물과 완전히 부합해야 하는데, 사물은 변화하고 있기 때문이다. 그러므로 지식은 그 진리성을 확정하기가 매우 어렵다. 그런데 지식의 핵심은 진리를 얻어 참된 앎을 이루는 것이다. 그런데 참된 앎이 어떻게 가능한가? 장자는 참된 앎이란 사람이 진인眞人이

---

74) 『莊子』, 「大宗師」, "知天之所爲, 知人之所爲者, 至矣. 知天之所爲者, 天而生也, 知人之所爲者, 以其知之所知以養其知之所不知, 終其天年而不中道夭者, 是知之盛也. 雖然, 有患. 夫知有所待而後當, 其所待者特未定也. 庸詎知吾所謂天之非人乎? 所謂人之非天乎? 且有眞人而後有眞知."

되어야 형성될 수 있다고 생각했다. 여기에서 진인이란 도의 진실함 속에서 살아가는 사람이다.

그러나 현실 속의 사람은 도에 처하지 못하고, 도 역시 드러나는 곳에는 있지 않다.

> 참된 도는 어디 간들 존재하지 않겠는가? 진정한 말은 어디 간들 옳지 않겠는가? 도는 작은 성과에 가려지고, 말은 화려한 언사에 가려진다. 그러므로 유가와 묵가의 시비是非가 생겨나 상대가 그르다고 하는 것을 옳다고 하고, 상대가 옳다고 하는 것을 그르다고 한다. 상대가 그르다고 하는 것을 옳다고 하고 상대가 옳다고 하는 것을 그르다고 하려 한다면 밝은 지혜로 보는 것만 못하다.[75]

도가 가려지는 것은 두 가지 원인이 있다. 하나는 도 스스로 자신을 가리는 것이고, 다른 하나는 다른 사물에 의해 가려지는 것이다. 장자는 여기에서 도의 가려짐은 사상의 고정관념과 언어의 허위에 있다고 지적하였다. 그것들은 도의 인식을 방해하며, 동시에 도를 숨겨 드러나지 않게 한다. 도에 관한 참된 앎을 얻기 위해서 도를 가리는 사상을 없애야 한다. 사상은 작은 지식을 큰 지식이라 꾸미며 단편적인 지식을 전면적인 지식이라 꾸민다. 이 때문에 지식에 내재한 바람이나 능력을 완전히 없애야 하고, 인간의 사상을 도의 진실한 존재 속으로 녹여내야 한다. 이것으로 보건대, 지식으로 도를 알 수 있는 것이 아니라 '무지無知'로 비로소 도를 알 수 있다. 이에 장자는 "생각함도 없고(無思) 염려함

---

75) 『莊子』, 「齊物論」, "道惡乎往而不存? 言惡乎存而不可? 道隱於小成, 言隱於榮華. 故有儒墨之是非, 以是其所非而非其所是. 欲是其所非而非其所是, 則莫若以明."

도 없어야 비로소 도를 알게 되고, 머무는 곳도 없고 행위도 없어야 비로소 도에 편안하게 처하며, 따르는 길도 없고 방법도 없어야 도를 얻을 수 있다"[76]라고 하였다. 여기에서 쓰인 '무無'는 부정이다. 이를 통해 사람은 '허무'에 도달한다. 허무 가운데 사람은 도를 알 수 있을 뿐만 아니라 도를 얻을 수 있다.

그런데 어떻게 지식(知)을 없애서 '무지'에 도달하는가? 장자는 그 근본적인 길이 '좌망坐忘'에 있다고 생각했다.

사지와 육체를 버리고 총명함을 물리치며 형체를 떠나고 지혜를 버려 대통大通의 경지와 같아지는 것을 일컬어 '좌망'이라 한다.[77]

'좌망'은 고요하게 앉아 마음을 사라지게 하는 것으로 해석할 수 있다. 사람의 마음은 보통 자기 신체에 관한 것이나 명예와 이익, 인의와 도덕 등을 포괄한 세계의 각종 관념을 모두 기억한다. 그러나 이것들은 사람이 도를 인식하는 데 방해가 된다. 좌망은 이러한 모든 것을 잊어버리는 것이다. 사람은 외부 세계와 그 관념은 물론 자기조차도 잊어야 한다. 사람은 자기 몸을 잊어야 할 뿐 아니라 자신의 감각과 마음 그 자체도 잊어야 한다. 오직 이렇게 할 때만이 사람은 마음을 비우고 도를 받아들여 '도'와 하나가 될 수 있다.

좌망과 마찬가지로 '심재心齋' 역시 무지의 길로 통한다. '재계'(齋)의 본래 뜻은 비린내 나는 음식을 먹지 않고 술을 마시지 않는 것 등이다.

---

76) 『莊子』, 「知北遊」, "無思無慮始知道, 無處無服始安道, 無從無道始得道."
77) 『莊子』, 「大宗師」, "墮肢體, 黜聰明, 離形去智, 同於大通, 此謂坐忘."

이러한 음식은 자극성이 있어 지나치게 마시거나 오래 먹으면 사람의 욕망을 자극하여 몸과 성정을 손상시킨다. 이 때문에 도를 닦거나 심신의 건강을 추구하는 사람은 절도를 지키면서 재계하는데, 이는 비록 충분조건은 아니지만 필수적이다. 그러나 장자가 말한 것은 음식에 대한 재계가 아니라 마음에 대한 재계이다. '심재'란 마음이 어떠한 외물의 오염을 받지 않고 마음의 순수하고 깨끗함을 지키는 것이다. 이러한 의미에서 심재는 근본적으로 부정적 성격을 지닌다. 이에 장자는 노담老聃의 말을 인용하여 "그대는 재계를 해야 하는데, 마음을 트이게 하며, 정신을 깨끗이 하고, 지혜를 밀쳐 내어야 한다"[78]라고 하였다. 심재는 마음에 있는 오염을 없애는 것으로, 해로운 것을 해결하고 씻어 내며 소멸시키는 것과 같다.

그런데 심재는 부정적 성격 이외에도 긍정적 일면이 있다. 사실 부정과 긍정은 동시에 발생한다. '부정'은 마음의 가려짐을 깨끗이 없애는 것이고, '긍정'은 마음의 본성을 드러내고 트이게 하여 도를 받아들이는 것이다.

> 너의 뜻을 한결같이 해야 하되, 귀로 듣지 말고 마음으로 들으며, 마음으로 듣지 말고 기氣로 들어야 한다. 귀는 듣는 데에만 그치고, 마음은 사물을 감응하는 데에 그친다. 기라는 것은 텅 비워서 사물을 기다리는 것이다. 오직 도는 비우는 곳에서만 모이니, 마음을 비우는 것이 심재이다.[79]

---

78) 『莊子』, 「知北遊」, "汝齊戒, 疏瀹而心, 澡雪而精神, 掊擊而知!"
79) 『莊子』, 「人間世」, "若一志, 無聽之以耳而聽之以心, 無聽之以心而聽之以氣! 耳止於聽, 心止於符, 氣也者. 虛而待物者也. 唯道集虛, 虛者, 心齋也."

장자가 말한 '듣는다'는 것은 단순히 듣는다는 것이 아니라 주의를
매우 기울여 들으며 받아들이는 것이다. 귀로 듣는 것은 바깥의 소리를
듣는 것이고, 마음으로 듣는 것은 안의 소리를 듣는 것이다. 기로 듣는
것은 안과 밖이 없어 '허무'와 같다. 장자는 사람이 자신의 뜻에 집중하
여야 한다고 강조하였다. 이는 귀로 바깥 소리를 듣는 것도 아니며 마
음으로 바깥 대상을 접하는 것도 아니라 기氣로 듣는 것이다. 사람의
마음이 기와 같이 허무가 될 때 비로소 '도'를 들을 수 있다. 이는 도가
허무이고, 따라서 그것은 허무 가운데 다가와서 드러나기 때문이다. 이
것으로 '심재'가 변화무쌍하고 신비한 마음을 낳는다는 것을 알 수 있
다. 마음의 가려짐을 제거하여 한편으로 마음이 그 마음 자체로 돌아가
게 하고, 다른 한편으로 마음속 장애를 해소하여 도가 마음 가운데 드러
나게 한다.

네가 네 몸의 형체를 단정히 하고, 너의 시선을 한결같이 하면 천연의
조화로운 기가 너에게 이를 것이다. 너의 지혜를 거두어들이고 너의
기를 한결같이 하면 정신이 너에게 머물 것이다. 덕은 너를 아름답게
할 것이며, 도는 너의 거처가 될 것이다. 이렇게 되면 네가 마치 새로
태어난 송아지처럼 어리석어 그 까닭을 구하지 않을 것이다.[80]

사람이 형체를 단정히 하여 천연의 자연이 드러나게 하며, 뜻을 전
일하게 하여 정신이 드러나게 한다면 이것으로도 도와 덕이 이르게 할

---

80) 『莊子』, 「知北遊」, "若正汝形, 一汝視, 天和將至. 攝汝知, 一汝度, 神將來舍. 德將爲汝美,
   道將爲汝居. 汝瞳焉如新生之犢而無求其故!"

수 있다. 여기에서 '단정'이라는 것은 바르지 않은 것을 없애는 것이며, '전일'은 온갖 잡념을 제거하는 것이다. 이것이 '심재'의 부정과 긍정 두 측면이다.

'심재'의 마음은 비어 있을 뿐만 아니라 고요하다. 움직이는 것에서 고요함으로 바뀌는 마음의 이 현상을 장자는 흐르는 물이 고요히 멈춘 것으로 비유하였다.

> 사람은 흐르는 물에 자신의 모습을 비추어 볼 수 없고 멈춘 물에 자신을 비추어 볼 수 있으니, 오직 멈춤만이 모든 멈추려는 것을 멈추게 할 수 있다.[81]

흐르는 물은 물살이 거세게 일렁이므로 만물을 비추어 드러낼 수 없으며, 멈추어 고요한 물만이 만물을 비출 수 있다. 사실 마음은 물과 같다. 마음의 진정한 본성은 조급하게 움직이는 것이 아니라 고요한 것이다. 조급하고 불안한 마음은 항상 바깥에 있는 사물만을 쫓다가 곤경에 빠진다. 편안하고 고요한 마음만이 자신을 회복하여 자기에게 편안할 수 있으며, 만물을 있는 그대로 관조할 수 있다. 고요함은 마음의 본성이다.

> 성인의 고요함은 고요함이 좋은 것이기 때문에 고요한 것이 아니라, 만물이 마음을 뒤흔들지 못하므로 고요한 것이다.[82]

---

81) 『莊子』, 「德充符」, "人莫鑑於流水, 而鑑於止水, 唯止能止衆止."
82) 『莊子』, 「天道」, "聖人之靜也, 非曰靜也善, 故靜也, 萬物無足以鐃心者, 故靜也."

마음의 고요함은 바깥 사물을 위한 것이 아니라 자기를 위한 것이다. 그러나 진정한 고요함은 방해를 받지 않은 마음의 원초 상태가 아니라, 마음이 바깥 사물을 따라 움직이지 않도록 자기를 지키는 것이다. 이러한 고요함은 마음의 위대한 힘이고, 마음은 자기를 고요하게 할 수 있다. 마음의 진정한 고요함은 이렇듯 자신을 고요하게 하는 것이다. 장자는 사람의 고요한 마음을 맑은 거울(明鏡)에 비유하였다.

물이 고요하면 사람의 수염과 눈썹까지도 분명하게 비추니, 그 평평함은 수준기와 같아 뛰어난 장인이 이를 본보기로 취한다. 물이 고요하면 오히려 밝으니, 하물며 사람의 정신이겠는가! 성인의 마음은 맑고 고요하여 천지의 맑은 거울이 될 수 있고, 만물의 맑은 거울이 될 수 있다. 무릇 허정虛靜과 염담恬淡과 적막寂寞과 무위無爲는 천지의 근본이며 도덕의 지극함이므로, 제왕과 성인은 여기에서 멈추어 쉰다. 쉬면 비게 되고, 비게 되면 채워지고, 채워지면 완비된다. 비면 고요하고, 고요한 후에 움직이고, 움직이면 얻게 된다. 고요함은 무위인데, 무위하면 일을 맡은 사람이 책임을 완수한다. 무위하면 편안하게 되고, 편안하게 되면 걱정거리가 있을 수 없어 수명이 길어진다. 무릇 비어서 고요하고(虛靜) 편안하고 담박하며(恬淡) 쓸쓸하고 고요하며(寂寞) 아무 하는 일이 없음(無爲)은 만물의 근본이다.[83]

물이 고요하면 거울과 같이 될 수 있어 만물을 비춘다. 고요한 마음 역시 거울과 같아 세계를 안다. 이는 고요함이 마음의 본성이자 천지에

---

[83] 『莊子』, 「天道」, "水靜則明燭鬚眉, 平中準, 大匠取法焉. 水靜猶明, 而況精神! 聖人之心靜乎! 天地之鑑也, 萬物之鏡也. 夫虛靜恬淡寂漠無爲者, 天地之本, 而道德之至, 故帝王聖人休焉. 休則虛, 虛則實, 實者備矣. 虛則靜, 靜則動, 動則得矣. 靜則無爲, 無爲也則任事者責矣. 無爲則兪兪, 兪兪者憂患不能處, 年壽長矣. 夫虛靜恬淡寂漠無爲者, 萬物之本也."

유행하는 도의 본성이기 때문이다. 사람은 자기 마음을 거울과 같이 바꿀 때만이 만물에 통달할 수 있다. 한편으로 고요한 만물의 도는 사람의 고요한 마음속에 자신을 드러내며, 다른 한편으로 사람의 마음은 만물의 방해를 받지 않고 자신을 유지한다.

> 지인至人의 마음 씀은 거울과 같아 보내지도 않고 받아들이지도 않으며, 있는 그대로 비추되 간직하지 않으므로, 만물을 이기지만 다치지 않을 수 있다.[84]

마음과 만물 사이의 거울과 같은 관계는 피동적이지도 않고 주동적이지도 않다. 이는 주동과 피동을 뛰어넘는 자유로운 관계이다.

비록 '좌망'과 '심재'는 순식간에 실현될 수 있지만, 장자는 이를 완성하는 데 일정한 시간이 필요하다고 생각하였다.

> 내가 그에게 일러 주며 지켜보았더니, 3일이 지난 뒤에 천하를 잊을 수 있었다.(外天下) 천하를 잊어버리자 내가 또 지켜보았더니 7일이 지난 뒤에 사물을 잊을 수 있었다.(外物) 이미 사물을 잊어버리자 내가 또 지켜보았더니 9일이 지난 뒤에 삶을 잊을 수 있었다.(外生) 이미 삶을 잊어버린 후에 마음이 아침 햇살처럼 밝게 통철해졌다.(朝徹) 마음이 밝게 통철해진 후에 도를 보게 되었다.(見獨) 도를 본 이후에는 옛날과 지금이 사라졌다.(無古今) 옛날과 지금이 사라진 이후에 죽지도 않고 태어나지도 않는 경지에 들어갈 수 있었다.(不死不生) 살아 있는 것을 죽이는 자는 죽지 않으며, 살아 있는 것을 살아 있게 하는 자는 태어나지 않는

---

84) 『莊子』, 「應帝王」, "至人之用心若鏡, 不將不迎, 應而不藏, 故能勝物而不傷."

다. 도라고 하는 것은 보내지 않음이 없고 맞이하지 않음이 없으며, 허물지 않음이 없고 이루지 않음이 없다. 그 이름을 영녕攖寧이라 한다. 영녕이란 사물이 어지럽게 얽힌 와중에도 고요한 마음을 이루는 것이다.[85]

도를 체득하는 과정은 아래와 같은 몇 단계로 나눌 수 있다. 첫째, 천하를 잊는 단계(外天下)이다. 이는 세계를 도외시한다. 둘째, 사물을 잊는 단계(外物)이다. 이는 주위의 사물을 도외시한다. 셋째, 삶을 잊는 단계(外生)이다. 이는 자기의 생명을 도외시한다. 넷째, 아침 햇살처럼 통철한 단계(朝徹)이다. 이는 마음이 탁 트여 깨닫는 것이다. 다섯째, 도를 보는 단계(見獨)이다. 이는 유일한 존재를 보는 것이다. 여섯째, 지금과 옛날이 사라지는 단계(無古今)이다. 이는 시간의 흐름과 구분이 사라진 것이다. 일곱째, 죽지도 않고 나지도 않는 경지에 들어가는 단계(不死不生)이다. 이는 사람이 '도'에 이른 것이다. 도는 생성과 사멸의 상대성을 뛰어넘어 태어나지도 않고 죽지도 않는 절대성으로 드러난다. 이것이 바로 장자가 서술한 도의 체현 과정이다. 그것은 기본적으로 앞뒤가 서로 연결되는 두 가지 측면을 가지는데, 그 두 가지 측면은 '부정'과 '긍정'이다. 부정에 대해 말하자면 세계를 부정하는 것에서부터 만물을 부정하고, 결국 자기를 부정함에 이른다. 이것은 바깥에서 안으로 들어오는 과정이다. 긍정의 측면을 말하자면 마음이 비워짐으로써 큰 도가 다

---

85) 『莊子』,「大宗師」, "吾猶告而守之, 參日而候能外天下. 已外天下矣, 吾又守之, 七日而後能外物. 已外物矣, 吾又守之, 九日而後能外生. 已外生矣, 而後能朝徹. 朝徹, 而後能見獨. 見獨, 而後能無古今. 無古今, 而後能入於不死不生. 殺生者不死, 生生者不生. 其爲物, 無不將也, 無不迎也, 無不毁也, 無不成也. 其名爲攖寧. 攖寧也者, 攖而後成者也."

가욺이다.

3) 도를 완성하다

장자사상에 근거하면 사람과 도道의 관계는 도를 알아야 할 뿐만 아니라, 도를 완성하며 도를 체득해야 한다. 도를 얻은 사람에게는 특별한 이름이 있는데, 그것은 '진인眞人'이다. 도 그 자체는 진실하여 허무하지 않다. 도는 진리이면서 진실한 존재이다. 도에 의해 규정된 사람, 즉 진인은 진리를 알고 있으며, 또한 진실한 존재 속에 사는 사람이다.

'진인'은 당연히 보통 사람들과 다르며, 세속의 사람들과도 다르다. 장자의 눈에 보통 사람은 세속 생활에 빠져 사는 사람들로, 다만 자신의 욕망만을 만족시키며 기교만 부린다. 그들은 결코 도와 함께하려 들지 않는다. 이는 그들이 다만 욕망과 기술만 있지 도가 없다는 말이다. 도가 없는 사람은 진인이 아니며, 거짓된 사람이다.

비록 진인은 일반 세속의 사람도 아니지만, 세속과 다르게 행하는 사람도 결코 아니다. 장자는 세속과 다르게 행하는 사람을 다섯 가지로 분류하였다. 그들은 산과 골짜기를 방황하는 사람(山谷之士), 태평한 시대를 사는 선비(平世之士), 조정에서 다스리는 사람(朝廷之士), 강과 바다에 은거하는 사람(江海之士), 도교의 도인법을 익히는 사람(導引之士)이다. 산과 골짜기에 사는 사람은 불합리한 세상일에 분개하고 증오하며, 자신의 뜻만 고고하게 지킨다. 태평한 시대를 사는 선비는 인의를 논하면서 심신을 닦고 교양만 쌓는다. 조정에 있는 벼슬아치는 공명을 추구하며 다스림의 도를 논한다. 강과 바다에 은거하는 사람은 산림에 은거하고 광야에 머문다. 도인법을 연마하는 사람들은 호흡법을 과장되게 말하면서 수명을 연장하려 한다. 그들은 왜 '진인'이 아닌가? 이는 그들이 독특한 수단을 빌려 독특한 목적에 이르려 하기 때문이다. 그들은 결코 도에 근거하여 행하지 않는다. 이와 반대로 진인은 이러한 여러 수단과 목적을 버리고, 오직 도만을 따른다.

뜻을 새기지 않고도 고결하며, 인의가 없어도 몸을 잘 닦으며, 공명이 없어도 나라가 잘 다스려지며, 강과 바다에 은거하지 않아도 한적하며, 도인법을 익히지 않아도 장수하는 사람들은 잊지 않음이 없으며 소유하지 않음이 없고, 담박하여 무극의 경지에 있으니 모든 아름다움이 모인다. 이것이 천지의 도이고, 성인의 덕이다. 그러므로 염담恬惔(편안함)과 적막寂寞과 허무虛無와 무위無爲는 천지의 근본이고, 도와 덕의 바탕이라 말하는 것이다. 그러므로 성인은 여기에서 쉬니, 쉬면 평이하게 되고, 평이하면 편안하게 된다. 평이하고 편안하다면 근심이 생길 수 없고 사악한 기운이 침입할 수 없으므로, 그 덕은 온전하고 정신은 손상되지 않는다.[86]

진인에게는 비록 어떠한 수단이나 목표도 없지만, 오히려 수단이 없음으로 수단이 생기고 목적이 없음으로 목적에 도달한다. 이는 진인이 도와 덕을 따라 자연스럽게 맡겨 두기 때문이다. 천지의 도는 진실한 도로써 진인에게 수단이 되며 아울러 목적을 실현한다. 진인은 이것으

---

86) 『莊子』, 「刻意」, "若夫不刻意而高, 無仁義而修, 無功名而治, 無江海而閒, 不導引而壽, 無不忘也, 無不有也, 澹然無極而衆美從之. 此天地之道, 聖人之德也. 故曰, 夫恬惔寂漠虛無無爲, 此天地之本而道德地質也. 故聖人休焉, 休則平易矣, 平易則恬惔矣. 平易恬惔, 則憂患不能入, 邪氣不能襲, 故其德全而神不虧."

로써 진인이 되는 것이다.

진인이 보통 사람과 서로 구분이 된다고 한다면 그들은 어떠한 형상을 지니고 있는가? 장자는 「대종사大宗師」에서 진인에 대해 여러 가지로 묘사하였다. 그 첫째가 진인의 마음가짐이 자유롭고 편안한 것이다. 진인은 사물을 초월해 있기에 사물의 성패나 득실 때문에 기뻐하거나 고통스러워하지 않는다. 바깥 사물이 어떻게 변화하든, 또한 바깥 사물이 자기의 생명을 어떻게 해치든 상관없이 진인은 자기의 절대적인 평정을 유지한다. 둘째, 진인은 몸이 편안하다. 진인은 깨어 있을 때나 잘 때 아무런 근심 걱정이 없다. 보통 사람과 비교했을 때 진인은 초인超人적 생리 특성을 지닌다. 셋째, 진인의 행동은 흔들림이 없이 태연자약하다. 진인은 생사를 초월하여 삶을 좋아하지도 죽음을 싫어하지도 않으며, 사물의 발전과 생멸을 자연스럽게 받아들이고 따른다. 넷째, 진인은 천인이 합일되었다. 진인은 천지와 서로 통하여 큰 도와 한 몸이다.

장자는 진인을 또 '덕인德人'과 '신인神人'으로 부르기도 하였다.

덕인은 거처함에 생각이 없고 행함에 근심이 없으며, 옳음과 그름, 아름다움과 추함을 마음에 간직하지 않는다. 사해 안의 사람이 모두 이로운 것을 기쁨으로 여기며, 모두가 만족한 것을 편안함으로 여긴다. 슬퍼함은 어린아이가 자기 어미를 잃은 듯하고, 어리둥절함은 길을 가다 길을 잃은 듯하다. 재물이 넉넉하여도 그것이 어디에서 온 것인지 모르며, 음식이 풍족해도 그것이 나온 바를 모르니, 이것을 덕인의 모습이라 한다.[87]

---

87) 『莊子』, 「天地」, "德人者, 居無思, 行無慮, 不藏是非美惡. 四海之內共利之之謂悅, 共給之之謂安. 怊乎若嬰兒之失其母也, 儻乎若行而失其道也. 財用有餘而不知其所自來, 飮食取足而不

덕德이란 얻음(得)이다. 덕인은 도를 얻은 사람으로, 천지의 도를 얻었다. 도에 의해 규정된 사람은 마치 어린아이처럼 천진난만하다. 그는 생각도 없고 근심도 없이 천지만물과 일체가 되었다. '신인'은 덕인과 같은 점도 있지만 다른 점도 있다.

> 신인은 위로 올라가 빛을 타되 형체와 흔적이 사라지니, 이를 일컬어 텅 빈 밝음(照曠)이라 한다. 천명을 온전히 실현하고 성정을 극진히 하여 천지를 즐겁게 하면서도 만물에 누를 끼치지 않고 만물의 실정을 회복하니, 이를 일컬어 혼돈된 어둠(混冥)이라 한다.[88]

신인은 도덕의 빛을 드러내는데, 이는 넓고도 비어 있는 밝음이다. 신인의 빛을 받아 만물은 자기의 본래 면모를 회복하여 혼돈된 상태에 이른다. 신인의 신비스러운 점은 그 밝음이 어두운 것과 같고, 그 어두움이 밝은 것과 같다는 데 있다.

장자는 진인을 또 '지인至人'이라고도 일컬었다.

> 무릇 지인은 위로는 푸른 하늘을 엿보고 아래로는 황천까지 잠기며 우주의 팔방을 자유롭게 돌아다니지만, 신비한 기운은 변하지 않는다.[89]

지인은 가장 경지가 높은 사람으로, 가장 극단까지 이른 사람이다. 그는 천지의 가장 높은 곳, 가장 깊은 곳, 가장 먼 곳, 즉 천지의 극단적

知其所從, 此謂德人之容."
88) 『莊子』, 「天地」, "上神乘光, 與形滅亡, 此謂照曠. 致命盡情, 天地樂而萬事銷亡, 萬物復情, 此之謂混冥."
89) 『莊子』, 「田子方」, "夫至人者, 上窺靑天, 下潛黃泉, 揮斥八極, 神氣不變."

인 경계에까지 이르며 노닌다. 비록 이 경계는 유有와 무無의 경계이고 삶과 죽음의 경계이지만, 지인은 조금도 두려워하지 않는다. 이는 지인이 도와 함께하기에 심연의 토대가 없는 곳에서도 토대를 세울 수 있기 때문이다.

장자는 여전히 '진인'을 '성인聖人'이라 불렀다.

천지는 큰 아름다움을 지니고 있지만 말을 하지 않고, 사시四時는 분명한 법을 지니고 있지만 의논하지 않으며, 만물은 완성된 이치가 있지만 말하지 않는다. 성인은 천지의 아름다움에 근원하여 만물의 이치에 통달한 까닭에 지인은 함이 없으며(無爲), 성인은 작위하지 않고(不作) 다만 천지를 관조한다고 할 따름이다.90)

보통 사람들과 달리 성인은 위대한 사람이다. 그런데 성인의 관건은 사람에게서 출발하는 것이 아니라 하늘에서 출발하는 데 있다. 그는 자연의 도리를 깨달았으며, 아울러 이러한 도리를 실천하는 사람이다. 이 때문에 그는 '유위有爲'의 방식을 쓰지 않고 '무위無爲'의 방식을 사용한다.

장자에게서 진인眞人·덕인德人·신인神人·지인至人·성인聖人은 같은 사람을 가리키는데, 이 사람은 도를 얻었으며 도를 완성한 사람이다. 도란 자연의 도이다. 그런데 도를 얻은 사람의 명칭에는 다른 의미가 있다. 사실 그것은 도를 얻은 사람의 각 본성을 묘사한 것일 따름이다.

비록 지인이 터무니없는 슈퍼맨은 아니지만, 그가 인간이라면 현실

---

90) 『莊子』, 「知北遊」, "天地有大美而不言, 四時有明法而不議, 萬物有成理而不說. 聖人者, 原天地之美而達萬物之理, 是故至人無爲, 大聖不作, 觀於天地之謂也."

의 존재자이다. 그 역시 육신을 지니고 있으며, 세속의 사람들처럼 식욕과 성욕이 있고, 아울러 다른 사람과 왕래하며 사귄다. 즉 진인도 현실세계 속에서 생활하고 있다. 이는 다음과 같은 문제를 야기한다. 진인은 어떻게 현실세계에 존재하는가? 진인이 현실세계 속에 완전히 빠져 있다면 그는 진인이 아니라 속인(俗人)이다. 만약 진인이 현실세계를 초월하였다면 그는 비록 참되다고 할지라도 인간은 아니다. 이러한 난제를 마주하여 장자는 해결 방안을 제시하였는데, 그것은 세계 속에서 노닌다는 것이었다.

장자는 세계를 자유롭지 않은 곳이라 보았다. 사람은 세상을 살면서 갖가지 족쇄에 얽매여 있다. 그것은 부자 관계처럼 선천적으로 주어진 것이기도 하고, 군신 관계처럼 후천적으로 설정된 것이기도 하다. 이러한 것은 시도 때도 없이 인간의 자연스러운 본성을 속박한다. 동시에 현실세계는 어떠한 것이 옳고 어떠한 것이 그르다는 가치 표준을 확정하였다. 이러한 가치 표준이 인간의 존재 방식을 결정하고 제약한다.

장자는 현실세계가 자유롭지 않다고 여겼다. 하지만 그는 결코 현실세계를 완전히 거부하거나 반대하지 않았으며, 주어진 세계를 인정하고 받아들였다. 장자는 이에 "어찌할 수 없음을 알고서 운명처럼 편안히 받아들이는 것은 오직 덕이 있는 자만이 할 수 있다"[91]라고 말하였다. 바로 이 지점에서 진인과 속인의 근본적인 차이가 드러난다. 보통 사람들은 아마 자기 생활을 의식하거나 자각한 적이 없으며, 현실의 어찌할 수 있음과 어찌할 수 없음을 아예 알지 못한다. 사람이 어찌할 수 없음

---

91) 『莊子』, 「德充符」, "知不可奈何, 而安之若命, 唯有德者能之."

을 알았다면 그것에 반항하거나 그것을 극복하려 했을 것이다. 그러나 장자는 진인이라면 응당 어찌할 수 없는 현실을 운명처럼 여겼을 것이라 보았다. 사람들의 동의와 상관없이 운명은 늘 인간을 제약한다. 그러나 진인은 현실의 운명에 이끌리는 것이 아니라 이를 어찌할 수 없는 현실과 구분하여 자기의 자유를 수호한다. 이는 진인이 덕을 지녔고 도를 지녔기 때문에 가능하다.

도와 함께한다는 것은 장자의 세계 속에 노닌다는 태도에 아주 견실한 기초를 다져 주었다.

> 홀로 천지의 정신과 더불어 왕래하면서 만물을 오만하게 흘겨보지 않으며, 옳고 그름을 따져 추궁하지도 않고 세속에 함께 처한다.[92]

진인이 세계 안에서 자신의 자유를 유지할 수 있는 것은 그를 도가 보호하고 있기 때문이다. 천지의 정신은 진인을 타자에 의한 것이 아니라 스스로 서게 한다. 동시에 진인도 자신을 만물보다 높은 주재자로 여기거나 또는 노예가 되지 않으며, 만물에 대해 친구와 같은 관계를 확립한다. 도와 만물에 대한 진인의 관계가 이와 같을 뿐만 아니라 다른 사람과의 관계 역시 이와 같다. 진인이 이미 세속의 관점이 아닌 도의 관점에서 세계를 본다면 그는 사물을 동일하게 여길 뿐만 아니라 사물에 대한 논의(物論)까지 동일하게 여겨 갖가지 차별적인 관점을 넘어설 수 있다. 이러한 의미에서 각종 시비是非의 관념은 그 의미가 사라진다. 여기에서 출발하여 진인은 세상 사람들에 순응할 수 있고 사람들

---

92) 『莊子』, 「天下」, "獨與天地精神往來而不敖倪於萬物, 不譴是非, 以與世俗處."

사이에서 노닐 수 있다.

> 성인은 세속적인 일에 종사하지 않으며, 이익에 나아가지 않으며, 해로움을 피하지 않으며, 구하는 것을 기뻐하지 않으며, 억지로 도를 따르지 않는다. 말이 없지만 말이 있고, 말이 있지만 말이 없어 세속의 바깥에서 노닌다.[93]

인간세상에서 노니는 것은 무한하지 않고 반드시 유한하다. 인간세상에서 노니는 것으로부터 반드시 인간세상 바깥에서 노니는 것으로 나아가야 한다.

세상 안에 노니는 것과 세상 바깥에 노니는 것은 완전히 다른 놀이이다. 장자는 세간에 노니는 것을 '유용有用'과 '무용無用' 사이에서 움직이는 모호한 동작이라 말하였고, 세상 바깥에 노니는 것을 유용과 무용을 뛰어넘는 절대적 자유 활동이라 말하였다.

> 나 장자는 유용과 무용 사이에 처할 것이다. 유용과 무용 사이에 처한다는 것은 그럴 듯하지만 그렇지 않은 것이므로 누가 됨을 면하지 못한다. 만약 도덕을 올라타서 떠다니면서 노니는 사람은 그렇지 않다. 그러한 사람은 명예도 없고 비방도 없으며, 한 번은 용이 되었다가 한 번은 뱀이 되어 때와 함께 변화하니 오로지 하나에만 전념하려고는 하지 않는다. 한 번은 올라가고 한 번은 내려가서 조화를 법칙으로 삼으니, 만물의 시초에 떠다니며 노닐면서 사물이 그 사물로 되면서도 다른 사물에 의해 그 사물이라고 규정되지 않으니 어찌 사물에 누가 되

---

93) 『莊子』, 「齊物論」, "聖人不從事於務, 不就利, 不違害, 不喜求, 不緣道. 無謂有謂, 有謂無謂, 而遊乎塵垢之外."

겠는가!94)

세간에는 고정된 척도가 있으니, 그것은 유용과 무용이다. 만약 세간에서 노닌다면 사람은 유용과 무용 사이에서 자신의 활동 공간을 찾는다. 그러나 이것은 여전히 위험하다. 세간을 뛰어넘는 것은 세간의 유용과 무용의 척도를 뛰어넘는 것이다. 만약 세간의 바깥에서 노닌다면 그 사람은 완전히 도덕과 합일한 사람이며 절대적 자유에 이른 사람이다. 이 때문에 장자에 대해 말하자면 실제로는 두 가지 유형의 진인이 있다고 할 수 있다. 그 하나는 현실적 진인이며, 다른 하나는 이상적 진인이다. 현실적 진인은 세계 안에서 노닐며, 이상적 진인은 세계 바깥에서 노닌다.

장자는 세계 바깥에서 노니는 것을 '소요유逍遙遊'라 일컬었는데, 이는 조금의 속박도 없는 자유로운 노닒이자 놀이이다. 장자는 여러 사람의 행동 유형을 묘사함으로써 자유로운 소요유의 특성을 드러내었다.

그러므로 무릇 지식은 한 벼슬자리의 직무를 담당할 수 있고, 행동은 한 고을의 풍속이 따를 만하며, 덕은 군주 마음에 들어 한 나라에 초빙될 수 있는 자이지만, 스스로 돌아보면 또한 메추라기와 같다. 그러나 송영자宋榮子는 그들을 비웃는다. 송영자는 또한 온 세상이 그를 칭찬하더라도 더 이상 권할 수 없고, 온 세상이 비난하더라도 더 이상 막을 수 없으니, 그는 안의 마음과 바깥 사물의 구분을 정하고 영예와 치욕

94)『莊子』,「山木」, "周將處乎材與不材之間. 材與不材之間, 似之而非也, 故未免乎累. 若夫乘道德而浮遊則不然. 無譽無訾, 一龍一蛇, 與時俱化, 而無肯專爲. 一上一下, 以和爲量, 浮遊乎萬物之祖, 物物而不物於物, 則胡可得而累邪!"

의 경계를 구분할 따름이다. 송영자는 세상의 명예에는 급급해하지 않는다. 비록 그 역시 아직 수립되지 않은 경지가 있다. 무릇 열자列子는 바람을 타고 사뿐히 날아다니다가 15일이 지난 뒤에 돌아온다. 열자는 복을 구하는 일에 급급해하지 않는다. 그러나 이는 비록 걸어다니는 일은 면했지만, 여전히 기다려야 하는 것이 있다. 만약 천지의 올바름을 타고서 여섯 기운의 변화를 몰아 무궁함의 경지에 노니는 사람이라면 무엇을 기다리고 의뢰할 바가 있겠는가! 그러므로 지인至人은 자기가 없고, 신인神人은 공로가 없으며, 성인聖人은 이름이 없다고 말한 것이다.[95]

첫 번째 유형의 사람은 특정한 생활세계에 한정된 사람으로, 그들은 자유롭지 않다. 두 번째 유형의 사람은 자기와 세계를 구분하여 세속의 가치와 평판에 의해 움직이지 않는다. 그러나 그 역시 자유롭지 않다. 세 번째 사람은 이미 현실세계를 완전히 초월한 사람으로, 자연세계에 도달하여 바람을 타고서 날아다닌다. 그러나 그 역시 여전히 자유롭지 않다. 이는 아직 바람이라는 사물에 의지하여 바람의 제약을 받기 때문이다. 바람은 보이지는 않지만 감각할 수 있는 사물이다. 그 역시 진정한 소요유의 경지에 이르지는 않았다.

'소요유'가 세계 안이 아니라 세계 바깥에서 노니는 것임은 조금도 의심할 여지가 없다. 이렇게 놀이하는 곳은 자연세계이다. 이 놀이에서 '진인'은 하늘과 땅의 자연스런 법칙에 순응하며 육기六氣의 변화를 파

---

95) 『莊子』, 「逍遙遊」, "故夫知效一官, 行比一鄕, 德合一君而徵一國者, 其自視也亦若此矣. 而宋榮子猶然笑之. 且擧世而譽之而不加勸, 擧世而非之而不加沮, 定乎內外之分, 辯乎榮辱之境, 斯已矣. 彼其於世未數數然也. 雖然, 猶有未樹也. 夫列子御風而行, 泠然善也, 旬有五日而後反. 彼於致福者, 未數數然也. 此雖免乎行, 猶有所待者也. 若夫乘天地之正, 而御六氣之辯, 以遊無窮者, 彼且惡乎待哉! 故曰, 至人無己, 神人無功, 聖人無名."

악한다. 여기에는 남과 나의 대립도 없으며 사물과 나의 대립도 없다. 진인은 소요유 가운데서 천인합일天人合一의 이상을 실현한다. 이에 "천지는 나와 함께 태어난 것이며, 만물은 나와 함께 하나인 것"96)이다. 천지자연의 세계에서 진인의 소요유는 한편으로 무한의 경지에서 노니는 것인데, 이는 시공간의 제약을 벗어난 것이다. 다른 한편으로는 무한하게 노니는 것인데, 이는 자기 놀이의 유한함을 끊임없이 부정하여 무한의 경지에 이르는 것이다. 바로 무한에 노니는 것과 무한하게 노니는 소요유 가운데서 진인은 자기가 '도'와 합일하였음을 드러내 보인다.

---

96) 『莊子』, 「齊物論」, "天地與我竝生, 而萬物與我爲一."

제6장 선종

— 마음의 길(道)

도가와 유가 이후, 중국 역사는 또 혜능慧能의 『단경壇經』1)으로 대표되는 불교 선종禪宗의 지혜를 탄생시켰다.

그런데 한족漢族지역에서는 원시유가와 도가 이후 왜 불교를 받아들였는가? 이것은 중국인들이 유가와 도가 사상과는 다른 새로운 지혜에 흥미가 가득했기 때문이다. 지혜란 사람과 그 생활세계에 대한 인식이다. 생활세계에 관해 비록 사람들은 여러 가지로 묘사하고 분류하지만, 일반적으로는 자연과 사회, 그리고 정신(마음) 이 세 가지 측면으로 나눌 수 있다. 비록 유·도 사상이 이 세 가지 측면을 똑같은 수준이나 비슷한 양으로 언급한 것은 아니지만, 그들은 각기 자신만의 주된 관점을 가지고 있었다. 모두가 알고 있듯 원시유가의 주제는 사회이고, 원시도가의 주제는 자연이다. 이는 곧 '마음'이 원시유가와 도가사상에서 주제가 되지 않았음을 말한다. 그러나 사람은 마음을 지닌 존재자이다. 사람들은 자연과 사회에 대해 파악하는 것 이외에도 마음 그 자체에 대한

---

1) 이하에서 『단경』의 인용문은 주로 시중에 유통되는 宗寶本을 사용하였는데, 이는 『佛教經傳精華』(北京: 宗教文化出版社, 1999)에 실려 있다. 이후 『단경』을 인용할 때는 해당 품만을 표기하기로 한다.

[명明] 헌종憲宗, 「달마도達摩圖」

탐구를 간절히 원했다. 마음의 본성이란 무엇인가? 그것은 어떻게 사람이란 존재와 그 세계에 작용하는가? 이것은 사람들이 캐물을 필요가 있는 문제였다. 마치 인도불교 자체가 마음에 관한 종교인 것과 같이, 그것은 이미 마음에 관한 계통적 사유를 내놓았다. 불교는 중국에 전해진 후 사람들에게 널리 받아들여졌다.

불교는 한대漢代에 이미 중국에 들어왔다. 먼저는 소승小乘불교가, 나중에는 대승大乘불교가 들어왔다. 이 가운데 대승불교는 중국 천 년의 불교사상에서 주체가 되었다. 왜 중국사상에서 주로 받아들인 것이 소승이 아니라 대승인가? 이것은 줄곧 상당히 흥미로운 문제였다. 일반적으로는 한족지역에 본래 대승의 기상이 있었다고 여긴다. 소승은 자기만 해탈하여 나한羅漢의 과위果位[2])에 이르기를 추구한다. 그러나 대승은 오히려 스스로 깨닫고 남도 깨닫게 하여 중생을 제도하기를 바라며, 결국 보살菩薩의 경계境界에 이를 수 있다고 하였다. 이러한 대승의 사상은 중국의 유·도 사상에 이미 충분하게 표현되어 있다. 예를 들어 유가의 "천하를 인애한다"(仁愛天下)는 말이나 도가의 "뭇 사물을 널리 사랑한다"(泛愛衆物)는 등의 표현이 이것이다. 이에 유·도사상에서부터 출발하여, 중국인들은 쉽사리 대승불교의 사상을 받아들였고 보살 정신을 널리 펼쳤다.

---

2) 불교에서 도를 닦아 깨달은 정도를 證果라 하고 이러한 위치에 이른 것을 果位라 한다.

물론 대승불교는 한족지역에서 전파되는 데 일정한 과정을 거쳤다. 먼저는 공종空宗이 소개되었고, 나중에야 비로소 유종有宗이 발전되고 확대되었다. 공종이든 유종이든, 중국인들이 불교를 실천하는 것에는 주로 두 갈래의 길이 있었다. 그 하나는 '독경讀經'이다. 이것은 인도불교의 경전을 번역하고 이해하며 해석하는 것이었다. 당연히 인도사상에 대한 이해는 불가피하게 일종의 해석학적 과정이 선행되어야 함을 예견할 수 있는데, 이는 중국에 이미 있던 언어와 사상으로 인도불학을 이해하는 것이었다. 불경을 읽는 과정에서 사람들은 불교의 기본 교의에 대해 각기 다른 해석을 한 것이 적지 않으며, 이 때문에 각기 다른 파별 또는 종파가 나누어졌다. 다른 하나는 '선정禪定'이다. 보통 '선정'이 없으면 '깨달음'이라고 말할 만한 것이 없다. 이 때문에 선정은 지혜를 얻는 필수 수단이자 지혜로 가는 유일한 길이 되었다.

불교의 한 파별로서 선종은 당연히 인도불교의 기본 교의를 인정하고 받아들인다. 선종은 자신이 대승불교의 한 종파이며, 자신의 근원이 직접적으로 불교의 시조인 석가모니에게까지 거슬러 올라간다고 여겼다.

세존이 영산회상에서 꽃을 들어 대중에게 보였다. 이때 대중은 모두 아무 말이 없었다. 오직 가섭존자만이 얼굴빛을 부드럽게 하여 웃었다. 세존이 말하였다. "나에게는 정법안장正法眼藏과 열반묘심涅槃妙心, 그리고 실상무상實相無相, 미묘법문微妙法門, 불립문자不立文字, 교외별전敎外別傳이 있으니, 이를 마하가섭에게 전수하겠다."[3]

---

3) 『五燈會元』(북경: 중화서국, 1984), 卷一, "世尊在靈山會上, 拈華示衆. 是時衆皆默然. 唯迦葉尊者破顔微笑. 世尊曰. 吾有正法眼藏, 涅槃妙心, 實相無相, 微妙法門, 不立文字, 敎外別傳, 付囑摩訶迦葉."

이것은 아마도 아름다운 전설일 것이다. 그러나 이것은 선종이 정통의 불교 교파이며, 석가의 진정한 사상과 일맥상통하고 있음을 나타낸 것이다. 석가는 불교가 처음 시작될 때 '마음으로 마음을 전한다'(以心傳心)고 주장하였으며, 오직 '마음을 밝혀 본성을 본다'(明心見性)고 논하였다. 선종은 불교가 창시된 이후의 한 종파로서 석가에게 원래 있던 사상을 더욱더 발전시킨 것에 지나지 않는다. 선종은 마음의 본성과 그 힘을 분명하게 드러냈으므로, 불심종佛心宗 또는 심종心宗이라 칭해졌다.

그러나 선종은 일반적인 인도불교와 구별이 된다. 인도불교의 기본 교의와 비교해 보았을 때, 선종은 그 신비성과 사변성을 제거하고 생활세계의 지혜가 되었다. 이뿐만 아니라 선종은 중국의 일반 불교와도 다르다. 유식종唯識宗은 주로 인간의 의식이 어떻게 만들어지고 어떻게 미혹에 빠지는지, 동시에 사람은 어떻게 '식'을 변화시켜 지혜로 만드는지(轉識成智)를 깊이 있고 세밀하게 논의하였다. 천태종天台宗은 원만함을 갖추어 곧장 깨달음에 이르는 원돈지관圓頓止觀으로 만물이 곧 공空이고 가假이며 중中임을 체득하는 원융삼제圓融三諦를 설파하였다. 화엄종華嚴宗은 깨달은 사람이 이미 여래장如來藏의 청정체淸淨體를 깊이 이해한 것임을 드러내었다. 이들과 달리 선종이 드러내는 것은 마음이 순식간에 자신의 본성을 깨닫는다는 것이다. 이 밖에 유식 등의 종파는 비록 중국 불교이지만, 여전히 농후한 인도 색채를 지니고 있다. 이와는 전혀 다르게, 선종은 중국에서 인도불교를 가장 창조적으로 해석한 뒤에 나타난 독특한 산물이다. 선종은 유·도의 사상과 융합하였고, 중국인의 독특한 생활방식과 사고방식, 그리고 설명방식에 적용하였다. 이 때문에 선종은 전형적인 중국의 지혜가 되었다.

또한 이와 마찬가지로, 선종은 중국의 정신 구조에서 누락된 부분을 보충하였으며, 정신적 차원을 풍부하게 하였다. 선종이 성립된 후 중국 사상의 큰 줄기는 유儒·도道·선禪 삼가三家가 되었다. 이에 더 이상 유가와 도가가 서로를 보완하는 것이 아니라, 유가와 도가 그리고 선종이 서로를 보완하였다. 비로소 사람들이 말하는 '유가에 근거하며, 도가에 의지하고, 은둔하여 참선한다'는 존재 방식을 이룬 것이다. 한 사람이 유·도·선 세 가지를 동시에 수행할 수 있고, 또 그 가운데 하나만을 수양할 수도 있다. 선종은 하나의 새로운 정신적 공간을 분명하게 열어 내었다. 사람들은 세간世間에서도 충분히 생활하지만, 세간 바깥으로 초월할 수도 있다. 더욱 신기한 것은 사람이 세간과 마주하면서도 세간을 넘어설 수 있고, 세간을 넘어서면서도 세간에 존재하는 것이다.

그러나 선종이 중국에서 발전하는 데는 일정한 과정을 거쳤다.

한대漢代에 불교가 중국에 전해진 이후 선종은 불교의 계戒·정定·혜慧의 한 종파로서 이미 널리 전파되었다. 소승과 대승의 각종 선정禪定의 법문法門은 중국에서 연구되고 실천되었다. 그러나 선종의 진정한 준비 단계는 인도의 동쪽인 중국 남조南朝에 달마達摩가 오고부터이다. 선종의 제1대 조사로서 달마는 '선정'이 불교의 수행에서 특별한 작용이 있음을 명확히 밝혔다. 그러나 진정한 의미에서 선종은 당나라 때의 혜능이 세운 것이다. 바로 그가 선禪을 '선정의 선'에서 '지혜의 선'으로 바꾸었다.

그 후 당송시기 선종은 오가칠종五家七宗으로 발전했는데, 주로 임제종臨濟宗과 조동종曹洞宗 등이다. 비록 그들은 사상적 측면에서 새로운 창조가 있었지만, 주로 사람을 가르치고 이끄는 측면에서 자기 문정門庭만

[명明] 전곡錢穀, 「정혜선원도권定慧禪院圖卷」

의 설법을 확립하였다. 동시에 선종에서는 문자선文字禪·묵조선默照禪·간화선看話禪 등이 연이어 출현하였으며, 그 법문은 점차 풍부해졌다. 여기에서 가장 중시할 만한 것으로는, 선종은 유가의 사상을 흡수했을 뿐만 아니라 기타 다른 불교의 종파를 포용하였고, 이로 말미암아 선정쌍수禪淨雙修[4]·선정은 밀접하게 합일되어 있다(禪淨密合一)는 사상 등이 출현하였다는 점이다. 또 다른 한편으로 선은 사람의 모든 생활세계와 정신 영역에 깊이 스며들어 사람의 모든 측면에 영향을 주었다.

그런데 전체 선종의 역사에서 말하자면 그 근본적 지혜는 주로 혜능의 『단경』에 응취되어 있다. 『단경』은 역사적으로 여러 판본이 있다. 그 가운데 가장 이른 판본은 돈황본燉煌本이며, 가장 널리 퍼진 것은 종보본宗寶本이다. 종보본은 분명 혜능 한 사람의 말이 아니라, 역사상 선종의 수많은 지자智者의 말이다. 종보본 『단경』은 선종에서 이루어진 집단 지혜의 결정이다. 이 밖에 그것은 해석학적 측면에서 매우 광범위한 수용사受容史와 효과사效果史[5]를 가지고 있다.

---

4) 여기에서 淨은 淨土, 즉 부처가 사는 깨끗한 세상을 말한다.
5) 효과사는 영어로 Effective history라고도 하는데, 역사가 단순한 과거의 사실일 뿐만 아니라 역사(선종)에 대한 해석자가 이미 역사(선종)에 대한 사실을 알고 그것이 다시 역사에 반영된 효과를 말한다.

1. 『단경』

1) 지혜로서의 선

혜능의 선종은 일방적으로 경전 읽기를 제창하지도 않았고, 오로지 선정禪定만을 주장하지도 않았다. 이 때문에 선종의 선은 '선정의 선'이 아니라 '지혜의 선'이다. 이러한 의미에서 선종은 중국 불교사와 사상사에서 위대한 창신을 하였다. 그러나 이 창신은 완전히 과거를 버린 것이 아니며, 오히려 과거로의 회귀라고 하는 편이 옳다. 하지만 이 회귀는 과거에 대한 간단한 되풀이가 아니라 과거를 바꾼 것이며 또한 창신한 것이다. 혜능에 대해 말하자면, 과거의 전통은 이미 인도불교의 공종과 유종을 포괄한 것이자 중국의 유가사상을 포괄한 것이었다.

선종은 우선 열반유종涅槃有宗의 불성사상佛性思想을 직접 계승하였다. 유종에서는 일체 중생 모두에게 불성이 있다고 주장하였다. 즉 선인이든 악인이든 불성은 영원히 존재한다는 것이다. 불성은 인간의 불생불멸의 내재적 본성이다. 이에 근거하면 어떠한 사람이든 깨달아 부처가 될 가능성이 있다. 이러한 '불성론'은 선종을 대중 불교 혹은 민중 불교가 되게 하는 이론적 기초를 다졌다.

선종은 그다음으로 반야공종般若空宗의 중관사상中觀思想을 받아들였는데, 그 중심은 둘이 아닌 혹은 둘로 나누어 구별할 수 없다는 불이不二·무이無二의 사상이다. '불이법문不二法門'은 대승불교의 일반적인 사유 방식이다.

"불법은 둘로 나누지 않는 교법이다."6) 이 법문에서는 이것 아니면 저것이라는 이분법적 사고방식을 부정한다. 그것은 이미 일반적인 언어로 단정된 어떤 한 측면도 아니고, 이 한 측면의 대립적 측면도 아니며, 당연히 이 둘의 종합으로 나타난 제3자도 아니다. 차라리 그것은 이러한 언어의 묘사 바깥에 있다고 하는 편이 나을 것이다. 그것은 이 것도 아니고 저것도 아니며, 또한 이것이자 또한 저것이다. 그것은 사물의 실상實相이 있음도 아니고 없음도 아니며(非有非無) 있지 않음도 아니며 있지 않음이 아닌 것도 아니라고 강조하였다. 동시에 사물의 실상은 '유 有'이자 '무無'인데, 예를 들어 색色은 공空과 다르지 않고 공은 색과 다르지 않다는 것이다. 즉 색즉시공色卽是空이며 공즉시색空卽是色이라는 것이다. '불이법문'은 인식의 측면에서 단편성을 극복했을 뿐만 아니라 수행의 측면에서 중도中道로 이끌었으며, 세간과 출세간의 절대적 차이와 거리를 없앴다.

중국화된 불교로서 선종은 유가의 기본 사상을 여전히 활용하였다. 유가의 심성론은 선종의 불성론과 직접적으로 연결될 수 있다. 유가에서는 사람마다 모두 요순堯舜이 될 수 있다고 여겼고, 선종 역시 사람마다 모두 부처가 될 수 있다고 주장하였다. 이 양자 간에는 놀랄 만큼 일치성이 있다. 동시에 유가는 사람의 현실세계에 관한 학문이며, 그것은 각종 도덕윤리의 규범을 제정하였다. 이러한 것 역시 선종의 '계율'과 유사하다.

---

6) 「自序品第一」, "佛法是不二之法門."

마음이 평정하면 무엇 때문에 계율을 지키려 힘쓰며, 행동이 곧으면 선을 닦아서 무엇 하겠는가? 은혜를 안다면 부모에게 효도하고 봉양하며, 의로움을 안다면 아래와 위가 서로 구휼한다. 겸양을 안다면 윗사람과 아랫사람이 화목하고, 참음을 안다면 뭇 악함이 멈출 것이다.[7]

이러한 일종의 규범에 따라 사람은 한편으로 자신의 심행心行을 단속하고, 다른 한편으로 인간관계의 기존 질서를 따르는 것이다. 이는 비록 유가의 도덕적 요구이지만, 선을 수행하는 사람의 몸과 마음에도 진정한 도덕규범이 될 수 있다.

유가와 비교해 보았을 때, 선종은 도가적 색채가 더욱 짙다. 사람들은 심지어 선종은 도가화된 불교이며 대중화된 노장사상이라고 생각한다. 물론 여기에는 여러 원인이 있다. 도가는 세속세계의 질곡에서 벗어나 자유자재한 인생을 추구하였으며, 현학화玄學化된 사상과 언어를 사용하였다. 이러한 것은 선종에서 찾을 수 있는 숨겨지거나 드러난 모습들이다.

선종이 어느 정도 인도와 중국의 전통사상의 영향을 받았는지와 상관없이, 그것은 독특한 창조적 지혜를 지닌다. 그 창조성의 관건은 불교의 기본 이론인 계戒·정定·혜慧 삼학三學에 대해 혁명적 해석을 새롭게 시도한 데 있다.

삼학 가운데 하나인 계학戒學은 불교도의 규범과 계율을 가리킨다. 그것은 일반적으로 지지계止持戒와 작지계作持戒의 두 가지 큰 유형으로

---

7) 「決疑品第三」, "心平何勞持誡, 行直何用修禪? 恩則親養父母, 義則上下相憐. 讓則尊卑和睦, 忍則衆惡無喧."

나뉜다. 지계持戒는 계율을 지킨다는 뜻이다. '지지계'는 부정적 성격을 지닌 것으로, '지止'는 멈춰야 한다는 뜻이며, 사람이 마땅히 하지 말아야 할 것을 가리킨다. 작지계는 긍정적 성격을 지닌 것으로, '작作'은 해야 한다는 것이며, 사람이 마땅히 해야 할 것을 가리킨다. 계율은 사실상 불교도가 존재하는 한계를 확정하며, 그것은 선악의 구분으로 구체화된다. 예를 들어, 여러 악은 짓지 말아야 하며 여러 선은 행해야 한다는 것이다. 이것은 몸과 정신, 그리고 언어 등의 여러 측면을 포괄한다. 당연히 불교의 수많은 계율은 여전히 소승과 대승의 계율 등의 유형으로 나눌 수 있다.

혜능은 비록 불교의 계율, 특히 대승의 보살 계율의 기본 사상을 받아들였지만, 그는 자성自性의 불성으로 그것을 새롭게 해석하였다. 일반적으로 계율은 어떠한 외재적 규범에 집착하는데, 이는 유상계有相戒이다. 그러나 혜능은 불성을 계체戒體로 삼았다. 불성은 인간에게 내재하는 것으로, 그 실상은 상相이 없는 것이다. 그러므로 불성을 계체로 삼는 계율은 무상계無相戒이다.

혜능의 '무상계'는 불교 계율의 조문을 새롭게 해석한 것 아니라, 사람들로 하여금 불교의 계율을 스스로 받아들이는 수계受戒의 활동으로 귀의하게 하여 외재화된 것에서부터 내재화된 것으로 바꾼 것이었다. 그것에는 주로 무상참회無上懺悔, 사홍서원四弘誓願, 무상삼귀의계無相三歸依戒 등의 몇 가지로 포괄된다.

'참회'란 사람이 외재적인 의식을 통해 자신의 몸(身)·말(語)·의意의 죄과를 분명히 아는 것이다. 이것은 일반적으로 큰 모임에서 시방제불十方諸佛의 이름을 부르며 찬송하고, 경문과 주문을 암송하고, 불상 앞에서 참회문을 읽고 참회를 드러낼 것이 요구된다. 그러나 혜능은 참회의 근본이 그 외재적 형식에 있는 것이 아니라 그 속에 있는 '생각'에 달려 있다고 여겼다. 참회는 자기 속에 있는 온갖 잡된 마음을 제거하는 것이다.

'사홍서원'은 대승불교에서 보살이 위로는 보리를 구하고 아래로는 중생을 교화하려는[8] 결심이다. 그것은 중생을 모두 구제하겠다는 중생무변서원도衆生無邊誓願度, 번뇌를 모두 끊겠다는 번뇌무변서원단煩惱無邊誓願斷, 끝없는 법문을 다 배우겠다는 법문무진서원학法門無盡誓願學, 불도를 이루겠다는 무상불도서원성無上佛道誓願成 이 네 가지로 나뉜다. 이것은 중생, 자아, 법문, 불도와 관련된다. 그러나 혜능은 사홍서원의 관건은 결국 자심自心과 자성自性에 있다고 생각하였다.

> 자기 마음으로 가없는 중생을 모두 제도하기를 서원하며, 자신의 마음 속에 끝없이 일어나는 번뇌를 모두 끊기를 서원하며, 자신의 본성 속에 있는 무량한 법문을 배우기를 서원하며, 자신의 본성 속에 있는 무상한 불도를 성취하기를 서원한다.[9]

이것은 일종의 외재화된 염원을 내재화된 염원으로 바꾼 것이다. '삼귀의계'는 신자들이 불佛·법法·승僧 삼보로 귀의할 것을 요구하는 것이다. '불'이란 부처이며, '법'이란 불법이고, '승'이란 승려이다. 그것들은 모두 외재적인 형태로 존재하고 있다. 그러나 혜능은 '불'은 깨

---

8) 上求菩提, 下化衆生.
9) 「懺悔品第六」, "自心衆生無邊誓願度, 自心煩惱無邊誓願斷, 自性法門無盡誓願學, 自性無上佛道誓願成."

달음(覺)이며, '법'은 올바름(正)이고, '승'은 청정함이라 여겼다. 그것들은 모두 사람의 '자성' 및 '자심'과 서로 관련된 것이다. 이 때문에 '삼귀의계'는 외재적 귀의를 내재적 귀의로 바꾼 것이다.

'계학'과 마찬가지로 '정학定學' 역시 불교의 삼학 가운데 하나이다. 이른바 '선정禪定'이란 마음을 하나로 집중하는 수련과 또 그렇게 된 상태를 가리킨다. 그러나 사실상 선정은 수련의 방식으로써 불교 이외의 여타 수많은 종교에서도 실천된다. 인도에서는 유가瑜伽학파와 같은 외도外道가 선정을 매우 중시한다. 불교는 다만 선정의 의미를 더욱 부각하고 아울러 그것을 계통화하였다. 중국에서 마음 수련에 관한 유가와 도가의 공부는 실제로는 선정과 흡사한 특징을 지닌다. 바로 이 때문에 당송 이후 유가의 정좌靜坐, 도가의 내단內丹, 선종의 선정은 서로를 본보기로 삼을 수 있었다. 당연히 불교에서만 선정이 주제로 형성되었고, 아울러 매우 중요한 의미를 지니게 되었다.

'선정'이란 굳어져 한 단어로 쓰이지만, '선'과 '정'은 의미의 차이가 있다. '선'은 사려를 고요히 하는 것이며, 마음을 관조하는 것이다. '정'은 마음이 흩어지지 않고 한곳에 멈추어 있는 것이다. 마음의 정화 과정으로써 선정은 사실 '지止'와 '관觀' 두 측면을 포괄한다.

마음의 수련으로 불교에서는 일련의 선법禪法을 채택하여 사용하였다. 소승불교에서는 일반적으로 선정을 사선팔정四禪八定의 수행 층차로 나누었다. '사선'은 욕망을 벗어나 즐거움과 기쁨이 생기는 이생희락離生喜樂, 선정에 들어가 즐거움과 기쁨이 생기는 정생희락定生喜樂, 기쁨을 벗어나 오묘한 즐거움이 생기는 이희묘락離喜妙樂, 생각을 버리고 청정하게 되는 사념청정捨念淸淨 이 네 가지로 나뉜다. '팔정'은 사선의 사색계四

色界의 정定 이외에 사무색계四無色界의 정도 포함한다. 그것은 공의 끝없는 곳에 머무는 선정인 공무변처정空無邊處定, 식의 끝없는 곳에 머무는 선정인 식무변처정識無邊處定, 모든 것이 무라는 것을 깨닫는 선정인 무소유처정無所有處定, 생각이 있는 것도 아니고 생각이 없는 것도 아닌 것을 깨닫는 선정인 비상비비상처정非想非非想處定으로 나뉜다. 대승불교에서는 염불선念佛禪, 실상선實相禪과 같이 더욱더 많은 선정으로 발전시켰다. 불교를 실천하는 가운데 중국 사람들은 여전히 몇 가지 선법을 사용하였는데, 가장 두드러진 것이 오문선법五門禪法(數息觀, 不淨觀, 慈悲觀, 因緣觀, 界分別觀)과 지관쌍수止觀雙修이었다.

선종은 '선' 때문에 그렇게 불리는데, 이는 계·정·혜 가운데 '선정'만을 부각한다는 오해를 쉽사리 불러일으킨다. 사실 선종의 '선'과 선정의 '선'은 서로 연관되어 있기는 하지만 결코 선정의 선은 아니다.

우선, 혜능은 선종의 근본적인 문제가 '선정'은 아니라고 생각하였다. 그는 "오직 견성見性을 논하지 선정과 해탈은 논하지 않는다"[10]라고 말하였다. 선종이 추구하는 것이 마음의 깨달음이라면 그것은 마음만 통하면 되지 육체적 수행으로 실현되는 것이 아니다. 그러나 일반적으로 이야기되는 선정은 다만 좁은 의미에서 단순히 신체의 정좌靜坐라고 이해된다. 비록 신체의 수련이 마음의 깨달음에 일정한 조건을 제공할 수는 있지만, 그것은 직접적으로 마음 그 자체의 문제를 결코 해결할 수 없다. 이것은 혜능이 "도는 마음의 깨달음에서 말미암는데, 어찌 앉아만 있는가?"[11]라고 물었던 것과 같다.

---

10) 「自序品第一」, "惟論見性, 不論禪定解脫."
11) 「宣詔品第九」, "道由心悟, 豈在坐也."

다음으로, 선종은 불성이 불교의 수행에서 매우 중요한 작용을 한다는 것은 인정하지만 선정이 좌선坐禪 혹은 정좌와 동일하다고 여기지는 않았으며, 그것은 일상생활 세계의 모든 행위·사상 및 언설에 골고루 파급되어야 한다고 생각했다. 이에『단경』에서는 "한결같이 삼매三昧를 행한다는 것은 행하고 생활하며 앉고 눕는 모든 곳에서 항상 한결같이 곧은 마음을 행하는 것이다"12)라고 하였다. 즉 사람의 일상생활 세계에서의 선정이란 사람이 한결같은 마음과 한결같은 뜻으로 모든 일에 임하는 것이다.

마지막으로, 이와 같이 규정된 선정은 더 이상 신체의 정좌가 아니라 마음의 깨달음이다. 혜능은 선종을 심지법문心地法門으로 해석하였는데, "바깥으로 상相을 떠난 것이 선禪이고, 안으로 어지럽지 않은 것이 정定이다"13)라고 말하였다. 왜냐하면 그것은 마음의 본성이 드러나는 것이므로 상이 있는 것이 아니라 상이 없기 때문이다. "오는 것도 없고 또한 가는 것도 없으며, 생겨나는 것도 없고 사라지는 것도 없다. 이것이 여래如來의 청정한 선이고, 모든 법이 비어 고요한 것이 여래의 청정한 좌坐이다."14) 이렇게 이해된 선정은 제법의 진실한 본성과 막힘없이 통한다.

'선정'에 대해 해석하는 가운데, 혜능은 '선정'과 '지혜'의 관계를 끌어들여 이를 연구하였다. 일반적으로 정定과 혜慧는 서로 구별되며, 정으로 인하여 혜가 생기거나 혹은 혜로 인하여 정이 생긴다고 여긴다.

---

12) 「定慧品第四」, "一行三昧者, 於一切處行住坐臥, 常行一直心是也."
13) 「妙行品第五」, "外離相爲禪, 內不亂爲定."
14) 「宣詔品第九」, "無所從來, 亦無所去, 無生無滅, 是如來淸靜禪. 諸法空寂, 是如來淸靜坐."

그러나 혜능의 선종은 이러한 정과 혜에 대한 상투적 관점을 반대하였다. 그는 정과 혜는 한 몸이어서 둘이 아니며, 같은 곳에 속한다고 보았다. 그것의 관계는 마치 등과 빛의 관계와 같다.

> 등이 있으면 빛이 있고 등이 없으면 어두워지니, 등은 빛의 체體이고 빛은 등의 용用이다.15)

등은 빛의 등이며, 빛은 등의 빛이다. 한편으로 등은 빛 가운데 자기가 등임을 드러내고, 다른 한편으로 빛은 등이 발하고 비추는 빛살이다. 이에 '정'은 혜의 정이고, '혜'는 정의 혜이다. 이는 선정과 지혜가 서로를 규정해야 한다는 입장을 드러낸 것이다. 그러나 실제로 혜능은 지혜가 최종적으로 선정을 규정해야 한다고 하였다.

그런데 무엇이 지혜인가? 불교에서 말하는 지혜는 제법이 일체의 미정迷情과 망상妄相을 제거하는 참된 앎인데, 바로 '진리'이다. 그것은 세속에서 말하는 지혜(이는 총명일 따름이다)와 다르므로 이 때문에 사람들은 산스크리트어의 '반야般若'라는 말을 채용하였다. 일반적으로 반야는 실상반야實相般若(부처가 다다른 제법의 여실한 상), 관조반야觀照般若(부처가 말한 도리를 이해하고 직접 증명하는 것), 문자반야文字般若(부처가 말하여 직접 증명한 實相) 등으로 나눌 수 있다. 소승불교에 대해 말하건 대승불교에 대해 말하건, 반야는 모두 특별한 의미를 지닌다. 계·정·혜 삼학 가운데 혜학慧學은 의심할 나위 없이 가장 중요하다. 지혜의 수행에는 순서가 있는데, 그것은 첫째 들어서 지혜를 이루는 문소성혜聞所成慧, 둘째 들은 것을 생각하

---

15) 「定慧品第四」, "有燈卽光, 無燈卽暗, 燈是光之體, 光是燈之用."

여 지혜를 이루는 사소성혜思所成慧, 셋째 생각한 것을 수행하여 지혜를 이루는 수소성혜修所成慧, 넷째 수행으로 도를 증득하여 지혜를 이루는 증소성혜證所成慧로 나뉜다.

일반 불교에서 지혜를 이해하는 것과 달리, 혜능이 말하는 지혜는 또한 선종만의 독특한 내용이 들어 있다. 그는 "큰 지혜로 피안에 이른다"(大智慧到彼岸)라는 말을 해석할 때 일체를 마음의 본성으로 귀결시켰다. 그는 '대大'를 허공과 마찬가지인 마음의 공(心空)이라 여겼으며, '지혜'를 마음이 만사만물을 대하는 인식이라 여겼다. 또 '피안에 이르는 것'(到彼岸)을 생멸生滅의 변화를 극복하여 생겨나지도 않고 소멸하지도 않는 제법의 실상에 이르는 것이라 생각하였다. 비록 지혜가 특별하고 위대하더라도 지혜는 결코 신비하지 않다. 혜능은 지혜를 인간의 일상 생활 세계 속으로 환원하였다.

> 모든 장소와 모든 시간 속에서 생각 생각이 어리석지 않으며 늘 지혜
> 를 행하는 것이 곧 반야행般若行이다. 한 생각이 어리석으면 반야도 끊
> 기고, 한 생각이 지혜로우면 반야도 생한다.16)

지혜는 인간의 생명 시시각각 속의 일념一念 가운데 존재한다. 그러나 이 특별한 일념이 지혜일 수도 있고 어리석음일 수도 있다. 지혜는 지념智念으로서 우념愚念과 서로 구분이 되고, 아울러 자신의 깨달음을 보존한다.

---

16) 「般若品第二」, "一切處所, 一切時中, 念念不愚, 常行智慧. 卽是般若行. 一念愚卽般若絶, 一念智卽般若生."

그러나 혜능의 관점에 근거하면 마음은 그 본성이 지혜를 지니고 있을 뿐만 아니라 지혜 그 자체이다. 그는 세인들의 본성이 푸른 하늘처럼 청정하다고 생각하였다.

> 지智는 해와 같고 혜慧는 달과 같아 지혜는 항상 밝다. 바깥의 경계에 집착하는 것에서 망념이 뜬구름처럼 자성自性을 덮어 밝을 수 없다. 그러므로 선지식善知識을 만나 참된 정법正法을 듣고 스스로 미망迷妄을 제거하면 안과 밖이 밝아져 자성 가운데 만법이 드러난다.[17]

이 말은 비유적으로 설명한 것이다. 경문은 다음과 같은 과정으로 묘사하였다. 먼저 사람의 본성은 청정하며, 그다음으로 망념이 사람의 본성을 가리고, 결국에는 가려짐을 제거하는 돈오頓悟의 성불을 하게 된다는 것이다. 그러나 이 과정은 그다지 길지 않고, 극히 짧은 순간에 지혜의 생각이 어리석은 생각을 극복한다.

불교의 계·정·혜 삼학에 대해 혜능은 그것을 다만 외재적으로 규정하는 것을 반대하였다. 그 가운데 가장 전형적인 것은 신수神秀의 해석이다. 그는 다음과 같이 말하였다.

> 모든 악을 짓지 않는 것을 계戒라고 이름하며, 모든 선을 행하는 것을 혜慧라 하며, 스스로 그 뜻을 청정하게 하는 것을 정定이라 한다.[18]

---

17) 「懺悔品第六」, "智如日, 慧如月, 智慧常明. 於外著境, 被妄念浮雲蓋覆自性, 不得明朗. 若遇善知識, 聞眞正法, 自除迷妄, 內外明徹, 於自性中萬法皆現."
18) 「頓漸品第八」, "諸惡不作名爲戒, 諸善奉行名爲慧, 自靜其意名爲定."

신수는 계·정·혜를 나누어, 정은 일종의 마음에 대한 정화, 계와 혜는 사람의 행위 규범으로 구체화하여 선악의 윤리 규범을 따르게 하였다. 이와 달리 혜능은 그것들을 모두 심지心地와 자성自性의 기초 위에 올려놓았다. 그는 다음과 같이 말하였다.

> 심지에 잘못이 없는 것이 자성의 '계'이며, 심지에 어리석음이 없는 것이 자성의 '혜'이고, 심지에 어지러움이 없는 것이 자성의 '정'이다.[19]

심지 또는 자성은 지혜의 본원처이고, 심지어는 지혜 그 자체이다. 잘못이 없고, 어리석음이 없으며, 어지러움이 없으면 되는 것이다. 혜능은 심지 또는 자성을 지혜로 규정했을 뿐만 아니라 또한 계율과 선정으로 규정하였다. 이로 인해 혜능은 계·정·혜 삼학을 완전히 마음으로 내재화하였다. 이러한 변혁을 통해 선종은 중국 역사에서 새로운 지혜의 학문이 되었다.

2) 자성이 곧 부처이다

불교의 계·정·혜 삼학은 다음과 같은 핵심 문제에 집중되어 있다. 인간은 왜 부처를 배우고 성불해야 하는가? 물론 이것에 앞서 부처가 누구인지를 반드시 대답해야 한다. 부처는 결국 무엇을 의미하는가? 선종 지혜의 위대한 점은 부처를 불성佛性으로 이해했을 뿐만 아니라 인간의 자성自性으로 이해했다는 점에 있다.

---

19) 「頓漸品第八」, "心地無非自性戒, 心地無癡自性慧, 心地無亂自性定."

세계의 그 어떠한 유일신교나 다신교와 달리, 불교 속의 부처는 그 것이 자연신이든 인격신이든 간에 하느님·상제·신령 등을 의미하지 않는다. 부처는 '깨달음'을 의미하며, 또한 사람이 인생과 세계의 진리에 대해 깨달음을 의미한다. 이 때문에 부처는 곧 불성이다. 그렇게 깨달은 사람을 부처라 칭하는 까닭은 그들이 불성에 의해 규정되었기 때문이 다. 석가모니는 바로 역사상의 깨달은 인물이다. 비록 그는 성인이지만, 신이 아니라 사람이다. 심지어 그 자신까지도 모든 부처와 세존世尊은 인간에서 나왔지 천부적으로 얻어진 것이 아니라 여겼다. 부처가 깨달 음이라면 부처를 배우고 성불하는 관건은 역시 바로 깨달음에 있다.

모든 불교의 파별은 부처에 대한 신앙을 주장한다. 인도와 중국 역 사에서 일부 불교 파별은 심지어 부처를 외재화하고 우상화하는 경향 이 있다. 부처는 석가모니불 또는 기타 여러 부처가 되었다. 이러한 부 처들도 또한 우상으로 변하였다. 이러한 것에 호응하여 부처에 대한 신 앙은 석가모니불이나 여타의 부처에 대한 숭배로 변하였고, 부처를 우 상처럼 숭배하기까지 하였다. 그러나 선종은 이와 다르다. 부처 또는 불성이란 인간의 바깥에 있는 어떠한 사물이 결코 아니며, 인간이 본래 부터 이미 지니고 있던 자성이다. 이 때문에 선종은 어떠한 외재적 부 처에 연연해하는 것을 반대하며, 오히려 내재적 부처와 불성을 발현하 기를 요구함에 따라 자기를 부처로 만든다.

그런데 무엇을 '자성自性'이라 하는가? 일반적으로 '성'이란 본성을 말하는데, 이는 존재하는 사물을 규정한 것이다. 이 본성에 근거하여 하나의 존재자는 특별한 존재가 되어 버린다. 이른바 '자성'이란 사물의 존재 자체를 더욱 두드러지게 하는 규정이다. 자성이란 사물 자체의 본성이자 존재 자체가 드러내는 특성이다. 자성은 한편으로 이 존재자를 다른 존재자와 구별되게 하고, 다른 한편으로 존재자를 그 자신이 되게 한다. 불교에서 자성은 또한 법성法性, 실성實性, 본성, 여래장如來藏 등과 같은 일련의 다른 명칭들이 있다. 그러나 자성은 바로 혜능에서부터 독특한 의미를 지니게 되었다. 그것은 제법諸法의 자성이 아니라 사람의 자성을 가리키는 것이 되었다. 심지어는 대천세계大千世界에서 광물, 식물 그리고 동물은 자성이 없으며, 오로지 사람만이 자성과 불성을 지니고 있다고 말할 수 있다.

왜 자성은 만물의 자성이 아니라 단지 사람만의 자성인가? 이는 모든 세계에 사람만이 특별한 존재이기 때문이다. 오직 사람만이 마음을 지니고 있는데, 심지어 사람은 정신일 따름이다. 사람의 모든 존재 활동은 마음과 정신의 활동을 드러내는 것일 뿐만 아니라 근본적으로는 마음에 활동에 의해 규정된다. 비록 마음이 복잡하고 다변적일지라도 마음의 본성은 오히려 유일하고 영원하다. 그것이 본심, 진심, 진여심眞如心, 자성청정심自性淸淨心이다. 사람의 마음이 자기의 본심을 의식했을 때, 이 마음은 곧 깨달음의 마음이다. 그런데 사람은 자기의 마음만 의식할 뿐만 아니라 자기의 존재와 자기의 본성, 그리고 자성을 의식한다. 왜냐하면 자심自心은 자신의 본성을 깨달을 수 있으므로 사람은 자신이 자성으로 존재하는 존재자임을 알 수 있기 때문이다. 사람은 마음이 있고 자신의 자성을 알며, 아울러 자성을 소유하고 있다. 만물은 마음도 없고 자신의 자성도 알지 못하므로 결코 자성이 없다.

일반적으로 논하자면 '성性'과 '심心'은 다르다. '성'은 존재에 대한 규정이고, '심'은 인간에 대한 규정이다. 그러나 선종에서 이해하는 성과 심은 동일하다. 그것은 모두 사람과 관련된 것이다. 성은 인간의 성이고 심은 인간의 마음이다. 사람의 몸에 있어서 그것은 상호 작용을 한다. 성은 마음을 낳으며, 마음은 성과 곧장 통한다. 이러한 관계 속에서 성은 곧 마음이고, 마음은 곧 성인 것이다. 또한 자성은 곧 자심이며, 자심은 곧 자성이다. 마음과 성은 합하여 하나가 될 수 있는데, 심성心性이라 부르는 것이 그것이다. 선종의 혁명성은 부처의 불성을 사람의 자성으로 이해한 것일 뿐만 아니라 사람의 자성을 사람의 본심으로 이해한 데 있다. 이는 사람마다 불성을 지닌 것이라 말하는 것이다. 이에 성불의 문제는 일반 세계에 대한 문제가 아니라 사람의 문제가 되었고, 게다가 이 시각 이곳의 문제이자 아울러 사람의 순간적인 마음의 문제로 주로 표현되었다.

혜능은 불성을 곧장 사람의 자성으로 이해하였다. 이는 사람의 자성이 불성을 완전하게 갖추고 있다는 것이다. 그는 일찍이 감탄하면서 다음과 같이 말하였다.

> 내 자성自性이 본래 청정한 것임을 어찌 알았으랴! 내 자성이 본래 생멸生滅이 없는 것임을 어찌 알았으랴! 내 자성이 본래 구족具足한 것임을 어찌 알았으랴! 내 자성이 본래 흔들림 없는 것임을 어찌 알았으랴! 내 자성이 만법萬法을 생하는 것임을 어찌 알았으랴![20]

혜능은 왜 자성에 대해 이처럼 깊이 놀라워했는가? 사람들이 줄곧

---

20) 「自序品第一」, "何期自性, 本自淸靜. 何期自性, 本不生滅. 何期自性, 本自具足. 何期自性, 本無動搖. 何期自性, 能生萬法."

불성과 자성을 구별했기 때문이다. 즉 부처의 불성은 밝은 것이고, 사람의 자성은 더럽혀진 것이라 보았다. 사람들은 여태껏 자성의 위대함을 발견하지 못하였다. 혜능은 득도한 이후 부처의 불성과 사람의 자성이 둘이 아님을 친히 증명하였다. 여기에서부터 그는 자성의 완전무결함을 찬미하였다.

이른바 '자성은 본래 청정하다'라는 것은 무명無明의 더럽혀짐이나 가려짐 및 이것에서부터 말미암은 무한한 번뇌와 고통이 없다는 말이며, 그것은 순결하며 맑고 투명하다는 말이다. 자성에 대한 신수의 게송偈頌은 여전히 그것을 깨닫지 못하고 있다. 그는 말하였다.

> 몸이 보리수이면 마음은 명경대이네. 시시각각 열심히 털고 닦아 먼지가 끼지 않게 하리라.[21]

신수의 문제는 몸과 마음을 실체화하였고 자성을 유有로 파악하여 '공空'을 이해하지 못한 것에 있다. 동시에 그는 더럽혀진 것을 없애라고만 요구했지, 원래가 청정하다는 것을 깨닫지 못하였다. 시간적으로 이와 동시에 혜능은 신수와는 완전히 다른 마음의 깨달음을 말하였다.

> 보리는 원래 나무가 아니며 밝은 거울 또한 받침이 없네. 불성은 항상 청정하거늘 어느 곳에 먼지와 띠끌이 일까.[22]

---

21) 「自序品第一」, "身是菩提樹, 心如明鏡臺. 時時勤拂拭, 勿使惹塵埃."
22) 「自序品第一」, "菩提本無樹, 明鏡亦非臺. 佛性常淸靜, 何處有塵埃."

혜능은 자성과 불성에 본래 상相이 없다고 가리킨 것 이외에도 자성은 원래 청정한 것이자 오염되지 않은 것임을 더욱 강조하였다. 이에 자성의 체득은 여러 외재적 수행을 통한 것이 아니라 내재적 본성을 깨닫는 것임을 말하였다.

또 '자성은 원래 생멸이 없다'라고 한 것은 자성은 유위법有爲法이 아니라 생멸하는 상相이 없다는 것이다. 자성은 사람의 실상實相인데, 둘이 아닌 실성이다.

> 둘이 아닌 성이 곧 실성實性이다. 실성이란…… 끊어지지도 않고 항상 있지도 않으며, 오지도 않고 가지도 않으며, 그 중간이나 안과 밖이 없으며, 나지도 않고 사라지지 않은 성의 모습 그대로이며, 항상 머물러 옮기지 않으니, 이를 이름하여 도道라 한다.[23]

불성은 어떠한 사물이 시간과 공간 속에 있는 것과는 다르다. 이에 불성은 어떠한 시간성이나 공간성의 의미도 지니지 않는다. 이와 달리 자성은 열반묘심涅槃妙心이다. 열반은 죽음이나 입적이 아니라 나지도 않고 소멸하지도 않는 것이다. 이 불생불멸不生不滅은 소멸로 생함을 멈추거나 생함으로 소멸을 드러내는 것이 아니라, 원래 생겨나는 것도 없고 소멸하는 것도 없다는 뜻이다. 그것은 생멸의 윤회를 넘어선 원만함이다.

이른바 '자성은 본래 구족하다'는 것은 자성이 그 자체로 완전무결

---

23) 「自序品第一」, "無二之性, 卽是實性. 實性者……不斷不常, 不來不去, 不在中間, 及其內外, 不生不滅, 性相如如, 常住不遷, 名之曰道."

하다는 것을 가리키는 것으로, 부처 혹은 불성의 모든 공덕을 지녔다는 것이다. 부처는 깨달음이다. 우선은 자신이 깨닫는다. 부처는 스스로 불생불멸의 진여본성眞如本性을 깨달았다. 그다음으로 다른 사람을 깨닫게 한다. 부처는 자비의 마음을 품고 널리 중생을 구제하였는데, 자기의 지혜로 미혹에 빠진 이들을 교화하고 그들이 보리심을 내어 청정한 곳에 이르도록 하였다. 최종적으로는 원만함을 깨닫는다. 부처는 위로 보리심을 구하였을 뿐만 아니라 아래로 중생들을 교화하였는데, 자비와 지혜를 함께 운영하여 복福과 지혜를 모두 만족하게 하였고, 이에 공덕이 원만해진다.

이른바 '자성은 본래 흔들림이 없다'는 것은 자성의 평온함을 가리키며, 자성이 원래 지녔던 티 없는 깨끗함을 지킬 수 있다는 뜻이다. 만약 사람의 마음에서 망념이 일어난다면 그것은 환경에 따라 흔들리는 것이다. 즉 마음에는 자기를 규정한 것도 없고 환경을 규정한 것도 없지만, 거꾸로 말하면 환경에 의해 규정된다는 것이다. 환경의 생멸은 마음을 생멸을 야기하지만 자성은 오히려 본래부터 흔들림이 없다. 이것은 조금도 망념이 없다면 자신을 보존하여 환경에 따라 옮겨지지 않는다는 말이다.

또 '자성이 만법을 생한다'는 말은 그것이 만법을 만법으로 드러낼 수 있음을 가리킨다.

자성이 만법을 포함할 수 있는 것을 함장식含藏識이라 이름한다. 만약 사량思量을 일으키면 진식轉識이 된다. 이것이 육식六識을 내어 육문六門으로 나가고 육진六塵을 보게 하는 것이니, 이와 같은 18계界가 모두 자

성에서 작용을 일으키는 것이다.[24]

  만법이란 모든 존재자를 가리킨다. 그것은 바로 자성 또는 자심에 의거하여 가려짐으로부터 열림으로 나아가는 것이다. 만약 자성이 없다면 만법도 없으며, 자성이 있다면 곧 만법도 있다. 모든 만법은 자성을 벗어나지 못한다. 이것은 만법은 오직 자성이자 유심唯心임을 드러낸다.

  혜능이 말한 '자성'의 다섯 가지 특징에 대해 실제로는 두 가지 측면으로 나누어 밝힐 수 있다. 하나는 본래부터 청정하다는 것과 본래 생멸이 없다는 것, 그리고 본래부터 구족하다는 것은 자성의 본성에 대해 말한 것이고, 다른 하나는 본래 흔들림이 없다는 것과 만법을 생할 수 있다는 것은 자성과 만법의 관계에 대해 말한 것이다. 전자는 주로 자성의 공성空性에 대해 말하였고, 후자는 주로 자성의 실성實性에 대해 말하였다. 이 두 측면은 자성의 '둘이 아닌'(不二) 특성을 드러낸 것인데, 공도 아니고 실도 아니며 또한 공이자 실이라는 것이다.

  혜능의 선종은 사람마다 모두 이와 같이 신기한 자성을 지니고 있다고 여겼다. 이것이 부처를 배우고 성불을 함에 있어서 내재적 가능성을 제공하였다. "보리의 자성은 본래 청정하며, 다만 이 마음을 쓰면 곧장 성불한다."[25] 도를 수행하는 관건은 마음이 그 본성을 드러내는 데 있다. 이것이 성불의 유일하고도 간명한 큰길이다.

---

24) 「付囑品第六」, "自性能含万法, 名含藏識. 若起思量, 卽是轉識. 生六識, 出六門, 見六塵, 如是一十八界, 皆從自性起用."
25) 「自序品第一」, "菩提自性, 本來淸淨, 但用此心, 直了成佛."

3) 미혹

비록 자성과 불성이 늘 인간에게 있더라도 그것은 오히려 다시 늘 가려진다. 왜 그러한가? 사람마다 태어나면서 불성을 지니고 있지만 불성을 잃어버릴 가능성이 있기 때문이다. 불성을 지니지 않은 존재에 대해 말하자면 그것들은 이미 불성을 지닐 수가 없으므로 불성을 잃어버릴 가능성도 없다. 이 때문에 사람의 불성과 그것이 가려지는 것은 내재적 관계를 지니고 있다.

혜능은 불성이 미혹되는 것은 마치 푸른 하늘을 먹구름이 가리듯

[청淸] 석도石濤, 「나한도羅漢圖」

청정한 사람의 본성이 나쁜 것에 물들거나 가려져 그러한 것이라고 생각하였다. 이것은 하나의 개별적인 사건이 아니라 보편적인 사실이다. 자성을 지닌 대중은 일반적으로 모두 자성이 미혹되고 현혹되는 과정 속에 있다. 이러한 상황에 근거하면 사람의 자성에는 원초적인 패러독스가 존재하는데, 이 또한 두 가지 대립적 현상이다. 그 하나는 사람의 자성은 결코 애초부터 무명無明에 있지 않고 청정하다는 것이며, 다른 하나는 사람의 자성은 또한 다른 사물의 영향을 완전히 배제할 수 없고 때와 장소에 상관없이 미혹되고 있다는 것이다. 그런데 자성의 청정함은 내재적이고 필연적이며

영원한 것이지만, 자
성의 미혹은 외재적
이고 우연적이며 일
시적이다. 그럼에도
자성의 미혹이 오히
려 무명無明과 번뇌

를 일으키고 여러 죄과罪過를 형성한다.

사람이 자성을 잃는다는 것은 근본적인 측면에서 사람의 자심自心을 잃는다는 것이다. 이는 마음이 자신을 가리거나 다른 사물이 마음을 가리는 것이다. 이러한 것이 왜 발생하는가? 마음이 미혹되면 생각을 일으키고 의념意念을 계속 낳기 때문이다. 물론 여기에서 말하는 '의념'이 일반적으로 말하는 의념 또는 어떠한 생각을 의미하는 것은 결코 아니다. 이것은 정념正念과는 완전히 다른 사념邪念이다. 여기에서 생각을 일으킨다고 말한 것은 바로 삿된 생각이 일어난다는 것이다. 불교에서 말하는 사념이란 여러 가지의 어떠한 생각이 아니라 바로 삼독三毒인데, 그것은 바로 탐진치貪嗔痴이다. '탐'은 탐욕으로, 바깥 사물을 갈구하거나 소유하기를 바라는 것이다. '진'은 분노와 원한인데, 이는 사람이나 사물을 다치게 하거나 심하면 없애기까지 한다. '치'는 무명無明으로, 무지하거나 잘못 아는 것이다. 마음이 이 세 가지 사념을 일으킬 때 사람의 자성은 숨겨져 드러나지 않는다.

그렇다면 마음은 왜 잃어버림을 야기하는가? 이것은 마음이 생각을 일으킬 때 그 의향이 외재적 사물을 향하는 데 있다. 일단 마음이 외재적 사물에 지배를 받게 되면 마음 자신의 본성을 잃을 수 있다. 이 역시

'자심'을 잃는 것을 의미한다. 선종에서는 그것을 경계에 집착한다는 뜻인 '착경著境'으로 표현하였는데, 이는 마음이 이리저리 돌아다니다 바깥 사물과 얽매여 그것의 영향을 받는다는 것이다. 불교에서는 마음과 사물이 구성하는 세계를 오온五蘊, 12처處, 18계界라는 말로 더욱 구체화하여 표현하였다. '오온'은 세계를 구성하는 다섯 가지 요소로, 색色·수受·상想·행行·식識이다. '12처'는 육진六塵과 육근六根을 가리킨다. 육진은 색色·성聲·향香·미味·촉觸·법法이며, 육근은 안眼·이耳·비鼻·설舌·신身·의意이다. '18계'는 12처에 그에 상응하는 육식六識, 즉 안식眼識·이식耳識·비식鼻識·설식舌識·신식身識·의식意識을 더한 것이다. 그러나 마음이 사물에 제약이 될 때 그것은 사물에 속박되며 아울러 사물에 의해 가려진다. 이것이 바로 혜능이 비판한 '바깥에 미혹되어 현상에 집착한다'(外迷著相)는 것이다.

그런데 이 '외미착상外迷著相'은 자성의 잃어버림만 표현하는 것이 아니라 사람이 부처를 배우고 성불하는 길 위에 있을 때의 잃어버림도 표현한다. 사람이 비록 자성의 잃어버림을 발견하고 자성으로 되돌아가려고 하더라도 이 자성을 찾는 과정 속에 '외미착상'이 발생할 수도 있다. 다만 사람이 자신을 깨닫지 못하고, 자신이 미혹 속에 처해 있다는 것을 알지 못할 따름이다.

깨달음을 추구하는 과정은 일반적으로 대소승 불교에서 공통적으로 주장하는 계정혜戒定慧 삼학이다. 사람들이 만약 혜능처럼 계정혜 삼학을 자성과 불성으로 이해한다면 그는 자성을 깨닫는 길로 나아갈 것이다. 거꾸로 말하면, 사람들은 불교의 기본 교리인 계정혜를 오해할 뿐만 아니라 자성의 미혹을 초래한다. 이러한 것에는 여러 가지 다른 다음과 같은 현상이 있다.

첫째, 사람들은 계율을 무상無相으로 이해하지 않고 유상有相으로 이해한다. 또 불교에는 매우 많은 규율이 있는데, 이에 근거하여 불교도를 비불교도에서 구분해 내려 한다. 그러나 다만 외재적 규율만을 따른다면 사람으로 하여금 마음의 깨달음에 결코 이르게 할 수 없다. 이와 반대로 규율에 대해 피동적으로 복종만 하는 것도 아무런 의미가 없는 텅 빈 행위가 된다.

둘째, 사람들의 선정禪定은 마음의 깨달음이 아니라 육체의 정좌靜坐이다. 이러한 정좌는 마음의 펼침을 신체적 수련으로 대체하였고, 일상생활에서 나타나는 인연에 따라 움직이고 자유롭게 오고 가는 것을 마음을 비우고 아무런 생각이 없거나 늘 앉아만 있고 움직이지 않는 것으로 치환하였다. 이것은 실제로는 몸과 마음에 대한 손상이다. 선정과 지혜가 결합될 때만이 비로소 사람을 자성에 도달하게 할 수 있다.

셋째, 사람들이 지혜를 추구할 때 안으로 구하려 하지 않고 바깥으로 구하려 한다. 이에 지혜에 대한 추구는 일종의 어리석음에 대한 갈망으로 변하였다. 혜능은 부처가 곧 불성이자 자성이라고 여러 차례 지적하였다. 이 때문에 부처를 구하는 것은 바깥으로 향해서는 안 되고, 안으로 향해야 한다. 그런데 많은 사람들은 불성을 부처라는 우상과 동등하게 생각하고, 아울러 자성의 깨달음을 우상에 대한 숭배로 오해하였다. 동시에 독경만을 중시하여 이것으로부터 무상보리無上菩提 즉 더할 나위 없는 진리를 얻을 수 있다고 믿어 버렸다. 혜능은 입으로 아무리 반야를 외어도 자성의 반야를 알지 못하면 이는 어리석음이지 지혜가 아니라고 여겼다. 이 밖에도 반야를 입으로만 외고 마음으로 하지 않는다면 이것은 다만 환상처럼 일어났다 순식간에 사라지는 것에 불과할 따름이라 하였다.

계정혜 이외에 대승불교에서는 소승불교와는 다른 보시布施, 인욕忍辱 그리고 정진精進 등을 여전히 주장하였다. 그것을 합쳐 육도六度라 칭한다. 그 가운데 보시는 육도의 으뜸이다. 왜냐하면 보시는 널리 중생을 구제하는 대승불교의 자비 정신을 체현하는 것이기 때문이다. 그러나 혜능은 절을 지어 승려를 거처하게 하고 그들에게 음식을 차려 보시하는 것은 다만 복福을 닦는 것이지 도道를 닦는 것이 아니라고 보았다. 도를 닦는 것과 복을 닦는 것은 천양지차다. 도를 닦는 것도 공덕을 수련하는 것이다. 그렇다면 무엇이 진정한 공덕인가? 혜능은 "생각 생각이 끊임없는 것이 공이고, 마음을 평등하고 곧게 행하는 것이 덕이다. 스스로 본성을 닦는 것이 공이고 스스로 몸을 닦는 것이 덕이다"[26]라고 하여, 공덕을 수련하는 것은 사람의 자성과 자심을 수련하는 것이라 강조하였다. 그러나 사람들은 종종 복을 닦는 것으로 공덕을 대체하였다.

> 미혹된 사람은 복을 닦지만 도를 닦지 않고서, 다만 복을 닦는 것이 도를 닦는 것이라 말한다. 보시와 공양의 복은 끝이 없지만, 마음속의 삼악三惡(탐진치)은 원래 지었다. 복을 닦아서 죄업을 없애려 생각하지만 후세에 복을 얻었다고 해도 죄업은 여전히 있다. 다만 마음속에 있는 죄의 인연을 없애는 것이 각자의 자성 속에서 참된 참회이다.[27]

---

26) 「決疑品第三」, "念念無間是功, 心行平直是德. 自修性是功, 自修身是德."
27) 「懺悔品第六」, "迷人修福不修道, 只言修福便是道. 布施供養福無邊, 心中三惡元來造. 擬長修福欲滅罪, 後世得福罪還在. 但向心中除罪緣, 各自性中眞懺悔."

즉 복을 닦는 사람들은 심성을 결코 수련하지도 않으며, 공덕을 수련하지도 않는다. 그러므로 여전히 깊은 미혹 속에 처해 있다는 말이다.

혜능은 자성의 미혹이 다만 외미착상外迷著相일 뿐만 아니라 안으로 공에 집착하는 미혹(內迷著空)에 있다고 지적하였다. 수도修道하는 과정에 비록 사람들이 모든 현상의 허황됨을 인식하여 그것들에 대한 집착을 극복할 수 있다고 하더라도 다른 상황, 즉 일종의 허무한 정신적 상태에 빠질 수 있다. 이렇게 공에 집착하는 사람은 심지어 문자와 경문까지도 반대한다. 이러한 극단적인 방법은 부처가 말한 지혜를 부정할 뿐만 아니라 자기모순에 빠져 자기에 관한 어떠한 말도 부정해 버린다. 혜능은 이것은 다만 삿된 견해(邪見)일 따름이라고 보았는데, 그것은 심성을 결코 드러내지도 않고 오히려 심성을 가리기 때문이다. "일법一法을 보지 않고서 무無라는 견해를 간직하면 뜬구름이 해를 가리는 것과 같다. 일법을 알지 못하면서 공을 알았다고 고수하면 허공에 번개가 일어나는 것과 같다."28) 이러한 '공'은 여전히 있음(有)이다. 이에 근거하면 공에 집착하는 사람은 결코 자성에 대한 깨달음에 도달할 수 없다.

4) 부정으로서의 무념

사람들의 미혹은 비록 여러 가지가 있다고 하더라도 그 관건은 미념迷念에 있는데, 이는 사람 스스로가 마음을 잃어버린 것이다. 이러한 경우 미혹에 대한 극복은 다른 어떠한 방법의 도움을 받는 것이 아니라

---

28) 「機緣品第七」, "不見一法存無見, 大似浮雲遮日面. 不知一法守空知, 還如太虛生閃電."

마음의 미혹을 제거하는 데 있다. 혜능은 다음과 같이 말하였다.

> 보리반야의 지혜는 세상 사람들이 원래 가지고 있는 것이지만 마음에
> 미념이 일어나 스스로 깨닫지 못하는 것이다. 이럴 경우 모름지기 대
> 선지식大善知識의 힘을 빌려 자신의 본성을 보아야 한다. 어리석은 사
> 람이나 지혜로운 사람에게 불성은 원래 차이가 없다는 것을 알아야 하
> 니, 다만 마음이 얼마나 미혹되었느냐에 따라 어리석음과 지혜로움이
> 나뉜다.[29]

비록 사람마다 자성을 지니고 있으나 미혹된 사람은 그것을 드러내
지 못하기에 어리석고, 이와 반대로 깨달은 사람은 그것을 얻기 때문에
지혜로운 사람이 된다. 어리석은 사람이 어리석게 되는 까닭은 그가 스
스로 깨달을 수 없기 때문이다. 그가 자성을 깨달으려 할 때는 반드시
지혜로운 자의 계발을 받은 다음에야 자기의 깨달음에 도달하게 된다.

어리석은 사람이 미혹되는 것과 달리 지혜로운 사람은 마음을 밝혀
본성을 본 사람이다. 그런데 지혜로운 사람이 깨달을 수 있는 이유는
부처가 이미 무상보리無上菩提의 지혜를 말했기 때문이다. 『법화경法華經』
에서는 제불세존諸佛世尊이 오직 일대사인연一大事因緣 때문에 이 세상에
출현하였다고 하였다. 이른바 '일대사'에 대해 혜능은 어떠한 다른 사물
이 아니라, 부처의 지견智見이자 부처의 그 위에 더할 수 없는 지혜(無上智
惠)라고 보았다. 부처의 지견은 일반적으로 개開·시示·오悟·입入으로
나뉘는데, 부처가 이 세상에 출현한 네 가지 뜻으로 중생이 진리를 열

---

29) 「般若品第二」, "菩提般若之智, 世人本自有之, 只緣心迷, 不能自悟. 須假大善知識, 示導見性.
   當知愚人智人, 佛性本無差別, 只緣迷誤不同, 所以有愚有智."

고, 보고, 깨닫고, 그 길에 들게 하는 일이다. 부처의 지견인 개·시·오·입은 사람의 자성 바깥에 있는 것이 아니라 자성에 내재하는 것이다. 그것은 바로 사람 자성의 열고, 보고, 깨닫고, 그 길에 들어가는 것이다. 제불세존이 이 세상에 출현한 것은 중생 자성의 개시오입을 위한 것이며, 마찬가지로 지혜로운 자가 열고 이끄는 것 역시 어리석은 자의 자성을 개시오입하게 하려는 것이다.

그런데 미혹된 사람들은 어떻게 해야 진정한 깨달음에 이를 수 있는가? 이것은 오직 미혹을 제거해야 하며, 마음에 가려짐을 제거해야 하는 것이다. 그 구체적인 표현이 "모든 인연을 그치게 하고 일념一念도 생기게 하지 말라"[30]라는 것이다. 혜능은 그것을 '무념無念'이라 표현했으며, 아울러 이것이 선종의 가장 기본적인 수행 법문이라 생각했다.

'무념'에 대해 혜능은 세 가지로 구체적인 규정을 하였다. 그것은 '무념위종無念爲宗', '무주위본無住爲本' 그리고 '무상위체無相爲體'이다. 여기에서 '종宗'·'본本'·'체體'는 모두 동일한 의미를 가지는데, 사물의 근본을 가리킨다. '무념'과 '무주', 그리고 '무상'은 모두 선종 수행 법문의 근본이자 이 세 가지는 모두 하나의 공통적 특성을 지닌다. 그것은 바로 '부정否定'이다. 부정은 일종의 정신적 활동으로 마음의 가려짐을 제거함에 따라 진실한 자신을 드러낸다. 비록 '무념'·'무주'·'무상'이 모두 부정적 특성을 띠고 있지만, 그 사이에는 차이점도 있다. 예를 들어 만약 '무념'과 '무주'가 주로 마음에 대해 부정하는 것이라고 말한다면, '무상'은 주로 경계에 대해 부정하는 것이다.

---

30) 「自序品第一」, "屛息諸緣, 勿生一念."

'무념'은 일반적으로 정신 또는 마음의 활동이 없는 것이라 이해되는데, 이는 마치 돌덩이나 식물과 같이 '마음은 사그라진 재와 같다'(心如死灰)는 것이다. 그런데 이는 '무념'에 대한 극단적인 오해이다. 생명을 지닌 존재로서 사람은 근본적으로 정신 활동을 지닌 존재이고, 이 때문에 마음이 아무런 생각이 없는 데 이르러 그 정신 활동 자체를 제거할 수가 없다. 혜능은 "만약 다만 온갖 사물에 대해 생각을 하지 않아 모든 생각을 다 없애려 한다면 한 생각이 끊어지는 것은 곧 죽는 것이고 다른 곳에서는 태어나는 것이니, 이는 크게 잘못된 것이다"[31]라고 하였다. 즉 이러한 무념은 마음의 깨달음 혹은 새로운 탄생이 아니라 철저한 마음의 죽음일 따름이다.

진정한 무념은 '생각하는 것 가운데 생각하지 않음'이다. 혜능은 "모든 경계 위에서 마음이 물들지 않는 것을 무념無念이라 한다. 자기의 생각 위에서 항상 모든 경계를 떠나 경계 위에서 마음을 내지 않는 것이다"[32]라고 말하였다. 즉 무념이란 여전히 마음의 활동임을 표명한 것일 따름이라는 말이다. 그러나 그것은 만물에 집착하는 것도 아니며 외물에 가려지는 것도 아니다. '경계' 속에서의 생각이란 모두 외물에 오염된 생각으로 순수한 생각이 아니다. 이른바 '무념'이란 외재적인 사물의 오염을 제거한 생각으로, 순수한 생각에 도달한 것이다.

선도 생각하지 않고 악도 생각하지 않을 그때가 바로 혜명상좌惠明上座의 본래면목이다.[33]

---

31) 「定慧品第四」, "若只百物不思, 念盡除却, 一念絶卽死, 別處受生, 是爲大錯."
32) 「定慧品第四」, "於諸境上心不染, 曰無念. 於自念上, 常離諸境, 不於境上生心."

이 말은 선악의 실제적인 구별을 부정한 것이 결코 아니라, 마음이 선악의 대립을 멀리 떠나 있어야 한다고 강조한 것이다. 순수한 마음은 악한 생각을 없애야 할 뿐만 아니라 선한 생각도 없애야 한다. 이는 선한 마음에서도 그 대립면이 되는 악한 마음을 불러일으켜 나타날 수 있다는 말이다. 그러므로 순수한 마음은 선과 악의 경계 바깥으로 넘어서는 것이다.

이른바 순수한 생각이란 선종에서 추구하는 진여眞如의 본성이다. 이렇게 되면 '무념'은 이미 악함이 없는 생각이자 진여의 생각이다.

> 무無란 어떠한 일이 없는 것인가, 염念이란 어떠한 사물을 생각하는 것 인가? 무라는 것은 두 가지 상相이 없는 것이니, 모든 세속의 잡다한 번뇌의 마음이 없는 것이며, 염이란 진여의 본성을 생각한다는 것이 다. 진여는 염의 체體이며, 염은 진여의 용用이다.[34)

여기에서 '염'과 '진여'는 일종의 내재적 체용의 관계를 이룬다. 한편으로 진여는 마음이 없는 것이 아니라 마음이 있는 것이며, 다른 한편으로 염이란 잡념雜念이 아닌 순념純念인데, 바로 진여의 생각이다.

이로부터 염에는 '잡념'과 '순념'이라는 두 가지 대립적 말뜻이 포괄되어 있음을 볼 수 있다. 이 때문에 '무념' 역시 두 가지 다른 의미를 함축하고 있다. 생각이 잡념일 때 무념은 이러한 생각들을 부정하는 것이고, 생각이 이와 달리 순념일 때 무념은 이러한 생각을 드러내는 것이

---

33) 「自序品第一」, "不思善, 不思惡, 正與麼時, 那個是明上座本來面目."
34) 「定慧品第四」, "無者何何事, 念者念何物? 無者無二相, 無諸塵勞之心, 念者念眞如本性, 眞如 卽是念之體, 念卽是眞如之用."

다. 당연히 혜능에게서는 무념이란 주로 잡념을 제거하는 의미로 말해
진다.

만약 무념이 마음의 잡념을 부정하는 것이라면 그것은 사람들에게
생각을 일으키지 말도록 하는 것이다. 생각을 일으키는 것은 진여의 생
각 이외에 따로 잡념이 생긴다는 것이다. 그것은 마음의 바깥에서 마음
을 생하는 것이며, 생각의 바깥에서 생각을 낳는 것이다. 혜능은 다음과
같이 말하였다.

> 만약 마음에 집착한다고 하면 마음은 원래가 망령된 것이어서 마음이
> 허환하다는 것을 알므로 집착할 바가 없다. 만약 청정함을 본다고 말
> 한다면 사람의 본성은 본래 청정한데 망념으로 말미암아 진여가 덮인
> 것이어서 다만 망상만 없다면 성은 원래 청정하다. 마음을 일으켜 청
> 정함에 집착하여 오히려 청정하다는 망상을 낳는데, 망상은 오히려 처
> 할 곳이 없으므로 집착하는 것이 바로 망상이다. 청정함은 형상이 없
> 고 오히려 청정하다는 형상을 낳아 공부工夫라고 말한다. 이러한 견해
> 를 생하는 것은 본성을 막아 오히려 청정하다는 생각에 묶이게 한
> 다.[35]

혜능은 이곳의 '망상'과 '청정함'에서부터 '마음을 일으키는 것'(起心)
과 '마음을 보는 것'(看心)을 모두 부정하였다. 사람의 마음은 허망한데,
일단 마음을 일으키고 마음을 보게 되면 망념이 생겨날 수 있다. 동시
에 사람의 본성은 청정하지만, 마음을 일으키고 마음을 보게 되면 청정

---

35)「妙行品第五」, "若言著心, 心元是妄, 知心如幻, 故無所著也. 若言著淨, 人性本淨, 由妄念故,
覆蓋眞如, 但無妄想, 性自清淨. 起心著淨, 却生淨妄, 妄無處所, 著者是妄. 淨無形相, 却立淨
相, 言是工夫. 作此見者, 障自本性, 却被淨縛."

함의 바깥에 망념을 더할 따름이다. 이 때문에 관건은 본성의 청정함을 보존하는 것이고, 동시에 마음이 본성으로 돌아가는 것을 유지하는 것이다.

'무념'은 한편으로 생각을 일으키지 않는 것이지만, 다른 한편으로 생각에 머물지 않는 무주념無住念이다.

> 무주無住란 인간의 본성이 세간의 선악과 미추, 심지어는 원망하는 것과 친함, 말을 주고받음에 다치게 하고 다투는 때에도 모든 것을 공空으로 여겨 서로를 해치려 하지 않고 생각 생각 가운데서도 이전의 경계를 생각하지 않는 것이다. 만약 앞의 생각(前念)과 지금의 생각(今念), 나중의 생각(後念)이 한 생각 한 생각 서로 끊임없이 이어진다면 이를 얽매임이라 이름한다. 모든 법에 대해 생각 생각이 머무르지 않는다면 얽매임이 없다.36)

얽매인 생각, 즉 주념住念이란 사람이 자기가 일으킨 생각에 집착하여 그것에 의해 속박됨을 가리킨다. '머물지 않음'(無住)이란 사람이 생각의 속박을 벗어나 자유에 도달한 것이다. 일단 사람이 생각의 무주에 도달할 수 있다면 순식간에 청정한 본심을 체득할 수 있다. 마음이 머물지 않는 법은 도가 곧 막힘없이 통하는 것이다.

생각에 대한 부정으로써 '무념'·'무주'와 동시에 '무상無相'(형상이 없음)은 사람이 만나는 경계에 대한 부정이다. 무엇이 형상이 없음인가?

---

36) 「定慧品第四」, "無住者, 人之本性, 於世間善惡好醜, 乃至寃之與親, 言語觸刺欺爭之時, 竝將爲空, 不思酬害, 念念之中, 不思前境. 若前念今念後念, 念念相續不斷, 名爲繫縛. 於諸法上, 念念不住, 卽無縛也."

그것은 형상이 있음에서 형상을 떠남을 가리킨다. "바깥으로는 다만 일체의 상相에서 떠남을 무상無相이라 이름한다. 다만 상을 떠날 수 있으면 법체가 청정하다."[37] 이른바 '상'이란 마음과 상대되는 갖가지 사물이다. 그것은 사람 바깥에 있는 각종의 경계 이외에도 사람 자신의 행위와 사상, 그리고 언설을 포괄한다. 그것은 '상'과 서로 교착하여 상을 일으키고 또 상에 머문다. 이와 상응하여 이른바 '무상'이란 것은 두 가지 의미를 포함한다. 하나는 상을 일으키지 않

[송宋] 주계상周季常, 「오백나한五百羅漢」

는 것이며, 다른 하나는 상에 머무르지 않는 것이다. 혜능은 사람이라면 경계에 대한 집착을 극복해야 한다고 강조했을 뿐만 아니라 모든 선종의 수행은 '무상법문無相法門'이라고 생각하였다.

만약 '무념'이 주로 부정적 측면에서 말한 것이라면 '깨달음'은 주로 긍정적 측면에서 말한 것이다. 그러나 무념이 곧 깨달음이고, 깨달음이 곧 무념이다. 즉 무념은 가려짐을 제거함, 깨달음은 드러냄에 달려 있다. 혜능은 "무념의 법을 깨달은 자는 만법에 다 통하며, 무념의 법을 깨달은 자는 제불의 경계를 보았으며, 무념의 법을 깨달은 자는 부처의

---

37) 「定慧品第四」, "外但離一切相, 名爲無相. 但能離於相, 卽法體淸淨."

지위에 오른 자이다"38)라고 하였다. 제불의 실상은 자성이며, 제불의 경계는 지혜이다. 이것에서부터 사람은 무상보리의 성인이 되어 얻은 진정한 과(聖果)인 마음을 밝혀 자신의 불성을 보는 것(明心見性)을 증득하게 되는 것이다. "자신의 불성을 본 사람은 세워도 되고 세우지 않아도 되며, 오고 감에 자유로워 막힘도 없고 장애도 없어 용用에 따라서 행위하고 물음에 따라서 답을 하며 화신化身을 널리 드러내고 자성에서 떠나지 않으니, 자유로운 신통함과 유희하는 삼매三昧를 얻는다. 이것을 견성見性이라 이름한다."39) 한편으로는 자신이 명심견성明心見性하며, 다른 한편으로는 타인을 명심견성하게 하는 것이다.

혜능의 '무념법無念法'은 미혹에서 깨달음으로 가는 근본적인 전환이다. "경계에 집착하면 생멸이 일어나는데, 마치 물에 파도가 있는 것과 같으니 이것을 차안此岸이라 이름한다. 경계를 떠나면 생멸이 없어 마치 물이 늘 흘러 통하는 것과 같은데, 이를 피안彼岸이라 이름한다."40) 이에 선종의 법문으로써 '무념법'은 차안에서 피안에 이르는 대지혜이다.

이러한 전환은 다만 매우 짧은 시간에 발생한다. 이 때문에 선종은 본질적으로 일종의 돈오법頓悟法이다. "이전 생각이 미혹되면 범부이고, 나중 생각이 깨달으면 부처이다. 이전 생각이 경계에 집착한 것은 번뇌이고, 나중 생각이 경계를 떠나면 곧 보리이다."41) 이것은 사람이 성불을 할 수 있을 뿐만 아니라 범부에서 부처로 올라가는 과정 역시 결코

---

38)「般若品第二」, "悟無念者, 萬法盡通, 悟無念者, 見諸佛境界, 悟無念法者, 至佛地位."
39)「頓漸品第八」, "見性之人, 立亦得, 不立亦得, 去來自由, 無滯無碍, 應用隨作, 應語隨答, 普見化身, 不離自性, 卽得自在神通, 游戲三昧, 是名見性."
40)「般若品第二」, "著境生滅起, 如水有波浪, 卽名爲此岸. 離境無生滅, 如水常通流, 卽名爲彼岸."
41)「般若品第二」, "前念迷卽凡夫, 後念悟卽佛. 前念著境卽煩惱, 後念離境卽菩提."

오랜 수행 과정을 거치는 것이 아니며 찰나의 일이라는 것을 의미한다. 이러한 돈오성불頓悟性佛은 성불 학설에 관한 불교사에서 가히 혁명적인 일이었다. 소승불교는 사람이 수행을 통해 아라한과阿羅漢果를 증득해야만 개인적 해탈에 이를 수 있다고 보았다. 사람은 보살菩薩이 될 수도 없고 더욱이 부처가 될 수도 없었다. 이와 달리 대승불교는 성불을 목적으로 하며 스스로 깨닫고 남도 깨닫게 한다. 다만 보살의 수행은 일종의 점수漸修이며, 아울러 매우 복잡한 순서와 단계가 있다. 비록 대승불교가 돈오를 인정하였지만, 끊임없는 점수가 돈오의 기초이며 돈오는 다만 점수의 가장 마지막 단계에서 발생한다고 여겼다. 역사상의 불교와는 차이를 드러내며, 혜능의 무념법은 자성에 대한 돈오를 강조하였고, 이 때문에 "자성을 스스로 깨달으며 순간 깨닫고 닦으니(頓悟頓修) 또한 점차적인 것은 없다"[42]라고 하였는데, 이것은 생각의 전환이었다. 이것은 수많은 중생들에게 매 시각 깨닫고 성불할 수 있는 넓고도 편한 길을 열어 내었다.

5) 내 몸이 그대로 부처가 되다(卽身成佛)

이른바 '돈오성불頓悟成佛'이란 실제로는 사람이 현재의 몸 그대로 부처가 되는 것이자 육신으로 도道를 이루는 것이며 육신이 곧 보살이 되는 것을 의미한다. 부처가 되는 것(成佛)은 미래의 일도 아니며 더욱이 죽은 이후의 일도 아니다. 이것은 현실적인 일이자 이 시각 이곳에서

---

42) 「頓漸品第八」, "自性自悟, 頓悟頓修, 亦無漸次."

즉각적으로 이루어지는 일이다. 사람이 곧 부처가 된다고 했을 때 그 부처의 의미는 새로운 이해와 해석이 필요하다.

대승불교에서는 부처에 세 가지 몸(三身)이 있다고 여겼다. 그것은 법신法身과 보신報身, 그리고 화신化身이다. '법신'은 법성法性이며, 불교의 진리인 불법佛法이 응취되어 이루어진 불신이자 부처가 참다운 지혜로 법성을 완전히 깨달아 그것과 구별되지 않는 불신佛身이다. '보신'은 부처가 자기를 이롭게 하고 남을 이롭게 하는 무량한 선행을 쌓아 보답으로 얻게 된 장엄한 용모와 형상의 불신을 가리킨다. '화신'은 '응신應身'이라고도 하는데 부처가 아래로 중생을 교화하기 위하여 갖가지 인연에 따라 변화하면서 나타나는 불신을 가리킨다. 법신불은 비로자나불이며, 보신불은 노사나불이며, 화신불이자 응신불은 석가모니불이다. 그러나 불교 신앙에서는 이 삼신불三身佛이 종종 외재화되었다. 그것은 하나의 신령이며, 혹은 하나의 깨달은 사람이며, 혹은 조각이 된 우상이었다.

그러나 혜능은 불경에서 논해진 법·보·화 삼신불이 사람의 마음 바깥에 있는 것이 아니라 마음 안에 있다고 보았다. 즉 삼신불은 사람 마음의 세 가지 변화 형태인 것이다. 그는 자성, 즉 부처에서 출발하여 삼신불에 대하여 자세히 해석하였다.

첫째, 청정법신불淸淨法身佛은 사람이 이미 지니고 있는 자성이다. "세상 사람의 성품은 본래 청정하여 만법이 자성에서 나온다. 일체의 악한 일을 생각하면 악행이 생겨나고, 일체의 선한 일을 생각하면 선행이 생겨난다. 이와 같이 모든 법은 자성 가운데 있는데, 마치 하늘은 항상 맑고 해와 달은 항상 밝으나 구름이 이를 가리면 위는 밝지만 아래는 어두워지나 홀연 바람이 불어 구름을 흩어지게 하면 아래와 위가 모두 밝은 것과 같다."[43] 일반 불교와 같이 혜능은 부처의 법신과 법성은 청정하다고 여겼다. 그러나 혜능의 독특한 점은 그가 부처의 청정한 법신을 세상 사람들의 청정한 자성으로 바꾼 데 있다. 그것은 한편으로 청정하며 자족한 것이지만, 다른 한편으로는 오히려 온갖 법을 생할 수 있다. 이 때문에 법신은 사람들의 몸에 드러날 수도 있고 가려질 수도 있다. 그러나 일단 가려짐을 제거하면 자성은 뚜렷이 드러날 수 있다.

둘째, 원만보신불圓滿報身佛은 자성의 실현이다. "선과 악이 비록 다르지만 본래 성은 둘이 아니다. 둘이 아닌 성을 실성實性이라 이름한다. 실성 가운데 선악에 물들지 않은 것을 원만보신불이라 이름한다."[44] 원만보신불은 부처의 수행으로 얻어진 장엄한 형상과 용모의 보답이 결코 아니라, 자성이 선악을 넘어서서 자신의 둘이 아닌 본성을 드러내는 것이자 자성의 원만한 실현인 것이다. 실성에 이르는 것이 불성을 실현하는 것이며, 이것 또한 원만보신불이다.

셋째, 천백억의 화신불은 자성의 변화이다. 일반적으로 이해되는 화신불은 부처가 인연에 따라 사람을 제도하는 각종 형상이지만, 혜능은 그것을 마음의 생각이 악을 없애고 선을 드러내는 법상法相이라 해석했다. "만약 만법을 생각하지 않으면 성은 본래 공空과 같다. 한 생각이 일어나는 것을 변화變化라고 이름한다. 악한 일을 생각하면 화化하여 지옥이 되고, 선한 일을 생각하면 화하여 천당이 된다."[45] 마음은 선함을

---

43) 「懺悔品第六」, "世人性本淸淨, 萬法從自性生. 思量一切惡事, 卽生惡行, 思量一切善事, 卽生善行. 如是諸法, 在自性中, 如天常淸, 日月常明, 爲浮雲蓋覆, 上明下暗, 忽遇風吹雲散, 上下俱明."

44) 「懺悔品第六」, "善惡雖殊, 本性無二. 無二之性, 名爲實性, 於實性中, 不染善惡, 此名圓滿報身佛."

따라 선을 생하며, 악함을 따라 악을 생한다. 천백억의 화신불이란 마음이 세계에 실현되는 가운데 나타나는 천백억 종류의 변화일 따름이다. 당연히 법에는 선과 악이 있지만, 마음은 악을 없애고 선을 얻어야 하며, 결국에는 선악을 초월해야 한다. 세상 사람들이 악한 가운데 선을 생하는 것이 곧 자성화신불自性化身佛이다.

사람들에게 자성삼신불自性三身佛을 더욱 잘 이해시키기 위해 혜능은 더욱 간단명료한 해석을 하였다. 즉 청정법신은 사람의 성性이고, 원만보신은 사람의 지智이며, 천백억의 화신은 사람의 행行이라는 것이다. 동시에 혜능은 삼신불 간의 관계를 다음과 같이 묘사하였다.

> 법신은 본래 갖추어진 것인데, 생각 생각이 자성을 스스로 보면 곧 보신불이다. 보신에서 생각을 하면 곧 화신불이다.46)

삼불三佛은 모두 사람의 자성 그 자체에 있다. 그것은 자성의 각기 다른 단계와 형태를 표현한 것에 불과할 따름이다. 삼신불에 귀의한다는 것은 자기의 자성에 귀의한다는 것이다. 이러한 귀의의 과정 역시 사람 스스로 부처가 되는 과정이다.

혜능은 자성으로 부처의 세 몸을 설명했을 뿐만 아니라 이것으로 부처의 네 가지 지혜를 드러내 밝혔다.

인도의 유가행파와 중국의 유식종에서는 만법이 오직 식識이라고

---

45) 「懺悔品第六」, "若不思萬法, 性本如空. 一念思量, 名爲變化. 思量惡事, 化爲地獄, 思量善事, 化爲天堂."

46) 「懺悔品第六」, "法身本具, 念念自性自見, 卽是報身佛. 從報身思量, 卽是化身佛."

생각하였다. 그런데 사람의 번뇌와 팔식八識은 수행의 도움을 받아 성불의 네 가지 지혜로 바꿀 수 있다. 전5식前五識(안이비설신)은 막힘이 없는 것에 맡겨 두는 '성소작지成所作智'로 바뀌며, 제6식第六識(의식)은 조금의 분별도 없는 '묘관찰지妙觀察智'로 바뀌며, 제7식第七識(마나식)은 모든 법을 높고 낮음이 없이 보는 '평등성지平等性智'로 바뀌며, 제8식第八識(아뢰야식)은 청정하고도 원만하고 밝은 '대원경지大圓鏡智'로 바뀐다. 이렇게 '식'을 전환하여 '지혜'를 이루는 전식성지轉識成智를 통하여 사람은 불과佛果를 증득한다. 그런데 유식종의 '전식성지' 과정에는 점진적으로 따라야 할 순서가 있다. 그것은 반드시 먼저 바깥에 있는 온갖 법을 '식'으로 귀결시켜야 하며, 그러한 다음에야 식을 전환시켜 지혜를 이루는 것이다.

그러나 혜능이 이해한 부처의 네 가지 지혜는 부처의 삼신과 마찬가지로 모두 사람의 자성이 각기 다르게 드러난 것이다. "자성은 삼신三身을 갖추어 밝게 빛내어 네 가지 지혜를 이룬다."[47] 만약 자성을 떠난다면 이른바 부처의 삼신이란 몸만 있고 지혜가 없는 것이며, 부처의 네 가지 지혜도 지혜만 있고 몸이 없을 수 있다. 혜능은 말하였다.

'대원경지'는 자성이 청정한 것이며, '평등성지'는 마음에 병통이 없는 것이며, '묘관찰지'는 견해를 공으로 삼지 않으며, '성소작지'는 원만한 거울과 같다.[48]

네 가지 지혜가 비록 서로 차이점은 있으나, 그것은 근본적인 측면

---

47) 「機緣品第七」 "自性具三身, 發明成四智."
48) 「機緣品第七」, "大圓鏡智性清淨, 平等性智心無病, 妙觀察智見非功, 成所作智同圓鏡."

에서 청정하며 아무런 병통이 없는 '자성' 그 자체이다. 동시에 사람이 부처의 네 가지 지혜를 얻는 것은 바깥에서 안으로 들어오거나 얕은 것에서 깊은 곳으로 들어가는 것과 같은 일종의 '과정'이 결코 아니라, 우뚝 단번에 깨달으며 갑자기 확 트이는 '순간'이다.

선종에 대해 말하자면 사람이 부처가 되는 동시에 세계도 정토淨土가 된다.

'정토'는 순수하고 깨끗한 나라이며 극락의 세계이다. 그것은 한편으로 보살이 스스로 수행을 하여 얻게 되는 보토報土이자, 다른 한편으로 부처가 중생을 구제하기 위해 나타나는 화토化土이다. 중국에서 정토는 여러 숭배 대상이 있지만, 서방정토西方淨土 즉 미타정토彌陀淨土를 주로 믿었다. 그러나 이 정토는 현실세계에서 아주 멀리 떨어진 서방에 존재한다. 사람들은 반드시 한 가지에만 마음을 전념하여 '나무아미타불'을 되뇌어야 하는데, 이는 무량광불無量光佛과 무량수불無量壽佛에 귀의하는 것이다. 이렇게 하면 임종할 때 아미타불의 인도를 받아 서방정토에 왕생하게 된다. 이러한 정토는 그 존재와 그 방위에 대해 말하자면 형상이 있을 뿐만 아니라, 현실세계와의 거리에서도 여전히 상相이 존재한다. 동시에 사람이 정토에서 사는 것은 살아서 할 수 있는 일이 아니라 죽은 이후에야 가능하다.

이와 달리 혜능의 정토는 상이 없는데, 이것은 오직 마음의 정토라 할 수 있다. 그는 정토가 동방과 다른 서방에 존재하지도 않으며, 현실세계와 매우 멀리 떨어진 다른 나라에 있는 것도 아니라고 생각했다. 정토는 예토穢土와 마찬가지로 사람의 마음속에 존재한다. 이 때문에 사람이 정토에서의 삶을 갈망할 때는 반드시 사람에게로 다시 돌아가 스스로 그 마음을 깨끗하게 해야 한다. 그 마음이 청정하면 불토佛土 역시 청정하다. 진여를 헤아리는 마음이 곧 도량이고, 불도를 헤아리는 마음이 곧 정토이다. 사람의 마음이 정화된 이후에야 사람이 사는 현실의 세계가 바로 정토가 되는 것이다. 사람은 이곳에 살면서 아울러 편안함과 즐거움을 느낄 수 있다. 이렇게 정신화가 된 혜능의 해석에 근거하면 정토는 바로 이곳이며, 정토에 사는 것은 바로 지금이다. 이렇게 되면 사람은 충분히 현실의 몸 그대로 곧장 부처가 될 수 있다.

제7장 자연성

　중국의 지혜에 관해 우리는 먼저 지식 구조에 대한 분석을 진행할 것이다. 이 지식 구조는 사람의 생활세계 구조에 대응하는 것이다. 이 것은 존재, 사상, 언어 세 차원에 관한 구체화이다. 중국 지혜의 존재관은 사람이 천天·지地·인人 삼재가 합일된 세계 속에서 생존한다는 것이다. 인간 존재의 전개 방식은 욕망, 기술, 그리고 큰 도의 놀이 활동으로 표현된다. 중국 지혜의 사상관은 그 사상이 존재에 관한 사상이라는 점이다. '지知'라는 것은 바로 안다는 것인데, 앎 그 자체는 관조이다. 중국 지혜의 언어관은 언어로 말해질 수 없는 '도道'를 말한다는 것이다. 그다음으로 우리는 중국의 지혜에 대한 역사적 문헌을 해독할 것이다. 이것은 주로 유儒·도道·선禪 3가를 본보기로 할 것이다. 유가의 문헌은 사회와 관련되어 있고, 도가의 지혜는 자연과 연관되어 있으며, 선종의 지혜는 마음과 관련되어 있다. 그것은 바로 생활세계에 관한 전체적 사고를 구성하였다. 지금 우리는 중국 지혜의 본성에 대해 종합적인 파악을 시도하고자 한다.

　일반적으로 말해 사물의 본성에 대한 획득은 그것에 대한 규정의 완성이다. 그러나 한 사물에 대한 규정의 완성은 또한 그것과 다른 사물을 구별하는 가운데 실현된다. 만약 여기에서 중국 지혜를 규정할 수 있는 것을 찾는다면 그것은 반드시 다른 민족의 지혜 양식과 서로 구분되어야 한다. 그러나 중국은 어느 민족과 상관성을 지니고 있고 또 그것과 비교 가능성을 지니고 있는가? 여기에서 우리는 중국 지혜의 이웃을 둘러보아야 한다. 사람들은 일본, 인도, 서양 등이 각기 다른 역사적 단계에서 중국과 가지는 상관성을 쉽사리 발견함에 따라 이를 비교하여 그 사이의 차이성을 도출한다. 사람들은 보통 일본문화는 예절이나 도덕에 대한 수치감이고, 인도문화는 깨달음에 대한 고행감이며, 서양의 문화는 종교적 원죄감이고, 중국문화는 낙천적 감정을 지니고 있다고 여긴다. 이러한 파악이 어느 정도 합리적이기는 하나 일의 핵심을 찌르는 말은 아니다. 일의 핵심은 다만 누가 또는 무엇이 그 일을 그렇게 규정하였느냐 하는 데 있다. 분명 사람은 인생과 세계에 대해 고통스럽다거나 즐겁다는 감정을 가지지만 이것은 결코 존재에 대한 규정이 아니다. 여기에서 물어야 할 것은 오히려 누가 무엇이 이러한 여러 다른 감정을 규정하였느냐 하는 것이다.

여기에서 우리는 중국의 지혜와 다른 여러 민족이 가지는 지혜의 상관성은 고려하지 않을 것이며, 다만 특별하다고 할 수 있는 이웃과의 관계만 비교할 것이다. 이 이웃은 일반적으로 말하는 이웃이 아니라, 바로 서양이다. 근대 이후 서양과 중국은 아주 밀접한 운명의 관계에 놓여 있다.

사람들은 서양의 지혜가 신성神性을 지닌다고 생각한다. 이것은 서양에 딱 들어맞는 판단인데, 거의 사람들의 공통적인 인식을 이루었다. 그러나 이것에 대해서는 한 걸음 더 나아가 설명을 해야 한다. 서양의 세계는 천天·지地·인人·신神, 이렇게 네 가지로 요소로 이루어진 세계이다. 물론 서양 역시 각기 다른 역사적 시대에는 각기 다른 세계의 형태를 지니고 있다. 우선 '신'은 각 시대마다의 의미가 따로 있다. 고대 그리스에는 여러 신이 있었고, 중세에는 하나님이 있었으며, 근대에는 인간에 내재한 신성이 있었다. 다음으로 천지가 지닌 각기 다른 시대의 의미이다. '하늘'은 고대 그리스에서 여러 신이 노니는 장소였으며, 중세에는 하나님의 거처였고, 근대에는 자연법칙으로 규정된 대상이다. 하늘과 달리 땅은 줄곧 사람의 생활 장소로 유지되었다. 사람은 이성적 동물로 이해되었다. 사람은 한편으로 신과 다르지만, 다른 한편으로는 동물과도 다르다. 이러한 네 원소로 이루어진 세계에서는 신이 바로 천지인을 규정한다. 특히 기독교의 지혜에서 하나님은 천지와 인간의 창조자이며, 천지와 인간은 상제의 창조물이다.

신이 열어 낸 서양의 지혜와 달리 중국의 지혜는 아예 비신성적 지혜이다. 하나의 독특한 지혜로서 중국 지혜는 '자연성'을 지닌 지혜이다. 중국의 세계에는 신이 있는 차원이 존재하지 않는다. 그것은 천·지·인·신이라는 네 요소로 구성된 것이 아니라, 천·지·인의 세 요소로 구성되었다. 천天은 하늘이며, 해와 달이 운행하는 곳이다. 비록 그렇다고 하더라도 여기에는 도덕적 의미와 종교적 의미가 배어 있다. 지地는 대지이며, 모든 중생이 살고 있는 곳이다. 인人은 천지의 마음이자 만물 가운데 가장 영묘하다. 중국의 천지인 세 요소 가운데, 하늘이 만물을 규정하는 지위를 가진다.

만약 서양의 지혜가 신과 인간의 합일을 추구하는 것이라면, 중국의 지혜는 하늘과 사람의 합일을 추구한다. 중국의 지혜에서 하늘은 '천성

天性'·'천연天然' 또는 '자연自然'·'자연성自然性'이다. 하늘 또는 자연성은 중국 지혜의 수많은 특성 가운데 하나가 아니라 바로 그것의 기본적인 본성이다. 그러나 무엇이 자연이고 자연성인가? 이것은 깊이 탐구할 만한 가치가 있다.

1. 자연성이란 무엇인가

'자연'이란 말은 현대 중국어뿐만 아니라 고대 중국어에서도 매우 광범위하게 사용된 용어이다. 그것은 '자自'와 '연然'이라는 두 글자로 이루어졌다. '자'는 자기, 자신, 다른 사물이 아닌 것, 다른 모습이 아닌 것을 의미하고, '연'은 모습이나 상태를 의미한다. 자연이란 곧 사물 자신이 드러나는 모습이다. 이렇게 이해된 자연은 존재의 본성인데, '자연히', '저절로'라는 의미를 가진다. 이에 그것은 '도道'라고 꼭 집어 말할 수 있다. '도'는 '자연'이다. 즉 도란 그 자체이며, 그것은 스스로가 자신의 건립 근거가 되고 또한 설명 근거가 된다.

그러나 '자연'이라는 말은 고대 중국어에서 매우 복잡하게 사용되었다. 그것은 단일한 품사로 사용된 것이 아니라 다양한 품사로 활용되었다. '자연'이란 말은 명사도 될 수 있고 동사도 될 수 있으며, 형용사나 부사도 될 수 있다. 명사적 형태의 '자연'은 본성을 가리킨다. 예를 들어 노자가 말한 "도는 자연을 본받는다"(道法自然)는 말이 그것이다. 명사적 의미의 '자연'은 현대 중국어의 형태로는 '자연성自然性'이라 할 수 있고,

이는 자연 본성 또는 그대로 자연으로 읽힌다. 동사적 의미를 지닌 자연은 자연스럽게 존재하는 것을 가리킨다. 노자가 말한 "나는 저절로 그러하다"(我自然)라는 말이 이러한 예이다. 동사적 형태로 사용되는 '자연'은 현대 중국어의 형태로 표현하자면 '자연화自然化'이고, 이는 자연스럽게 변화해 간다는 뜻이다. 형용사적 의미의 자연은 사물이 지닌 자연스러운 특성, 또는 저절로 그렇게 되는 특성을 가리킨다. 예를 들어 이는 흔히들 이야기하는 '자연스러운 형태'(自然的形態)가 그것이다. 형용사적 '자연'은 현대 중국어에서 '자연적自然的'이라고 표현할 수 있다. 부사적 형태의 '자연'은 자연스럽게 어떠한 일을 하는 모습을 가리킨다. 예를 들어 일반적으로 말해지는 '자연스런 미소'(自然的微笑)가 이것이다. 부사적인 '자연'은 현대 중국어의 형태로는 '자연히'(自然地)라고 표현할 수 있다. 각기 다른 문헌의 아래와 윗글의 관계 속에서 '자연'이란 용어의 품사 용례와 형태가 동일하다고도 볼 수 있으나, 실제로는 각기 다른 품사와 형태로 사용된 것을 볼 수 있다.

'자연'이란 용어는 각기 다른 품사를 가지는 것 이외에, 다른 영역의 존재자를 가리키기도 한다. 자연이 다른 존재자와 관련될 때 그 의미에는 변화가 발생한다.

자연이 천지와 만물을 가리킬 때 그것은 자연계를 의미한다. 그것은 일체의 존재를 가리키는

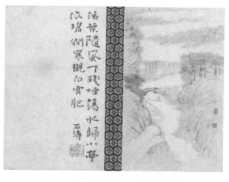

[청淸] 석도石濤, 「산수책엽山水册頁」 중

것이다. 그것은 광물, 식물, 동물로 구성된 전체이다. 자연을 자연이라 칭하는 것은 자기 스스로가 그러하기 때문이다. 그것에는 '왜'라는 이유가 없다. 그것은 원인도 없고 목적도 없다. 여기에서 말하는 자연은 인류가 건설한 문명과 구별된다. 이러한 의미에서 자연은 비인간적이며, 인간은 비자연적이다. 자연과 인간은 세계의 양대兩大 주체가 된다.

자연이 사람의 행위를 가리킬 때는 저절로 그러한 것이나 타고난 천성대로 하는 것을 의미한다. 사람이 가식적이지 않고, 구속되지 않으며, 딱딱하게 굳어 있지 않고, 억지로 하지 않는 것이다. 여기에서 자연은 '인위人爲'와 구별된다. 인위는 계산적이거나 어떠한 것을 획책하는 것이며, 심지어 음모를 꾸미는 것이다.

자연이 사람의 마음을 가리킬 때는 천성 혹은 본성을 의미한다. 그것은 타고난 성정인데, '갓난아이의 마음'(赤子之心)이라고 할 때의 마음이다. 여기에서 말하는 자연은 '허위虛僞'와 구분된다. 허위는 마음의 진실한 본성을 가리는 것으로, 일종의 가상이다.

비록 이와 같을지라도 중국 고전에 나오는 자연은 일반적으로 두 가지 주된 의미만을 지닐 따름이다. 첫째는 '본성자연本性自然' 또는 '천성자연天性自然'이고, 둘째는 '천지자연天地自然'이다. 본성자연은 도道 혹은 존재이고, 천지자연은 물物 또는 존재자이다. 비록 이 양자는 분명하게 구별되지만 내재적으로 서로 관련되어 있다. 본성자연은 천지자연 속에서 가장 직접적이고도 강렬하게 드러난다. 이 때문에 사람들은 늘이 두 가지를 한데 뒤섞는데, 자연을 본성이자 천지로 동시에 이해해버린다. 사람들은 천성자연을 이야기할 때 종종 천지자연을 이야기하고, 천지자연을 이야기할 때 종종 천성자연을 이야기한다. 천성자연과 천지자연은 늘 한군데 뒤섞여 있다.

자연에 대한 중국사상의 일반적인 이해 이외에도, 유儒·도道·선禪 3가는 자연을 다르게 해석하였다.

유가의 자연은 '하늘'이다. 이것은 한편으로 천성天性의 천이며, 다른 한편으로 천지天地의 천이다. 공자의 '천명론天命論'은 천명을 지고무상한 지위에 올려놓았다. 천명은 하늘의 명령이자 규정이다. 공자가 말한 하늘은 종교, 도덕, 자연 등 다중적인 의미를 지닌다. 그것은 인간 존재의 지배자이다. 사람은 이에 상응하여 천명을 두려워하고, 천명을 알아야 한다. 동시에 공자의 인애설仁愛說은 명확한 자연적 색채를 지니고 있다. 인애는 부모와 자식 간의 관계가 핵심이다. 이러한 사랑은 부모 자식 간의 혈연 기초 위에 건립된다. 그리고 혈연관계의 근본은 일종의 자연 관계이다. 맹자는 자연을 사람의 천성과 본심本心으로 이해했다. 본심은 사람이 원래 가지고 있는 것이며, 하늘이 사람에게 부여한 것이다. 양지良知와 양능良能은 각기 배우지 않아도 아는 것이며, 배우지 않아도 능한 것이다. 그것이 바로 인의예지仁義禮智이다. 사람이 '자신의 마음을 보존하고 본성을 잘 기르는 것'(存心養性)은 다만 그 본성을 잃는 것을 방지하고 그 본심의 단서를 확충하는 것일 따름이다.

송명유학宋明儒學은 파별이 많아 관점이 같지 않지만, 사실 모두 천지의 본원에 대한 해석의 차이일 따름이다. 바로 천도론의 차이가 심성론의 차이를 야기한다.

장재張載는 기론氣論에서 '태허가 곧 기'(太虛卽氣)라고 여겼다. '태허'가 모이면 기가 되고, 기가 흩어지면 다시 태허가 된다. 이것은 실제로 천지의 존재성을 인정한 것이지, 허무성을 인정한 것이 아니다. 이러한 기초 위에서 장재는 '천지지성天地之性'이라는 관념과, 이와 상대하여 '기질지성氣質之性'이라는 관념을 제시하였다. 사람은 종종 기질지성에 가려져 마음을 밝혀 본성을 드러낼 수 없으므로, 반드시 이치를 궁구하여 본성을 온전히 실현해야 하며(窮理盡性) 본래 지니고 있는 '천지지성'을 드러내야 한다.

정주리학程朱理學의 '리理'는 바로 천리天理이다. 이정二程은, 천리는 자연적이며 외재적 요인 때문에 스스로를 바꾸지 않는다고 여겼다. 그것이 천지에 있으면 '천도天道'이고, 사람에게 있으면 '인성人性'이라 보았다. 인성은 바로 사람의 천리이다. 성이 구체화되는 것은 다름 아니라 바로 인의仁義의 성性이다. '인'은 천지만물을 일체로 여기는 것이다. 이에 근거하여 사람은 인을 알고 만물과 혼연일체가 됨을 알아야 한다고 하였다. 주희朱熹는 천지의 시초가 '무극이면서 태극'(無極而太極)이라고 여겼다. 이것은 단편적인 '유有'와 '무無'에 치우치는 것을 피한 것이다. 태극은 리理와 기氣가 혼연일체된 것이어서, 리는 기를 벗어나지 못하고 기는 리를 떠나지 못한다. 리는 만물의 본성을 이루고, 기는 만물의 형태를 이룬다. 주희는 여기에서 그의 심성론을 확립하였다. '성'은 마음의 체體이고, '정'은 마음의 용用이 되어, 마음이 성정을 주관한다. 그리고 마음 그 자신은 '도심道心'과 '인심人心'으로 구분되는데, 이 또한 '천리'와 '인욕人欲'이다. 그러므로 천리는 보존하고, 인욕은 없애야 한다는 학설이 있었던 것이다.

육왕심학陸王心學에서 마음은 본심本心이다. 본심은 사실 바로 천심天心이다. 육구연陸九淵이 말한 본심은 사람의 '사단지심四端之心'인데, 이것은 바로 천지가 사람에게 부여한 마음이다. 동시에 사람마다 모두 이러한 마음이 있으며, 마음에는 모두 이 리理가 있기에, 마음이 곧 리(心卽理)이다. 이 마음은 보편적 의미를 지니고 있으므로 그것은 곧 대심大心이자 동심同心이다. 마음은 시공간의 제한을 뛰어넘고 있기에 우주와 한 몸인 것이다. 왕수인은 마음이 곧 리라는 관점을 견지하였다. 마음의 본체는 '성'이고, 성은 곧 '리'이다. 여기에서 '심', '성', '리' 이 세 가지가 합일된다. 마음은 실제로 사람의 '양심'이자 '양능'이다.

도가는 직접적으로 '도道' 그 자체를 자연으로 이해하였다. 이것은 원시도가에서부터 신도가新道家를 관통하는 기본 맥락이다. 노자는 "사람은 땅을 본받고, 땅은 하늘을 본받으며, 하늘은 도를 본받고, 도는 자연을 본받는다"라고 하였다. 도는 천 · 지 · 인에 대한 규정자이지만, 스스로를 규정한다. 이른바 '도는 자연을 본받는다'는 것이란 도는 자기의 본성에 근거하여 존재한다는 말이다. 이것은 도가 자연으로서 어떠한 외재적 원인이나 목적이 없다는 것을 의미한다. 그것은 어떠한 제1의 창조자라는 사상을 없애 버렸다. 동시에 자연으로서의 도는 자기 존재의 원인이자 목적이다. 그것은 자기 발생과 자기 변화의 과정이다. 도의 실현은 자연 본성의 실현이다. 장자 역시 도의 본성을 자연이라 생각했다. 그것은 스스로에게 귀결점을 두는 것으로, 자신이 기초이자 근거이다. 비록 도는 천지를 초월하지만, 그것은 또한 천지의 만물 가운데 드러난다. 신도가들은 큰 도의 본성이 자연이라고 생각하였다. 그들은 무無를 근본으로 여겼지만, 자연은 '무'이면서 동시에 근본이고, 가장 진실된 존재이다. 한편으로 자연은 명교名教에 기초를 제공하였다. 이것이 이른바 '명교는 자연에 근본한다'는 것이다. 명교는 비록 자연과 다르지만, 자연에서 연원한다. 다른 한편으로 자연은 명교의 목적이다. 사람은 근본을 높이고 말단을 억제해야 하는데, 이것은 명교를 뛰어넘어 자연에 맡기는 것이다. 도가에서 이해한 자연은 도의 본성일 뿐만 아니라 천지만물에 두루 퍼져 있는 것이다. 자연계에서 자연은 천지의 운행이며 만물의 탄생과 죽음이자 줄어들고 늘어남이다. 사회에서 자연은 도를 따라 행하는 것이며 저절로 그러한 것이자 순박하고 화해함이다. 즉 무위無爲에 처하여 무언無言의 교화를 행하는 것이다. 마음에서 자연은 마음과 정신이 깃드는 곳이며, 형체와 본성이 조화를 이루고, 고요함으로 덕德을 체현하고, 움직이면 이치에 통달하는 것이다.

선종에서는 마음의 본성을 자연으로 이해했다. 달마의 선법禪法은 마음의 의미를 부각한 것이지만, 혜능에 혁명이 있고 나서야 '선정의 선'은 '지혜의 선'으로 바뀌었다. 사람의 자성과 자심은 지혜의 본원이자 해탈하여 성불하는 유일한 길이다. 여기에서, 선종에서 말하는 사람의 마음은 사람이 본래 지니고 있는 마음이자 자연스런 마음이다. 그러나 마조도일馬祖道一에 이르러서야 비로소 청정심은 평상심平常心으로 바뀌었다. 그는 평상의 마음이 곧 도라고 생각했다. 이른바 평상심이란 조작도 없고, 시비도 없으며, 취사도 없고, 단절되거나 영원함도 없고, 성인도 없고 보통 사람도 없다. 마조는 성불의 도를 마음의 도라 여겼을 뿐만 아니라 평상심의 도라 이해했다. 평상심은 마음의 자연스런 본성을 지키는 것이다. 이미 이와 같다면 도를 닦음이란 공空을 체득하여 선정에 들 필요가 없이 일상생활의 옷 입고 밥 먹으며 사람을 대하고 사물을 다루는 것으로 돌아가면 되는 것이다. 이러한 의미에서 물을 긷고 나무를 하는 일 등이 오묘한 도가 아닌 것이 없다.

이상의 분석에 근거하면 유·도·선이 비록 자연의 일반적인 의미인 '본성자연'과 '천지자연'을 모두 인정하였지만 각기 중점을 둔 바는 다르다. 유가의 자연은 인륜에 무게를 두었고, 도가의 자연은 천지에 무게를 두었으며, 선종의 자연은 마음에 무게를 둔 것이다.

2. 존재의 규정으로서의 자연

중국의 고전에서 이해하는 인간은 고립된 자아의식의 존재나 주체로서 객체와 서로 대립하는 존재가 결코 아니라 세계 속에 있는 존재이다. 사람과 세계는 주체와 객체의 관계가 결코 아니며, 한데 어우러진 관계이다. 사람이 세계 속에 있다는 것은 사람이 천지간에 있다는 것이다. 이것은 천 · 지 · 인 삼재가 합일됨을 표현한다.

천지인의 세계에서 사람에 대해 상대하여 말하자면 천지는 먼저 주어진 것이다. 인류가 탄생하기 이전에 천지는 이미 존재하였다. 인류가 탄생한 이후에도 천지의 운동은 사람의 의지 때문에 뒤바뀌지 않았다. 하늘은 사람에 대한 규정자 혹은 결정자이나, 사람은 하늘에 대한 규정자가 아니다.

미리 주어진 존재로서 천지는 어떠한 외재적 근거나 원인이 없다. 천지는 본래 저절로 그러하다. 사람은 하늘에 그것이 생겨난 최종 원인을 물을 필요가 없다. 중국사상 역시 창조주가 천지를 창조했다거나 천지가 개벽하여 창조물이 형성되었다는 상상을 한 적이 없다. 이와 달리 사람들은 천지가 스스로 형성되었다고 보았다. 천지의 근원은 바로 그

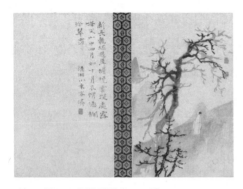

[청淸] 석도石濤, 「산수책엽山水册頁」 중

자신이다.

동시에 천지는 목적을 지니지 않는다. 천지의 역정은 어떠한 특정 목적을 가리키는 것이 결코 아니다. 이 목적지에서 물질세계의 저급한 단계로서 천지를 벗어던지고 고차원적 정신세계의 단계로 대체되어 정토淨土가 된다. 이와 달리 천지는 시종 자신을 유지하며 자신을 '끊임없이 낳고 낳는'(生生不息) 상태에 처하게 한다.

천지는 자기를 원인과 목적으로 삼는데, 이는 곧 자기에 대한 존재로서의 규정이다. 해가 뜨고 지는 것은 무엇에 근원을 두는 것도 아니며 무엇을 위해 하는 것도 아니다. 다만 그것은 자기에게 근원을 두고 자기를 위해 하는 일이다. 온갖 꽃이 자라는데, 누구를 위해 활짝 피는 것도 아니며 누구를 위해 지는 것도 아니다. 그것은 다만 자기를 위해 피고 지는 것일 뿐이다. 천지는 위대한 공간과 시간의 순환이자 윤회에 지나지 않는다. 천지는 한편으로는 자신에게서 나가며, 한편으로는 자신에게로 돌아온다. 그것은 기묘한 순환의 고리이다.

이와 같은 존재로서 천지는 한편으로는 자연계이지만 다른 한편으로는 저절로 그러하여 자연스럽게 자신의 본성에 따라 존재한다. 이러한 의미에서 천지는 자연계와 자연스럽다는 두 가지 의미를 통합하였다.

천지는 비록 외재적 근거가 없지만 오히려 사람에게 존재의 근거를 제공한다. 이에 천지는 한편으로 자기의 존재를 규정하고, 다른 한편으로 인간의 존재를 규정한다. 인간에 대한 천지의 규정은 매우 다양하다.

첫째, 하늘은 사람의 몸을 규정하였다.

사람의 몸은 혈육으로 이루어진 육체이다. 사람은 광물·식물과 다르고 또한 보통의 동물과도 다르다. 만약 사람을 동물이라고 말한다면 사람은 특별한 동물이다. 설령 사람이 동물일지라도 중국사상에서는 사람과 천지가 동일하다고 여겼다. 즉 천지가 대우주라면 인간은 소우주라는 것이다. 천·지·인은 비록 형태가 다르지만 근본적으로는 같은데, 모두 기氣가 합쳐져서 이루어졌다. 기는 천지인의 가장 기본적인 원소이다.

사람의 생명은 천지의 산물이며, 이는 대자연이 최고로 발전한 단계이다. 천지가 있은 이후에 만물이 있고, 만물이 있은 이후에 사람이 있다. 사람은 천지가 생긴 이후 탄생했지만 결코 천지를 벗어나지 않으며, 오히려 늘 천지와 함께한다. 사람의 생명은 시시각각 자연이 베푼 다양한 선물에 의지하여 유지된다. 코는 숨을 쉬고, 입은 물과 음식물을 받아들이며, 몸은 햇빛을 듬뿍 받는 것이 그러한 것이다. 사람은 바로 몸을 통해 자연과 에너지를 교환하여야만 자신의 생명을 성장시키며 보존할 수 있다. 설령 사람이 죽는다고 하더라도 이는 자연의 일이다. 사람의 생사는 기가 흩어지고 모이는 것으로, 다만 자연의 생멸 현상 가운데 하나일 따름이다.

사람의 몸은 천지와 동질적일 뿐만 아니라 천지와 동일한 구조를 가졌다. 사람과 천지는 모두 음양陰陽의 이원적 구조를 지닌다. 하늘에는 음양 즉 건곤乾坤이 있고, 사람에게도 음양 즉 남녀의 구분이 있다.

사람과 천지는 여전히 오행五行의 상생相生·상극相克의 관계를 지닌다. 하늘에는 금金·목木·수水·화火·토土의 오행이 있고, 사람에게도 금목수화토의 오행이 있다.

사람의 몸이 천지와 동질적이고 동일한 구조를 지녔다면, 사람의 신체 역시 천지의 변화에 상응한다. 천지의 기가 변화하면 사람의 몸에도 변화를 일으킨다. 동시에 천지의 음양오행 변화는 사람의 음양오행에도 변화를 불러일으킨다. 이 때문에 신체에 관한 중국의 사상에서는 육체 활동은 밤낮과 사계절의 변화에 늘 맞추어야 한다고 강조하였다.

둘째, 하늘은 사람의 심성心性을 규정하였다.

중국사상에서 우주론은 인성론과 완전하게 분리된 것이 아니라 밀접한 관련을 맺고 있다. 우주론은 인성론의 기초이며, 인성론은 우주론의 확장이다. 천도와 부합하는 인성이 바로 사람의 천성이자 본성이고, 이와 달리 천도와 부합하지 않는 인성은 사람의 천성과 본성에 어긋나는 것이다.

유가의 공자가 말한 '인仁'은 바로 사람의 천성이다. '인'은 혈연간의 사랑에 근원한다. 이러한 사랑은 신성한 사랑이 아니고 자연적인 사랑이다. 맹자가 말한 '양지'와 '양능'은 배우지 않아도 알고 또 능한 것이다. 그것은 하늘이 사람에게 부여한 본심이다. 송명유학은 '성性'과 '천도天道'에 대한 연구에 온 힘을 기울였다. 그 가장 주된 공헌은 우주론과 심성을 새롭게 세우고, 아울러 사람의 본성과 천도의 관련성을 직접적으로 건립한 데 있다. 사람의 본성은 선성善性이며 인성仁性이다. 그것과 천도·천리는 서로 통할 뿐만 아니라 합일한 것이다. 천지의 대덕大德을 생生이라 한다. 이 '덕'이 하늘에 있으면 천도이자 천리이고, 사람에게 있으면 인성이자 인심이다. 이에 인자仁者는 한편으로 천지만물을 일체로 여기며, 다른 한편으로 친한 이를 친히 하고 백성에게 인仁하며, 백성에게 인하면서 만물을 사랑할 수 있다.

도가에서는 사람의 순수한 마음을 곧 갓난아이의 마음(赤子之心)이라 생각했다. 그것은 비록 인간의 마음이지만, 오히려 천지의 마음이고 자연의 마음이다. 즉 이 갓난아이의 마음이 거짓되거나 꾸민 것이 아니라 자연적이며, 천연적이고, 본래적이라는 것이다. 그것은 천지가 부여한 인간의 자연적 본성을 유지하는 것이다.

선종에서는 부처를 외재적인 우상이 아니라 사람의 깨달은 마음이라고 주장했다. 깨달음은 신비한 존재와 능력이 주어지거나 혹은 보이는 것이 아니라, 자기가 본래 지닌 '성性'과 '심心'을 발견하는 것이다. 이 마음은 사람에게 이미 있는 마음으로, 천성天性과 천심天心이라 말할 수 있다. 사람이 일단 마음을 밝혀 본성을 보게 되면 깨달아 성불할 수 있는 것이다.

셋째, 하늘은 사람의 생활을 규정하였다.

이른바 '생활'이란 사람이 세상을 살아감에 그 생명력을 펼치도록 하는 존재 양식이다. 중국인들의 생활은 상제 혹은 신이 그 생활을 규정하는 것이 아니라 자연을 그 최고 원칙으로 삼는다. 『주역』에서는 하늘이 신묘한 사물을 내리니 성인이 이를 본받고, 천지의 변화에 대해 성인이 헤아렸으며, 하늘이 상을 드러내어 길함과 흉함을 나타내니 성인이 이를 형상화하였다고 여겼다. 하늘이 하나의 길을 밝히면 성인이 그것을 알고, 아울러 그것을 사람들에게 알렸다. 유가에서는 예악禮樂이 모두 하늘에서 온 것이라 생각했다. 공자는 오직 하늘만이 크거늘 요임금이 그것을 본받았다고 말하였다. 도가에서는 하늘과 사람의 자연적 특성을 더욱 강조하였다. 노자와 장자는 사람이 자연의 도에 따라 존재해야 한다고 주장하였다.

사람은 세상을 살아가면서 반드시 사람과 사귀고 사물과 교제한다. 자연의 원칙은 사람과 사물 두 측면에서 구체적인 규정을 하고 있다. 사람과 사귀는 것에 대해 말하자면, 중국사상에서는 '무위無爲'를 강조하였다. 특히 국가를 다스릴 때 사람은 '아무 하는 일이 없으면서 다스리는'(無爲而治) 방식을 따라야 한다. 노자는 사람들에게 "아무 하는 일이 없는 것에 처하여 아무런 말이 없는 교화를 행해야 한다"고 요구하였다. 만물과 사귐에 대해 말하자면 중국의 사상은 순리에 따라 생해야 함(順生)을 강조하였다. 즉 사람은 자연이 본래 지닌 운동의 법칙에 따라 동식물을 생장시켜야지 자연을 개조하거나 정복해서는 안 된다는 것이다. 맹자는 만약 자연의 계절에 따르고 천지의 본성에 따라 일한다면 사람들은 자연의 풍부한 식량과 자원을 얻을 수 있다고 강조하였다.

넷째, 하늘은 사람의 경계를 규정하였다.

'경계'는 장소이다. 사람의 경계는 사람이 살아가면서 도달할 수 있는 장소, 경지, 또는 차원으로 이해할 수 있다. 이와 같다면 경계는 클 수도 있고 작을 수도 있으며, 높을 수도 있고 낮을 수도 있다. 비록 사람들이 경계의 유형에 대해 몇 가지로 구분하였지만, 기본적인 경계는 세 가지로 나눌 수 있다. 제1경계는 세계와 동일하다. 사람은 세계 속의 사람 및 사물과 함께 아무런 차별이 없이 함께 있다. 제2경계는 세계를 초월한 것이다. 사람은 세계 속의 각종 관계와 규정을 멀리 넘어서는 것이다. 제3경계는 출세간出世間이면서도 입세간入世間인 것이다. 사람은 세계 속에 있으면서 또한 세계의 바깥에 있다. 제1경계 속에 사는 사람은 세속적인 사람이다. 그들은 공리의 만족을 추구할 따름이다. 제2경계 속에 사는 사람들은 탈속적인 사람이다. 그들은 신성神性과 합일하기를 바라거나 또는 세계를 벗어난 어떠한 경지에 이르기를 바란다. 제3경계 속을 살아가는 사람은 중도中道를 지닌 사람이다. 그들은 세계의 안과 밖을 두루 출입한다. 중국사상에서 이상적인 경계 혹은 최고의 경계는 이 세 번째의 제3경계이다. 그들은 세상에 섞여 들어가는 것도 반대하고 세상을 완전히 떠나는 것도 반대한다. 이것은 중국의 세계에서 보통 사람들의 세계가 결코 아니라 천지인이 합일된 세계이다. 한편으로 사람이 세상을 살아가는 것은 사람과 사람 사이에 있는 것이다. 사람은 다른 사람을 떠나 홀로 생존할 수 없다. 다른 한편으로 사람이 세상을 살아가는 것은 천지 사이에 있는 것이다. 사람은 천지를 벗어나 단독으로 존재할 수 없다. 이 때문에 중국 지혜의 최고 경계는 한편으로는 인도人道에 있지만, 다른 한편으로는 천도天道에 있다. 인도이자 천도가 상응하는 것이 바로 세간에 들어오는 것이자 세간을 벗어나는 것이다.

유가의 이상적인 경계는 일반적으로 말해지는 '공자와 안연이 즐거워한 곳'(孔顏樂處)이다. 즐거워한 것이 무엇인가? 바로 '도'이다. 도는 천명이다. 이에 상응하는 공자의 경계는 천명을 두려워하고(畏天命), 천명을 알고(知天命), 천명을 따르는 것(順乎天命)에 지나지 않는다. 맹자는 이를 나와 만물이 일체가 된다는 것으로 표현하였다. 만물이 곧 나이고, 내가 곧 만물이다. 이것을 알면 즐거워한다. 신유가는 사람과 만물이 일체가 되는 인仁의 경계를 더욱 구체적으로 해석하였다. 이른바 '인'이란 사람과 사람의 합일일 뿐만 아니라 사람과 만물의 합일이다. 이러한 의미에서 인은 사람을 사랑하는 미덕이자 천인이 합일되는 경계이다.

도가의 이상적 경계는 사람이 살아가면서 인위人爲를 버리고 자연과 같이 되라고 요구한다. 노자는 자연은 다만 생성生成일 따름이라 여겼다. 그것은 무엇인가를 점유하는 것이 아니라 방기하는 것이다. 장자는 "형체를 떠나고 지혜를 버려 대통의 경지에 동화하라"(離形去知, 同於大通)고 하였다. 천지는 나와 함께 생한 것이며, 만물은 나와 하나라는 말이다. 이러한 경계 가운데 사람은 완전히 자연과 하나로 융화하여 자연의 일부분이 된다.

이상의 분석에 근거하면 중국의 지혜 속에서 말하는 자연과 천天은 사람과의 거리가 멀지 않다. 하늘은 사람의 몸에 있고, 하늘은 사람의 마음속에 있으며, 하늘 역시 사람의 생활세계 속에 존재한다. 사람이 하늘을 알고 아울러 하늘의 이치에 따라 행할 때 천인합일의 경계에 도달하게 된다.

3. 자연에 따른 사유

'자연성'은 중국인의 존재를 결정할 뿐만 아니라 그 사상을 규정한다. 이것이 중국사상으로 하여금 근본적인 바탕에서 자연적 특징을 지니게 하였다.

사상 그 자체에 대해 말하자면, 그것은 구조를 지니고 있다. 이 구조는 일반적으로 세 가지 요소를 포괄한다. 사상의 주체, 사상의 과정, 그리고 사상의 내용이다. 중국사상에서 사상의 주체는 천지에 의해 결정된다. 그것은 천지의 마음이자 만물의 영묘함이다. 사상의 주체가 사상의 주체로 될 때, 그것은 지식의 생산자이거나 구조자가 아니라 단지 조용한 관찰자일 따름이다. 사유의 과정은 관조의 과정으로 표현된다. 여기에는 가려짐을 제거하여 분명하게 드러내는 과정이 포함된다. 가려짐을 제거한다는 것은 마음에 가려진 것을 제거하여 사물로 하여금 분명하게 드러나도록 하는 것이다. 사상의 내용은 천지와 만물의 리理이다. 사상의 구조 가운데 사상의 내용은 곧 세계만물의 '리'가 결정하는 것이다. 그것은 사상의 주체를 결정할 뿐만 아니라 사상의 과정을 규정한다. 세계만물의 '리' 가운데에서 우리는 '자연의 리', '인간의 리', '일반의 리'를 구분해 낼 수 있다. 그러나 자연의 리는 인간의 리에 비해 비할 바 없는 우월성을 지니고 있는데, 일반의 리는 자연의 리 가운데서 먼저 드러나지 인간에게서 먼저 드러나는 것이 아니다.

자연의 '리'는 직접적으로 드러나는 것이자 자명한 것이다. 예를 들어 하늘은 둥글고 땅은 네모지다(天圓地方)는 사상이나, 하늘은 높고 땅은 낮다(天尊地卑)는 사상이 그러하다. 천지의 '도'는 다만 그러할 뿐 어떠한 이유가 없다. 그것은 증명할 필요도 없고 논증할

[청淸] 석도石濤, 「산수책엽山水册頁」 중

필요도 없다. 왜냐하면 천지가 바로 시작이자 기초이며 근거이기 때문이다. 우리는 천지 이외에서 그 시원을 찾을 방법이 없다. 만약 우리가 여전히 천지의 시작을 따지고 있다면 그것은 다만 '허무'에 빠질 수 있다. 이것은 사상으로 하여금 공허한 놀이에 빠지게 한다.

만약 '천지의 리'가 이와 같은 본성을 지니고 있다면 그것은 생각하는 사물을 직접적으로 사상 속에 드러내는 것이다. 이러한 관계에서 사상은 생각하는 사물을 구조 짓는 것이 아니라 생각하는 사물이 사상을 결정한다. 이 때문에 사상의 임무는 생각하는 사물의 규정을 받아들이는 것이다. 사상 속에 드러나는 생각하는 사물이란 천지와 자연의 '도리'이다.

자연에 따른 사유 가운데 이 천지의 리는 바로 인간의 리에 대한 근거가 된다. 천지의 리는 외재적인 근거가 없이 스스로를 확립하는 자기 근거이다. 그러나 그것은 인간의 건립 근거이기도 하다. 이는 인간의 존재, 사상, 언어 등 모든 것이 천지에서 그 건립 근거를 찾아야 한다는 말이다. 천지의 리에 합치하는 모든 것은 존재하는 것이고, 천지의 리에 합치하지 않는 모든 것은 존재하지 않는 것이다.

그런데 여기에는 한 가지 의문이 존재한다. 천지의 리는 어찌하여 인간의 리에 대한 근거가 될 수 있는가? 사람들이 천지의 리를 인간의 리에 근거로 설정한 것은 하늘과 사람이 서로 비슷하다고 미리 결론을 내렸기 때문이다. 물론 하늘과 사람에게 비슷한 곳이 있지만, 실제로는 다른 점도 있다. 하늘과 사람은 완전히 동질적이고 동일한 구조를 지니지는 않았다. 자연에 존재하는 광물과 인간의 정신은 비교할 수가 없다. 이 때문에 하늘의 '도리'가 간단하게 사람의 도리에 대한 근거가 될 수 없다. 그러나 중국사상에서는 여태껏 이를 연구한 적이 없었다.

중국사상에서는 '천리天理'가 곧 '인리人理'라는 설정에 기초하여 천리에서부터 사람의 리를 도출할 수 있었다. 하늘이 그러하면 사람도 그러하고, 하늘이 어떠한 속성을 지니면 사람도 어떠한 그 속성을 지닌다는 것이다. 예를 들어 '하늘은 높고 땅은 낮다'는 것에서부터 남자는 높고 여자는 낮다 라는 관점을 연역하였다. 이렇게 유추하는 사유는 중국 전통의 주된 사유 방식으로 등장하였다.

유추의 사유 방식이 천리가 사람의 리에 제공한 기초에 중점을 두는 것이라면 문제의 핵심은 천리를 드러내는 데 있다. 그런데 '천리'는 스스로 행하여 자신을 드러내기에 그것을 연역이나 귀납으로 추리하여 증명하거나 논증할 필요가 없으며, 다만 천리에 대해 묘사를 해야 할 따름이다. 묘사는 천지를 직접적으로 표현하는 것이지 간접적으로 설명하는 것이 아니다. '하늘은 높고 땅은 낮다'는 말은 하늘과 땅의 본성을 간단하고도 명료하게 드러내 보인 것이지, 연역과 귀납으로 결론을 도출한 것이 아니다. 천리는 직접적으로 드러나기에 이를 직관해야 한다고 하는 편이 나을 것이다.

천리를 묘사하면서 동원되는 말들은 해·달·별 및 초목과 동물 등의 천지만물이 대부분이기에 중국의 사상은 순수 개념적이거나 추상성을 띠는 것이 결코 아니다. 오히려 시적詩的이고 구체적인 형상이다. 이는 중국사상을 담은 문헌들의 표현을 대부분 철리시哲理詩의 방식으로 표현하게 한다. 이것이 중국의 사상을 종종 개념과 시적 표현, 추상과 구체적 형상 사이에 처하도록 하였다. 한편으로 그것은 사물이 리를 드러내도록 하고, 형상을 추상적으로 만들었다. 노자의 "물은 만물을 이롭게 하면서도 다투지 않는다"(水利萬物而不爭)라는 말이 그 예이다. 다른 한편으로 그것은 리를 사물화하고, 추상적인 것을 형상화하였다. 노자의 "가장 위대한 선함은 물과 같다"(上善若水)라는 말이 그 예이다.

중국사상은 이미 외재적 자연사물의 도움을 받았으며, 또한 내재적 자연사물의 도움도 받았다. 내재적 자연사물이란 다른 어떠한 것이 아니라 바로 인간의 '신체'이다. 이에 상응하여 자연을 따르는 중국사상은 신체에 관한 사유를 특별하게 표현하였다.

중국인은 자기 몸을 부모에게서 물려받았고, 더 나아가서는 천지에서 물려받았다고 생각한다. 이 때문에 육체는 하나의 소우주이자 소자연이라 여겼다. 이러한 측면에서 몸은 천리가 현현하는 곳이다. 이러한 관점에 근거하여, 중국의 사상은 천지의 리를 생각할 때, 천지와 일월, 대지와 산하, 날짐승과 길짐승을 관찰하는 것 이외에 사람의 몸도 관찰하였다. 사람의 몸과 만물에 대한 관찰을 통하여 사람들은 천리를 파악하였는데, 이는 음양의 도였다.

천리의 현현으로써 육체는 자연과 인간을 이해하는 길이 되었다.

중국사상에서는 몸을 자연 현상에 비유하였다. 천지에도 두뇌와 몸통, 그리고 팔다리가 있다. 만약 일반적인 형성과 기능의 유사성에 근거하여 말한다면 산맥은 등이자 척추이고, 강과 하천은 동맥이며, 숲은 폐이고, 호수는 신장이다. 음양설에 근거하여 말한다면 하늘은 아버지이고 땅은 어머니이며, 해는 남성이고 달은 여성이다. 오행설에 근거하여 말한다면 동쪽과 봄은 간장과 관련되고, 남쪽과 여름은 심장과 관련되며, 중앙과 늦여름은 비장과 관련되고, 서쪽과 가을은 폐와 관련되며, 북쪽과 겨울은 신장과 관련된다. 이 밖에도 수많은 예를 들 수 있다.

여기에서 천지와 만물이 하나의 큰 신체임을 볼 수 있다. 심지어는 천지가 사람의 무기적無機的인 신체 또는 신체의 무기적인 부분이라 말할 수 있다.

이와 동시에 중국사상에서는 몸을 사회 현상에 비유하였다. 하나의 사회 조직은 유기적인 총체를 구성하는데, 그 구성과 기능 역시 인간의 육체와 마찬가지이다. 특히 갖가지 형태의 정치 조직은 더욱 신체의 의미를 잘 드러낸다. 예컨대 지도자는 머리이고, 그 부하는 오른손과 왼손이며, 또 얼마의 사람들은 다리와 발의 역할을 맡는다. 정치가 신체화되었을 때는 신체도 정치화된다. 머리는 조직 가운데서도 핵심적 의미를 지니고 있으며, 그것의 생사는 조직의 생사를 결정한다. 이에 머리는 제왕이 세상에 생존하고 있을 때처럼 사람들이 만수무강을 기원하며, 죽었을 때는 천추에 길이 남기를 기원한다. 이뿐만 아니라 두뇌의 신체는 특별한 처리 과정을 거쳐 사후에도 살아 있는 것처럼 한다. 이와 달리 손발과 같은 사람들은 조직에서 치환되거나 교체될 수 있으며, 그것의 생사는 결코 중요하지 않다. 이에 근거하면 손발의 신체는 살든 죽든 그리 대단치 않다.

이상에서 기술한 상황 이외에도 중국사상에서는 여전히 신체로 정신 현상을 비유하였다. 사상을 담은 여러 문헌은 그 형태가 비록 복잡하지만, 모두 신체와 같은 특성을 지니고 있다. 특히 문예 예술 작품에 대해 사람들은 그것을 거의 하나의 생명력을 지닌 신체로 간주한다. 무용과 희극 등 신체적 활동이 있는 예술 작품은 당연히 그러하고, 시가詩歌나 그 밖의 문학 작품, 회화, 서예 등의 비활동적 예술 역시 이와 같다. 이러한 예술 현상에 대해서도 사람들은 종종 신체의 구조나 기능을 빌려 분석한다. 사실 인간의 신체 역시 매우 복잡하고 다양한 것이나, 그 대강은 '형形'과 '신神'이며, 근육 · 뼈 · 피부와 정精 · 기氣 · 신神 등으로 더욱 구체화된다. 뛰어난 예술 작품은 '형'을 표현할 뿐만 아니라 '신'을 표현하여 '형신形神'이 겸비된 것이다.

신체를 통한 사유는 특별한 의미를 지닌다. 그것은 이해할 수 없었던 것을 이해할 수 있는 것으로 바꾸었고, 표현할 수 없었던 것을 표현할 수 있는 것으로 바꾸었으며, 말할 수 없었던 것을 말할 수 있는 것으로 바꾸었다. 일반적으로 말해 수많은 자연 · 사회 · 정신 현상들은 이해할 수 없고 표현할 수 없고 말로 할 수 없었던 것이지만, 인간의 몸은 이해할 수 있고 표현할 수 있으며 말로 할 수 있다. 이는 신체를 우리가 이미 가지고 있는 데다, 가장 평범한 것이면서도 잘 알고 있는 것이기 때문이다. 일단 사람이 몸으로 자연과 사회, 그리고 정신 현상을 설명할 때, 오묘함으로 가는 길을 찾아 그것을 이해하고 표현하며 말로 할 수 있게 된다.

자연과 신체에 따른 사유의 기초 위에서 중국의 전통사상은 일종의 역사적인 사유를 발전시켰다. 역사는 인간이 생존하고 발전하는 역정이며, 아울러 예부터 지금까지의 변천을 표현한 것이다. 중국의 역사는 천지가 개벽된 창세의 신화 이외에도 주로 중화문명의 발생과 발전 역사를 담고 있다. 그것은 삼황오제三皇五帝에서부터 각 왕조의 교체까지 포괄한다. 중국 전통사상에서는 역사를 매우 중시하였다. 사람들은 심지어 유가의 기본적인 경전인 육경六經까지도 역사라고 생각하였다. 사실상 『주역』과 같은 것도 특이한 형식으로 자연의 역사와 인간의 역사를 서술한 것이다. 중국사상이 역사를 중시하는 까닭은 현재와 과거의 관계에서 고대는 오늘날의 근거를 제시할 수 있었기 때문이다.

우선, 역사에 따른 중국 사유는 고대의 사람이 현재를 위해 근거를 제공하는 것으로 표현된다. 고대의 사람이란 당연히 일반 사람을 가리키는 것이 아니라 특별한 사람을 가리키는데, 그 가운데서도 특히 성인聖人이다. 성인이 성인으로 될 수 있는 까닭은 그가 하늘을 대신하여 도를 행하고, 하늘을 대신하여 말을 하는 사람이기 때문이다. 동시에 그는 천지와 대중 사이를 매개하여 하늘의 도를 대중에게 전달한다. 성인은 일찍이 고대에도 기초를 제공하였으며, 당연히 오늘날에도 기초를 제공할 수 있다. 이러한 이유에 기반하여 중국사상이 '도리'를 논할 때는 종종 고대 성인의 언행을 끌어들여 그 근거로 삼는다.

다음으로, 역사에 따른 사유는 고대의 일이 오늘날을 위하여 근거를 제공하는 것으로 표현된다. 일 또는 사건은 사람과 사물이 뒤섞이면서 발생한다. 하나의 역사적 사건이 종종 역사적 중단이나 시작을 야기하는데, 이는 시대를 구분하는 큰 사건이다. 이러한 역사적 사건의 발생은 '도리'를 포함하고 있는데, 그것은 천도에 합치하기도 하고 천도에 합치하지 않기도 한다. 이 때문에 고대의 일은 오늘날 사람에게 귀감이 될 수 있다. 오늘날의 사람이 어떠한 일을 할 때, 그는 역사를 거울로 삼아 이 일의 합리성과 비합리성을 이해할 수 있다. 구체적인 논술 가운데 역사적 사건은 종종 전고典故로서 시간에 의해 증명되는 논거가 된다.

중국의 전통사상은 종종 자연에 따른 사유와 역사에 따른 사유가 통일되기도 한다. 하나의 판단은 천지에 근원할 뿐만 아니라 역사에 근원한다. 하늘은 사람의 근거가 되고, 고대는 오늘날의 근거가 된다. 그러나 이것은 사상의 발전을 속박하지 않는다. 하늘이 사람의 존립 근거가 되지 않을 수 없고, 옛날은 오늘의 건립 근거가 되지 않을 수 없다.

4. 하늘과 사람의 말(天人之言)

'자연성'은 중국인의 언어 방식과 글쓰기 방식을 결정하였다.

말하기와 글쓰기는 모두 문헌에 표현되어 있다. 문헌은 한 구절의 말, 한 단락의 말, 혹은 한 편의 문장이다. 그것은 사상적이기도 하며, 문학적이기도 하며, 또한 일상적이기도 하다. 중국의 사상을 담은 문헌은 주로 유·도·선 제가諸家의 저작으로, 논설문이다. 문학적인 문헌은 주로 시사詩詞와 가부歌賦, 희극과 소설 등이다. 일상을 담은 문헌은 주로 격언이나 속담 등이다.

그러나 어떠한 문자라도 그 기본적인 의미 단위는 어구의 구성에 있다. 중국어의 어구가 의존하는 전달체는 한자인데, 이 한자는 표음문자가 아니라 상형화되어 뜻을 나타내는 문자이다. 이것은 중국어의 어구 자체가 물상物象과 의상意象을 포괄하는 특징을 지니게 한다. '물상'은 일반적으로 천지간의 만물, 일월, 산천, 초목, 짐승 등이다. 물상은 대부분 형상화에서부터 부호화의 과정을 거치는데, 여기에는 간화簡化, 변형, 조합 등의 방식이 사용된다. '의상'은 사상에 의해 구축된 형상이다. 비록 그것은 현실세계에 직접적으로 존재하는 것은 아니나 천지만물을 빌려 표현해야 하므로 이 또한 자연의 물상을 떠나지 못한다. 한자의 어구가 지니는 이러한 특성이 중국 사유를 언어로 표현하는 데 있어

'자연'에 의해 규정되도록 한 것은 당연하다. 이는 그 기본적인 언어가 직접적으로 자연계의 도상이나 부호, 또는 그것에서부터 파생된 형태라는 것이다.

언어의 사용에 관한 중국의 사상 역시 아주 독특하다. 그것의 기본적인 단어 즉 '개념槪念'(기준대가 되는 나무와 같은 생각)이나 '범주範疇'(밭 경계의 범위) 등의 핵심 용어는 기본적인 정의가 부족하여 그것을 대신하여 현상으로 묘사를 하였다. 갖가지 현상 가운데 자연 현상은 또한 주도적인 지위를 점한다. 유가의 인仁과 같은 경우가 그러하다. 공자는 인이 무엇인지 규정하려 하지 않고 "인이란 사람을 사랑하는 것이다"(仁者愛人)라고 하였다. 동시에 '인한 사람'과 '지혜로운 사람'을 비교하면서, 인한 사람은 '산'을 좋아하고, 지혜로운 사람은 '물'을 좋아한다고 말하였다. 또한 도가의 도와 같은 경우도 그러하다. 노자는 도에 대해 말할 수 없고, 다만 억지로 그것에 대해 설명할 따름이라고 여겼다. '도'는 자연 현상 속에서 자신을 분명하게 드러낼 수 있다. 선종에서 말하는 '지혜'와 '불성' 역시 그러하다. 혜능은 지智는 '해'와 같으며 혜慧는 '달'과 같아 항상 밝다고 해석하였다. 여기에서 우리는 중국사상의 핵심적인 용어가 모두 일반의 자연 사물을 빌려 설명하고 있음을 볼 수 있다. 이것으로 비유를 언어의 주된 수식의 수단으로 표현하는 방식이 형성되었다. 어떠한 경전 가운데에는 '비슷하다'·'~와 같다'는 뜻인 '여동如同', '사호似乎', '호상好像' 등의 용어가 빈번하게 출현한다. 이러한 용어는 한편으로는 설명되는 사물을 가리키고, 다른 한편으로는 이를 가지고 설명하려는 사물을 가리킨다. 이러한 사물은 기본적으로 자연 사물이다. 비유의 언설은 중국사상에서 '자연' 언어로 표현하는 전형적인 방식이다.

[청淸] 석도石濤, 「산수책엽山水册頁」 중

중국사상에서 자연 언어의 표현은 그 본문의 구조에도 일관되어 있다. 어떠한 텍스트에서는, 사람들은 먼저 자연을 이야기하고 그다음에 인간사에 대해 논한다. 이러한 상황에 근거한다면 이러한 본문의 구조는 '천인 구조'라 칭할 수 있다. 본문의 천인 구조는 실제로 존재하는 천인합일과 사유하는 천인합일의 기초를 투사한 것이다.

일반의 사상적 언어로 이루어진 본문에서는 직접적으로 사상을 표현한다. 그것은 한편으로 '자연의 리'를 말하며, 다른 한편으로 '사람의 리'를 말한다.

유가 텍스트 구조의 발전은 하나의 과정을 거쳤다. 『논어』는 어록체인데, 그것은 공자와 그 제자들의 언행을 기록하였다. 그 이야기는 대부분 어떠한 특정 사건에 주제가 맞추어져 있다. 그것은 임의의 상황에서 하고 싶은 이야기를 했다는 특징이 있다. 이와 달리 『맹자』는 대화체이며, 맹자와 사람들 간의 토론과 논쟁을 담고 있다. 그것은 참과 거짓의 투쟁이었다. 그러한 과정에서 주제가 부각될 수 있다. 이 두 원시유가의 경전 본문 속에는 천인의 구조가 여전히 숨겨져 있다. 그런데 이 이후 유가의 텍스트에는 천인의 구조가 매우 분명하다. 『주역』의 괘卦 순서는 천지음양에서부터 인간 남녀로 전개되며, 그 해설 역시 천도에서부터 인도에 이른다. 송명유학에 이르러서는 그 주제를 천인 관계로 확정하였으며, 아울러 우주론과 심성론을 구축하였다. 이에 그 본문의 구조는 하늘에 관한 말과 인간에 관한 말로 분명하게 드러났다.

도가의 텍스트는 천인 구조의 표현에서 유가보다 더욱 두드러졌다. 이것은 도가가 유가에 비해 더욱 극단적으로 천인 관계를 자기의 사상적 주제로 삼은 데 있다. 비록 『노자』는 시가체의 문장이고 『장자』는 산문체의 문장으로 그 문헌적 형태는 다를지라도, 이야기하는 구조는 매우 흡사하다. 일반적으로 말해 그들은 먼저 '하늘의 도'를 말한 후에 '사람의 도'를 말한다. 당연히 사람의 도는 또한 '성인의 도'와 '보통 사람의 도'로 나눌 수 있다. 성인의 도는 천도를 따르는 것이며, 보통 사람의 도는 천도를 어기는 것이다.

선종의 문헌은 '마음을 밝혀 본성을 본다'고 하여 마치 천인의 구조가 없는 것처럼 보인다. 그러나 사실은 그렇지 않다. 혜능의 『단경壇經』에는 천인 구조가 텍스트 속에 숨겨져 있다. 한편으로 인간의 천연적인 본성인 불성佛性과 자성自性이 존재하는데, 그것은 다만 인위적으로 가려진 것일 따름이다. 이 때문에 깨달음은 곧 제거이다. 다른 한편으로 불성과 자성은 말로 표현할 수 없는 것으로, 그것은 사물이나 특별한 자연물을 빌려 표현해야 한다. 그러나 사람들은 반드시 이러한 도구적 표현에 주의를 해야 한다. 선종이 후대로 발전하는 과정에서 나온 문자선文字禪은 불성과 언어적 유희를 극단으로 밀어 올렸다. 여러 선종 문파의 텍스트에서는 자연 현상을 빌려 '선'의 이치를 설명하였다. 꽃이 피었다 지고, 구름이 모였다가 흩어지는 것 등이 그러하다. 사람들은 천지만물로 마음의 무한한 선의禪意를 설명하였다.

사상 언어의 텍스트와 달리 문학 언어, 특히 시적인 정취로 이루어진 언어의 텍스트는 사상과 무관하게 풍경을 묘사하고 정서를 드러내는 것만 같다. 하지만 이것도 그렇지 않다. 그것들은 인간의 존재와 세계의 본성에 관한 직관이기 때문에 사상과 가장 밀접한 분야이다. 예를 들어, 당나라 때 시성詩聖이라 일컬어진 두보杜甫는 유가의 인애지정仁愛之情을 가득 펼쳤고, 시선詩仙인 이백李白은 도가의 자유정신을 읊었으며, 시불詩佛인 왕유王維는 선종의 적정지음寂靜之音을 노래하였다. 여기에서 그들의 시에 유·도·선의 사상이 충만하였음을 볼 수 있다.

중국문학의 주체는 시가詩歌이다. 시가는 비록 서정抒情과 서사敍事, 그리고 희곡 등의 유형으로 나눌 수 있지만, 거기에서 말한 정감은 오히려 근본적인 것이다. 그러나 중국의 시가는 보통 곧장 정감을 토로하지 않고 풍경을 묘사하면서 감정을 표현한다. 이에 풍경을 묘사하는 것과 감정을 펼치는 것이 시가로 이루어진 텍스트의 핵심이 되었다. 풍경 묘사에서 그 풍경은 천지와 산천, 봄꽃이나 가을 달과 같은 자연의 풍경이다. 서정은 희노애락이나 생사별리生死別離와 같은 사람의 감정이다. 당시唐詩나 송사宋詞와 같은 고전 시가의 텍스트는 상반부가 풍경을 묘사한 것이고 하반부가 정감을 토로한 것이다. 이것은 거의 기본적인 글의 격식이 되었다.

시가 텍스트는 천인 구조 이외에도 글쓰기 방법에서 자연성이 충만하다. 전통 시가의 창작에서는 모두 부賦·비比·흥興 등

[청淸] 임웅任熊, 「굴원상屈原像」 환선紈扇(엷은 깁으로 바른 부채)

을 이야기하였다. '부'는 직접 그 일을 진술하는 것이다. 그런데 그 일에는 사람도 있고 사물도 있으며, 사회도 있고 자연도 있다. '비'는 저 사물로 이 사물을 비유하는 것이다. 그러나 사람들은 대부분 자연의 사물로 인간의 일을 비유하였다. '흥'은 흥기와 발단이다. 시인은 보통 먼저 자연의 사물을 이야기하고 나서 사람의 일을 이야기한다. 비부흥 등의 창작 기법을 운용하는 과정에서 밀접하게 하늘을 논하고 사람을 이야기하는 관계를 볼 수 있다.

시가와 여타 문학 텍스트의 천인 구조에서는 여전히 한층 높은 차원의 요구를 하는데, 이는 바로 자연성과 합일하는 것이다. 예술로서 문학은 비록 사람의 인위적인 산물이지만, 이것은 마치 하늘이 자연스럽게 이룬 것과 같아야 한다. 그것은 여실하게 사물과 정감을 표현해야 한다. 인위적으로 지나치게 꾸미거나 화려한 문구로 수식하는 것을 없애야 하고, 질박함을 내세워 본래의 면모를 잘 드러내야 한다. 문학 텍스트의 자연은 한편으로 사람의 자연과 같이 신체의 정精·기氣·신神을 지녀야 하고, 다른 한편으로 천지의 자연처럼 구름이 떠가고 물이 흘러가는 것과 같아야 한다.

사상과 문학 언어의 텍스트 이외에도 일상 언어의 텍스트 역시 깊이 생각해 볼 가치가 있다. 비록 중국인에게 익숙하고 유행하는 속담이나 격언, 잠언 등은 매우 다양하지만, 민간에서 우러난 경험적 지혜 이외에는 대부분 유·불·선 사상이 일상에서 언어화된 것이다. 그것에는 남과 어울리며 처세하는 것, 사람을 만나고 일을 처리하는 것, 심성에 대한 수련 등의 지혜를 포함한다. 그것은 대부분 한 구절로 이루어진 간단명료한 텍스트의 형태이다. 비록 이와 같더라도 그 텍스트 구조는 천인에 대한 말이며, 천리天理를 인용하여 사람의 도리를 설명한 것이다. 다음은 중국의 유명한 격언이다. "바다는 모든 강물을 받아들이니 그 너그러움이 있어 위대하며, 산은 천 길 높이 서 있으니 욕심이 없어 우뚝하다." 여기에서는 자연계의 바다와 산을 비유하여 너그럽기에 위대하고 욕심이 없기에 우뚝하다는 것을 설명하였다. 그런데 여기에서 정말 말하려는 것은 사람이 바다와 산처럼 너그러워 위대하고 욕심이 없어 우뚝해야 한다는 것이다. 이러한 텍스트에서 우리는 '하늘'과 '사람'이 서로를 해석하고 있음을 볼 수 있다. 한편으로 '천지'는 '의인화'되었다. 바다와 산에 대해 말하면 어떠한 의식이나 의도도 없지만, 사람이 그것에 사람과 비슷한 특성을 부여하였다. 바다는 드넓으며 산은 욕심이 없다. 다른 한편으로 사람이 '천지화'되었다. 사람은 천지가 드러내는 천리와 같이 살아가야 하는데, 넓고 위대한 바다와 욕심이 없어 우뚝한 산처럼 되어야 한다는 것이다.

자연 언어의 표현에는 명확한 한계가 있는데, 그것은 드러나기도 하고 가려지기도 한다. 한편으로 그것은 말할 수 없는 것을 말할 수 있게 한다. 다른 한편으로 그것은 말할 수 있는 표현으로 말할 수 없는 침묵을 가로막기도 한다.

제8장 후자연시대

중국 전통사상에서는 세계를 '천하'로 이해하였다. 세계란 하늘 아래 땅 위로, 천지간天地間이다. 천하는 무한하게 보이는데, 이는 확정된 경계가 없기 때문이다. 그러나 실제로 천하는 사람에게서 보자면 경계가 있는데, 이것은 멀리 있는 지평선이 그 경계가 될 수 있다. 사람이 천하에 우뚝 서서 세계를 살펴볼 때, 그는 관찰자가 된다. 그의 시야에 담긴 끝머리는 아득한 곳의 지평선이다. 온갖 일과 사물들은 바로 지평선 내에서 일어난다. 당연히 사람의 움직임에 따라 그 입장이 변하기도 하며 그 시야가 바뀌기도 한다. 이러한 사람에 상응하여 지평선도 끊임없이 이동한다. 사람이 끊임없이 앞으로 나아가면 지평선도 무한하게 뒤로 물러나서 곧장 사람이 다다를 수 없는 곳에 이른다. 이렇게 다다를 수 없는 곳은 세상 끝 아득한 곳에 떨어져 있다. 이 때문에 중국에서 세계는 천하에서 '해내海內'로 바뀌었다. 세계는 사해四海 안의 대지이다. 중국은 이 대지의 가운데에 자리하였다. 아주 오래전부터 중국인들은 비록 자신을 세계의 유일한 존재라고는 생각하지 않았지만, 세계의 중심이라고는 생각하였다. 이 중심은 지리적 의미에서뿐만 아니라 문화적 의미에서도 그러한 것이다. 중국은 '중화中華'인데, 이는 문화의 중심이라는 뜻이다.

그러나 19세기 이후 서양에 의해 중국의 문이 강제로 열리자, 중국인들은 중국이 결코 세계의 중심이 아니라 지구의 동쪽에 자리하고 있을 따름이라는 것을 알게 되었다. 서양의 군사·정치·경제·기술·사상의 종합적인 침략 아래에서 중국인들은 중국 중심주의적 관점을 철저하게 버려야 했고, 중국은 가난하고 낙후된 국가로 전락하였다. 이러한 처지에서 중국 고대의 역사는 완전하게 종결되었다. 이와 동시에 중국 전통의 '지혜' 역시 전에 없던 위기를 맞이하였다.

1. 어떠한 시대인가

19세기 말이라는 대략적인 시간을 경계로, 그 이전의 중국사는 고대사이고, 그 이후의 중국사는 근대사이다. 그에 뒤따르는 것이 현대사이며, 또 당대사이다. 그런데 근대 이후 중국은 어떠한 시대인가?

중국 근대 이후의 역사를 설명하기 위해서는 반드시 중국 고대의 역사를 이해해야 한다. 중국의 고대사는 당연히 매우 오래되었고, 상전벽해와 같은 다양한 변화가 있었다. 그런데 중국 역사의 변천은 주로 왕조의 변천으로 표현된다. 하나의 왕조는 한 성씨를 지닌 제왕들이 세대를 이어 가며 통치를 했던 시간이다. 한 왕조에서 제왕은 통치자이며 신민臣民들은 피통치자라는 기본적인 구조로 표현된다. 한 왕조의 시작과 종결은 다만 제왕 및 그 가족들의 교체로 나타나는데, 이것이 새로운 왕조가 들어서서 정권이 바뀌는 것이다. 바로 이때 전왕조의 통치자는 현왕조의 피통치자가 되고, 전왕조의 피통치자는 현왕조의 통치자가 된다. 이에 왕조의 교체가 구왕조의 제도에 대한 진정한 개혁과 혁명이 되지 못하고, 오히려 새로운 왕조는 구왕조의 제도로 회귀할 수 있다. 이것이 중국 역사에 순환과 윤회의 현상을 불러일으켰다. 한편으로 새로운 왕조는 현왕조와 구왕조의 가장 기본적인 차이를 유지하지만, 다른 한편으로 새로운 왕조는 비록 수준은 다를지라도 옛 왕조의 제도를 되풀이하여 반복하는 것이다. 이러한 반복은 중국 역사를 상대적으로 동일하게 하였고 안정되게 하였다. 사람들은 심지어 중국 고대의 역사는 일상을 넘어서는 초월적인 정상 상태의 구조를 지니고 있다고 생각하였다.

그러나 중국의 고대와 근대의 교체는 왕조의 변천이 아니라 '시대'의 확립이다. 분명 시대와 왕조는 모두 시간 속에 속하지만, 그것은 모두 자연적 시간이 아니라 역사적 시간이다. 설령 이와 같더라도 그 사이에는 근본적인 차이가 있다. 시대는 시대를 구분하는 것이다. 이는 위대한 역사적 사건으로부터 역사적 시간의 중단을 이끌어 낸다는 말이다. 이로 말미암아 구시대가 끝남과 동시에 새로운 시대가 열린다. 새로운 시대가 구시대로 돌아가는 것이 결코 아니라 구시대를 향해 작별을 고하는 것이다. 이 때문에 시대가 끝나는 지점에서 진정한 신구新舊의 투쟁이 발생한다.

그렇다면 중국의 역사에서 고대와 근대의 단절이란 결국 어떠한 고대와 어떠한 근대가 단절된 것인가? 중국 고대의 역사가 자연에 의해 결정된 역사임은 조금도 의심할 바 없다. 이러한 역사는 농업사회, 가족

사회 등으로 묘사될 수 있는데, 자연 경제와 소농업 경제 등으로 말할 수 있을 것이다. 사람이 살아가는 생활세계의 전개 양식에서 '자연'은 인간의 존재, 사상, 그리고 언어를 규정하고 그것을 부각시킨다. 이러한 의미에서 중국 고대의 역사는 자연 역사이다. 만약 우리가 그 전체를 이미 중단된 시대로 파악한다면 그것은 '자연시대'라고 칭할 수 있을 것이다.

그러나 중국 근대 이후의 역사적 본성을 어떻게 확정하는가? 중국 근대 이후의 역사에 대해 비록 수많은 논쟁을 벌였지만, 지금까지는 깊이 있는 사고가 부족하였다. 부정할 수 없는 사실은 근대 이후 중국은 항상 자기의 전통과 이별을 고하여 그것과 분리하려고 시도했다는 점이다. 그러나 자기의 전통과 분리된 중국은 어느 방향으로 나아갈 수 있는가? 여기에는 비록 논쟁이 발생할 수 있지만, 서양에 대한 선택적인 학습이 중국 근대의 가장 기본적인 방식이 되어 버렸다. 이것은 근대 이후 중국에서 고금지쟁古今之爭뿐만 아니라 중서지쟁中西之爭을 불러일으켰다. 비록 사람들이 중국의 고대는 봉건시대이고 근대는 혁명시대라고 하면서 중근 근대와 고대의 차이점을 애써서 밝혀내려 하지만, 근대 이후 중국과 서양의 역사적 차이에 대해서는 결코 분명하게 드러내지 못하였다. 이것은 중국 근대 이후의 역사적 본성을 충분하게 밝히지 못한 것이다.

근대 이후 중국의 역사적 본성을 설명하기 위해 여기에서는 반드시 중국과 서양 근대 역사의 차이점을 비교해야 한다. 그러나 근대 서양 역시 또한 반드시 전체 서양의 역사 속에서 고찰해야 한다. 고대 그리스와 중세 이후의 서양 역사는 일반적으로 근대와 현대, 그리고 후현대로 구분할 수 있다. 서양은 시기마다 다른 각각의 시대와는 다르게 규정할 수 있는 주제가 있다. 고대 그리스는 여러 신의 시대이다. 그 신들은 사람의 운명을 결정한다. 사람은 신들이 이끄는 대로 잘 따라야 자기의 운명을 파악하고 인식할 수 있다. 중세는 하느님의 시대이다. 하느님은 세계의 창조자이자 구원자이다. 사람은 반드시 하느님의 품으로 돌아가야만 올바르고 똑바른 길을 갈 수가 있다. 근대는 이성의 시대이다. 이성의 힘에 의지하여 사람은 자기와 세계를 환히 밝혀서 계몽되는 것이다. 사람은 이성에 자신을 맡겨 존재하고 사유하며 대화할 수 있다. 이성이 이끄는 바에 따라 사람들은 과학과 민주주의 사상을 발전시켰다. 현대는 인간 존재의 시대이다. 존재 혹은 생존, 생활, 생명이 사상의 기초를 이루었다. 그 가운데 특히 개인의 '생명'이 두드러지게 부각되었다. 생명이 개인에게 있어서는 신체적 존재이고 죽음의 존재이다. 이 때문에 개인은 유일무이하며 반복될 수 없다. 유일무이한 존재로서 개인은 다른 존재에 의해 대체될 수 없으며, 반복되지 않는 존재로서 개인은 윤회하거나 부활할 수 없다. 이러한 특징에 비추어 보자면 개인 존재는 그 어떤 것과도 비교할 수 없는 의미가 있다. 후현대는 무원칙이자 다원칙의 시대이다. 그것은 형이상학이라는 유일한 중심을 없애 버렸기에 절대적인 원인이나 목적이 없다. 이 때문에 모든 것은 가능성으로 남아 있다. 이것이 다원성을 형성하고 이를 유행시키는 결과를 낳았다.

그렇다면 중국 근대 이후 100여 년의 역사에는 확정된 시대 주제가 있는가?

중국 근대 이후의 역사적 과정에 대해 간단하고도 핵심적으로 분석을 하겠다. 전통 역사가 종결된 후 중국의 근대 이후 역사는 서양을 배우는 것이 주된 것이었다. 그러나 이것도 하나의 과정을 거쳐야 하는데, 먼저 기술을 배우고 나중에 그 제도와 사상 등을 배우는 것이었다. 이것은 외재적인 기술에서부터 내재적인 도리로 바뀌는 것과 같다. 다만 '5·4신문화운동'에서 사람들은 비로소 명확하게 민주와 과학이라는 구호를 제창하였다. 민주와 과학이 비록 서양의 사상이지만, 근대의 독창적 사상이었다. 이른바 '민주'란 인민(시민)이 주인이 되는 것으로, 자기가 자신의 일을 결정하는 것이다. 그러나 자기가 자신을 결정할 수 있는 사람은 반드시 이성적인 사람이어야 한다. 오직 이성이 있어야만 사람들은 자기를 결정할 수 있는 능력을 얻을 수 있다. 또한 이른바 '과학'이란 결코 기술학이 아닌, 바로 지식학이다. 그것은 인간과 세계에 대한 진리를 아는 것이다. 계몽으로서의 과학은 미신과 대립적이며, 세계가 미몽에서 깨어나도록 요구한다. 그런데 이 모든 것이 가능한 까닭은 사람에게 참으로 이성이 있기 때문이다. 오직 이성이 있어야만 사람은 진정한 지식을 획득할 수 있다. 이 때문에 민주와 과학은 근대 서양 이성의 독특한 산물이다.

민주와 과학이라는 구호와 동시에 5·4운동에서는 또한 다른 구호인 개인주의와 인도주의를 외쳤다. 그러나 민주와 과학의 구호에 비해 개인주의와 인도주의의 구호는 그 목소리가 가냘프고 또 일시적이었다. 설령 이와 같다고 할지라도 그 의의는 특별한 것이었다. 이것은 서양의 기본적인 현대 경험에 기초한 데 있었다. 개인주의와 인도주의는 서양 현대사상이 발견한 개인 존재의 의미와 떼어 놓을 수 없다. 개인은 대체할 수 없는 것이자 반복될 수 없는 것이다. 이것은 개인 존재의 유일무이한 가치와 존엄성을 부각시켰다.

그러나 20세기 후반, 중국의 정신 공간에 또 서양의 포스트모더니즘 사상이 도입되었다. 다원주의는 이미 그 정도는 다르지만 다양하게 중국인의 존재와 사상, 그리고 언어에 영향을 주었다.

사실상 중국 당대當代는 고대 전통의 유적을 제외하고 여전히 서양이 각 시대마다 이룩한 정신적 사상의 영향을 받았다. 중국에는 도처에서 서양의 근대와 현대, 그리고 후현대의 모방 흔적을 찾아볼 수 있다. 그렇다면 중국의 근대와 현대, 그리고 당대의 역사는 서양의 시대와 동일한 의미를 지니는가? 즉 중국과 서양이 동일한 근대성과 현대성, 그리고 후현대성의 의미를 지니고 있는가? 이것은 의심할 만하다.

서양 근대의 주제는 이성이고, 현대는 존재이며, 후현대는 다원화이다. 이러한 주제들은 비록 중국 근대 이후에 역사에서 받아들이고 드높였지만, 사실 중국 근대 이후의 주제로는 결코 진정하게 형성되지 않았다. 어찌하여 그러한가? 근대 중국의 임무는 구국救國이 계몽을 압도했기 때문에 그러하다. 사람들은 주로 나라를 보존하고 백성을 보호하기 위해 투쟁하였으므로, 계몽운동을 깊이 있고 지속적으로 추진할 방법이 없었다. 계몽이란 이성을 기초로 한 서양의 민주와 과학사상이다. 이러한 의미에서 우리는 서양의 시대 구분을 가지고 중국 근대의 역사를 묘사하여 억지로 비교할 수 없으며, 있는 그대로 중국만의 독특한 시대적 본성을 확정해야 한다.

만약 중국 근대 이후의 역사 주제가 서양의 근대 이후 역사와 간단하게 등치될 수 없다면 오직 고대 역사와의 관련 속으로 돌아갈 수밖에 없다. 혁명적 역사로서 중국 근대 이후 역사의 유일한 행위는 고대 역사에서의 '자연'을 제거하는 일이었다. 만약 중국의 기나긴 고대 역사를 '자연시대'라고 말한다면, 근대 이후의 중국 역사는 '후자연시대後自然時代'라고 칭할 수 있다. 후자연시대는 자연시대 이후의 시대이다. 중국 근대 이후의 역사는 자연시대와의 연속성에서 단절되었다. '자연'은 더 이상 근대 이후의 역사에 대한 근본 규정이 아니다. 그렇다면 근대 이후의 역사는 어떻게 규정할 것인가? 사실 아직까지 자신만의 규정을 찾지 못하였다. 후자연시대로서 근대 이후의 역사는 주로 '자연'을 부정하면서 자신의 본성을 드러내었다.

다만 중국 근대 이후의 후자연시대의 본질적 성격을 이해한다면 우리는 비로소 그 100년 역사에서 나타난 문제를 파악할 수 있고, 아울러 그것을 해결할 수 있는 방안을 찾을 수 있다.

2. 천도의 쇠퇴

중국 후자연시대의 가장 근본적인 특징은 자연이 죽었다는 것이다. 자연이 죽었다는 것은 사람처럼 그렇게 죽는 것이 아니라, 자연이 더 이상 시대의 최고 결정성을 지니지 못한다는 의미이다. 이는 자연이 중국 역사에서 최고의 결정성을 지닌 것으로서 말하자면 이미 자신의 마지막 사명을 마쳤다는 것이다. 자연의 죽음은 자살도 아니고 타살도 아니며, 자신만의 상태로 돌아간 것이다. 이는 자연이 원만하게 자신의 천명天命을 완수했다는 것이다.

자연이 죽었으니, 중국사상의 근간인 '천도관天道觀' 역시 쇠락하기 시작했다. 구체적으로는 공경과 제사의 대상인 '하늘, 땅, 제왕, 어버이, 성인'(天地君親師)이라는 세계 구조가 근본적으로 와해되었다.

우선, 하늘은 무너지고 땅은 갈라졌다. 자연시대에서 천지는 사람이 흔들 수 있는 토대가 아니었다. 사람은 천지간에 살아간다. 그러나 후자연시대에서 하늘은 무너지고 땅은 꺼져 버렸다. 하늘이 무너지고 땅이 꺼졌다는 것은 실제로 천지가 붕괴가 되거나 지구와 운석이 충돌하여 지진이 발생하는 것과는 전혀 상관이 없다. 그것은 천지가 비록 존재하지만 더 이상 사람에 대한 규정 또는 결정을 하지 못한다는 것이다. 후자연시대의 인간 역시 물론 천지간에 생존하지만, 천지는 신성을 상실하여 어떠한 종교적 의미나 도덕적 의미도 없다. 천지는 더 이상 보이지 않는 신이 사람을 살펴보는 것도 아니고, 소리 없이 명령을 내리는 것도 아니며, 사람을 존재의 길로 이끄는 것도 아니다. 천지는 다만 순수한 천문과 지리의 개념으로 탈바꿈하였다. '천天'은 그냥 하늘이며, '지地'는 그냥 땅이다. 이러한 의미에서 천지는 인간의 위에 초탈하여 있는 것이 아니라 인간의 아래에 속하게 되었다. 그리고 인간 역시 천지를 경외할 필요가 없으며, 오히려 그것을 정복하거나 개조하였다.

그다음으로, 제왕의 몰락이다. 군주는 하늘의 명에 의해 천자天子가 되었으며, 하늘과 땅의 참된 아들이었다. 그는 천지를 대표하며, 동시에 천지는 하늘의 아들에게 속하였다. 하늘 아래 왕의 땅이 아닌 곳은 없었다. 그러나 천지가 몰락함에 따라 군주의 운명 역시 재난을 당하였다. 그는 다시는 천부적으로 천하를 관리하는 권력을 가진 하늘의 아들로 인정되지 않았다. 사람은 자기는 물론 사람마다 천부인권이 있다고 생각하지만, 특정한 한 사람에게 하늘이 부여한 제왕의 권력이 있다고는 생각하지 않는다. 이 때문에 사람들은 군주제를 없애고 공화제를 실행하여 자기가 주인이 되었다.

그다음으로는 가정의 해체이다. 가정은 아버지와 아들, 즉 부자父子로 이루어진 가족 구조의 전체이다. 이 구조는 주로 혈연관계에 의해 구성된다. 이 혈연관계는 다른 관계가 아니라 사람의 '자연 관계'이다. 전통적인 가정의 구조에서 가정 성원의 관계는 평등한 것이 아니라 차별이 있다. 부자, 부부, 형제 등의 관계마다 모두 두 사람의 상관된 인물을 포괄하고 있는데, 그 가운데 부父와 자子라면 전자가 주체이고 후자가 객체이다. 전자는 후자에 대해 절대적인 지배 권력을 가지고 있었다. 이러한 권력의 가장 전형적인 모습은 부모가 자녀에 대한 혼인을 결정하는 데 있다. 남녀의 혼인은 자기가 선택하는 것이 아니라 부모의 명과 중매쟁이의 말에 의해 결정된다. 이러한 것으로 보자면 가정은 자유롭지가 않다. 그것은 가정의 성원 개인의 존재와 발전을 속박하는 것이었다. 가정은 심지어 개인의 생명에 대해 억압하거나 말살하는 것으로 바뀌어 죄악의 소굴이 될 수도 있다. 5·4운동 이후 사람들은 가정이 개인의 자유를 제한함을 의식했다. 자녀들이 잇달아 보모의 속박에 반항하며 가출하였고, 대가족은 점차 해체되기 시작했다.

마지막으로, 스승이 이미 죽었다는 것이다. 스승은 일반적인 교사가 아니라 사람들의 삶을 인도하는 스승이다. 중국 고대 역사에서 스승은 주로 유가의 스승을 가리켰다. 그 가운데서도 공자는 최고의 지위를 가진 스승이다. 그는 지덕이 가장 높은 스승이며, 유가 및 중국 전통의 지혜를 대표하는 사람이다. 공자는 성인으로서, 하늘을 대신하여 '도'를 행하고 논설을 세웠다. 그의 사상적 핵심은 인의仁義와 도덕道德이다. 이것이 중국인의 정신세계에 핵심적인 내용이 되었다. 그러나 후자연시대에서 사람들은 인의와 도덕이 가식적일 뿐만 아니라 사람 잡는 것일 수 있음을 발견하였다. 바로 이러한 상황에 대하여 사람들은 '타도공자점打倒孔子店'(공자의 사상을 파는 봉건적 체계를 부수자)을 소리 높여 외쳤다. 반공자사상의 운동에서 2000여 년 동안 성인으로 추앙받던 스승 공자는 진정으로 죽었다. 사실 유가의 스승뿐만 아니라 도가와 선종의 스승 역시 함께 사망했다. 이는 그들의 사상이 더 이상 중국 근대 이후의 정신적 주지가 되지 못한 데 원인이 있다. 백여 년 동안 유·도·선 삼가는 모두 함께 쇠락의 운명을 맞이하였다.

하늘이 무너지고 땅이 꺼지는 역사적 현상에 동반하여 후자연시대의 존재, 사상, 언어는 모두 자신만의 특징을 지니게 되었다.

첫째가 존재의 근거 없음이다. '천도天道'는 줄곧 중국인 및 그 세계의 존재 근거가 되어 왔지만 그 스스로에 대해서는 근거가 없다. 천도는 자연이며, 그 스스로가 자신의 건립 근거이다. 그것은 자명한 것이자 회의할 수 없는 것이며, 물을 수도 없는 것이었다. 그런데 천도는 왜 인도의 기초가 될 수 있었는가? 이것은 오히려 어슴푸레한 것이며, 회의할 만한 것이며, 물어볼 만한 것이다. 천도와 인도의 관계가 확립된 것은 이러한 이유에 기반한 것인데, 하늘과 사람은 천지와 남녀의 관계처럼 서로 관련되면서도 유사한 것이었다. 그러나 천도와 인도의 유사성은 다만 그럴 것 같지만 실제로는 그렇지가 않다. 이러한 이유에 근거하여 인도에 대한 천도의 결정은 필적연이거나 확정적이지 않고, 가정적이며 추측적이다. 이미 이와 같다면 천도는 인도의 근거가 될 수 없다. 인도의 근거로서 천도의 허구성이 드러난 후 인도 역시 받침대가 사라져 심연 속으로 빠져 버렸다. 이에 인간의 신체·심성·생존·경계는 더 이상 천도나 자연에서부터 이해되는 것이 아니라, 다른 곳에서부터 새로운 해석을 찾아야 했다. 신체에 관한 이론도 더 이상 음양오행이 아닌 신체의 생리적 구조와 기능에 근거하였다. 이것은 서의西醫가 중의中醫를 대체하는 결과를 낳았다. 서양 의학과 중국 의학의 논쟁은 다만 과학과 기술에 대한 논쟁이 아니라, 두 가지 신체관에 대한 모순에서 발생하였다. 신체와 마찬가지로 심성 역시 더 이상 천리에 기반하는 것이 아니라 역사에 기원을 둔다. 역사가 발전하면서 사회 존재가 사회 의식을 결정하는 것이다. 인류의 생존 역시 더 이상 천지의 결정을 고려하지 않으며, 역사 발전의 법칙을 중시할 따름이다. 인생이 추구하는 경계 역시 천인합일이 아니라, 자유·평등·박애 등이다.

그다음으로, 사상의 근거 없음이다. 중국사상의 출발점은 사상이 아니라 사상 바깥에 있는 '천도'이다. 이는 천도가 사상에 기초를 확립해 주었다는 말이다. 이에 상응하여 사상도 천도가 열어 낸 길을 따라 갔다. 이러한 규정에 따라 사상의 임무는 자연과 자연 위에 세워진 역사를 서술하는 것이지, 사고 그 자체는 아니었다. 그러나 천도는 사상에 규칙을 제정해 줄 수는 없다. 사상이 자연을 넘어서고 있기 때문이다. 사상은 초월적이며, 아울러 이 때문에 자연과 단절되었다. 사람들이 사상의 독특한 본성을 의식한 이후에 사상은 더 이상 천도에 기반하지 않으며, 그 밖의 어떠한 존재를 기반으로 삼지도 않는다. 천도에 근거를 두지 않은 사상은 바로 여기에서부터 유령처럼 자연의 바깥을 떠돌게 되었다. 후자연시대의 사상은 더 이상 자연성과 역사성을 지닌 옛길을 가지 않게 되었다. 사람들은 하늘과 사람 사이, 그리고 옛날과 오늘 사이에 간단하게 뛰어넘을 수 없는 간극이 존재한다는 사실을 발견하였다. 이에 하늘은 하늘이고 사람은 사람이며, 옛날은 옛날이고 오늘날은 오늘날이 되었다. 자연의 이치와 역사의 이치는 인류가 오늘날 하고 있는 일에 대해 근거를 결코 제공할 수 없었다. 이것은 하늘이 아니라 사람 스스로가 자신의 설명 근거가 되고, 옛날이 아니라 오늘이 스스로 오늘을 설명해야 하는 근거가 되는 결과를 야기하였다.

마지막으로 언어의 근거 없음이다. 독특한 민족 언어인 한어(중국어)는 천도와 깊은 내재적 관계가 있다. 천지는 말이 없지만 천도가 드러나면서 '도의 무늬'(道之文)를 이루었다. 성인은 천지의 오묘함을 몸소 살피고 말하여 '성인의 말'이 이루어졌고, 아울러 이를 글로 써서 경서經書가 이루어졌다. 사람들이 성인의 말을 경청하는 것은 '천도의 말'을 듣는 것일 따름인데, 이것으로 역사성을 지닌 민중의 언어가 형성되었다. 이것이 바로 이른바 '도에 근거하고 성인이 이를 징험하여 결국 경문이 이루어졌다'(原道征聖宗經)는 문예와 언어의 이론이다. 이것으로 말미암아 하늘과 성인의 말이 담긴 전형적인 한문식 텍스트가 구조가 형성되었다. 그러나 더 이상 천도가 사람의 존재와 사상에 근거가 되지 못한 후에, 천도와 언어의 관계 역시 매우 취약한 상태로 바뀌었다. 천도가 더 이상 드러나지 않고 성인이 더 이상 말을 하지 않게 되자, 역사 속의 민중 역시 이와 함께 말을 잊어버리는 곤경에 빠졌다. 결국 하늘과 성인의 말이 담긴 본문 텍스트의 구조는 끝내 허물어졌다. 사람들의 말은 더 이상 하늘에서부터 사람에게 이르는 것이 아니었고, 하늘과 사람은 분리되었다. 결국 하늘을 말할 때는 하늘만 이야기하는 것이 되고, 사람을 말할 때는 사람만 이야기하는 것이 되었다. 하늘과 성인의 말이 담긴 본문의 구조 역시 해체됨과 동시에 중국의 언어와 문자 역시 문언문에서 백화문으로, 번체자에서 간체자로 바뀌는 변혁을 맞았다. 더욱 극단적인 것은 한자를 없애고 발음 기호로 바꾸려 시도한다는 점이다. 이것은 중국 언어와 문자가 지닌 자연에 대한 도상의 복잡함을 없애고, 오늘날 사회 교류에서 더욱 간단하고 직접적으로 생각을 표현하는 의도이다.

천도가 쇠미해짐에 따라 존재·사상·언어 등의 차원에 근거 없음의 시대가 열렸으며, '자연'의 기초 위에 세워진 모든 정신세계는 현대의 생활에서는 그 생명력을 잃었다. 유·도·선의 사상뿐만 아니라 역사적인 산수시·산수화·고전 음악·정원 건축 등이 모두 막다른 길로 내몰렸다. 그것들이 의지하고 있던 자연은 이미 완전히 죽었으며, 현대에 대한 결정성도 상실했다. 그것은 우리 시대와 철저하게 분리되었다. 어떠한 개혁과 개조도 쇠퇴해 가는 운명을 구할 수 없으며, 그것의 연장은 다만 역사적 유산의 처리를 나중으로 미루어 두는 것일 따름이다.

천도가 쇠미해지자 오랜 역사의 꿈에서 놀라 깨어야 했다. 계속 꿈을 꾸려 하면 그는 천지간이라는 튼튼한 기초를 붙잡고 있어야 할 것 같다. 그러나 이 꿈을 벗어나려면 천지 이외에 거대한 허공을 마주한다. '허무' 속에서 살아간다는 것 자체가 패러독스이자 황당무계한 일이다. 이 때문에 현대의 지식인들이 이 허무를 채우도록 소환되었다. 그 가운데 국수파는 유가가 중국의 미래를 구원할 수 있을 뿐만 아니라 세계의 미래를 제시할 수 있다고 믿었다. 그들이 세운 신유학新儒學의 신내성외왕지도新內聖外王之道(현대에 맞게 스스로는 성인이 되고 사회적으로는 어진 지도자가 되는 방법)는 현대인의 정신적 지주를 세우기 위해 시도된 것이다. 이와 달리 서화파는 중국의 윤리적 자원이 결여되어 있으므로 오직 서양만이 도움을 줄 수 있다고 생각했다. 이에 과학과 민주뿐만 아니라 인도주의와 자유, 그리고 기독교의 하나님까지도 현대 중국인의 정신 공간에 끌어들였다. 그러나 공자가 다시 살아나든 기독교의 하나님이 강림하든, 모두 후자연시대의 천도가 쇠미해지는 사태를 바꿀 수는 없다. 그것은 허무를 다른 허무로 채우려는 것일 따름이다. 하늘이 무너진 중국이나 신이 죽은 서양의 역사에서 이는 극복할 수 없는 운명에 처한 것이다.

천도의 쇠미함은 곧 현대 중국의 허무주의이다. 후자연시대에서 하나의 기초는 무너졌고, 다른 하나의 기초는 아직 다져지지 못했다. 그러나 문제는 어떠한 기초라도 필연적으로 근거가 없다는 사실이다. 이에 허무주의의 참된 속성은 존재(인간) 스스로를 위한 건립의 근거가 없다는 것에 지나지 않는다.

3. 범기술화

천도가 쇠미함에 따라 허무주의가 중국에 출현하였고, 자연세계는 은퇴를 선언하였다. 그리고 이를 대신하여 기술의 시대가 도래하였다.

19세기 이후 중국이 철저한 변화를 겪었다는 사실에 부정할 사람은 없을 것이다. 사람들은 그것을 전현대에서 현대로, 농업사회에서 공업사회로, 자기로부터 서양으로 바뀌었다고 묘사하였다. 그러나 중국이

겪은 변화의 실질은 자연사회에서부터 기술사회로 바뀐 것이다. 더 이상 자연이 아니라, 기술이 인간의 존재·사고·언어를 규정한다.

중국에서 말하는 '기技' 또는 '술術'은 서양에서 말하는 '기술'과 당연히 비슷한 점이 있다. 그것은 모두 인간의 활동이지 사물의 운동이 아니다. 이 때문에 그것은 본질적으로 자연과 상대되는 것이다. 기술은 자연이 아니며, 자연은 기술이 아니다. 이뿐만이 아니라 '기'와 '기술'은 모두 자연에 대한 극복으로, 사람은 사물을 개조하는 활동이다. 사람은 사물이 없는 곳에서 사물을 제조하고, 이미 있는 사물에 대해서는 가공을 한다. 이것은 기술의 근본적인 의미가 제조와 생산에 있다는 것이다. 기술은 자연에 아직 존재하지 않고 또 자연과는 다른 사물을 제조하는 것으로, 인위적인 사물이다. 그러나 이러한 사물은 사물 그 자체의 목적이 결코 아니라 인위를 목적으로 한다. 이를 통해 기술은 인간의 도구와 수단이 되었으며, 사람은 기술의 힘을 빌려 자신의 목적에 종사한다. 이 때문에 사람은 사물에 대해 유용성을 요구한다. 유용성이란 실제로 사물이 기술화되었다는 것이며, 수단과 도구적 특성을 지니고 있음을 의미한다.

그런데 중국 전통사상에서 '기技'(기예)는 그것만의 독특한 의미가 있다. 그것은 주로 사람이 손으로 직접적으로나 간접적으로 사물과 교류하는 과정이다. 손으로 하는 활동으로 기예는 중국어에서 '수공예'라고 이해되어졌다. 특별한 손재주를 가지고 수공예에 종사하는 사람들은

'장인匠人'이 되었다. 손은 신체의 일부분이기에 '기예'는 사람의 신체와 신체의 활동에 의지한다. 그런데 신체는 유기적인 자연으로 자연의 일부분이며, 기예는 이 때문에 자연과 자연의 활동에 속한다. 이것은 기예가 사람과 사물의 관계에서 자연이 준 한계를 벗어나지 못하도록 하는데, 이는 곧 자연에 의해 규정된 것이다. 이러한 제한 속에서 사람은 주체가 되지 않으며, 사물은 객체가 되지 않는다. 이에 사람과 사물의 관계는 주체와 객체가 아니라 주동과 피동의 관계가 되어 버린다. 사람이 기예를 사용하는 과정에서 자연적으로 생장을 시키든 자연적으로 변형시키든, 이것으로 사람 그 자체의 목적에 도달한다. 비록 이와 같더라도 인공으로서의 기예는 자연에 부합해야 하는데, 장자가 "도가 기예 속에 깃들어 있어야 한다"(道進乎技)고 말한 것처럼 인간의 활동이 자연의 활동과 합치해야 한다. 이것은 기예로 제작된 물품이 비록 인공의 사물이라 할지라도 자연의 사물과 같아야 한다는 결론을 끌어내었는데, 보았을 때 인위적이 아니라 귀신이 만든 것처럼 정교하여 자연적으로 형성된 것과 같아야 한다는 것이다. 이것으로부터 중국사상에서 이해하고 있는 기技가 자연에 의해 규정된 인간의 활동임을 알 수 있다. 그러나 이와 같이 이해된 기예 역시 여전히 자연 그 자체는 아니며, 더욱이 도道도 아니다. 오히려 그것은 자연과 도를 가리기 때문에 사물 자체를 가릴 수 있다.

중국의 기예와 달리, 서양의 현대 기술은 수공예가 아니라 기계기술이며 정보통신기술이다. 수공 제작에서 기계기술 제작으로 바뀌는 와중에 사람의 신체는 기술 때문에 결정하는 역할을 점차 잃게 되었다. 정보기술 때문에 사람은 신체뿐만 아니라 자신의 지식마저 기술에 양도해야 했다. 이러한 의미에서 기계기술은 사람의 손발을 대체하였고, 정보기술은 사람의 두뇌를 대체하였다. 이 때문에 현대 기술은 신체 및 사람이 지닌 자연과 멀리 떨어지게 되었고, 스스로는 초자연적 힘을 가진 독립된 개체로 진화하였다. 기술이 비록 인간의 도구라 할지라도 그것은 오히려 사람을 기술의 수단으로 전락시켰다. 이는 기술이 기술화되면서 사람으로부터 독립되고 더욱 벗어날 것이라는 말이다. 이렇게 되면 현대 기술의 기술화는 존재에 대한 도전이 될 것이고, 여기에서부터 결국에는 설정자가 될 것이다. 당연히 사람이 기계를 조작하고 기술과 정보를 설정하는 설정자이며, 사람은 만물을 피설정자로 변화시킨다. 그런데 기술화는 동시에 사람을 피설정자로 만들며, 게다가 사람은 다른 존재에 비해 더욱 근본적으로 피설정자의 전체에 종속된다. 이 전체가 바로 현대 기술의 세계이다. 세계는 더 이상 자연적이지 않으며, 자연은 이 기술 세계에서 점차 자리를 잃고 결국에는 사망에 이른다. 기술 세계에서 가장 마지막까지 남는 것은 그것이 사람이든 사물이든 피설정자들일 따름이다. 피설정자로서 사람과 사물은 모두 부서진 조각이다. 이렇게 부서진 조각들은 동일한 것이기 때문에 언제든 교체가 가능하다.

이러한 의미에서 현대 기술의 본성은 이미 전통적 기교도 아니고 사람의 도구와 수단도 아니다. 그것은 기술화되었고 기술주의가 되었고, 또한 이것으로 말미암아 우리 시대의 결정자가 되었다. 이러한 결정은 바로 기술이 세계를 설정하면서 실현이 되었다.

중국의 후자연시대는 자연사회에서부터 기술사회로 바뀐 것인데, 이는 결코 전통의 기예나 수공업의 연속이 아니라 서양의 현대 기술이 도입되고 개조된 것이며, 발전한 것이다. 사람들은 기술을 숭상하면서 기술이 인간과 세계에 대해 아주 신기하고도 예측할 수 없는 유익한 작용을 할 것이라 생각한다. 예를 들어, 널리 퍼진 신념이 있는데, 과학 기술이 가장 큰 생산력을 가졌다는 것이다. 이것은 사상적 신념일 뿐만 아니라 정치적 신념이기도 하다. 이에 기술대학이 우후죽순 격으로 설립되었다. 기술은 여전히 사회 전체에 광범위하게 전파되고 스며들었다. 이에 기술은 중국의 후자연시대에서 조물주나 구세주와 같은 위대한 역할을 맡았다.

현대 기술은 당연히 우선적으로 존재에 대해 설정하였다. 현대 기술은 중국인의 생활 방식을 근본적으로 바꾸어 놓았다. 현대의 모든 중국인들은 더 이상 자연적이지 않고 기술화되었다. 사람이 비록 여전히 천지 사이에서 생활하고 있으나, 이 생활은 이미 기술화된 천지 사이에서 영위하는 것이다. 사람은 먼저 직접적으로는 기술화된 세계에서 살고, 그 후에 간접적으로 자연세계에서 생활한다. 사람들에게 가장 일반적인 의식주는 모두 현대의 기술적 성과에 의지한 것이다. 사람과 사람 사이의 교류 역시 여러 형태의 통신기술에 의지하며, 이 기술로 인해 먼 거리는 매우 가까워졌다. 사람과 자연계의 교섭 역시 더 이상 사람의 손과 발로 이루어지는 것이 아니라, 현대의 정보기술을 통해 조절된다. 자연적이고 전원적이며, 그리고 목가적인 생활은 이미 한 번 떠나서 돌아오지 않는다. 사람의 생활이 현대 기술의 유·무형적인 네트워크 속으로 들어가는 것은 피할 수 없는 운명이다.

한편으로 현대 기술은 자연에 대해 설정하였다. 기술 세계에서 자연은 더 이상 천지의 자연스러운 품부이거나 자족하며 자유로운 곳이 아니다. 오히려 이와 반대로 기술이 자연의 법칙을 발견함에 따라 자연은 완전히 인간이 설정할 수 있는 대상으로 바뀌었다. 이것으로 보자면 기술은 자연의 지배자와 같은데, 기술은 세계를 창조할 수도 있고 파괴할 수도 있다. 현재의 원자탄 기술이나 생물학 기술, 정보기술은 이미 자연을 설정하는 그 기술의 특성을 잘 보여 준다. 자연에 대한 기술의 설정 아래에서 천지는 자기의 본성을 바꾸었다. 천天은 이제 단순한 하늘로, 위성이나 항공기가 다니는 장소이자 무선 전파로 채워지거나 초고층 빌딩이 빼곡한 곳으로 바뀌었다. 지地 역시 땅의 창고라는 뜻으로 바뀌었다. 땅은 현대의 농수산업이 그 재배기술이나 양식기술을 발전시킨 것 이외에도, 여전히 거대한 에너지원으로 석탄·석유·천연가스가 매장되어 이를 채굴할 곳이며, 또한 각종 재료의 생산처이다. 그러나 현대 기술로 개조한 자연은 오히려 우리에게 자연의 보복을 불러왔다. 지금 중국에는 이전에는 유래 없던 생태 위기와 환경 파괴, 기후 온난화 등의 문제가 나타났다.

다른 한편으로 현대 기술은 또한 인간에 대해 설정하였다. 사람은 줄곧 부모에 의해 태어나며 천지에 의해 창조되었다고 간주되었다. 이 때문에 인체의 신경에는 어떠한 조작도 허용되지 않았다. 그런데 현대 기술은 신경에 독소를 집어넣어 우리의 신체를 아름답게 하거나 신체의 기관을 바꾸며, 심지어는 성별까지도 전환한다. 임신과 출산에는 유전자 기술을 적용하여 태아나 영아의 유전인자를 인위적으로 조작한다. 복제기술을 인간에게 사용하여 사람이 진정한 조물주가 되었으며, 자기의 형상에 따라 인간을 창조하게 되었다. 산아 제한 기술은 중국에서 가장 널리 사용되었다. 이것은 중국에서 성공적으로 인구를 감소시켰지만, 중국의 한 가구 한 자녀 정책은 수많은 사회 문제를 야기하였다. 총괄하자면 미용과 치료에서부터 출산에 이르기까지, 현대 기술은 이미 인체의 구조와 기능을 설계할 수 있다. 인체는 이미 더 이상 부모와 천지의 자연스런 생육의 결과가 아니라, 기술로 제어된 산물이다.

다음으로 현대 기술은 사상에 대해 설정하였다. 전통의 자연사상 속에는 시를 짓는 흥취와 그림에 담은 듯한 뜻, 그리고 인문적인 정취가 녹아 있었다. 그런데 현대사상은 이러한 특정을 버리고 '계산'이 사상의 주축을 이루었다. 사람들은 더 이상 자연과 역사를 직관하지 않으며, 다만 계산할 따름이다. 계산은 모든 사물을 숫자로 바꾸어 놓았다. 이에 양만을 고려하는 정량 분석이 본성을 고려하는 정성 분석을 대체해 버렸다. 분석을 하는 과정에서 주도적인 정책을 점하는 것은 게임의 연산과 같은 것이다. 즉 만약 어떠한 일이 이러하다면 어떻게 해야 하고, 어떠한 일이 이러하지 않다면 어떠해야 한다는 방식이다. 계산적인 것은 결국 프로그램으로 바뀌었다. 이 프로그램의 목적은 사람이 사물에 대한 발전 과정을 제어하기 위한 것이다.

마지막으로, 현대 기술은 언어에 대해 설정하였다. 전통의 언어는 자연 언어로, 천도에 의해 결정되었다. 그러나 현대에 유행하는 언어는 천도에서 멀리 벗어나 있으며, 기술화된 언어가 되었다. 기술화된 언어는 언어의 도구성만이 극단적으로 표현된 형태이다. 언어는 기술에 의해 조절된다. 매우 외재화된 형태로는 현대의 서적, 신문, 방송, 텔레비전, 전화, 인터넷 네트워크 등이 세계를 가득 채우고 있다. 이제 사람은 언어적 동물뿐만 아니라, 언어로 포위된 동물이 되었다. 그러나 이러한 언어는 언어를 철저하게 도구화한 것에 지나지 않으며, 언제든 이용하고 또 버릴 수 있는 수단으로 만들어 버렸다. 기술화된 언어의 전형적인 형태는 광고 언어이다. 광고란 널리 모두가 알게 한다는 말이다. 그것은 극단으로 치닫는 기술 언어이자 도구 언어이다. 그것은 스스로의 말을 지혜인 척 가장하고 욕망을 숨기면서 도구적 효과의 극치에 이르렀다.

우리 세계의 존재, 사상, 언어를 설정하는 현대 기술에 대해 많은 사람들이 낙관주의 태도를 견지한다. 그들은 기술이 희망의 새 길을 열어 우리 시대의 수많은 문제를 해결하고 극복할 수 있으리라 보았다. 어떠한 사람들은 기술이면 무엇이든 해결할 수 있다는 기술만능을 믿어 인류의 모든 영역에 기술적 사유를 관철하려 하였다. 이것도 위험할 수 있는데, 기술의 숭배는 기술을 한 시대의 새로운 신으로 추앙하는 격이다. 그러나 기술 낙관주의자들은 기술이 가져다 주는 이로움과 해로움, 즉 기술의 양면성에 주의하지 않는다. 동시에 그들은 기술의 한계성에 대해서도 고려하지 않는다. 인류의 수많은 영역들 가운데는 기술을 넘어서는 영역이 얼마든지 있다. 물론 여기에서 기술 비관주의를 야기하는 것도 옳지 않다. 비관주의자들은 기술이 인간의 생존 환경인 자연을 파괴할 뿐만 아니라 인간사회에 수많은 질병을 야기한다고 본다. 분명한 것은 현대인이라면 누구나 기술을 떠나 '원초의 자연' 속에서는 생활할 수 없으며, 또한 기술의 폐단만을 보고서 기술이 인류에게 가져다 준 이익을 무시해서도 안 된다. 이 때문에 기술에 대한 진정한 태도는 낙관주의나 비관주의를 버리고, 기술의 경계를 확정짓는 일이다.

4. 무한한 욕망

후자연시대에는 허무주의와 기술주의 이외에도 향락주의가 위세를 떨치고 있다. 이는 인간의 욕망이 마구 흘러넘치는 것이다. 향락주의는 욕망의 무한한 실현이다.

인간의 욕망은 욕구·바람·필요 등과 관련된다. 만약 금욕주의나 성욕주의라는 용어를 사용하지 않고 인류의 역사를 묘사한다면, 욕망의 발전과 해소의 역사라고 칭할 수 있다. 욕망은 늘 역사적 조건에 제한을 받았다. 자연시대에서, 인간은 유한한 욕망만 있었고, 아울러 유한한 만족만 있었다. 예를 들어 오랜 기간의 노동은 다만 먹는 문제를 해결하기 위한 것으로, 먹거리에 대한 수요를 충족시켰다. 동시에 특별한 경우를 제외한다면 '성性'의 실현은 다만 혼인 속에서만 가능했다. 욕망의 충족이 만약 그 역사적 규정을 넘어선다면 종교·도덕·법률의 제재는 물론 징벌까지 받았다. 그러나 우리가 살고 있는 현대는 인간의 기본적인 본능이 해방되어 자유롭게 되었다. 비록 기아 문제가 여전히 존재하지만, 더 많은 사람들은 잘 먹고 맛있는 것을 먹으려 추구한다. 비록 일부일처제가 여전히 혼인의 일반적인 형태지만, 사람들은 성관계에 대해 더욱 개방적이다. 혼전 성관계가 있을 뿐더러 혼외 성관계도 있다. 이성 간의 관계만 있는 것이 아니라 동성애 역시 점차 허용되는 추세다. 종교·도덕·법률의 관용으로, 양성 간에 다양한 놀이 형태가 형성되는 중이다.

욕망의 해방은 의심할 바 없이 금욕주의의 대립면이고, 성욕주의와 향락주의에 상당한 기초를 제공했다. 그러나 욕망의 해방을 결코 간단하게 향락주의와 동일시할 수 없다. 욕망의 해방은 역사의 발전 과정이 있으며, 역사에 의해 규정되었다. 그러나 향락주의는 욕망의 극단화이자 규정된 바가 없다. 후자연시대에서 향락주의는 허무주의 및 기술주의와 서로 관련되어 있다. 허무주의와 기술주의가 향락주의의 유행을 촉진하였다.

허무주의는 모든 기초와 목적을 부정하고, 또한 욕망과 인간 존재의 여러 관계를 단절시켰다. 사람이 천지天地와 군사부君師父의 세계에서 살아갈 때, 그의 욕망은 천지와 국가에 의해 제한되었다. 욕망과 이치가 병존하거나 충돌이 발생할 때, 사람들은 '천리를 보존하고 인욕을 없애야 한다'고 주장하였다. 사람이 이성적 동물이라 칭해졌을 때도 인간의 육체와 영혼은 모두 정신에 의해 규정되었다. 그러나 향락주의에 대해 말하자면 욕망에는 규정이 없으며 다만 적나라한 자신일 따름이다. 오직 욕망만 있을 뿐 이것 이외에는 없다. 규정이 없는 욕망은 한계도 없다. 모든 욕망은 만족시켜야 하는데, 사물과 사람도 욕망의 대상이다. 사물은 자유로운 사물이 아니며 더욱이 신비하고 신성한 사물도 아니다. 사물은 설계되고 가공되며 욕망할 수 있는 사물이 된다. 사물은 상품으로서 생산·유통·소비가 필수 일환이다. 사물과 마찬가지로 사람도 자유로운 사람이 아니라, 독립성과 자주성이 결여된, 욕망할 수 있는 사람이 되었다. 사람도 상품으로서 생산·유통·소비가 필수 일환이다. 사람이 봉사원이 되었을 때는 피봉사자에게 봉사를 해야 한다. 성의 상품화 과정에서 이러한 관계는 더욱 두드러지게 드러난다.

기술주의는 만물에 대한 기술화를 통해 욕망의 실현에 무한한 수단과 도구를 제공하였다. 욕망에 대한 기술의 의의는 욕망하는 신체의 자연스런 한도를 극복하고, 인위적으로 자극하여 만족시키며 게다가 끊임없이 자극하고 만족시키는 데 있다. 기술의 힘을 빌려 욕망은 신천지를 열었다고 말할 수 있다. 예를 들어 먹는 것은 생존이 아닌 순수하게 먹는 것으로만 바뀌었고, 게다가 스타일을 먹는 것으로 바꾸었다. 호화로운 연회석과 동서양의 성찬을 먹는 문화가 각지로 퍼졌다. 성은 피임기술과 고대와 오늘날의 성기능 강화제 덕분에 끊임없이 한도를 넘어서면서 관계할 수 있다. 기술은 끊임없이 욕망의 깊고 그윽한 영역을 드러내었다. 한편으로 기술은 이미 존재하는 욕망의 한계성을 극복하였고, 그 무한성을 발굴하였다. 다른 한편으로 그것은 오래된 욕망 이외에 수많은 새로운 욕망을 열어 내었다.

천도天道가 쇠미해지고 범기술화된 도움에 힘입어 욕망은 후자연시대에서 크게 유행하여, 인욕이 마구 흘러넘친다고 말할 수 있다. 당연히 이것은 가치 판단이 아니라 사실 판단이다.

우선, 욕망화된 존재이다. 자연시대에 사람은 천지간에 생활하였고, 사람의 존재는 천도에 의지하여 발휘되었다. 천도에 의해 규정된 인욕은 규제되어 한계가 있었다. 후자연시대의 사람은 그 존재가 욕망화되었다. 인간 존재는 그 욕망과 그 실현일 따름이다. 시장경제는 실제로 욕망의 경제에 온 힘을 다한다. 농업·공업·서비스업은 각기 다른 차원에서 인간의 욕망을 자극하고 만족시킨다. 시장에서 사람과 사물은 상품인데, 생산이 되며 교환이 되며 소비가 된다.

다음으로, 욕망화된 사상이다. 비록 전통사상에도 신체에 관한 것이 있지만, 그 신체는 욕망적이지 않다. 이 때문에 전통사상이 신체의 욕망을 주제로 이끈 적은 결코 없다. 5·4운동 이후의 사상은 인간해방사상이며, 아울러 개인해방사상으로 구체화되었다. 그 가운데 신체는 중요한 영역이었다. 이는 신체가 인간의 욕망을 담았다는 데 있다. 현재 이미 신체의 욕망에 관한 철학과 미학 그리고 기술학이 형성되었다. 그 가운데 성에 관한 탐색이나 검색은 이미 대중들이 받아들였다. 전통사상에서는 성을 좁게 생식으로 이해했지만, 현대사상은 그 애정을 강조하였다. 이러한 범위 내에서 성애의 쾌락이 부각되었다.

마지막으로, 욕망화된 언어이다. 고대사회에서 욕망에 관한 이야기는 금기였다. 욕망에 관한 어떠한 이야기도 나쁜 짓을 하도록 가르치는 것으로 인식되어 금지되었다. 그러나 현대의 언론 자유는 욕망의 언어를 해방시켰다. 일상의 언어, 문예의 언어, 사상의 언어 등 각종 언어에서 욕망은 드러나거나 혹 숨겨진 채 이야기된다. 오늘날 정보언어는 더욱 이러한 이야기를 대중들에게 일상적인 것이 되게 하였다. 애정이라는 이름으로 덧씌워진 이야기는 사실 성에 관한 담론이다. 하룻밤의 정은 적나라한 하룻밤의 성일 따름이다.

5. 후자연시대의 위기

우리는 이미 후자연시대의 세 가지 기본 특징을 분석하였다. 첫 번째, 천도가 쇠미해짐에 따라 정신은 돌아갈 곳을 잃었다. 사람들은 예부터 있던 정신의 고향을 잃었지만, 또한 새로운 정신의 고향도 찾지 못하였다. 현대 중국인의 정신세계는 늘 방황과 고민, 탐색 가운데 처해 있다. 두 번째, 범기술화는 환경오염과 기후 온난화 등 엄중한 생태 재난을 야기하였다. 동시에 사람도 기술화되어 기술의 지배를 받는 존재가 되었다. 세 번째, 무한한 인욕은 시장의 무한한 확장을 촉진하였다. 이드러나거나 숨은 시장에서는 권력과 금전, 그리고 성이 교역된다. 이세 가지는 조금의 부끄러움도 없이 모험의 놀이를 펼친다. 이러한 것은 우리 시대의 존재와 사상이 심각한 위기에 처해 있음을 드러낼 뿐이다. 그런데 이는 또한 중국 전통 지혜가 위기에 처한 것이다.

위기란 무엇인가? 위기는 사물 발전의 임계점이다. 그것은 특별한 곳이다. 여기에서 사물의 발전은 끝이 난다. 중국의 전통 지혜가 위기 속에 처해 있다면 이는 그것의 종결을 의미한다. 사실 이 위기는 일찍이 근대에서 발생하기 시작했다. 그것이 오늘날까지 지속되어 한 세기를 겪는 데에 이르렀다.

그러나 근대 이후 사상가들은 이미 중국 전통사상의 위기를 의식했으며, 이리저리 해결 방법을 찾았다. 이것은 대체로 세 가지 길로 나뉘었다.

첫 번째 길은 보수파이다. 이것은 신유학으로 대표된다. 중국 전통사상의 위기를 구원하기 위해 그들은 근본으로 돌아가 새로운 것을 열었다. 근본으로 돌아갔다는 말은 송명유학의 심성 전통으로 돌아갔다는 것이며, 새로운 것을 열었다는 말은 내성內聖에서 신외왕新外王을 열어 낸 것으로, 이는 과학과 민주이다. 그러나 신유학자들은 유가의 근본인 심성의 한계를 의식하지 못했다. 인간의 심성은 물론 하늘이 부여한 것이고 원래 인간이 지닌 것이지만, 반드시 심성을 세우고 확립해야 한다. 다만 끊임없이 낳고 낳는(生生不息) 심성이 있어야만 비로소 생명력을 풍부하게 할 수 있고, 인간 존재의 내재적 근거로 삼을 수 있다. 동시에 신유학자 역시 과학과 민주의 진정한 기초를 이해하지 못했다. 과학과 민주는 결코 인간의 내재적 심성이 아니며, 인간의 이성이다. 오직 이성이 있어야만 사람은 몽매함을 제거할 수 있고 지식을 드높일 수 있으며 자연을 인식할 수 있다. 오직 이성이 있어야만 인간은 자기가 자신을 규정할 수 있고 주인이 될 수 있다. 신유학의 가장 근본적인 문제는 여전히 유학의 천도론과 심성론에 갇혀 있고, 인간의 현실적 생존에는 관심을 가지지 않으며, 생활세계를 주제로 한 존재론을 건립하지 못한 데 있다. 현실세계의 존재론적 기초 위에서만이 신유학의 천도론과 심성론은 새로운 해석을 할 수 있고, 아울러 현재 세계의 천인 관계에 대해 새로운 공헌을 할 수 있다.

두 번째 길은 서화파이다. 서화파는 서양의 사상을 이용하여 중국 전통사상의 위기에 대한 새로운 출구를 찾으려고 하였다. 그런데 서화파의 주장은 실로 번잡하다. 그들에게는 서양 근대사상인 과학과 민주를 위주로 하자는 주장도 있고, 서양 현대사상인 개인주의와 인도주의를 위주로 하자는 주장도 있다. 이 밖에 또 서양 중세의 기독교 정신으로 되돌아가자는 주장도 있고, 다원주의의 포스트모더니즘을 주장하는 사람도 있다. 이는 다섯 시대에 해당하는 사상을 각기 다른 정도에서 중국에 끌어들인 것이라 할 수 있다. 그러나 서화파는 우선 중국 근대 이후의 현실을 충분히 파악하여 그 문제의 웅어리를 분석하고, 아울러 그 해결 방안을 탐색해야 한다. 이러한 기초 위에서 사람들은 비로소 서양사상의 길로 나아갈 수 있다. 다음으로 서화파는 서양사상에 대한

구분을 해야 한다. 서양에는 고대 그리스
부터 후현대에 이르는 다섯 시기의 변화
와 발전을 경험하였다. 결코 모든 시대의
사상이 중국에 적합한 것은 아니며, 그 가
운데 특정한 시대의 사상이 중국에 적합
한 것도 아니다. 사람들은 중국 후자연시
대의 문제에 꼭 맞는 서양사상을 찾아야
한다. 마지막으로 서화파는 중국의 후자

[남송南宋] 이숭李嵩,
「고루환희도骷髏幻戲圖」

연시대와 서양의 어떤 한 시대를 함부로 억지 비교할 수 없다는 사실을
고려해야 한다. 이 때문에 서양의 특정 시기의 사상을 간단하게 직접
중국에 이식할 방법은 없다. 사람들을 서양사상으로 끌어들일 때 어떻
게 중국의 현실과 서로 결합할 수 있는지 그 여부를 반드시 탐색해야
한다.

　세 번째 길은 마르크스주의이다. 사람들은 마르크스주의의 역사유
물론으로 중국의 해방과 건설을 성공적으로 이끌었다. 한편으로 중국
근대 이후의 사상은 마르크스주의를 포괄하였고, 마르크스주의는 이미
중국 근대사상에서 빼 놓을 수 없는 일부분이 되었으며, 게다가 이는
매우 중요한 부분이다. 다른 한편으로 마르크스주의의 형태는 유럽에
서뿐만 아니라 중국에서도 변화가 발생하였다. 근대 이후부터 사람들
은 중국화된 마르크스주의를 확립하고 발전시켰다. 사람들은 마르크스
주의가 중국식의 오해와 왜곡이 많으며, 아울러 이를 교조주의로 만들
었다는 사실을 반드시 보아야 한다. 이 때문에 마르크스주의도 끊임없
이 창신해야 한다. 이는 아래와 같은 몇 가지 절차가 필요로 한다. 첫째,

마르크스의 마르크스주의로 돌아가야 한다. 그것은 변증유물론과 역사유물론이 아니라, 단지 역사유물론일 따름이다. 역사유물론은 인류의 역사 존재에 대한 학설이다. 인간의 노동생산과 실천이 인간과 자연의 현실 관계를 건립하였다. 한편으로 자연은 인간화되었으며, 다른 한편으로 인간은 자연화되었다. 이러한 기초 위에서 인간은 자신의 자유와 발전을 얻는다. 공산주의는 인간의 공동 존재와 공동 생존의 세계 모형을 이상으로 삼는다. 역사유물론으로써 마르크스주의를 드러내기 위해서는 인류 생존 문제에 대해 해결하는 중대한 의미를 드러내어야 한다. 둘째, 서양 신마르크스주의(네오-마르크시즘)의 성과를 흡수하려면 문화 비판과 언어 비판을 중시해야 한다. 전형적인 마르크스주의는 경제 비판에 중점을 두지만, 서양의 신마르크스주의는 문화 비판과 언어 비판에 많은 연구 성과를 세웠다. 만약 경제·문화·언어 비판을 함께 결합할 수 있다면 의심할 바 없이 마르크스주의를 풍부하게 발전시킬 수 있다. 셋째, 마르크스주의의 중국화를 추진하여 중국화된 마르크스주의를 건립해야 한다. 이것은 마르크스주의로 중국의 오늘날 현실을 주시하고, 다른 한면으로 유·도·선을 포괄하는 중국의 역사 전통에 관심을 가질 것을 요구한다.

사실상 이 세 갈래의 길은 현대 중국에 여전히 이어지고 있다. 그러나 어떠한 길이든 자신을 후자연시대의 위기 속에 놓아두어야만 중국 현대의 역사를 위해 진정한 사상의 길을 열어 낼 수 있다. 그렇지 않다면 중국 현대의 위기는 더욱 격화되어 위기를 더욱 위태롭게 할 따름이다.

'위기'라는 말은 한 가지 의미만 지닌 것이 아니라 두 가지 의미를 지녔다. 그것은 이미 위험한 곳에 있으면서도 기회를 만났다는 의미이다. 후자연시대의 위기에서 위태로운 곳은 결코 위기 자체가 아니라 위기를 위기로 인식하지 못하는 데 있다. 이러한 역사에 대한 몰인식은 우리 시대에 치명적인 재난을 가져올 수 있다. 일단 위기를 위기로 인식한다면 위기의식이 나타날 수 있다. 위기의식은 일종의 우환 의식이다. 우환은 사려를 낳고, 사려는 사상을 낳는다. 위기라는 특별한 곳에서 새로운 중국의 사상이 자기의 생명력과 창조력을 발휘할 때 사람들은 위기를 기회로 바꿀 수 있다.

제9장 새로운 중국의 지혜

1. 중서고금 논쟁

오늘날 중국은 여전히 후자연시대에 처해 있다. 후자연시대의 위기를 벗어나기 위해 우리가 걸어야 할 진실한 길을 반드시 찾아야 한다. 이것은 어떠한 길인가? 조금도 의심할 바 없이 그것은 반드시 중국적이되 서양적이지 않으며, 현대적이되 고대적이지 않다. 이는 간단한 서구화나 복고주의가 선택 가능한 길이 아니다. 그러나 사실상 오늘날 중국사상은 철저하게 서양과 고대의 길에서 벗어날 수 없다. 이 독자적인 길을 중서고금中西古今 논쟁이라고 하는 것보다는 중국과 서양의 대화와 옛날과 오늘날의 대화라고 하는 편이 낫다. 대화를 통해 오늘날 중국사상은 새로운 길로 나아갈 수 있다.

이러한 역사적인 대화 속에서 우리는 항상 중국 고대 사상으로 돌아가야 한다. 중국과 서양이 대화하든 아니면 과거와 현재가 대화하든 중국 고대 사상은 매우 핵심적인 역할을 하고 있다. 중국과 서양의 대화에서 한쪽은 중국사상이고 다른 한쪽은 서양사상이다. 중국 측의 사상은 하나의 전체로서 중국 고대에서부터 현재까지의 사상을 포괄한다.

[송宋] 미상, 「보현보살普賢菩薩」

그 가운데 고대의 사상은 결코 죽은 것이 아니라 오늘날 사상 속에 살아 있다. 과거와 현재의 대화에서 중국 고대 사상이 한쪽을 맡고 중국 현재의 사상이 또 한쪽을 맡는다. 그것은 전후 사상의 계승일 뿐만 아니라 함께 존재하는 것이다. 바로 이러한 의미에서 중국 고대 사상으로 돌아가지 않는다면 중국과 서양의 대화 및 과거와 오늘날의 대화라는 것은 공허한 담론일 따름이다.

중국과 서양의 대화는 중국의 자연 지혜와 서양의 비자연사상의 대화이다. 중국 고대 사상은 자연 지혜이며, 유·도·선 3가를 주류로 포괄한다. 이와 달리 서양사상은 비자연사상으로, 신성함 또는 신의 계시를 위주로 한 사상이 포함된다. 그러나 서양사상은 단일하지 않고 다원적이며, 고대 그리스에서부터 후현대에 이르는 다섯 시기의 변화를 거쳤다. 중국과 서양사상의 대화에서 우리는 이 두 가지 다른 사상 형태의 경계선을 구분해야 한다. 한편으로는 그들 사이에 있는 공통점을 찾아야 하고, 다른 한편으로는 그들 사이에 있는 차이점을 찾아야 한다. 이 차이점에서 중국과 서양사상은 자신들의 경계선을 드러낸다. 중국사상은 자신만의 독특한 본성을 얻고, 서양사상도 자신만의 독특한 본성을 얻는다. 그러나 바로 이 경계선에서 서양사상은 중국으로 올 수 있고, 중국사상도 서양으로 갈 수 있다. 이것은 중국과 서양 사상이 경계선 위에서 벌이는 모험이자 서로의 경계를 넘나드는 월경越境이다. 중국사상이 서양에 퍼지고, 또 서양사상이 중국에 퍼지는 역사 과정은 이러한 사상의 월경이다. 그것은 중국사상의 변화를 야기할 뿐만 아니라 서양사상의 변화를 촉진한다.

과거와 오늘날의 대화는 중국사상 내부의 대화이며, 자연 지혜와 후자연시대의 사상이 논쟁하는 것이다. 중국 고대 자연 사상에 관해 우리는 어떠한 사상이 살아 있고 어떠한 사상이 죽었는지 구분해야 한다. 중국의 오래된 지혜에는 풍부하고도 오묘한 천도론과 심성론이 담겼지만, 생활세계에 관한 존재론은 부족한 면이 있다. 중국 현대 후자연시대의 사상에 관해 우리는 어떠한 사상에 뿌리가 있고 어떠한 사상에 뿌리가 없는지를 구분해야 한다. 그 가운데 일부는 현대의 독창적인 사상이지만, 어떠한 부분은 타자에 대한 복제이거나 흉내일 따름이다. 그것들은 중국에 있는 유럽사상이거나 중국에 있는 미국사상일 뿐이다. 과거와 오늘날의 사상이 대화하는 가운데 중국의 오래된 사상은 새로운 형태를 얻을 수 있으며, 오늘날의 사상은 오래된 뿌리를 갖출 수 있다.

그러나 중국과 서양의 대화이든 과거와 오늘날의 대화이든 그것은 모두 우리가 당면한 존재, 즉 중국과 세계가 당면한 상황에 집중되어 있어야 한다. 이 때문에 오늘날 중국의 사상은 오늘날 중국과 세계에 대한 사고에서 생겨난 사상이다. 우리는 오늘날 중국을 허무주의, 기술주의, 향락주의의 시대라고 묘사하였다. 이에 상응하여 오늘날 중국의 사상 역시 그것들에 대한 사고이다. 그러나 현대 중국의 사상은 현실에 대한 깊은 사고일 뿐만 아니라 현실에 대한 길잡이이다.

우리는 이러한 사상을 새로운 중국의 사상 또는 지혜라고 칭할 수 있다. 그것은 한편으로 중국의 오래된 지혜의 근원을 보존하면서도, 다른 한편으로 현대에 대한 가장 새로운 설명 형태를 획득한다.

2. 천인공생

새로운 중국의 지혜가 오랜 중국 지혜가 새롭게 바뀐 것이라면, 우리는 반드시 중국 지혜의 기초이자 핵심인 '천인합일天人合一'로 돌아가야 한다. '천인합일'에 대해 다시금 사고하는 것은 결코 간단히 긍정하거나 부정할 수 있는 것이 아니라, 한계를 구분한다는 의미에서 비판해야 하는 일이다. 비판을 통해 우리는 천인합일설에서 사고하는 한계가 어디 있는지 발견할 수 있다.

어떠한 민족의 지혜도 중국의 지혜처럼 천인합일에 중점을 둔 사상이 없다는 것은 조금도 의심할 바 없다. 천인합일은 중국인의 존재·사상·언어의 근거이며, 인생에서 도달할 수 있는 최고의 경지이자 이상이며 목적이다. 천인합일은 천天·지地·인人의 합일이지, 천·지·인·신神의 합일이 아니며, 인신합일人神合一과 인신공존人神共存은 더더욱 아니다. 그것은 중국인들로 하여금 귀신의 세계가 아닌 현실세계에 관심을 두게 하였다. 이 때문에 중국의 역사는 힌두교, 유태교, 이슬람교와 기독교의 문명 역사와 근본적으로 구별된다. 동시에 천인합일은 자연과 함께 존재하는 세계이지 자연이 사망한 단일한 기술 세계가 아니다. 이것은 중국의 역사를 현대 서양의 기술화되고 공업화된 역사와 다르게 하였다. 총괄하면 천인합일은 중국 지혜의 상징이 되었다. 그것은 중국인의 정신세계에 동일성을 형성하였고, 아울러 다른 문화와 차이성을 구성하였다.

그러나 천인합일에는 한계가 있다. 이것은 천인합일에서 하늘과 사람의 차이를 홀시한 데 있다. 천지인은 물론 한곳에 함께 속해 있지만, 그것은 오히려 서로 다른 존재들이다. 천지는 광물, 식물, 동물로 구성된 전체이며, 사람은 육체와 정신의 통일체이다. 사람과 천지는 같은 점도 있지만, 다른 점도 있다. 사람의 심신과 천지만물은 판이하게 다른 존재의 본성과 양식이 있다. 이것은 고의든 고의가 아니든 천인합일설이 가려 버린 핵심이다.

동시에 하늘과 사람이 합일하는 가운데, 하늘과 사람은 평등한 것이 아니라 등급의 서열이 있다. 일반적으로 말해, 하늘은 사람보다 높이 있으며 사람은 하늘 아래 있다. 이러한 등급 서열의 제한 때문에 사람이 하늘을 규정하는 것이 아니라 하늘이 사람을 규정한다. 그러므로 천인합일이란 하늘이 사람에 합일하는 것이 아니라, 사람이 하늘에 합일하는 것이다. 이 때문에 천인합일에서 평등과 화해는 다만 가상일 따름이며, 진실은 하늘이 사람을 통제하고 지배하는 것이다.

이 밖에도 사람이 추구하고 실현하는 천인합일은 다만 심성心性의 깨달음일 따름이지, 존재의 발생은 아니다. 사람은 인간의 심성을 통해 이치를 밝히며 물성物性을 알 수 있고, 아울러 이로 말미암아 천지에 참여하여 만물의 화육을 도와 천인합일을 실현할 수 있다. 그런데 이러한 과정에서 사람은 다만 심성적 인간이지 존재적 인간은 아니다. 즉 천지는 진실한 천지가 아니라 마음속의 천지이며, 합일은 현실의 과정이 아니라 사상의 과정이다. 바로 이 때문에 천인합일이 비록 아름다운 세계라 할지라도 그것은 항상 오래된 꿈일 따름이었다. 천인합일의 과정 속에서 사람과 하늘은 모두 자기를 바꾸지 않는다. 하늘은 여전히 늘 그러한 하늘이며, 사람은 여전히 늘 그러한 사람이다. 이것 때문에 중국 역사에 획기적인 변화를 가져다 줄 방법이 없었고, 다만 자기가 확정한 단편적이고도 유한한 천지 가운데에 얽매이게 하였다.

천인합일 이론의 곤경을 벗어나기 위해 우리는 반드시 새롭게 천인 관계를 사유해야 한다. 이것은 우리에게 천인 관계에 대한 갖가지 예견을 버리고 이미 주어진 존재의 사실에서부터 출발할 것을 요구한다. 이미 주어진 사실은 사람이 천지 사이에서 태어났다는 것이다. 천지는 존재하고 있는 것이며, 사람은 존재자이다. 그러나 하늘은 하늘이고, 사람은 사람이다. 하늘은 하늘의 길을 가고, 사람은 사람의 길을 간다. 이것은 하늘에는 천도天道가 있고, 사람에게는 인도人道가 있다는 말이다. 하늘과 사람의 차이를 인정하는 것은 이미 주어진 존재의 사실에 대해 인정하는 것이다. 차이를 인정하는 기초 위에서만이 우리는 이른바 '천인 관계'를 논할 수 있다.

만약 천인 관계가 천인합일 관계가 아니라고 한다면, 하늘과 사람 사이는 어떠한 관계인가? 사람들은 천인 관계를 아주 쉽사리 주체와 객체의 관계로 설정해 버린다. 한 가지 상황은, 하늘은 주체이고 사람은 객체라는 것이다. 이 경우, 사람은 하늘에 의거하여 행하고, 하늘은 사람의 행위 정당성에 따라 장려하거나 벌을 줄 수 있다. 다른 하나의 상황은, 사람이 주체이고 하늘이 객체라는 것이다. 이 경우, 사람은 자신의 의지에 따라 자연을 정복하거나 개조한다. 하늘이 주체가 된다면 그것은 자연중심주의가 될 수 있고, 사람이 주체가 된다면 인간중심주의가 될 수 있다.

비록 하늘과 사람 사이의 주객체 관계를 달리 보는 시각이 역사상 일찍이 발생하였지만, 그것은 결코 천인 간의 진정한 관계가 아니다. 사실상 하늘은 인간의 주인이 아니며, 인간도 하늘의 주인이 아니다. 사람은 자연에 복종하지도 않지만 자연을 정복하지도 않는다. 이 때문에 우리는 하늘을 주체로 삼는 자연중심주의도 반대하지만, 사람을 주체로 삼는 인간중심주의도 반대한다.

천인 간의 진정한 관계는 동반자, 즉 친구의 관계이다. 친구로서 하늘과 사람은 모두 상대적이고 독립적인 존재자들이다. 그들은 비록 다르지만, 오히려 평등하다. 이러한 전제 아래에서 하늘과 사람은 서로를 필요로 한다.

한편으로 하늘은 사람을 필요로 한다. 만약 사람이 없다면 천지는 다만 광물·식물·동물만의 천지이다. 그것은 저절로 있고 저절로 운행하며 저절로 생하고 저절로 소멸한다. 마치 해가 뜨고 지거나 꽃이 피고 지는 것과 같다. 바로 사람이 있어야만 천지만물에 비로소 그 마음이 있어 그 존재의 의미가 드러날 수 있다. 다른 한편으로 사람도 하늘을 필요로 한다. 사람은 천지를 떠나서 살 수 없으며, 천지 사이에서 생존할 수밖에 없다. 천지는 인간이 존재하는 곳으로, 육체와 정신의 안식처이다.

그러나 하늘과 사람 사이에서 서로를 필요로 하는 것은 결코 일방적인 요구가 아니라, 서로 베풀어 주고 이바지하는 것이다. 베풀어 주고 이바지하는 것은 어떠한 특정한 사물이 결코 아니라 자기가 가진 모든 것이다. 하늘의 입장에서 말하자면 자신을 사람에게 베풀어 주었다. 하늘은 빛을 내고 대지는 생활할 곳을 놓아두었다. 식물과 동물은 갖가지 먹을거리와 입을거리를 내주었다. 해와 달이 변화하고 해가 바뀜에 따라 사람은 태어나고 죽고, 죽고 또 태어난다. 사람의 입장에서 말한다면 이 역시 자신을 하늘에게 베풀어 주었다. 사람은 자신을 천지의 마음과 만물 가운데 가장 영묘한 것으로 삼았다. 사람은 천지간의 오묘함을 의식할 뿐만 아니라 만물의 존재를 수호한다. 사람들은 광물이 스스로를 굳게 지키도록 하였으며, 식물이 생장하게끔 하였으며, 동물이 번식하게 하였다. 총괄하면 하늘은 사람을 사람으로 만들었고, 사람은 하늘을 하늘로 만들었다.

이러한 우정 어린 관계 속에서 사람과 하늘은 '공존'한다. 이른바 공존이란 두 가지 굳어 버린 존재자가 나열적으로 함께 있다는 것이 아니라, 함께 생성한다는 말이다. 천지의 위대한 덕德을 생生이라 하고, 사람의 위대한 덕 역시 생이라 한다. 생 또는 생성은 천인지도天人之道의 근본이라 할 수 있다.

이른바 '생'은 생육, 생산, 생화, 생성을 말한다. '생성'은 일반적인 의미의 변화도 아니고, 하나의 상태에서 다른 상태로 넘어가는 것도 아니며, 심지어 낡은 것에서 새것으로의 교체도 아니다. 이것은 무無에서부터 유有로의 활동이다. 생성은 근본적으로 '없음'에서 '있음'이 생기는 사건이다. 이 때문에 그것은 연속성의 중단이며, 혁명적인 비약이다. 생활세계의 놀이가 생성하는 과정에서, 한편으로는 낡은 세계가 사라지고 다른 한편으로는 새로운 세계가 창조된다. 오직 생성만이 사물을 비로소 하나의 사물이 되게 한다. 이뿐만 아니라 생성은 자기가 지닌 한계성을 극복한다. 낳고 낳고 죽고 죽고, 죽고 죽고 낳고 낳는 것이 무한하며 무궁하다. 이에 생성은 무한한 생성이 된다.

천인은 생성하는 와중에 자기를 완성한다. 만약 생성을 '천인의 도'라고 이해한다면 '도'의 의미 역시 변화한다. '도'는 어떠한 실체를 지닌 존재자가 아니다. 도는 신령하고 신기한 언사도 아니며, 자연의 신비한 힘도 아니다. 이것은 생성의 길(道)로 천인의 사이를 관통하고 있다. '천지의 도'로서 이 길은 모든 도로의 길이다.

그러나 이 길은 이미 주어져 있는 대상이 아니라, 길 스스로 장차 열려져야 하는 것이다. 비록 이 길을 사람이 개통해야 할 것같이 보이지만, 실제로는 도로 스스로가 열어 내는 것이다. 사람은 이 길이 요구하는 것에 따라 도로를 개통해야 하며, 그러한 후에 다시 그 위를 가게 된다.

천도天道의 길은 하늘이 열어 낸 길이며, 인도人道의 길은 사람이 열어 낸 길이다. 천인이 공존하는 가운데 하늘과 사람은 각자 자신이 정한 길을 가지만, 또한 서로가 서로를 향한 길을 간다. 이에 하늘과 사람은 도로 스스로가 열어 내는 데 참여한다. 이렇게 열어 내는 과정에서 도로는 길을 생성할 수 있다. 옛길은 새로운 길로 바뀐다.

길이 생성됨에 따라 천인도 함께 생성된다. 예전의 나날은 새로운 날이 될 수 있으며, 낡은 사람은 새로운 사람이 될 수 있다. 이뿐만 아니라 하늘과 사람은 또한 서로를 생성시킬 수 있다. 하늘은 인간화되고, 인간은 하늘과 같은 측면으로 바뀐다. 하늘이 인간화된다는 것은 이른바 자연이 인간화된다는 것이다. 한편으로 천지자연의 인간화는 천지와 만물이 인격적 성격을 지닌다는 의미이고, 다른 한편으로 인간이 지닌 자연 역시 인간화된다. 이에 인간의 신체뿐만 아니라 인간의 감각도 문명과 문화의 산물이 되었다. 인간이 하늘과 같은 측면으로 바뀌었다는 것은 이른바 인간의 자연화이다. 인간의 심신과 생존은 사회의 규범과 속박에서 자연적 본성으로 회귀하는데, 이 역시 인간의 타고난 천연의 본성이다. 이는 신체와 욕망, 그리고 생활의 해방 등을 포괄한다.

3. 타인과의 화해

새로운 중국 지혜의 핵심은 하늘과 사람의 공생(天人共生)이다. 그런데 하늘과 사람의 공생은 사람과 천지를 포괄할 뿐만 아니라 나와 타인의 관계를 포괄한다. 사람이 천지간에서 살아간다는 것은 사람이 세간世間에서 살아간다는 말과 같다. 이렇게 세계 속에 있는 존재는 근본적으로 나와 타인의 관계를 맺는다. 하늘·땅·임금·어버이·스승(天地君親師)의 등급 서열 구조 가운데, 천지와 임금·어버이·스승의 관계는 천인 관계를 구성하며, 임금·어버이·스승은 사람과 사람 사이의 인륜 관계를 구성한다.

중국 고대의 지혜는 사람과 사람 사이의 관계를 매우 중시하였다.

도가와 선종에 비해 유가는 세간의 문제에 대해 더욱 독특한 주제를 제시했다. 인륜은 군신君臣, 부자父子, 부부夫婦, 형제兄弟, 붕우朋友와 같은 수많은 관계를 포함한다. 그런데 모든 인륜 관계에서 군신, 부자, 부부의 관계가 가장 중요하였다. 삼강三剛이란 임금은 신하가 지키고 따라야 할 대상이며(君爲臣綱), 아버지는 자식이 지키고 따라야 할 대상이며(父爲子綱), 지아비는 지어미가 지키고 따라야 할 대상(夫爲婦綱)임을 가리킨다. 이 세 가지는 불평등한 관계이자 주종 관계이다. 임금과 아버지와 지아비는 주이며, 신하와 자식과 지어미는 종이다. 이는 신하, 자식, 지어미가 임금, 아버지, 지아비에게 복종해야 하며, 동시에 임금, 아버지, 지아비는 신하, 자식, 지어미를 결정하고 규정하도록 요구한다. 사실 '삼강'은 천지음양의 도에서 취한 것이다. 임금, 아버지, 지아비는 하늘의 양을 체현하였고, 신하, 자식, 지어미는 땅의 음을 체현하였다. 양은 영원히 주재하는 존귀한 위치에 있고, 음은 영원히 복종하는 비천한 지위에 있다. 오상五常은 인仁 · 의義 · 예禮 · 지智 · 신信이다. 그것들은 군신, 부자, 부부, 형제, 붕우 등의 인륜 관계를 조정하고 규범 짓는 준칙이다.

비록 중국 전통 인륜이 모든 사회적 관계를 포괄할지라도, 그 핵심은 '부자' 관계에 있다. 부자 관계에서는 한편으로 부모는 자식에게 자애를 베풀어야 하고, 다른 한편으로 자식은 부모에게 효도를 해야 한다. 그 가운데 자식이 부모에 대해 행하

[당唐] 왕유王維(傳), 「복생수경도伏生授經圖」

는 효도는 매우 중요한 의의가 있다. 이뿐만 아니라 효도는 모든 인륜 관계 가운데 가장 우선적인 위치에 있다. 이 때문에 사람들은 모든 선함 가운데 효도가 으뜸이라고 말한다. 효도는 심지어 가정을 넘어서서 국가로 확대되었다. 이에 사람들은 효도로 천하를 다스려야 한다고 주장하였다.

그런데 '효'를 근본적인 부자 관계로 삼은 것은 혈연관계의 기초 위에 세워진 것이고, 이러한 특별한 관계는 실제로는 자연 관계이다. 바로 이와 같기 때문에 사람들은 인륜의 근거를 자연 관계 속에서 찾았다. 부자 관계는 마치 천지의 관계와 같고, 음양의 관계와 같다. 부자 관계만 이런 것이 아니라, 여러 인륜 관계 역시 이와 같다. 그것은 모두 천지 자연에서 자신의 합법성을 얻었다.

이러한 인륜 관계는 어떠한 개인이라도 사회를 떠나 절대적 독립 개체로서 존재할 수 없으며, 동시에 어떠한 형태의 사회이든 사람과 사람의 집합이지 사람을 떠나 따로 독립된 사회 형태를 지닐 수 없다는 것을 나타낸다. 중국 역사에서 사람은 천지와 가家·국國의 여러 관계 속에서 생활하였다. 사람과 사회의 관계는 물론 서로 긍정적인 건설의 효과도 있지만, 또한 부정적 파괴의 효과도 있었다. 한편으로 사회는 개인을 억압하고, 다른 한편으로 개인은 사회에 저항하였다. 개인과 사회(국가)의 충돌은 중국 역사에서 근본적인 문제였다. '효'를 중심으로 한 인륜 관계의 한계는 여기에서 폭로된다.

그러나 현대사회의 발전은 다시금 부정적 측면으로 흘러, 기본적인 인륜 관계조차 이미 심대한 위기를 맞았다. 사람들은 물질의 소유와 획득 그리고 소비에만 관심을 가지지, 인간관계를 존중하지 않는다. 이에 인간관계는 옅어지거나 무관심해졌다. 가정의 모순과 충돌은 점차 심해져 파열되고 해체되는 지경에 이르렀다. 부모와 자식이 원수가 되고, 부부가 서로 반목하며, 형제가 우애롭지 않고, 친구 간에 서로 시기한다. 인간 생활이 혈육 간의 정도 없고 우정도 없는 세계에 놓인 것이다.

이러한 상황에서 우리는 한편으로 사랑 없는 세계에서 사랑을 찾는 사상도 일으켜야 하지만, 다른 한편으로 옛날 부자간의 사랑과 효도의 정으로 사랑을 간단하게 되돌릴 수 없다는 사실에 주의해야 한다. 우리는 옛날의 '인애仁愛'정신을 새로운 기초 위에 올려놓고 해석해야 한다. 이는 각종 인륜 관계가 자연적 등급의 관계가 아니라 자연적 평등의 관계임을 말한 것이다. 사람은 나면서부터 평등하지, 결코 나면서부터 주인과 노예로 갈리는 것이 아니다. 인륜적 사랑도 자연적 혈연관계에 기반한 것이 아니라 비자연적 사회관계에 근원해야 한다. 이는 천지 가운데에서 천부적인 지위를 생각하는 것이 아니라, 인간세상에서 사람의 사회적 역할을 고려하는 것임을 표명하는 것이다. 오직 이러해야만 우리는 비로소 새로운 나와 타인의 관계를 확정할 수 있다.

우선, 나는 누구인가? 나는 군신, 부자, 부부, 형제, 붕우의 일원이지만, 나는 여전히 나이다. 나는 생활하고 생존하는 나이다. 나는 욕망과 기술, 그리고 지식에 의해 규정된 나이다. 혈연관계로 규정된 나는 생활세계에서 규정된 나의 기초 위에 있다.

다음으로, 타인은 누구인가? 타인은 군신, 부자, 부부, 형제, 붕우의 일원이지만, 타인은 여전히 타인이다. 타인은 생활하고 생존하는 타인이다. 타인은 욕망과 기술, 그리고 지식에 의해 규정된 타인이다. 혈연관계로 규정된 타인은 생활세계로 규정된 타인의 기초 위에 있다.

마지막으로, 나와 타인의 관계는 어떠한가? 나와 다른 사람은 당연히 군신, 부자, 부부, 형제, 붕우 사이의 관계이다. 그러나 생활세계에서 나와 타인 간의 관계에는 여전히 이러한 가家·국國이라는 동일 구조의 관계를 넘어서는 것이 있다. 욕망, 기술, 그리고 지식의 유희로 형성된 나와 타인의 관계는 다원적이면서도 변화하는 것이다. 나와 다른 사람 사이의 관계는 결코 천부적으로 주어진 주객 관계나 주종 관계가 아니라, 평등하며 자유롭고 우호적이며 친한 관계이다. 그러나 나와 타인의 관계는 나 또는 다른 사람이 임의적으로 확정하는 것이 아니라 생활세계에서 확정된다. 이뿐만 아니라 나와 타인의 관계 그 자체가 관계 속의 나와 타인을 확정하기까지 한다. 이 때문에 애정이란 애인이기 때문에 사랑하는 것이 아니라 사랑하는 관계 속에 있는 사람이기에 애인인 것이고, 우정도 친구이기 때문에 우정이 있는 것이 아니라 우정 어린 관계 속에 있는 사람이기에 친구인 것이다. 이것은 사랑이 관계로서 애인과 연관되며, 우정도 관계로서 그것이 친구와 연관됨을 의미한다.

나와 다른 사람의 관계에서, 사람들은 모두 다른 모습을 띤다. 개체로서의 사람은 유일하며 대체할 수 없다. 다른 사람도 나의 생존을 대체할 수 없다. 이 때문에 나와 다른 사람은 서로 구별된다. 동시에 사람은 중복되거나 되풀이할 수도 없다. 사람이 살아가는 중요한 부분마다 모두 변화한다. 이 때문에 다른 사람과 자신이 서로 구분된다. 개체 존재에 대한 개성과 차별성을 인정하고 존중하는 것은 사람과 나의 관계 가운데 매우 중요한 부분이다.

이러한 기초에서 사람은 다른 사람에 대해 무조건적으로 용서하고 관용을 베풀어야 한다. 용서와 관용은 결코 어떠한 마음의 능력도 아니고 어떠한 도덕적 호소도 아니다. 이것은 생존의 명령이다. 이것은 사람들에게 동일성의 욕구를 버리고 다른 사람의 존재에 대해 차별성을 인정하고 허락할 것을 요구한다. 공자는 용서에 대해 "내가 바라지 않는 일은 남에게 베풀지 말라"[1]라고 설명하였다. 이것은 이미 사람들이 널리 받아들이는 황금률이 되었다. 그러나 이것은 여전히 나와 다른 사람의 동일성을 상정한 것이지, 나와 다른 사람의 차이성을 고려한 것은 아니다. 이러한 상황에 대하여 이 황금률 역시 수정해야 한다. 그것은 "내가 바라는 것은 또한 남에게 베풀지 않음이 없다"라고 바뀌는 것이다. 이것은 완전히 나와 다른 사람의 차별성을 의식한 것인데, 내가 원한다고 해서 사람들도 반드시 원하는 것은 결코 아니라는 말이다. 관용과 용서는 다른 사람과의 차이를 인정하는 것일 뿐만 아니라 다른 사람의 잘못과 죄악마저도 양해하는 것이다. 다른 사람이 자신의 잘못과 죄악을 의식하고 회개할 때, 나의 관용과 용서는 필수적이다. 관용과 용서는 다른 사람을 다른 사람으로서 차별적으로 존재하도록 하며, 또한 나를 나로서 차별적으로 존재하도록 한다. 이는 관용과 용서가 다른 사람에 대한 것이면서도 동시에 나에 대한 것이라는 말이다. 이는 또한 다른 사람을 다른 사람으로 존재하게끔 하며, 나를 나로서 존재하게끔 한다는 말이다. 이것이 존재의 최고 경계이며, 태연하게 맡겨 두는 것이다.

다른 사람에 대한 용서가 하나의 측면이고, '인애仁愛'가 다른 하나의 측면이다. 용서가 상대적으로 소극적이라면 인애는 상대적으로 적극적이다. 사랑은 베풂이자 공헌으로, 나와 다른 사람 사이에서 그 풍부한

---

1) 『論語』, 「顏淵」, "己所不欲, 勿施於人."

특성을 가장 직접적으로 체현할 수 있다. 나와 다른 사람 사이에는 사랑을 주고받는 것만 있을 뿐만 아니라 서로 돌보고 배려하는 사랑도 있다. 일반적인 부모 자식 간의 정 이외에도 우정과 남녀 간의 애정 및 박애博愛의 정이 있다. 비록 중국 고대 사상은 '인애'를 자신의 주제로 삼았지만, 그것은 늘 부모 자식 간의 혈연적 자연 기초 위에서 확립되었다. 고대의 인애사상을 개조하려면 반드시 그 자연이란 기초부터 제거해야 한다. 이 때문에 현대에 대해 말한다면 자연을 기초로 삼지 않는 인애사상을 창도해야 한다. 물론 이것이 신神의 은혜를 인류애의 근원으로 요청한다는 의미는 결코 아니다. 차라리 자연과 신이 없는 궁극적인 사랑이 진정으로 순결한 사랑이라 말할 수 있다.

자연과 신을 기초로 삼지 않는 인류애가 어떻게 가능한가? 이것은 나와 다른 사람이 지닌 그 본성의 차별성에서부터 출발하여 반드시 상대방으로 나아가야 하는 것에 있다. 차이가 있는 개체는 오직 그 밖의 차이가 있는 개체와 관계가 발생할 때 비로소 자신만의 차별성을 실현할 수 있다. 동시에 나를 다른 사람으로 바꾸고 다른 사람을 나로 바꿀 때에만이 비로소 나와 다른 사람의 차별성을 발전시키고 풍부하게 할 수 있다. 이에 나와 다른 사람의 관계는 서로 베풀어 주고 서로 사랑하는 관계가 된다. 이는 한편으로 내가 남을 사랑하는 것이지만, 다른 한편으로 남이 나를 사랑하는 것이다. 다만 서로 사랑하는 과정, 즉 서로 베푸는 과정에서 사람은 진정한 사람이 될 수 있다. 이러한 의미에서 사랑 또는 서로 사랑하는 것은 결코 사람 바깥에 있는 어떠한 미덕이 아니라, 사람에게 존재하는 근원적 본성이다.

사실 인류의 역사는 사랑과 그것의 대립면인 미움이 엇섞인 역사이다. 이것이 군신·부자·부부·형제·붕우 사이에 매우 복잡하고도 다양한 관계를 낳았다. 이뿐만 아니라 계급·민족·국가 간에도 사랑과 미움이 가득하다. 그러나 원한과 보복은 나와 타인 사이에 있는 모순을 해결할 수 없을 뿐더러 나와 남의 관계를 영원히 증오의 인과윤회 속으로 빠뜨릴 수 있다. 오직 사랑만이 인간의 충돌을 해결하여 증오와 복수의 무한한 인과윤회를 철저하게 타파할 수 있다. 그러나 자연과 신을 기초로 하는 사랑에는 한계가 있다. 다만 나와 다른 사람 사이의 사랑 그 자체만이 보편적이고 정의롭다. 이러한 사랑 속에서 나는 다른 사람에게 나아가고 다른 사람은 나에게 다가온다. 내가 곧 다른 사람이 되고, 다른 사람은 곧 내가 되는 것이다. 사랑으로 정성껏 길러야 개체마다 생명의 능력을 얻을 수 있으며, 서로 새롭게 바뀌어 낡은 사람은 새로운 사람이 될 수 있다. 사랑으로 형성된 나와 타인의 화해와 생존의 이상이 바로 공산주의의 근본이다. 이른바 공산주의는 나와 남이 화해하여 함께 존재하며 함께 생존하는 것이다. 이 때문에 공산주의는 공생주의共生主義로 이해해야 한다.

4. 몸과 마음의 자유

어떠한 개체라도 몸과 마음을 지닌 개체로 표현된다. 하늘과 사람이 공생하고 나와 타인이 화해하는 것은 결국 개체 심신心身의 자유로 구체화된다. 중국 고대 지혜 역시 인간의 몸과 마음을 부각시켰으며, 아울러 성명性命의 학문을 이루었다. '성'이란 심성心性을 가리키며, '명'이란 생명을 가리킨다. 이 역시 몸과 마음 두 측면을 포괄한다. 유가는 심신의 수련과 사회, 도덕과 정치를 연관지었으며, 도가는 심신의 자연성에 중점을 두었고, 선종은 심신의 자각성을 강조하였다.

그런데 중국의 신체관은 근본적으로 자연으로부터 그 근거를 얻었다. 사람의 몸은 부모에게서 얻은 것이지만, 한 걸음 더 나아가 이는 또 천지와 자연에 근원한 것이다. 신체 구조와 기능 역시 천지자연에 기초를 둔 것이며, 아울러 천지자연과 유사성을 지닌다. 신체는 소천지이고, 우주는 대신체인 것이다. 이것이 몸과 천지를 서로 해석할 수 있게 만들었다. 그러나 몸은 자연을 넘어서는 특성을 지니는데, 이는 천지자연으로 설명할 도리가 없다. 비록 사람도 동물이지만, 특별한 동물이다. 사람의 신체는 결코 동물의 신체와 동일성이나 유사성을 지닐 수 없다. 이는 사람의 신체가 사람의 생존에 근거하여 구성되었기 때문이다. 이 때문에 중국 고대 사상에서는 아직 신체의 본성에 대해 충분히 생각하지 못하였다. 뿐만 아니라 중국사상의 신체는 독립적인 의의가 없으며, 여전히 마음과 사회 제도에 복종하기만 하는 것이었다. 이 밖에 신체는 제약을 받는데, 특히 욕망과 색욕의 신체는 완전히 금지되었다. 중국사상에 드러난 신체는 훈계와 교육을 받아야 하는 신체이다. 유儒·도道·선禪의 신체 사상이 모두 신체의 훈계와 교육에 관한 사상임은 조금도 이상할 것이 없다.

신체와 마찬가지로 중국사상의 '마음' 역시 자연에서 그 근거를 얻었다. 심성론은 자연우주론의 기초 위에 건립되었으며, 우주론은 심성론이 건립되고 설명되는 근거이다. 만약 우주론이 없었다면 심성론은 아예 가능조차 하지 않다. 중국 고대 사상에는 심성 그 자체가 자신을 확립하고 설명하는 근거가 없다. 이 때문에 자연법칙을 넘어서는 심성론은 여전히 결핍되었다. 사람의 마음에 대해 중국사상에서 토론한 것은 모두 일반적인 마음이지 개체의 마음은 아니다. 개체의 마음은 군신·부자·부부·형제·붕우 관계의 범위 속에 한정되어 있었다. 개체가 지닌 마음의 독특함과 자유로움에 대해서는 충분히 탐색되지 못하였다.

중국 고대 사상이 지닌 심신관의 한계를 극복하기 위해서, 몸과 마음은 모두 해방되어야 한다. 사실 중국 근대 이후의 역사는 바로 몸과 마음이 해방되는 역사이다. 이러한 역사는 오늘날에도 여전히 지속되고 있다. 그런데 몸과 마음을 해방시켜야 한다는 구호 아래 있는 오늘날의 사회에서 역사상 유래가 없었던 증상이 드러나고 있음을 우리는 발견하게 된다. 이에 대해 우리는 깊이 있게 생각해야 한다.

한편으로, 현대인의 몸은 병들었다. 빈곤한 사람들에게는 기아나 추위, 노숙이 초래하는 고통과 죽음의 질병이 있다. 부유한 사람 역시 질병이 있는데, 비만이나 대사장애 등이다. 그런데 현재의 질병들은 이미 시대적 특색을 지닌다. 예를 들어 에이즈나 사스 등의 전염병은 더 이상 특정 지역에 한정된 것이 아니라 전지구적으로 발생한다. 암과 같은 악성 질병 역시 사람들을 돌연 엄습할 수 있다.

다른 한편으로, 현대인의 마음 역시 병들었다. 정신질환은 대부분 우울함과 초조함을 동반한다. 우울한 사람들은 음울하며 심지어는 말도 없다. 그런데 음울함이 쌓이고 쌓임에 따라 마음이 썩기 시작한다. 내향적인 음울함과 달리 초조함은 외향적이다. 그것은 표현하려 하고 발산하려 하며, 자기 마음속의 정서를 모두 쏟아내려 한다. 이 때문에 특히 심한 초조감은 종종 어떤 대상을 향한다. 물론 한 사람에게 우울과 초조가 교대로 나타날 수 있다. 이렇게 조울증에 걸린 사람은 극단적인 상황에서 자살하거나 살인을 저질러 범죄의 길로 빠져들 수 있다.

몸과 마음에 걸리는 현대인들의 질병에 대해 우리는 정확히 진단해야 하며, 동시에 병의 원인과 치료법을 찾아야 한다.

현대인이 걸리는 병의 주된 원인은 건강하지 않은 생활 방식 때문이다. 한편으로 욕망이 인간의 육체를 비틀어 버려 사람을 정욕의 동물로 만들었다. 다른 한편으로 기술이 육체를 뒤바꾸어 인간은 기술 장비의 특별한 부속품이 되었다. 어리석은 사상도 인간의 신체 활동을 잘못된 방향으로 이끌었다. 이러한 상황에서 인간의 육신은 의심의 여지없이 질병에 걸릴 수 있다.

[남송南宋] 양해梁楷, 「발묵선인도潑墨仙人圖」

신체 단련의 관건은 신체를 진정한 신체로 활동하게 하는 것이다. 신체를 신체로 만든다는 것은 신체가 받는 여러 부담과 스트레스, 상해로부터 멀어지게 하여 신체의 본성으로 되돌리는 것이다. 중국 고대의 양생술이나 서양의 각종 스포츠는 신체를 되돌릴 수 있는 방법 가운데 하나이다.

그런데 신체의 본성은 생명이며, 또한 근본적으로는 생활세계의 욕망과 기술, 그리고 지혜의 유희 속에서 끊임없이 구축되고 생성된다. 이 때문에 신체의 본성으로 되돌린다는 것은 동물과 같은 자연으로 되돌아가는 것도 아니며, 욕망을 없애거나 기술을 부정하는 것도 아니다. 신체의 본성을 되돌린다는 것은 욕망을 탐욕으로 만들어 신체를 파멸시키지 않게 하는 것이며, 기술이 기술화가 되어 인간의 신체를 해치지 않게 하는 것이다. 이는 신체의 본성을 되돌리는 것이 신체를 욕망과 기술, 그리고 지혜의 유희 가운데 그 자신을 드러내어 자기를 끊임없이 갱신하도록 하는 것이다.

현대인의 심리 역시 마음의 순결함과 변화무쌍함, 그리고 자유를 잃어 버렸다. 이는 마음이 욕망에 이끌려 인욕과 물욕 및 그것으로 말미암은 바람·소유·투쟁·원한 등으로 가득 차 있기 때문이다. 동시에 마음은 기술의 조종을 받아 갖가지 도구의 도구로 전락하였다. 이 밖에도 마음은 고금과 동서의 어리석은 학술과 이론에 이끌려 어두운 곳으로 나아갔다. 이에 마음은 비틀리고 변형되며 병에 걸렸다.

마음 수양은 마음을 진정한 마음으로 만드는 것이다. 마음을 마음으로 만든다는 것은 스스로의 마음에 대해 세례洗禮를 하여 순결함에 이르고 마음 본연으로 돌아가는 것이다. 유가에서 말하는 '성誠'과 도가에서 말하는 '심재心齋', 선종에서 말하는 '명심견성明心見性' 및 서양의 '기도' 등이 각각 다르지만 모두 효과 있는 방법이다.

그런데 마음의 본성은 자유이며, 또한 근본적으로는 생활세계의 욕망·기술·지혜의 유희 속에서 끊임없이 생성한다. 마음 본연으로 되돌리는 것은 천도天道를 기초로 하는 심성心性으로 돌아가는 것도 아니고, 마음과 생활세계의 관계를 부정하는 것도 아니다. 진정한 마음은 욕망을 지배하고, 기술을 사용하며, 지혜에 귀 기울일 수 있다. 이렇게 되면 마음은 자신에게만 갇혀 있지 않고 생활세계로 나아가 천지와 통하게 된다. 이 마음이 위대하며 넓은 마음이다.

몸과 마음이 다른 것일지라도 이는 결코 다른 두 길을 가는 것이 아니라 서로 작용하는 것이다. 몸은 마음에 영향을 끼칠 수 있고, 마음도 몸에 영향을 끼칠 수 있다. 병에 걸린 육체는 병이 있는 마음을 야기할 수 있고, 병에 걸린 마음은 병이 있는 육체를 초래할 수 있다. 오직 신체가 신체의 본연을 회복하고 마음이 자신의 본성으로 돌아갈 때만 이 몸과 마음은 완전히 병에서 멀어지고 건강해질 수 있다. 심신이 건강한 사람만이 심신의 합일을 이룰 수 있고, 심신이 어우러질 수 있다. 몸에는 고통이 없고, 마음에는 걸림이 없다. 이로부터 인간은 몸과 마음이 자유로운 데 이르게 된다.

5. 욕망 · 기술 · 대도 놀이의 생성

천인天人이 공생共生하는 세계 속에서 욕망 · 기술 · 큰 도는 자신만의 놀이에 빠져든다. 어떤 이는 천인의 공생이 욕망 · 기술 · 큰 도의 놀이를 열어 내었으며, 욕망 · 기술 · 큰 도는 각기 하늘과 사람이라는 두 요소를 모두 포괄하고 있다고 말하였다. 욕망은 인욕과 물욕으로 나눌 수 있으며, 기술은 인간과 자연에 관계하고, 큰 도는 하늘과 사람 사이에 놓인 길이 아님이 없다. 놀이는 결코 무의미한 활동이 아니라 자유로운 활동이다. 자유란 마음대로 하는 것이 아니라 자기가 스스로를 결정하는 것이다. 놀이는 외재하는 기초에 근원하지도 않고 외재적인 목적을 위한 것도 아니다. 그것은 자기를 기초로 하며 자기를 목적으로 한다. 욕망·기술·큰 도의 놀이는 그 자체가 자유로운 활동이다. 이러한 활동 가운데 욕망·기술·큰 도는 함께 그 자리에 있다. 한편으로 그것은 서로를 제약하지만, 다른 한편으로 그것들은 서로에게 베풀어 준다. 놀이를 통해 욕망·기술·큰 도는 생성된다.

욕망이 드러내는 것은 인간의 흠결과 결핍이다. 사람이 욕망할 때 그는 자신에게 없는 그 물건을 표명한다. 욕망하는 물건은 욕망하는 사람에게 없는 것이다. 그런데 이렇게 없는 물건이 욕망에 대해서는 지극히 중요하며, 심지어는 목숨까지 달린 일이다. 이 때문에 욕망하는 사람은 그것을 현장에 소환한다. 소환은 명령이다. 그것은 욕망하는 물건을 욕망하는 사람의 바람에 복종하여 사용되어야 한다는 것이다. 이에 욕망의 실현은 정복과 소유, 그리고 소멸의 과정이다.

욕망하는 사물은 아주 많은데, 그것은 물건이 될 수도 있고 사람이 될 수도 있다. 사람과 물건 그 자체로 말하면 자유로운 존재이지만, 일단 욕망하는 대상이 되면 자기의 자유를 잃고 욕망의 대상 존재가 된다. 그것은 수동적이고 굴종적일 뿐만 아니라 또한 욕망의 과정 속에서 자신의 존재를 완전히 잃을 수 있다.

욕망은 욕망하는 사람 자신에게서는 결코 실현될 수 없으며, 반드시 다른 사물의 도움에 힘입어 완성된다. 다른 사물이란 수단이며 도구이다. 도구의 사용과 창조는 사람을 동물과 구분하는 상징적 특징 가운데 하나이다. 동물도 욕망은 있지만, 동물의 욕망은 그 육체의 생물학적 직접성에 의해 실현된다. 이에 반해 인간의 욕망은 도구에 힘입어 만족된다. 이 때문에 인간은 도구적 동물이라 불린다. 도구의 사용을 통해 인간은 대상을 변화하거나 창조하며 욕망할 수 있는 물건을 얻게 된다.

욕망은 기술에 힘입어 실현될 뿐만 아니라 또한 반드시 지혜의 규정에 따라야 한다. 지혜는 일종의 특별한 지식인데, 사람에 관해 규정된 지식이다. 그것은 사람이 무엇인지, 또 무엇이 아닌지를 분명하게 알려준다. 이 역시 무엇이 존재이고 무엇이 허상이며, 무엇이 참이고 무엇이 거짓인지 가리킨다. 지혜는 원시적인 금기·종교·도덕·법률 등의 역사적 형태를 띠고 있다. 그것의 본성은 인간의 경계를 확립한다. 한편으로 그것은 어떠한 욕망이 실현될 수 있고 어떠한 욕망이 실현될 수 없는지를 드러낸다. 다른 한편으로 그것은 어떠한 도구를 사용할 수 있고 어떠한 도구를 사용해서 안 되는지 구분한다.

욕망·기술·지혜(大道) 이 세 가지는 놀이(유희)를 만들었다. 이 놀이 가운데에서 욕망·기술·큰 도는 각기 그 자신을 생성한다.

우선, 욕망의 생성이다. 비록 인간의 욕망은 태어나면서 원래 있는 것이지만, 그것은 기술의 도움 아래 실현될 수 있다. 기술은 인간의 기본 욕망을 만족시킬 뿐만 아니라 인간 욕망의 무한한 영역을 열어 내었다. 욕망은 기술 혁신에 따라 그 실현 형태를 바꾸었다. 동시에 큰 도는 실현할 수 있는 욕망과 실현해서는 안 되는 욕망을 구분하였다. 이 범위 안에서 큰 도는 욕망을 승화시켜 정감으로 바뀌었다. 이에 인간의 욕망은 생활세계에서 미적美的 본성을 실현하여 얻게 되었다. 예를 들어 먹는다는 것은 굶주림을 채울 뿐만 아니라 그 속에 미식美食이 있고 예의도 있다. 각종 연회에서 사람들은 신체적 만족을 얻으며 동시에 정신적 유쾌함도 체험한다. 또한 남녀 양성에는 번식만이 아니라 색욕과 애정도 있다. 애정으로 남녀는 마음과 몸을 나눈다. 그것은 서로에 대한 갈구일 뿐 아니라 서로에게 대한 헌신이기도 하다.

다음, 기술의 생성이다. 기술과 도구는 보통은 수단이 되어 인간의 여러 목적을 실현한다. 그것은 욕망을 위해서도 일하지만 큰 도를 위해서도 온 힘을 기울인다. 그러나 기술 자체는 독립적이거나 극단화될 수 있다. 이는 두 가지 가능성을 모두 가질 수 있는데, 인간과 자연에 도움이 되면서도 해가 될 수 있다. 그러나 큰 도의 규정 아래에서 기술은 그 경계에 서게 된다. 기술은 인간과 자연의 친구이지 적이 아니며, 인간과 자연의 보호자이지 해치는 자가 아니다. 바로 기술이 일찍이 생태를 파괴한 것과 같이 기술은 자신의 힘으로 생태계를 회복하려 한다. 지혜의 인도 아래에서 기술은 자기와 욕망의 관계를 조정한다. 기술은 좋은 욕망을 실현할 수 있을 것이며, 동시에 좋지 않은 욕망을 제어할 수 있을 것이다. 이러한 기술은 욕망의 간병인이 될 수 있다. 이뿐만 아니라 기술은 지혜의 도구가 될 수 있다. 이는 기술 스스로가 자신을 목적으로 삼지 않을 것이며, 지혜로 통하는 길이 된다는 말이다.

마지막으로, 큰 도 또는 지혜의 생성이다. 비록 지혜가 욕망과 지혜의 인도자이지만, 욕망과 기술에 의해 촉진되는 면도 있다. 하나의 새로운 욕망과 기술은 필연적으로 하나의 새로운 지혜를 필요로 한다. 이 때문에 지혜는 결코 유한하며 멈춰 있는 것이 아니라 무한하며 변화하는 것이다. 새로운 지혜는 이미 하늘에 근원하는 것도 아니며 사람에 근원하는 것도 아니다. 이는 하늘과 사람의 약속에 근원한다. 천인 간의 새로운 놀이 규칙으로서 새로운 지혜는 하늘과 사람의 약속이다. 그것은 하늘과 사람이 함께 참여하여 약속을 정하는 것이다. 이러한 새로운 놀이 규칙은 하늘과 사람에 대해 새로운 규정을 시도한다. 천지는 이미 인간을 지배하는 천도天道와 땅덩이가 아니며, 사람에게 조정되거나 개조되는 대상도 아니다. 천지는 인류의 동반자이자 친구이다. 사람은 천지의 노예도 아니지만 천지의 주인도 아니다. 사람 역시 천지의 동반자이자 친구이다. 그들은 천·지·인의 놀이를 함께 노는 동무이다. 이는 그들이 함께 존재하고 함께 생성한다는 뜻이다. 하늘과 사람은 함께 이 놀이 규칙을 정할 뿐만 아니라 함께 이 놀이 규칙을 따른다. 이러한 규칙에 근거하여 그들은 함께 놀이를 한다. 이 놀이 가운데 사람은 함께 생성되고, 또 끊임없이 생성된다.

새로운 중국의 지혜로서 천인이 함께 생함(天人共生)은 인류 역사의 새로운 길을 열어 낼 것이다.

저자 후기

　『논국학』의 출판을 기다려 나는 교환전喬還田 선생(인민출판사 부총편집)과 홍경洪瓊 선생(인민출판사 법률과 국제편집부주임)에게 감사드린다. 이들은 늘 이 책의 출판에 관심을 기울여 왔다. 유강기劉綱紀 선생(무한대학 資深교수)에게도 감사드리는데, 그는 이 책의 제목을 써 주셨다. 이 책에 수록된 그림들을 수집해 준 초세맹肖世孟 선생(호북미술대학)에게도 감사드린다. 이 밖에 여러 방면에서 이 책의 출판을 응원해준 뇌춘룡雷春龍 선생(무한) · 뇌이평雷利平 여사(무한), 장영염張永艶 여사(무한), 고사신高思新 선생(무한)과 초한룡肖漢龍 선생 (심천) 등에게 깊이 감사드린다.

彭富春

2014년 12월 12일 武漢大學에서

참고문헌

普濟, 『五燈會元』, 北京: 中華書局, 1984年.
邵雍, 『邵雍集』, 北京: 中華書局, 2010年.
張載, 『張載集』, 北京: 中華書局, 1978年.
程顥·程頤, 『二程集』, 北京: 中華書局, 1981年.
周敦頤, 『周敦頤集』, 北京: 中華書局, 1990年.
朱熹, 『四書章句集注』, 北京: 中華書局, 1983年.

郭朋, 『壇經校釋』, 北京: 中華書局, 1983年.
樓宇烈, 『王弼集校釋』, 北京: 中華書局, 1980年.
蘇輿, 『春秋繁露義證』, 北京: 中華書局, 1992年.
楊伯峻, 『孟子譯注』, 北京: 中華書局, 1960年.
_____, 『論語譯注』, 北京: 中華書局, 1980年.
楊柳橋, 『荀子詁譯』, 濟南: 齊魯書社, 1985年.
阮元校 刻, 『十三經注疏』, 北京: 中華書局, 1980年.
王文錦, 『禮記譯解』, 北京: 中華書局, 2001年.
任繼愈, 『老子新譯』, 上海: 上海古籍出版社, 1986年.
林世田 等, 『佛教經典精華』, 北京: 宗教文化出版社, 1999年.
曹礎基, 『莊子淺注』, 北京: 中華書局, 2000年.
朱謙之, 『老子校釋』, 北京: 中華書局, 1984年.
周振甫, 『周易譯注』, 北京: 中華書局, 1991年.
陳鼓應, 『莊子今注今譯』, 北京: 中華書局, 1983年.
_____, 『老子注譯及評價』, 北京: 中華書局, 1984年.
陳鼓應 等, 『周易今注今譯』, 北京: 商務印書館, 2005年.
黃壽祺 等, 『周易譯注』, 上海: 上海古籍出版社, 2001年.

찾아보기

지은이 **팽부춘彭富春**

1963년 湖北省 仙桃市에서 태어났다. 武漢大學 철학과를 졸업한 뒤 中國社會科學院에서 석사학위(1988)를, 독일 오스나브뤼크 대학(Osnabrück University)에서 박사학위(1997)를 받았다. 현재 무한대학 철학학원 교수로 재직하고 있다. 주요 저서로는 『無與倫比 ― 論海德格尔思想道路的核心問題』(上海三聯書店, 2000), 『哲學美學導論』(人民出版社, 2005), 『哲學與美學問題』(武漢大學出版社, 2005), 『論中國智慧』(人民出版社, 2010), 『美學原理』(人民出版社, 2011) 등이 있다.

옮긴이 **홍원식洪元植**

고려대학교 철학과를 졸업하고 동 대학교 대학원에서 박사학위를 받았다.(「정주학의 거경궁리설 연구」) 현재 계명대학교 철학윤리학과 교수로 재직 중이다. 주요 저서로 『한주 이진상의 생애와 사상』, 『조선시대 가문의 탄생』, 『동도관의 변화로 본 한국 근대철학』 등이 있다.

옮긴이 **김기주金基柱**

계명대학교 철학과를 졸업하였으며, 臺灣 東海大學 哲學硏究所에서 논문 「理想的道德與道德的理想 ― 孟子道德哲學之再構成」으로 박사학위를 취득하였다. 국립순천대학교 지리산권문화연구원 HK교수를 거쳐 현재 계명대학교 Tabula Rasa College 교수로 있다. 조선성리학에 대해 깊은 관심을 가지고 연구하고 있으며, 저역서로는 『서원으로 남명학파를 보다』, 『심체와 성체 1 ― 총론』, 『유교와 칸트』(공역) 등이 있고, 논문으로는 「四端七情論으로 본 畿湖學派의 3期 發展」, 「四端七情論으로 부터 심즉리로 ― 사단칠정논쟁에 대한 화서, 노사, 한주의 결론」 등 다수가 있다.